# L'espagnol
Collection Sans Peine

**par Juan Córdoba
avec la collaboration de María Córdoba**

Illustrations de Jean-Louis Goussé

4430 Chennevières-sur-Marne FRANCE

Toute représentation ou reproduction, intégrale ou partielle, faite sans le consentement de l'auteur, ou de ses ayants droit ou ayants cause, est illicite (art. L122-4 du Code de la propriété intellectuelle). Cette représentation, ou reproduction, par quelque procédé que ce soit, constituerait une contrefaçon sanctionnée par l'article L 3345-2 du Code de la propriété intellectuelle".

© ASSIMIL 2017
ISBN 978-2-7005-0665-5

Nos méthodes

sont accompagnées d'enregistrements sur CD audio ou téléchargement, et existent désormais en version numérique*.

 *e-méthode disponible sur le site www.assimil.com, Google Play et App Store

Sans Peine

L'allemand
L'anglais
L'anglais d'Amérique
L'arabe
Le bulgare
Le chinois
Le coréen
Le croate
Le danois
L'égyptien hiéroglyphique
L'espagnol
Le finnois
Le grec
Le grec ancien
L'hébreu
Le hindi
Le hongrois
L'indonésien
L'italien
Le japonais
Le khmer
Le latin
Le malgache
Le néerlandais
Le norvégien
Le persan
Le polonais
Le portugais
Le portugais du Brésil
Le roumain
Le russe
Le sanskrit
Le suédois
Le swahili
Le tchèque
Le thaï
Le turc
L'ukrainien
Le vietnamien

Perfectionnement

Allemand
Anglais
Espagnol
Italien
Russe

Langues régionales

Le breton
Le catalan
Le corse
L'occitan

Affaires

L'anglais des affaires

Objectif langues

Apprendre l'allemand
Apprendre l'anglais
Apprendre l'arabe
Apprendre le catalan
Apprendre le chinois
Apprendre le coréen
Apprendre le créole guadeloupéen
Apprendre le danois
Apprendre l'espagnol
Apprendre l'hébreu
Apprendre l'indonésien
Apprendre l'islandais
Apprendre l'italien
Apprendre le japonais
Apprendre le néerlandais
Apprendre le portugais
Apprendre le russe
Apprendre le serbe
Apprendre le tchèque
Apprendre le wolof

Sommaire

Introduction VII
Mode d'emploi de la méthode X
Prononciation XIII

Leçons 1 à 100
1 ¡Qué sorpresa! 1
2 ¿Dónde vives? 5
3 ¡Bienvenida! 7
4 Presentaciones 11
5 Entrevista de trabajo 13
6 A las siete… ¡de la mañana! 17
7 Repaso 19
8 ¡Feliz cumpleaños, abuela! 23
9 El desayuno 27
10 ¿Cuándo duermen? 31
11 Pelando patatas 35
12 De tapas 39
13 Fin de semana 43
14 Repaso 47
15 ¡Taxi! 53
16 Una pareja feliz 57
17 Comprando zapatos (1.ª parte) 61
18 Comprando zapatos (2.ª parte) 65
19 Buscando el Prado 69
20 La compra 73
21 Repaso 77
22 ¿Estás enferma? 83
23 Deporte es salud 87
24 Vacaciones de verano 93
25 Vacaciones de invierno 95
26 Mi perro es buenísimo 99
27 Alquilando un piso 103
28 Repaso 107
29 Quisiera un billete para… 111
30 ¡Felices fiestas! 115
31 La prima guapa 121

• III

32	La llamada telefónica	125
33	Una cena ligera	131
34	Un viaje en avión	137
35	Repaso	141
36	No tengo nada que hacer	149
37	Vengo por el anuncio (1.ª parte)	155
38	Vengo por el anuncio (2.ª parte)	159
39	Ven conmigo a Santiago (1.ª parte)	163
40	Ven conmigo a Santiago (2.ª parte)	167
41	Viaje al norte	171
42	Repaso	175
43	Redes sociales	183
44	Chistes de Lepe	187
45	En el cíber	191
46	¡Policía!	195
47	Tortilla deconstruida	199
48	Adictos a la pantalla	205
49	Repaso	209
50	Haciendo cola	217
51	¡Viva México!	223
52	La cocina mexicana	229
53	El Nuevo Mundo	233
54	Un buen candidato	239
55	¿Una ganga?	243
56	Repaso	249
57	¿Sueño o pesadilla?	255
58	Una mala novela	261
59	¿Quién elige la peli?	267
60	Carta a un hijo (1.ª parte)	271
61	Carta a un hijo (2.ª parte)	277
62	Animales…	283
63	Repaso	289
64	El carné de conducir	297
65	Refranes	301
66	Por ser tú	307
67	Siempre es culpa mía	313
68	Mañana empiezo	317
69	Cría cuervos…	323
70	Repaso	327

71	Como a un santo dos pistolas	333
72	Ya que estoy…	339
73	¡A la basura!	345
74	Cuando las ranas críen pelo	349
75	Hoteles con encanto	355
76	¡A quién se le ocurre!	361
77	Repaso	367
78	El paraíso en la tierra	373
79	Recuerdos de infancia	379
80	Costumbres…	383
81	¿A favor o en contra?	389
82	La víspera de San Juan	395
83	¡Aúpa Atleti!	399
84	Repaso	405
85	¡Pérez presidente!	413
86	Cotilleos	419
87	Averías y accidentes	425
88	Como Tina no hay otra	429
89	Que aproveche	435
90	La casa de Tócame Roque	441
91	Repaso	447
92	La vuelta a España (en sueños)	455
93	La ruta de don Quijote	461
94	Misterios mayas	467
95	El águila y la serpiente	473
96	Érase una vez… Argentina	479
97	Buen viaje (1.ª parte)	485
98	Repaso	489
99	Buen viaje (2.ª parte)	499
100	Continuará…	503

Appendice grammatical 512
Lexique espagnol-français 562
Lexique français-espagnol 616

A Miguel, in memoriam.

Avant-propos

Assimil est heureux de vous présenter cette nouvelle édition, entièrement remaniée, de *L'espagnol* dans la collection *Sans Peine*. Assurément, notre méthodologie reste la même. Elle a fait ses preuves depuis plus de 80 ans et les dernières avancées en pédagogie des langues n'ont fait pour l'essentiel que valider notre approche : un apprentissage intuitif (et non pas d'emblée strictement grammatical), par le biais de dialogues en situation mettant en scène les réalités quotidiennes des pays dont on étudie la langue.

Or ces réalités, on le sait, sont changeantes. Et le lecteur demande aujourd'hui à juste titre à une méthode de langue d'être aussi d'une certaine manière un passeport culturel, un trousseau de clés pour se mouvoir dans une société différente de la sienne et la comprendre. C'est cette Espagne, à la fois étonnamment elle-même et traversée de nouveautés, que votre nouvelle méthode d'espagnol veut refléter dans les 100 leçons qui suivent.

Introduction

Pourquoi l'espagnol ?

Langue-monde, l'espagnol partage avec l'anglais la particularité de ne pas être uniquement la langue d'un pays, mais aussi celle d'un vaste espace géographique et culturel regroupant, dans son cas, 19 pays d'Amérique latine, sans oublier la Guinée équatoriale. En 2016, il est la langue maternelle de 472 millions de personnes (au deuxième rang mondial, sous cet aspect, derrière le mandarin) ; si on leur ajoute le groupe des non-natifs et celui des étudiants, il y a 567 millions de locuteurs actifs de l'espagnol dans le monde.

Carte en main, les chiffres sont encore plus parlants : vous pouvez partir de Tijuana, au nord du Mexique, et arriver à Ushuaia, en Terre de Feu argentine, avec le seul espagnol pour viatique : 11 000 kilomètres, l'équivalent de Lisbonne-Tokyo. Et encore ne parle-t-on là que de la carte politique, car le sud des États-Unis, la Californie ou encore de grandes métropoles comme New-York, pour ne citer qu'elle, sont aussi des espaces largement hispanophones.

Si l'anglais n'est décidément pas votre fort, l'espagnol, omniprésent dans les services et langue native de plus de 40 millions de citoyens nord-américains, vous servira aussi de langue d'échange aux États-Unis. L'inverse, d'ailleurs, est moins vrai, et il vaut mieux parler espagnol si l'on souhaite circuler dans le monde hispanophone en ne limitant pas ses contacts au strict nécessaire.

Quel espagnol ?

Forcément divers à l'échelle de sa diffusion, fait d'une marqueterie d'accents et d'usages (y compris dans la péninsule !), l'espagnol n'en demeure pas moins un outil linguistique compact. Il y a bien sûr des singularités lexicales dans l'espagnol d'Amérique, mais la syntaxe est à très peu de chose près la même et le castillan, l'espagnol d'Espagne, vous servira partout sans exceptions.
Il sera donc la référence de votre apprentissage ici. Nous vous signalerons bien sûr ses caractères propres (dans la prononciation surtout) et quelques spécificités partagées par les parlers américains, car notre choix n'est lourd d'aucun européocentrisme. L'espagnol d'Espagne est simplement le tronc historique commun qui vous permettra d'apprécier, le cas échéant, ses diverses variations. Il serait du reste plus arbitraire encore de donner comme référence l'espagnol du Mexique, celui des Caraïbes ou encore d'Argentine ; et infiniment appauvrissant d'enseigner un "globagnol" qui, pour le coup, ne serait parlé nulle part.
La référence espagnole présente un autre avantage. Les Espagnols ont, ce n'est nullement un mythe, un phrasé rapide qui tranche sur l'élocution assez reposante de la plupart des Latino-américains. Il y a, de plus, une distinction phonétique majeure (entre le z et le s), présente dans le seul espagnol péninsulaire. En d'autres termes et en vertu du principe "qui peut le plus peut le moins", l'accès aux espagnols d'Amérique vous semblera sans doute plus facile à l'oreille si vous avez commencé par le castillan standard.

Le niveau B2 du CECRL

Votre méthode Sans Peine vous conduira au niveau B2 du Cadre européen commun de référence pour les langues, défini comme celui de l'utilisateur indépendant ou avancé.

Commander un café, pour se référer à une tâche souvent prise en exemple dans l'apprentissage des langues, ce peut être un acte très simple, pour lequel il n'est même pas besoin au fond d'échange linguistique : des gestes suffiraient ! Envisagé à un niveau avancé, il suppose que vous soyez capable de produire une phrase correcte et intelligible y compris par exemple dans un environnement bruyant (compétence linguistique) ; que vous sachiez l'exprimer en accord avec le contexte (tutoiement ou vouvoiement, code gestuel, connaissance des divers usages dans la consommation du café : compétence socio-culturelle) ; que vous puissiez, enfin, réagir aux interactions imprévues et obtenir gain de cause (café trop chaud, trop froid, trop cher, pas à votre goût, etc. : compétence pragmatique).
C'est donc une habileté globale qui est en jeu, et qui ne saurait s'acquérir mécaniquement par la mémorisation d'une ou deux formules toutes faites, ce que vous proposera un simple guide de conversation. Il s'agit au contraire de l'aboutissement d'un apprentissage progressif, d'un tuilage de différents savoirs que vous mobilisez d'un coup, en action. C'est, depuis l'origine, le principe même de la méthode Assimil.

Vie quotidienne, culture et civilisation

L'acquisition des codes culturels prend comme toujours la forme de nombreuses notes de civilisation, qui vous renseigneront sur l'histoire, la géographie et plus largement les usages sociaux. Mais les dialogues des leçons, outre leur contenu linguistique, ont également vocation à dresser une galerie de portraits en situation, qui sont autant d'instantanées sur une Espagne aussi attachée à ses coutumes que prompte à accueillir la nouveauté.
On y découvrira le relief que prend toute la vie locale et régionale (diverse y compris linguistiquement, puisque l'Espagne reconnaît le catalan, le basque et le galicien comme langues co-officielles dans leurs respectives Communautés autonomes). Lieux patrimoniaux, grandes villes et paysages, touristiques ou secrets, musiques, gastronomie : c'est à un petit tour d'Espagne que nous vous convions aussi, de la Galice aux Canaries et d'Andalousie en Catalogne, en passant par l'Estrémadure, le Pays basque, Barcelone ou Madrid.

Dans tous ces lieux, vous verrez en scène des personnages et types humains dont vous rencontrerez sans doute des spécimens pour peu que vous vous promeniez au long de la géographie espagnole : la ménagère forte en gueule, le blagueur de service avec ses **chistes**, *histoires drôles*, les grands-parents chéris, la mère poule, le jeune technomaniaque, le partisan de la tauromachie et son féroce adversaire, le représentant des copropriétaires, l'étudiant Erasmus, le chômeur aussi et d'autres encore. Et tout cela, bien sûr, dans un bain linguistique coloré et vivant.

Un mot encore, justement, à ce propos. L'espagnol que vous allez apprendre, tout en se conformant bien sûr à la norme, fait sa part, au fur et à mesure que vous avancerez dans la méthode et par petites touches, à la langue conversationnelle et familière. Celle-ci est beaucoup moins frappée de prudences que pour d'autres langues, plus clivées, où le partage se fait nettement entre le correct et le relâché. C'est moins net en Espagne, où les niveaux de langue sont sans doute plus mêlés, chacun y allant naturellement de sa boutade, de son proverbe, de son image facétieuse ou de son interjection.

Voilà le programme ! Il vous demandera 150 jours à raison d'une leçon par jour. Trente minutes quotidiennes et, en retour, la porte ouverte sur tout un monde, mille voyages et autant de belles rencontres. **¿Vamos?**, *On y va ?*

Mode d'emploi de la méthode

Comment l'exploiter ?

D'abord, quelques conseils très importants :
• Prenez dès aujourd'hui la décision de travailler tous les jours, en principe une trentaine de minutes. Si un jour vous manquez de temps, ne "sautez" pas votre étude quotidienne : prenez quand même cinq minutes pour écouter un dialogue ou revoir un exercice. En revanche, n'essayez pas de trop en faire : sachez consommer avec modération ! La régularité de l'effort est une des clés majeures de l'assimilation naturelle – et de la méthode Assimil.
• Faites-nous confiance. Notre méthode vise l'acquisition de la langue – un processus naturel – plutôt que l'apprentissage – artificiel.

De ce fait, vous verrez parfois une tournure ou un élément grammatical une ou deux fois avant d'en avoir l'explication. Dans certains cas, nous reviendrons plusieurs fois sur un point à quelques jours d'intervalle pour être certains qu'il est bien assimilé.
- Travaillez les dialogues à haute voix, en vous servant des enregistrements. Nous ne saurions trop insister sur l'importance de cet entraînement oral, surtout au début. Débarrassez-vous de vos inhibitions et jouez franchement la comédie !
- Révisez régulièrement. La méthode est construite autour d'une révision permanente (la "deuxième vague", leçons reprenant et développant les notes, etc.). Si d'aventure, un mot ou un élément grammatical refuse de "rentrer" tout de suite, pas de panique ! Prenez le temps qu'il faut et avancez à votre propre rythme, sans vous laisser rebuter par une difficulté. Continuez votre chemin, et il y a fort à parier que la solution du problème arrivera d'elle-même.
- Créez un vrai "bain linguistique pendant votre étude. Profitez de chaque occasion pour entrer en contact avec l'espagnol (sites web, réseaux sociaux, blogs, films, journaux, …). Certes, vous ne comprendrez pas tout immédiatement, mais ce contact élargi avec la langue en favorisera l'acquisition naturelle.
- Amusez-vous ! C'est le troisième élément-clé de la méthode Assimil. Histoires drôles, anecdotes, dessins – tout est conçu pour joindre l'utile à l'agréable.

La première vague ou "phase d'imprégnation"

Elle constitue la première partie de l'acquisition. Commencez par écouter, dans sa globalité, le texte de la leçon – presque toujours un dialogue – pour capter la musique de la langue. Cette écoute est très importante pour saisir le rythme et le phrasé de l'espagnol. Vous pouvez, bien sûr, suivre la méthode sans les enregistrements, mais cela reviendrait à avoir les paroles d'une chanson sans la musique ; nous vous conseillons donc vivement de les acquérir.

Ensuite, lisez le texte phrase par phrase, en vous reportant à la traduction française et en réécoutant chaque phrase. N'oubliez pas de consulter attentivement les notes, qui ont pour but d'éclaircir des éléments lexicaux et grammaticaux ou d'attirer votre attention sur une difficulté particulière. Vous trouverez aussi – à la fin de

certaines leçons – les notes culturelles dont nous avons parlé et quelques conseils de méthode.
Vient le moment de la répétition. Elle se fait phrase par phrase, en reprenant l'écoute du dialogue. Répétez à vitesse normale, en respectant bien l'accent tonique et l'accent de phrase. Dans les premières leçons, les textes sont répétés deux fois et à un rythme plus lent que le débit habituel. Puis la vitesse des enregistrements augmente au fil des leçons, afin d'atteindre une cadence quasi-naturelle vers la fin du livre. Si vous maintenez votre rythme de travail journalier, vous n'aurez aucun mal à suivre cette progression.
À la fin de chaque leçon, faites les exercices proposés : ils constituent les applications directes de ce que vous venez d'apprendre et reprennent intégralement le vocabulaire nouveau.
Toutes les sept leçons, les leçons de révision font le point sur vos acquis, qu'elles exposent de façon plus systématique : c'est le deuxième étage de la fusée. Ces leçons font partie intégrante de la méthode. Consacrez-leur autant de temps que pour une leçon nouvelle, car elles sont conçues de manière à compléter les informations données dans les notes quotidiennes.
Sachez enfin qu'il existe un appendice grammatical très complet à la fin de l'ouvrage – le troisième étage – qui vous permettra de vérifier, si besoin est, tel ou tel point ; et un double lexique reprenant tous les termes contenus dans l'ouvrage.

La deuxième vague ou "phase d'activation"

À partir de la cinquantième leçon, lorsque vous aurez bien assimilé les bases, votre étude deviendra pleinement active. Tout en continuant à avancer comme précédemment dans les nouvelles leçons, vous reprendrez une à une celles que vous avez déjà apprises, en commençant par la première et en suivant le même rythme d'une par jour. Nous vous demanderons alors de traduire les textes de chaque leçon en espagnol. Cette "deuxième vague", dont nous vous reparlerons le moment venu, est un élément-clé de la méthode Assimil : elle vous permettra de constater tous les progrès que vous aurez faits tout en vous aidant à les consolider.
N'oubliez pas d'apprendre les chiffres, ordinaux et cardinaux, qui sont donnés au début de chaque leçon et en bas de chaque page. Quand vous en serez à la deuxième vague, consacrez 30 secondes par jour à la lecture à haute voix de ces numéros.

En résumé, effort régulier, progression graduelle, et agrément de l'étude : telles sont les fondations de cette méthode, qui vous permettra d'acquérir presque naturellement la maîtrise de l'espagnol.

Prononciation

1 Prononcer le mot, dire la phrase

Vous trouverez à la suite quelques explications concernant la prononciation des lettres et groupes de lettres espagnoles ; il ne s'agit que d'un résumé et tout ceci sera repris et complété pas à pas au fil des leçons. L'autre élément à tenir en compte, primordial, est la place de l'accent tonique, à la fois sur le mot et dans la phrase. En prononcer bout à bout tous les termes en marquant très exactement et de manière homogène chaque syllabe tonique est le plus sûr moyen de produire une phrase antinaturelle : à vitesse normale, ce sera un mot plutôt qu'un autre qui sera mis en valeur. Il n'y a pas, sur ce point, de règles à énoncer, car souvent le locuteur est libre de son phrasé. Au tout début, de plus, on ne cherchera pas l'expressivité mais la correction. Au bout de quelques leçons, vous sentirez cependant la nécessité de mettre plus d'intensité sur tel ou tel élément, en fonction du sens ou du rythme interne de la phrase.

La meilleure méthode est encore l'imitation : prenez comme modèles les enregistrements et essayez de vous caler sur eux, en vous y reprenant à plusieurs reprises s'il le faut ! Avec le temps, naturellement, vous verrez se dégager votre propre petite musique. Nous avons brièvement évoqué les différents accents de l'espagnol. Nul besoin d'ailleurs de traverser l'Atlantique : vous en trouverez déjà une riche palette dans la péninsule… Ne soyez donc pas effrayés si vous entendez par exemple ici ou là les **-s** finaux devenir de simples aspirations ou le **-d** intervocalique des adjectifs et participes (**-ado**, **-ido**) s'évaporer comme par magie (**-ao**, **-ío**). Sachez que ces marges d'incorrection existent, mais gardez-vous de les imiter ! Pour vous aider, nous mettons à votre disposition plusieurs outils dans chaque leçon :

– un marquage systématique en gras de l'accent tonique de chaque mot,

– une transcription "à la française" de la prononciation (expliquée ci-après),
– des remarques de prononciation portant sur les points les plus délicats,
– les enregistrements, enfin, qui vous permettront d'entendre des voix espagnoles et de réécouter et répéter les dialogues et exercices autant de fois que vous en ressentirez le besoin.

2 Les transcriptions

Pour vous faciliter les choses, nous avons choisi de transcrire le texte des dialogues (intégralement jusqu'à la leçon 20, partiellement ensuite) en utilisant les sons français les plus proches. Ce système, nous l'appelons "la prononciation figurée" (vous la trouverez présentée en italique).
Celle-ci n'a rien de scientifique (pour cela, il aurait fallu utiliser l'alphabet phonétique international, qui exige un apprentissage préalable) ; elle vous permettra néanmoins de prononcer tous les mots transcrits comme s'il s'agissait du français. Nous sommes conscients des petites imperfections de ce système : c'est pourquoi nous vous demandons de ne l'utiliser que comme une béquille et de prendre, toujours, les enregistrements comme modèle.

3 La prononciation des voyelles

Y n'étant considéré comme voyelle qu'isolée (la conjonction **y**, *et*) ou en fin de mot, restent les cinq voyelles de base ;
a, **i** et **o** se prononcent comme en français ;
e se prononce *[é]* ;
u se prononce *[ou]*.
Contrairement au français, les voyelles gardent leur prononciation propre même combinées à d'autres voyelles : par exemple **ou**, groupe peu fréquent mais que l'on trouvera dans quelques noms propres comme **Port-Bou**, se prononcera *[oou]* ; de même **y**, en fin de mot et précédée d'une voyelle, se comporte comme un simple **i** : **Eloy**, *[éloï]*.
La combinaison d'une voyelle forte (**a**, **e**, **o**) et d'une faible (**i**, **u**) donne en fait une diphtongue, c'est-à-dire un groupe prononcé d'une seule émission de voix où la forte domine la faible : **ai** *[aï]*, **ia** *[ia]*, **ei** *[éï]*, **ie** *[ié]*, etc. Nous soulignerons cette voyelle dans

les transcriptions des premières leçons jusqu'à la 13, mais il n'y a pas au fond moyen de se tromper, la voyelle forte l'emportant aussi en français. Même chose pour les groupes formés par deux voyelles faibles, **-iu** ou **–ui** : c'est la seconde qui l'emporte, en français comme en espagnol, et nous éviterons donc de surcharger la transcription.

Nous signalerons en revanche systématiquement par du gras les cas ou un hiatus se fait, la faible l'emportant sur la forte. Au demeurant, l'orthographe aussi l'indique, puisqu'un accent écrit apparaît alors : **ía** *[**i**a]*, **aí** *[a**ï**]*, **ío** *[**i**o]*, **oí** *[o**ï**]*, etc.

groupe espagnol	transcription	quelques prénoms et leur prononciation figurée Assimil
au	*[aou]*	**Laura** *[laouRa]*
ai	*[aï]*	**Ainoha** *[aïnoa]*
ei	*[eï]*	**Leire** *[léïRé]*
eu	*[éou]*	**Eusebio** *[éoussébio]*
oi	*[oï]*	**Moisés** *[moïsséss]*

Les voyelles devant un **m** ou un **n** ne sont pas nasalisées comme en français mais détachées. Par exemple, **an** ne se prononce jamais comme dans *chanter*, toujours comme dans *panne* ; **-on**, jamais comme dans *son*, toujours comme dans *sonne*. On figure cette prononciation par une apostrophe.

groupe espagnol	transcription	quelques noms de pays et leur prononciation figurée Assimil
in	*[i'n]*	**Inglaterra** *[i'nglatéRa]*
an	*[a'n]*	**Andorra** *[a'ndoRa]*
om	*[o'm]*	**Colombia** *[colo'mbia]*
am	*[a'm]*	**Gambia** *[ga'mbia]*

4 Trois consonnes particulières

L'alphabet espagnol comporte 27 lettres, une de plus qu'en français, **la eñe**, notée **ñ**, qui correspond à notre son –gn : **España**, *l'Espagne*. Il y a, en outre, trois singularités phonétiques par rapport au français.

• XV

• **la jota**, correspondant au son raclé si typique de l'espagnol, et qui a deux réalisations écrites : le **j** lui-même et les groupes **ge** et **gi**. Notre transcription le note *[H]*.

groupe espagnol	transcription	quelques prénoms et leur prononciation figurée Assimil
ja	*[Ha]*	**Jaime** *[**Ha**ïmé]*
jo	*[Ho]*	**José** *[**Ho**ssé]*
ju	*[Hou]*	**Julia** *[**Hou**lia]*
ge	*[Hé]*	**Gerardo** *[**Hé**ra**R**do]*
gi	*[Hi]*	**Gilberto** *[**Hi**lbe**R**to]*

• **la erre** (**r**) et **la erre doble** (**rr**), qui correspondent au r roulé.
Le **r** peut donc avoir 2 prononciations :
• il est faiblement roulé lorsqu'il est noté **-r** en milieu et en fin de mot. Nous le transcrivons *[R]*.
• il est fortement roulé :
– lorsqu'il est en début de mot ;
– lorsqu'il suit un **-n**, un **-l** ou un **-s** ;
– lorsqu'il est noté **-rr**.
Dans ce cas, nous le transcrivons *[R]*.

groupe espagnol	transcription	quelques couleurs et leur prononciation figurée Assimil
- ri	*[Ri]*	**amarillo** *[ama**R**ilyo]*
- ra	*[Ra]*	**naranja** *[na**R**a'nHa]*
Ro-	*[Ro]*	**rojo** *[**R**oHo]*
- rró	*[Ro]*	**marrón** *[ma**R**o'n]*

• **la zeta**, semblable au *th* anglais de *think*, prononcé avec le bout de la langue entre les dents, correspond aux groupes suivants : **za**, **ce**, **ci**, **zo**, **zu** (les orthographes **zi** et **ze** sont pratiquement inexistantes en espagnol). Nous le notons *[Z]* dans notre transcription.
Cette prononciation de **la zeta** est un des traits distinctifs majeurs de l'espagnol péninsulaire par rapport à l'espagnol d'Amérique. Outre-Atlantique (et aussi dans certaines régions du sud de l'Espagne ainsi qu'aux Canaries), **la zeta** se prononce comme un simple *[s]*.

groupe espagnol	transcription	quelques noms de villes et leur prononciation figurée Assimil
za	[Za]	**Zaragoza** [ZaRa**go**Za]
ce	[Zé]	**Cáceres** [ca**Z**éRéss]
ci	[Zi]	**Valencia** [ba**lé'n**Zia]
zu	[Zou]	**Zumárraga** [Zou**ma**Raga]

5 Autres singularités

• Le groupe **-ch**
Il est toujours prononcé comme s'il était précédé d'un [t] ; nous le notons [tch].

groupe espagnol	transcription	quelques noms d'animaux et leur prononciation figurée Assimil
chi	[tchi]	**chinchilla** [tchi'n**tchi**lya]
cha	[tcha]	**cucaracha** [couca**Ra**tcha]
cho	[tcho]	**anchoa** [a'n**tcho**a]

• Le groupe **-gn**.
Il n'est jamais prononcé à la française et on détache toujours le g du n. Nous le notons donc avec une apostrophe : [g'n].

• La lettre **-x**
Elle n'a qu'une prononciation, celle du français *taxi* : [ks]. Jamais celle de *examen* [gz].

• La lettre **-s**
Elle n'a qu'une prononciation, celle du double s français de crisser, jamais le s doux de criser. Nous la transcrivons donc [ss].
Elle n'est jamais muette, ni en milieu ni en fin de mot : on prononcera **Londres** [lo'ndRess], ou **París** [paRiss].
Dans le sud de l'Espagne ou à Cuba, le **s** tend parfois à devenir une simple aspiration.

groupe espagnol	transcription	quelques noms de fleurs et leur prononciation figurée Assimil
sa	[ssa]	**crisantemo** [cRissa'ntémo]
-is	[iss]	**iris** [iRiss]
so	[sso]	**mimosa** [mimossa]

• Le double L : **-ll**
Il a selon la norme un son mouillé, comme le groupe *-lli* du français *million*. Nous le transcrivons *[ly]*, mais sachez qu'il arrive bien souvent qu'on le prononce comme le *[y]* semi-consonne de *yaourt*.

groupe espagnol	transcription	quelques noms de fruits et leur prononciation figurée Assimil
lla	[lya]	**grosella** [gRossélya]
llo	[lyo]	**membrillo** [mé'mbRilyo]

• La lettre **-v**
Pour simplifier, nous dirons qu'elle se prononce comme la lettre -b, et nous la transcrirons donc *[b]*.

groupe espagnol	transcription	quelques noms d'oiseaux et leur prononciation figurée Assimil
vo	[bo]	**cuervo** [couéRbo]
vi	[bi]	**gavilán** [gabila'n]
ve	[bé]	**avestruz** [abésstRouZ]

6 Quelques subtilités

Nous n'en rendons pas compte dans les transcriptions, mais vous remarquerez peut-être dans les enregistrements, si vous avez l'ouïe très fine, que le **-b** et le **-v** espagnol ne sont pas toujours assimilables à un -b français. Sachez que, lorsqu'ils se trouvent entre deux voyelles, le **b** et le **v** espagnols ne sont pas occlusifs (on freine le passage de l'air en faisant se toucher les lèvres, comme dans *boum*), mais fricatifs (on laisse l'air frotter).
Ce phénomène concerne d'ailleurs aussi le **-d** et le **-g** intervocaliques. Le premier ne se ferme pas comme le *d* de *dent*, mais ressemble davantage au ***th*** anglais de ***this***. Quant au **-g** intervocalique, ici encore, la gorge ne se ferme pas comme dans *gorille*, mais laisse filtrer un son un peu grasseyant qu'on pourrait parfois confondre avec un *-r* français. Écoutez, par exemple, des Espagnols parler français : vous verrez que notre *b*, notre *d* et notre *g* leur posent souvent problème…
Enfin, pour prévenir une erreur que font souvent, pour le coup, les francophones, souvenez-vous bien qu'on n'entend pas le **-u** dans les groupes **gue** et **gui** : **Miguel**, *[mig**ué**l]* et non pas *[mig**oué**l]* ; **guitarra**, *[g**ui**taRa]* et non pas *[g**oui**taRa]*. Pour que le -u soit ici audible, il faut un tréma : **pingüino**, *[pin**goui**no]*.

Voilà, vous êtes fin prêt pour affronter l'espagnol et maîtriser la langue de Cervantès ! Nous vous souhaitons un bon apprentissage !

1 / Lección primera

Avant de commencer, il est absolument nécessaire de lire l'introduction qui précède, même si vous êtes faux débutant.

Lección primera *[lécZio'n pRiméRa]*

¡Qué sorpresa!

1 – ¡**Ho**la [1], **Lau**ra!
2 – ¡**Ho**la, **Pa**co, qué sor**pre**sa! [2]
3 – ¿**Có**mo es**tás** [3], **gua**pa?
4 – ¡**Bien**, **gra**cias! ¿Y tú, qué tal? [4]
5 – Es**toy** pa**chu**cho…

Prononciation
*qué soR**pRé**ssa 1 o**la** **lαou**Ra 2 o**la** **pα**co qué soR**pRé**ssa 3 **co**mo és**tαss** **gouα**pα 4 bi**é**'n **gRα**Ziαss i tou qué tal 5 és**toï** pα**tchou**tcho*

Notes

1 **Hola** est la salutation de base informelle. On la rendra faute de mieux par *salut*, mais notez bien que les Espagnols sont globalement moins formalistes que les Français et que **hola** n'implique donc pas forcément une familiarité très appuyée.

2 En espagnol écrit, vous n'avez pas besoin d'attendre la fin de la phrase pour savoir si son intonation va être exclamative ou interrogative : un signe de ponctuation inversé vous l'indique dès le début ! Ce signe peut même se trouver au milieu de la phrase si l'intonation porte sur un segment de celle-ci ; dans ce cas, on ne mettra pas de majuscule après le point d'interrogation ou d'exclamation ouvrant ou inversé.

3 Le pronom personnel (je, tu, il, etc.) n'est pas indispensable devant le verbe. On ne l'utilise que pour insister : **Estás pachucho**, *Tu es patraque* / **Tú estás pachucho**, *Toi, tu es patraque*.

1 • **uno / una** *[ouno / ouna]*

Première leçon / 1

Dans la traduction des dialogues, les crochets [] permettent de repérer les mots nécessaires en français mais qui n'apparaissent pas dans la phrase espagnole. Les mots entre parenthèses () et en italique indiquent la traduction littéral, mot à mot.

Première leçon *(leçon première)*

Quelle *(que)* surprise !

1 – Salut, Laura !
2 – Salut, Paco, quelle surprise !
3 – Comment vas *(es)* [-tu], [la] belle ?
4 – Bien, merci *(mercis)* ! Et toi, ça va *(que tel)* ?
5 – [Je] suis patraque…

Remarques de prononciation

Les numéros en marge vous indiquent la phrase du dialogue dans laquelle se trouve le mot concerné par ces remarques.
(1), (2) Premier contact avec le **r** doucement roulé : Laura *[l**a**ouRa]* et sorpresa *[soRpRéssa]*. Rien de difficile ! Songez au parler "rocailleux" de certaines régions françaises, que vous avez sans doute déjà imité…
(4) • On ne nasalise pas le **n** en espagnol : dans **bien**, détachez le **e**, prononcé *[é]*, du **n**.
• Autre prononciation particulière ici : dans la norme castillane, le groupe **ci** – gracias *[gRa**Z**iass]* – se prononce comme le **th** anglais de **think** : essayez par exemple de prononcer "saucisson" en mettant le bout de la langue entre les dents. Sachez aussi que les Hispano-américains dans leur ensemble et plusieurs zones du sud de l'Espagne n'observent pas cette prononciation et font comme s'il s'agissait d'un **s**.
(5) Le groupe **ch** se prononce *[tch]* comme dans *tchèque*.

4   Pour demander à quelqu'un comment il va, la question abrégée simple est : ¿Qué tal?, Ça va ? On sous-entend en fait le verbe **estar**, être – ¿Qué tal (estás)? –, qui sert à parler de l'état d'âme ou de santé (voir phrase 5 : **Estoy**…, *Je suis*…).

dos *[doss]* • 2

1 / Lección primera

▶ Ejercicio 1 – Traduzca
Exercice 1 – Traduisez

❶ ¿Qué tal? ❷ ¿Cómo estás? ❸ ¡Hola, guapa, qué sorpresa!
❹ ¿Estás pachucho? ❺ Estoy bien, gracias.

***

Ejercicio 2 – Complete
Exercice 2 – Complétez
(chaque point représente une lettre ou un caractère)

❶ Comment vas-tu ?
   ¿Cómo . . . . . ?

❷ Je vais bien, merci.
   . . . . . bien, ...

❸ Et toi ?
   ¿ . . . ?

❹ Salut ! Ça va, la belle ?
   ¡ . . . .! ¿ . . . ., guapa?

❺ Je suis patraque *(m.)*.
   Estoy . . . .

***

*Ah, les prénoms… Les Espagnols ADORENT les formes dites "hypocoristiques" des prénoms, c'est-à-dire leur déformation affectueuse. Il y en a des dizaines et des dizaines, certaines transparentes (**Tere** pour **Teresa**), d'autres moins : **Lola** pour **Dolores**, **Charo** pour **Rosario**, etc. Pour les garçons, on citera **Paco**, qui remplace familièrement **Francisco**, et aussi **Pepe**, pour **José** (la légende populaire veut qu'il s'agisse de la reprise des initiales parfois associées dans l'iconographie à Joseph, père du Christ : **P.P.**, pour **padre putativo**, père putatif).*

Première leçon / 1

Corrigé de l'exercice 1
❶ Ça va ? ❷ Comment vas-tu ? ❸ Salut, la belle, quelle surprise ! ❹ Tu es patraque ? ❺ Je vais bien, merci.

***

Corrigé de l'exercice 2
❶ – estás ❷ Estoy – gracias ❸ – Y tú ❹ – Hola – Qué tal – ❺ – pachucho

***

Toujours au chapitre de l'affectif, il est fréquent, lorsque l'on s'adresse à quelqu'un de proche, d'introduire dans la phrase des petits mots tendres ou louangeurs qui soulignent simplement le contact : dans le dialogue de cette leçon, par exemple, **guapa**. *Nous en découvrirons bien d'autres, chemin faisant… Tout cela est chaleureux, n'est-ce pas ?*

2

Lección segunda [lécZio'n ségou'nda]

¿Dónde vives [1]?

1 – ¿De **dón**de [2] **e**res [3], **Mont**se?
2 – Mi fam**i**lia es de Andaluc**í**a.
3 **Pe**ro yo na**cí** [4] en [5] Barce**lo**na.
4 – ¿Y **vi**ves en Barce**lo**na?
5 – **Vi**vo en las a**fue**ras de Barce**lo**na.

Prononciation
do'ndé **bi**béss **1** dé **do'n**dé é**R**éss **mo'n**tsé **2** mi fam**i**lia éss dé a'ndalou**Z**ia **3** **pé**Ro yo na**Z**i é'n baR**Zé**lona **4** i **bi**béss é'n baR**Zé**lona **5** **bi**bo é'n lass a**foué**Rass dé baR**Zé**lona

Notes

1 Remarquez ici, ainsi qu'en phrases 4 et 5, les deux premières personnes du verbe **vivir**, *vivre*.

2 Vous l'avez peut-être remarqué à la leçon 1, les mots interrogatifs et exclamatifs (**qué**, **cómo**) portent un accent écrit. Même chose ici pour ¿**Dónde?**, *Où ?*

3 **eres**, puis **es** (phrase 2) sont la 2ᵉ et 3ᵉ personne du singulier du verbe **ser**, *être*. Un autre verbe *être*, différent de **estar** (leçon 1) ? Cette complication n'en est une que si on réfléchit "en français". Il peut arriver à un Espagnol de faire des fautes dans sa propre langue, mais il n'en fait jamais sur cette question car il n'y a pas pour lui "deux verbes être". On

Deuxième leçon *(leçon seconde)*

Où vis[-tu] ?

1 – D'*(de)* où es [-tu], Montse ?
2 – Ma famille est [originaire] d'*(de)* Andalousie.
3 Mais moi [je] suis née *(naquis)* à *(en)* Barcelone.
4 – Et [tu] vis à *(en)* Barcelone ?
5 – [Je] vis dans la banlieue *(les banlieues)* de Barcelone.

Remarques de prononciation
(1), (2), (4), (5) Tout (ou presque) se prononce en espagnol. Le **s** en fin de mot est donc toujours marqué : **eres** *[é**R**éss]* (phrase 1), et aussi **es** *[éss]* (phrase 2), **vives** *[bibéss]* (phrase 4) et encore **las afueras** *[lass afou**é**Rass]* (phrase 5).
(3) Nous avons déjà vu la prononciation du groupe **ci** ; il en va de même pour **ce** : **Barcelona** *[ba**R**Zélona]*. Il y a plusieurs cas semblables dans ce dialogue : repérez-les et entraînez-vous bien !
(4), (5) Le **v** espagnol se prononce pratiquement comme un **b** français, et nous le transcrivons de fait par *[b]*. Si vous avez l'ouïe très fine, vous remarquerez cependant qu'il est légèrement adouci lorsqu'il est pris entre deux voyelles (les lèvres se touchent alors à peine, moins que dans "boum").

voit ici l'avantage de notre "assimilation intuitive" ! Nous vous proposons d'absorber ces phrases comme un Espagnol, et il sera toujours temps par la suite de réfléchir aux mécanismes linguistiques secrets de cette affaire…

4 **yo**, *je*, ne s'emploie ici que pour insister (voir leçon 1) : **Yo nací**, *Moi, je suis né(e)*. Remarquez aussi que l'espagnol utilise couramment le passé simple ("naquis") là où le français parlé emploie le passé composé.

5 **en**, que l'on peut traduire en français tantôt par *en* tantôt par *à*, désigne en espagnol le lieu où l'on se trouve, sans idée de mouvement : **Vivo en…**, *Je vis à…* Vous ne ferez de fautes que si vous "pensez" en français. Même chose pour **Nací en…**, *Je suis né à…* (on parle d'un lieu fixe, pas d'un mouvement vers lui).

seis *[séïss]*

3 / Lección tercera

Ejercicio 1 – Traduzca
Exercice 1 – Traduisez

❶ ¿De dónde es Montse? ❷ ¿De dónde eres? ❸ Vivo en Barcelona. ❹ ¿Vives en las afueras? ❺ Nací en Andalucía.

***

Ejercicio 2 – Complete
Exercice 2 – Complétez
(chaque point représente une lettre ou un caractère)

❶ Ma famille est originaire d'Andalousie.
   .. familia .... Andalucía.

❷ D'où es-tu, Montse ?
   ¿De ...., Montse?

❸ Tu vis à Barcelone.
   .... Barcelona.

❹ Je vis en banlieue.
   ...... las afueras.

Lección tercera [lécZio'n teRZéRa]

¡Bienvenida!

1 – **Bue**nos **d**í**a**s, soy [1] **Ja**vi**er**. ¿**Có**mo te **lla**mas [2]?
2 – Me **lla**mo Ro**cí**o.
3 – Encan**ta**do [3]. ¿**E**res de Ma**drid**?
4 – No, no soy [4] madri**le**ña. Soy anda**lu**za, de Se**vi**lla.
5 – ¡Pues bienve**ni**da [5] a Ma**drid**, mo**re**na! □

Prononciation
bié'nbénida **1** *bouénoss diass soï HabiéR como té lyamass* **2** *mé lyamo RoZio* **3** *é'ncantado éRéss dé madRid* **4** *no no soï madRilégna soï a'ndalouZa dé sébilya* **5** *pouéss bié'nbénida a madRid moRéna*

7 • siete [siété]

Corrigé de l'exercice 1

❶ D'où est Montse ? ❷ D'où es-tu ? ❸ Je vis à Barcelone. ❹ Tu vis en banlieue ? ❺ Je suis né/née en Andalousie.

***

❺ Je suis né à Barcelone.
    ...... Barcelona.

Corrigé de l'exercice 2

❶ Mi – es de – ❷ – dónde eres – ❸ Vives en – ❹ Vivo en – ❺ Nací en –

Tout va bien ? À peine deux leçons, une heure de travail, et vous savez déjà saluer, vous présenter, demander à quelqu'un où il habite et répondre vous-même à cette question : bravo ! Soyez attentif à l'accent tonique : il est signalé en gras sur chaque mot mais il est présent aussi dans la phrase (à vitesse normale, une des syllabes toniques se détache souvent). Laissez-vous guider par les enregistrements et n'hésitez pas à "chanter" les phrases...

Troisième leçon

Bienvenue !

1 – Bonjour *(Bons jours)*, [je] suis Javier. Comment t'appelles [-tu] ?
2 – [Je] m'appelle Rocío.
3 – Enchanté. [Tu] es de Madrid ?
4 – Non, [je] ne suis [pas] *(ne je-suis)* madrilène. [Je] suis andalouse, de Séville.
5 – Eh bien bienvenue à Madrid, [la] brune !

Notes

1 Voici la 1re personne du singulier du verbe **ser**, rencontré à la leçon précédente.

2 Continuons notre panorama des verbes usuels. Nous avons vu **ser**, **estar**, **vivir**, voici maintenant un verbe pronominal : **me llamo**, *[je] m'appelle*, **te llamas**, *[tu] t'appelles*. Comme d'habitude, le pronom personnel sujet n'est pas obligatoire.

3 Observons ici et aux deux phrases suivantes la marque du genre la plus fréquente sur les adjectifs : **a** au féminin et **o** au masculin.

4 **no** isolé signifie *non*. Devant un verbe, il sert à construire la phrase négative : **No soy madrileña**, *Je ne suis pas madrilène*.

5 **bienvenido** est un adjectif masculin ; il fait **bienvenida**, *bienvenue*, si on s'adresse à une personne de sexe féminin. Remarquez aussi **morena**, *brune*, petit mot affectueux comme **guapa** à la leçon 1.

***

Ejercicio 1 – Traduzca
❶ No me llamo Javier. ❷ Encantada, soy Rocío. ❸ ¿Te llamas Montse? ❹ Soy de Madrid. ❺ Buenos días, ¿eres andaluza?

***

Ejercicio 2 – Complete
❶ Comment t'appelles-tu ?
   ¿Cómo . . . . ?

❷ Bienvenue à Madrid, Rocio !
   ¡ . . . . a Madrid, Rocío!

❸ Tu vis à Barcelone.
   . . . . Barcelona.

❹ Javier est madrilène.
   Javier . . . .

❺ Bonjour, tu es de Madrid ?
   Buenos . . . . , ¿. . . . de Madrid?

***

Vous avez rencontré la salutation de base : **¡Buenos días!** *Son usage est à peu près identique à celui de notre* Bonjour ! *Par contre, nos* Bonsoir *et* Bonne nuit *ne collent pas vraiment aux usages de la vie espagnole. On dira ainsi* **Buenas tardes** *"Bonnes après-midis"*

Troisième leçon / 3

Remarques de prononciation

(1) Premier contact avec la **jota** (la lettre **j** espagnole que nous transcrivons conventionnellement *[H]*): **Javier** ! Ce son n'existe pas en français et aucune explication, donc, ne vaudra l'écoute de l'enregistrement. Si vous "coincez" un peu, vous pouvez vous entraîner avec les interjections pour exprimer le rire en espagnol : *Ha ha ha*, *Hé hé hé*, etc., se disent **Ja ja ja**, **Je je je**, etc.

(2) À croire que nous le faisons exprès : encore un prénom difficile à prononcer, **Rocío** (qui signifie *rosée*). À l'initiale, le **r** se roule fortement, comme quand on imite le roulement du tambour en français.

(3) Écoutez la prononciation de **Madrid** : le **d** final est très adouci, un peu comme le **c** de **ce** ou **ci**, que nous avons vu, mais affaibli.

(5) Et un petit plus pour ceux qui ont vraiment l'oreille musicale… : écoutez bien le **d** dans **bienvenida** sur l'enregistrement. Moins dental qu'en français, n'est-ce pas ? En position intervocalique, le **d** espagnol est très proche du **th** anglais de ***that***.

***

Corrigé de l'exercice 1

❶ Je ne m'appelle pas Javier. ❷ Enchantée, je suis Rocío. ❸ Tu t'appelles Montse ? ❹ Je suis de Madrid. ❺ Bonjour, tu es andalouse ?

***

Corrigé de l'exercice 2

❶ – te llamas ❷ – Bienvenida – ❸ Vives en – ❹ – es madrileño ❺ – días – eres –

généralement après le déjeuner et jusqu'à la tombée de la nuit ; puis **Buenas noches** *"Bonnes nuits", qui peut donc s'employer aussi bien quand vous arrivez par exemple dans une soirée (= Bonsoir) que quand on va se coucher (= Bonne nuit).*

diez *[diéZ]*

Lección cuarta [lécZio'n couaRta]

Presentaciones

1 – Él¹ es **Ra**fa, mi² her**ma**no, y **e**lla es Luz, mi her**ma**na.
2   Y él es mi **pa**dre, Mi**guel**.
3 – **Mu**cho **gus**to³. ¿**Có**mo está usted⁴?
4 – Muy bien, **pe**ro ¡**há**blame de tú, por fa**vor**!
5 – ¡**Va**le⁵!

Pronunciation
pRéssé'ntaZionéss **1** él éss **Ra**fa mi éRmano i **é**lya éss louZ mi éRmana **2** i él éss mi padRé miguél **3** **mou**tcho **gous**to como ésta oustéᵈ **4** mouï bié'n **pé**Ro ablamé dé tou poR fa**boR** **5** balé

Notes

1   **él** (*il*, ou *lui*) et **ella** (*elle*) sont comme vous le savez facultatifs devant le verbe conjugué. Employés devant le verbe **ser**, ils servent à présenter : Él / Ella es, *Voici*…

2   **mi**, rencontré déjà en leçon 2, est invariable en genre en espagnol et se traduit à la fois par *mon* et *ma* en français : **mi hermano**, **mi hermana**, *mon frère*, *ma sœur*.

3   **Mucho gusto** est une formule invariable, équivalente de **encantado/encantada**.

***

Ejercicio 1 – Traduzca
❶ Él es mi padre. ❷ Y ella es mi hermana. ❸ Mucho gusto.
❹ Háblame de tú, por favor. ❺ ¿Cómo está usted?

Quatrième leçon

Présentations

1 – **Voici** *(lui est)* **Rafa, mon frère, et voici** *(elle est)* **Luz, ma sœur.**
2   **Et voici** *(lui est)* **mon père, Miguel.**
3 – **Enchanté** *(beaucoup goût)*. **Comment allez** *(est)*-**vous ?**
4 – **Très bien, mais tutoie-moi** *(parle-moi de tu)*, **s'il te plaît** *(par faveur)* **!**
5 – **D'accord** *(ça-vaut)* **!**

Remarques de prononciation

(2), (3) Attardons-nous un instant sur la prononciation du **g** espagnol. Dans le groupe **gue**, **g** se prononce comme en français : ce n'est donc pas *goué* mais *gué* : **Miguel** *[Miguél]*. Toujours pour la prononciation du **g**, observez **gusto** *[gousto]*.
(3) Le **d** final de **usted** se prononce comme le **d** final de **Madrid**, très affaibli.

4   **usted** est un pronom personnel particulier à l'espagnol, qui sert à marquer le vouvoiement de politesse au singulier. Mais attention ! Il s'utilise avec la 3ᵉ personne du verbe : dans cet exemple, **está**, 3ᵉ personne du singulier du verbe **estar**.

5   **Vale**, petit mot très usuel et passe-partout, qui équivaut généralement à *d'accord* ou *c'est bon*, est en fait la 3ᵉ personne du singulier du verbe **valer**, *valoir* : *ça vaut*. Mais prononcé sur un ton d'impatience, il peut aussi signifier *ça suffit* !

***

Corrigé de l'exercice 1

❶ Voici mon père. ❷ Et voici ma sœur. ❸ Enchanté. ❹ Tutoie-moi, s'il te plaît. ❺ Comment allez-vous ?

Ejercicio 2 – Complete

1. Très bien !
   ¡... bien!

2. Enchanté ! Voici mon frère.
   ¡..... gusto! ...... hermano.

3. Tutoie-moi, d'accord ?
   Háblame ...., ¿....?

4. Comment allez-vous ?
   ¿Cómo ....?

5. Vous n'êtes pas mon père.
   ..... no .... padre.

Lección quinta [lécZio'n qui'nta]

Entrevista de trabajo

1 – ¿**Cuán**tos i**dio**mas [1] **ha**bla us**ted** [2]?
2 – **Ha**blo in**glés** y fran**cés**.
3 – ¡Enhora**bue**na! ¿**Ha**blamos in**gléss** entonces?
4 – **Ejem**..., el in**glés** lo **leo** [3], **pe**ro no lo **ha**blo muy bien.
5 – Sí, **cla**ro [4]... Y el fran**cés**, ¿lo **ha**bla o **so**lo lo es**cri**be?

Prononciation
*é'ntRébista dé tRabaHo **1** coua'ntoss idiomass abla ousté^d **2** ablo i'ngléss i fRa'nZéss **3** énoRabouéna ablamoss i'ngléss é'nto'nZéss **4** éHém él i'ngléss lo léo péRo no lo ablo moui bié'n **5** si claRo i él fRa'nZéss lo abla o solo lo éscRibé*

Remarques de prononciation
(1), (3) Le h espagnol, qu'il soit à l'initiale (**habla**) ou à l'intérieur du mot (**enhorabuena**) est toujours muet, jamais aspiré : on ne le prononce pas.
(2), (3) Veillez à toujours bien détacher le **n** quand il est précédé d'une voyelle : *[i'ngléss], [fRa'nZéss], [é'nto'nZéss]*.

Corrigé de l'exercice 2

❶ – Muy – ❷ – Mucho – Él es mi – ❸ – de tú – vale – ❹ – está usted
❺ Usted – es mi –

Cinquième leçon

Entretien d'embauche *(de travail)*

1 – Combien [de] langues parlez-vous *(il-parle vous)* ?
2 – [Je] parle anglais et français.
3 – Félicitations *(en-heure-bonne)* ! On parle *(nous-parlons)* anglais alors ?
4 – Euh…, l'anglais [je] le lis mais [je] ne le parle [pas] très bien.
5 – Oui, bien sûr *(clair)*… Et le français, [vous] le parlez *(il-parle)* ou [vous] l'écrivez seulement *(seulement il-écrit)* ?

5 / Lección quinta

Notes

1 Un nouveau mot interrogatif, qui prend donc un accent écrit : **cuántos**, *combien de*... Il est ici au masculin pluriel (terminaison en **-os**), car il porte sur un nom masculin pluriel : **idiomas**. Eh oui, mot piège : **idioma**, bien que terminé en **a**, n'est pas féminin !

2 Entretien d'embauche ici, donc vouvoiement et par conséquent 3e personne du singulier du verbe : il s'agit ici du verbe **hablar**, *parler* (que vous avez découvert en leçon 4 à l'impératif), qui est le modèle de la conjugaison du premier groupe.

***

Ejercicio 1 – Traduzca

❶ ¿Habla usted inglés? ❷ ¿Cuántos idiomas escribe usted? ❸ No hablo francés. ❹ ¡Enhorabuena! ❺ Lo leo, pero no lo escribo.

***

Ejercicio 2 – Complete

❶ Parlez-vous français ?
¿.......... francés?

❷ Nous parlons anglais alors ?
¿Hablamos ....?

❸ Félicitations ! Vous parlez très bien anglais.
¡Enhorabuena! .... muy bien inglés.

❹ Je ne lis pas l'anglais.
No ... el ....

❺ Oui, bien sûr !
¡.. , ...!

3 **leer** et **escribir** (en phrase 5) sont les deux autres modèles de conjugaison régulière de l'espagnol : vous les découvrez ici à la 1re personne (**leo**, *je lis*) et à la 3e personne de vouvoiement singulier (**escribe**). Vous voyez donc la particularité de cette troisième personne : quand le pronom personnel n'est pas exprimé, elle peut aussi bien signifier *il écrit* que *vous écrivez*.

4 **Sí**, *oui*, peut être renforcé par **claro**, *bien sûr*. On peut même les fusionner : **¡Claro que sí!**, *Bien sûr que oui !*

***

Corrigé de l'exercice 1
❶ Parlez-vous anglais ? ❷ Combien de langues écrivez-vous ? ❸ Je ne parle pas français. ❹ Félicitations ! ❺ Je le lis mais je ne l'écris pas.

***

Corrigé de l'exercice 2
❶ – Habla usted – ❷ – inglés entonces ❸ – Usted habla – ❹ – leo – inglés ❺ – Sí, claro –

***

*Sitôt les Pyrénées franchies, le visiteur se trouve nez à nez avec une rude réalité : on ne parle pas qu'espagnol en Espagne. Six Communautés autonomes utilisent en effet une langue régionale co-officielle avec l'espagnol (ou castillan) : Le Pays basque et la Navarre, où l'on parle aussi l'**euskera**, le basque ; la Galice qui pratique le **gallego**, galicien, et Catalogne, Baléares et Communauté valencienne, qui parlent le **catalán**, catalan, et ses variantes (diversité dans la diversité, les Valenciens vous diront que leur langue est une langue à part entière, différente de ce qui est parlé à Barcelone). Signalétique routière, enseignement, presse et télévision, échanges au quotidien : la langue régionale n'est pas décorative, loin de là ! En Catalogne, elle est même l'étendard d'un sentiment national qui, pour une bonne part de la population, débouche sur une revendication indépendantiste. Mais nous reviendrons, tout au long de cet ouvrage, sur cette extrême diversité de l'Espagne.*

dieciséis [diéZisséïss]

Lección sexta [lécZio'n sexta]

A las siete... ¡de la mañana!

1 – ¿En qué trabajas [1]?
2 – Soy enfermera, trabajo en el [2] hospital.
3 – ¿A qué hora terminas?
4 – Termino a las siete [3].
5 – Pues te invito al cine a las ocho, ¿vale?
6 – Gracias, pero termino a las siete... ¡de la mañana!

Prononciation
a lass siété dé la magnana 1 é'n qué tRabaHass 2 soï é'nféRméRa tRabaHo é'n él ospital 3 a qué oRa téRminass 4 téRmino a lass siéte 5 pouéss té i'nbito al Ziné a lass otcho balé 6 gRaZiass péRo téRmino a lass siété dé la magnana

Remarque de prononciation
Pas de nouvelles difficultés de prononciation dans cette leçon. Profitez-en pour bien travailler l'intonation des phrases. Essayez de coller à l'enregistrement et n'hésitez pas à exagérer ! Par exemple, distinguez les phrases 2 ou 4 (la voix tombe à la fin) des phrases 1, 3, 5 et 6 (elle remonte).

Notes
1 Puisque le verbe conjugué ne porte pas toujours le pronom personnel sujet, c'est la terminaison qui vous donne la personne du verbe : observez donc bien l'alternance **-o** / **-as** (**trabajo, termino, invito** : 1re personne, *je...* / **trabajas, terminas** : 2e personne, *tu...*).

***

Ejercicio 1 – Traduzca
❶ ¿Eres enfermera? ❷ ¿Trabajas en el hospital? ❸ No, trabajo en el cine. ❹ Te invito a las ocho, ¿vale? ❺ ¿Terminas a las siete?

Sixième leçon

À *(les)* sept [heures]... du *(de la)* matin !

1 – [Tu] travailles dans quoi ?
2 – [Je] suis infirmière, [je] travaille à *(dans le)* l'hôpital.
3 – À quelle heure finis [-tu] ?
4 – [Je] finis à *(les)* sept [heures].
5 – Eh bien [je] t'invite au cinéma à *(les)* huit [heures], d'accord ?
6 – Merci, mais [je] finis à *(les)* sept [heures]... du *(de la)* matin !

2 el (sans accent), c'est l'article le : **el hospital**. Remarquez que, dans cette phrase, le français dira *à l'hôpital*, mais que l'espagnol utilisera **en**, *dans*, qui renvoie à l'endroit où on se trouve, sans mouvement.

3 Pour dire l'heure, l'espagnol sous-entend le mot **horas**, qui est féminin pluriel. On va donc utiliser à sa place l'article féminin pluriel **las** : **a las siete**, *à sept heures* (mot à mot : "à les sept").

***

Corrigé de l'exercice 1
❶ Tu es infirmière ? ❷ Tu travailles à l'hôpital ? ❸ Non, je travaille au cinéma. ❹ Je t'invite à huit heures, d'accord ? ❺ Tu finis à sept heures ?

7 / Lección séptima

Ejercicio 2 – Complete

❶ Dans quoi travailles-tu ?
¿En qué .... ?

❷ Tu finis à sept heures du matin.
.... a ... siete de la mañana.

❸ Merci, mais je finis à huit heures !
¡Gracias, ... termino a ....!

❹ Je suis infirmière à l'hôpital.
... enfermera .... hospital.

❺ Eh bien je t'invite au cinéma !
¡.... te ...... al cine!

7

Lección séptima [lécZio'n séptima]

Repaso – Révision

Voici venu le 7ᵉ jour… Ce ne sera pas vraiment celui du repos, mais nous vous proposons cependant une petite pause, consacrée à la révision de ce que vous avez découvert et en grande partie déjà sans doute assimilé. Ne prenez surtout pas ces pages comme une leçon de grammaire à mémoriser ! Il n'y a d'ailleurs rien dans ce qui suit que vous ne sachiez déjà : juste une mise en ordre de ce que les dialogues ont fourni. Vous aurez peut-être même envie déjà d'en savoir plus ! Patience…

1 L'accentuation

Où placer l'accent tonique ? À grande question, réponse simple pour l'instant : sur les syllabes que nous vous signalons en gras, à la fois dans le dialogue et dans sa transcription. L'accent tonique, en effet, n'est pas systématiquement indiqué par l'orthographe espagnole. Vous avez cependant remarqué qu'il y a parfois des accents écrits (toujours aigus) sur des mots, n'est-ce pas ? Eh bien ils ont les fonctions suivantes :
– signaler l'accent tonique dans certains cas (nous verrons lesquels) ;
– signaler les mots interrogatifs et exclamatifs (**Qué**, **Cómo**, **Dónde**, etc.) ;

Corrigé de l'exercice 2

❶ – trabajas – ❷ Terminas – las – ❸ – pero – las ocho ❹ Soy – en el – ❺ – Pues – invito –

Voilà, vous venez de finir votre première série de leçons ! Déjà de nombreux éléments de base de la langue ont commencé à prendre place dans votre esprit. Certains points sont peut-être même déjà fixés, mémorisés, presque automatisés... Et puis il y a aussi tout le "bruit de fond" de la langue : mots de liaison, tournures idiomatiques, tous ces petits outils quotidiens que nous glissons de-ci de-là dans les dialogues. L'idée est que vous assimiliez l'espagnol intuitivement, sans insister d'emblée sur la grammaire, mais aussi que cet espagnol soit très vite usuel, ni livresque ni artificiel.

Septième leçon

– distinguer des mots de forme identique : **Él es mi padre**, *Lui, c'est mon père*, et **el padre de Laura**, *le père de Laura* / **tu amigo**, *ton ami*, et **¿Y tú?**, *Et toi ?*

2 Le pronom personnel et le verbe

Il y a trois modèles de conjugaison régulière : en **-ar** (modèle **hablar**), en **-er** (modèle **leer**) et en **-ir** (modèle **escribir**). Le pronom personnel (je, tu, il...) ne sert qu'à marquer une insistance. Signalons aussi les verbes pronominaux mais restons-en pour le moment aux trois premières personnes :

hablar *parler*	leer *lire*	escribir *écrire*	llamarse *s'appeler*
(yo) hablo *je parle*	(yo) leo *je lis*	(yo) escribo *j'écris*	(yo) me llamo *je m'appelle*
(tú) hablas *tu parles*	(tú) lees *tu lis*	(tú) escribes *tu écris*	(tú) te llamas *tu t'appelles*
(él/ella) habla *il/elle parle*	(él/ella) lee *il/elle lit*	(él/ella) escribe *il/elle écrit*	(él/ella) se llama *il/elle s'appelle*

3 Deux verbes irréguliers

L'espagnol dispose de deux verbes usuels irréguliers, que l'on traduit faute de mieux par *être*, mais qui ont des usages bien différents l'un de l'autre : **ser** et **estar**.

ser	estar
(yo) soy *je suis*	**(yo) estoy** *je suis*
(tú) eres *tu es*	**(tú) estás** *tu es*
(él, ella) es *el/elle est*	**(él, ella) está** *il/elle est*

Mais pour l'espagnol, il n'y a pas "deux verbes être" et de fait une grammaire espagnole à l'usage des Espagnols n'aborde pas la question de cette manière. Les erreurs des francophones en la matière viennent précisément du fait qu'ils ont en tête leur langue maternelle, qu'ils adaptent ou traduisent plus ou moins mentalement. Soyons donc fidèles au principe de notre méthode ! Partons de l'espagnol, des situations et des échanges qui en découlent, et "assimilons" sans réfléchir pour l'instant les phrases que nous découvrons. Voici une petite série de dialogues : vraiment, il n'y a pas moyen de se tromper !

Je me présente (nom, origines, métier)	Je demande des nouvelles et j'en donne
– ¿De dónde **eres**? – *D'où es-tu ?* – Mi familia **es** de Andalucía y yo **soy** de Barcelona. – *Ma famille est d'Andalousie et moi, je suis de Barcelone.* – ¿**Eres** enfermera? – *Tu es infirmière ?* – Sí, **soy** enfermera. – *Oui, je suis infirmière.*	– ¿Cómo **estás**? – *Comment vas-tu ("es-tu") ?* – **Estoy** muy bien. – *Je vais ("suis") très bien.* – ¿Y cómo **está** tu padre? – *Et comment va ("est") ton père ?* – **Está** muy bien, gracias. – *Il va ("est") très bien, merci.*

Septième leçon / 7

4 Le vouvoiement de politesse

On dit souvent qu'en Espagne on ne vouvoie que son concierge. Et de fait l'Espagnol tutoie beaucoup plus spontanément que le Français, même quand il ne connaît pas son interlocuteur. Il y a cependant bien des cas où le vouvoiement s'impose, par exemple dans les rapports avec des personnes nettement plus âgées.

Grande règle : le vouvoiement de politesse s'exprime en espagnol par la 3ᵉ personne. Étrange ? En fait, ce n'est pas si insolite… C'est la façon dont par exemple on s'adresserait à un roi en français : "Votre Majesté a-t-elle bien dormi ?". Le pronom personnel spécial qui correspond au vouvoiement de politesse – **usted** – est d'ailleurs la contraction d'un archaïque **vuestra merced**, *votre grâce*. C'est la même logique !

Un verbe espagnol à la 3ᵉ personne peut donc avoir deux sens : **Habla**, *Il parle* ou *Vous parlez*. Du coup, l'usage de **usted** associé au verbe conjugué est un peu plus fréquent (sans être systématique) que celui des autres pronoms personnels, précisément pour lever les ambiguïtés possibles. Un petit tableau pour résumer :

Rapport de tutoiement	Rapport de vouvoiement
¿Cómo estás? *Comment vas-tu ?*	¿Cómo está usted? *Comment allez-vous ?*
¿De dónde eres? *D'où es-tu ?*	¿De dónde es usted? *D'où êtes-vous ?*
¿Dónde vives? *Où vis-tu ?*	¿Dónde vive usted? *Où vivez-vous ?*
¿Cómo te llamas? *Comment t'appelles-tu ?*	¿Cómo se llama usted? *Comment vous appelez-vous ?*
¿Hablas español? *Parles-tu espagnol ?*	¿Habla usted español? *Parlez-vous espagnol ?*

▶ Diálogo de repaso – Dialogue de révision

Pour finir cette leçon de révision, voici un petit dialogue reprenant le vocabulaire abordé au cours des 6 leçons que vous avez étudiées cette semaine. Nous vous en proposerons un à la fin de chaque leçon de révision. Lisez-le à haute voix et traduisez-le en français.

8 / Lección octava

1 – Hola, ¿qué tal, guapo?
2 – Bien, gracias... ¿Y usted?
3 – Muy bien, pero ¡háblame de tú, por favor!
4 – Sí, claro... Yo soy Javier. ¿Y tú?
5 – Encantada. Me llamo Montse. ¿Eres de Barcelona?
6 – No, vivo en Barcelona pero nací en Madrid.
7 – ¿Y hablas catalán?
8 – Lo leo, pero no lo hablo muy bien...
9 – Te invito al cine, ¿vale?
10 – Ejem... gracias, pero estoy pachucho.

8

Lección octava *[lécZio'n octaba]*

¡Feliz cumpleaños, abuela!

1 – ¿Qué **quie**res por tu cumpleaños, a**bue**la?
2 – ¡No **quie**ro **tar**ta [1], no **quie**ro re**ga**los, no **quie**ro **na**da! **So**lo **quie**ro ser más **jo**ven [2]...
3 – No **e**res **vie**ja, mu**jer** [3], **so**lo **tie**nes o**chen**ta años.
4 – ¿Qué? ¡No **ten**go [4] o**chen**ta años, **ten**go se**ten**ta y **nue**ve!
5 – ¿**V**es? **E**res todavía **jo**ven. En**ton**ces, ¿no **quie**res **na**da?
6 – **Bue**no... ¿Por qué no **u**na botel**li**ta [5] de co**ñac**? Es un re**ga**lo **ú**til, ¿no?

Prononciation

*féliZ cou'mpléagnoss abouéla **1** qué quiéRéss poR tou cou'mpléagnoss abouéla **2** no quiéRo Régaloss no quiéRo taRta no quiéRo nada solo quiéRo séR mass Hobé'n **3** no éRéss biéHa mouHéR solo tiénéss otché'nta agnoss **4** qué no té'ngo*

Traduction

1 Salut, ça va, beau [gosse] ? **2** Bien, merci... Et vous ? **3** Très bien, mais tutoie-moi, s'il te plaît ! **4** Oui, bien sûr... Je suis Javier. Et toi ? **5** Enchantée. Je m'appelle Montse. Tu es de Barcelone ? **6** Non, je vis à Barcelone mais je suis né à Madrid. **7** Et tu parles catalan ? **8** Je le lis mais je ne le parle pas très bien... **9** Je t'invite au cinéma, d'accord ? **10** Euh..., merci, mais je suis patraque.

Huitième leçon

Joyeux (heureux) anniversaire, grand-mère !

1 – Que veux [-tu] pour ton anniversaire, grand-mère ?
2 – [Je] ne veux [pas de] gâteau, [je] ne veux [pas de] cadeaux, [je] ne veux rien ! [Je] veux seulement être plus jeune...
3 – [Tu] n'es [pas] vieille, allons (femme), [tu] as seulement quatre-vingts ans.
4 – Quoi ? [Je] n'ai [pas] quatre-vingts ans, [j'en] ai soixante-dix-neuf !
5 – [Tu] vois ? [Tu] es encore jeune. Alors, [tu] ne veux rien ?
6 – Bon... Pourquoi pas (non) une petite bouteille de cognac ? [C'] est un cadeau utile, non ?

*otché'nta agnoss **té'n**go sété'nta i **nou**ébé **5** béss **é**Réss todabia **Ho**bé'n é'**nto'n**Zéss no **quié**Réss na**da 6 boué**no poR qué no **ou**na bot**é**l**yi**ta dé co**gnac** éss ou'n **Ré**galo **ou**til no*

veinticuatro [béï'nti**coua**tRo] • 24

Remarques de prononciation

(Titre) C'est devenu automatique, vous prononcez à présent **e** et **u** à l'espagnole : *[é]* et *[ou]*. Par contre il faut sans doute toujours rester attentif à la distinction entre **z** (comme un **th** anglais dans **think**) et **s**. Pour simplifier, on dit souvent que **s** se prononce comme en français, mais si vous tendez bien l'oreille, vous remarquerez que le **s** espagnol est légèrement sifflant, entre le *s* et le *ch* français.

(2) Rappel : le **r** initial est fortement roulé (**regalos** : *[Régaloss]*) et le r intervocalique faiblement roulé (**quiero** : *[quiéRo]*). Vous les distinguerez à la taille du *[R]* dans la transcription phonétique.

Notes

1 La marque de l'article indéfini disparaît lorsque la phrase est négative : **Quiero una tarta**, mais **No quiero tarta**, *Je ne veux pas [de] gâteau*. Attention d'ailleurs à ce faux-ami, qui bien souvent ne désigne pas en espagnol une tarte à la française mais plutôt un gros gâteau.

2 Il ne suffit certes pas de mettre des **o** et des **a** à la fin des mots pour parler espagnol ! Pour preuve l'adjectif **joven**, qui est invariable comme

***

Ejercicio 1 – Traduzca

❶ Quiero un regalo útil. ❷ ¡Feliz cumpleaños, abuelo! ❸ Soy viejo : tengo ochenta y nueve años. ❹ ¿Qué quieres? ❺ Tienes una mujer joven.

***

Ejercicio 2 – Complete

❶ Je n'ai pas de cadeaux.
No . . . .

❷ Pourquoi ne veux-tu pas de cadeaux ?
¿ . . . . . . no . . . . regalos?

❸ Je ne veux rien pour mon anniversaire.
No . . . . por mi . . . .

❹ Tu es encore jeune, grand-mère : tu as soixante-dix ans.
Eres . . . . , abuela : . . . . . . setenta . . . . .

Huitième leçon / 8

presque tous ceux qui se terminent par une consonne : **un hombre joven**, **una mujer joven**, *un homme jeune*, *une femme jeune*.

3 Dans "Astérix en Hispanie", les Ibères ponctuent souvent leurs phrases de sonores "homme !", traduction comique des ¡**hombre**! ou ¡**mujer**! qui reviennent en effet fréquemment dans la conversation espagnole. Ces interpellations n'ont pas un sens littéral et servent en fait à souligner la tonalité de la phrase : le désaccord (¡**No eres vieja, mujer**!, *Allons, tu n'es pas vieille !*), la surprise (¡**Hombre, qué sorpresa**!, *Ça alors, quelle surprise !*), etc.

4 Découvrons l'utile verbe **tener**, *avoir*, dont vous remarquez les irrégularités : **tengo**, *j'ai*, **tienes**, *tu as*.

5 Les diminutifs ont en espagnol un usage plus étendu qu'en français : ils s'appliquent généreusement aux adverbes, aux adjectifs et bien sûr aux noms (**botella**, **botellita**, *bouteille*, *petite bouteille*) avec bien souvent une valeur affective. La désinence la plus courante est **-ito/-ita**, lorsque les mots se terminent en **-o** ou **-a** : **abuelito**, **abuelita**, ("petit/ petite") *grand-père /grand-mère*.

***

Corrigé de l'exercice 1

❶ Je veux un cadeau utile. ❷ Joyeux anniversaire, grand-père ! ❸ Je suis vieux : j'ai quatre-vingt-neuf ans. ❹ Que veux-tu ? ❺ Tu as une femme jeune.

***

❺ Je ne veux pas de gâteau, je veux seulement une petite bouteille de cognac.
No . . . . , ... solo una . . . . de coñac.

Corrigé de l'exercice 2

❶ – tengo regalos ❷ – Por qué – quieres – ❸ – quiero nada – cumpleaños ❹ – todavía joven – tienes – años ❺ – quiero tarta, quiero – botellita –

9 / Lección novena

*Il faut bien sûr souhaiter un **feliz cumpleaños** aux personnes de votre entourage, mais n'oubliez pas non plus leur fête, **el santo**, presque aussi importante que l'anniversaire lui-même : un sonore **¡Felicidades!**, "bonheurs", au moins, sera le bienvenu. Dans le même esprit (la laïcité n'est pas le fort de l'Espagne), villes et villages fêtent leurs saints patrons par un jour férié (parfois deux) : **San Isidro** (15 mai) et **la Almudena** (9 novembre) à Madrid, **la Mercè** (24 septembre) à Barcelone, etc. Le calendrier festif est donc fortement marqué par la vie régionale et locale. Chaque Communauté autonome célèbre ainsi par un jour de congé un événement historique la concernant, par exemple l'insurrection contre l'invasion napoléonienne le 2 mai à Madrid. À Barcelone, **la Diada** se fête le 11 septembre et rappelle la résistance de la capitale catalane en*

Lección novena [lécZio'n nobéna]

El desayuno

1 – **Bue**nos **dí**as, un ca**fé** con **le**che [1] y un crua**sán**, por fa**vor**.
2 – Lo **sien**to, caba**lle**ro [2], no **ten**go cruasanes.
3 **Te**nemos [3] tos**ta**das [4] de a**cei**te, de to**ma**te y de sobra**sa**da.
4 Es la especiali**dad** de la **ca**sa. ¿**Quie**re una?
5 – **Ejem**, dis**cul**pe, ¿qué **ho**ra es?
6 – Son las **o**cho **me**nos **cuar**to.
7 – ¡Oh, qué **tar**de! No me da **tiem**po a desayu**nar** [5], ¡a**diós**! [6]

Prononciation
*él déssa**iou**no* 1 *bou**é**noss di**a**ss ou'n café co'n létché i ou'n cRoua**ssa'n** poR fa**boR*** 2 *lo si**é'n**to cabal**yé**Ro no **té'n**go cRoua**ssa**néss* 3 *té**né**moss tos**ta**dass dé a**Z**éïté dé to**ma**té i dé sobRa**ssa**da* 4 *éss la éspé**Z**ialida**d** dé la **ca**ssa qui**é**Ré **ou**na* 5 *é**H**ém dis**cou**lpé qué **o**Ra éss* 6 *so'n lass **o**tcho **mé**noss **coua**Rto* 7 *o qué **ta**Rdé no mé da ti**é'm**po a déssa**iou**naR a**dio**ss*

*1714 face aux troupes des Bourbons. Au **Nou Camp**, temple du FC Barcelone, de sonores manifestations indépendantistes saluent l'horloge du stade lorsqu'elle affiche 17 minutes et 14 secondes du temps réglementaire…*

Neuvième leçon

Le petit déjeuner

1 – Bonjour, un café au *(avec)* lait et un croissant, s'il vous plaît *(par faveur)*.
2 – Je suis désolé *(Le je-sens)*, monsieur, [je] n'ai [pas de] croissants.
3 [Nous] avons [des] tartines à l'*(d')*huile, à la *(de)* tomate et à la *(de)* soubressade.
4 [C'] est la spécialité de la maison. [En] voulez-vous *(il-veut)* une ?
5 – Euh, pardon *(excusez)*, quelle heure est [-il] ?
6 – Il est *(ils-sont les)* huit heures moins le quart.
7 – Oh, qu'[il est] tard ! Je n'ai pas *(ne me donne)* [le] temps de *(à)* prendre le petit déjeuner, au revoir !

Remarques de prononciation
(1) L'espagnol naturalise les mots étrangers et les adapte à son orthographe. Voyez la transformation de "croissant" : "oi" devient **ua** et "ss" devient **s**. Évidemment, le "t" étant prononcé en espagnol, il disparaît tout bonnement ! Par contre il faut rouler le **r** et détacher le **n** du **a** dans **an**, à l'espagnole.

veintiocho *[béï'ntiotcho]* • 28

Remarques de prononciation

(3) Les groupes **ai**, **oi** et **ei** (ici **aceite**) sont toujours prononcés en détachant les lettres : *[aï]*, *[oï]*, *[éï]*.

(4) Dans **especialidad**, le **d** en fin de mot disparaît presque, c'est à peine un **z** très adouci.

Notes

1. La terminaison **a** est souvent une marque de féminin et le **o** une marque du masculin (même s'il y a des exceptions). Avec les autres lettres, on a moins de repères et nombre de mots courants ont un genre différent en espagnol et en français, méfiance ! Ici par exemple : **la leche**, *le lait*, et aussi **el aceite**, *l'huile* et **el tomate**, *la tomate* (phrase 3).

2. *Monsieur*, *madame* et *mademoiselle* se disent **señor**, **señora** et **señorita**. Mais dans le cadre d'une relation très formelle, commerciale par exemple,

***

Ejercicio 1 – Traduzca

❶ Lo siento, caballero, no tenemos tostadas. ❷ Desayuno café con leche y cruasanes. ❸ ¡Qué tarde! Son las once menos cuarto. ❹ Tengo un tomate y aceite. ❺ No me da tiempo, adiós.

***

Ejercicio 2 – Complete

❶ Je veux un café au lait, s'il vous plaît.
Quiero un café . . . . , ...

❷ Pardon, madame, quelle heure est-il ?
. . . . , señora, ¿ . . . . ?

❸ Voulez-vous une tartine à l'huile ?
¿Quiere una . . . . ?

❹ Je prends du café et des tartines au petit déjeuner.
. . . . café y . . . .

❺ Les tartines à la tomate sont la spécialité de la maison.
Las tostadas . . . . son la . . . . de la . . . . .

veintinueve *[béï'nti**nou**ébé]*

vous entendrez souvent, pour les hommes, le mot **caballero** (à l'origine, "chevalier"). On retrouvera aussi ce terme … sur la porte des toilettes.

3 Vous connaissez déjà deux personnes du verbe **tener**, *avoir* : **tengo** et **tienes**. Voici **tenemos**, *nous avons*. Observez que le radical change selon les personnes : tantôt **ten-**, tantôt **tien-**. Nous y reviendrons bientôt.

4 L'article indéfini n'existe pas au pluriel : **Tenemos tostadas**, *Nous avons des tartines*. De la même manière, il n'y a pas d'article partitif (*du, de la*) : ¿**Quiere café?**, *Voulez-vous du café ?*

5 Attention : **el desayuno** désigne donc *le petit déjeuner*, mais **desayuno** peut aussi être la 1ère personne du verbe **desayunar**, *prendre le petit déjeuner*.

6 Il y a plusieurs formules de congé : **adiós** est plus fréquent qu'en français car il n'a pas forcément la connotation d'*adieu* définitif. On l'emploie la plupart du temps pour dire *au revoir*.

***

Corrigé de l'exercice 1
❶ Je suis désolé, monsieur, nous n'avons pas de tartines. ❷ Je prends du café au lait et des croissants au petit déjeuner. ❸ Qu'il est tard ! Il est onze heures moins le quart. ❹ J'ai une tomate et de l'huile. ❺ Je n'ai pas le temps, au revoir.

Corrigé de l'exercice 2
❶ – con leche, por favor ❷ Disculpe – qué hora es ❸ – tostada de aceite ❹ Desayuno – tostadas ❺ – de tomate – especialidad – casa

*Commander un café, c'est toute une affaire, et on vous regardera sans doute avec des yeux ronds si vous demandez simplement **un café, por favor**. Le moins que vous puissiez faire, ce sera de demander **un café solo** si vous souhaitez un café noir, ou **un café con leche** pour un café au lait. Mais tout se complique ensuite, surtout quand les manies personnelles des consommateurs s'en mêlent... **Un cortado**, "coupé", c'est un café noisette ; outre **corto**, serré, et **largo**, long, il peut être également **descafeinado** et, à l'intérieur*

Lección décima [lécZio'n déZima]

¿Cuándo duermen?

1 – ¿A qué hora se cena ¹ en tu casa?
2 – En casa cenamos a las diez de la noche.
3 – Vemos la tele y nos acostamos ² a las doce y media más o menos.
4 – ¡Qué tarde! Pero ¿a qué hora os levantáis ³?
5 – ¡Muy temprano! A las siete ya estamos todos despiertos.
6 – ¿Y no estáis todo el día cansados?
7 – Un poco, sí... ¡Pero se sabe que los españoles ⁴ duermen ⁵ poco!

Prononciation

coua'ndo douéRmé'n **1** a qué oRa sé Zéna é'n tou cassa **2** én cassa Zénamoss a lass diéZ dé la notché **3** bémoss la télé i noss acostamoss a lass doZé i média mass o ménoss **4** qué taRdé péRo a qué oRa oss léba'ntaïss **5** moui té'mpRano a lass siété ya éstamoss todoss déspiéRtoss **6** i no éstaïss todo él dia ca'nsadoss **7** ou'n poco si péRo sé sabé qué loss éspagnoléss douéRmé'n poco

de cette catégorie, **de sobre**, *"en sachet" c'est-à-dire* soluble, *ou* **de máquina**. *Pour le café au lait, il faudra préciser si vous voulez du lait chaud*, **leche caliente**, *ou lait froid*, **leche fría**. *Un café au lait bien blanc ? Demandez* **una manchada** *(lait "taché" de café). Il y a enfin* **el bombón** *(café avec du lait concentré) et* **el carajillo**, *café arrosé. Bref, on ne vous considérera comme un vrai Espagnol que le jour où vous serez capable de commander d'un trait* **un descafeinado de máquina largo con leche fría, ah, y con sacarina, por favor**.

Dixième leçon

Quand dorment[-ils] ?

1 – À quelle heure dîne-t-on *(se dîne [-t-il])* chez toi *(dans ta maison)* ?
2 – À la *(en)* maison [nous] dînons à *(les)* dix [heures] du soir *(de la nuit)*.
3 [Nous] regardons *(voyons)* la télé et [nous] nous couchons à minuit *(les douze)* et demi*(e)* plus ou moins.
4 – Que [c'est] tard ! Mais à quelle heure vous levez [-vous] ?
5 – Très tôt ! À *(les)* sept [heures] [nous] sommes déjà tous réveillés.
6 – Et [vous] n'êtes [pas] fatigués toute la journée *(tout le jour fatigués)* ?
7 – Un peu, oui... Mais on sait *(se sait)* que les Espagnols dorment peu !

Remarque de prononciation
(1) Bonne occasion pour vous entraîner : vous avez dans **se cena** la succession d'un **s** légèrement sifflant et d'un **c** inter-dental. Ecoutez bien l'enregistrement et prononcez plusieurs fois ce segment.

treinta y dos *[tʀéi'nta i doss]*

Notes

1 Voici la manière la plus courante de rendre l'impersonnel "on" : la 3ᵉ personne du verbe précédée du pronom **se** : *on dîne*, **se cena** ; *on parle français*, **se habla francés** ; *on sait*, **se sabe** (phrase 8 du dialogue).

2 Nous abordons dans cette leçon les personnes du pluriel du présent : remarquez les terminaisons en **-emos** et **-amos**. Si le verbe est pronominal, le pronom réfléchi apparaît : **nos acostamos**, *nous nous couchons*.

3 Suite de la conjugaison : la 2ᵉ personne du pluriel. S'agissant d'un verbe pronominal, il faut exprimer le pronom réfléchi : **os** **levantáis**, *vous vous levez*.

***

Ejercicio 1 – Traduzca

❶ ¿A qué hora cenamos? ❷ Os levantáis a las ocho menos cuarto. ❸ Nos acostamos muy temprano. ❹ Estamos todos ya despiertos. ❺ ¿Cuándo duermen los españoles?

***

Ejercicio 2 – Complete

❶ Vous vous levez très tôt et vous êtes fatigués.
. . . . muy . . . . y estáis . . . .

❷ Nous nous couchons très tard, à minuit et demi plus ou moins.
. . . . muy tarde, a las doce . . . . o . . . . . .

❸ Ils dorment tous et moi je suis déjà réveillé.
. . . . todos y yo . . estoy . . . .

❹ On sait qu'en Espagne on dort peu.
. . . . . . que en España . . . .

❺ Les Espagnols dorment moins que les Français.
Los . . . . que los franceses.

Dixième leçon / 10

4 À la différence du français, l'espagnol ne met pas de majuscule aux noms de nationalités : *un Espagnol*, **un español**. Remarquez aussi la marque du pluriel : **-es** lorsque le mot se termine par une consonne : **un español**, **los españoles**.

5 Et, pour finir, la 3ᵉ personne du pluriel, reconnaissable à son **n** final : *ils dorment*, **duermen**. Il s'agit du verbe **dormir** et vous remarquez donc à nouveau cette modification du radical, propre aux verbes dits "à diphtongue".

***

Corrigé de l'exercice 1
❶ À quelle heure dînons-nous ? ❷ Vous vous levez à huit heures moins le quart. ❸ Nous nous couchons très tôt. ❹ Nous sommes tous déjà réveillés. ❺ Quand les Espagnols dorment-ils ?

Corrigé de l'exercice 2
❶ Os levantáis – temprano – cansados ❷ Nos acostamos – y media más – menos ❸ Duermen – ya – despierto ❹ Se sabe – se duerme poco ❺ – españoles duermen menos –

Lección once [lécZi̲o̲'n o'nZé]

*Nous ferons le moment venu un petit résumé pour vous guider dans l'apprentissage des chiffres, mais vous pouvez déjà vous familiariser avec eux à travers la numérotation des pages et celle des leçons. Cette dernière a utilisé jusqu'à présent les ordinaux ; à partir de la 11e, attention : nous passons aux cardinaux. Bien sûr, toute la série des ordinaux existe (*undécimo*, onzième,* duodécimo, *douzième, etc.) mais on n'utilise naturellement en espagnol que les dix premiers. On parlera ainsi de* el sexto sentido, *le sixième sens, ou de* el siglo cuarto, *le quatrième siècle (ordinaux), mais* le xxie siècle *se lira* el siglo veintiuno.

Pelando [1] patatas

1 – ¿Quién me ayuda a pelar patatas?
2 – Lo siento, cariño, estoy escribiendo [2] un correo electrónico.
3 – No puedo, mami [3], estoy hablando por teléfono con una amiga.
4 – Yo tampoco [4], mamá, estoy haciendo la tarea.
5 – ¿No me podéis [5] ayudar? Muy bien, pues entonces no hago [6] tortilla.
6 – ¿Tortilla? ¡Yuju!
7 – ¿Dónde están las patatas?
8 – ¿Cuántas pelamos?
9 – Muchas gracias, sois todos muy amables… □

Prononciation
péla'ndo patatass 1 quié̲'n mé aïo̲u̲da a pélaR patatass 2 lo sié̲'nto caRigno éstoï éscRibié̲'ndo ou'n coRéo éléctRonico 3 no poué̲do mami éstoï̲ abla'ndo por téléfono co'n ouna amiga 4 yo ta'mpoco poué̲do mama éstoï̲ aZié̲'ndo la taRéa 5 no mé podé̲ïss aïoudaR mouï̲ bié̲'n poué̲ss é'nto'nZéss no ago toRtilya 6 toRtilya youHou 7 do'ndé ésta'n lass patatass 8 coua̲'ntass pélamoss 9 moutchass gRaZiass so̲ïss todoss mouï̲ amabléss

Leçon onze

L'épluchage des pommes de terre
(en-épluchant patates)

1 – Qui m'aide à éplucher [des] pommes de terre ?
2 – Je suis désolé, chérie *(tendresse)*, [je] suis en train d'écrire *(suis écrivant)* un courrier électronique.
3 – [Je] ne peux [pas], maman, [je] téléphone à *(suis parlant par téléphone avec)* une amie.
4 – Moi *(je)* non plus, maman, [je] fais *(suis faisant)* les devoirs *(la tâche)*.
5 – [Vous] ne *(me)* pouvez [pas] [m'] aider ? Très bien, eh bien alors [je] ne fais [pas d'] omelette.
6 – [De l'] omelette ? Youpi !
7 – Où sont les pommes de terre ?
8 – Combien [en] épluchons [-nous] ?
9 – Merci beaucoup *(nombreuses mercis)*, [vous] êtes tous très aimables…

Remarques de prononciation

(2) • Le **r** se prononce donc fortement roulé à l'initiale ; il a cette prononciation, aussi, quand il est orthographié **rr**, comme dans **correo**.
• L'accent tonique se trouve parfois sur l'avant-avant-dernière syllabe. Il est dans ce cas-là toujours écrit et ce qui suit est un peu comprimé dans la prononciation. Ecoutez **electrónico** *[eléctRonico]* : la syllabe **ni** est presque écrasée. De même dans **teléfono** : *[teléfono]* à la phrase suivante.
(9) Le groupe **oi** ne se prononce pas à la française mais en détachant les deux voyelles : *[oï]* comme dans *boycott*.

Notes

1 Cette terminaison en **-ando** permet de reconnaître une des formes du gérondif espagnol (celui des verbes se terminant en **-ar** à l'infinitif). Il a ici le même usage que le gérondif anglais : employé seul, il désigne une action et remplace en fait un nom.

treinta y seis *[tRéï'nta i séïss]*

2 L'autre terminaison du gérondif est **-iendo** (verbes se terminant en **-er** et **-ir**). Il est ici utilisé avec l'auxiliaire **estar** dans la forme progressive ("être en train de"), très courante en espagnol.

3 En dehors des termes standard, il existe, comme en français, des mots affectueux pour désigner les parents : **papá** et **mamá**, *papa* et *maman*. Attention à **papi** et **mami**, qui sont des faux-amis et ne renvoient pas aux grands-parents : équivalents de *papounet* et *petite maman*, on les entendra par exemple dans la bouche des enfants ou avec une intention très tendre (certains diront mièvre).

4 Vous connaissiez **también**, *aussi* ; voici **tampoco**, *non plus*. Remarquez l'emploi du pronom sujet dans les formules **yo también, yo tampo-**

***

Ejercicio 1 – Traduzca
❶ Mamá está pelando patatas para hacer una tortilla.
❷ Yo tampoco te puedo ayudar : estoy haciendo la tarea.
❸ No son muy amables con la madre. ❹ ¿Con quién estás hablando? ❺ ¿Cuántos sois?

***

Ejercicio 2 – Complete
❶ Je suis en train d'écrire des courriers électroniques.
 . . . . electrónicos.

❷ Qui peut m'aider à faire une omelette ?
 ¿. . . . . me puede . . . . . . a . . . . . una tortilla?

❸ Combien de pommes de terre est-ce que nous épluchons, maman ?
 ¿. . . . . . . patatas . . . . , mamá?

❹ Si vous ne pouvez pas m'aider, je ne fais pas d'omelette.
 Si . . me . . . . . . ayudar, ... tortilla.

❺ Qu'est-ce que tu es en train de faire, chérie ?
 ¿. . . estás . . . . , cariño?

Leçon onze / 11

co, *moi aussi, moi non plus*. Attention ! Lorsque **tampoco** précède un verbe, il joue pleinement le rôle de particule négative et on n'a pas à répéter la négation comme en français : **Yo tampoco quiero**, *Moi non plus je ne veux pas*.

5 Le verbe **poder**, *pouvoir*, est comme **dormir** (leçon 10) un verbe à diphtongue. Il a donc deux radicaux : **pod-** et **pued-**. Mais c'est pareil en français : *peu-* et *pouv-*.

6 La vraie difficulté de l'espagnol, c'est la conjugaison et ses irrégularités. Voici par exemple la 1ᵉ personne du verbe **hacer**, *faire* : **hago**, *je fais*.

***

Corrigé de l'exercice 1
❶ Maman est en train d'éplucher des pommes de terre pour faire une omelette. ❷ Moi non plus je ne peux pas t'aider : je suis en train de faire mes devoirs. ❸ Ils ne sont pas très aimables avec la mère. ❹ Avec qui es-tu en train de parler ? ❺ Combien êtes-vous ?

***

Corrigé de l'exercice 2
❶ Estoy escribiendo correos – ❷ – Quién – ayudar – hacer – ❸ – Cuántas – pelamos – ❹ – no – podéis – no hago – ❺ – Qué – haciendo –

***

*La **tortilla** est une omelette à base d'œufs, pommes de terre et oignons. On la nomme parfois **tortilla española** pour la distinguer de la **tortilla francesa** (notre omelette ou omelette nature) et encore davantage de la **tortilla** des Mexicains, une petite galette plate de maïs qui remplace le pain au quotidien. Soigneusement frites dans l'huile d'olive, les lamelles de pommes de terre et d'oignons s'imprègnent ensuite (à part de préférence) des œufs bien battus, puis la mixture retourne à la poêle pour y être **cuajada** (saisie). Le tour de main est essentiel et les puristes vous diront qu'il n'est au vrai de bonne tortilla, bien moelleuse, que domestique. Dans les bars, on la consomme en **pinchos**, "piques" (car souvent présentée en cubes "piqués" d'un cure-dents) : **¡Un pincho de tortilla, por favor!***

12

Lección doce [lécZio'n doZé]

De ¹ tapas

1 – ¿Nos ² pones una caña y una copa de Rioja?
2 – Muy bien, ¿y qué os pongo ³ de tapita?
3   Hay ⁴ patatas a la brava, ensaladilla… ¡Tengo de todo!
4   Si os gusta ⁵ el pescado, también hay bacalao con tomate, calamares fritos, boquerones en vinagre…
5 – ¡Me gusta el bacalao y me encantan los calamares ⁶!
6 – Pues pon dos tapas de bacalao y media ración de calamares.
7 – ¡Marchando!

Prononciation

dé tapass 1 noss ponéss ouna cagna i ouna copa de RioHa 2 moui bié'n i qué oss po'ngo dé tapita 3 aï patatass a la bRaba é'nsaladilya té'ngo dé todo 4 si oss gousta él péscado ta'mbié'n aï bacalao co'n tomaté calamaRéss fRitos boquéRonéss é'n binagRé 5 mé gousta él bacalao i mé é'nca'nta'n loss calamaRéss 6 pouéss po'n doss tapass dé bacalao i média RaZio'n dé calamaRéss 7 maRtcha'ndo

Notes

1 Les prépositions espagnoles recèlent de nombreux pièges. Nous avons vu au dialogue 9 que *de* pouvait se rendre par *à* : **tostada de aceite**, *tartine à l'huile*. Dans le titre, ici, le verbe *ir*, *aller*, est sous-entendu dans l'expression **ir de** : **ir de tapas**, *faire une sortie tapas*, et aussi **ir de copas**, *sortir prendre un verre*, que vous rencontrerez à la leçon suivante.

2 Les pronoms sujets (**yo**, **tú**, **él**, *je*, *tu*, *il*, etc.) peuvent être sous-entendus, comme vous le savez bien maintenant. Par contre on ne peut pas se passer des pronoms réfléchis (**me llamo**, *je m'appelle*) ou compléments (**nos pones**, *tu nous mets*).

39 • treinta y nueve [tRéi'nta i nouébé]

Leçon douze

Sortie (de) **tapas**

1 – [Tu] nous sers *(mets)* une pression et un verre *(une coupe)* de Rioja ?

2 – Très bien, et qu'est-ce que [je] vous sers *(mets)* comme *(de)* petite tapa ?

3 Il y a [des] patates sauce piquante *(à la courageuse)*, [de la] salade russe *(petite-salade)*... []'] ai de tout !

4 Si vous aimez *(si vous plaît)* le poisson, il y a aussi [de la] morue à la *(avec)* tomate, [des] calamars frits, [des] anchois au *(en)* vinaigre...

5 – J'aime *(me plaît)* la morue et j'adore *(m'enchantent)* les calamars.

6 – Eh bien mets deux tapas de morue et [une] demi-ration de calamars !

7 – Ça marche ! *(en-marchant)*

Remarques de prononciation

(1) Deux difficultés en un seul mot, **Rioja** *[Ri̯oHa]* : un **r** doublement roulé à l'initiale et une **jota** (la lettre **j**). Entraînez-vous sur ce mot, si vous avez des difficultés avec ces sons : ce nom de bon vin espagnol peut être utile dans la vie courante.

(5) Les phrases (exclamatives et interrogatives en particulier) mettent souvent en valeur certains mots : remarquez dans l'enregistrement comment la syllabe tonique des deux verbes (**gustan** et **encantan**) donne son rythme à la phrase.

(6) Le son **on** n'est pas nasalisé : dans **pon**, *mets*, impératif de **poner**, détachez donc bien le **n** du **o**.

3 Autre pronom complément, donc, **os**, (*"à"*) *vous* : **os** **pongo**, *je vous mets*. Remarquez également ici la terminaison irrégulière de 1e personne en **-go**, que vous avez déjà rencontrée.

4 **hay** est une forme spéciale de l'auxiliaire **haber**, *avoir*, qui signifie *il y a*.

5 *Aimer*, au sens amoureux, se dit **querer** : **Te quiero**, *Je t'aime*. Mais quand il s'agit simplement de dire que quelque chose vous plaît (le poisson, voyager, etc.), l'espagnol utilise le verbe **gustar**, *plaire*, avec un complément indirect : **Os gusta el pescado**, *Vous aimez le poisson* ("vous plaît le poisson").

***

Ejercicio 1 – Traduzca

❶ ¿Os pongo una caña y una tapa de ensaladilla? ❷ No nos gustan los calamares fritos. ❸ Me encanta el pescado. ❹ ¿Qué hay de tapas? ❺ ¿Me pones una copa de Rioja, por favor?

***

Ejercicio 2 – Complete

❶ Tu nous mets deux pressions et deux tapas de morue à la tomate ?
 ¿........ dos ..... y dos tapas de .... tomate?

❷ Tu aimes les pommes de terre sauce piquante ?
 ¿........ las patatas .... ?

❸ Nous adorons la salade russe.
 .... la ensaladilla.

❹ J'adore faire des sorties tapas.
 .... ir .. tapas.

❺ Je vous mets une demi-ration d'anchois au vinaigre ?
 ¿........... ración de .... en .... ?

***

*Selon la "Vida de Lazarillo de Tormes", roman picaresque du XVIe siècle, les taverniers andalous avaient pour habitude de **tapar**, couvrir, les verres de vin d'une rondelle de charcuterie afin de les protéger des mouches. C'est l'origine la plus couramment admise pour la **tapa**, littéralement "le couvercle", qui serait donc fille de cette hygiénique coutume. Les mœurs se polissant avec le temps, les tapas que l'on vous proposera aujourd'hui dans les bars, froides ou chaudes, sont d'une infinie variété. Au Pays basque, elles prennent*

Leçon douze / 12

6 Bien sûr, si ce qui vous plaît est au pluriel, le verbe passe à la 3ᵉ personne du pluriel : **Me gustan las gambas** ("me plaisent les gambas"). Retenez aussi **encantar**, *enchanter*, qui se construit de la même manière et se rend par *adorer* : **Me encantan los calamares**, *J'adore les calamars*.

***

Corrigé de l'exercice 1
❶ Je vous mets une pression et une tapa de salade russe ? ❷ Nous n'aimons pas les calamars frits. ❸ J'adore le poisson. ❹ Qu'est-ce qu'il y a comme tapas ? ❺ Tu me mets un verre de Rioja, s'il te plaît ?

***

Corrigé de l'exercice 2
❶ – Nos pones – cañas – bacalao con – ❷ – Te gustan – a la brava ❸ Nos encanta – ❹ Me encanta – de – ❺ – Os pongo media – boquerones – vinagre

*le nom de **pintxos** (traversées d'un long cure-dent) et constituent de vrais mini-plats de cuisine. Á midi ou le soir, au lieu d'un repas à la maison, vos amis espagnols vous proposeront sans doute de **tapear** ou **ir de tapas**, faire un circuit des bars. Encore associée au prix de la boisson dans certaines provinces andalouses, la tapa est la plupart du temps facturée à part. Ce n'est jamais très cher et, pour quelques euros de plus, vous pouvez même la déguster en plus grande quantité, **media ración** ou **ración**.*

13

Lección trece [lécZio'n tRéZé]

Fin de semana [1]

1 – ¿Tenéis ya plan para el sábado o todavía no?
2 – Mi mujer está cansada : no quiere hacer nada ni ver a [2] nadie.
3 – Conozco [3] un bar en el centro donde las tapas son buenas y baratas.
4 – Lo siento, yo tampoco tengo ganas de ir de copas.
5 Prefiero quedarme [4] con ella en casa viendo una película.
6 – Sí, no es mala idea.
7 Entonces yo compro las pizzas y vosotros compráis las cervezas, ¿de acuerdo?

Prononciation
fi'n dé sémana 1 ténéïss ya pla'n paRa él sabado o todabia no 2 mi mouHér ésta ca'nsada no quiéRé aZéR nada ni béR a nadié 3 conoZco ou'n baR é'n él Zé'ntRo do'ndé lass tapass so'n bouénass i baRatass 4 lo sié'nto yo ta'mpoco té'ngo ganass dé iR dé copass 5 pRéfiéRo quédaRmé co'n élya é'n cassa bié'ndo ouna pélicoula 6 si no éss mala idéa 7 é'nto'nZéss yo co'mpRo lass pitsass i bossotRoss co'mpRaïss lass ZéRbéZass dé acouéRdo

Remarques de prononciation

(1) sábado est accentué sur l'avant-avant-dernière syllabe : remarquez à nouveau dans l'enregistrement comme la syllabe **ba** est presque écrasée par l'accent qui la précède.
(5) On dit que les Espagnols parlent vite, mais il y a un peu de tout dans la péninsule : les Galiciens, par exemple, au nord-ouest du pays, ont un phrasé lent et traînant. L'impression de vitesse tient sans doute aux accents toniques : la phrase semble parfois bondir d'accent en accent. Écoutez la phrase 5, repérez les temps forts et essayez de la dire d'un trait.

Leçon treize

Week-end *(fin de semaine)*

1 – [Vous] avez déjà [des] projets *(plan)* pour *(le)* samedi ou pas encore *(encore non)* ?
2 – Ma femme est fatiguée : [elle] ne veut rien faire ni voir *(à)* personne.
3 – [Je] connais un bar dans le centre où les tapas sont bonnes et bon marché.
4 – Je suis désolé, moi non plus [je n'] ai [pas] envie de sortir prendre un verre *(aller de verres)*.
5   [Je] préfère rester *(rester-me)* avec elle à la *(en)* maison à voir *(voyant)* un film.
6 – Oui, [ce] n'est [pas une] mauvaise idée.
7   Alors moi j'achète les pizzas et vous, vous achetez les bières, d'accord ?

Notes

1 Les anglicismes sont relativement moins présents en espagnol qu'en français : on mâche **un chicle** et pas un *chewing-gum*, on mord dans **una hamburguesa** plus que dans *un hamburger*… De même, on part en **fin de semana** et non *en week-end*. Familièrement, l'expression est souvent contractée en **finde**.

2 Lorsque le complément d'objet direct est une personne, il est précédé de **a** : **Quiero a mi mujer**, *J'aime ma femme*, **No veo a nadie**, *Je ne vois personne*.

3 Beaucoup d'irrégularités, on l'a dit, dans les verbes espagnols. En voici une autre : **conocer**, *connaître*, qui fait **conozco** à la 1e personne du singulier.

cuarenta y cuatro *[couaRÉ'nta i couaTRO]*

13 / Lección trece

4 Observez l'infinitif des verbes pronominaux (**llamarse**, *s'appeler*, **quedarse**, *rester*) : le pronom personnel s'accroche à la forme verbale. Les verbes à l'infinitif ne peuvent pas, en effet, être directement précédés

***

Ejercicio 1 – Traduzca
❶ No hago nada el sábado. ❷ No conozco a nadie en Madrid. ❸ La cerveza es muy barata en este bar. ❹ Mi mujer tampoco tiene ganas de ir de copas. ❺ Prefiere quedarse en casa.

***

Ejercicio 2 – Complete
❶ Tu aimes la bière ?
  ¿ . . . . la cerveza?
❷ Je n'achète rien pour samedi.
  No . . . . para el . . . .
❸ Je préfère rester à la maison avec ma femme.
  . . . . en casa con mi mujer.
❹ J'ai envie de voir un film à la maison avec vous.
  Tengo ganas de ver . . . . casa con . . . .
❺ Je suis fatigué, je ne veux voir personne.
  Estoy . . . . , no quiero . . . .

d'un pronom personnel. *Qui peut m'aider ?*, par exemple, se dira : **¿Quién me puede ayudar?** (le pronom précède le verbe conjugué) ou **¿Quién puede ayudarme?** (le pronom s'accroche à l'infinitif).

***

Corrigé de l'exercice 1
❶ Je ne fais rien samedi. ❷ Je ne connais personne à Madrid. ❸ La bière est très bon marché dans ce bar. ❹ Ma femme non plus n'a pas envie de sortir prendre un verre. ❺ Elle préfère rester à la maison.

***

Corrigé de l'exercice 2
❶ – Te gusta – ❷ – compro nada – sábado ❸ Prefiero quedarme – ❹ – una película en – vosotros ❺ – cansado – ver a nadie

Votre bagage commence à s'étoffer : si la première série de leçons mettait surtout en scène des échanges brefs et des formules conversationnelles, celle-ci vous a offert des phrases plus complexes et fait découvrir de nouvelles conjugaisons. Vous trouverez à la suite plusieurs tableaux pour résumer vos acquis, mais inutile de vous astreindre à une mémorisation forcenée : de fait, vous avez déjà écouté, lu, traduit et répété pratiquement toutes ces formes dans les dialogues précédents, en contexte.

Lección catorce [lécZio'n catoRZé]

Repaso - Révision

1 Le verbe

1.1 Le présent des verbes réguliers

Nous avons déjà rencontré les trois premières personnes du présent des verbes dits réguliers : voici un petit tableau pour visualiser la fin de la conjugaison. Remarquez que *nous* et *vous* ont en espagnol une forme masculine et une forme féminine (**nosotros/nosotras, vosotros/vosotras**).

cenar *dîner*	comer *manger*	escribir *écrire*	levantarse *se lever*
(nosotros/as) cenamos *nous dînons*	(nosotros/as) comemos *nous mangeons*	(nosotros/as) escribimos *nous écrivons*	(nosotros/as) nos levantamos *nous nous levons*
(vosotros/as) cenáis *vous dînez*	(vosotros/as) coméis *vous mangez*	(vosotros/as) escribís *vous écrivez*	(vosotros/as) os levantáis *vous vous levez*
(ellos/ellas) cenan *ils/elles dînent*	(ellos/ellas) comen *ils/elles mangent*	(ellos/ellas) escriben *ils/elles écrivent*	(ellos/ellas) se levantan *ils/elles se lèvent*

1.2 Quelques irrégularités du présent

• Les verbes **ser** et **estar**

Vous connaissiez les trois premières personnes du présent de **ser** et **estar** : voici la fin de la conjugaison. Lorsqu'une voyelle porte un accent écrit, c'est sur elle qu'il faut marquer l'accent tonique.

ser	estar
somos *nous sommes*	**estamos** *nous sommes*
sois *vous êtes*	**estáis** *vous êtes*
son *ils/elles sont*	**están** *ils/elles sont*

Leçon quatorze

- Les verbes à diphtongue

Il existe une catégorie de verbes espagnols dont le radical se modifie à certaines personnes : ce sont les verbes dits "à diphtongue". Rien de paranormal ! Il se produit la même chose en français : songeons par exemple à "venir", qui diphtongue (je viens, tu viens…) sauf aux deux premières personnes du pluriel (nous venons, vous venez).

Eh bien le phénomène est exactement le même en espagnol. Retenez juste qu'il y a deux modèles de diphtongaison du radical : le **-e** devient **-ie** et le **-o** devient **-ue**.

querer *vouloir*	**poder** *pouvoir*
quiero *je veux*	**puedo** *je peux*
quieres *tu veux*	**puedes** *tu peux*
quiere *il/elle veut*	**puede** *il/elle peut*
queremos *nous voulons*	**podemos** *nous pouvons*
queréis *vous voulez*	**podéis** *vous pouvez*
quieren *ils/elles veulent*	**pueden** *ils/elles peuvent*

- Verbes à conjugaison particulière à la 1ʳᵉ personne du singulier

Les dialogues ont également mis en scène quelques verbes dont la 1ᵉ personne est particulière, le reste de la conjugaison pouvant être ou non régulier :

hacer (*faire*) : **hago, haces, hace, hacemos, hacéis, hacen**
poner (*mettre*) : **pongo, pones, pone, ponemos, ponéis, ponen**
tener (*avoir*) : **tengo, tienes, tiene, tenemos, tenéis, tienen**
conocer (*connaître*) : **conozco, conoces, conoce, conocemos, conocéis, conocen**

Voilà, c'est tout pour le moment ! Il s'agit, comme vous le voyez, de verbes très courants, et leur simple retour dans les dialogues fera que vous les assimilerez très vite et naturellement.

2 Les pronoms personnels compléments

Un certain nombre de tournures très usuelles, actives en français, se rendent en espagnol par une construction indirecte :
Me gusta el pescado, *J'aime le poisson* ("me plaît le poisson")
Nos encantan las gambas, *Nous adorons les gambas* ("nous enchantent les gambas")
Il s'agit ici de pronoms compléments indirects, qui peuvent être développés par la préposition a, si on souhaite insister : **A mí me gustan las tostadas**, *Moi, j'aime les tartines*.
Résumons tout cela dans un petit tableau.

avec préposition	complément indirect	verbe	sujet
a mí	me	gustan	las tostadas
a ti	te	gusta	España
a él/ella	le	gusta	salir
a nosotros/as	nos	gustan	los calamares
a vosotros/as	os	gustan	las patatas
a ellos/ellas	les	gusta	la cerveza

Quant aux pronoms compléments directs, ce sont les mêmes à l'exception de la 3ᵉ personne :
Lo/la veo, *Je le/la vois*.
Los/las compro, *Je les achète*.

3 Phrase négative et interrogative

3.1 Les mots interrogatifs

Les mots interrogatifs portent tous un accent écrit. Ils peuvent être invariables ou s'accorder au nom qu'ils déterminent ou remplacent. Dressons la liste de ceux que nous avons vus dans les dialogues :

¿Qué? *Que /Quel/le ?*	¿Qué hora es? *Quelle heure est-il ?*
	¿Qué quieres? *Que veux-tu ?*
¿Cómo? *Comment ?*	¿Cómo estás? *Comment vas-tu ?*
¿Dónde? *Où ?*	¿Dónde vives? *Où habites-tu ?*
¿Por qué? *Pourquoi ?*	¿Por qué no hablas? *Pourquoi ne parles-tu pas ?*
¿Cuándo? *Quand ?*	¿Cuándo duermen? *Quand dorment-ils ?*
¿Cuánto(s)/a(s)? *Combien de ?*	¿Cuánta leche quieres? *Combien de lait veux-tu ?*
	¿Cuánto café? *Combien de café ?*
	¿Cuántas hermanas tienes? *Combien de sœurs as-tu ?*
	¿Cuántos hermanos sois? *Combien de frères êtes-vous ?*

3.2 La phrase négative

• **No**, placé devant le verbe, suffit à rendre la phrase négative :
Soy francés, *Je suis français.*
No soy español, *Je ne suis pas espagnol.*

• **Nada**, **nadie** et **tampoco** sont d'autres mots négatifs. Lorsqu'ils suivent le verbe, la construction est semblable au français :
No quiero nada, *Je ne veux rien.*
No quiero a nadie, *Je n'aime personne.*
No quiero tampoco, *Je ne veux pas non plus.*

Mais on peut aussi simplement mettre le mot devant le verbe, sans redoubler la négation comme en français :
Tampoco quiero café, *Je ne veux pas non plus de café.*
Nadie me quiere, *Personne ne m'aime.*

4 Le genre et le nombre

4.1 Les articles

Les articles définis sont les suivants :
el hombre, *l'homme* / **la mujer**, *la femme*
los amigos, *les amis* / **las amigas**, *les amies*
Les articles indéfinis sont **un** et **una**, mais il n'y a pas de formes pour le pluriel "des":
un café, *un café* / **una casa**, *une maison*
Quiero tostadas, *Je veux [des] tartines*.
Les articles contractés masculins singuliers *au* (à + le) et *du* (de + le) sont **al** et **del**. Au pluriel, par contre, l'espagnol ne fait pas la contraction. Notez aussi que le partitif "du", "de la" n'existe pas.
Te invito al cine, *Je t'invite au cinéma*.
la madre del joven, *la mère du jeune homme*
el horario de los españoles, *l'horaire des Espagnols*

4.2 Le genre des noms et des adjectifs

Les noms terminés en **-o** sont généralement masculins et les noms terminé en **-a** majoritairement féminins. Mais il existe de nombreuses exceptions : **el día**, *le jour*, **el idioma**, *la langue* (l'idiome), **la mano**, *la main*, etc.
Les adjectifs eux aussi ont souvent une forme masculine en **-o** et une forme féminine en **-a**. Mais les adjectifs terminés par une autre voyelle que **-o** et par une consonne sont invariables en genre :
Mi padre es moreno, *Mon père est brun*.
Mi amiga es rubia, *Mon amie est blonde*.
Mi abuela/mi abuelo es amable, *Ma grand-mère/mon grand-père est aimable*.
Tu regalo/tu idea es muy útil, *Ton cadeau/ton idée est très utile*.

4.3 Le nombre des noms et des adjectifs

Les noms et les adjectifs les plus courants ont un pluriel en **-s** après une voyelle et en **-es** s'ils sont terminés par une consonne. Le mot se rallonge dans ce cas d'une syllabe et il se peut qu'un accent écrit apparaisse ou disparaisse :
un amigo español, *un ami espagnol*
dos amigos españoles, *deux amis espagnols*

un joven francés, *un jeune Français*
tres jóvenes franceses, *trois jeunes Français*

5 Dire l'heure

Pour dire l'heure, vous savez que le mot **horas** est sous-entendu, remplacé par l'article **las** (ou **la**, au singulier, si on parle de une heure) :
Son las cuatro, *Il est quatre heures*.
A las cinco, *À cinq heures*.
Es la una, *Il est une heure*.
Qu'il s'agisse du matin, de l'après-midi ou de la nuit, on n'utilise couramment que les chiffres de 1 à 12, en précisant si besoin le moment de la journée :
Son las ocho de la mañana, *Il est huit heures du matin*.
Es la una de la tarde, *Il est une heure de l'après-midi*.
Son las diez de la noche, *Il est dix heures du soir* *("de la nuit")*.
Les quarts d'heure sont dits **y cuarto**, **y media** et **menos cuarto**, *et quart*, *et demie*, *moins le quart*. Pour les minutes, de même, on se sert de **y** et **menos** :
Son las cuatro y veinte de la tarde, *Il est quatre heures vingt de l'après-midi*.
Son las seis menos diez de la mañana, *Il est six heures moins dix du matin*.

▶ Diálogo de repaso

1 – ¿Tienes ya plan para el fin de semana o todavía no?
2 – No, no tengo ganas de hacer nada.
3 – Si te gusta el pescado, conozco un bar de tapas bueno y barato.
4 – Gracias, pero no quiero ver a nadie. Solo quiero quedarme en casa.
5 – ¿Por qué? ¿Estás pachucho?
6 – Estoy un poco cansado, sí. Duermo muy poco.
7 – ¿Cuántas horas duermes?
8 – Seis, más o menos : me acuesto a la una de la mañana y me levanto a las siete.

9 – ¡Qué temprano! ¿Te invito a un café?
10 – ¡Sí, por favor : un café solo!

Traduction

1 Tu as déjà des projets pour le week-end ou pas encore ? **2** Non, je n'ai envie de rien faire. **3** Si tu aimes le poisson, je connais un bar à

15

Lección quince *[lécZio'n qui'nZé]*

¡Taxi!

1 – **Bue**nas **no**ches, señorita, ¿a**dón**de **va**mos ¹?
2 – A Ve**láz**quez es**qui**na **Go**ya ², si es tan a**ma**ble ³.
3 – Muy bien. Per**do**ne, ¿us**ted** no es de a**quí**, ver**dad** ⁴?
4 – ¡E**xac**to! **Pe**ro, ¿por qué lo **di**ce?
5 – Pues por**que** es us**ted** tan **al**ta, tan **ru**bia y con **e**sos ⁵ **o**jos tan a**zu**les…
6 – Soy ale**ma**na, sí, na**cí** en ⁶ Ber**lín**.
7   **Pe**ro **ha**ce **cin**co años que **vi**vo en Ma**drid** y me **sien**to **ca**si madri**le**ña. □

Prononciation

taksi **1** *bouénass notchéss ségnoRita ado'ndé bamoss* **2** *a bélaZquéZ ésquina goïa si éss ta'n amablé* **3** *moui bié'n péRdoné ousstéᵈ no éss dé aqui béRdaᵈ* **4** *éksacto péRo poR qué lo diZé* **5** *pouéss poRqué éss ousstéᵈ ta'n alta ta'n Roubia i co'n éssoss oHoss ta'n aZouléss* **6** *soï alémana si naZi é'n béRli'n* **7** *péRo aZé Zi'nco agnoss qué bibo é'n madRiᵈ i mé sié'nto ya cassi madRilégna*

Remarques de prononciation

(4) Contrairement au français, le **x** espagnol n'a qu'une prononciation : *[ks]* comme dans "taxi". Attention, donc, à ne pas prononcer **exacto** à la française, *[gz]*.

tapas bon et bon marché. **4** Merci, mais je ne veux voir personne. Je veux juste rester à la maison. **5** Pourquoi ? Tu es patraque ? **6** Je suis un peu fatigué, oui. Je dors très peu. **7** Tu dors combien d'heures ? **8** Six, plus ou moins : je me couche à une heure du matin et je me lève à sept heures. **9** Que c'est tôt ! Je te paye un café ? **10** Oui, s'il te plaît : un café noir !

Leçon quinze

Taxi !

1 – Bonsoir *(bonnes nuits)*, mademoiselle, *(à)* où allons [-nous] ?
2 – À [l'] angle [de la rue] Velazquez [et de la rue] Goya, s'il vous plaît *(si êtes si aimable)*.
3 – Très bien. Pardon *(pardonnez)*, vous n'êtes [pas] d'ici, n'est-ce pas *(vérité)* ?
4 – Exact ! Mais pourquoi le dites [-vous] ?
5 – Eh bien parce que vous êtes *(est)* si grande, si blonde et avec ces yeux si bleus...
6 – [Je] suis allemande, oui, [je] suis née *(naquis)* à *(en)* Berlin.
7 Mais [ça] fait cinq ans que [je] vis à *(en)* Madrid et [je] me sens presque madrilène.

---

(5) • ¿por qué?, *pourquoi ?*, et porque, *parce que*, sont différents dans le sens, dans l'orthographe et dans la prononciation. Dans le premier cas, il faut marquer le **qué** et, dans le second cas, l'accent tonique porte sur la syllabe **por**.
• Rappel : à l'initiale, comme dans **rubia**, le **r** se prononce fortement roulé.
• Nous avions rencontré le **z** en fin de mot (**feliz**) ou devant une consonne (**conozco**), le voici devant une voyelle (**azules**). On le prononce toujours de la même manière, comme le ***th*** anglais de ***think***.

cincuenta y cuatro *[Zi'ncoué'nta i couatRO]*

15 / Lección quince

Notes

1. **vamos**, *nous allons*, est la 1re personne du pluriel du verbe **ir**, *aller*, que nous allons souvent rencontrer dans cette série de leçons. Comme **ir** appelle la préposition **a**, l'adverbe interrogatif associé n'est pas **¿dónde?** mais **¿adónde?**

2. Les Espagnols ont une façon bien à eux d'écrire et de dire les adresses. Dans le cas d'une adresse postale, **calle**, *rue*, est généralement omis ou alors remplacé par **C/**, avec le numéro à la suite : **Velázquez, 25**, ou **C/ Velázquez, 25**. Dans un taxi, il est également courant de dire simplement le nom de la rue (sans le mot **calle**) ; on peut donner comme référence l'angle de la rue proche : **esquina**, *[à l'] angle [de]*.

3. Pour dire *s'il vous plaît* dans un registre légèrement plus soutenu que **por favor**, on peut utiliser **si es tan amable**.

***

Ejercicio 1 – Traduzca

❶ ¿Adónde vamos, señorita? ❷ Usted no es madrileño, ¿verdad? ❸ ¿Por qué es usted tan alta? ❹ Porque soy alemana. ❺ Me siento casi española.

***

Ejercicio 2 – Complete

❶ Nous allons à l'angle de la rue Velazquez et de la rue Goya, s'il vous plaît.
...... Velázquez .... Goya, ... amable.

❷ Je suis né à Berlin mais ça fait cinq ans que je vis à Madrid.
...... Berlín .... cinco años que ...... Madrid.

❸ Pourquoi dites-vous que je ne suis pas d'ici ?
¿.......... usted que no ... de .... ?

❹ Avec ces yeux si bleus, vous n'êtes pas espagnole, n'est-ce pas ?
Con .... tan ......, ... no .. española, ¿...... ?

❺ Il y a aussi des Espagnoles grandes et blondes !
¡También ... españolas ..... y ...... !

Leçon quinze / 15

4 Dans la conversation, **¿verdad?**, "vérité", est l'équivalent le plus idiomatique de notre *n'est-ce pas ?*

5 Vous allez découvrir dans cette série de leçons les différentes formes du démonstratif. Voyons déjà **esos**, *ces* (**esas** au féminin) : le chauffeur de taxi désigne par ce moyen quelque chose qui ne se rapporte pas à lui-même mais à la personne à qui il parle ("ces yeux-là", ceux de la passagère).

6 L'erreur est fréquente pour les francophones, alors redisons-le : en espagnol, **a** indique un mouvement et **en** une situation dans l'espace, sans mouvement. **Vamos a Madrid**, *Nous allons à Madrid* ; **Nací en Sevilla**, *Je suis né à Séville*.

***

Corrigé de l'exercice 1
❶ Où allons-nous, mademoiselle ? ❷ Vous n'êtes pas madrilène, n'est-ce pas ? ❸ Pourquoi êtes-vous si grande ? ❹ Parce que je suis allemande. ❺ Je me sens presque espagnole.

***

Corrigé de l'exercice 2
❶ Vamos a – esquina – si es tan – ❷ Nací en – pero hace – vivo en – ❸ – Por qué dice – soy – aquí ❹ – esos ojos – azules, usted – es – verdad ❺ – hay – altas – rubias

cincuenta y seis [Zi'n**coué'n**ta i sé**ïss**]

La jeune Allemande de notre dialogue se sent chez elle à Madrid, et ce sentiment est assez courant chez les personnes qui viennent y vivre. Capitale tardive (Philippe II n'y fixe la Cour qu'en 1562), pour cette raison peut-être dénuée de snobisme, Madrid est en effet une ville accueillante. Sa croissance démographique n'explose que dans les décennies 1950-1970 : l'afflux d'immigrants venus d'autres régions

Lección dieciséis [lécZio'n diéZisséïss]

Una pareja feliz

1 – En**ri**que**ta tie**ne **o**jos **gran**des y a**zu**les.
2 – Los de [1] **Jai**me son [2] pe**que**ños y **ne**gros.
3 – **E**lla es **ba**ja, **fuer**te y mo**re**na.
4 – Él es **al**to, del**ga**do y peli**rro**jo.
5 – **Cuan**do van al [3] restau**ran**te, **e**lla **siem**pre **pi**de [4] **car**ne con pa**ta**tas **fri**tas [5]
6   y él **ca**si **siem**pre **pi**de pes**ca**do y ver**du**ras.
7 – A **e**lla le **gus**tan los **pe**rros y a él le en**can**tan los **ga**tos.
8 – Son muy dife**ren**tes, **pe**ro **ha**ce **quin**ce años que es**tán** ca**sa**dos [6] y se **quie**ren **mu**cho. ☐

Prononciation
*ou*na pa**Ré**Ha fé**liZ** 1 é'n**Ri**qué**ta tié**né o**Hoss gRa**'n**déss** i a**Zou**léss 2 loss dé **Haï**mé so'n pé**qué**gnoss i **nég**Ross 3 **é**lya éss **ba**Ha fou**é**R**té** i mo**Ré**na 4 él éss **al**to **dél**gado i péli**Ro**Ho 5 **coua**'ndo ba'n al Réstaou**Ra**'nté **é**lya **sié**'m**pR**é **pi**dé **caR**né co'n pa**ta**tass **fRi**tass 6 i él **ca**ssi **sié**'m**pR**é **pi**dé **pés**cado i béR**dou**Rass 7 a **é**lya lé **gous**ta'n loss **pé**Ross i a él lé é'n**ca**'nta'n loss **ga**toss 8 so'n moui difé**Ré**'n**téss pé**Ro a**Zé qui**'n**Zé ag**noss qué és**ta**'n ca**ssa**doss i sé **quié**Ré'n **mou**tcho

*fait alors doubler sa population, qui atteint les 3 millions d'habitants (pratiquement le chiffre actuel). À Madrid, tout le monde est donc un peu d'ailleurs. Au livre des records ou des curiosités, elle est la plus haute capitale d'Europe (Andorre-la-Vieille mise à part), perchée à 667 mètres, et celle qui possède le plus d'espaces verts (le **Parque del Retiro** s'étend sur quelques 120 hectares au cœur de la ville).*

Leçon seize

Un *(une)* couple heureux

1 – Henriette a [de] grands yeux bleus *(grands et bleus)*.
2 – Ceux *(les)* de Jaime sont petits et noirs.
3 – Elle est petite, forte et brune.
4 – Il est grand, maigre et roux.
5 – Quand [ils] vont au restaurant, elle commande toujours [de la] viande avec [des] *(patates)* frites
6   et il commande presque toujours [du] poisson et [des] légumes.
7 – Elle aime *(À elle lui plaisent)* les chiens et il adore *(à lui l'enchantent)* les chats.
8 – [Ils] sont très différents, mais [ça] fait quinze ans qu'[ils] sont mariés et [ils] s'aiment beaucoup.

Remarques de prononciation

(1) Après la lettre **n**, comme dans **Enriqueta**, le **r** est fortement roulé.
(2) Jaime est une des versions du prénom *Jacques* : soignez la prononciation de la **jota** et séparez bien les lettres dans **ai** *[aï]*.
(5) Deux fois la lettre **r** dans **restaurante**, la première fortement roulée et l'autre non. Prononcez bien le **au** à l'espagnole : *[aou]*.
(7) Et pour en finir (provisoirement) avec le **r**, vous pouvez vous entraîner à prononcer successivement **pero**, *mais*, et **perro**, *chien*.

Notes

1 Certaines tournures démonstratives se rendent par l'article en espagnol : **el/los de**, *celui/ceux de* ; **la/las de**, *celle(s) de*.

2 Cette phrase et les deux suivantes dressent un portrait physique des deux époux (taille, silhouette, couleur des yeux et des cheveux). Il s'agit, comme pour la profession ou la nationalité, de définir les traits qui caractérisent une personne : on va donc à nouveau se servir du verbe **ser**.

3 Vous découvrez une nouvelle personne du verbe **ir** : **van**, *ils vont*. Suivie comme on l'a dit de la préposition **a**, ici soudée à l'article (**a** + **el** = **al**) : **al restaurante**, *au restaurant*.

4 **pedir**, *demander/commander*, est encore un de ces verbes courants qui ont une conjugaison particulière : retenez pour l'instant cette forme **pide**, *il* (ou *elle*) *demande/commande*.

***

Ejercicio 1 – Traduzca

❶ Mi mujer siempre pide carne con patatas fritas cuando vamos al restaurante. ❷ Mi hermano está casado con una mujer pelirroja. ❸ Es una pareja feliz y se quieren mucho. ❹ Mi gato y mi perro son muy diferentes. ❺ Mi padre es alto y delgado.

***

Ejercicio 2 – Complete

❶ Mon frère est grand, fort et brun.
   Mi . . . . es . . . . , ... y . . . .

❷ Les yeux de mon chat sont grands et bleus.
   Los . . . . de mi . . . . son . . . . y azules.

❸ Ceux de mon chien sont petits et noirs.
   . . . . . mi . . . . . son . . . . y . . . .

❹ J'adore le poisson et les légumes.
   Me . . . . el . . . . y las . . . .

❺ Ils s'aiment beaucoup : ça fait dix ans qu'ils sont mariés.
   Se . . . . mucho : . . . . diez años que . . . .

Leçon seize / 16

5 Pour avoir des *frites*, il faut donc demander des **patatas fritas**, mais il n'y a par contre pas vraiment de mot pour désigner les *chips*, si ce n'est **patatas fritas de bolsa**, *en sachet*.

6 Dans "ils sont mariés", on n'envisage pas vraiment l'identité des deux personnages mais une situation, l'état matrimonial. C'est donc "l'autre verbe être" qui s'impose, **estar**.

Corrigé de l'exercice 1
❶ Ma femme commande toujours de la viande avec des frites quand nous allons au restaurant. ❷ Mon frère est marié avec une femme rousse. ❸ C'est un couple heureux et ils s'aiment beaucoup. ❹ Mon chat et mon chien sont très différents. ❺ Mon père est grand et maigre.

***

Corrigé de l'exercice 2
❶ – hermano – alto, fuerte – moreno ❷ – ojos – gato – grandes – ❸ Los de – perro – pequeños – negros ❹ – encanta – pescado – verduras ❺ – quieren – hace – están casados

15 jours d'espagnol à peine, et que de chemin parcouru… Vous êtes sans doute surpris, déjà, par votre capacité d'absorption du vocabulaire. Les mots reviennent en boucle, quatre, cinq, six fois : nul besoin, donc, de faire des efforts de mémorisation systématique, "ça se fait tout seul" ! La familiarité entre langues latines aide aussi beaucoup, bien sûr, même si elle va très vite devenir trompeuse et source d'erreurs… Faux-amis, mots de genre différents en français et en espagnol, il faut ouvrir l'œil et nous serons toujours là pour tirer la sonnette !

17

Lección diecisiete [lécZio'n diéZissiété]

Comprando zapatos (1.ª parte)

1 – **Bue**nas **tar**des, se**ño**ra, ¿en qué **pue**do ayu**dar**la [1]?
2 – Nece**si**to [2] **u**nos [3] za**pa**tos de ves**tir**.
3 – Son **pa**ra ir al en**tie**rro de mi ma**ri**do.
4 – Ah, lo **sien**to **mu**cho... E**jem**, qué **nú**mero **cal**za [4]?
5 – **U**so un [4] **trein**ta y **o**cho.
6 – A ver... Le **pue**do recomen**dar es**te [5] mo**de**lo de co**lor ne**gro [6].
7 Son bas**tan**te dis**cre**tos.
8 – Sí, no es**tán** mal [7], **pe**ro... ¡ay! Me **que**dan [8] un **po**co pe**que**ños. □

Prononciation

co'm**pra**'ndo Za**pa**toss p**Ri**mé**R**a pa**R**té 1 bou**é**nass ta**R**déss sé**gno**Ra é'n qué pou**é**do aïouda**R**la 2 néZéssito ounoss Zapatoss dé bésti**R** 3 so'n paRa iR al é'ntiéRo dé mi maRido 4 a lo siénto moutcho éHém qué nouméRo calZa 5 ousso ou'n tRéï'nta i otcho 6 a béR lé pouédo RécoméndaR ésté modélo dé coloR négRo 7 so'n basta'nté discRétoss 8 si no ésta'n mal péRo aï mé quéda'n ou'n poco péquégnoss

Remarques de prononciation

(Titre) Le groupe **za** de **zapato** (comme **zu** dans **azules** à la leçon précédente) se prononce la langue entre les dents.
(6) Chaque mot espagnol de plus d'une syllabe a donc un accent tonique mais, dans le déroulement d'une phrase, celui-ci est plus ou moins marqué. Remarquez ici comment ce sont les syllabes **dar** de **recomendar**, **de** de **modelo** et **ne** de **negro** qui donnent son rythme à la phrase.

Leçon dix-sept

Achat (achetant) [de] chaussures (1ʳᵉ partie)

1 – Bonjour (Bonnes après-midi), madame, en quoi puis [-je] vous (l')aider ?
2 – J'ai besoin de (Je-nécessite uns) chaussures de ville (d'habiller).
3   C'est (Ils sont) pour aller à l'enterrement de mon mari.
4 – Ah, je suis vraiment désolé (Le je-sens beaucoup)… Hum, quelle pointure (quel numéro) faites-vous (elle-chausse) ?
5 – Je fais (J'-utilise) du (un) trente-huit.
6 – Voyons (À voir)… [Je] peux vous (lui) recommander ce modèle en (de couleur) noir.
7   [Elles] sont assez discrètes (discrets).
8 – Oui, [elles] ne sont [pas] mal, mais… aïe ! [Elles] me serrent (restent) un peu (petits).

Notes

1 Comme vous le savez, le "vouvoiement de politesse" passe en espagnol par la 3ᵉ personne : **¿En qué puedo ayudarla?** peut donc signifier *En quoi puis-je vous aider ?* ou *En quoi puis-je l'aider ?*

2 **necesitar** rend toute l'expression *avoir besoin de*. Il se construit avec un complément d'objet direct, sans préposition : **Necesito dormir**, *J'ai besoin de dormir*.

3 En principe, on l'a dit, l'espagnol n'a pas d'article indéfini pluriel : **Necesito zapatos**, *J'ai besoin de chaussures*. Vous trouverez cependant parfois **unos** (ou **unas**) devant un nom, lorsque l'on souhaite donner un peu de réalité à l'objet désigné : **Necesito unos zapatos de vestir** (ce sont des chaussures concrètes, j'ai l'intention de les acquérir).

4 Pour parler de la *pointure* d'une chaussure, on utilise le terme **número**. Puisqu'il est masculin, on répondra donc **Calzo un…**, *Je chausse du…*, ou encore **Uso un…**, *Je fais du…*

sesenta y dos [sé**ssé'n**ta i doss]

5 **este** est le démonstratif qui désigne quelque chose de proche ou d'associé à celui qui parle. Dans la phrase, le vendeur tient dans la main ou montre du doigt une paire de chaussures : **este modelo**, *ce modèle-ci*.

6 Les mots terminés en **-or** sont (à 4 exceptions près) masculins en espagnol. C'est une source d'erreurs pour les francophones car leur correspondant français est souvent féminin : **el color**, *la couleur*.

7 Si vous dites *C'est pas mal*, vous ne considérez pas l'essence de quelque chose mais plutôt l'opinion que vous en avez, qui peut être changeante ou différente de celle du voisin. On entre ici dans le territoire de

***

Ejercicio 1 – Traduzca
❶ Necesito comprar unos zapatos. ❷ ¿Puedo ayudarla, señora? ❸ Mi marido no necesita zapatos. ❹ Este modelo de color negro es bastante discreto. ❺ Uso un cuarenta.

***

Ejercicio 2 – Complete
❶ Quelle est votre pointure, madame ?
¿Qué . . . . , señora?

❷ Ce modèle n'est pas mal.
. . . . modelo no . . . . mal.

❸ Bonjour, pouvez-vous me recommander des chaussures pour aller à un enterrement ?
. . . . . . tardes, ¿me . . . . . recomendar
unos . . . . un entierro?

❹ Ils sont un peu grands pour moi.
Me . . . . . . un poco . . . .

❺ Je peux vous recommander des chaussures de ville noires.
. . . . recomendar unos zapatos . . . .

Leçon dix-sept / 17

estar : **No está mal** (ou au contraire **Está muy mal**, *C'est très mal*, si par exemple vous voulez désapprouver une attitude).

8 Voici un verbe un peu "à tout faire" : **quedar**. Sous sa forme pronominale, **quedarse**, nous avons vu (leçon 13) qu'il signifiait *rester* (au sens de rester quelque part) : **Me quedo en casa**, *Je reste à la maison*. On l'emploie aussi souvent, avec un pronom indirect, pour dire qu'un habit "va" ou pas : **No me queda bien**, *Ça ne me va pas* ; **Me queda pequeño**, *C'est petit* ("ça me reste petit").

***

Corrigé de l'exercice 1
❶ J'ai besoin d'acheter des chaussures. ❷ Puis-je vous aider, madame ? ❸ Mon mari n'a pas besoin de chaussures. ❹ Ce modèle en noir est assez discret. ❺ Je fais du quarante.

Corrigé de l'exercice 2
❶ – número calza – ❷ Este – está – ❸ Buenas – puede – zapatos para ir a – ❹ – quedan – grandes ❺ Le puedo – de vestir negros

sesenta y cuatro [*séssé'nta i couatRO*]

18

Lección dieciocho [lécZio̱'n diéZiotcho]

Comprando zapatos (2.ª parte)

1 – A ver… ¿Quiere probarse [1] estos [2] zapatos marrones? Son bastante cómodos.
2 – Sí, estos me quedan bien, pero son demasiado tristes.
3   ¿No tiene otro [3] modelo más alegre?
4 – De su número solo me queda [4] aquel [5] par de color rojo, en el escaparate…
5 – Oh, perfectos, me encantan, pero para mí son un poco caros.
6   ¿No le puede hacer un descuentito [6] a una pobre viuda, por favor?
7   Es que estoy tan triste [7]…

Prononciation

co'mpRa'ndo Zapatoss ségou'nda paRté 1 a béR quiéRé pRobaRsé éstoss Zapatoss maRonéss so'n basta'nté comodoss 2 si éstoss mé quéda'n bié'n péRo so'n démassiado tristéss 3 no tiéné otRo modélo mass alégRé 4 dé sou nouméRo solo mé quéda aquél paR dé coloR RoHo é'n él éscapaRaté 5 o péRféctoss mé é'nca'nta'n péRo paRa mi so'n ou'n poco caRoss 6 no lé pouédé aZéR ou'n déscoué'ntito a ouna pobRé bïouda poR faboR 7 éss qué éstoï ta'n tristé

Notes

1   L'ordre des mots dans la phrase est globalement plus souple en espagnol qu'en français. Il y a cependant aussi quelques contraintes particulières, nous l'avons vu : on ne peut pas, par exemple, placer un pronom personnel directement devant un infinitif. On l'accroche à l'infinitif (¿Quiere probarse?) ou alors on le place devant le verbe conjugué (¿Se quiere probar?).

Leçon dix-huit

Achat de chaussures (2ᵉ partie)

1 – Voyons… Voulez-vous *(veut-elle s')*essayer ces chaussures marron *(marrons)* ? [Elles] sont assez confortables.
2 – Oui, celles-ci me vont *(restent)* bien, mais [elles] sont trop tristes.
3 [Vous] n'avez [pas un] autre modèle plus gai ?
4 – Dans *(de)* votre pointure *(son numéro)*, [il] me reste seulement cette paire en *(de couleur)* rouge, dans la *(le)* vitrine…
5 – Oh, parfaites *(parfaits)*, j'adore *(m'enchantent)*, mais pour moi [elles] sont un peu chères *(chers)*.
6 [Vous] ne pouvez [pas] me *(lui)* faire une petite *(un petit)* réduction à une pauvre veuve, s'il vous plaît ?
7 C'est que [je] suis si triste…

Remarques de prononciation
(1) Cómodos est un nouvel exemple de mot dit "*esdrújulo*" (accentué sur l'avant-avant-dernière syllabe). Comme nous l'avons vu, la syllabe tonique écrase un peu la suite du mot : en termes musicaux, on dirait que **co** vaut une blanche et **mo** et **do** deux noires.
(3) Essayez de bien reproduire l'intonation des phrases interrogatives : ici, la voix remonte sur le dernier mot.
(4) L'adjectif **rojo** concentre deux des grandes difficultés de prononciation de l'espagnol : le **r** doublement roulé et la **jota**.

2 **estos** est le pluriel du démonstratif **este**, vu à la leçon précédente. Nous sommes dans la même situation : le vendeur parle de chaussures proches de lui.
3 Petite règle d'usage, jamais d'article indéfini devant **otro** : **el otro par**, *l'autre paire* ; **otro par**, *une autre paire*.

4 **quedar** a ici son sens premier, *rester* (au sens de subsister) : **¿Te quedan patatas?**, *Il te reste des pommes de terre ?*

5 Et voici le 3e démonstratif de l'espagnol : après **este** (objet proche ou rapporté à celui qui parle), après **ese** (objet plus éloigné ou rapporté à celui à qui l'on parle), voici **aquel** (pluriel **aquellos**). Il désigne l'objet le plus éloigné, *celui-là*, *ceux-là*, *là-bas*.

6 Vous souvenez-vous du diminutif en **-ito/-ita** ? En voici un autre exemple : **un descuento**, *une réduction* ; **un descuentito**, *une petite réduction*.

***

Ejercicio 1 – Traduzca

❶ Estos zapatos marrones me quedan bien. ❷ ¿Quiere usted probarse aquel par de color rojo? ❸ A ver... Me queda este par : es bastante cómodo y alegre. ❹ Este modelo es perfecto pero es un poco caro. ❺ ¿Me hace un descuentito?

***

Ejercicio 2 – Complete

❶ Ces chaussures marron sont trop tristes pour moi.
..... zapatos marrones .... tristes ....

❷ Je suis très triste : j'ai besoin d'un autre modèle un peu plus gai.
..... muy triste : .... modelo un poco ....

❸ J'adore ces chaussures rouges, celles de la vitrine.
.. encantan .... zapatos ....., ... del ....

❹ Ces chaussures sont trop chères : pouvez-vous me faire une réduction ?
..... zapatos .... caros : ¿me ..... hacer un ....?

❺ Il ne me reste rien dans votre pointure.
No .... de .. número.

Leçon dix-huit / 18

7 Certains adjectifs admettent à la fois **ser** et **estar**, mais il y a alors des nuances de sens parfois importantes. Comparez par exemple la phrase 2 et la phrase 7 : **Estos zapatos son tristes** et **Estoy triste**. Dans le premier cas, **ser** désigne la nature de l'objet (sa couleur, sa forme, ce qu'il est) ; **estar**, dans le second cas, évoque l'état d'âme momentané d'une personne.

***

Corrigé de l'exercice 1

❶ Ces chaussures marron me vont bien. ❷ Voulez-vous essayer cette paire-là en rouge ? ❸ Voyons… Il me reste cette paire : elle est assez confortable et gaie. ❹ Ce modèle est parfait mais il est un peu cher. ❺ Vous me faites une petite réduction ?

Corrigé de l'exercice 2

❶ Estos – son demasiado – para mí ❷ Estoy – necesito otro – más alegre ❸ Me – aquellos – rojos, los – escaparate ❹ Estos – son demasiado – puede – descuento ❺ – me queda nada – su –

Les phrases s'allongent, deviennent plus complexes, tout avance un peu de front… C'est le principe même de notre "assimilation intuitive" et c'est bien ainsi qu'un petit Espagnol apprend sa propre langue. Faites-nous confiance, faites-vous confiance : ça marche vraiment !

19
Lección diecinueve [lécZio'n diéZinouébé]

Buscando el Prado

1 – Disculpe, ¿**pue**de de**cir**me **dón**de **que**da ¹ el mu**se**o del **Pra**do?
2 – Está ² bas**tan**te **le**jos de a**quí**.
3 ¿Ve us**ted** a**que**lla ³ **pla**za con **u**na **fuen**te?
4 Pues **tie**ne que ⁴ ir **has**ta a**llí** ⁵.
5 **Lue**go hay que ⁶ gi**rar** a la de**re**cha y se**guir to**do **rec**to du**ran**te diez mi**nu**tos.
6 – Uf, es**tá** dema**sia**do **le**jos.
7 ¿No co**no**ce **o**tro mu**se**o un **po**co más **cer**ca? □

 Prononciation
bous**ca**'ndo él **pRa**do **1** dis**coul**pé pou**é**dé dé**Zir**mé **do**'ndé **qué**da él mous**sé**o dél **pRa**do **2** ésta basta'**n**té lé**Hoss** dé a**qui 3** bé ous**té**ᵈ a**qué**lya **pla**Za co'n **ou**na fou**é**'nté **4** pou**éss** ti**é**né qué iR **as**ta a**lyi 5** lou**é**go aï qué Hi**raR** a la dé**Ré**tcha i **sé**guiR **to**do **Réc**to dou**Ra**'nté diéZ mi**nou**toss **6** ouf és**ta** démas**sia**do lé**Hoss 7** no co**no**Zé **o**tro mous**sé**o ou'n **po**co mass **ZéR**ca

 Notes

1 Encore une acception de **quedar** ! Ce verbe s'emploie parfois avec le sens de *se trouver* : **¿Dónde queda el Prado?**, *Où se trouve le Prado ?*

2 **estar** sert à situer quelque chose dans l'espace : **Estoy aquí**, *Je suis ici* ; **Está lejos**, *C'est loin*. Vous pourriez donc à juste titre vous demander pourquoi, dans la phrase précédente, la personne n'a pas dit : **¿Dónde está el Prado?** Cette question est en effet possible et correcte, mais dans le cas présent abstraite, et elle appellerait sans doute alors comme réponse : "**En Madrid**". **Quedar** implique que vous êtes concerné par la question, que vous souhaitez vous y rendre, etc.

3 **aquella**, féminin du démonstratif **aquel** (dialogue précédent), désigne quelque chose d'éloigné : *cette place, là-bas*.

Leçon dix-neuf

À la recherche *(cherchant)* [du] *(le)* **Prado**

1 – Pardon, pouvez [-vous] *(peut-il)* me dire où se trouve *(reste)* le musée du Prado ?
2 – [C'] est assez loin d'ici.
3 Vous voyez cette place avec une fontaine ?
4 Eh bien [vous] devez *(il-a que)* aller jusque là-bas.
5 Ensuite il faut *(il-y-a que)* tourner à *(la)* droite et continuer tout droit pendant dix minutes.
6 – Hou là, [c'] est trop loin.
7 Vous ne connaissez *(connaît-il)* [pas un] autre musée un peu plus près ?

Remarques de prononciation

(1) Dans **museo**, soyez attentifs à prononcer la lettre **s** comme un "ss" français, et à bien marquer l'accent tonique sur la syllabe **se**.
(4) De même que **aquí** (leçon 15), l'adverbe de lieu **allí** porte un accent écrit : c'est donc obligatoirement sur la syllabe accentuée qu'il faut faire porter l'accent tonique.
(5) • Les groupes **ja, jo, ju, ge** et **gi** (*ici, girar*) se prononcent avec le son de la lettre **jota**.
• Dans les groupes **gue** et **gui**, on n'entend pas le **u** *[ou]*, tout comme en français : *[séguiR]* donc et non pas *[ségouiR]*.

4 **tener que** + infinitif sert à exprimer l'obligation : **Tengo que trabajar**, *Je dois travailler*.

5 Vous connaissiez **aquí**, *ici*, adverbe de lieu associé au démonstratif **este** ; voici **allí**, *là-bas*, qui correspond au démonstratif **aquel**.

6 **hay**, vous l'avez vu, est une forme invariable qui signifie *il y a*. Combinée avec **que**, elle exprime l'obligation dite impersonnelle : **Hay que trabajar**, *Il faut travailler*.

setenta *[sété'nta]*

19 / Lección diecinueve

▶ Ejercicio 1 – Traduzca
❶ Disculpe, ¿queda cerca de aquí el museo del Prado? ❷ Hay que ir hasta aquella plaza, allí. ❸ Tiene que seguir todo recto. ❹ Está bastante lejos, a la derecha de aquella fuente. ❺ Estoy buscando otro museo más cerca.

***

Ejercicio 2 – Complete
❶ Y a-t-il un autre musée plus près d'ici ?
¿....... museo más ..... de .... ?

❷ Vous devez aller jusqu'à cette place, là-bas, et puis tourner à droite.
.... ir hasta .... plaza, ..., y ..... girar a la ....

❸ Pardon, où se trouve le musée du Prado ?
........, ¿dónde ..... el ..... del Prado?

❹ Pouvez-vous me dire où je suis ?
¿........... dónde ..... ?

❺ Il faut continuer tout droit jusqu'à cette fontaine, là-bas.
.... todo ..... hasta .... fuente, ...

Leçon dix-neuf / 19

Corrigé de l'exercice 1
❶ Pardon, est-ce que le musée du Prado est près d'ici ? ❷ Il faut aller jusqu'à cette place, là-bas. ❸ Vous devez continuer tout droit. ❹ C'est assez loin, à droite de cette fontaine. ❺ Je cherche un autre musée plus près.

***

Corrigé de l'exercice 2
❶ – Hay otro – cerca – aquí ❷ Tiene que – aquella – allí – luego – derecha ❸ Disculpe – queda – museo – ❹ – Puede decirme – estoy ❺ Hay que seguir – recto – aquella – allí

*Madrid est, entre autres choses, une des capitales de l'art. Le "**Triángulo del Arte**", formé par le **Museo del Prado**, le **Centro de Arte Reina Sofía** et le **Museo Thyssen-Bornemisza**, constitue à lui seul, à quelques rues d'écart, la plus grande concentration picturale d'Europe. Le **Prado** offre le panorama le plus complet de la peinture espagnole, avec une belle présence de peinture italienne et flamande ; le **Reina Sofía** accueille l'art contemporain (avec le célèbre **Guernica** de Picasso) ; et le **Thyssen** résulte de l'acquisition par l'État d'une splendide collection privée qui couvre de l'art gothique au XXe siècle.*

Lección veinte [lécZio̱'n bé̱i"nté]

La compra

1 – **Ho**la, pre**cio**sa, ¿qué vas a [1] co**mer** hoy?
2 – Voy a ha**cer** a**rr**oz con ma**ris**co. ¿A **có**mo es**tán** [2] **e**sos [3] me**ji**llones?
3 – ¡Bara**tí**simos [4]! Te **pon**go un **ki**lo, vas a ver qué **ri**cos es**tán** [5].
4 – No, es**pe**ra, pre**fie**ro **u**nas **gam**bas.
5 ¿Qué **pre**cio **tie**nen **e**sas, las pe**que**ñas, a**hí** [6], **cer**ca de ti?
6 – ¡Rega**la**das! Te **sir**vo [7] dos **ki**los, es**tán** ri**quí**simas. ¿Qué más **quie**res?
7 – **Na**da más, **gra**cias. **E**res un **cie**lo, **has**ta **pron**to.
8 – Eh, ¿no me **pa**gas?
9 – ¿**Pe**ro no **di**ces [8] que son rega**la**das? ☐

Prononciation

la **co'm**pRa 1 **o**la pRé**Zio**ssa qué bass a co**méR** oï 2 boï a a**ZéR** a**Roz co**'n ma**Ris**co a **co**mo **és**ta'n **és**soss méHi**lyo**néss 3 baRa**tis**simoss té **po'n**go ou'n **ki**lo bass a béR qué **Ri**coss **és**ta'n 4 no és**pé**Ra pRé**fié**Ro **ou**nass **ga'm**bass 5 qué **pRé**Zio tié**né**'n **és**sass lass pé**qué**gnass aï **Zér**ca dé ti 6 Réga**la**dass té **siR**bo doss **ki**loss **és**ta'n Ri**quis**simass qué mass **quié**Réss 7 **na**da mass **gRa**Ziass **é**Réss ou'n **Zié**lo **as**ta **pRo'n**to 8 é no mé **pa**gass 9 **pé**Ro no **di**Zéss qué **so'**n Réga**la**dass

Notes

1 Observez **Vas a comer**, *Tu vas manger* : lorsqu'il exprime le futur immédiat, **ir** est obligatoirement suivi de la préposition **a**.

2 La formule standard pour demander un prix est : **¿Cuánto cuesta?**, *Combien ça coûte ?* Mais vous sentez bien que, de même qu'en français, il est peu naturel de demander "Combien coûtent les moules ?". Dans

Leçon vingt

[Les] *(la)* courses *(achat)*

1 – Bonjour, la belle *(ravissante)*, que vas [-tu] *(à)* manger aujourd'hui ?
2 – [Je] vais *(à)* faire [du] riz [aux] *(avec)* fruits de mer. [Elles] sont à combien, ces moules ?
3 – Très bon marché ! [Je] t'[en] mets un kilo, [tu] vas *(à)* voir comme *(que)* [elles] sont bonnes *(riches)*.
4 – Non, attends, [je] préfère des *(unes)* crevettes.
5   Elles sont à quel prix *(quel prix ont)* celles-là, les petites, là, près de toi ?
6 – Données *(offertes)* ! [Je] t'[en] sers deux kilos, [elles] sont très bonnes *(richissimes)* ! Que veux [-tu de] plus ?
7 – Rien [de] plus, merci. [Tu] es un amour *(ciel)*, à *(jusqu'à)* bientôt.
8 – Eh, [tu] ne me paies [pas] ?
9 – Mais [tu] ne dis [pas] qu'elles sont données *(offertes)* ?

Remarques de prononciation

(1) y se prononce toujours *[i]* lorsqu'il est seul ou en fin de mot : **hoy** se prononce donc comme dans *boycott* en français (même remarque pour **voy** à la phrase suivante).

(3) Le superlatif en **-ísimo** présente toujours la même accentuation, sur l'avant-dernier **í**. Puisqu'il s'agit précisément d'insister, n'hésitez pas à le marquer fortement !

(5) Beaucoup de phrases interrogatives dans ce dialogue : entraînez-vous sur celle-ci, par exemple, à reproduire l'intonation donnée par l'enregistrement.

cette situation, on dira plutôt "elles sont à combien?", ce qui du coup va amener à employer **estar**, puisqu'on envisage justement un prix fluctuant.

3 Dans l'emploi des démonstratifs, tout dépend bien sûr du point de vue. Si la cliente utilise ici **esos**, c'est qu'elle montre une marchandise qui n'est pas proche d'elle mais plutôt de son interlocuteur. Dans le cas inverse, elle aurait dit **estos mejillones**.

4 Nous avons vu que les Espagnols adoraient les diminutifs. Question de tempérament, peut-être, qui les porte à l'un et l'autre excès, ils font également un grand usage du superlatif, en particulier sous sa forme en **-ísimo** : **barato**, *bon marché* ; **baratísimo**, *très bon marché*.

5 **rico**, *riche*, s'emploie également au sens de *délicieux*. Encore un cas, d'ailleurs, où on pourra utiliser **ser** ou **estar**, tout en nuances : **¡Qué ricas son las sardinas!**, *Qu'elles sont bonnes, les sardines !* (en général) ; **¡Qué ricas están las sardinas!** (celles-ci, aujourd'hui).

***

Ejercicio 1 – Traduzca
❶ ¿Vas a hacer la compra? **❷** Hoy voy a comer arroz con mejillones. **❸** ¿A cómo están esas gambas? **❹** ¡Regaladas! ¿Te sirvo un kilo? **❺** ¿Qué más quieres? Las sardinas están riquísimas hoy.

***

Ejercicio 2 – Complete
❶ Les moules sont très bon marché aujourd'hui.
Los mejillones ....

❷ Elles sont à quel prix, ces moules ?
¿.............. esos mejillones?

❸ Tu dis que les crevettes sont données mais elles sont très chères.
..... que las gambas son ....
pero ....

❹ Je ne veux rien de plus, merci, à bientôt.
No quiero ...., gracias, ...

❺ Tu es un amour mais il faut payer, la belle !
¡.... un cielo pero ... que ....., ...!

Leçon vingt / 20

6 Démonstratif et adverbes de lieu sont liés : vous avez vu que **aquí**, *ici*, correspond à **este**, et **allí**, *là-bas*, va avec **aquel**. Voici **ahí**, *là*, qui est associé à **ese**.

7 Vous remarquerez que le verbe **servir** a un radical **sirv-** à la 1ʳᵉ personne du présent : **sirvo**, *je sers*. Tout comme **pedir**, *demander*, faisait **pido**, *je demande* (leçon 16).

8 Autre verbe de la même famille : **decir**, *dire*, qui donne **dices**, *tu dis*. Mais nous verrons toutes ces irrégularités dans un petit tableau à la leçon de révision.

***

Corrigé de l'exercice 1
❶ Tu vas faire les courses ? ❷ Aujourd'hui je vais manger du riz aux moules. ❸ Elles sont à combien, ces crevettes ? ❹ Données ! Je t'en sers un kilo ? ❺ Que veux-tu de plus ? Les sardines sont très bonnes aujourd'hui.

***

Corrigé de l'exercice 2
❶ – están baratísimos hoy ❷ – A qué precio están – ❸ Dices – regaladas – están carísimas ❹ – nada más – hasta pronto ❺ – Eres – hay – pagar, preciosa

setenta y seis *[séténta i séïss]*

Mercadona, **Eroski** ou **El Corte Inglés** sont les vaisseaux de la grande distribution espagnole mais, pour les achats alimentaires, rien ne remplacera le **mercado central** (marché central) traditionnel, aussi appelé, plus simplement, **la plaza**. Installés au cœur des villes dans toute la péninsule, les marchés couverts fixes offrent, outre le spectacle, la garantie du produit frais de qualité. Certains édifices ont en eux-mêmes un intérêt architectural, comme celui de Valence, cathédrale de l'alimentation toute en structures métalliques et vitraux, dans la ligne du modernisme catalan. Dans les grandes villes, on constate cependant avec nostalgie que la clientèle populaire y est

Lección veintiuno [lécZio'n béï'ntiouno]

Repaso - Révision

1 Le jour et l'heure

Nous allons faire ici une petite synthèse de tout ce que vous avez jusqu'à présent découvert concernant le déroulement de la journée et des heures.

1.1 Les jours de la semaine

D'abord complétons la liste des jours de la semaine :

lunes	*[lounéss]*	lundi
martes	*[maRtéss]*	mardi
miércoles	*[miéRcoléss]*	mercredi
jueves	*[Houébéss]*	jeudi
viernes	*[biéRnéss]*	vendredi
sábado	*[sabado]*	samedi
domingo	*[domi'ngo]*	dimanche

Week-end, on l'a vu, se dit **fin de semana** (fin de semaine), condensé en **finde** dans la langue familière.

peu à peu remplacée par les acheteurs "gentrifiés". Les prix n'y sont donc pas toujours doux et on y va aussi souvent en quête de raffinements (stands de dégustation, offre alimentaire haut de gamme) que pour y remplir simplement son cabas. C'est par exemple le cas de **la Boquería** *à Barcelone ou* **San Miguel** *à Madrid. Plus modestes (mais pour combien de temps encore ?) :* **San Fernando** *à Madrid (avec un commerce de librairie qui vous vend les livres au poids !) ou encore le* **mercado de la calle Feria** *à Séville, qui vous permet de consommer directement, dans les échoppes attenantes, les poissons vendus sur les étals.*

Leçon vingt et un

1.2 Les heures

L'essentiel de la question a été abordé à la leçon 14 (point 5 : Dire l'heure). Ajoutons une petite précision à propos de "midi" et "minuit". Ces mots existent aussi en espagnol : **mediodía** et **medianoche**, mais on ne les utilise pas s'ils sont suivis de l'indication des minutes : on dit alors **son las doce y**… ou **menos**… Ces deux termes désignent d'ailleurs bien souvent des réalités horaires un peu floues : si un Espagnol vous propose un rendez-vous **a mediodía**, il s'agit sans doute davantage de 13 ou 14 heures que de midi pile…

1.3 Bonjour, bonsoir…

Il existe, vous l'avez vu, trois salutations de base en espagnol :
• **buenos días** correspond assez fidèlement à notre *bonjour* ;
• **buenas tardes** s'emploie généralement de l'heure du déjeuner à la tombée du jour, c'est *bonjour* ou *bonsoir* ;
• **buenas noches**, logiquement, prend la suite. C'est donc à la fois l'équivalent de *bonsoir* (si on salue quelqu'un à la nuit tombée) et de *bonne nuit* (comme en français, quand on va se coucher).

2 Les démonstratifs : "celui-ci, celui-là", etc.

Vous avez vu qu'il existait trois degrés du démonstratif en espagnol, selon que l'on désigne des objets plus ou moins proches de

setenta y ocho [sé**té**'nta i **o**tcho]

celui qui parle ou associés à lui. Voici un petit tableau incluant également les adverbes de lieu, qui font partie du même système.

	Associé à moi	Associé à toi	Associé à lui
Masculin	**este hombre, aquí** *cet homme, ici*	**ese hombre, ahí** *cet homme, là*	**aquel hombre, allí** *cet homme, là-bas*
	estos hombres, aquí *ces hommes, ici*	**esos hombres, ahí** *ces hommes, là*	**aquellos hombres, allí** *ces hommes, là-bas*
Féminin	**esta mujer, aquí** *cette femme, ici*	**esa mujer, ahí** *cette femme, là*	**aquella mujer, allí** *cette femme, là-bas*
	estas mujeres, aquí *ces femmes, ici*	**esas mujeres, ahí** *ces femmes, là*	**aquellas mujeres, allí** *ces femmes, là-bas*

Sur le même plan que **allí**, vous trouverez parfois **allá**, qui ajoute une petite nuance d'imprécision : **Vivió diez años allá en América**, *Il a vécu dix ans là-bas en Amérique*.
Les tournures "celui de", "celui que" se rendent au moyen de l'article :
El que está hablando, *Celui qui est en train de parler*.
Las que me gustan, *Celles que j'aime*.
Mis amigos y los de Pedro, *Mes amis et ceux de Pedro*.
La casa de José y la de Juan, *La maison de José et celle de Juan*.

3 Les adjectifs possessifs

Nous avons rencontré, au cours des leçons, les adjectifs possessifs des deux premières personnes :
mi padre, *mon père*
mi madre, *ma mère*
tu casa, *ta maison*
tu cumpleaños, *ton anniversaire*.

Comme vous pouvez le remarquer, on utilise la même forme au masculin et au féminin. Pour exprimer le pluriel de l'objet possédé, il suffit d'ajouter un **–s** : **mis amigas**, *mes amies* ; **tus ojos**, *tes yeux*.

La troisième personne – **su** – ne porte pas non plus de marque de genre, et correspond donc à la fois à *son* et à *sa* :
su perro, *son chien*
su hermana, *sa sœur*
S'il y a plusieurs éléments possédés, on ajoute un **–s** :
Habla mucho con sus amigos, *Il parle beaucoup avec ses amis.*

4 Le vouvoiement de politesse

Pour marquer le "vous" de politesse, l'espagnol, comme vous le savez, utilise la 3ᵉ personne : pour le verbe, pour le pronom personnel et pour le possessif. C'est encore et toujours comme si on parlait au roi en français : Votre Majesté veut-elle que je lui donne son café ?

4.1 Le verbe et le pronom personnel

L'équivalent de "Votre Majesté" serait ici le pronom **usted** (qui a la même origine : **vuestra merced**, *votre grâce*) : on le retrouve en position de sujet (**¿Habla usted español?**, *Parlez-vous espagnol ?*) ou après une préposition (**Es para usted**, *C'est pour vous*).
Un petit tableau pour résumer.

Rapport de tutoiement	Rapport de vouvoiement
¿Cómo estás? *Comment vas-tu ?*	**¿Cómo está usted?** *Comment allez-vous ?*
¿Te sirvo un café? *Je te sers un café ?*	**¿Le sirvo un café?** *Je vous sers un café ?*
¿Cómo te llamas? *Comment t'appelles-tu ?*	**¿Cómo se llama usted?** *Comment vous appelez-vous ?*
Es para ti. *C'est pour toi.*	**Es para usted.** *C'est pour vous.*

4.2 L'adjectif possessif

Puisqu'on recourt à la troisième personne pour marquer le vouvoiement de politesse, l'adjectif possessif sera ici **su** ou **sus**. Seul le contexte peut donc vous dire si on parle de quelqu'un (**¿Es su marido?**, *C'est son mari ?*) ou si on s'adresse à une personne en marquant le vouvoiement (**¿Es su marido?**, *C'est votre mari ?*).

On marquera le pluriel par un **–s** :
Son tus zapatos, *Ce sont tes chaussures.*
Son sus zapatos, señora, *Ce sont vos chaussures, madame.*

5 Quelques conjugaisons irrégulières

Fidèles à notre méthode, continuons à découvrir, par petites touches et à mesure qu'ils apparaissent dans nos dialogues, les verbes irréguliers de l'espagnol.

5.1 *Ir*, "aller"

voy, *je vais*	**vamos**, *nous allons*
vas, *tu vas*	**vais**, *vous allez*
va, *il/elle va*	**van**, *ils/elles vont*

Le verbe **ir** appelle presque toujours une préposition. Pour dire l'endroit où l'on va, on utilise **a** : **Voy a Madrid**, *Je vais à Madrid*. Attention aussi au futur immédiat, qui se construit obligatoirement avec **a**, contrairement au français :
Voy a trabajar, *Je vais travailler*.
¿Qué vas a comer?, *Que vas-tu manger ?*

5.2 *Pedir, decir, seguir*

Ces trois verbes font partie du groupe des verbes dits "à affaiblissement", ainsi nommés parce que, à certaines personnes, la voyelle **e** du radical "se ferme" ou "s'affaiblit" en **i**. Cette irrégularité peut d'ailleurs se combiner avec d'autres (**digo**, par exemple, *je dis*) et aussi entraîner des modifications orthographiques (par exemple dans **sigo**, *je suis / je continue*, le **u**, nécessaire à la prononciation à certaines personnes, disparaît).

pedir	decir	seguir
demander	dire	suivre / continuer
pido	digo	sigo
je demande	je dis	je suis
pides	dices	sigues
tu demandes	tu dis	tu suis
pide	dice	sigue
il/elle demande	il/elle dit	il suit
pedimos	decimos	seguimos
nous demandons	nous disons	nous suivons
pedís	decís	seguís
vous demandez	vous dites	vous suivez
piden	dicen	siguen
ils/elles demandent	ils/elles disent	ils suivent

6 Nécessité et obligation

Necesitar, construit avec un complément direct, rend *avoir besoin de* :
Necesito zapatos, *J'ai besoin de chaussures*.
Necesito beber, *J'ai besoin de boire*.
¿Qué necesitas?, *De quoi as-tu besoin ?*
No necesito nada, *Je n'ai besoin de rien*.
L'obligation dite personnelle (je dois, tu dois...) se rend par la formule **tener que** conjuguée :
Tengo que ir a Madrid, *Je dois aller à Madrid*.
Tiene que ir hasta aquella plaza, *Vous devez aller jusqu'à cette place*.
L'obligation dite impersonnelle (il faut) se rend par **hay que**, formule invariable :
Hay que trabajar, *Il faut travailler*.
Hay que levantarse, *Il faut se lever*.

22 / Lección veintidós

▶ Diálogo de repaso

1 – Disculpe, señorita, ¿sabe usted dónde puedo comprar unos zapatos cerca de aquí?
2 – Sí, claro, ¿ve usted aquella plaza?
3 – ¿La que tiene una fuente?
4 – Exacto. Pues tiene que ir hasta allí, girar a la derecha y luego seguir todo recto durante casi media hora.
5 – Uf, ¡pero está lejísimos!
6 – ¿Sabe? Yo pienso que usted no necesita zapatos.
7 – Ah, ¿por qué lo dice?
8 – Pues porque los que tiene no están tan mal. ¿Por qué quiere otros?
9 – Es verdad…
10 – Por el precio de un par de zapatos, ¿no prefiere ir a un restaurante?

Lección veintidós [lécZio'n béï'ntidoss]

Pour l'essentiel, les règles de prononciation sont maintenant bien en place ; et puis vous avez toujours – c'est indispensable ! – les enregistrements des dialogues. Alors débarrassez-vous peu à peu de vos béquilles… Désormais, nous vous indiquerons seulement la phonétique figurée des mots nouveaux.

¿Estás enferma?

1 – **Ho**la, **Car**men, me a**le**gro de **ver**te. ¿Qué tal es**tás**?
2 – Es**toy** muy mal. Me **due**le la ca**be**za [1],
3   me **due**le la es**pal**da, me **due**len los o**í**dos [2], ¡me **due**le **to**do!
4 – Yo tam**po**co me en**cuen**tro bien, **hi**ja **mí**a [3].

11 – No es mala idea. ¿Me puede recomendar uno?
12 – Si, hay uno muy bueno en esta calle, queda a cinco minutos de aquí ¡y es baratísimo!

Traduction

1 Pardon, mademoiselle, savez-vous où je peux acheter des chaussures près d'ici ? **2** Oui, bien sûr, vous voyez cette place ? **3** Celle qui a une fontaine ? **4** Exact. Eh bien vous devez aller jusque là-bas, tourner à droite puis continuer tout droit pendant presque une demi-heure. **5** Hou là, mais c'est très loin ! **6** Vous savez ? Je pense que vous n'avez pas besoin de chaussures. **7** Ah, pourquoi dites-vous ça ? **8** Eh bien parce que celles que vous avez ne sont pas si mal. Pourquoi en voulez-vous d'autres ? **9** C'est vrai... **10** Pour le prix d'une paire de chaussures, vous ne préférez pas aller au *(à un)* restaurant ? **11** Ce n'est pas une mauvaise idée. Vous pouvez m'en recommander un ? **12** Oui, il y en a un très bon dans cette rue, c'est à cinq minutes d'ici, et il est très bon marché !

Leçon vingt-deux

[Tu] es malade ?

1 – Salut Carmen, je suis contente *([je] me réjouis)* de te voir *(voir-te)*. Comment vas *(es)* [-tu] ?
2 – [Je] vais *(suis)* très mal. J'ai mal à *(me fait-mal)* la tête,
3 j'ai mal au *(me fait-mal la)* dos, j'ai mal aux *(me font mal les)* oreilles. J'ai mal partout *(me fait-mal tout)* !
4 – Moi *(je)* non plus [je ne] me sens *(trouve)* [pas] bien, ma chérie *(fille mienne)*.

ochenta y cuatro [*otché'nta i coua*tRO] • 84

22 / Lección veintidós

   5 – Es ver**dad**, **tie**nes **ma**la **ca**ra. ¿Te **pa**sa **al**go?
   6 – Es**toy** fa**tal**. **Ten**go un do**lor** de **mue**las [4] que no me **de**ja pe**gar** o**jo**.
   7 – Ay, qué **vi**da… **Bue**no, me voy [5], **ten**go que ha**cer** la **com**pra.
   8 – **Has**ta **pron**to, **Car**men. ¡**Siem**pre es un **gus**to char**lar** con**ti**go [6]!

Prononciation

… é'n**fér**ma **1** … ca**r**mé'n… a**lé**g**R**o… **bér**té… **2** … dou**é**lé ca**bé**Za **3** … és**pal**da… dou**é**lé'n… o**ï**doss… **4** … ta'm**po**co… é'ncou**é**'n**tR**o… ¡Ha **mi**a **5** … **ca**Ra… **pa**ssa **al**go **6** … fa**tal**… do**loR**… mou**é**lass… **dé**Ha pé**gaR**… **7** … **bi**da… **8** tcha**R**la**R** co'n**ti**go

Remarques de prononciation

(3) Nous découvrirons prochainement les règles d'accentuation, mais l'orthographe peut déjà vous aider à bien placer l'accent tonique. Ainsi, lorsque deux voyelles se suivent et que l'une d'entre elles porte un accent écrit, c'est sur elle qu'il faut insister : o**í**dos *[oïdoss]*.

(4) • Veillez toujours à bien détacher, sans nasaliser, les groupes **am** (ta**m**poco) et **en** (e**n**cuentro, bie**n**).
• Comme nous venons de le voir, dans **mía**, l'accent écrit vous indique donc qu'il faut insister sur le **i**.

Notes

1 "J'ai mal à…" se rend en espagnol par une tournure indirecte : **me duele el…, la…**, "me fait-mal le…, la…" Le verbe se conjuguera donc à la 3ᵉ personne du pluriel si le sujet est pluriel : **Me duelen los oídos**, *J'ai mal aux oreilles* ("me font-mal les oreilles").

***

Ejercicio 1 – Traduzca

❶ ¿Qué te pasa, estás enferma? **❷** Me duelen los ojos y los oídos. **❸** Este dolor de muelas no me deja pegar ojo. **❹** Siempre es un gusto hacer la compra contigo. **❺** Carmen está fatal, tiene muy mala cara.

85 • **ochenta y cinco** *[otché'nta i Zi'nco]*

Leçon vingt-deux / 22

5 – [C'] est vrai, [tu] as mauvaise mine *(visage)*. [Il] t'arrive quelque chose ?
6 – [Je] vais *(suis)* très mal *(fatal)*. []'] ai une rage de dents *(douleur de molaires)* qui ne me laisse [pas] fermer *(coller)* [l'] œil.
7 – Ah, là là, quelle vie… Bon, [je] m'[en] vais, [je] dois faire les courses *(l'achat)*.
8 – À *(jusqu'à)* bientôt, Carmen. [C'] est toujours un plaisir [de] bavarder avec toi !

2 L'espagnol dispose de deux mots pour "oreille". **La oreja** désigne *l'oreille* externe et **el oído** renvoie à *l'ouïe* et à *l'oreille* comme organe de l'ouïe. Quelqu'un dira ainsi **Me duele la oreja** si son dernier piercing lui fait mal, mais **Me duelen los oídos** si la sono est trop forte.

3 **mi** est, comme vous le savez, l'adjectif possessif de 1ʳᵉ personne : **mi amigo, mi hija**, *mon ami, ma fille*. Vous trouverez aussi, dans certaines tournures à fort contenu affectif, une autre forme de ce possessif, dite tonique : **mío, mía**. Elle se place après le nom : **amigo mío, hija mía**.

4 Deux choses à remarquer ici. D'abord le genre du mot **dolor**, *douleur*, qui est masculin en espagnol : **un dolor** (voir note 5, leçon 17). Et encore un cas de double mot espagnol pour un terme français. *Dent* se dit généralement **diente**, mais pour dire "j'ai mal aux dents", on utilise plutôt le mot **muelas**, *molaires*.

5 Vous connaissiez **ir**, *aller* ; le voici à la forme pronominale (**irse**, *s'en aller*) : **Me voy**, *Je m'en vais* ; **Te vas**, *Tu t'en vas*, etc.

6 Nous avons déjà rencontré la conjonction **con**, *avec*. Lorsqu'elle précède le pronom de 1ʳᵉ ou 2ᵉ personne du singulier, elle se fusionne avec lui dans une forme spéciale : **conmigo, contigo**, *avec moi, avec toi*.

***

Corrigé de l'exercice 1

❶ Qu'est-ce qui t'arrive, tu es malade ? ❷ J'ai mal aux yeux et aux oreilles. ❸ Cette rage de dents ne me laisse pas fermer l'œil. ❹ C'est toujours un plaisir de faire les courses avec toi. ❺ Carmen va très mal, elle a très mauvaise mine.

ochenta y seis *[otché'nta i séïss]*

Ejercicio 2 – Complete

❶ J'ai mal aux oreilles et j'ai mal au dos.
Me ...... los ..... y me ..... la ....

❷ Je vais très mal, j'ai mal partout.
Estoy ....., .. duele .....

❸ Je suis content de te voir et de bavarder avec toi.
Me ...... de ..... y de charlar ....

❹ Je m'en vais, je ne me sens pas bien.
Me ..., no .... bien.

❺ Moi non plus je ne vais pas bien, j'ai mal à la tête.
.... estoy bien, .. duele la ....

***

4ᵉ semaine d'étude : vous aurez bientôt passé le quart de votre méthode Assimil ! Comme vous l'avez remarqué (ou sans même que vous le remarquiez !), les mots et les structures reviennent en boucle d'une leçon à l'autre et deviennent ainsi peu à peu familiers. Répétition et enrichissement vont de pair : cette leçon, par exemple, est

Lección veintitrés *[lécZio'n béï'ntitRéss]*

Deporte es salud

1 – ¿A qué actividad quieres apuntarte este año?
2 – Por favor, papá. Tengo ya demasiadas [1] cosas que hacer en el instituto.
3 – El deporte es importante para la salud.
4   Fútbol, baloncesto o balonmano, ¿qué prefieres?
5 – Ninguno [2]. Ya [3] sabes que me horrorizan los deportes de equipo.
6   No soy del Barça [4], no soy del Madrid, no soy hincha de ningún [2] equipo.

Corrigé de l'exercice 2

❶ – duelen – oídos – duele – espalda ❷ – fatal, me – todo ❸ – alegro – verte – contigo ❹ – voy – me encuentro – ❺ Yo tampoco – me – cabeza

un peu la même que la toute première (salutations, contacts, prise de nouvelles et congé), mais avec des formules plus riches et une situation plus complexe. C'est ainsi, par vagues, que vous allez vous imprégner d'espagnol pendant la première moitié de la méthode, pour ensuite passer à la phase d'activation de l'apprentissage.

Leçon vingt-trois

[Le] sport [c']est [la] santé

1 – À quelle activité veux [-tu] t'inscrire *(inscrire-te)* cette année ?
2 – S'il te plaît, papa, [j'] ai déjà trop [de] choses à *(que)* faire au *(dans le)* lycée.
3 – Le sport est important pour la santé.
4 Football, basket-ball ou hand-ball, que préfères [-tu] ?
5 – Aucun. [Tu] sais bien *(déjà)* que j'ai horreur des *(me font-horreur les)* sports collectifs.
6 [Je] ne suis [pas supporteur] du Barça, [je] ne suis [pas supporteur] du [Real] Madrid, [je] ne suis supporteur d'aucune *(aucun)* équipe.

ochenta y ocho [o**tché'n**ta i **o**tcho]

7 – ¿Y el **ju**do? Es **bue**no **pa**ra las **pier**nas, **pa**ra los **bra**zos y **pue**de ser **ú**til en la **vi**da.

8 – No me inte**re**sa [5], lo **sien**to… Si **quie**res, a**pún**tame a **cla**ses [6] de gui**ta**rra.

Prononciation
*dé**por**té… sa**lou**ᵈ **1** … acti**bi**da**ᵈ**… apou'n**taR**té…
2 … dé**massia**dass **cos**sass… i'nsti**tou**to **4** **foot**bol
balo'n**Zés**to… balo'n**ma**no… **5** ni'n**gou**no ya…
o**RoRiZa**'n… **é**quipo **6** … **baR**sa… **i'n**tcha… ni'n**gou'n**…
7 **you**do… **piéR**nass… **bRa**Zoss… **8** … i'nté**Rés**sa… apou'n**ta**mé…
classéss… guita**Ra***

Remarques de prononciation
(Titre), (1), (6) Plusieurs mots dans ce dialogue ont une terminaison en **d** : **salud, actividad, Madrid**. Rappelons que ce **d** final n'est pas fortement marqué en espagnol : c'est comme un **z** affaibli, presque un zozotement. Dans certaines régions, il disparaît pratiquement, comme si on prononçait "**salú**", "**actividá**".

(6) La lettre **ç** ne fait pas partie de l'alphabet castillan. Elle intervient par contre dans la graphie du catalan, et s'y prononce comme en français. Vous trouverez ainsi à l'occasion en espagnol des mots d'emprunt (à prononcer à la catalane), le plus courant étant celui du célèbre club de Barcelone.

(7) Les mots espagnols se prononcent comme ils s'écrivent, mais cette noble règle souffre quelques (rares) exceptions. **Judo** (parfois orthographié **yudo**) en est une : le **j** s'y prononce comme un **y** : *[**you**do]*.

(8) Rappel : dans le groupe **gui**, le **u** n'est pas prononcé (*[gui]* et non pas *[goui]*).

Notes
1 Nous avons rencontré le quantificateur "trop" sous la forme d'un adverbe invariable : **Está demasiado lejos**, *C'est trop loin*. Il peut aussi précéder un nom et, dans ce cas, il devient un adjectif qui s'accorde avec lui : **demasiadas cosas**, *trop de choses*.

7 – Et le judo ? [C'] est bon pour les jambes, pour les bras et [ça] peut être utile dans la vie.
8 – [Ça] ne m'intéresse [pas], je suis désolé... Si [tu] veux, inscris-moi à [des] **cours** *(classes)* de guitare.

2 Poursuivons notre découverte des mots négatifs. **Ninguno**, *aucun*, prend la forme **ningún** devant un nom masculin singulier : **No quiero ninguno**, *Je n'en veux aucun* / **No me gusta ningún deporte**, *Je n'aime aucun sport*.

3 **ya** est un petit mot courant dont les sens sont très variables. Lorsqu'il se rapporte à l'idée de temps, on le rend souvent par *déjà* : **¿Tenéis ya plan?**, *Vous avez déjà des projets ?* Mais il peut aussi, comme ici, simplement souligner une affirmation : **Ya sabes**, *Tu sais bien*. On le trouvera encore dans des échanges brefs avec une valeur d'acquiescement. Vous entendrez ainsi souvent **ya** avec le sens de *oui* dans la conversation : **Soy del Barça**, *Je suis supporteur du Barça* / **Ya**, *Oui, je sais*.

4 Petit détail, grands effets : il ne faut pas confondre **ser de**, qui indique une origine, et **ser del**, pour dire l'attachement à un club de football : **Soy de Madrid**, *Je suis de Madrid* / **Soy del Madrid**, *Je suis supporteur du Real Madrid*. **El** + le nom de la ville désigne en effet le club de football local : **el Bilbao**, **el Valencia**, etc. Notez que le mot *supporteur* existe : c'est **el hincha** (**Es hincha del Barça**, *Il est supporteur du Barça*), mais, la plupart du temps, pour dire *De quelle équipe es-tu supporteur ?* on demandera simplement : **¿De qué equipo eres?**

5 Le sujet est ici sous-entendu et laissé dans le vague : "ça". Dans ces constructions indirectes, remarquez aussi que l'ordre des mots n'est pas toujours le même en français et en espagnol : **No me interesa el fútbol**, *Le football ne m'intéresse pas*.

6 Faux-amis à l'horizon ! Voici **una clase**, qui ne signifie pas "une classe" mais *un cours* : **Tengo clase de matemáticas**, *J'ai cours de mathématiques*. **Curso** renvoie à *l'année scolaire* dans laquelle on se trouve : **¿En qué curso estás?**, *En quelle classe* (ou *en quelle année*) *es-tu ?* ; on parle de même de **viaje de fin de curso**, *voyage de fin d'année*.

noventa *[nobé'nta]*

23 / Lección veintitrés

Ejercicio 1 – Traduzca
❶ Lo siento, no quiero apuntarme a ningún deporte de equipo. ❷ Hacer deporte es bueno para la salud. ❸ No me interesa el baloncesto y me horroriza el balonmano. ❹ ¿Qué prefieres, tener buenas piernas o tener una buena cabeza? ❺ ¿De qué equipo eres?

***

Ejercicio 2 – Complete
❶ Le sport, c'est important pour la santé.
El . . . . es importante . . . . la . . . . . .

❷ Inscris-moi à des cours de guitare, s'il te plaît.
. . . . a . . . . . . de guitarra, por favor.

❸ Tu as déjà trop de choses à faire pour t'inscrire au football.
Tienes . . . . cosas . . . hacer para . . . . al fútbol.

❹ Je suis supporteur du Barça, j'ai horreur du Real.
. . . . . . Barça, ... el Madrid.

❺ Pour le judo, il faut avoir de bonnes jambes et de bons bras.
Para el judo, ... tener buenas . . . . y buenos . . . .

***

*Davantage que la corrida, bien menacée, le football est la grande passion nationale. Plusieurs villes ont deux clubs d'élite et les derby locaux catalysent des passions dont le sport n'est souvent que l'exutoire. À Séville, le clivage a une dimension sociologique entre le **Betis** gouailleur et l'aristocratique **Sevilla FC**. À Madrid, les choses sont plus mêlées entre **Real** et **Atlético**, mais les supporters du 3e club de la ville, le **Rayo**, portent avec fierté, face aux grands, les couleurs du*

Leçon vingt-trois / 23

Corrigé de l'exercice 1
❶ Je suis désolé, je ne veux m'inscrire à aucun sport collectif. ❷ Faire du sport, c'est bon pour la santé. ❸ Le basket-ball ne m'intéresse pas et j'ai horreur du hand-ball. ❹ Qu'est-ce tu préfères : avoir de bonnes jambes ou avoir une bonne tête ? ❺ De quelle équipe es-tu supporteur ?

***

Corrigé de l'exercice 2
❶ – deporte – para – salud ❷ Apúntame – clases – ❸ – ya demasiadas – que – apuntarte – ❹ Soy del – me horroriza – ❺ – hay que – piernas – brazos

quartier périphérique de **Vallecas**. *À Barcelone, c'est le fait régional qui trace la frontière : le* **Barça** *est au cœur du sentiment catalaniste tandis que l'***Español** *(comme son nom l'indique) incarne une Catalogne plus attachée à l'Espagne. Quant à l'***Athlétic de Bilbao**, *l'affirmation identitaire y est encore plus directe : il faut être basque (espagnol ou français d'ailleurs !) pour jouer au club. On n'y coupe pas : la diversité de l'Espagne est présente partout.*

noventa y dos *[nobé'nta i doss]*

Lección veinticuatro [lécZio'n béï'nticouatRo]

Vacaciones de verano

1 – ¿Qué tal esas vacaciones?
2 – ¡Han sido [1] las peores de mi vida!
3 – ¿Qué te ha pasado?
4 – Primero hemos tenido problemas con el coche que nos han hecho [2] perder tres días.
5 – Por lo menos habéis tenido buen [3] tiempo, ¿no?
6 – Ha llovido [4] sin parar y encima el niño se ha roto [5] el brazo.
7 – ¡Qué mala suerte!
8 – Y mi suegra se ha pasado el tiempo diciendo [6] que soy un inútil.
9 ¡Nunca más! El año próximo me quedo en Madrid. Y los niños, ¡a la piscina!

Prononciation

bacaZionéss... béRano... 2 a'n sido... péoRéss... 3 ... passado 4 pRiméRo émoss ténido pRoblémass... cotché... étcho péRdéR tRéss... 5 ... abéïss... boué'n... 6 ... lyobido si'n paRaR i é'nZima... nigno... Roto... 7 ... souéRté 8 ... souégRa... diZié'ndo... inoutil 9 nou'nca... pRoximo... nignoss... pisZina

Notes

1 Voici le passé composé espagnol, formé par l'auxiliaire **haber** au présent suivi du participe passé du verbe conjugué. Il y a deux terminaisons pour celui-ci, en **-ado** pour les verbes en **-ar** et en **-ido** pour les verbes en **-er** et en **-ir**. **Sido** est donc le participe passé du verbe **ser**, *être*.

2 Vous allez rencontrer dans ce dialogue presque toutes les formes conjuguées de **haber**, qui sont assez faciles à retenir. Il y a, par contre, un

Leçon vingt-quatre

Vacances d'été

1 – Alors *(Que tel)* ces vacances ?
2 – Ça a été *([elles] Ont été)* les pires [vacances] de ma vie !
3 – Qu'est-ce qui *(Que)* t'est *(a)* arrivé ?
4 – D'abord *(Premier)* [nous] avons eu [des] problèmes avec la *(le)* voiture qui nous ont fait perdre trois jours.
5 – Au *(Pour le)* moins [vous] avez eu beau *(bon)* temps, non ?
6 – [Il] a plu sans arrêter et en plus *(dessus)* le gamin s'est *(a)* cassé le bras.
7 – Quel manque de *(Quelle mauvaise)* chance !
8 – Et ma belle-mère *(s')* a passé son *(le)* temps à dire *(en disant)* que je suis un bon à rien.
9   Jamais plus ! L'année prochaine je reste à *(en)* Madrid. Et les enfants, à la piscine !

Remarque de prononciation
Avec le passé composé, très présent dans la plupart des phrases de ce dialogue, vous allez systématiquement vous retrouver face au **h** de l'auxiliaire **haber**. Cette lettre est toujours muette en espagnol : on ne la prononce pas.

certain nombre de participes irréguliers à mémoriser, comme **hecho**, *fait*, participe passé de **hacer**.

3 Nous avons vu à la leçon précédente que **ninguno**, *aucun*, prenait une forme raccourcie devant un nom masculin singulier : **ningún deporte**, *aucun sport*. Il en va de même pour **bueno** : **buen tiempo**, *beau temps* (et aussi **malo** : **mal tiempo**, *mauvais temps*) Ce phénomène s'appelle l'apocope et nous allons le retrouver pour un certain nombre d'adjectifs.

4 Le verbe **llover**, *pleuvoir*, qui au présent fait **llueve**, *il pleut*, donne au passé composé **ha llovido**, *il a plu*.

5 **romper**, *casser*, a lui aussi un participe irrégulier : **roto**, *cassé*.

***

Ejercicio 1 – Traduzca
❶ Han sido las peores vacaciones de mi vida. ❷ ¿Te ha pasado algo para tener tan mala cara? ❸ No hemos tenido suerte : ha hecho mal tiempo. ❹ Mi suegra se ha roto la pierna. ❺ No hemos tenido buen tiempo, ha llovido sin parar.

***

Ejercicio 2 – Complete
❶ Quel manque de chance !
   ¡Qué . . . . !

❷ Les problèmes avec la voiture nous ont fait perdre deux jours.
   . . . problemas con . . . . nos . . . . perder dos días.

❸ Ma belle-mère a passé l'été à faire du sport.
   Mi . . . . pasado el verano . . . .

❹ Jamais plus ! L'été prochain je reste à Madrid.
   ¡. . . . . más! El verano . . . . Madrid.

Lección veinticinco [lécZio'n béï'ntiZi'nco]

Vacaciones de invierno

1 – **Nun**ca **to**mo [1] vaca**cio**nes en ve**ra**no :
2   hay dema**sia**da **gen**te [2] y **ha**ce dema**sia**do ca**lor**.
3   **Sue**lo [3] ir **quin**ce **dí**as a Gra**na**da en e**ne**ro o fe**bre**ro.
4 – **Cla**ro, en el sur **siem**pre **ha**ce buen **tiem**po.

6 Une tournure à retenir : **pasarse el tiempo** + gérondif, *passer son temps à* : **Me paso el tiempo comiendo**, *Je passe mon temps à manger*. Observez aussi ici le gérondif irrégulier de **decir** : **diciendo**.

***

Corrigé de l'exercice 1
❶ Ça a été les pires vacances de ma vie. ❷ Il t'est arrivé quelque chose pour avoir si mauvaise mine ? ❸ Nous n'avons pas eu de chance : il a fait mauvais temps. ❹ Ma belle-mère s'est cassé la jambe. ❺ Nous n'avons pas eu beau temps, il a plu sans arrêter.

***

❺ Au moins personne ne va passer sa vie à dire que je suis un bon à rien.
 . . . . . menos nadie . . . . a . . . . . la vida . . . . que soy un . . . .

Corrigé de l'exercice 2
❶ – mala suerte ❷ Los – el coche – han hecho – ❸ – suegra se ha – haciendo deporte ❹ Nunca – próximo me quedo en – ❺ Por lo – se va – pasar – diciendo – inútil

Leçon vingt-cinq

Vacances d'hiver

1 – Je ne prends jamais *(Jamais prends)* [de] vacances en été :
2 il y a trop [de] gens et [il] fait trop chaud *(chaleur)*.
3 J'ai l'habitude d'aller quinze jours à Grenade en janvier ou février.
4 – Bien sûr, dans le sud [il] fait toujours beau *(bon)* temps.

5 – ¡Qué **di**ces, **hom**bre! ¡En G**ra**na**da ha**ce mu**chí**simo **frí**o en in**vier**no!
6 Me en**can**ta la **nie**ve, voy a**llí pa**ra es**quiar**.
7 Y si **ten**go **ga**nas de me**jor** [4] **tiem**po,
8 **des**de G**ra**na**da has**ta la **cos**ta hay a**pe**nas una **ho**ra en **co**che.
9 Por la ma**ña**na [5] es**toy** es**quian**do
10 y por la **tar**de es**toy** al sol, en la **pla**ya y en baña**dor**.
11 – ¡Qué **suer**te **tie**nes! ☐

Prononciation
... i'n**biéR**no 1 ... **to**mo... 2 ... **Hé'n**té... ca**loR** 3 ... g**Ra**na**da** é'n é**né**Ro o fé**bRé**Ro 4 ... é'n él souR... 5 ... mou**tchi**ssimo **fRio**... 6 ... **nié**bé... és**quiaR** 7 mé**HoR**... 8 **dés**dé... **cos**ta... a**pé**nass... 9 ... és**quia'n**do 10 ... sol... **pla**ïa... ba**gna**doR

Notes
1 Enrichissons la série des mots négatifs : voici **nunca**, *jamais*. Il y a deux constructions possibles pour la même phrase, qui donneront exactement le même sens : soit **Nunca tomo vacaciones**, soit **No tomo nunca vacaciones**.

2 "Les gens", masculin pluriel en français, se rend en espagnol par un féminin singulier : **la gente**. Observez donc l'accord au féminin : **Hay mucha gente**, *Il y a beaucoup de gens* ; **Hay demasiada gente**, *Il y a trop de gens*.

3 **soler** est un verbe qui porte l'idée d'habitude (pensons au français "insolite", soit inhabituel). Il est directement suivi d'un infinitif : **Suelo quedarme en Madrid en verano**, *Généralement, je reste à Madrid en été.*

***

Ejercicio 1 – Traduzca
❶ Me encanta el sur : allí siempre hace buen tiempo. ❷ Hay demasiada gente en las playas durante las vacaciones. ❸ En Granada hace demasiado calor en verano y mucho frío en invierno. ❹ Suelo ir a esquiar una semana en enero. ❺ ¡Qué suerte tienes de estar en la costa, al sol y en bañador!

Leçon vingt-cinq / 25

5 – Qu'est-ce que [tu] dis, allons *(homme)* ! À *(En)* Grenade [il] fait très très froid en hiver !
6 J'adore *(M'enchante)* la neige, [je] vais là-bas pour skier.
7 Et si [j'] ai envie *(envies)* d'un *(de)* meilleur temps,
8 depuis Grenade jusqu'à *(jusque)* la côte il y a à peine une heure en voiture.
9 *(Par)* Le *(la)* matin [je] suis en train de skier *(skiant)*
10 et *(par)* l'après-midi [je] suis au soleil, sur *(dans)* la plage et en maillot de bain.
11 – Quelle chance [tu] as !

Remarque de prononciation
(10) Vous maîtrisez maintenant en principe l'accentuation des mots. Vous sentez cependant que toutes les syllabes toniques n'ont pas la même intensité à l'intérieur de la phrase, surtout si elle est un peu longue. Parfois un mot se détache, par son importance ou par sa place. Repérez sur l'enregistrement ces accents de phrase et essayez de la répéter à vitesse normale.

4 Vous connaissiez **peor**, *pire* (leçon 24) ; voici son antonyme : **mejor**, *meilleur*. Ces comparatifs irréguliers ont une forme au pluriel, **peores, mejores**, mais sont invariables en genre : **la mejor cerveza, el mejor equipo**.

5 Pour situer des événements ou activités dans la journée, vous allez vous servir de la préposition **por** : **por la mañana**, *le matin* ; **por la tarde**, *l'après-midi* ; **por la noche**, *le soir*, *la nuit*.

Corrigé de l'exercice 1
❶ J'adore le sud : là-bas il fait toujours beau temps. ❷ Il y a trop de gens sur les plages pendant les vacances. ❸ À Grenade il fait trop chaud en été et très froid en hiver. ❹ J'ai l'habitude d'aller skier une semaine en janvier. ❺ Quelle chance tu as d'être sur la côte, au soleil et en maillot de bain !

noventa y ocho *[nobé'nta i otcho]*

Ejercicio 2 – Complete

❶ J'ai horreur des sports d'hiver.
   Me .... los .... de ....

❷ Je n'ai jamais de vacances en février.
   ..... tengo .... en ....

❸ Depuis Grenade jusqu'à Madrid il y a cinq heures de voiture.
   ..... Granada ..... Madrid ... cinco horas de ......

❹ Il fait très froid. Tu n'as pas envie d'un meilleur temps ?
   .... mucho ..... ¿No tienes ..... de ..... tiempo?

❺ Avec la voiture je suis sur la plage en à peine une heure.
   Con .. coche .... la ..... en ...... una hora.

***

Plus de 70 millions de touristes visitent l'Espagne bon an mal an, et 85 % d'entre eux choisissent de séjourner sur la côte méditerranéenne, aux Baléares et dans les Canaries. Promouvoir une alternative à ce **turismo de sol y playa**, *totalement saisonnier, est donc le grand défi de l'industrie touristique espagnole. Culture et gastronomie sont par*

Lección veintiséis [lécZio'n béï'ntisséïss]

Mi perro es buenísimo

1 – ¡Pa**pá**, **mi**ra lo que [1] me han rega**la**do [2]!
2 – ¡Ni ha**blar**! Te lo he **di**cho [3] mil **ve**ces : no **quie**ro ani**ma**les en **ca**sa.
3   Y en**ci**ma un **pe**rro. Un **pá**jaro o un **ga**to toda**ví**a, **pe**ro a mí los **pe**rros me dan **mie**do.
4 – No **ha**ce **na**da, **mí**ralo : es bue**ní**simo.
5 – ¡Guau!
6 – Un **pe**rro nece**si**ta sa**lir** [4] tres **ve**ces al **dí**a, ¿lo **sa**bes?

Corrigé de l'exercice 2

❶ – horrorizan – deportes – invierno ❷ Nunca – vacaciones – febrero ❸ Desde – hasta – hay – coche ❹ Hace – frío – ganas – mejor – ❺ – el – estoy en – playa – apenas –

***

*exemple les atouts affichés par les **paradores nacionales**, résidences hôtelières sises dans des lieux historiques, patrimoniaux ou géographiques d'exception. **Andalucía**, l'Andalousie, qui draine 15 % des visiteurs, dispose – outre ses plages – du riche capital culturel de ses villes (**Sevilla**, Séville, **Córdoba**, Cordoue), marquées par la présence musulmane et la Reconquête. **Málaga**, qui ne fut longtemps que le déversoir du tourisme de plage, peaufine son image de grande métropole du sud de l'Europe : ville native de Picasso, elle a ouvert un grand musée consacré au peintre et conclu des partenariats avec Beaubourg et le musée de l'Hermitage, de Saint-Pétersbourg. Quant à la province de **Granada**, Grenade, elle est la diversité même : vous pouvez enchaîner la visite de l'**Alhambra** (palais des derniers rois maures), les sports d'hiver dans la **Sierra Nevada** (plus haute route d'Europe à 3395 mètres) et, à une heure de voiture, le farniente de la **Costa Tropical** de **Motril** et d'**Almuñécar**. Qui dit mieux ?*

Leçon vingt-six

Mon chien est très gentil

1 – Papa, regarde ce qu'on m'a *(le qu'[ils] m'ont)* offert !
2 – Pas question *(ni parler)* ! [Je] te l'ai dit mille fois : [je] ne veux [pas d'] animaux à la *(en)* maison.
3 Et en plus un chien. Un oiseau ou un chat [passe] encore, mais moi j'ai peur des *(à moi me donnent peur les)* chiens.
4 – [Il] ne fait rien, regarde-le : [il] est très gentil.
5 – Ouah !
6 – Un chien a besoin de *(nécessite)* sortir trois fois par *(au)* jour, [tu] le sais ?

ciento/cien *[Zié'nto / Zié'n]*

7 – Lo sé ⁵, yo lo voy a sa**car** ⁴.
8 – Sí, **cla**ro... ¡**Ma**dre **mí**a, qué pa**cien**cia hay que te**ner**!
9 En fin ⁶... ¿**Có**mo se **lla**ma **e**se ange**li**to?
10 – Ejem, se **lla**ma Atila...
11 – ¡Por lo **me**nos **dé**jame po**ner**le **o**tro **nom**bre! □

Prononciation
... boué**nis**simo **1** ... mi**R**a... **2** ... **di**tcho mil **bé**Zéss... ani**ma**léss... **3** ... pa**H**a**R**o... **mié**do **4** ... **mi**Ralo... **5** gouaou **6**... sa**liR**... **7** ... sa**caR 8** ... pa**Zié'n**Zia... **9** é'n fi'n... a'n**Hé**lito **10** é**Hé'm**... atila **11** ... **dé**Hamé...

Remarques de prononciation

(3) Le mot **pájaro** concentre quelques-unes des difficultés de prononciation de l'espagnol : l'accent tonique "**esdrújulo**" (sur l'avant-avant-dernière syllabe), la **jota** et le **r** faiblement roulé.

(4), (11) Lorsqu'un pronom personnel s'accroche à un impératif, celui-ci devient très souvent "**esdrújulo**" : marquez donc bien la première syllabe dans **mí**ralo et **dé**jame.

(5) Résumons ce que nous avons vu du groupe **gu** : le **u** se prononce dans **gua** et **guo** (*[goua]*, *[gouo]*) et ne se prononce pas dans **gue** et **gui** (*[gué]*, *[gui]*).

Notes

1 À côté de l'article masculin (**el**) et féminin (**la**), l'espagnol dispose d'un article neutre : **lo**, qu'on traduit généralement en français par un pronom démonstratif : *ce*. On l'utilise par exemple, comme ici, devant un relatif : **lo que ha hecho**, *ce qu'il a fait*. Il peut aussi précéder un adjectif et lui donner alors une valeur abstraite : **lo bueno de la película**, *ce qu'il y a de bien dans le film*. À ne pas confondre avec **el bueno de la**

***

Ejercicio 1 – Traduzca

❶ El perro que me han regalado es buenísimo. ❷ Ya te lo he dicho : ¡ni hablar de tener animales en casa! ❸ ¿Quién va a sacar al perro tres veces al día? ❹ Un pájaro todavía, pero un perro necesita salir. ❺ Lo que sé es que a mí los gatos me dan miedo.

Leçon vingt-six / 26

7 – [Je] le sais, c'est moi qui *(moi je)* vais *(à)* le sortir *(sortir-le)*.
8 – Oui, bien sûr… Mon Dieu *(mère mienne)*, quelle patience il faut avoir !
9 Enfin… Comment s'appelle ce petit ange ?
10 – Euh, [il] s'appelle Attila…
11 – Au *(pour le)* moins laisse-moi lui donner *(mettre-lui)* [un] autre nom !

---

película, *le gentil du film* ! Et à ne pas confondre non plus avec **lo**, pronom personnel complément direct de la 3ᵉ pers. du masculin (voir leçon 5 et leçon 14 § 2).

2 "On" peut se rendre par la 3ᵉ personne du pluriel. La tournure est alors un peu moins impersonnelle qu'avec **se** et la 3ᵉ personne du singulier : **Se habla español**, *On parle espagnol* ("on" en général, peu importe qui) mais **Me han regalado un perro**, *On m'a offert un chien* (je sais très bien qui est ce "on").

3 Un autre participe irrégulier à retenir, celui de **decir** : **dicho**, *dit*.

4 Attention à *sortir*, un des verbes pièges de l'espagnol. Distinguez bien **salir**, intransitif (**Salgo de casa**, *Je sors de chez moi*) et **sacar**, transitif (**Saco al perro**, *Je sors le chien*).

5 La 1ʳᵉ personne du présent de **saber**, *savoir*, est irrégulière : **sé**, *je sais*. Remarquez également l'accent écrit, qui permet de distinguer le verbe du pronom réfléchi **se** : **se llama**.

6 **en fin**, *enfin*, s'écrit en deux mots en espagnol. Il a ici le même sens qu'en français (expression de la résignation), mais attention : il n'a pas la valeur temporelle de *finalement*, *pour finir*, qui se traduira par **finalmente** ou **por último**, "par dernier" (voir dialogue suivant).

***

Corrigé de l'exercice 1

❶ Le chien qu'on m'a offert est très gentil. ❷ Je te l'ai déjà dit : pas question d'avoir des animaux à la maison ! ❸ Qui va sortir le chien trois fois par jour ? ❹ Un oiseau passe encore, mais un chien a besoin de sortir. ❺ Ce que je sais, c'est que moi j'ai peur des chats.

Ejercicio 2 – Complete

❶ Mon Dieu ! Et en plus ce petit ange s'appelle Attila !
  ¡ . . . . ! ¡Y . . . . se llama Atila!

❷ C'est un chien très gentil, regarde-le : il ne fait rien.
  Es un . . . . . muy . . . . . , míralo : . . hace . . . . .

❸ Enfin… Je sais bien que tu ne vas jamais sortir le chien.
  . . . . Ya . . que . . . . . vas a . . . . . al perro.

❹ Au moins laisse-moi le sortir.
  . . . . . menos . . . . . . sacarlo.

❺ J'ai dit mille fois que je n'aime pas avoir des animaux à la maison.
  . . . . mil . . . . . que no . . . . tener animales . . casa.

Lección veintisiete [lécZio'n béï'ntissiété]

Alquilando un piso

1 – Aquí tienen [1] el comedor, la habitación más agradable del piso.

2 – Sí, pero qué mesa más grande y más fea… Parece [2] un ataúd.

3 – Este es el dormitorio, íntimo e [3] ideal para una joven pareja como ustedes.

4 – Es el dormitorio más pequeño y más oscuro que he visto [4] en mi vida…

5 – Y les [5] enseño por último la cocina, el váter [6], independiente, y el cuarto de baño, limpio y moderno.

6 – ¡Socorro, ahí hay una cucaracha! ¡Me horrorizan las cucarachas!

7 – No es nada, yo la aplasto. ¡Plas! Ya está [7].

8 – Entonces, ¿qué les ha parecido [2] el piso?

Corrigé de l'exercice 2

❶ – Madre mía – encima ese angelito – ❷ – perro – bueno – no – nada
❸ En fin – sé – nunca – sacar – ❹ Por lo – déjame – ❺ He dicho – veces – me gusta – en –

---

*À chaque langue ses onomatopées ! Un chat parisien communiquera sans trop de difficultés avec son homologue madrilène (**miau**, miaou), et les vaches s'en sortiront également (**mu**, meuh). Un chien, en revanche, trouvera sans doute que son compère ibérique a un drôle d'accent (**guau**, ouah). Les oiseaux ne sont pas mieux lotis, cui cui se disant **pío pío** ; quant au coq gaulois, il pensera à coup sûr que les coqs espagnols ont un cri bien strident (**kikirikí**, cocorico).*

Leçon vingt-sept

Location *(en louant)* [d']un appartement

1 – Ici vous avez *([ils] ont)* la *(le)* salle à manger, la pièce [la] plus agréable de l'appartement.
2 – Oui, mais que la table est grande et laide *(quelle table plus grande et plus laide)*… On dirait *([elle] semble)* un cercueil.
3 – Voici *(celui-ci est)* la *(le)* chambre à coucher, intime et idéale pour un *(une)* jeune couple comme vous.
4 – [C'] est la *(le)* chambre à coucher [la] plus petite et [la] plus sombre que j'ai vue *(vu)* de *(dans)* ma vie…
5 – Et [je] vous *(leur)* montre enfin *(par dernier)* la cuisine, les toilettes, indépendantes, et la *(le)* salle de bain, propre et moderne.
6 – [Au] secours, il y a un *(une)* cafard là ! J'ai horreur des *(me font horreur les)* cafards !
7 – [Ce] n'est rien, je l'écrase. Plash ! Ça y est !
8   Alors, qu'avez-vous pensé de *(que vous a semblé)* l'appartement ?

27 / Lección veintisiete

Prononciation

alquila'ndo… pisso 1 … comédoR… abitaZio'n… agRadablé… 2 … méssa… féa paRéZé… ataou^d 3 … doRmitoRio i'ntimo… é idéal… oustédéss 4 … oscouRo… bisto… 5 … léss é'nségno… oultimo… coZina… bateR i'ndépé'ndié'nté… couaRto… bagno li'mpio i modéRno 6 socoRo aï aï… coucaRatcha… 7 … aplasto… plass… 8 … paRéZido…

***

Notes

1. Cette 3ᵉ personne du pluriel est la forme que prend le vouvoiement de politesse au pluriel. Vous pouvez en effet vouvoyer une personne (**¿Es usted francés, señor?**, *Etes-vous français, monsieur*) ou plusieurs (**¿Son ustedes franceses, señores?**, *Etes-vous français, messieurs ?*). Nous ferons un point général sur cette épineuse question dans la leçon-bilan.

2. **parecer**, *sembler*, peut indiquer une ressemblance (**Parece un ataúd**, *Ça ressemble à un cercueil*) ou un point de vue (**¿Qué os parece?**, *Qu'en pensez-vous ?*, "Que vous semble ?").

3. Lorsque la conjonction **y**, *et*, est immédiatement suivie d'un mot commençant par **i** ou **hi**, elle s'orthographie et se prononce **e** : **íntimo e ideal**.

4. Un participe irrégulier de plus : **visto**, *vu*, du verbe **ver**.

5. **les enseño** peut aussi bien signifier *je leur montre* que *je vous montre*, dans un rapport de vouvoiement au pluriel. C'est bien le cas ici : la personne qui fait visiter l'appartement vouvoie le jeune couple.

***

Ejercicio 1 – Traduzca

❶ Esta joven pareja está alquilando un piso. ❷ Nunca he visto un cuarto de baño más oscuro y más pequeño que este. ❸ La mesa es feísima, parece un ataúd. ❹ El comedor y el dormitorio son las habitaciones más agradables. ❺ ¡Socorro, me dan miedo las cucarachas!

***

L'accession à la propriété constitue une véritable obsession nationale en Espagne : plus de 80 % des Espagnols sont propriétaires, contre environ 60 % en France et moins de 50 % en Allemagne. Si l'on en croit la statistique, le patrimoine médian des ménages espagnols serait donc l'un des plus élevés d'Europe, mais il faut bien sûr relativiser ces chiffres

Leçon vingt-sept / 27

Remarques de prononciation

(2) Nous aborderons les règles d'accentuation dans la prochaine série de leçons, mais vous savez déjà qu'un accent écrit signale une syllabe tonique : dans **ataúd**, le **ud** final (*[ataou^d]*).

(6) Une petite acrobatie à bien réussir dans cette phrase, deux fois le groupe *[aï]* à la suite, une fois accentué sur le **i** (**ahí**) et l'autre sur le **a** (**hay**) : **ahí hay** *[aï aï]*, là il y a.

***

6 **el váter**, également orthographié **wáter** (mais la prononciation ne change pas) est le mot courant et domestique pour désigner *les toilettes*. On parle aussi de **el retrete** ou, en raffiné, de **el inodoro**. Dans un lieu public, on demandera plutôt ¿**Dónde está el servicio, por favor?**, *Où sont les toilettes, s'il vous plaît ?*

7 Retenons cette utile et courante expression avec **ya** : **¡Ya está!**, *Ça y est !*

Corrigé de l'exercice 1

❶ Ce jeune couple est en train de louer un appartement. ❷ Je n'ai jamais vu une salle de bain plus sombre et plus petite que celle-ci. ❸ La table est très laide, elle ressemble à un cercueil. ❹ La salle à manger et la chambre à coucher sont les pièces les plus agréables. ❺ Au secours, j'ai peur des cafards !

***

*bruts. La dette immobilière (**la hipoteca**, comme on dit en Espagne) pèse lourdement et durablement sur le train de vie des gens et les prêts courent parfois sur deux générations… Le résultat de tout ceci est que le parc locatif est restreint et souvent constitué de logements meublés, comme dans notre petit dialogue.*

Ejercicio 2 – Complete

❶ C'est l'appartement idéal pour un jeune couple comme vous.
   Es el .... ideal .... joven ...... como ....

❷ Vous avez ici la chambre à coucher, très propre.
   Aquí ...... el ...., muy ....

❸ Et je vous montre enfin la salle à manger, la pièce la plus agréable de l'appartement.
   Y .... por ...... el ...., la ....
   más .... del .....

Lección veintiocho [lécZio'n béï'ntiotcho]

Repaso - Révision

1 Le passé composé

1.1 Formation

Pour former le passé composé, l'espagnol utilise l'auxiliaire **haber** suivi du participe passé du verbe à conjuguer. Le participe passé régulier se construit sur le radical du verbe. Ses terminaisons sont en **-ado** pour les verbes en **-ar** et en **-ido** pour les verbes en **-er** et **-ir**.

cantar, chanter	comer, manger
he cantado, j'ai chanté	**he comido**, j'ai mangé
has cantado, tu as chanté	**has comido**, tu as mangé
ha cantado, il/elle a chanté	**ha comido**, il/elle a mangé
hemos cantado, nous avons chanté	**hemos comido**, nous avons mangé
habéis cantado, vous avez chanté	**habéis comido**, vous avez mangé
han cantado, ils/elles ont chanté	**han comido**, ils/elles ont mangé

❹ Je n'ai jamais vu une table plus laide que celle-ci.
..... he ..... una .... más ... que .....

❺ Qu'avez-vous pensé de la salle de bain et des toilettes ?
¿Qué .... el ...... de baño y el váter?

Corrigé de l'exercice 2

❶ – piso – para una – pareja – ustedes ❷ – tienen – dormitorio – limpio ❸ – les enseño – último – comedor – habitación – agradable – piso ❹ Nunca – visto – mesa – fea – esta ❺ – les han parecido – cuarto –

Leçon vingt-huit

1.2 Particularités

Le passé composé espagnol est plus simple à former que le passé composé français. Tout d'abord, il se construit uniquement avec un auxiliaire (**haber**) et non deux (être et avoir en français) :
He bebido, *J'ai bu.*
He salido, *Je suis sorti.*
Le participe, contrairement au français, est invariable en genre et en nombre :
Hemos salido, *Nous sommes sortis.*
Mi mujer se ha quedado en Madrid, *Ma femme est restée à Madrid.*
Il y a par contre, comme en français, un certain nombre de participes irréguliers à retenir. Nous avons déjà vu :
dicho, *dit* (verbe **decir**)
hecho, *fait* (verbe **hacer**)
roto, *cassé* (verbe **romper**)
visto, *vu* (verbe **ver**)
Haber est uniquement un auxiliaire. Il ne peut donc pas être utilisé seul et n'a pas de valeur possessive comme *avoir* en français : *J'ai une voiture,* **Tengo un coche**.

1.3 Emplois

Il évoque un événement passé dont les conséquences sont senties comme actuelles : **Me han regalado un perro**, *On m'a offert un chien* (il est donc là, j'en parle, il est présent).

ciento ocho • 108

Le passé composé espagnol est comparativement moins utilisé qu'en français, car il n'a pas remplacé le passé simple dans la conversation courante. Vous en avez déjà eu un exemple à la leçon 2 : **Nací** (passé simple, "je naquis"), *Je suis né*.

2 Les trois "vous" de l'espagnol

Un "vous" français peut se rendre de trois manières en espagnol. Il peut tout d'abord correspondre à une deuxième personne du pluriel. Ce "vous" est alors en fait un "tu" au pluriel, une somme de "tu" :
Sois mis amigos, *Vous êtes mes amis*.
Es para vosotros, *C'est pour vous*.
Os veo, *Je vous vois*.
C'est tout à fait différent d'un "vous" de politesse, qui se rend en espagnol par la 3ᵉ personne :
Usted es mi profesor, *Vous êtes mon professeur*.
Es para usted, señor, *C'est pour vous, monsieur*.
Lo (ou **le**) **veo, señor**, *Je vous vois, monsieur*.
Mais, bien sûr, si vous marquez la politesse à un groupe de personnes, à une somme de "vous", il faut tout mettre au pluriel :
Ustedes son mis profesores, *Vous êtes mes professeurs*.
Es para ustedes, señores, *C'est pour vous, messieurs*.
Los (ou **les**) **veo, señores**, *Je vous vois, messieurs*.

3 Superlatif absolu ("très") et relatif ("le plus")

Rappelons les deux formes possibles du superlatif absolu en espagnol : **muy** + adjectif ou radical de l'adjectif + **ísimo(a)**.
Estoy muy cansado, estoy cansadísimo, *Je suis très fatigué*.
Concernant le superlatif relatif, observez ces deux phrases :
Pedro es el más alto del instituto, *Pedro est le plus grand du lycée*.
Pedro es el chico más alto del instituto, *Pedro est le garçon le plus grand du lycée*.
Dans le premier cas (adjectif attribut), la construction est identique dans les deux langues. Dans le deuxième (adjectif épithète, accolé au nom), l'espagnol n'exprime qu'une seule fois l'article, devant le nom.
Il existe 4 superlatifs irréguliers. Vous en connaissez déjà deux :
Es el mejor, *C'est le meilleur*.
Es el peor, *C'est le pire*.

4 La phrase exclamative

L'exclamation simple ("Quel… ! Quelle… !") s'exprime comme en français :
¡Qué vida!, *Quelle vie !*
¡Qué suerte!, *Quelle chance !*
¡Qué suerte tienes!, *Quelle chance tu as !*
L'exclamation peut aussi porter sur un groupe nom + adjectif. La formule espagnole est alors un peu différente : **¡Qué** + nom + **más** + adjectif **!**
¡Qué chica más guapa!, *Quelle jolie fille !*
¡Qué mesa más fea!, littéralement "Quelle table plus laide !" c'est-à-dire *Que cette table est laide !* (Vous remarquez que, parfois, cette formule semblera très peu naturelle en français. En fait on ne peut pas vraiment la traduire telle quelle, mais elle est extrêmement courante en espagnol).

5 "Moi aussi" / "Moi non plus"

Nous avons déjà rencontré ces deux formules courantes et utiles dans la conversation : **Yo también / Yo tampoco**.
– **Tengo un perro en casa**, *J'ai un chien à la maison*.
– **Yo también**, *Moi aussi*.
– **No quiero perros en casa**, *Je ne veux pas de chiens à la maison*.
– **Yo tampoco**, *Moi non plus*.
Attention : lorsque le verbe de la première phrase a une construction indirecte, la formule de réponse change : **A mí también / A mí tampoco**.
– **Me encantan los gatos**, *J'adore les chats*.
– **A mí también**, *Moi aussi*.
– **No me dan miedo los perros**, *Je n'ai pas peur des chiens*.
– **A mí tampoco**, *Moi non plus*.

Diálogo de repaso

1 – Hola, Paco, me alegro de verte. ¿Qué tal estás?
2 – Estoy fatal. Me duele todo, desde la cabeza hasta las piernas pasando por la espalda.

3 – Sí, tienes muy mala cara. ¿Por qué no te apuntas a un deporte? Es bueno para la salud.
4 – ¡Ni hablar! Me horroriza el deporte, prefiero estar enfermo.
5 – Bueno bueno... ¿Y qué tal la familia?
6 – La familia es lo peor. Mi suegra se ha quedado sola y quiere vivir en casa con nosotros.
7 – Madre mía, qué vida...
8 – Ella todavía, pero encima tiene perros y a mí los perros me dan miedo.
9 – A mí también.
10 – Le he dicho a mi mujer que lo mejor es alquilarle un pisito cerca de casa,
11 con una cocina, un comedor y un dormitorio. ¿A ti qué te parece?

Lección veintinueve

Quisiera [1] un billete para...

1 – **Bue**nas [2], qui**sie**ra un bi**lle**te de Alme**rí**a a Ma**drid**.
2 – Sa**cán**dolo de **i**da y **vuel**ta **tie**ne us**ted** el 25 % (veinti**cin**co por **cien**to) de des**cuen**to.
3 – De **i**da y **vuel**ta en**ton**ces : **sal**go el **u**no [3] de **ju**nio y **vuel**vo [4] el **quin**ce.
4 – ¿De**se**a tu**ris**ta o prefe**ren**te?
5 Prefe**ren**te **so**lo le **cues**ta seis **eu**ros más. Es **u**na o**fer**ta.
6 – ¡Pues prefe**ren**te en**ton**ces! **Pe**ro, qué ca**be**za **ten**go..., no en**cuen**tro la [5] tar**je**ta.
7 – Le doy [6] un **nú**mero de re**ser**va y **pa**ga us**ted** des**pués**, con tar**je**ta o en efec**ti**vo, ¿**va**le?

Traduction

1 Bonjour, Paco, je suis content de te voir. Comment vas-tu ? **2** Je vais très mal. J'ai mal partout, de la tête jusqu'aux jambes en passant par le dos. **3** Oui, tu as très mauvaise mine. Pourquoi ne t'inscris-tu pas à un sport ? C'est bon pour la santé. **4** Pas question ! J'ai horreur du sport, je préfère être malade. **5** Bon bon… Et la famille, ça va ? **6** La famille, c'est ce qu'il y a de pire. Ma belle-mère est restée seule et elle veut venir vivre à la maison avec nous. **7** Mon Dieu, quelle vie… **8** Elle, passe encore, mais en plus elle a des chiens et moi j'ai peur des chiens. **9** Moi aussi. **10** J'ai dit à ma femme que le mieux, c'est de lui louer un petit appartement près de chez nous, **11** avec une cuisine, une salle à manger et une chambre à coucher. Qu'est-ce que tu en penses, toi ?

Leçon vingt-neuf

Je voudrais un billet pour…

1 – Bonjour *(Bonnes)*, je voudrais un billet d'Almeria à Madrid.

2 – [En] le prenant *(Sortant-le de)* aller- *(et)* retour, vous avez *(le)* 25 % de réduction.

3 – Aller-retour alors. Je pars le 1er *(un de)* juin et je reviens le 15.

4 – Souhaitez-vous 2e *(touriste)* ou 1re classe *(préférentielle)* ?

5 – [La] 1re classe *(Préférentielle)* vous coûte seulement six euros [de] plus. [C'] est une promotion.

6 – Eh bien 1re classe alors ! Mais, où ai-je la tête *(quelle tête j'ai)*… Je ne trouve pas ma *(la)* carte.

7 – Je vous donne un numéro de réservation et vous payez après, par carte ou en espèces, d'accord ?

29 / Lección veintinueve

8 La sa**li**da es a las 7 y 10 de la ma**ña**na y la **vuel**ta a las 3 y **me**dia de la **tar**de.
9 Apun**te** [7] : XH553WB.
10 – Per**dón**, ¿la **úl**tima **le**tra es B o D?
11 – B de Barce**lo**na [8].

Prononciation
qui**ssié**Ra... bil**yé**té **1** ... almé**Ri**a... **2** sa**ca'n**dolo... **i**da... **boué**lta... béïnti**Zi'n**co poR **Zié'n**to... **3** ... **Hou**nio... **bou**élbo... **qui'n**Zé **4** **déssé**a... tou**ris**ta... pRéfé**Ré'n**té **5** ... **éou**Ross... o**feR**ta **6** ta**R**Héta **7** ... **doï**... nou**mé**Ro... Ré**ssé**Rba... déss**pouéss**... é**féc**tibo... **9** a**pou'n**te **é**quiss atché qui**nié'n**toss **Zi'n**coué'nta i tRéss ou**bé** do**blé** bé **10** ... **lét**Ra... bé o dé

Notes

1 Voici une formule des plus utiles pour toutes sortes de demandes. Il s'agit en toute rigueur de la 1re personne du singulier de l'imparfait du subjonctif de **querer**, soit "je voulusse". Nous verrons ce temps plus tard ; pour l'instant retenez simplement cette forme, qui prend ici la valeur d'un conditionnel et sert à exprimer un souhait : **quisiera**, *je voudrais*. Bien sûr, on peut l'utiliser au pluriel : **quisiéramos**, *nous voudrions*. (litt. "nous voulussions")

2 Vous connaissez les salutations de base ("bonjour", "bonsoir") ; sachez qu'elles peuvent être abrégées, dans la conversation courante, en un simple ¡**Buenas**! (ou ¡**Muy buenas**!).

3 On utilise traditionnellement en Espagne le cardinal plutôt que l'ordinal pour dire le premier jour du mois : **uno** plutôt que **primero**. Remarquez également, pour la date, la préposition **de** entre le numéro du jour et le nom du mois : **uno de enero**, *1er janvier*.

4 Petit rappel de conjugaison ! Il s'agit ici d'un verbe à diphtongue : **volver**, *revenir*. Il fera donc, au présent : **vuelvo, vuelves, vuelve, volvemos, volvéis, vuelven**.

5 L'espagnol utilise moins systématiquement le possessif que le français. Il peut par exemple, à sa place, recourir au verbe pronominal : **Se pone el sombrero**, *Il met son chapeau*. Parfois aussi, comme ici, il peut tout simplement mettre l'article au lieu du possessif.

113 • **ciento trece**

Leçon vingt-neuf / 29

8 Le départ *(La sortie)* est à 7 heures 10 *(du matin)* et le *(la)* retour à 15 *(trois)* heures 30 *(de l'après-midi)*.
9 Notez : XH553WB.
10 – Pardon, la dernière lettre, c'est B ou D ?
11 – B comme *(de)* Barcelone.

Remarque de prononciation
(5) Mot utile s'il en est, à bien prononcer donc, voici **el euro**. La syllabe **eu** porte l'accent tonique ; elle se prononce en une émission de voix dans laquelle le **e** est dominant : *[**éou**Ro]*.

6 Nous avons déjà rencontré le verbe **dar** dans des expressions comme **dar tiempo**, *avoir le temps*, ou **dar miedo**, *faire peur*. Le voici avec son sens de base : *donner*. Sa 1re personne est irrégulière : **doy**, *je donne*.

7 Nous aborderons, au fil des leçons de cette série, la façon de donner des ordres en tutoyant et en vouvoyant. C'est une petite gymnastique assez simple au fond ; voyez déjà que le verbe **apuntar** donne **apunte**, *notez*, au vouvoiement.

8 Il peut y avoir des situations où l'on doive épeler un mot, un nom ou une adresse. Nous verrons l'alphabet en leçon de révision mais retenez déjà ce petit usage espagnol, **de** pour dire *comme dans* : **con C de Córdoba**, *avec C comme dans Cordoue*.

*La **RENFE** (**Red Nacional de Ferrocarriles Españoles**) est la compagnie nationale des chemins de fer. Son produit-phare est el **AVE**, acronyme de **Alta Velocidad Española** (Grande vitesse espagnole), l'équivalent de notre TGV. **Ave** est le mot générique pour désigner un volatile, et ce jeu de mots inspire le logo du train : deux ailes déployées. La première ligne (Madrid-Séville) fut inaugurée pour l'Exposition Universelle qui se tint en 1992 dans la capitale andalouse. Dans la foulée, le réseau à grande vitesse espagnol s'est développé jusqu'à devenir le plus étendu d'Europe.*

Ejercicio 1 – Traduzca
❶ Quisiera un billete turista de ida y vuelta de Barcelona a Córdoba. ❷ Salgo el diez de enero por la mañana y vuelvo el uno de febrero por la tarde. ❸ ¿Desea pagar con tarjeta o en efectivo? ❹ Le doy una reserva con salida a las ocho y cuarto de la mañana y vuelta a las siete y media de la tarde, ¿vale? ❺ Apunte el número, por favor.

***

Ejercicio 2 – Complete
❶ Nous voudrions deux billets pour Séville, s'il vous plaît. Y a-t-il des promotions ?
.... dos .... Sevilla, por favor.
¿Hay .... ?

❷ Si vous prenez des billets aller-retour, vous avez une réduction de 25 %.
Si ..... billetes de ... y ...... tienen un .... del veinticinco ....

❸ Quand partez-vous et quand revenez-vous ?
¿Cuándo ..... y cuándo .... ustedes?

Lección treinta

¡Felices fiestas!

1 – No**chebue**na, No**chevie**ja, **Re**yes… ¡**Ten**go **ga**nas de que a**ca**ben [1] **es**tas **fies**tas!

2 – **Hom**bre, la **gen**te se di**vier**te [2] en **es**tas **fe**chas del **a**ño, es bo**ni**to.

3 – No **di**go que no [3], **pe**ro se **co**me y se **be**be dema**sia**do.

Corrigé de l'exercice 1

❶ Je voudrais un billet deuxième classe aller-retour de Barcelone à Cordoue. ❷ Je pars le 10 janvier au matin et je reviens le 1er février dans l'après-midi. ❸ Souhaitez-vous payer par carte ou en espèces ? ❹ Je vous donne une réservation avec départ à 8 h 15 et retour à 19 h 30, d'accord ? ❺ Notez le numéro, s'il vous plaît.

***

❹ Bonjour, mon billet ne coûte que cinq euros. Je peux vous payer par carte ?
...... , mi billete solo ...... cinco ..... ,
¿puedo .... con .... ?

❺ Non, je suis désolé, seulement en espèces. Je vous donne le numéro de réservation et vous le payez plus tard.
No, lo siento, solo .... Le ... el ......
de .... y lo ....

Corrigé de l'exercice 2

❶ Quisiéramos – billetes para – ofertas ❷ – sacan – ida – vuelta – descuento – por ciento ❸ – salen – vuelven – ❹ Buenas – cuesta – euros – pagarle – tarjeta ❺ – en efectivo – doy – número – reserva – paga después

Leçon trente

Joyeuses fêtes !

1 – Nuit de Noël *(Nuit-bonne)*, nuit de la Saint-Sylvestre *(Nuit-vieille)*, Épiphanie *(Rois)*... J'ai envie *(de)* que ces fêtes finissent !

2 – Allons *(Homme)*, les gens s'amusent à cette époque *(dans ces dates)* de l'année, c'est joli.

3 – Je ne dis pas *(que)* non, mais on *(se)* mange et on *(se)* boit trop.

30 / Lección treinta

4 – ¡Y eso [4] sin hablar del dinero que se gasta!
5 – Es verdad, los juguetes de los niños son carísimos.
6 – ¿Los tuyos [5] siguen creyendo en [6] los Reyes Magos?
7 – No sé, creo que no... Pero piden que Papá Noel también les traiga [7] regalos.
8 – O sea [8], ¿regalos el 25 de diciembre y además el 6 de enero?
9 ¡Diles que solo existen Melchor, Gaspar y Baltasar!

Prononciation
féliZéss fiestass **1** *notchébouéna notchébiéHa... Réïess... acabé'n...* **2** *... sé dibiéRté... fétchass* **3** *... bébé...* **4** *... ésso... dinéRo...* **5** *... Houguétéss...* **6** *... touïoss sigué'n... cRéïe'ndo... magoss* **7** *... cRéo... noél... tRaïga...* **8** *o séa... diZié'mbRé...* **9** *diléss... eksisté'n... méltchoR gaspaR... baltassaR*

Remarques de prononciation
(Titre) Vous connaissiez **feliz** au singulier, voici son pluriel : **felices**. L'orthographe a changé, vous le constatez, le **z** devenant un **c**. Les groupes **ze** et **zi**, en effet, n'existent pratiquement pas en espagnol et sont remplacés par **ce** et **ci**. Mais la prononciation reste la même : za, ce, ci, zo, zu se prononcent donc comme le ***th*** anglais de ***think***, la langue entre les dents.
(1) Les lettres **b** et **v** ont en principe la même prononciation en espagnol, comme un *[b]* français : **Bilbao** se dira *[bilbao]* et **Valencia** *[balé'nZia]*. Si vous avez l'ouïe fine, vous constaterez cependant que ces lettres ne se prononcent par exactement comme en français lorsqu'elles se trouvent entre deux voyelles. Les linguistes disent dans ce cas que le b français est occlusif (les lèvres se touchent, comme dans "boum") alors que le **b** et le **v** espagnols intervocaliques sont fricatifs (l'air "frotte" entre les lèvres). C'est le cas, dans notre dialogue, pour **Nochebuena** et **Nochevieja**.
(5), (6) Redisons-le : **gue** (**juguetes**, **siguen**) ne se prononce pas *[goué]* mais *[gué]*.
(9) Remarquez la différence de prononciation du **x** entre le français *exister* et l'espagnol **existir**, *[éksistiR]*. Le **x** espagnol se prononce toujours *[ks]*, contrairement au français qui a deux prononciations ("axe" ou "exemple").

Leçon trente / 30

4 – Et [tout] ça sans parler de l'argent qu'on *(se)* **dépense !**
5 – C'est vrai *(vérité)*, **les jouets des enfants sont très chers.**
6 – **Les tiens continuent à croire** *(suivent croyant)* **aux** *(en les)* **Rois Mages ?**
7 – **Je ne sais [pas], je crois que non… Mais ils demandent que Papa Noël aussi leur apporte [des] cadeaux.**
8 – **C'est-à-dire** *(Ou soit)* **[des] cadeaux le 25** *(de)* **décembre et en plus [des] cadeaux le 6** *(de)* **janvier ?**
9 **Dis-leur que seuls** *(seulement)* **existent Melchior, Gaspard et Balthazar !**

Notes

1 Tengo ganas de que…, *J'ai envie que…* : cette amorce de phrase appelle le subjonctif, en français comme en espagnol. Comment forme-t-on celui-ci au présent ? Eh bien il suffit, pour les verbes réguliers, d'inverser les terminaisons des modèles de l'indicatif. Les verbes en **-ar** feront ainsi leur subjonctif en **-e** : **acabar**, *finir*, donnera donc **acabe, acabes, acabe, acabemos, acabéis, acaben.**

2 Le verbe **divertirse**, *s'amuser*, diphtongue au présent : **me divierto, te diviertes, se divierte, nos divertimos, os divertís, se divierten.**

3 Sachez les conjugaisons, mais retenez aussi les petits usages propres à l'espagnol, qui donneront de l'authenticité à votre langue. Celui-ci par exemple : **decir que sí, decir que no**, *dire oui, dire non*.

4 Vous connaissez les démonstratifs, au masculin et au féminin (**este, esta ; ese, esa ; aquel, aquella**). Il en existe aussi des formes neutres, comme **eso**, *ça*, qui correspond a **ese**, *ce* : ¿**Qué es eso?**, *Qu'est-ce que c'est que ça ?*

5 **Hijo mío, madre mía, Dios mío** : vous avez déjà rencontré cette forme de l'adjectif possessif ; elle peut aussi s'employer avec un article comme pronom : **el mío, la mía**, *le mien, la mienne*. À la 2ᵉ personne, on aura **el (los) tuyo(s)**, *le(s) tien(s)*, **la (las) tuya(s)**, *la (les), tienne(s)*.

6 **creer**, *croire*, se construit avec la préposition **en** : **creo en**, *je crois à*. Remarquez son gérondif, avec un **y** intercalé entre les deux voyelles : **creyendo**. Et retenez cette structure : **seguir** + gérondif, *continuer à*.

30 / Lección treinta

7 **pedir que** est une autre construction qui implique le subjonctif, comme en français : **Pido que me traigan regalos**, *Je demande qu'ils m'apportent des cadeaux*. Attention, cette construction correspond aussi à "demander de + infinitif" : **Te pido que me ayudes**, *Je te demande de m'aider*. Quant à **traigan**, retenez pour l'instant qu'il s'agit du subjonctif irrégulier de **traer**, *apporter*.

***

Ejercicio 1 – Traduzca
❶ Tengo ganas de que los Reyes Magos me traigan regalos el seis de enero. ❷ Nochebuena y Nochevieja son fechas bonitas : me divierto mucho. ❸ Bebo demasiado y gasto demasiado dinero durante las fiestas. ❹ Creo que los juguetes de los niños son bastante caros. ❺ No sé si los míos siguen creyendo en los Reyes Magos.

***

Ejercicio 2 – Complete
❶ D'habitude, quand donnes-tu les cadeaux à tes enfants, le 25 décembre ou le 6 janvier ?
¿Cuándo . . . . los . . . . a tus hijos, el 25 . . . . o el 6 . . . . ?

❷ Moi, j'ai demandé aux Rois Mages de m'apporter santé et argent.
Yo . . . . a los Reyes que me . . . . y . . . .

❸ Tu crois à qui, toi, aux Rois Mages ou au père Noël ?
¿. . . . . tú, . . los . . . . . Magos o . . . . . . Noel?

❹ Si tes enfants te demandent deux fois des cadeaux, dis-leur non !
Si tus hijos te . . . . . dos . . . . . regalos, ¡. . . . . !

❺ J'ai trop dépensé d'argent cette année : pour manger, pour boire, et tout ça sans parler des jouets !
. . . . demasiado dinero este año : en . . . . . , en . . . . . , ¡y . . . . de los . . . . !

119 • **ciento diecinueve**

Leçon trente / 30

8 Et une petite tournure idiomatique très fréquente pour finir : **o sea**. Elle n'a pas vraiment d'équivalent français ni de traduction unilatérale. On l'utilise essentiellement pour reformuler, préciser ou reprendre ce qui vient d'être dit et avancer dans le raisonnement : **O sea, ya no me quieres**, *Autrement dit, tu ne m'aimes plus* ; **O sea, que quieren regalos dos veces**, *Et donc ils veulent des cadeaux deux fois*. Pour comparer à d'autres langues, **o sea** correspondrait au ***so*** anglais et au ***cioè*** italien.

***

Corrigé de l'exercice 1
❶ J'ai envie que les Rois Mages m'apportent des cadeaux le 6 janvier. ❷ La Nuit de Noël et celle de la Saint-Sylvestre sont de jolies dates : je m'amuse beaucoup. ❸ Je bois trop et je dépense trop d'argent pendant les fêtes. ❹ Je crois que les jouets des enfants sont assez chers. ❺ Je ne sais pas si les miens continuent à croire aux Rois Mages.

***

Corrigé de l'exercice 2
❶ – sueles dar – regalos – de diciembre – de enero ❷ – he pedido – traigan salud – dinero ❸ En quién crees – en – Reyes – en Papá – ❹ – piden – veces – diles que no ❺ He gastado – comer – beber – eso sin hablar – juguetes

*5 des 14 jours fériés espagnols se concentrent dans la période qui va du 6 décembre au 6 janvier. Ce marathon festif comprend le 6 décembre (**Día de la Constitución**), le 8 (**Inmaculada Concepción**, patronne de l'Espagne), le 25 (**Navidad**, Noël), le 1ᵉʳ janvier (**Día del año**, Jour de l'an) et le 6 janvier (**Día de Reyes**). L'Épiphanie est donc fériée, car c'est traditionnellement le jour où les enfants reçoivent les cadeaux, apportés par les Rois Mages (même si **Papá Noel** grignote de plus en plus de parts de marché). **Nochebuena** et **Nochevieja** désignent respectivement la nuit de Noël et celle de*

Lección treinta y uno

La prima guapa

1 – **Ho**la, **Pe**dro, ¿no me sa**lu**das? ¿Es que ¹ no me reco**no**ces?

2 – Es**pe**ra un se**gun**do. Sí, es**toy** se**gu**ro de que te co**noz**co…

3 Me **sue**na **mu**cho tu **ca**ra ², **e**res…, no me lo **di**gas ³, **e**res…

4 – ¿Ya no ⁴ te a**cuer**das de tu **pri**ma An**gé**lica?

5 – ¡**Pri**ma, **có**mo has cam**bia**do! Es**tás**… ¡es**tás** gua**pí**sima ⁵!

6 – Sí, y ade**más ten**go **mu**cha **pri**sa.

7 – Eh, no te **va**yas a**sí**. ¡**Dé**jame tu **nú**mero de **mó**vil **pa**ra que te **pue**da ⁶ lla**mar**!

8 – **Rá**pido, a**pun**ta ⁷ : seis **cin**co **cua**tro, veinti**u**no, se**ten**ta y **sie**te, o**chen**ta.

9 – Te**ne**mos que que**dar** ⁸, ¿eh? Es**tás**… ¡es**tás** estu**pen**da!

10 – Sí, sí… Pues es**pe**ro que **es**ta vez no te ol**vi**des ⁹ de mí.

la Saint-Sylvestre. Au cœur de cette longue séquence, une date est particulièrement dangereuse : le 28 décembre, **Día de los Inocentes,** *Jour des Innocents. Cet adjectif signifiant également* naïf *en espagnol, le jeu de mots fait de cette date l'équivalent de notre 1ᵉʳ avril : redoublez de vigilance et ne croyez rien de ce qu'on vous dira ! Puis, à partir du 7 janvier, épuisée et le portefeuille à plat, l'Espagne se remet péniblement au travail : c'est la célèbre* **cuesta de enero,** *côte de janvier, particulièrement difficile à gravir…*

Leçon trente et un

La jolie cousine *(cousine jolie)*

1 – Salut, Pedro, tu ne me salues [pas] ? *(C'est que)* tu ne me reconnais [donc] pas ?
2 – Attends une seconde. Oui, je suis sûr *(de)* que je te connais…
3   *(Me sonne beaucoup)* ton visage me dit vraiment quelque chose. Tu es…, ne me le dis [pas], tu es…
4 – Tu ne te souviens plus de ta cousine Angélica ?
5 – Cousine, comme tu as changé ! Tu es… tu es très belle !
6 – Oui, et en plus je suis très pressée *(j'ai beaucoup hâte)*.
7 – Eh, ne t'en va pas comme ça ! Laisse-moi ton numéro de portable pour que je puisse t'appeler !
8 – Vite, note : six, cinq, quatre, vingt et un, soixante-dix-sept, quatre-vingts.
9 – Nous devons nous voir *(rester)*, hein ? Tu es… tu es splendide !
10 – Oui, oui… Eh bien j'espère que cette fois tu ne m'oublieras [pas] *(t'oublies pas de moi)*.

Prononciation

...**pRi**ma...**1** ...**Péd**Ro...sa**lou**dass...Réco**no**Zéss **2** ...sé**gou'n**do... sé**gou**Ro... **3** ... **soué**na... di**gass**... **4** ... a**couéR**dass... a'n**Hé**lica **5** ... ca'**mbia**do... goua**pi**ssima **6** ... adé**mass**... **pRi**ssa **7** ...baïa**ssi**...dé**Ha**mé...**mo**bil...**8** **Ra**pido...sé**té'n**ta...o**tché'n**ta **9** ... éstou**pé'n**da **10** ... ol**bi**dess...

Notes

1 Pour poser une question, il suffit souvent de donner à la phrase une intonation interrogative : **¿Pedro ha reconocido a su prima?**, *Pedro a-t-il reconnu sa cousine ?* L'autre solution consiste à inverser le sujet : **¿Ha reconocido Pedro a su prima?** Vous remarquez que l'espagnol ne dispose pas du "est-ce que ?" français ; **es que** existe en début de phrase interrogative mais attention, il exprime alors une nuance de surprise : **¿Es que no lo sabes?**, *Tu ne le sais donc pas ?*

2 **sonar**, *sonner*, s'utilise de façon imagée pour dire que quelque chose "sonne" dans votre mémoire et vous rappelle un souvenir : **Me suena**, *Ça me dit quelque chose* ; **¿Te suena?**, *Ça te dit quelque chose ?* Bien sûr, il peut y avoir un sujet exprimé : **No me suena tu cara**, *Ton visage ne me dit rien*.

3 **digas** est le subjonctif présent irrégulier de **decir**. L'interdiction s'exprime en effet par **no** + subjonctif en espagnol (**no digas**, *ne dis pas* ; **no hables**, *ne parle pas* ; **no comas**, *ne mange pas*, etc.)

4 **ya no** placé devant le verbe signifie *ne plus* : **Ya no bebo**, *Je ne bois plus*.

5 Voyez comment **ser** et **estar** épousent parfois subtilement les nuances du discours. Pedro dit **Estás guapa** car il veut dire que sa cousine est devenue belle : il ne parle pas de sa beauté essentielle mais du changement qui s'est produit. Dans le même ordre d'idées, on distinguera **ser guapa**, *être belle*, de **estar guapa**, *être en beauté* (à tel ou tel moment) : **¡Qué guapa estás hoy!**, *Comme tu es belle aujourd'hui !*

6 En observant les terminaisons, vous reconnaissez à présent sans doute au premier coup d'œil le subjonctif présent : **pueda** est celui de **poder**. Il s'agit encore ici d'un emploi identique à celui du français, dans la subordonnée de but : **para que pueda**, *pour que je puisse*.

Leçon trente et un / 31

Remarques de prononciation

(1) Ni l'ordre des mots, ni une particule interrogative, seul le ton indiquera ici qu'il s'agit d'une question. Essayez de reproduire celui de l'enregistrement.

(5) Dans cette exclamation, c'est la syllabe tonique de **guapísima** qui portera l'accent de phrase.

(7) Un impératif enclitique (où un pronom personnel est soudé à la forme verbale) portera très souvent un accent écrit, qui indique la place de l'accent tonique : **déjame**, *laisse-moi*.

7 Dans la première leçon de cette série, l'employé de la **RENFE** disait au client : **apunte**, *notez*. Angélica demande la même chose à son cousin et lui dit : **apunta**, *note*. Oui, vous avez deviné : pour donner un ordre en tutoyant, on garde la voyelle de l'infinitif du verbe ; pour vouvoyer, on utilise le subjonctif.

8 Encore **quedar** ? Et encore un autre sens ? Eh oui, ce verbe s'emploie de façon très courante au sens de "convenir d'un rendez-vous, d'une rencontre". On peut l'utiliser seul (**¿Quedamos?**, *On se voit ?*), ou préciser un lieu (**¿Quedamos en la Puerta del Sol?**, *On se voit / on se donne rendez-vous Puerta del Sol ?*), une heure (**¿Quedamos a las ocho?**, *On se retrouve à huit heures ?*), ou une compagnie (**¿Quedamos con Pedro?**, *On fixe un rendez-vous avec Pedro ?*).

9 **olvidarse de**, *oublier*, est ici employé au subjonctif. **Espero que**, *j'espère que*, introduit en effet une nuance d'irréalité que le français rend par le futur (*j'espère que tu ne m'oublieras pas*) et l'espagnol par le subjonctif présent (**espero que no te olvides de mí**).

ciento veinticuatro • 124

Ejercicio 1 – Traduzca

❶ Pedro no reconoce a su prima y no la saluda : se ha olvidado de ella. ❷ ¿Estás segura de que te acuerdas de mí? ❸ Espera, te conozco, me suena tu cara, no me digas tu nombre. ❹ Además tengo prisa, lo siento, tengo que irme. ❺ ¿Quedamos? Déjame tu número de móvil para que te llame.

***

Ejercicio 2 – Complete

❶ Mon visage ne te dit rien : je suis sûre que tu ne m'as pas reconnue.
No .... mi cara : .... de que no me ....

❷ Ne me dis pas que j'ai changé et que je suis très belle aujourd'hui.
No me ..... que .... y que ..... muy ..... hoy.

❸ Attends, ne t'en va pas comme ça ! Nous devons nous retrouver !
¡Espera, no .... ! ¡....... que ...... !

Lección treinta y dos

La llamada telefónica

1 – **Bue**nas, no es**toy** dispo**ni**ble actual**men**te.
2   Si lo de**se**a, **pue**de de**jar** un men**sa**je des**pués** de [1] la se**ñal**.
3 – **Ho**la, An**gé**lica, soy [2] **Pe**dro. Te he lla**ma**do **pa**ra de**cir**te que…
4 – **Di**me [3], **Pe**dro, es**toy** a**quí**. Es que es**toy** ha**cien**do un tra**ba**jo y en**ton**ces no **sue**lo contes**tar**, per**do**na.

Corrigé de l'exercice 1

❶ Pedro ne reconnaît pas sa cousine et ne la salue pas : il l'a oubliée.
❷ Tu es sûre que tu te souviens de moi ? ❸ Attends, je te connais, ton visage me dit quelque chose, ne me dis pas ton prénom. ❹ En plus je suis pressée, je suis désolée, je dois m'en aller. ❺ On se voit ? Laisse-moi ton numéro de portable pour que je t'appelle.

***

❹ Eh bien j'espère que la prochaine fois tu ne m'oublieras pas.
Pues . . . . . . que la próxima . . . no . . . . de mí.

❺ Note mon portable, vite : six huit neuf, vingt-deux, quatre-vingt-sept, soixante-dix.
. . . . . . mi . . . . . . , rápido : seis ocho nueve, ... ,
. . . . y siete, ...

Corrigé de l'exercice 2

❶ – te suena – estoy segura – has reconocido ❷ – digas – he cambiado – estoy – guapa – ❸ – te vayas así – Tenemos – quedar ❹ – espero – vez – te olvides – ❺ Apunta – móvil – veintidós, ochenta – setenta

Leçon trente-deux 32

L'appel téléphonique

1 – Bonjour *(Bonnes)*, je ne suis [pas] disponible actuellement.

2 Si vous le souhaitez, vous pouvez laisser un message après *(de)* le *(la)* signal.

3 – Salut, Angélica, c'est *(je suis)* Pedro. Je t'ai appelée pour te dire que…

4 – Allô *(Dis-moi)*, Pedro, je suis là. C'est que je suis en train de faire *(faisant)* un travail et alors normalement je ne réponds pas *(je n'ai pas l'habitude de répondre)*, pardon *(pardonne)*.

5 – **Bue**no, no **quie**ro moles**tar**. **Vuel**vo a lla**mar** [4] más **tar**de, es i**gual**.

6 – No me mo**les**tas en abso**lu**to [5].

7 – Es **pa**ra pregun**tar**te si te ape**te**ce que sal**ga**mos [6] ma**ña**na [7].

8 – **Ten**go **cla**se **has**ta las **sie**te. ¿Nos **ve**mos des**pués**?

9 – Per**fec**to, ¿que**da**mos a las **o**cho en Sol?

10 – **Va**le. Y es**pe**ro que **es**ta vez me reco**nozc**as… □

Prononciation

… lya**ma**da telé**fo**nica **1** … dispo**ni**blé actoual**mé'n**té **2** … **dés**séa… mé'n**sa**Hé… sé**gnal 4** di**mé**… co'ntes**taR**… **5** … mo**lés**taR… i**goual** **6** … mo**lés**tass… abso**lou**to **7** … apé**té**Zé… **8** … **clas**sé…

Remarque de prononciation
(5) Redisons-le toujours : on n'entend pas le **u** dans les groupes **gue** et **gui** ; on le prononce par contre dans les groupes **gua** et **guo** : **igual** se dit donc *[igoual]*.

Notes

1 "Après" peut être en français un adverbe (*je mange après*) ou une préposition (*je mange après toi*). Attention, il y aura ici une petite différence entre les deux formes en espagnol : **como después** et **como después de ti**.

2 En espagnol, dans la formule "c'est moi", le verbe être se conjugue à la personne concernée : on dira donc **soy yo**. La même règle s'applique si vous déclinez votre identité : **Soy Juan**, *C'est Juan*.

3 Longtemps il n'y a eu qu'une formule pour dire *allô* : **diga**, *dites* (ou **dígame**, *dites-moi*). L'identification d'appel étant devenue la norme, on va évidemment tutoyer l'interlocuteur s'il fait partie du cercle des intimes : c'est le cas ici, et Angélica va donc utiliser l'impératif de tutoiement (**dime**, *dis-moi*) et non le subjonctif de politesse.

Leçon trente-deux / 32

5 – Bon, je ne veux [pas] déranger, je rappelle *(reviens à appeler)* plus tard, ça ne fait rien *(c'est égal)*.
6 – Tu ne me déranges [pas] du tout *(en absolu)*.
7 – C'est pour te demander si tu as envie *(ça te fait envie)* que nous sortions demain.
8 – J'ai cours *(classe)* jusqu'à sept heures *(les sept)*. On se voit *(nous nous voyons)* après ?
9 – Parfait, on se retrouve *(nous restons)* à huit heures *(les huit)* à Sol ?
10 – D'accord. Et j'espère que cette fois tu me reconnaîtras *(reconnaisses)*…

4 Pour exprimer la répétition d'une action, on recourt dans la plupart des cas à la périphrase **volver a**, *revenir à* + infinitif : **Vuelvo a llamar**, *Je rappelle*.

5 Sur la route de votre apprentissage, les faux-amis vont à présent se multiplier… **En absoluto** par exemple est une locution négative, qui ne signifie pas *absolument* mais *absolument pas* : ¿**Conoce usted a esta chica?** / **En absoluto**, *Connaissez-vous cette jeune fille ? / Absolument pas*.

6 **apetecer** fait penser à "appétit" mais ne renvoie pas seulement à la nourriture ; il désigne généralement quelque chose qui "fait envie" : **¿Te apetece ir al cine?**, *Ça te dit d'aller au cinéma ?* S'il est suivi de **que** et d'un verbe conjugué, celui-ci se met au subjonctif, comme en français : c'est ici le cas de **salgamos**.

7 **la mañana**, vous le savez, c'est *le matin*. **Mañana**, tout seul, signifie *demain*. Et si vous voulez dire *demain matin*, ce sera **mañana por la mañana**.

Ejercicio 1 – Traduzca
❶ Pedro no está. ¿Quiere que le diga que ha llamado? ❷ Deje un mensaje después de la señal. ❸ Sí, dígame, ¿con quién desea hablar? ❹ Tienes una llamada de tu primo : ¿quieres contestar o le digo que no estás disponible? ❺ Pedro te ha dejado un mensaje para preguntarte si te apetece salir mañana.

***

Ejercicio 2 – Complete
❶ Salut, je suis ta cousine. Dis-moi, ça te dérange si on se voit à neuf heures ?
Hola, ... tu prima. . . . . , ¿. . . . . si . . . . a las nueve?

❷ Ça ne me dérange pas du tout, ça ne fait rien.
No . . . . en . . . . , es . . . . . .

❸ Je ne peux pas vous répondre actuellement, laissez-moi un message et je vous rappelle.
No . . puedo . . . . actualmente, ... un . . . . y . . . . llamar.

❹ Ça te dit qu'on donne rendez-vous à tes cousins et qu'on sorte avec eux ?
¿. . . . . que . . . . con tus primos y . . . . con ellos?

❺ J'ai cours demain tôt, je suis désolée. J'espère que tu t'amuseras beaucoup.
Tengo . . . . , lo siento. Espero que te . . . . mucho.

Leçon trente-deux / 32

Corrigé de l'exercice 1

❶ Pedro n'est pas là. Voulez-vous que je lui dise que vous avez appelé ? ❷ Laissez un message après le signal. ❸ Oui, allô, à qui souhaitez-vous parler ? ❹ Tu as un appel de ton cousin : tu veux répondre ou je lui dis que tu n'es pas disponible ? ❺ Pedro t'a laissé un message pour te demander si tu as envie de sortir demain.

***

Corrigé de l'exercice 2

❶ – soy – Dime – te molesta – quedamos – ❷ – me molesta – absoluto – igual ❸ – le – contestar – déjeme – mensaje – lo vuelvo a – ❹ Te apetece – quedemos – salgamos – ❺ – clase mañana temprano – diviertas –

***

*La **Puerta del Sol**, porte du soleil, était à l'origine (comme pour les "portes" parisiennes) une des entrées de Madrid. Prise aujourd'hui au cœur du tissu urbain, elle forme une curieuse place en demi-cercle, kilomètre zéro de toutes les routes espagnoles et emblème de la capitale (on y trouve la statue de **el oso y el madroño**, l'ours et l'arbousier, qui ornent le blason de la ville). **Sol**, comme disent les Madrilènes, a perdu un à un les cafés qui faisaient son charme au profit de commerces sans âme, mais reste un lieu de rendez-vous obligé (¿**Quedamos en Sol?**) pour une promenade dans le vieux Madrid. C'est surtout le 31 décembre à minuit que l'Espagne tourne ses yeux vers la **Puerta del Sol** : des milliers de personnes s'y rassemblent pour gober douze grains de raisin au son de la grande horloge de la **Casa de Correos**, et cette scène porte-bonheur est retransmise sur toutes les télévisions. Autre façon d'attirer la chance : à un jet de pierre de **Sol**, acheter un billet de loterie au kiosque de doña Manolita, que la ferveur populaire dit béni des dieux…*

33

Lección treinta y tres

Una cena ligera

1 – Si per**mi**ten que les **ha**ga [1] **u**na suge**ren**cia, hoy te**ne**mos cor**de**ro a**sa**do.
2 De [2] **car**ne tam**bién** hay chule**tón** de ter**ne**ra.
3 O **po**llo de **gran**ja, exqui**si**to, con pa**ta**tas al **hor**no de [2] guarni**ción**.
4 – Es que no te**ne**mos **mu**cha **ham**bre. ¿No **tie**nen **al**go [2] más li**ge**ro?
5 – ¿Les ape**te**ce pes**ca**do? **Fri**to o a la **plan**cha, con **u**na ensala**di**ta [3].
6 – Yo pre**fie**ro un pu**ré** de ver**du**ras [4] de [2] pri**me**ro.
7 – Yo tam**bién**, y **lue**go **u**na ensa**la**da para compar**tir**.
8 – **E**jem, ¿qué de**se**an be**ber**, un buen **vi**no **tin**to [5], cer**ve**za?
9 – No be**be**mos alco**hol** y ade**más** no te**ne**mos **mu**cha sed. **Trái**ganos [6] **a**gua.
10 – ¿Con gas o sin gas?
11 – **U**na **ja**rra, por fa**vor**.
12 – Es que tam**po**co te**ne**mos **mu**cho di**ne**ro, ¿sa**be**? □

Prononciation

... li**Hé**Ra 1 ... pé**R**mité'n... souHé**Ré**'n**Z**ia... co**R**dé**R**o a**ss**ado 2... tchoulé**to'n**... té**R**né**R**a 3 ... g**R**a'n**H**a éksqui**ss**ito... o**R**no... goua**R**ni**Z**io'n 4 ... **a'm**b**R**é... 5 ... pla'ntcha... é'nsala**d**ita 7 ... co'mpa**R**ti**R** 8 ... **b**ino... **ti'n**to... 9 ... al**col**... sé^d... **a**goua 10 ... gass... 11 ... **Ha**Ra...

Leçon trente-trois

Un *(une)* dîner léger

1 – Si vous permettez *(permettent)* que je vous *(leur)* fasse une suggestion, aujourd'hui nous avons [de l'] agneau rôti.
2 Comme *(de)* viande il y a aussi [de la] côte de bœuf.
3 Ou [du] poulet fermier *(de ferme)*, délicieux, avec [des] pommes de terre au four comme *(de)* garniture.
4 – C'est que nous n'avons [pas] très *(beaucoup)* faim. Vous n'avez *(N'ont)* [pas] quelque chose [de] plus léger ?
5 – Avez-vous envie de *(Leur fait-envie)* poisson ? Frit ou grillé *(à la plaque)*, avec une petite salade composée ?
6 – Moi je préfère une soupe de légumes en entrée *(de premier)*.
7 – Moi aussi, et ensuite une salade composée à *(pour)* partager.
8 – Hum, que souhaitez-vous boire, un bon vin rouge, [de la] bière ?
9 – Nous ne buvons [pas d'] alcool, et en plus nous n'avons [pas] très *(beaucoup)* soif. Apportez-nous [de l'] eau.
10 – Gazeuse *(Avec gaz)* ou plate *(sans gaz)* ?
11 – Une carafe, s'il vous plaît.
12 – C'est que nous n'avons [pas] non plus beaucoup [d'] argent, vous savez ?

Remarques de prononciation
(Titre), (1), (3), (8) Petit rappel : le son porté par la **jota** se réalise sous les orthographes **ja, je / ge, ji / gi, jo, ju** ; le son porté par la **zeta** correspond aux groupes **za, ce, ci, zo, zu**. Exemples ici : **ce**na li**ge**ra, su**ge**ren**ci**a, guarni**ci**ón, **ce**rve**za**.

ciento treinta y dos • 132

Remarques de prononciation

(9) • Toutes les lettres (sauf le **h**) se prononcent en espagnol, avons-nous dit ; voici un des rares contre-exemples : **alcohol**, bien que comptant trois syllabes, se prononce dans la pratique *[alcol]*.

• Le **d** final, comme vous le savez, est très affaibli. C'est en fait le même phénomène phonétique que nous avons vu à propos du **b** intervocalique : l'occlusive devient fricative. En d'autres termes, le bout de la langue ne bute pas sur les dents (comme en français "dodu") mais laisse frotter l'air, un peu comme si vous zozotiez.

(11) Jarra concentre deux des grandes difficultés phonétiques de l'espagnol pour les francophones : la **jota** et la **erre doble**. Si vous avez encore des difficultés, vous pouvez vous entraîner en prononçant à la suite **jarra** et **rojo**, *rouge*, ***[RoHo]***.

Notes

1 Dans ce début de phrase, remarquons tout d'abord le rapport de vouvoiement entre serveur et clients, qui se traduit par la 3ᵉ personne du pluriel, pour le verbe (**permiten**) et le pronom personnel (**les**). Signalons aussi la forme **haga**, subjonctif présent de **hacer**, impliqué par la structure **permitir que**, *permettre que*, + subjonctif.

2 Prêtons attention aux petites choses, aux prépositions par exemple, qui sont toujours source d'erreurs. Pas moins de 4 exemples, dans ce dialogue, de différences d'usage entre français et espagnol (phrases 2, 3, 4 et 6). **De** pourra ainsi correspondre à *comme* (**de carne**, *comme viande*) ou à *en* (**de guarnición**, *en garniture* ; **de primero**, *en entrée*). Gare aussi

***

Ejercicio 1 – Traduzca

❶ ¿Me permite que le haga una sugerencia, caballero?
❷ ¿Qué carne le apetece : pollo asado, cordero o ternera?
❸ Prefiero una guarnición más ligera : ¿me puede cambiar las patatas fritas por patatas al horno, por favor?
❹ No tengo mucha hambre : quisiera un pescado a la plancha y una ensalada.
❺ Mi marido no bebe alcohol : traiga una jarra de agua para él y un buen vino para mí.

Leçon trente-trois / 33

aux cas où l'espagnol omet la préposition là où le français l'emploie : **algo ligero**, *quelque chose de léger*.

3 Les quiproquos et faux-amis sont particulièrement lourds de conséquences lorsqu'ils touchent à la nourriture : on commande quelque chose, et ce qui arrive n'a pas grand-chose à voir avec ce qu'on imaginait… Sachez ainsi qu'au restaurant **ensalada** ne désigne pas la salade verte mais une *salade composée*. Gare aux diminutifs aussi : **ensaladita** est celui de **ensalada**, mais **ensaladilla**, nous l'avons vu en leçon 12, c'est la *salade russe*.

4 Piège dans la soupe aussi ! **Sopa** s'emploie quand il y a au moins des vermicelles ou du riz à l'intérieur (et souvent aussi des morceaux de légumes entiers) ; *une soupe moulinée* se dira **un puré**, terme qui désigne aussi la *purée*, si on parle de pommes de terre ou autres tubercules : **un puré de patatas**.

5 Lorsqu'il est question de vin, *rouge* se dit **tinto** ; *blanc*, **blanco**, et *rosé*, **rosado**. Élégamment servi dans un petit verre étroit, il y a aussi **el fino**, littéralement "le fin", appellation générique pour les vins blancs secs de Jerez (¿**Me pones un fino?**, *Tu me sers un Jerez ?*). En plus débraillé et estival, vous pourrez demander **un tinto de verano**, "un rouge d'été" (vin rouge, eau gazeuse, glaçons) ; et, en plongeant carrément dans le canaille et l'underground, vous arriverez au **calimocho** (rouge + Coca-Cola).

6 Vous avez précédemment rencontré la forme **traiga**, subjonctif présent de **traer**, *apporter*. On va aussi s'en servir pour donner un ordre au vouvoiement. S'il y a un pronom personnel, on l'accrochera : **Tráigame una cerveza**, *Apportez-moi une bière*.

***

Corrigé de l'exercice 1

❶ Me permettez-vous de vous faire une suggestion, monsieur ? ❷ De quelle viande avez-vous envie : poulet rôti, agneau ou bœuf ? ❸ Je préfère une garniture plus légère : pouvez-vous me changer les frites pour des pommes de terre au four, s'il vous plaît ? ❹ Je n'ai pas très faim : je voudrais un poisson grillé et une salade composée. ❺ Mon mari ne boit pas d'alcool : apportez une carafe d'eau pour lui et un bon vin pour moi.

33 / Lección treinta y tres

Ejercicio 2 – Complete

❶ Je n'ai pas très faim et pas non plus beaucoup d'argent : apportez-moi une soupe de légumes et une carafe d'eau.
No tengo .... y ...... mucho dinero : ....
un .... de .... y una ..... de .....

❷ J'ai très soif : je veux boire de la bière, de l'eau gazeuse et du vin rouge.
Tengo .... : quiero ..... cerveza, agua ......
y ....

❸ Apportez-nous un poulet fermier rôti, une salade à partager et de l'eau plate.
.... un ..... de granja ....., una ensalada
para .... y agua ....

❹ En entrée, je voudrais quelque chose de léger : que me recommandez-vous ?
.. primero .... : ¿qué me recomienda?

❺ Nous avons de la côte de bœuf et de l'agneau, délicieux, avec des pommes de terre au four. C'est la spécialité de la maison.
Tenemos .... de .... y ...., exquisito, con
patatas al ...... Es la especialidad de la .....

***

Un steak, *génériquement, ce sera* **un filete**. *S'il s'agit d'une* côtelette, *on parlera de* **chuleta** *:* **una chuleta de cordero**, *une côtelette d'agneau. Et si l'on monte en taille, on arrive au* **chuletón** *:* **un chuletón de ternera**, *une côte de bœuf. Concernant la dénomination de ce dernier animal, sachez que* **ternera** *est un terme usuel et passe-partout pour désigner le bovin de boucherie, que nous appelons tout aussi improprement "bœuf" (c'est en fait plus souvent de la*

Leçon trente-trois / 33

Corrigé de l'exercice 2
❶ – mucha hambre – tampoco – tráigame – puré – verduras – jarra – agua ❷ – mucha sed – beber – con gas – vino tinto ❸ Tráiganos – pollo – asado – compartir – sin gas ❹ De – quisiera algo ligero – ❺ – chuletón – ternera – cordero – horno – casa

vache). L'authentique **chuletón de buey** est rare ; cher aussi donc. Essentiellement produit en Galice et dans le nord de la Castille, il s'agit d'une viande adulte, ayant subi une plus longue maturation, et d'une saveur prononcée. À l'autre extrême, **la ternera blanca**, ou **ternera lechal**, le veau, est peu consommé. On peut à la rigueur acheter des escalopes, mais vous aurez du mal à trouver de quoi vous faire une blanquette.

Lección treinta y cuatro

Un viaje en avión

1 – **Pon**gan ¹ su equi**pa**je ² en los com parti**men**tos supe**rio**res
2 y a**bró**chense el cintu**rón** de seguri**dad**.
3 Les re**cor**damos que es**tá** prohi**bi**do ³ fu**mar** du**ran**te el **vue**lo y les de**se**amos un fe**liz via**je.
4 – Dis**cul**pe, se**ño**ra, ¿es **su**ya ⁴ **es**ta ma**le**ta?
5 No **pue**de de**jar**la en el pa**si**llo. ¿**Quie**re que le a**yu**de ⁵ a su**bir**la?
6 – Sí, **gra**cias. Es us**ted** ⁶ muy a**ma**ble.
7 – Dis**cul**pe que **vuel**va a moles**tar**la : ¿es **su**yo el **ga**to?
8 **De**be ⁷ ir en su jau**li**ta.
9 – Oh, ¿de **ve**ras? Es que le **gus**ta **tan**to ver el des**pe**gue por la venta**ni**lla… ☐

Prononciation
… **bia**Hé… a**bio'n 1 po'n**ga'n… équi**pa**Hé… co'mpa**R**ti**mé'n**toss soupé**Rio**Réss **2** … a**bRo**tché'nssé… Zi'ntou**Ro'n**… ségouRida^d **3** … Réco**R**damoss… p**R**oïbido… fou**maR**… bou**é**lo… **4** … sou**ï**a… ma**lé**ta **5** … pa**ssi**lyo… sou**biR**la **8 dé**bé… Haou**li**ta **9** … **bé**Rass… dés**pé**gué… bé'nta**ni**lya

Remarques de prononciation
(Titre) Les groupes **ia** et **io** se prononcent en une seule émission de voix où la 2ᵉ voyelle (la plus forte) porte l'accent tonique.
(3) Dans **prohibido**, le h muet ne compte pas pour la prononciation ; on fait donc comme si on prononçait **proi**, en une émission de voix où le **o** (plus fort) l'emporte sur le **i** (plus faible).
(8) Jaulita, *petite cage*, nous permet de rappeler que les groupes **au**, **eu**, **ou** ne se prononcent pas comme en français mais en détachant les deux voyelles : *[aou]*, *[éou]*, *[oou]*.

Leçon trente-quatre

Un voyage en avion

1 – Mettez vos bagages *(votre équipage)* dans les compartiments supérieurs
2 et attachez votre *(attachez-vous la)* ceinture de sécurité.
3 Nous vous *(Leur)* rappelons qu'il est interdit [de] fumer pendant le vol et vous *(leur)* souhaitons un agréable *(heureux)* voyage.
4 – Pardon *(Pardonnez)*, Madame, [est-ce que] cette valise est à vous *(la-sienne)* ?
5 Vous ne pouvez [pas] la laisser *(laisser-la)* dans le couloir. Voulez-vous que je vous *(l')* aide à la monter *(monter-la)* ?
6 – Oui, merci. Vous êtes très aimable.
7 – Excusez [-moi] de vous déranger à nouveau *(que je revienne à vous déranger)* : [est-ce que] le chat est à vous *(le-sien)* ?
8 Il doit aller dans sa petite cage.
9 – Oh, vraiment ? C'est qu'il aime *(lui plaît)* tellement voir le décollage par le hublot *(petite fenêtre)*...

Notes

1 Vous avez à présent sans doute assimilé le mécanisme de l'ordre au vouvoiement : on utilise le subjonctif du verbe (ici **poner**, qui donne **ponga**, *mettez*, et **pongan** au pluriel, si vous vouvoyez plusieurs personnes).

2 Attention faux-ami ! El equipaje ne signifie pas "l'équipage", qui se dit **la tripulación** (hôtesses, steward et pilotes), mais désigne collectivement *les bagages* tout en restant au singulier.

3 Les prépositions donnent toujours du fil à retordre ; il y a des usages délicats à retenir mais aussi des règles simples à appliquer. Par exemple, dans des séquences du type "il est interdit de", "il est inutile de", "il est intéressant de", etc., le "de" disparaît en espagnol : **Está**

prohibido fumar, *Es interesante viajar*, Il est intéressant de voyager, **Es inútil insistir**, Il est inutile d'insister.

4 Finissons-en avec les possessifs : vous connaissiez **mío (a)** et **tuyo (a)**, *mien (ne)* et *tien (ne)* ; voici **suyo (a)**, *sien (ne)*, qui vaudra donc aussi pour le vouvoiement, *vôtre*. Vous pouvez utiliser ces formes avec un article (**El mío es este**, *Le mien c'est celui-ci*), comme adjectif (**Un amigo mío**, *Un ami à moi*) et avec le verbe **ser** pour dire l'appartenance (**¿Es suyo?**, *C'est à vous ?*).

5 Voici un emploi standard du subjonctif identique en français et en espagnol, après les verbes de volonté (**querer que**, **desear que**, etc.) : **Quiero que me ayudes**, *Je veux que tu m'aides* ; **Quiero que salgas**, *Je veux que tu sortes*.

***

 Ejercicio 1 – Traduzca

❶ Deben poner el equipaje en los compartimentos superiores y abrocharse el cinturón de seguridad. ❷ Te recuerdo que está prohibido fumar durante el viaje en avión. ❸ ¿Pasillo o ventanilla, qué prefiere? ❹ Deseo que tengas un muy feliz viaje. ❺ Disculpe que le moleste, caballero, ¿son suyas estas maletas?

***

Ejercicio 2 – Complete

❶ Attachez votre ceinture, madame, et mettez votre chat dans la cage.
.... el ...., señora, y ..... su gato en la ......

❷ L'équipage vous souhaite un bon voyage et vous rappelle que les portables sont interdits pendant le décollage.
La .... les ..... un buen ..... y les ....
que los móviles están .... durante el ....

❸ Je vous redemande de mettre votre valise dans le compartiment, s'il vous plaît.
Le .... pedir que ..... la ...... en el compartimento, por favor.

Leçon trente-quatre / 34

6 Plus souvent qu'en français et dans la langue la plus quotidienne, vous allez voir le verbe précéder le sujet en espagnol : **Es usted muy amable**, *Vous êtes très aimable*. Le pronom **usted**, en particulier, tend à suivre le verbe : **Tiene usted un gato muy bonito**, *Vous avez un très joli chat* ; **Parece usted cansado**, *Vous semblez fatigué*. Il n'y a pas vraiment de règle en la matière : le mieux est encore d'assimiler ce mécanisme à travers les phrases que vous rencontrerez.

7 Vous vous souvenez de l'obligation impersonnelle (**Hay que trabajar**, *Il faut travailler*) et personnelle (**Tengo que estudiar**, *Je dois étudier*). Vous pouvez aussi exprimer cette dernière au moyen du verbe **deber**, *devoir*. Il prend souvent une nuance d'obligation morale ou réglementaire : **Debo ayudar a mi hermanito**, *Je dois aider mon petit frère* ; **Debo respetar las señales**, *Je dois respecter les panneaux*.

***

Corrigé de l'exercice 1

❶ Vous devez mettre vos bagages dans les compartiments supérieurs et attacher votre ceinture de sécurité. ❷ Je te rappelle qu'il est interdit de fumer pendant le voyage en avion. ❸ Couloir ou hublot, que préférez-vous ? ❹ Je souhaite que tu fasses un très agréable voyage. ❺ Pardonnez-moi de vous déranger, monsieur, est-ce que ces valises sont à vous ?

***

❹ Pardon, voulez-vous que je vous aide à mettre votre ceinture ? Non ? Vraiment ?
........, ¿quiere que le ..... a .... el cinturón?
¿No? ¿De .....?

❺ Ces bagages ne sont pas à vous, madame, ils sont à moi.
Este .... no ......, señora, ...

Corrigé de l'exercice 2

❶ Abróchese – cinturón – ponga – jaula ❷ – tripulación – desea – viaje – recuerda – prohibidos – despegue ❸ – vuelvo a – ponga – maleta – ❹ Disculpe – ayude – ponerse – veras ❺ – equipaje – es suyo – es mío

ciento cuarenta • 140

Lección treinta y cinco

Repaso - Révision

Qu'avez-vous appris dans les 6 leçons précédentes ? D'abord des mots, des expressions et des structures de phrases "en contexte", qui vous permettent de comprendre et de réagir dans les situations courantes : acheter un billet de train, parler au téléphone, commander au restaurant et prendre place dans un avion. Plus généralement, vous savez aussi à présent faire une demande, exprimer le doute, la certitude et marquer la politesse de différentes manières. Tout cela s'est fait par imprégnation, intuitivement, sans réfléchir, alors faisons une petite pause pour comprendre à présent "comment ça marche". Il y a pas mal de choses, vous allez le voir, mais ne vous en faites pas : nous reviendrons sur tous ces éléments à nouveau dans les leçons qui viennent.

1 L'alphabet

Les lettres sont féminines en espagnol : on dit **la a**, **una a**. Jusqu'en 1994, l'alphabet comptait deux lettres de plus : **ch** *[tché]* et **ll** *[élyé]*. L'ordre alphabétique était **a**, **b**, **c**, **ch**, **d**, etc., et c'était donc aussi l'ordre de classement dans les dictionnaires. Suite à une réforme dictée par **la Real Academia**, ces groupes ne sont plus considérés comme des lettres à part entière. Voici l'alphabet actuel :

A a *[a]*	**J jota** *[Hota]*	**R erre** *[éRé]*
B be *[bé]*	**K ka** *[ca]*	**S ese** *[éssé]*
C ce *[Zé]*	**L ele** *[élé]*	**T te** *[té]*
D de *[dé]*	**M eme** *[émé]*	**U u** *[ou]*
E e *[é]*	**N ene** *[éné]*	**V uve** *[oubé]*
F efe *[éfé]*	**Ñ eñe** *[égné]*	**W uve doble** *[oubé doblé]*
G ge *[Hé]*	**O o** *[o]*	**X equis** *[ékiss]*
H hache *[atché]*	**P pe** *[pé]*	**Y i griega** *[i gRiéga]**
I i *[i]*	**Q cu** *[cou]*	**Z zeta** *[Zéta]*

* La **Real Academia** recommande aujourd'hui de nommer cette lettre **ye**, mais reconnaît comme valable la dénomination traditionnelle.

Leçon trente-cinq

Connaître l'alphabet peut être utile, pour épeler un nom, une adresse ou pour noter un code de réservation. Ce peut être aussi une source d'amusement ; par exemple, de même qu'en français ("droit comme un i", "le système D"), les lettres entrent dans des expressions populaires :
Erre que erre, *obstinément*.
No entiendo ni jota, *Je n'y comprends rien*.
Por hache o por be, *Pour une raison ou pour une autre*.

2 Les chiffres

2.1 Les cardinaux

Au fil des leçons et des dialogues, vous avez pu découvrir le nom de quelques nombres, cardinaux et ordinaux ; sur cette base, que nous révisons ici, vous allez voir qu'il vous est à présent possible de compter pratiquement jusqu'à l'infini.

Sachez d'abord que, de zéro à 29, les chiffres s'écrivent en un seul mot.

0	cero	10	diez	20	veinte
1	uno	11	once	21	veintiuno
2	dos	12	doce	22	veintidós
3	tres	13	trece	23	veintitrés
4	cuatro	14	catorce	24	veinticuatro
5	cinco	15	quince	25	veinticinco
6	seis	16	dieciséis	26	veintiséis
7	siete	17	diecisiete	27	veintisiete
8	ocho	18	dieciocho	28	veintiocho
9	nueve	19	diecinueve	29	veintinueve

À partir de 30, le groupe "dizaine + unité" s'écrit en trois mots, avec un **y** intercalé.

30	treinta
31	treinta y uno
32	treinta y dos…

40	**cuarenta**
41	**cuarenta y uno**
42	**cuarenta y dos...**

50	**cincuenta**
60	**sesenta**
70	**setenta**
80	**ochenta**
90	**noventa**

100, **cien**, devient **ciento** entre 101 et 199 (**ciento uno**, **ciento dos**, … **ciento noventa y nueve**). Il reste **cien** quand il multiplie un nombre (**cien mil**, **cien millones**…).

À partir de 200, les centaines sont considérées comme des adjectifs et s'accordent donc en genre : **doscientos amigos**, **trescientas cincuenta amigas**.

100	**cien**
200	**doscientos/-as**
300	**trescientos/-as**
400	**cuatrocientos/-as**
500	**quinientos/-as**
600	**seiscientos/-as**
700	**setecientos/-as**
800	**ochocientos/-as**
900	**novecientos/-as**
1000, 2000, …	**mil, dos mil, …**

2.2 Les ordinaux

Nous avons déjà signalé que seuls les dix premiers ordinaux sont vraiment usuels en espagnol.

1° **primero/-a**	6° **sexto/-a**
2° **segundo/-a**	7° **séptimo/-a**
3° **tercero/-a**	8° **octavo/-a**
4° **cuarto/-a**	9° **noveno/-a**
5° **quinto/-a**	10° **décimo/-a**

Au-delà, on recourt au cardinal, placé après le mot. On dira ainsi :
El sexto sentido, *Le sixième sens*, mais **La lección catorce**, *La quatorzième leçon*.
Sachez en outre que pour les siècles, comme pour les rois, le nom précède le nombre :
Felipe sexto, *Philippe VI*.
Luis dieciséis, *Louis XVI*.
El siglo cuarto, *Le ivᵉ siècle*.
El siglo veintiuno, *Le xxiᵉ siècle*.
Primero et **tercero** perdent le **o** final devant un nom masculin singulier (c'est l'apocope, dont vous avez déjà vu quelques exemples) :
El primer beso, *Le premier baiser*.
El tercer hombre, *Le troisième homme*.

3 Dire une date

Maîtriser la numération vous permet également de dire les dates. Il faut bien sûr connaître aussi le nom des mois et se souvenir que l'on met la préposition **de** entre le chiffre du jour et le mois (et aussi entre le mois et l'année si celle-ci est indiquée).

enero	[é**né**ʀo]	janvier
febrero	[fé**bré**ʀo]	février
marzo	[**mar**Zo]	mars
abril	[a**bril**]	avril
mayo	[**ma**ïo]	mai
junio	[**Hou**nio]	juin
julio	[**Hou**lio]	juillet
agosto	[a**gos**to]	août
septiembre	[sép**tié'm**bʀé]	septembre
octubre	[oc**tou**bʀé]	octobre
noviembre	[no**bié'm**bʀé]	novembre
diciembre	[di**Zié'm**bʀé]	décembre

Voici, à titre d'exemples, quelques dates célèbres de l'histoire d'Espagne :
Découverte de l'Amérique : **doce de octubre de 1492** *[mil couatʀo**Zié'n**toss no**bé'n**ta i doss]*.

Soulèvement de Madrid contre Napoléon : **dos de mayo de 1808**
*[mil otcho**Zié'n**toss **o**tcho]*
Vote de la Constitution démocratique : **seis de diciembre de 1978**
*[mil nobé**Zié'n**toss s**é**té'**n**ta i **o**tcho]*

4 Deux périphrases verbales

Pour exprimer certaines nuances de l'action, l'espagnol recourt à des constructions ou périphrases verbales. Vous avez déjà vu la forme progressive (**estar** + gérondif), qui exprime l'action en train de se dérouler, et **soler** + infinitif, qui dit l'habitude. Voyons deux autres constructions.

4.1 La répétition : *volver a* + infinitif

Le français peut très facilement créer des verbes au moyen du préfixe "re" : redire, reboire, etc. Le procédé existe en espagnol, mais il est loin d'être aussi systématique : on peut éventuellement dire par exemple, dans certains contextes, **rehacer**, *refaire*, ou **renacer**, *renaître*, mais on ne dira pas **"redecir"** ou **"rebeber"**.
Volver a + infinitif est la manière la plus universelle d'exprimer la répétition :
Vuelvo a decirlo, *Je le redis*.
No quiero que vuelvas a hacerlo, *Je ne veux pas que tu le refasses*.

4.2 La continuité : *seguir* + gérondif

Pour rendre compte d'une action ou situation qui a ses racines dans le passé et se poursuit dans le présent, on utilise **seguir** conjugué suivi du gérondif.
Sigo viviendo en Madrid, *Je vis toujours à Madrid*.
¿Sigues trabajando en ese restaurante?, *Tu continues à travailler dans ce restaurant ?*
Il y a quelques irrégularités au gérondif, vous les avez sans doute remarquées dans les dialogues. Par exemple, les verbes qui ont deux voyelles consécutives à l'infinitif (**leer, creer, oír**, etc.) ont un **y** intercalé au gérondif :
Sigo leyendo, *Je continue à lire*.
Siguen creyendo en los Reyes, *Ils croient toujours aux Rois Mages*.
¿Sigues oyéndome?, *Tu m'entends toujours ?*

5 Le présent du subjonctif

5.1 Formation

• Modèles réguliers

On reconnaît d'abord le présent du subjonctif à sa terminaison, qui est l'inverse de celle du présent de l'indicatif : les verbes en **-ar** font un subjonctif en **-e** ; et les verbes en **-er** et **-ir** font leur subjonctif en **-a**.

hablar	comer	subir
hable, *(que) je parle*	**coma**, *(que) je mange*	**suba**, *(que) je monte*
hables, *(que) tu parles*	**comas**, *(que) tu manges*	**subas**, *(que) tu montes*
hable, *(qu') il parle*	**coma**, *(qu') il mange*	**suba**, *(qu') il monte*
hablemos, *(que) nous parlions*	**comamos**, *(que) nous mangions*	**subamos**, *(que) nous montions*
habléis, *(que) vous parliez*	**comáis**, *(que) vous mangiez*	**subáis**, *(que) vous montiez*
hablen, *(qu') ils parlent*	**coman**, *(qu') ils mangent*	**suban**, *(qu') ils montent*

• Irrégularités

Le radical est celui de la 1re personne du présent de l'indicatif. Lorsque le verbe est régulier, il se confond avec le radical du verbe. Par contre, attention : lorsque cette personne est irrégulière, tout le subjonctif présent portera l'irrégularité.

C'est le cas des verbes en **-go**. Exemples :
salir : **salga**, *(que) je sorte* ; **salgas**, *(que) tu sortes* ; **salga**, *(qu') il sorte*…
tener : **tenga**, *(que) j'aie* ; **tengas**, *(que) tu aies*, **tenga**, *(qu') il ait*…
traer : **traiga**, *(que) j'apporte* ; **traigas**, *(que) tu apportes*…
C'est le cas des verbes en **-zco**. Exemples :
conocer : **conozca**, *(que) je connaisse* ; **conozcas**, *(que) tu connaisses*…
C'est le cas des verbes à affaiblissement. Exemples :
pedir : **pida**, *(que) je demande* ; **pidas**, *(que) tu demandes*…
seguir : **siga**, *(que) je continue* ; **sigas**, *(que) tu continues*…

• Les verbes à diphtongue
Les verbes à diphtongue sont à part : le radical du subjonctif suit les irrégularités de l'indicatif à chacune des personnes (il ne diphtongue donc pas aux deux premières du pluriel).

poder
pueda, *(que) je puisse*
puedas, *(que) tu puisses*
pueda, *(qu') il puisse*
podamos, *(que) nous puissions*
podáis, *(que) vous puissiez*
puedan, *(qu') ils puissent*

5.2 Emplois

• Identiques au français

Comme en français, le subjonctif espagnol est le mode des actions non-réalisées. Il suit donc tous les verbes et structures verbales qui comportent une idée de souhait, de volonté, d'ordre ou de demande.

Quiero que trabajes, *Je veux que tu travailles*.

Deseo que tengas un buen viaje, *Je souhaite que tu fasses un bon voyage*.

Tengo ganas de que acaben las fiestas, *J'ai envie que les fêtes finissent*.

¿Te apetece que quedemos?, *Tu as envie que nous nous voyions ?*

• Emplois particuliers à l'espagnol

L'espagnol se représente souvent l'avenir comme quelque chose d'irréel, qui arrivera peut-être… ou pas ! Ainsi, dans une subordonnée, là où le français emploiera l'indicatif futur, l'espagnol utilisera lui le subjonctif. Nous en verrons bien des exemples en avançant dans la méthode, mais vous en avez déjà découvert un dans les dialogues :

Espero que me reconozcas, *J'espère que tu me reconnaîtras*.

Autre particularité, "*demander de* + infinitif" se rend en espagnol par **pedir que** + subjonctif :

Te pido que salgas, *Je te demande de sortir*.

Leçon trente-cinq / 35

6 Donner un ordre et interdire

Au fil des dialogues de cette série, vous avez pu lire, entendre, manier et traduire toutes sortes d'ordres et d'interdictions en espagnol, aussi bien au tutoiement qu'au vouvoiement. Nous poursuivrons cette approche par l'exemple : d'ici la fin de cet ouvrage, vous aurez découvert et utilisé, en contexte, l'impératif et l'impératif négatif d'un grand nombre de verbes usuels. Mais faisons un premier point pour voir "comment ça marche".

6.1 L'impératif

À la 2e personne du singulier (le tutoiement donc), c'est simple : il suffit de prendre la 2e personne de l'indicatif présent et d'enlever le **s** final :
¡Canta!, *Chante !* **¡Come!**, *Mange !* **¡Vive!**, *Vis !*
¡Vuelve!, *Reviens !* **¡Duerme!**, *Dors !*
¡Pide!, *Demande !* **¡Sigue!**, *Continue !*
Si le verbe est pronominal, le pronom s'accroche :
¡Levántate!, *Lève-toi !* (remarquez que l'on conserve l'accent tonique de la forme verbale sans pronom, et pour cela, on ajoute un accent graphique sur la voyelle concernée).
Mais bien sûr, vous pouvez aussi donner un ordre en vouvoyant ; dans ce cas, comme toujours, il faut passer par la 3e personne : ce sera ici celle du subjonctif, au singulier ou au pluriel (si vous vous adressez à plusieurs personnes en vouvoyant) :
¡Cante(n)!, *Chantez !* **¡Coma(n)!**, *Mangez !* **¡Viva(n)!**, *Vivez !*
¡Vuelva(n)!, *Revenez !* **¡Duerma(n)!**, *Dormez !*
¡Pida(n)!, *Demandez !* **¡Siga(n)!**, *Continuez !*
Pour les verbes pronominaux, le pronom réfléchi de 3e personne s'accroche :
¡Levántese!, *Levez-vous !* Et **¡Levántense!** au pluriel.

6.2 L'interdiction

L'interdiction s'exprime en espagnol par **no** + subjonctif présent. On peut donc interdire en tutoyant (à la 2e personne) et en vouvoyant (à la 3e personne) :
No bebas, amigo, *Ne bois pas, l'ami.*
No bebáis, amigos, *Ne buvez pas, les amis.*

No beba usted, caballero, *Ne buvez pas, monsieur*.
No beban ustedes, caballeros, *Ne buvez pas, messieurs*.
Attention ! Comme il ne s'agit plus d'impératifs, le pronom personnel ne s'accroche plus au verbe :
No te levantes, *Ne te lève pas*.
No se levante, *Ne vous levez pas*.

Diálogo de repaso

1 – Sí, dígame.
2 – ¡Háblame de tú, por favor! ¿Es que ya no te acuerdas de mí?
3 – Perdone, ¿con quién estoy hablando?
4 – Soy Pedro, tu primo.
5 – Ah, disculpa, ¡no me he olvidado de ti, no! Es que no he reconocido el número.
6 – Angélica y yo quisiéramos invitarte a cenar esta noche, si no has quedado ya.
7 – Oh, sois muy amables, ¡de veras! Pero estoy un poco pachucho.
8 No tengo mucha hambre ni muchas ganas de beber… Creo que me voy a quedar en casa.

Lección treinta y seis

No tengo nada que hacer

1 – Muy **bue**nas, es **p**ara **u**na en**cues**ta. ¿**Pue**de dedi**car**me **u**nos [1] mi**nu**tos?
2 – ¡Con **mu**cho **gus**to! Me en**can**ta que me pre**gun**ten [2] qué **pien**so y no **ten**go **na**da que ha**cer**.
3 ¿De qué se **tra**ta?

9 – ¿Estás seguro? ¡Es Nochebuena, hombre! Hay chuletón de ternera, ¿no te apetece?
10 – En absoluto, lo siento. Solo tengo ganas de algo ligero : un puré de verduras, agua con gas y dormir.
11 Además tengo que salir de viaje mañana por la mañana temprano. Vuelvo el 31.
12 – ¡Perfecto! ¿Quedamos para la cena de Nochevieja entonces?

Traduction

1 Oui, allô. **2** Tutoie-moi, s'il te plaît ! Tu ne te souviens donc plus de moi ? **3** Pardon, à qui suis-je en train de parler ? **4** C'est Pedro, ton cousin. **5** Ah, pardon, je ne t'ai pas oublié, non ! C'est que je n'ai pas reconnu le numéro. **6** Angélica et moi nous voudrions t'inviter à dîner ce soir, si tu n'as pas déjà rendez-vous. **7** Oh, vous êtes très aimables, vraiment ! Mais je suis un peu patraque. **8** Je n'ai pas très faim et pas très envie de boire… Je crois que je vais rester à la maison. **9** Tu es sûr ? C'est la Nuit de Noël, allons ! Il y a de la côte de bœuf, ça ne te dit pas ? **10** Pas du tout, je suis désolé. J'ai juste envie de quelque chose de léger : une soupe de légumes, de l'eau gazeuse et dormir. **11** En plus je dois partir en voyage demain matin tôt. Je reviens le 31. **12** Parfait ! On se voit pour le réveillon de la Saint-Sylvestre alors ?

Leçon trente-six

Je n'ai rien à (que) faire

1 – Bonjour *(Très bonnes)*, [c'] est pour une enquête. Pouvez-vous me consacrer *(dédier-me)* quelques minutes ?
2 – Très volontiers *(Avec beaucoup goût)* ! J'adore qu'on *(qu'ils)* me demande *(demandent)* [ce] que je pense et je n'ai rien à *(que)* faire.
3 De quoi s'agit [-il] ?

Lección treinta y seis

4 – **An**tes de ha**cer**le las pre**gun**tas nece**si**to sa**ber** qué **e**dad **tie**ne, cuál es su profe**sión** y su es**ta**do ci**vil**.

5 – A**ca**bo de cum**plir** ³ se**ten**ta años, soy jubi**la**da y divor**cia**da.

6 – **Dí**game, ¿con qué fre**cuen**cia rea**li**za **com**pras en inter**net** : muy a me**nu**do, a me**nu**do, de vez en **cuan**do o **nun**ca?

7 – **Mi**re ⁴, **jo**ven, lo **mí**o ⁵ es char**lar** con la **gen**te.

8   O **se**a que lo ⁶ **com**pro **to**do en el mer**ca**do o en la **tien**da del **ba**rrio, sin **pri**sa.

9   Y por **cier**to, ¿le o**frez**co un cafe**li**to ⁷? ☐

Prononciation
*1 … é'n***coués***ta… 2 … pié'***nso***… 3 …* **tR***ata 4 a'***ntéss***… é***da**ᵈ** *p***Ro***féssio'n… esta***do** *ci***bil** *5 …cou'***mpliR***… Houbi***la**da*… dibo***RZia***da 6 … f***Ré***coué'n***Zia **Réa***li***Za***… i'nté***Rnét***… mé***nou***do… 8 me***Rca***do… tié'***nda***… ba***Rio***… 9 …* **Zié***R***to***… o***fRéZ***co… café***li***to*

Remarque de prononciation
(2) Les groupes voyelle + **n**, comme vous le savez, ne sont pas nasalisés en espagnol : détachez donc bien le **n** dans les mots **encanta**, **pregunten**, **pienso** et **tengo**.

Notes

1   L'article indéfini pluriel n'existe pas en espagnol : **Quiero patatas**, *Je veux des pommes de terre*. On peut toutefois, nous l'avons vu, trouver **unos** au sens de *des* lorsque cet indéfini n'est pas totalement abstrait : **Quiero unos zapatos de vestir**, *Je veux des chaussures de ville*. Retenons que **unos** peut aussi, comme ici, signifier *quelques*.

2   Remarquez tout d'abord que **preguntar** est ici employé au subjonctif, comme il le serait aussi en français, après un verbe principal exprimant un point de vue (**me encanta que…**, *j'adore que…*). Observez également la traduction de "on", qui n'est pas rendu par **se** + 3ᵉ personne mais par la 3ᵉ personne du pluriel. C'est toute la nuance entre **Se habla español**, *On parle espagnol* (le sujet est indéterminé, je peux ou non

Leçon trente-six / 36

4 – Avant de vous poser *(faire)* les questions, j'ai besoin de savoir quel âge vous avez, quelle est votre profession et votre état-civil.

5 – Je viens *(Finis)* d'avoir *(accomplir)* soixante-dix ans, je suis retraitée et divorcée.

6 – Dites-moi, avec quelle fréquence faites-vous *(réalisez-vous)* [des] achats sur *(dans)* Internet : très souvent, souvent, de temps en temps *(de fois en quand)* ou jamais ?

7 – Écoutez *(Regardez)*, jeune [homme], moi, ce que j'aime *(le mien)* c'est bavarder avec les gens.

8 Et donc *(Ou soit que le)* j'achète tout au *(dans le)* marché ou au *(dans la)* magasin du quartier, sans hâte.

9 Et d'ailleurs *(pour certain)*, je vous offre un petit café ?

---

faire partie de ce "on") et **que me pregunten**, *qu'on me demande* (il y a quelqu'un d'extérieur derrière ce "on").

3 Vous connaissiez **cumpleaños**, *anniversaire* ; vous pouvez à présent constater que ce mot est formé à partir du verbe **cumplir**, *accomplir* : **Acabo de cumplir setenta años**. Distinguez donc **Tengo setenta años** (vous dites votre âge de façon statique) et **He cumplido setenta años** (vous voulez dire que vous avez atteint ou franchi la barre des 70 ans).

4 La dame retraitée (qui vouvoie l'enquêteur) lui dit **mire**, *regardez*. Mais elle ne lui montre rien, bien sûr : il s'agit d'une simple formule conversationnelle que l'on rendra plutôt en français par *écoutez*.

5 Voici une tournure très espagnole, que nous allons retrouver à plusieurs reprises dans cette série de leçons : **lo mío**, "le mien". Comme c'est souvent le cas pour les usages idiomatiques, il n'y a pas une seule traduction possible. **Lo mío** renvoie à "ce que j'aime", "ce qui me définit" ; dans un langage familier, on dirait "mon truc" (**Lo mío es el deporte**, *Mon truc à moi, c'est le sport*). Bien sûr, on peut composer cette expression avec toutes les formes du possessif : **lo tuyo**, **lo suyo**, etc.

6 Attention à cet usage : lorsque **todo** est complément d'objet direct, le verbe est précédé du pronom **lo** (**Lo compro todo**, *J'achète tout* ; **Lo veo todo**, *Je vois tout* ; **Lo sé todo**, *Je sais tout*, etc.).

ciento cincuenta y dos • 152

36 / Lección treinta y seis

7 Le monde des diminutifs est particulièrement riche. Il existe de nombreuses terminaisons et des règles de composition que nous verrons, mais aussi des usages variables selon les régions d'Espagne et les pays hispanophones. Pour "petit café", la forme la plus courante est sans doute **cafelito** (mais vous trouverez aussi **cafetito** ou **cafecito** !)

***

Ejercicio 1 – Traduzca

❶ Me gustan las encuestas y me encanta que me hagan preguntas. ❷ No tengo nada que hacer y puedo dedicarle una hora. ❸ ¿Qué edad tiene, joven, y cuál es su profesión? ❹ A menudo compro el café en la tienda del barrio. ❺ Lo mío es tomar un cafelito, sin prisa, y charlar con la gente.

***

Ejercicio 2 – Complete

❶ De quoi s'agit-il ? D'une enquête ? Très volontiers !
¿De qué .... ? ¿De una .... ? ¡... mucho .....!

❷ Je suis retraité, divorcé et je viens d'avoir soixante-cinq ans.
Soy ...., ... y ..... de .... y cinco años.

❸ On me demande si je fais des achats sur Internet de temps en temps.
.... si realizo compras .. internet de ... en ....

❹ D'ailleurs, pouvez-vous me dire si vous allez souvent au marché ?
........., ¿puede usted .... si va .... al ....?

❺ Avant de répondre à vos questions, je vous offre un petit café.
..... de .... a sus ...., ... un ....

Leçon trente-six / 36

Corrigé de l'exercice 1
❶ J'aime les enquêtes et j'adore qu'on me pose des questions. ❷ Je n'ai rien à faire et je peux vous consacrer une heure. ❸ Quel âge avez-vous, jeune homme, et quelle est votre profession ? ❹ J'achète souvent mon café au magasin du quartier. ❺ Ce que j'aime, c'est prendre un petit café, sans hâte, et bavarder avec les gens.

***

Corrigé de l'exercice 2
❶ – se trata – encuesta – Con – gusto ❷ – jubilado, divorciado – acabo – cumplir sesenta – ❸ Me preguntan – en – vez – cuando ❹ Por cierto – decirme – a menudo – mercado ❺ Antes – contestar – preguntas, le ofrezco – cafelito

Vous approchez la moitié de cette méthode… Eh oui, très bientôt vous allez passer à la **deuxième vague** *de l'apprentissage, celle que nous appelons* **phase d'activation**, *et vous remarquez sans doute que les dialogues deviennent déjà un peu plus longs et fournis : une vingtaine de mots nouveaux à chaque fois ! Mais n'ayez pas peur d'en oublier et ne vous forcez pas à les mémoriser : ils reviennent en boucle d'un dialogue à l'autre et tout au long de l'ouvrage.*

Lección treinta y siete

Vengo por el anuncio (1.ª parte)

1 – **Bue**nos **dí**as, **ven**go por el a**nun**cio. Me han **di**cho [1] que **ten**go **ci**ta a las **do**ce.
2 – **Sién**tese [2], por fa**vor**. ¿Me **di**ce su **nom**bre y ape**lli**dos [3]?
3 – A**ma**ia Argui**ña**no Igarti**bu**ru.
4 – ¿**Vas**ca, ver**dad**?
5 – ¡De Bil**ba**o, de **pa**dres, a**bue**los y bisa**bue**los **vas**cos!
6 – Bien, bien… **Ve**o en su cu**rrí**culum que ha **si**do vende**do**ra en **u**na panade**rí**a
7 y que a**ho**ra es**tá** traba**jan**do de cama**re**ra.
8 – Sí, lo **mí**o es es**tar ca**ra al **pú**blico. Por **e**so [4] he contes**ta**do a **es**te a**nun**cio.
9 – Ya, **pe**ro **es**to es **u**na **tien**da de **ro**pa.
10 No se **tra**ta **so**lo de ven**der si**no [5] tam**bién** de aconse**jar** a los **clien**tes.
11 ¿Se **sien**te usted capaci**ta**da?
12 – ¡Por su**pues**to! Soy una apasio**na**da de la **mo**da. □

Prononciation
bé'ngo… anou'nZio 1 … Zita… 2 sié'ntéssé… apélyidoss 3 amaïa aRguignano igaRtibouRou 4 basca… 5 … bilbao… bissabouéloss… 6 … béo… couRicouloum… bé'ndédoRa… panadéRia… 7 … aoRa… camaRéRa 8 … poublico… 9 … esto… Ropa 10 bé'ndeR… aco'nséHaR… clié'ntéss 11 … capaZitada 12 … soupouésto… apassionada… moda

Notes
1 **Me han dicho**, *on m'a dit…* Qui ? Quelqu'un au téléphone ou par courrier, et pas une abstraction : ce "on" extérieur à moi se rend, comme vous l'avez vu, par la 3ᵉ personne du pluriel.

Leçon trente-sept

Je viens pour l'annonce (1re partie)

1 – Bonjour, je viens pour l'annonce. On m'a *(ils m'ont)* dit que j'ai rendez-vous à midi *(les douze)*.
2 – Asseyez-vous, s'il vous plaît. Vous me dites vos nom et prénom *(votre prénom et noms)* ?
3 – Amaia Arguiñano Igartiburu.
4 – Basque, n'est-ce pas *(vrai)* ?
5 – De Bilbao, de parents *(pères)*, grands-parents et arrière-grands-parents basques !
6 – Bien bien… Je vois sur votre CV que vous avez été vendeuse dans une boulangerie
7   et que vous travaillez *(êtes travaillant)* maintenant comme *(de)* serveuse.
8 – Oui, ce que j'aime *(le mien)* c'est être face au public. [C'est] pour cela [que] j'ai répondu à cette annonce.
9 – D'accord, mais ceci est un magasin d'habillement *(de vêtement)*.
10   Il ne s'agit pas seulement de vendre mais *(sinon)* aussi de conseiller *(à)* les clients.
11   Vous sentez-vous qualifiée ?
12 – Bien sûr *(Par supposé)* ! Je suis *(une)* passionnée de *(la)* mode.

Remarques de prononciation

(2) Rappel : avec l'impératif espagnol, le pronom est enclitique (il s'accroche directement à la forme verbale). L'accent tonique va donc très souvent remonter sur l'avant-avant-dernière syllabe : **siéntate**, *assieds-toi* (voir aussi leçon 31, phrase 7).

(6) L'espagnol ne conserve pratiquement pas les terminaisons directement issues du latin : *géranium* ou *eucalyptus* donneront par exemple **geranio** ou **eucalipto**. Une exception, **currículum**, qu'il faut prononcer à l'espagnole : **u** se dit *[ou]*, **r** est fortement roulé et la 2e syllabe porte l'accent tonique.

37 / Lección treinta y siete

2 Comme promis, revenons au fil des leçons sur cette épineuse question de l'ordre au vouvoiement. Voici le verbe **sentarse**, *s'asseoir*. Au tutoiement, on se servirait de la 2ᵉ personne de l'impératif : **siéntate**, *assieds-toi*. Pour vouvoyer, on utilisera la 3ᵉ personne et les formes du subjonctif : **siéntese**, *asseyez-vous*.

3 **nombre** peut désigner le *nom* d'une chose ou d'un animé : **el nombre de una calle**, *le nom d'une rue* ; **el nombre de mi perro**, *le nom de mon chien*. Rapporté à une personne, **nombre** est un faux-ami qui signifie *prénom*. On développe parfois en **nombre de pila**, *nom de baptême* (**pila** désignant le *bénitier*). Quant au *nom de famille*, vous savez sans doute que les Espagnols utilisent un patronyme double (celui du père suivi de celui de la mère) : **los apellidos**. Cette règle s'applique pour toutes les

***

Ejercicio 1 – Traduzca

❶ ¿A qué hora le han dicho que tiene cita? ❷ Mis padres y abuelos son de Bilbao, por eso tengo apellidos vascos. ❸ Vengo por el anuncio : lo mío es trabajar en una tienda de ropa. ❹ ¿Te sientes capacitada para trabajar de vendedora? ❺ ¡Por supuesto! He sido camarera y me encanta el trabajo cara al público.

***

Ejercicio 2 – Complete

❶ Asseyez-vous et maintenant dites-moi pourquoi vous avez répondu à cette annonce.
   .... y ahora ...... por qué ha ....
   a ....

❷ Quand j'ai vu votre prénom, je me suis souvenu de mon arrière-grand-mère basque.
   Cuando .... su ......, me .... de
   mi .... vasca.

❸ D'accord, mais ceci n'est pas une boulangerie : il s'agit aussi de conseiller les clients.
   .., pero .... no es una .... : .... también
   de .... a los clientes.

Leçon trente-sept / 37

démarches officielles. Dans la vie quotidienne, on peut conserver ses deux **apellidos** (**Gabriel García Márquez**), ne garder usuellement que le premier (**Julio Iglesias**), ou même opter pour le second si on le préfère (comme **Picasso**, qui s'appelait en fait **Ruiz Picasso**).

4 L'ordre des mots est globalement plus souple en espagnol et permet des effets de sens : **por eso** est par exemple ici mis en valeur en début de phrase, ce qui équivaudrait en français à une forme d'insistance (**Por eso te quiero**, *C'est pour ça que je t'aime*).

5 Vous connaissez **pero**, *mais* ; lorsque la première partie de la phrase est négative, il devient **sino** : **No se trata de ti sino de tu marido**, *Il ne s'agit pas de toi mais de ton mari*.

***

Corrigé de l'exercice 1
❶ À quelle heure vous a-t-on dit que vous avez rendez-vous ? ❷ Mes parents et grands-parents sont de Bilbao, c'est pour cela que j'ai un nom basque. ❸ Je viens pour l'annonce : ce que j'aime, c'est travailler dans un magasin d'habillement. ❹ Te sens-tu qualifiée pour travailler comme vendeuse ? ❺ Bien sûr ! J'ai été serveuse et j'adore le travail face au public.

***

❹ Je vois dans votre CV que vous êtes passionnée de mode.
... en su .... que es usted una .... de la moda.

❺ Je me sens qualifiée pour ce travail : je n'ai pas seulement été serveuse mais aussi vendeuse dans un magasin d'habillement.
.... para este trabajo : no solo ...... camarera .... también .... en una ...... de .....

Corrigé de l'exercice 2
❶ Siéntese – dígame – contestado – este anuncio ❷ he visto – nombre – he acordado – bisabuela ❸ Ya – esto – panadería – se trata – aconsejar – ❹ Veo – currículum – apasionada – ❺ Me siento capacitada – he sido – sino – vendedora – tienda – ropa

Un pays aux identités locales aussi marquées que l'Espagne est évidemment riche de stéréotypes régionaux : Catalans près de leurs sous, Andalous hâbleurs, Galiciens taiseux ou Madrilènes arrogants. Rassurez-vous, tout ceci est assez bienveillant, et ces travers folkloriques sont au fond vus comme autant de qualités. Pour preuve le film de Emilio Martínez-Lázaro sorti en 2014, **Ocho apellidos vascos**, *suivi en 2015 par* **Ocho apellidos catalanes**, *qui ont battu tous les records au box-office. L'argument (et le succès) rappelle celui de Bienvenue chez les Ch'tis en France : un jeune Sévillan fort en gueule est entraîné au Pays basque, puis en Catalogne, par une aventure*

Lección treinta y ocho

Vengo por el anuncio (2.ª parte)

1 – Precisa**men**te, no **cre**o que su es**ti**lo **se**a [1] el de **nues**tra **tien**da…
2   No**so**tros ven**de**mos cami**se**tas, va**que**ros, caza**do**ras, depor**ti**vas [2], ¿en**tien**de [3]?
3   Y us**ted lle**va **ro**pa muy **clá**sica.
4 – ¡En abso**lu**to! Me he ves**ti**do a**sí pa**ra pare**cer** más **se**ria.
5   Es**pe**re, le en**se**ño **u**na **fo**to **pa**ra que **ve**a [4] lo que **sue**lo lle**var**. **Mi**re **es**to.
6 – ¿¿Es us**ted** la **chi**ca entera**men**te de **ne**gro??
7 – ¡Sí, y tam**bién ten**go un ta**tua**je! ¿**Quie**re que se lo [5] en**se**ñe?
8 – No, **gra**cias…, la **cre**o.
9 – En**ton**ces, ¿**cuán**do em**pie**zo?
10 – ¿No **quie**re sa**ber cuán**to va a co**brar**?
11 – Me da i**gual** el **suel**do : se lo [5] re**pi**to, ¡lo **ha**go por pa**sión**!

sentimentale et le choc des contraires culturels nord/sud alimente une cascade de scènes cocasses. Les Basques y apparaissent gros mangeurs, hospitaliers mais viscéralement attachés à leurs traditions… Tout n'est pas faux dans ce portrait au gros rouleau qui a fait rire l'Espagne entière ; n'oublions pas pour autant que le Pays basque, ancien cœur industriel de la péninsule, a particulièrement bien négocié le virage de la modernité. Bilbao est ainsi devenue le modèle d'une transition urbaine réussie autour de la construction de son grand musée d'art moderne et contemporain : c'est le célèbre "effet Guggenheim-Bilbao", bien connu des urbanistes.

Leçon trente-huit

Je viens pour l'annonce (2ᵉ partie)

1 – Justement *(Précisément)*, je ne crois pas que votre style soit celui de notre magasin…
2 Nous, nous vendons [des] tee-shirts, [des] jeans, [des] blousons, [des] baskets, vous comprenez ?
3 Et vous, vous portez des habits très classiques.
4 – Absolument pas ! Je me suis habillée comme ça pour paraître plus sérieuse.
5 Attendez, je vous montre une photo pour que vous voyiez ce que j'ai l'habitude de porter. Regardez ça.
6 – C'est vous, la fille entièrement en *(de)* noir ??
7 – Oui, et j'ai aussi un tatouage ! Vous voulez que je vous *(se)* le montre ?
8 – Non, merci…, je vous *(la)* crois.
9 – Alors, quand [est-ce que] je commence ?
10 – Vous ne voulez pas savoir combien vous allez *(à)* toucher ?
11 – Le salaire m'est *(Me donne)* égal : je vous *(se)* le répète, je le fais par passion !

Prononciation

*1 pRéZissa**mé'n**té... estilo **séa**... nou**és**tRa... 2 ... cami**ssé**tass ba**qué**Ross caZadoRass dépo**R**tibass... é'n**tié'n**dé 3 ... **cla**ssica 4 ... **bés**tido... **sé**Ria 5 ... é'n**ség**no... **fo**to... **béa**... lyé**ba**R 6 ... tchica é'ntéRa**mé'n**te... **né**gRo 7 ... tatoua**Hé**... 9 ... é'm**pié**Zo 10 ... co**bRa**R 11 ... sou**él**do... **Ré**pito... passio'n*

Notes

1 Autre emploi du subjonctif identique en français et en espagnol, après un verbe d'opinion à la forme négative : **No creo que usted sea...**, *Je ne crois pas que vous soyez...*

2 Dans cette série de quatre noms d'habits, voyez comme l'espagnol est plus imperméable que le français aux anglicismes ! Là où nous parlerons de tee-shirts, jeans et autres baskets, il y a en Espagne un mot latin pour le dire.

***

Ejercicio 1 – Traduzca

❶ Tu estilo no es el de nuestra tienda : aquí se vende ropa más clásica. ❷ ¿Cómo vas a vestirte para la entrevista, con una camiseta? ❸ ¡En absoluto! Tengo que parecer seria y voy a vestirme de negro. ❹ No creo que sea una buena idea decirle que llevas un tatuaje. ❺ ¿Quiere que le enseñe una foto para que vea mis deportivas?

***

Ejercicio 2 – Complete

❶ Attendez, si je commence à travailler, je veux d'abord savoir quel salaire je vais toucher.
......, si .... a trabajar, antes quiero saber .... voy a ....

❷ J'ai une photo entièrement vêtue en noir, je vous la montre ?
Tengo una foto .... vestida ...., ¿.... enseño?

❸ Non, merci, écoutez, ça m'est égal : je vous crois, mademoiselle.
No, gracias, ..., me .... : ......, señorita.

Leçon trente-huit / 38

3 Gare aux faux-amis ! En voici un que vous trouverez très souvent sur votre chemin : **entender**, *comprendre*, à ne pas confondre avec **oír**, *entendre*. Mais retenez que **comprender** existe aussi avec le même sens (*comprendre*).

4 Découvrons une nouvelle conjugaison au subjonctif, celle du verbe **ver**, *voir* : **vea, veas, vea, veamos, veáis, vean**. Comme en français, il s'emploie ici dans la subordonnée de but introduite par **para que**, *pour que*.

5 Prenons une suite de pronoms en espagnol : **Me lo dice**, *Il me le dit* ; **Te lo pregunta**, *Il te le demande*, etc. Rien de différent du français… sauf lorsque vous avez deux pronoms de 3ᵉ personne à la suite ! Observez par exemple **Se lo digo**, *Je le lui dis* : le pronom indirect (*lui*), qui devrait être **le**, est devenu **se** ; et puis il se trouve devant le pronom direct, alors que le français l'a placé derrière. Bien sûr, cette règle s'applique au vouvoiement, qui se sert de la 3ᵉ personne : **Se lo enseño**, *Je vous le montre* ; **Se lo repito**, *Je vous le répète*.

***

Corrigé de l'exercice 1
❶ Ton style n'est pas celui de notre magasin : ici on vend des habits plus classiques. ❷ Comment vas-tu t'habiller pour l'entretien, avec un tee-shirt ? ❸ Pas du tout ! Je dois paraître sérieuse et je vais m'habiller en noir. ❹ Je ne crois pas que ce soit une bonne idée de lui dire que tu portes un tatouage. ❺ Voulez-vous que je vous montre une photo pour que vous voyiez mes baskets ?

***

❹ Je me suis habillé comme ça, avec un jean et un blouson.
Me .... así, con unos .... y una ....

❺ Justement, je vous le répète : nos clients préfèrent des habits plus sérieux, vous comprenez ?
............, ... repito : nuestros clientes prefieren una .... más ....., ¿........ ?

Corrigé de l'exercice 2
❶ Espere – empiezo – qué sueldo – cobrar ❷ – enteramente – de negro – se la – ❸ – mire – da igual – la creo – ❹ – he vestido – vaqueros – cazadora ❺ Precisamente, se lo – ropa – seria – entiende

Lección treinta y nueve

Ven conmigo a Santiago (1.ª parte)

1 – Es**toy har**to de la ciu**dad**. ¡Nece**si**to **ai**re y natura**le**za!
2 – Pues **mi**ra ¹, es**toy** bus**can**do a **al**guien para ha**cer** el Ca**mi**no de San**tia**go : ¡ven ² con**mi**go!
3 – Hay un pro**ble**ma, es que yo no soy cre**yen**te…
4 – No **ha**ce **fal**ta ³ **ser**lo, **hom**bre. Hoy los pere**gri**nos son **an**te **to**do aficio**na**dos al sende**ris**mo.
5 – Ya, **pe**ro **pa**ra **e**so tam**bién** hay que ser bas**tan**te depor**tis**ta…
6   Y a mí me **cues**ta tra**ba**jo ⁴ **has**ta su**bir** la esca**le**ra.
7 – ¡No **se**as **va**go!
8   Ade**más** es**tás** dema**sia**do **gor**do y es pre**ci**so que ⁵ **ha**gas ejer**ci**cio.
9 – No sé… Tal vez **ten**gas ⁶ ra**zón**, sí.

Prononciation

bé'n co'n**mi**go… sa'n**tia**go *1* … a**R**to… Ziouda**ᵈ**… aïRé… natouRa**lé**Za *2* … alguié'n… ca**mi**no *3* … cRéïé'n**té** *4* … **fal**ta… pé**Ré**g**Ri**noss… a'n**té**… afi**Zi**ona**dos**s… sé'ndé**Ris**mo *5* … dépo**R**tista *6* … **coué**sta… esca**lé**Ra *7* … **ba**go *8* … **goR**do… p**RéZ**isso… … *9* … **té'n**gass… Ra**Zo**'n

Remarque de prononciation

(1) Attention à ne pas vous laisser influencer par le français : détachez bien le **a** et le **i** dans **aire** *[aï]*.

Notes

1   Vous êtes sans doute à présent familier de ce balancement entre impératif et subjonctif, qui marque la différence entre tutoiement et vouvoiement : **mire**, *écoutez* ; et ici **mira**, *écoute*.

Leçon trente-neuf

Viens avec moi à Saint-Jacques (1ʳᵉ partie)

1 – J'en ai assez de la ville. J'ai besoin [d'] air et [de] nature !
2 – Eh bien écoute *(regarde)*, je suis en train de chercher *(à)* quelqu'un pour faire le Chemin de Saint-Jacques : viens avec moi !
3 – Il y a un problème, c'est que je ne suis pas croyant…
4 – Il n'est [pas] nécessaire *(Ne fait manque)* [de] l'être, allons *(homme)*. Aujourd'hui les pèlerins sont avant tout [des] amateurs de *(au)* randonnée.
5 – D'accord, mais pour ça il faut aussi être assez sportif…
6 Et moi j'ai du mal *(à moi il me coûte travail)* même *(jusqu'à)* [à] monter l'escalier.
7 – Ne sois [pas] paresseux !
8 De plus tu es trop gros et il est nécessaire que tu fasses [de l'] exercice.
9 – Je ne sais pas… Tu as *(aies)* peut-être raison, oui.

---

2 Il y a huit verbes irréguliers à la 2ᵉ personne du singulier de l'impératif. Vous en avez déjà rencontré quelques-uns : **pon**, *mets* ; **di**, *dis*. Découvrons-en un nouveau : **ven**, *viens*.

3 L'espagnol possède de nombreuses formules pour dire l'obligation : voici **hace falta**, *il est nécessaire / il faut*. Nous résumerons tous ces usages en leçon de révision.

4 Retenez cette formule très courante : **me cuesta trabajo**, "[il] me coûte [du] travail", autrement dit *j'ai du mal*. On la construit directement avec l'infinitif : **Me/te/le… cuesta trabajo hablar alemán**, *J'ai / tu as / il a… du mal à parler allemand*.

5 Enrichissez votre vocabulaire ! Voici une autre façon d'exprimer l'obligation : **es preciso**, *il est nécessaire*. Sous la forme **es preciso que**, elle introduit une subordonnée au subjonctif : **Es preciso que trabajes más**, *Il est nécessaire que tu travailles davantage*.

6

Nous avons vu jusqu'à présent des usages du subjonctif identiques entre français et espagnol, mais il existe aussi des particularités. Par exemple, pour exprimer le doute, l'espagnol va souvent se servir du subjonctif : **Tal vez tengas…**, *Tu as peut-être…*

***

Ejercicio 1 – Traduzca

❶ ¡Ven conmigo a hacer un poco de senderismo, hombre! ❷ ¿No estás harto del aire de la ciudad? ❸ ¿Hace falta ser creyente para hacer el Camino de Santiago? ❹ Mira, hoy los peregrinos son ante todo deportistas. ❺ Cuando alguien está demasiado gordo, es preciso que haga ejercicio.

***

Ejercicio 2 – Complete

❶ Si tu as besoin d'air et de nature, viens faire du sport avec moi.
Si ……… aire y …………, … a hacer ……. conmigo.

❷ Je suis trop gros : j'ai du mal à monter l'escalier.
….. demasiado ….. : …………… subir la ……….

❸ Pour ça il n'est pas nécessaire d'être très sportif !
¡……. no es ……. ser muy ……….!

❹ Ne sois pas paresseux, allons ! Il faut que tu fasses de l'exercice !
¡No ………, hombre! Hace ….. que ….. ejercicio!

❺ Ma femme a peut-être raison : il ne faut pas vivre en ville.
………… razón mi mujer : no …… vivir en la …….

Leçon trente-neuf / 39

Corrigé de l'exercice 1

❶ Viens avec moi faire un peu de randonnée, allons ! ❷ Tu n'en as pas assez de l'air de la ville ? ❸ Est-il nécessaire d'être croyant pour faire le Chemin de Saint-Jacques ? ❹ Écoute, aujourd'hui les pèlerins sont avant tout des sportifs. ❺ Quand quelqu'un est trop gros, il est nécessaire qu'il fasse de l'exercice.

***

Corrigé de l'exercice 2

❶ – necesitas – naturaleza, ven – deporte – ❷ Estoy – gordo – me cuesta trabajo – escalera ❸ Para eso – preciso – deportista ❹ – seas vago – falta – hagas ❺ Tal vez tenga – hay que – ciudad

***

En l'an 813, les restes supposés de saint Jacques, compagnon du Christ, sont découverts près de Compostelle en Galice. La nouvelle se répand très vite dans une Europe en quête de symboles et confrontée à l'avancée musulmane. En quelques années, les reliques de Saint-Jacques mettent en mouvement des centaines de milliers de pèlerins sur les routes du nord de l'Espagne, qui deviennent de ce fait un puissant axe d'échanges culturels, économiques et commerciaux. "L'Europe, disait Goethe, s'est faite sur les chemins de Compostelle". Le **Camino de Santiago** *est aujourd'hui un des itinéraires les plus prisés par les amateurs de randonnée, croyants ou pas. Plusieurs trajets y conduisent : depuis la frontière française, vous pouvez joindre Saint-Jacques en une trentaine d'étapes. À chacune d'entre elles, il vous faudra faire tamponner votre "passeport de pèlerin" dans le refuge où vous passerez la nuit, afin d'obtenir à l'arrivée l'attestation qui certifie votre exploit : la célèbre* **"compostelana"**.

40

Lección cuarenta

Ven conmigo a Santiago (2.ª parte)

1 – ¿**Cuán**to **fal**ta **pa**ra el **pró**ximo al**ber**gue?
2 – Un par de **ho**ras a**pe**nas.
3 – ¡Me **mue**ro, no **pue**do más! Me **due**len los pies y la mo**chi**la **pe**sa **u**na barbari**dad** [1].
4 – No **pien**ses en [2] tus pies y dis**fru**ta del pai**sa**je, del **cam**po, de las **ho**jas, de los **ár**boles y del **cie**lo.
5 – ¿El **cie**lo o las **nu**bes? ¡Está llo**vien**do sin pa**rar des**de **ha**ce [3] tres **dí**as!
6 – ¡Qué pe**sa**do **e**res! [4] ¿Ya no es**tás har**to de la ciu**dad** en**ton**ces?
7 – ¡**Sue**ño con [2] **e**lla! **Sue**ño con mi **ca**ma, mis **sá**banas **blan**cas y mi almo**ha**da!
8 **Pe**ro hay **al**go todavía pe**or** que el can**san**cio, ¿**sa**bes qué?
9 ¡No te**ner** cober**tu**ra **pa**ra el **mó**vil!   ☐

Prononciation

1 ... alBeRgué 3 ...mouéRo...piéss...motchila péssa...baRbaRida^d 4 ... pié'nsséss... disfRouta... païssaHé... ca'mpo... oHass... aRboléss... Ziélo 5 ... noubéss... lyobié'ndo... 6 ... péssado 7 souégno... sabanass bla'ncass... almoada 8 ... ca'nsa'nZio... 9 ... coBeRtouRa

Remarques de prononciation

(4) • Remarquez à quel point deux mots proches en français et en espagnol peuvent se prononcer différemment : **paisaje** et *paysage*. Détachez bien le **a** du **i**, prononcez le **s** comme un *[ss]* et le **j** comme une **jota**.
• Sauf rares exceptions, la syllabe tonique d'un mot reste la même, quelles que soient ses transformations. Si **árbol**, *arbre*, est accentué sur le **a** au singulier, il en sera de même au pluriel : **árboles**.

Leçon quarante

Viens avec moi à Saint-Jacques (2e partie)

1 – Combien manque-t-il pour le prochain refuge ?
2 – Une heure ou deux *(une paire d'heures)* à peine.
3 – Je *(Me)* meurs, je n'[en] peux plus. J'ai mal aux *(Me font mal les)* pieds et le sac à dos pèse une tonne *(énormité)*.
4 – Ne pense pas à *(en)* tes pieds et profite du paysage, de la *(le)* campagne, des feuilles, des arbres et du ciel.
5 – Le ciel ou les nuages ? Il pleut *(est en train de pleuvoir)* sans [s'] arrêter depuis *(il-fait)* trois jours !
6 – Que tu es pénible *(Quel pénible tu es)* ! Alors tu n'[en] as plus assez de la ville ?
7 – J'en rêve *(Je-rêve avec elle)* ! Je rêve de *(avec)* mon lit, mes draps blancs et mon oreiller.
8 Mais il y a quelque chose [d'] encore pire que la *(le)* fatigue, tu sais quoi ?
9 Ne pas avoir [de] réseau pour mon *(le)* portable !

Notes

1 **barbaridad** est un mot amusant et coloré susceptible de bien des usages. Il peut prendre le sens d' "actes barbares" (**En las guerras se hacen barbaridades**, *Dans les guerres, on commet des atrocités*), mais on l'applique le plus souvent à la vie courante, au sens de quelque chose d'excessif : **¡Qué barbaridades dices!**, *Tu dis n'importe quoi !* Il peut aussi, selon le contexte, prendre une valeur admirative : **¡Qué gol! ¡Qué barbaridad!**, *Quel but ! Monstrueux !* À la limite, il fonctionne comme un adverbe de quantité : **Hemos comido una barbaridad**, *Nous avons énormément mangé*.

2 La préposition associée à tel ou tel verbe n'est pas forcément la même entre français et espagnol. Retenez déjà deux exemples : **pensar en**, *penser à* ; **soñar con**, *rêver de*.

3 **desde**, *depuis*, a comme en français un double sens spatial et temporel : **desde Madrid hasta Bilbao**, *depuis Madrid jusqu'à Bilbao* ; **desde el uno de octubre**, *depuis le 1ᵉʳ octobre*. Lorsqu'il est question d'une durée, il devient **desde hace** : **Vivo en España desde hace cinco años**, *Je vis en Espagne depuis cinq ans*.

***

Ejercicio 1 – Traduzca
❶ Falta una hora para el próximo albergue. ❷ Me muero de cansancio. ❸ Me duele el pie izquierdo, no puedo más. ❹ No pienses en el móvil : disfruta del cielo y de las nubes. ❺ Está lloviendo una barbaridad desde hace una semana.

***

Ejercicio 2 – Complete
❶ Combien manque-t-il pour Saint-Jacques ?
¿............... Santiago?

❷ Il y a quelque chose d'encore plus pénible que le sac à dos : c'est toi !
Hay .... más ...... que la .... : ¡.... tú!

❸ Que je suis fatigué ! Je rêve de mon oreiller et de mes draps blancs.
¡Qué ....! .... mi .... y mis ....

❹ J'en ai assez de la campagne, des arbres, des feuilles et de ne pas avoir de réseau pour mon portable.
Estoy ..... del ....., de los ...., ... y de no tener .... para el ......

❺ Ne pense pas à ton lit et profite du paysage.
No .... tu .... y .... del ....

Leçon quarante / 40

4 Vous avez ici un nouvel exemple de phrase exclamative. L'exclamation porte directement sur l'adjectif et le verbe est placé après : **¡Qué alta eres!**, *Comme tu es grande !*

***

Corrigé de l'exercice 1
❶ Il manque une heure pour le prochain refuge. ❷ Je meurs de fatigue. ❸ J'ai mal au pied gauche, je n'en peux plus. ❹ Ne pense pas à ton portable : profite du ciel et des nuages. ❺ Il pleut énormément depuis une semaine.

***

Corrigé de l'exercice 2
❶ Cuánto falta para – ❷ – algo todavía – pesado – mochila – eres – ❸ – cansado estoy – Sueño con – almohada – sábanas blancas ❹ – harto – campo – árboles, de las hojas – cobertura – móvil ❺ – pienses en – cama – disfruta – paisaje

ciento setenta • 170

41

Lección cuarenta y uno

Viaje al norte

1 – He cono**ci**do a una **chi**ca en un chat [1] y me **di**ce que **va**ya [2] a visi**tar**la.
2 **Vi**ve **le**jos, en As**tu**rias. ¿Tú qué me acon**se**jas?
3 – ¡**Ve** [3] a **ver**la, **hom**bre! Y a**sí** vas a ver qué dife**ren**te es el **nor**te.
4 La **gen**te tal vez no **se**a tan a**le**gre **co**mo [4] en el sur, **pe**ro es cari**ño**sa.
5 As**tu**rias es la re**gión** más **ver**de de Es**pa**ña: **tie**ne montañas, **bos**ques y **rí**os [5].
6 Las **va**cas, la **le**che y la mante**qui**lla astu**ria**nas son fa**mo**sas.
7 – Uf, lo **mí**o [6] es más bien el a**cei**te de o**li**va y el pes**ca**do **fri**to…
8 – Pues en**ton**ces ten cui**da**do con [7] el Ca**bra**les: ¡es un **que**so de a**llí** que **hue**le [8] muy **fuer**te!
9 Si **e**sa **chi**ca es ca**paz** de ha**cer**te co**mer** Ca**bra**les, es que es**tás** enamo**ra**do de ver**dad**… □

Prononciation

biaHé… no**R**té 1 … tchat… bissita**R**la 2 … astou**R**iass… 3 bé… 4 … ca**R**ignossa 5 … RéHio'n… bé**R**dé… mo'nta**g**nass bos**q**uéss… **R**ioss 6 … ma'nté**q**uilya astou**R**iana… famossas 7 … oliba… 8 … té'n couidado… ca**br**aléss… **q**uésso… o**u**élé 9 … capa**Z**… énamo**R**ado…

Remarque de prononciation

(3) Au fur et à mesure de votre progression dans cet ouvrage, les problèmes de prononciation proprement dits vont devenir de plus en plus rares. Essayez donc à présent de travailler le rythme et l'expressivité des phrases en imitant l'enregistrement. Ici, par exemple, l'exclamation.

Leçon quarante et un

Voyage dans le *(au)* nord

1 – J'ai connu une fille sur *(dans)* un chat et elle me dit d'aller *(que j'aille)* lui rendre visite *(visiter-la)*.

2 Elle vit loin, dans [les] Asturies. Qu'est-ce que tu me conseilles ?

3 – Va *(à)* la voir, allons *(homme)* ! Et comme ça tu vas *(à)* voir comme *(que différent est)* le nord est différent.

4 Les gens ne sont *(n'est)* peut-être pas aussi joyeux que dans le sud mais ils sont *(elle est)* affectueux *(affectueuse)*.

5 [Les] Asturies sont *(est)* la région [la] plus verte d'Espagne : elle a [des] montagnes, [des] forêts et [des] rivières.

6 Les vaches, le *(la)* lait et le *(la)* beurre asturiens sont célèbres.

7 – Hou là, moi je suis *(le mien c'est)* plutôt *(l')* huile d'olive et *(le)* poisson frit…

8 – Eh bien alors fais *(aie)* attention au *(avec le)* Cabrales : c'est un fromage de là-bas qui sent très fort !

9 Si cette fille est capable de te faire manger [du] Cabrales, c'est que tu es vraiment amoureux…

Notes

1 Nous disions antérieurement que l'espagnol est globalement plus réticent que le français à accueillir les anglicismes ; voici un nouveau contre-exemple : **chat** (admis dans le Larousse et par la **Real Academia**). Le verbe dérivé est lui aussi passé dans la langue courante : **chatear**, *chatter*. Curiosité linguistique, **chatear** existait déjà mais au sens de "boire des **chatos**", le **chato** étant une appellation populaire hélas presque désuète pour désigner un verre de vin. Au fond, le sens du vieux **chatear** n'est donc pas si différent de l'actuel, puisqu'il s'agissait bien évidemment aussi de bavarder entre amis.

2 *Dire de* + infinitif a en français une valeur impérative, que l'espagnol rend par **decir que** + subjonctif : **Te digo que vengas**, *Je te dis de venir* ; **Le dice que vaya a verla**, *Elle lui dit d'aller la voir*. Remarquez au passage le subjonctif irrégulier de **ir** : **vaya, vayas, vaya**, etc.Notes

3 Le verbe, sa conjugaison et ses irrégularités sont une des grandes difficultés de l'espagnol ; nos dialogues vous les font découvrir peu à peu, sans effort de mémorisation systématique, en contexte et à l'intérieur de phrases usuelles. Voici par exemple un nouvel impératif irrégulier, du verbe **ir** : **ve**, *va*.

4 Vous savez déjà intuitivement former des phrases comparatives pour dire la supériorité (**más que**) ou l'infériorité (**menos que**) ; remarquez dans cette phrase le comparatif d'égalité : **tan** alegre **como**, *aussi joyeux que*.

5 Un seul mot désigne en espagnol *le fleuve* et *la rivière* : **el río**, indépendamment du débit du cours d'eau ou de savoir s'il se jette ou non dans la mer.

6 Cette formule, **lo mío**, vous est à présent familière, mais vous vous demandez peut-être dans quel contexte l'utiliser. Nous avons dit qu'elle pouvait se rendre, familièrement, par "mon truc à moi"; un autre équiva-

***

▶ Ejercicio 1 – Traduzca

❶ He hecho un viaje al norte para visitar a una chica. ❷ ¿Me aconsejas que vaya a Asturias? ❸ Sí, ve a verla, ¡pero ten cuidado con los quesos asturianos! ❹ En el sur tal vez la gente no sea tan cariñosa como en el norte. ❺ Lo mío es más bien la mantequilla que el aceite de oliva.

***

Sur la route de Saint-Jacques, vous traverserez d'est en ouest le **Principado de Asturias**, *Principauté des Asturies (l'héritier de la couronne d'Espagne est prince des Asturies). Adossées sur toute leur longueur à la Cordillère cantabrique, les Asturies sont la région la plus montagneuse d'Espagne et l'une des communautés autonomes à la personnalité la plus marquée. C'est un peu "l'irréductible village gaulois" de l'Espagne, qui résista aussi bien aux Romains (Auguste en personne dut venir y livrer bataille) qu'à l'invasion musulmane. À l'abri des* **Picos de Europa**, *qui culminent à plus de 2 600 mètres, c'est*

Leçon quarante et un / 41

lent serait "être très + nom" : **Lo mío es la cerveza**, *Je suis très bière* ; **Lo suyo es el yoga**, *Elle est très yoga* ; **Lo nuestro es el cine**, *Nous sommes très cinéma*. Essayez à votre tour de créer des phrases sur ce modèle !

7 Encore un impératif irrégulier, vous les saurez bientôt tous ! Celui de **tener** : **ten**. Il entre ici dans une tournure idiomatique : **tener cuidado con**, *faire attention à*.

8 Et un verbe un peu particulier pour finir : **oler**, *sentir* (au sens olfactif). Sa conjugaison est **huelo, hueles, huele, olemos, oléis, huelen**. Sachez que lorsqu'on veut dire que "ça sent quelque chose", il faut ajouter la préposition **a** : **Huele a queso**, *Ça sent le fromage*.

Corrigé de l'exercice 1

❶ J'ai fait un voyage dans le nord pour rendre visite à une fille. ❷ Tu me conseilles d'aller dans les Asturies ? ❸ Oui, va la voir, mais fais attention aux fromages asturiens ! ❹ Dans le sud les gens ne sont peut-être pas aussi affectueux que dans le nord. ❺ Je suis plutôt beurre qu'huile d'olive.

***

là en effet que se fortifièrent les chrétiens du nord de l'Espagne : en 722, le roi Pélage y remporte la bataille de **Covadonga**, *qui marque – très symboliquement – le point de départ d'une Reconquête de plus de sept siècles. Les amateurs de sensations fortes goûteront la rusticité de la cuisine asturienne :* **la fabada**, *cousine du cassoulet, qui réunit, autour de gros haricots blancs, du boudin, de l'épaule de porc, du lard et du chorizo ; et le* **Cabrales**, *dont il a été question dans le dialogue, fromage qui vous accompagne longtemps après que vous l'avez mangé.*

Ejercicio 2 – Complete

❶ Je lui ai dit de venir me rendre visite en Andalousie.
Le .... que ..... a .... Andalucía.

❷ Tu vas voir comme les gens du nord sont affectueux.
Vas a ver .... es la ..... del ......

❸ Le Cabrales est le fromage le plus fort d'Espagne.
El Cabrales es .... de España.

❹ Je suis amoureux des Asturies, de ses rivières, de ses montagnes et de ses forêts vertes.
Estoy .... de Asturias, de sus ...., de sus .... y de sus ....

Lección cuarenta y dos

Repaso - Révision

1 L'accentuation

Une des fautes de prononciation typique des francophones consiste à faire tomber la voix sur la dernière syllabe comme on le fait en français : *Picasso*, *corrida*, *paella*, *Mexico*. En espagnol par contre, comme vous le savez, l'accent tonique peut marquer n'importe quelle syllabe ; on dira, par exemple, dans les cas cités : **Pi**casso, co**rri**da, pa**e**lla, **Mé**xico.

Dans votre méthode Assimil, cet accent tonique est signalé en gras dans tous les dialogues, mais vous vous demandez peut-être pourquoi il se trouve sur telle syllabe et pas une autre. De plus il correspond à l'accent aigu écrit mais celui-ci n'est pas toujours indiqué... Mystère ?

1.1 La règle de base

La règle de base est simple :
• les mots terminés par une consonne (sauf **n** et **s**, qui sont les marques grammaticales du pluriel) portent l'accent tonique sur la dernière syllabe (Ma**drid**, a**mor**, a**bril**)

❺ Je ne suis pas capable de manger ce fromage : il sent trop fort !
No .... de comer este ..... : ¡..............
fuerte!

Corrigé de l'exercice 2
❶ – he dicho – venga – visitarme a – ❷ – qué cariñosa – gente – norte ❸ – el queso más fuerte – ❹ – enamorado – ríos – montañas – bosques verdes ❺ – soy capaz – queso – huele demasiado –

Leçon quarante-deux

• les mots terminés par une voyelle, un **n** ou un **s** portent l'accent tonique sur l'avant-dernière syllabe (**Es**pa**ña**, **Hon**du**ras**, **Car**men)
• lorsqu'il y a exception à ces règles, ou que le mot porte un accent tonique sur l'avant-avant-dernière syllabe et au-delà, l'accent, toujours aigu, est écrit (a**sí**, **mó**vil, es**tás**, ra**zón**, **sién**tese).

1.2 Petit piège...

Sauf très rares exceptions, la voyelle tonique d'un mot reste la même, quelles que soient les transformations de ce mot : par exemple, s'il s'allonge d'une syllabe pour passer au pluriel ou à cause de l'enclise (quand un pronom s'accroche au verbe). La conséquence est que l'accent écrit, lui, va apparaître ou disparaître pour que la syllabe tonique reste la même :
un fran**cés**, *un Français* → dos fran**ce**ses, *deux Français* (l'accent écrit disparaît au pluriel)
un **jo**ven, *un jeune* → dos **jó**venes, *deux jeunes* (l'accent écrit apparaît au pluriel)
Diga algo, *Dites quelque chose* (l'accent tonique est à sa place, pas d'accent écrit) → **Dí**game algo, *Dites-moi quelque chose* (l'accent tonique remonte du fait de l'enclise, on doit donc l'écrire).

1.3 Les homonymes

L'accent écrit sert aussi à distinguer des homonymes, même si la **Real Academia** a réduit au fil du temps la liste des termes concernés par cette règle, au motif qu'il n'y a souvent pas de confusion possible. Il n'est par exemple plus obligatoire de distinguer **sólo**, *seulement*, et **solo**, *seul* ; ou le pronom **éste**, *celui-ci*, de l'adjectif **este**, *ce*. Retenez que, par contre, l'accent écrit est toujours requis dans les cas suivants :

mi amigo, *mon ami* / **para mí**, *pour moi*
tu perro, *ton chien* / **¿eres tú?**, *c'est toi ?*
se levanta, *il se lève* / **no sé** nada, *je ne sais rien*
el hombre, *l'homme* / **para él**, *pour lui*
sí, quiero, *oui, je veux* / **si** quieres, *si tu veux*

2 Nouveaux verbes usuels

2.1 Conjugaison, à l'indicatif et au subjonctif

Vous avez, à l'occasion de cette série de dialogues, découvert de nouveaux verbes très usuels. Il est utile d'en connaître la conjugaison. Voici d'abord le présent de l'indicatif de **pensar**, *penser* ; **venir**, *venir* ; **ofrecer**, *offrir* ; et **ver**, *voir*.

pensar	venir	ofrecer	ver
pienso	vengo	ofrezco	veo
piensas	vienes	ofreces	ves
piensa	viene	ofrece	ve
pensamos	venimos	ofrecemos	vemos
pensáis	venís	ofrecéis	veis
piensan	vienen	ofrecen	ven

Vous souvenez-vous comment on forme le subjonctif des verbes ? Vous partez de la 1re personne du singulier et vous inversez les voyelles finales (ce sera **e** pour les verbes en **-ar** et **a** pour les verbes en **-er** et **-ir**). Attention : sauf pour les verbes à diphtongue (comme **pensar**) où le radical va se modifier aux mêmes personnes qu'à l'indicatif. Voyons tout ceci dans un tableau :

Leçon quarante-deux / 42

pensar	venir	ofrecer	ver
piense	venga	ofrezca	vea
pienses	vengas	ofrezcas	veas
piense	venga	ofrezca	vea
pensemos	vengamos	ofrezcamos	veamos
penséis	vengáis	ofrezcáis	veáis
piensen	vengan	ofrezcan	vean

Ser, *être*, et **ir**, *aller*, ont également été utilisés au subjonctif présent, mais leur conjugaison est irrégulière à ce temps et à ce mode.

ser	ir
sea	vaya
seas	vayas
sea	vaya
seamos	vayamos
seáis	vayáis
sean	vayan

2.2 Doubles sens et confusions

• *Sentirse* et *sentarse*

Certains de ces nouveaux verbes sont parfois source d'erreurs, du fait de leur forme ou de leur sens. Dans le corps d'une phrase, il faut par exemple ouvrir l'œil pour ne pas confondre **sentarse**, *s'asseoir*, et **sentirse**, *se sentir*.

• *Pedir* et *preguntar*

La traduction de *demander* pose également problème. Pour un Espagnol, en effet, demander de l'aide ou demander l'heure, ce n'est pas pareil. Dans le premier cas (**pedir**), vous souhaitez que l'on exécute un acte pour vous ; dans le second (**preguntar**), vous voulez que l'on vous dise quelque chose.
Le pido dinero, *Je lui demande de l'argent* (on me donnera – ou pas ! – quelque chose)
Le pregunto si me puede dar dinero, *Je lui demande s'il peut me donner de l'argent* (on me répondra par des mots, oui ou non).

3 Quelques emplois du subjonctif

Rappelons les quelques usages du subjonctif que nous avons rencontrés dans la dernière série de leçons.

3.1 La subordonnée de but

Comme en français, la subordonnée de but (**para que…**, *pour que…*) est au subjonctif :
Le enseño una foto para que vea cómo me visto, *Je vous montre une photo pour que vous voyiez comment je m'habille*.

3.2 L'hypothèse

Introduite par **tal vez**, *peut-être* (mais nous verrons par la suite d'autres termes de même sens), l'hypothèse appelle le subjonctif en espagnol :
Tal vez tengas razón, *Tu as peut-être raison*.
Tal vez sean menos alegres, *Ils sont peut-être moins joyeux*.

3.3 Les verbes à valeur impérative

Trois de ces nouveaux verbes ont des constructions différentes de leur équivalent français. Il s'agit de **pedir**, **decir** et **aconsejar**. Lorsqu'ils précèdent un autre verbe, tous trois se construisent en français avec *de* + infinitif. En espagnol, par contre, l'idée d'ordre ou de recommandation que portent ces constructions ne peut se rendre que par **que** + subjonctif.
Te pido que vengas, *Je te demande de venir* (litt. "que tu viennes").
Te digo que me ayudes, *Je te dis de m'aider* (litt. "que tu m'aides")
Te aconsejo que vayas, *Je te conseille d'y aller* (litt. "que tu ailles")
Attention donc à distinguer :
Te digo que eres bueno, *Je te dis que tu es gentil* (indicatif : constatation).
Te digo que seas bueno, *Je te dis d'être gentil* (subjonctif : ordre).

4 Obligation et nécessité

Vous avez rencontré, depuis le début de cette méthode, de nombreuses formules exprimant la nécessité ou l'obligation : *il faut*, *il faut que*, *je dois*, *j'ai besoin de*, *il est nécessaire de*, *il est nécessaire que…* Elles sont parfois proches les unes des autres, et leur emploi peut prêter à confusion. Revenons sur tout ceci de façon ordonnée.

4.1 L'obligation impersonnelle

Dans les expressions *il faut*, *il est nécessaire de*, il n'y a pas de sujet exprimé, il s'agit donc d'une obligation générale qui se rend par **hay que** + infinitif ou **es preciso** + infinitif.
Hay que trabajar, *Il faut travailler*.
Es preciso hacer ejercicio, *Il est nécessaire de faire de l'exercice*.

4.2 L'obligation personnelle

Par contre, pour traduire *je dois*, *il faut que je…*, *il est nécessaire que je…*, la personne sur laquelle porte l'obligation est exprimée : on va donc utiliser des formules faisant intervenir des verbes conjugués. Il y a d'abord **tener que** conjugué + infinitif :
Tengo que estudiar, *Je dois étudier*.
Tienes que ayudarme, *Tu dois m'aider*.
On peut aussi recourir à une formule impersonnelle introduisant une subordonnée au subjonctif (c'est elle qui dira la personne concernée).
Es preciso que haga ejercicio, *Il est nécessaire que je / qu'il fasse de l'exercice*.

4.3 L'expression de la nécessité

La nécessité peut elle aussi s'exprimer de façon impersonnelle ("il faut de l'argent") ou personnelle ("j'ai besoin d'argent"). Dans le premier cas on utilisera **hace falta** ; dans le deuxième **me hace falta** ou **necesito**.
Hace falta dinero para vivir, *Il faut de l'argent pour vivre*.
Necesito dinero para viajar, *J'ai besoin d'argent pour voyager*.
Me hace falta dinero para viajar, *Il me faut de l'argent pour voyager*.
Hace falta peut être au pluriel si la phrase l'exige :
Hacen falta amigos en la vida, *Il faut des amis dans la vie*.
Il peut aussi introduire une subordonnée au subjonctif :
¿Hace falta que te ayude?, *Il faut que je t'aide ?*

5 *Por* et *para*

Les prépositions **por** et **para** ne recoupent pas les usages de *pour* et *par* : elles sont donc traditionnellement – si on a le français en tête – à la source de nombreux gallicismes. Le principe d'assimilation intuitive de notre méthode vous a permis de les découvrir en situation, comme un petit Espagnol qui apprend sa propre langue, et vous avez ainsi, sans y prêter attention, fait le tour d'une épineuse question. Faisons maintenant le tableau de ces usages en reprenant les phrases vues.

5.1 Emplois de *por*

Por s'emploie tout d'abord dans une série de locutions toutes faites : **por favor**, *s'il vous plaît* ; **por cierto**, *d'ailleurs* ; **por supuesto**, *bien sûr*. Nous en découvrirons d'autres au fil de cet ouvrage.

Cette préposition intervient aussi dans un certain nombre de locutions temporelles : **por la mañana**, *le matin* ; **por la tarde**, *l'après-midi*.

Por porte enfin l'idée de cause et d'explication. Nous avons par exemple vu dans un dialogue la phrase **¿Qué quieres por tu cumpleaños?**, *Que veux-tu pour ton anniversaire ?* L'idée exprimée est : que veux-tu parce que c'est / à l'occasion de ton anniversaire ? Même chose, dans cette série, à propos de **Vengo por el anuncio**, *Je viens pour l'annonce*. C'est l'annonce qui fait que je viens, c'est à cause d'elle. On retrouve cette valeur causale et explicative dans **por pasión**, *par passion*, et dans la locution **por eso** :

Por eso he contestado al anuncio, *C'est pour ça que j'ai répondu à l'annonce*.

5.2 Emplois de *para*

Para intervient aussi dans des locutions à valeur temporelle :
para el sábado, *pour samedi* ;
¿Cuánto falta para el albergue?, *Combien manque-t-il pour le refuge ?*
Le point de vue s'exprime au moyen de **para** :
Es demasiado caro para mí, *C'est trop cher pour moi*.
Pour dire le but et l'attribution (le destinataire ou bénéficiaire d'une action par exemple), on passe par la préposition **para** :
para parecer seria, *pour paraître sérieuse*
para una encuesta, *pour une enquête* (dans le but de la faire)
Para eso hay que ser deportista, *Pour ça il faut être sportif*.
Es bueno para la salud, *C'est bon pour la santé*.

6 Les adjectifs possessifs

La leçon 21 vous a offert une petite révision portant sur les adjectifs possessifs associés aux trois premières personnes : **mi(s)**, **tu(s)**, **su(s)**. Complétons cette approche.

Contrairement au français, les possessifs correspondant aux deux premières personnes du pluriel (**nuestro**, *notre* et **vuestro**, *votre*) ont une forme masculine et une féminine :
nuestro barrio, *notre quartier*
vuestra tienda, *votre boutique*
nuestros clientes, *nos clients*
vuestras vendedoras, *vos vendeuses*
À la 3e personne du pluriel, **su** équivaut à *leur* (un seul élément possédé) et **sus** à *leurs* (plusieurs éléments possédés) :
Quieren mucho a su padre, *Ils aiment beaucoup leur père*.
Salen mucho con sus amigos, *Ils sortent beaucoup avec leurs amis*.
Le vouvoiement de politesse passant par la 3e personne, distinguez donc bien :
Son vuestros zapatos, *Ce sont vos chaussures* (2e personne du pluriel → vous tutoyez vos interlocuteurs)
Son sus zapatos, *Ce sont vos chaussures* (3e personne → vous vouvoyez votre ou vos intelocuteurs).

Diálogo de repaso

1 – Es para una encuesta, ¿me puede dedicar unos minutos?
2 – Con mucho gusto, me encanta que me hagan preguntas. Siéntese por favor.
3 – Ante todo, ¿qué edad tiene y cuál es su profesión?
4 – Soy jubilada, acabo de cumplir setenta años.
5 – Bien, dígame, ¿suele usted comprar ropa en internet?
6 – En absoluto, prefiero ir a una tienda y que me aconsejen, sin prisa.
7 – ¿Compra usted a menudo deportivas?
8 – Sí, por supuesto, muy a menudo : lo mío es precisamente llevar ropa joven, camisetas y vaqueros.
9 Además soy muy aficionada al senderismo y sueño con ir a Santiago, a pie y con una mochila.

10 Estoy harta de la ciudad y del móvil, joven. ¡Venga conmigo, va a ver qué bonito es el campo!
11 – Mire, no creo que sea capaz… Estoy demasiado gordo y me cuesta trabajo hasta subir la escalera.
12 – ¡No sea vago, hombre, necesita hacer un poco de ejercicio!
13 – Sí, tal vez tenga razón…

Traduction

1 C'est pour une enquête, pouvez-vous me consacrer quelques minutes ? **2** Très volontiers ! J'adore qu'on me pose des questions. Asseyez-vous, s'il vous plaît. **3** Avant tout, quel âge avez-vous et

Lección cuarenta y tres

Redes sociales

1 – ¿Me **pres**tas un bo**lí**grafo, **por**fa [1]?
2 – ¿Y **pa**ra qué **quie**res tú un **bo**li [1]?
3 – Pues **pa**ra escri**bir u**na pos**tal**.
4 – ¿**Pe**ro **si**gues escri**bien**do [2] **car**tas?
5 Ir al es**tan**co a com**prar** un **se**llo, **lue**go ir por [3] un **so**bre a la papele**rí**a,
6 des**pués** encon**trar** un bu**zón** o ir a Co**rre**os [4]… ¡Qué **ro**llo [5]!
7 Yo ya no es**cri**bo **car**tas, **pe**ro me **pa**so el **dí**a man**dan**do men**sa**jes a mis a**mi**gos.
8 La ven**ta**ja es que a**sí siem**pre estamos **jun**tos, ¡y si **pa**sa **al**go nos ente**ra**mos [6] ense**gui**da!
9 Es**pe**ra, a**ca**bo de reci**bir** un men**sa**je…

quelle est votre profession ? **4** Je suis retraitée, je viens d'avoir soixante-dix ans. **5** Bien, dites-moi, avez-vous l'habitude d'acheter des vêtements sur Internet ? **6** Pas du tout, je préfère aller dans un magasin et qu'on me conseille, sans hâte. **7** Achetez-vous souvent des baskets ? **8** Oui, bien sûr, très souvent : ce que j'aime, c'est justement porter des habits jeunes, des tee-shirts et des jeans. **9** De plus, je suis très amatrice de randonnée et je rêve d'aller à Saint-Jacques, à pied et avec un sac à dos. **10** J'en ai assez de la ville et du portable, jeune homme. Venez avec moi, vous allez voir comme la campagne est jolie ! **11** Écoutez, je ne crois pas que je sois capable... Je suis trop gros et j'ai du mal même à monter l'escalier. **12** Ne soyez pas paresseux, allons, vous avez besoin de faire un peu d'exercice ! **13** Oui, vous avez peut-être raison...

Leçon quarante-trois

Réseaux sociaux

1 – Tu me prêtes un stylo, s'il te plaît ?
2 – Et pourquoi *(pour quoi)* veux-tu un stylo, toi ?
3 – Eh bien pour écrire une carte postale.
4 – Mais tu écris encore *(continues écrivant)* des lettres ?
5 Aller au bureau de tabac pour *(à)* acheter un timbre, ensuite aller chercher *(aller pour)* une *(un)* enveloppe à la papeterie,
6 après trouver une *(un)* boîte aux lettres ou aller à la Poste... Quelle barbe *(rouleau)* !
7 Moi je n'écris plus de lettres mais je *(me)* passe ma journée *(le jour)* à envoyer *(envoyant)* [des] messages à mes amis.
8 L'avantage, c'est que comme ça nous sommes toujours ensemble, et s'il arrive quelque chose nous sommes au courant tout de suite !
9 Attends, je viens *(je finis)* de recevoir un message...

10 ¡Ja ja ja, es un compañero de la **u**ni [1], que me ha man**d**a**d**o un **chis**te muy gra**cio**so!

11 – **O**ye, **di**me **u**na **co**sa... Y **cuan**do no existían [7] las **r**e**d**es so**cia**les, ¿tú qué ha**cí**as [7]?

Prononciation

Ré**d**éss so**Z**ialéss **1** ... p**R**éstass... bo**l**ig**R**afo **2** ... **bo**li **3** ... postal **4** ... ca**R**tass **5** ... ésta'nco... **sé**lyo... so**bR**é... papélé**R**ia **6** ... bou**Z**o'n... co**R**éoss... **R**olyo **7** ... és**cR**ibo... ma'n**d**a'n**d**o... **8** ... bé'nta**H**a... **H**ou'ntoss... é'nté**R**amoss... é'nségui**d**a **10** Ha Ha Ha... co'mpagné**R**o... **ou**ni... **tchis**té... g**R**a**Z**iosso **11** oïé... éksistia'n... a**Z**iass

Notes

1 Nous abordons dans cette leçon quelques éléments de la langue familière, omniprésente dans la conversation courante en espagnol. **Boli** est par exemple l'abréviation usuelle de **bolígrafo**, de même que **uni** remplace fréquemment **universidad**, *université*, dans la bouche des étudiants, quand ils parlent de *"la fac"* (le lieu où ils se rendent pour suivre les cours). Mais il y en a bien d'autres encore ! **Peli** pour **película** ou **bici** pour **bicicleta**, par exemple, sans parler du très courant **porfa** (en un seul mot contracté) à la place de **por favor**, *s'il vous* (ou *te*) *plaît*. En langage SMS, la transcription en sera **xfa**, le × de la multiplication se lisant **por** : 3 × 2, **tres por dos**, *trois fois deux*.

2 Vous retrouvez ici la périphrase exprimant la continuité d'une action (**seguir** + gérondif). La même idée aurait pu se rendre par l'adverbe **todavía** : ¿**Todavía escribes cartas?**, *Tu écris encore des lettres ?*

3 **ir**, *aller*, se construit usuellement avec la préposition **a** : **Voy a comer**, *Je vais manger*. On peut aussi le trouver associé à **por**, suivi dans ce cas d'un nom ; il prend alors le sens de "aller chercher" : **Voy por pan**, *Je vais chercher du pain* ; **Ve por el niño**, *Va chercher le petit*.

4 **Correos**, au pluriel, avec une majuscule et sans article, désigne *La Poste*. Le logotype de l'institution, sur fond jaune, représente une couronne surmontant un cor postal, jadis utilisé pour signaler l'arrivée du courrier.

10 Ah, ah, ah, c'est un camarade de la fac qui m'a envoyé une *(un)* blague très drôle !
11 – Eh *(Entends)*, dis-moi une chose… Et quand les réseaux sociaux n'existaient pas, tu faisais quoi ?

Remarques de prononciation
(8) Redisons-le, car l'erreur est fréquente, le groupe **gui** se prononce *[gui]* et non *[goui]*.
(11) La terminaison des verbes à l'imparfait en **-er** et en **-ir** comporte un accent tonique sur le **-í**, à bien marquer.

5 rollo, littéralement *rouleau*, est un mot très courant dans la langue familière, où il peut prendre des sens assez divers. Il renvoie tout d'abord, comme dans le dialogue, à quelque chose de déplaisant et de pénible ; on dira ainsi ¡Qué rollo!, *Quel navet !*, à propos d'un mauvais film. Il peut aussi évoquer l'idée de mensonge : **Déjate de rollos**, *Arrête tes salades*. Dans un autre registre et associé aux adjectifs **buen** et **mal**, il désigne la sympathie ou l'antipathie : **Tengo buen rollo con Miguel**, *Je m'entends bien avec Miguel* ; **Aquí hay buen rollo**, *C'est cool ici* ; **Aquí hay mal rollo**, *Ça craint, ici*. Enfin, aux limites de l'argot (bien utile pour les sujets plus brûlants), **tener un rollo con** signifie *sortir avec (qqn)*.

6 Le verbe *apprendre* se rend en espagnol de deux façons, selon que vous recevez ou donnez les connaissances : **aprender** (Estoy aprendiendo español, *Je suis en train d'apprendre l'espagnol*) ou **enseñar** (Enséñame a hablar español, *Apprends-moi à parler espagnol*). Il existe une troisième façon de traduire *apprendre*, lorsque ce verbe prend le sens de "être informé", comme dans le dialogue. On utilise alors **enterarse (de)** : Me he enterado de lo que ha pasado, *J'ai appris ce qui s'est passé*. Retenez aussi, sur un ton de reproche : ¡No te enteras!, *Tu ne comprends rien !*

7 Cette série de leçons va vous permettre de découvrir l'imparfait de l'indicatif espagnol. Ses usages courants sont pratiquement les mêmes qu'en français et sa formation est assez simple. Les verbes en **-er** et en **-ir**, par exemple, ont les mêmes terminaisons, en **-ía** : **existía**, *j'existais* ; **existías**, *tu existais* ; **existía**, *il existait* ; **hacíamos**, *nous faisions* ; **hacíais**, *vous faisiez* ; **hacían**, *ils faisaient*.

Ejercicio 1 – Traduzca

❶ Cuando no existían las redes sociales, la gente escribía cartas y mandaba postales. ❷ Acabo de recibir un mensaje muy gracioso de un compañero de la uni. ❸ Qué rollo : no hay ningún buzón por aquí y voy a tener que ir hasta Correos. ❹ ¿Qué hacías en el estanco? ❺ Quería comprar un bolígrafo pero ya no tenían.

***

Ejercicio 2 – Complete

❶ Tu me prêtes un stylo pour noter ton numéro de portable, s'il te plaît ?
¿Me . . . . un . . . . para . . . . tu número de . . . . . , ... ?

❷ Va chercher une enveloppe à la papeterie.
. . . . . un . . . . . a la . . . .

❸ Il n'y a plus de timbres au bureau de tabac : tu vas devoir aller à la Poste.
. . . . hay . . . . . . en el . . . . : vas a tener que ir a . . . .

Lección cuarenta y cuatro

Chistes de Lepe

1 – ¡Mi**guel**, me a**le**gro de **ver**te!
2 – **An**da ¹, Ge**rar**do, **cuán**to **tiem**po… Te **ve**o fenome**nal**.
3 – Y yo a ti te **no**to **ca**ra **tris**te…
4 – Es**toy** regular, sí. **An**do ¹ desani**ma**do.
5 – ¡**Ven**ga, **hom**bre, te voy a con**tar** un **chis**te!

Corrigé de l'exercice 1

❶ Quand les réseaux sociaux n'existaient pas, les gens écrivaient des lettres et envoyaient des cartes postales. ❷ Je viens de recevoir un message très drôle d'un camarade de la fac. ❸ Quelle barbe : il n'y a aucune boîte aux lettres par ici et je vais devoir aller jusqu'à la Poste. ❹ Que faisais-tu au bureau de tabac ? ❺ Je voulais acheter un stylo mais ils n'en avaient plus.

***

❹ L'avantage du portable, c'est que s'il m'arrive quelque chose, j'envoie un message et mes amis l'apprennent tout de suite.
La . . . . del móvil es que si me pasa algo, ... un . . . . y mis amigos . . . .

❺ Quand ils ne sont pas ensemble, mes camarades passent leur temps à s'envoyer des blagues.
Cuando no están . . . . . . , mis compañeros . . . . el tiempo . . . .

Corrigé de l'exercice 2

❶ – prestas – boli – apuntar – móvil, porfa ❷ Ve por – sobre – papelería ❸ Ya no – sellos – estanco – Correos ❹ – ventaja – mando – mensaje – se enteran enseguida ❺ – juntos – se pasan – mandándose chistes

---

Leçon quarante-quatre

Blagues de Lepe

1 – Miguel, je suis content de te voir !
2 – Tiens *(Marche)*, Gerardo, ça fait longtemps *(combien temps)*... Tu m'as l'air en pleine forme *(je te vois phénoménal)*.
3 – Et moi je te sens *(Je te remarque visage)* triste...
4 – Je vais comme ci comme ça *(Suis régulier)*, oui. Je suis *(marche)* démoralisé [en ce moment].
5 – Allez *(Vienne)*, je vais te raconter une blague !

ciento ochenta y ocho

6 – No, por favor, es inútil. No estoy para ² chistes.
7 – Es buenísimo, escucha : cae una avioneta en el cementerio de Lepe. Ya han recuperado setecientos cuerpos.
8 ¡Ja, ja, ja, a que ³ tiene gracia!
9 – Pues no, no me hace ninguna gracia.
10 – Tengo otro, espera. Suicidio en Lepe : mata a su hermano gemelo. ¡Ja ja, ja, al hermano gemelo, qué tonto!
11 – Oye, Gerardo, ¿por qué no te callas?
12 – Bueno, veo que no estás de buen humor, te dejo.
13 – Eso, ¡hasta luego!

Prononciation
2 a'nda Hérardo... fénoménal 3 ... noto... 4 ... a'ndo déssanimado 5 ... co'ntar... tchisté 7 ... ésscoutcha... caé... abionéta... Zémé'ntério... lépé... Récoupérado... couérposs 10 ... souiZidio... mata... Hémélo... to'nto 11 ... calyass 12 boué'n oumor

Remarque de prononciation
(1) Essayez de donner de l'expressivité aux phrases qui s'y prêtent, en rendant par exemple ici le mélange de joie et de surprise.

Notes

1 **andar** signifie au sens premier *marcher* : *ando, je marche*. Mais, sous la forme **¡anda!**, il devient une locution qui peut exprimer un encouragement (**¡Anda, ven conmigo!**, *Allez, viens avec moi !*) ou une surprise (**¡Anda, tú por aquí!**, *Tiens donc, toi par ici !*). **Andar** s'utilise également comme semi-auxiliaire, à la place de **estar** : **Ando desanimado**, *Je suis démoralisé*. On pourrait aussi dire **estoy desanimado**, mais **andar** ajoute une nuance d'actualité, que l'on pourrait rendre par *dernièrement*, ou *en ce moment*.

2 **estar para** permet d'exprimer la disposition physique ou mentale dans laquelle on se trouve. La traduction dépend donc pour beaucoup du

Leçon quarante-quatre / 44

6 – Non, s'il te plaît, c'est inutile. Je ne suis pas d'humeur blagueuse *(pour blagues)*.

7 – Elle est très bonne, écoute : un petit avion s'écrase sur *(tombe dans)* le cimetière de Lepe. On a *(ils ont)* déjà récupéré sept cents corps.

8 Ha, ha, ha ! Elle est drôle *(a [de la] drôlerie)*, pas vrai ?

9 – Eh bien non, elle ne m'amuse pas du tout *(ne me fait aucune drôlerie)*.

10 – J'[en] ai [une] autre, attends. Suicide à *(dans)* Lepe : il tue son frère jumeau. Ha, ha, ha, *(à)* son frère jumeau, qu'il *(que)* [est] bête !

11 – Écoute *(Entends)*, Gerardo, pourquoi [est-ce que] tu ne te tais pas ?

12 – Bon, je vois que tu n'es pas de bonne *(bon)* humeur, je te laisse.

13 – [C'est] ça, à tout à l'heure *(jusqu'à ensuite)* !

contexte : **No estoy para viajes**, *Je ne suis pas trop en état de (ou d'humeur à) voyager*.

3 **a que...** + verbe est une locution qui permet en général de prendre à témoin l'interlocuteur. Tout dépend ensuite à nouveau du ton de la phrase et de la situation. On peut par exemple l'utiliser comme dans le dialogue pour obtenir l'acquiescement de la personne : **A que tiene gracia**, *C'est drôle, pas vrai ?* ; **A que tengo razón**, *J'ai raison, non ?* Mais nous verrons d'autres cas chemin faisant, à mesure que nous irons plus avant dans notre approche de la langue orale.

Ejercicio 1 – Traduzca

❶ ¡Cuánto tiempo, me alegro de verte! ❷ Yo estoy fenomenal pero a ti te veo desanimado. ❸ Te noto cara triste : ¿te pasa algo? ❹ Ando regular, sí, y no estoy para chistes : ¡hasta luego! ❺ Tus chistes no tienen gracia : ¿por qué no te callas?

***

Ejercicio 2 – Complete

❶ Ça alors, quelle surprise, Miguel est de bonne humeur !
¡...., qué ...., Miguel .... de ....!

❷ Les blagues qui parlent de suicides et de cimetières ne m'amusent pas du tout.
Los .... que hablan de .... y .... no me ....

❸ Qu'il est bête : il a tué son frère jumeau !
¡Qué ..... es : .... a su hermano ......!

❹ Fais attention à cet escalier : si tu tombes, tu peux te tuer.
Ten .... con esta escalera : si .... te puedes ......

❺ Il est plus beau de visage que de corps.
Es más ..... de .... que de ....

Lección cuarenta y cinco

En el cíber

1 – Los ar**chi**vos es**tán** en la car**pe**ta "**fo**tos".
2 – Sí los **ve**o, se los im**pri**mo ense**gui**da.
3   ¡Oh, per**dón**, los he bo**rra**do en vez de impri**mir**los!
4 – **Va**ya [1], pues **me**nos mal que los **ten**go en el co**rre**o. ¿Me da un e**qui**po **pa**ra que los recu**pe**re?
5 – Si, **pón**gase en el 4.
6 – **Oi**ga, el ordena**dor** no se en**cien**de.

Corrigé de l'exercice 1

❶ Ça fait longtemps, je suis content de te voir ! ❷ Moi je suis en pleine forme mais toi, tu m'as l'air démoralisé. ❸ Je te sens triste : il t'arrive quelque chose ? ❹ Je vais comme ci comme ça en ce moment, oui, et je ne suis pas d'humeur blagueuse : à bientôt ! ❺ Tes blagues ne sont pas drôles : pourquoi est-ce que tu ne te tais pas ?

***

Corrigé de l'exercice 2

❶ Anda – sorpresa – está – buen humor ❷ – chistes – suicidios – cementerios – hacen ninguna gracia ❸ – tonto – ha matado – gemelo ❹ – cuidado – caes – matar ❺ – guapo – cara – cuerpo

***

*Chaque pays a sa propre "culture de la blague", mais celle-ci – sociabilité aidant – est en Espagne particulièrement vivace : lors d'une sortie entre amis, vous avez ainsi peu de chances d'échapper au blagueur de service et à ses **chistes**. La commune de **Lepe**, dans la province de Huelva en Andalousie occidentale, fournit malgré elle une inépuisable source d'inspiration : ce sont les célèbres **chistes de Lepe**, qui prennent rituellement pour cible la bêtise supposée de ses habitants.*

Leçon quarante-cinq

Au cybercafé *(Dans le cyber)*

1 – Les fichiers sont dans le dossier "photos".
2 – Oui, je les vois, je vous les imprime tout de suite.
3   Oh, pardon, je les ai effacés au lieu de les imprimer !
4 – Allons bon *(Aille)*, eh bien heureusement que *(moins mal que)* je les ai dans mon *(le)* courrier. Vous me donnez un poste pour que je les récupère ?
5 – Oui, mettez-vous sur *(dans)* le 4.
6 – Dites *(Écoutez)*, l'ordinateur ne s'allume pas.

45 / Lección cuarenta y cinco

7 – ¿Ah? **Co**ja el 6.
8 – Y el te**cla**do de **es**te no fun**cio**na.
9 – Qué **ra**ro, **va**ya al e**qui**po 8.
10 – **Mi**re, ya está bien, de**vuél**vame el pen y me voy.
11 – **Co**mo usted **quie**ra, son dos con cin**cuen**ta [2].
12 – ¿Y en**ci**ma **quie**re co**brar**? ¡**Pe**ro qué **ca**ra **du**ra [3]!
13 – No se **pon**ga ner**vio**so [4]. ¡Es **pa**ra la **cá**mara o**cul**ta!

Prononciation

*Zibe*R *1... a*R*tchiboss... ca*R*péta... 2 ... i'mp*R*imo... 3 ... bo*R*ado... 4 ... équipo... 6 ... o*R*dénado*R*... é'n*Z*ié'n*dé 8 ... téclado... fou'n*Z*iona 9 ... *R*a*R*o... 10 ... débouélbamé... pé'n... 12 ... dou*R*a 13 ... né*R*biosso... camaRa ocoulta*

Remarques de prononciation

(Titre) Encore une fois, ne vous laissez pas tromper par la prononciation française : *cíber*, *cybercafé*, porte l'accent tonique sur la première syllabe.
(5), (10), (13) Marquez bien l'accent tonique sur les mots **esdrújulos** : *póngase, devuélvame, cámara*.

Notes

1 Continuons notre découverte des petites formules idiomatiques qui truffent la conversation courante et lui donnent son expressivité. Voici **vaya**, littéralement "aille", subjonctif présent de *ir*, qui sert souvent de support à une exclamation : *¡Vaya ordenador!*, *Quel ordinateur !* Employé seul, son sens se nuance selon le ton et le contexte : *¡Vaya!* peut ainsi exprimer la surprise (*Ça alors !*) ou, comme dans le dialogue, la contrariété (*Allons bon !*).

***

Ejercicio 1 – Traduzca

❶ Menos mal que tengo también los archivos en el pen. ❷ Una vez imprimida, ¿puedo borrar la carpeta? ❸ Qué raro, el teclado no funciona. ❹ Este ordenador no se enciende : póngase en otro equipo. ❺ No te pongas nervioso, conozco otro cíber mejor que este.

Leçon quarante-cinq / 45

7 – Ah ? Prenez le 6.
8 – Et le clavier de celui-ci ne fonctionne pas.
9 – Comme *(Que)* [c'est] bizarre, allez sur le *(au)* poste 8.
10 – Écoutez *(Regardez)*, ça suffit *(c'est déjà bien)*, rendez-moi ma *(le)* clé et je m'[en] vais.
11 – Comme vous voudrez *(veuille)*, c'est *(ce sont)* deux *(avec)* cinquante.
12 – Et en plus vous voulez me faire payer *(m'encaisser)* ? Mais quel culot *(visage dur)* !
13 – Ne vous énervez pas *(mettiez pas nerveux)*. C'est pour la caméra cachée !

2 Vous connaissez le mot **euro** ; retenez également le terme **céntimo**, *centime*, même si dans la pratique il est souvent sous-entendu ; on pourra dire une somme contenant des centimes comme en français (**dos cincuenta**, ou **dos euros cincuenta**) mais sachez que l'espagnol intercale souvent la conjonction **con** (**dos con cincuenta**, *deux avec cinquante*).

3 **la cara dura**, "le visage dur", désigne de façon imagée *le culot* : **Tiene cara dura**, *Il est gonflé*. Avec un sens identique, on peut trouver l'expression en un seul mot (**es un caradura**) ou sous forme abrégée (**es un cara, tiene mucha cara**).

4 Pour rendre compte d'une transformation passagère (physique ou psychologique), l'espagnol recourt souvent au verbe **ponerse**, *se mettre*, au sens de *devenir* : **Se pone triste**, *Il devient triste* ; **Me pongo nervioso**, *Je m'énerve* ; **Te pones colorado**, *Tu rougis*.

***

Corrigé de l'exercice 1
❶ Heureusement que j'ai aussi les fichiers sur la clé USB. ❷ Une fois imprimé, je peux effacer le dossier ? ❸ Comme c'est bizarre, le clavier ne fonctionne pas. ❹ Cet ordinateur ne s'allume pas : mettez-vous sur un autre poste. ❺ Ne t'énerve pas, je connais un autre cybercafé meilleur que celui-ci.

Ejercicio 2 – Complete

❶ Comme tu voudras : c'est quatre euros soixante.
Como . . . . : . . . cuatro . . . .

❷ Quel culot ! Et en plus tu veux me faire payer ?
¡Qué . . . . ! ¿Y . . . . . . me quieres . . . . . . ?

❸ Ça suffit, rendez-moi mon argent et je m'en vais.
. . . . . . bien, ... el . . . . . . y me voy.

❹ Pardon, j'ai effacé votre fichier au lieu de l'imprimer.
Perdón, ... su . . . . en . . . de . . . .

❺ Allons bon, eh bien heureusement que c'est pour la caméra cachée !
¡. . . . , pues . . . . que es para la . . . . . . oculta!

Lección cuarenta y seis

¡Policía! [1]

1 – ¡**Ven**go a po**ner** una de**nun**cia!
2 – ¿Qué le ha pa**sa**do [2]?
3 – ¡Me a**ca**ban de ro**bar** el **bol**so!
4   Lo te**ní**a **to**do **den**tro, mi **vi**da en**te**ra : el DNI, las **lla**ves, la car**te**ra, las **ga**fas de sol, la **ba**rra [3] de **la**bios…
5 – ¿Ha **vis**to al la**drón**? ¿**Pue**de de**cir có**mo **e**ra [4]?
6 – **I**ba [4] en **mo**to, lle**va**ba un **chán**dal y depor**ti**vas…
7   Te**ní**a el **pe**lo **lar**go, a**ni**llos en los **de**dos y un ta**tua**je en el **bra**zo que de**cí**a "A**mor** de **ma**dre".
8 – ¿**Al**go más?

Corrigé de l'exercice 2

❶ – quieras – son – con sesenta ❷ – cara dura – encima – cobrar ❸ Ya está – devuélvame – dinero – ❹ – he borrado – archivo – vez – imprimirlo ❺ Vaya – menos mal – cámara –

L'espagnol est en général moins ouvert aux anglicismes que le français, mais il adopte souvent sans trop de réticence ceux qui concernent l'informatique. Nous l'avons vu dans le dialogue, une clé USB se dira couramment **pen***, ou* **pendrive***, et on parlera de même de* **tablet** *ou de* **mail***. L'espagnol péninsulaire n'a pas pour autant rendu les armes devant le "ciberspanglish" (mélange d'espagnol et d'anglais appliqué à l'informatique), très fréquent dans le monde hispano-américain : en Espagne, on dit ainsi* **imprimir** *et non pas "printear",* **bajarse música***, télécharger de la musique, et non "downlodear"... Quant à la souris, elle s'appelle comme le petit rongeur,* **el ratón***, et pas "el mouse" [***ma****ouss] comme vous l'entendrez peut-être nommer si vous résidez au Mexique.*

Leçon quarante-six

46

Police !

1 – Je viens porter plainte *(poser une dénonciation)*.
2 – Que vous est-il *(a)* arrivé ?
3 – On vient *(ils viennent)* de me voler mon *(le)* sac !
4   Je l'avais *(Le avais)* tout dedans, ma vie entière : ma *(le)* carte d'identité, mes *(les)* clés, mon *(le)* portefeuille, mes *(les)* lunettes de soleil, mon *(le)* rouge *(barre)* à *(de)* lèvres…
5 – Vous avez vu le voleur ? Vous pouvez dire comment il était ?
6 – Il était à *(Allait en)* moto, il portait un survêtement et [des] baskets…
7   Il avait les cheveux longs *(le cheveu long)*, [des] bagues aux *(dans les)* doigts et sur *(dans)* le bras un tatouage qui disait "Maman, je t'aime" *(Amour de mère)*.
8 – Autre chose *(Quelque-chose plus)* ?

ciento noventa y seis • 196

9 – Sí, también quería denunciar que me han robado el perro esta mañana...
10 – ¡Pues vaya día, señora! Ponga sus datos, la fecha ⁵ y firme aquí.
11 – ¿A qué día estamos? ⁶
12 – Hoy es martes 13 de mayo. ⁶
13 – Debe de ⁷ ser por eso...

Prononciation
poliZia 1 ... dénou'nZia 3 ... RobaR... bolso 4 ... ténia... dé'ntRo... e'ntéRa... dé éné i... lyabéss... caRtéRa... gafass... baRa... labiosss 5 ... ladRo'n... éRa 6 iba... lyébaba... tcha'ndal... 7 ténia... pélo laRgo anilyoss... dédoss... déZia amoR... 9 ... quéRia dénou'nZiaR... a'n... 10 ... datoss... fétcha... fiRmé

Remarques de prononciation
(4) El Documento Nacional de Identidad, *la carte d'identité*, est usuellement connu sous le sigle **DNI**, *[dé éné i]*
(4), (7), (9) Rappelez-vous que les verbes en **-er** et **-ir** à l'imparfait sont accentués sur le **-í** : **tenía, quería, decían**.

Notes

1. **La policía** désigne corporativement *la police*, mais le même terme s'utilise aussi pour parler d'un policier, au masculin du coup : **Conozco a un policía**, *Je connais un policier*. Si on parle d'*une policière*, rien ne s'oppose en principe à ce qu'on dise **una policía** ; mais l'ambiguïté possible fera qu'on dise plutôt **una agente de policía**.

2. Comme vous le savez, le passé composé espagnol se construit toujours avec l'auxiliaire avoir, contrairement au français : **Me ha pasado algo**, *Il m'est arrivé quelque chose*.

3. Dans **barra de labios**, le mot **barra** se traduira par *rouge*, mais ce terme désigne, dans son premier sens et génériquement, une *barre*. Il servira par exemple aussi pour désigner le pain, dans sa présentation la plus courante (plus courte en Espagne que la baguette française), **Dame una barra de pan**, *Donne-moi un pain*.

4. Continuons notre découverte progressive de l'imparfait de l'indicatif. Vous savez déjà reconnaître la conjugaison des verbes en **-er** et en **-ir** à

Leçon quarante-six / 46

9 – Oui, je voulais aussi déclarer *(dénoncer)* qu'on m'a *(ils m'ont)* volé mon *(le)* chien ce matin...
10 – Eh bien quelle *(aille)* journée, madame ! Mettez vos informations personnelles, la date et signez ici.
11 – *(À)* Quel jour sommes-nous ?
12 – Aujourd'hui, nous sommes *(est)* mardi 13 *(de)* mai.
13 – Ça doit *(de)* être pour ça...

la terminaison en **-ía** ; voici à présent deux verbes irréguliers à l'imparfait (rassurez-vous, il n'y en a que trois au total !) : **ir** (**iba, ibas, iba,** etc.) et **ser** (**era, eras, era,** etc.).

5 **un dato** signifie *une donnée* : **Es un dato muy importante,** *C'est une donnée très importante.* On peut l'utiliser, comme en français, à propos d'informatique : **Un virus ha borrado todos sus datos,** *Un virus a effacé toutes vos données.* Au pluriel, **los datos** désigne aussi généralement *les informations personnelles* : **Necesito sus datos bancarios,** *J'ai besoin de vos coordonnées bancaires.* Gare au faux-ami en tout cas : **dato** ne signifie pas *la date*, que se dit **la fecha** (vue en leçon 30).

6 Il y a deux façons de dire la date en espagnol, avec **ser** et avec **estar**. Dans le premier cas, vous déclarez simplement le jour : **Hoy es martes,** *Aujourd'hui c'est mardi.* Une autre possibilité consiste à vous situer par rapport à la date ; vous utilisez alors **estar** conjugué suivi de la préposition **a** et de la date concernée : **Estamos a diez de marzo,** *Nous sommes le dix mars.* Sous forme interrogative, vous pouvez donc poser deux questions : **¿Qué día es hoy?** ou **¿A qué día estamos?**

7 Vous connaissez **deber**, *devoir*, qui permet comme en français d'exprimer l'obligation : **Debo estudiar,** *Je dois étudier.* Mais lorsqu'il rend une probabilité et non pas une obligation, devoir devient en espagnol **deber de** : **Deben de ser las diez,** *Il doit être dix heures* ; **Debe de ser por eso,** *Ça doit être pour ça.*

ciento noventa y ocho • 198

Ejercicio 1 – Traduzca

❶ Quiero poner una denuncia : me han robado el bolso.
❷ Menos mal que no tenía nada importante dentro, solo la barra de labios. ❸ No he visto al ladrón y no puedo decir cómo era. ❹ Tenía el pelo largo y llevaba un chándal.
❺ ¡Vaya día! Debe de ser porque estamos a martes trece.

***

Ejercicio 2 – Complete

❶ On vient de me voler mes clés, ma carte d'identité et mon portefeuille.
   Me . . . . . . de . . . . . las . . . . . . , el . . . y la . . . .

❷ Le voleur était à moto, il portait des lunettes de soleil et il avait des bagues aux doigts.
   El ladrón . . . en moto, ... de sol
   y . . . . en los . . . . . .

❸ Quel jour sommes-nous aujourd'hui ?
   ¿. . . . día . . . . hoy?

❹ Écrivez vos informations personnelles, mettez la date et signez votre plainte.
   . . . . sus . . . . . , ... la . . . . . y . . . . . su denuncia.

47 Lección cuarenta y siete

Tortilla deconstruida

1 – Han a**bier**to **o**tra hambuergue**rí**a [1] en el **ba**rrio.
2 – Sí. Van ce**rran**do [2] los restau**ran**tes de **to**da la **vi**da...
3 – ¿Te a**cuer**das de a**quel** [3] que ha**bí**a [4] de**trás** del Ayunta**mien**to?
4 Po**dí**as co**mer** un pri**me**ro, un se**gun**do [5], **pos**tre, pan y **vi**no por **me**nos de diez **eu**ros.
5 **Da**ban [6] len**te**jas los **lu**nes [7], co**ci**do los **mar**tes...

Leçon quarante-sept / 47

Corrigé de l'exercice 1
❶ Je veux porter plainte : on m'a volé mon sac. ❷ Heureusement que je n'avais rien d'important dedans, seulement mon rouge à lèvres. ❸ Je n'ai pas vu le voleur et je ne peux pas dire comment il était. ❹ Il avait les cheveux longs et il portait un survêtement. ❺ Quelle journée ! Ça doit être parce que nous sommes mardi treize.

***

❺ Je voulais porter plainte : on m'a volé mon chien.
 . . . . una denuncia : me . . . . el perro.

Corrigé de l'exercice 2
❶ – acaban – robar – llaves – DNI – cartera ❷ – iba – llevaba gafas – tenía anillos – dedos ❸ A qué – estamos – ❹ Escriba – datos, ponga – fecha – firme – ❺ Quería poner – han robado –

Le jour de la crucifixion du Christ s'ajoutant au souvenir de la dernière Cène avec ses treize convives, vendredi 13 est comme on sait un jour supposé néfaste dans bien des pays. En Grèce, dans le cône sud de l'Amérique latine et en Espagne, le jour noir n'est pas vendredi mais mardi 13 (peut-être à cause de Mars, dieu du mardi et de la guerre). Un **refrán**, *proverbe, très connu reprend cette tradition :* **Martes, ni te cases ni te embarques**, Mardi, ne te marie pas et ne prends pas le bateau.

Leçon quarante-sept

Omelette déconstruite

 1 – On a *(Ils ont)* ouvert [un] autre fast-food dans le quartier.
 2 – Oui. Les restaurants traditionnels *(de toute la vie)* ferment peu à peu *(vont fermant)*…
 3 – Tu te souviens de celui qu'il y avait derrière *(de)* la Mairie ?
 4 Tu pouvais manger une entrée *(un premier)*, un plat *(un second)*, dessert, pain et vin pour moins de dix euros.
 5 Ils servaient *(Donnaient)* [des] lentilles le lundi, [du] pot-au-feu le mardi…

47 / Lección cuarenta y siete

6 – **Aho**ra la **gen**te pre**fie**re co**mer** de pie, sin cu**cha**ra, cu**chi**llo ni tene**dor**.
7 – O la co**ci**na crea**ti**va, que es**tá** muy de **mo**da.
8 – ¿**Y e**so qué es?
9 – Pues, por e**jem**plo, en un **va**so pe**que**ño **po**nen un **hue**vo a**ba**jo, ce**bo**lla en **me**dio y patata a**rri**ba.
10 Se **lla**ma tor**ti**lla decons**trui**da, **cues**ta un **o**jo de la **ca**ra y te **que**das con **ham**bre. ☐

Prononciation
*déco'nstr**ui**da* **1** ... a**bié**R**to**... a'mbouRguésséRia...
2 ... ZéRa'ndo... **3** ... détRass... aïou'nta**mié'n**to **4** podiass...
postRé pa'n... **5** daba'n lé'ntéHass... lou**néss** co**Z**ido
6 ... coutchilyo... téné**dor** **7** ... co**Z**ina cRéa**ti**ba... **9** ... é**He'm**plo...
basso... oué**b**o aba**H**o **Z**é**b**olya... **mé**dio... aRiba

Notes

1 L'anglicisme **fast-food** est inusuel en espagnol : lorsqu'on veut parler de l'établissement qui distribue de la nourriture à grande vitesse, on se sert du terme **hamburguesería**. Vous reconnaissez ici la terminaison **-ería** que vous avez déjà rencontrée à la leçon 43 : **papelería**, *papeterie*. Cette désinence va vous permettre de former une bonne part des noms de commerces : **pescadería**, *poissonnerie* ; **panadería**, *boulangerie* ; **carnicería**, *boucherie* ; **librería**, *librairie* ; **quesería**, *fromagerie* ; **peluquería**, *salon de coiffure* ; **zapatería**, *magasin de chaussures*... Pour le nom des professions, il suffit dans les cas cités d'utiliser la terminaison **-ero** : **pescadero**, *poissonnier* ; **panadero**, *boulanger* ; **peluquero**, *coiffeur*, etc. Gare à **zapatero**, qui ne désigne pas un vendeur, mais le *cordonnier*.

2 Il existe plusieurs périphrases verbales au gérondif, qui permettent de rendre divers aspects de l'action. Vous connaissez déjà **estar** + gérondif (*être en train de*) et **seguir** + gérondif (*continuer à*). Voici **ir** + gérondif, qui évoque le déroulement d'un processus, avec des étapes et parfois une idée de lenteur. On pourra le rendre, en traduction, par "peu à peu" ou "commencer à" : **Los años van pasando**, *Les années passent peu à peu* ; **Me voy haciendo viejo**, *Je commence à me faire vieux*.

3 Comme vous le savez, **aquel** est le démonstratif qui permet de désigner les objets éloignés du locuteur : **aquella plaza, allí**, *cette place,*

Leçon quarante-sept / 47

6 – Maintenant les gens préfèrent manger debout, sans cuillère, couteau ni fourchette.
7 – Ou la cuisine créative, qui est très à la *(de)* mode.
8 – Et qu'est-ce que c'est, ça ?
9 – Eh bien, par exemple, dans un petit verre ils mettent un œuf en bas, [de l'] oignon au milieu et [de la] pomme de terre en haut.
10 Ça s'appelle omelette déconstruite, ça coûte les yeux *(un œil)* de la tête *(visage)* et tu restes sur ta *(avec)* faim.

là-bas. Ce qui vaut pour l'espace vaut pour le temps, et **aquel** servira donc aussi pour se référer aux choses éloignées dans le temps : **aquel restaurante**, *ce restaurant* (qui a disparu). Pour cette même raison, des locutions comme *à l'époque* ou *en ce temps-là* feront intervenir le démonstratif **aquel** : **en aquella época, en aquel tiempo**.

4 Remarquez l'imparfait de **hay**, *il y a* : **había**, *il y avait*.

5 Si vous préférez un repas structuré à l'option **tapas** et **raciones**, on vous proposera, dans un restaurant standard, **un primero**, "un premier" (pas forcément ce que l'on entend en France par entrée légère) ; puis **el segundo**, *le plat principal* (généralement de la viande ou du poisson) ; et enfin **el postre**, *le dessert*.

6 Et voici le deuxième modèle de conjugaison pour l'imparfait, celui qui concerne les verbes en **-ar**, comme **dar**, *donner* : **daba, dabas, daba, dábamos, dabais, daban**. C'est simple, tous les verbes en **-ar** suivent ce schéma : **hablaba, hablabas**, etc.

7 Pour prendre un jour de la semaine comme repère d'un événement ponctuel, on utilise l'article défini singulier : **Cenamos el jueves, ¿de acuerdo?**, *On dîne jeudi, d'accord ?*. Si on veut souligner une habitude, on se sert de l'article défini pluriel **los**, comme dans le dialogue.

doscientos dos • 202

Ejercicio 1 – Traduzca

❶ Han cerrado aquel restaurante que había detrás del Ayuntamiento. ❷ ¿Te acuerdas del cocido que daban los martes? ❸ Yo siempre pedía lentejas de primero, carne de segundo y arroz con leche de postre. ❹ Ahora la gente prefiere comer de pie en una hamburguesería. ❺ Los restaurantes de toda la vida ya no están de moda.

***

Ejercicio 2 – Complete

❶ On a ouvert un restaurant de cuisine créative qui coûte les yeux de la tête.
   .... un restaurante de ...... creativa que ...... un ... de la .....

❷ En ce temps-là, on pouvait manger pour moins de dix euros.
   En ..... tiempo .... comer .... de diez euros.

❸ Je reste toujours sur ma faim quand je vais dans un fast-food.
   Siempre .... con ...... cuando voy a una ....

❹ Pour faire une omelette déconstruite, il faut mettre l'œuf en haut, l'oignon au milieu et la pomme de terre en bas.
   .... hacer una tortilla deconstruida, ... poner el ...., la .... y la patata ......

❺ Eh bien moi je préfère du pain, un verre de vin et l'omelette de toujours.
   Pues yo ...., un .... de .... y la tortilla de ....

Leçon quarante-sept / 47

Corrigé de l'exercice 1
❶ On a fermé ce restaurant qu'il y avait derrière la Mairie. ❷ Tu te souviens du pot-au-feu qu'on servait le mardi ? ❸ Moi je demandais toujours des lentilles en entrée, de la viande en plat et du riz au lait en dessert. ❹ Maintenant les gens préfèrent manger debout dans un fast-food. ❺ Les restaurants traditionnels ne sont plus à la mode.

***

Corrigé de l'exercice 2
❶ Han abierto – cocina – cuesta – ojo – cara ❷ – aquel – se podía – por menos – ❸ – me quedo – hambre – hamburguesería ❹ Para – hay que – huevo arriba – cebolla en medio – abajo ❺ – prefiero pan – vaso – vino – toda la vida

***

La gastronomie espagnole ne se limite certes pas à la fameuse **paella**, *par ailleurs elle-même – dans sa recette traditionnelle – assez différente de celle qu'on vous servira sur les bords de mer. La paella valencienne originelle est en effet un plat de paysans, où le riz se marie aux viandes de basse-cour et aux haricots, verts et blancs. Pas de fruits de mer donc ! Outre le riz, omniprésent comme les pâtes en Italie, les plats populaires font la part belle aux légumes secs (***lentejas***, lentilles,* **alubias** *ou* **judías**, *haricots, et* **garbanzos**, *pois chiches), que l'on retrouve dans les* **platos de cuchara**, *"plats pour cuillère", autrement dit les ragoûts populaires servis en assiette creuse que vous proposeront en* **primero** *tous les restaurants de quartier. Raimon, chanteur catalan engagé, chantait sous le franquisme, sur l'air de l'Internationale :* **¡Arriba los de la cuchara, abajo los del tenedor!**, *Vive les gens de la cuillère, à bas ceux de la fourchette ! À l'opposé de ces rudes traditions, les nouveaux chefs espagnols sont parmi les plus créatifs du monde, inventeurs, dans la lignée du célèbre Ferran Adrià, de tout un univers de saveurs et de textures insolites.*

doscientos cuatro • 204

Lección cuarenta y ocho

Adictos a la pantalla

1 – **H**i**j**o **m**ío, **ll**e**v**as **h**o**r**as en el si**ll**ón **v**ien**d**o [1] la **t**ele...
2 ¿No te da ver**g**üe**n**za [2] pa**s**arte **tan**to **t**iem**p**o de**lan**te de **u**na pan**t**a**ll**a?
3 ¿No te das **cuen**ta [3] de que la **t**ele **v**uel**v**e **ton**to [4]?
4 Y lo que me pa**r**ece menti**r**a [5] es que **nun**ca **v**eas un tele**d**ia**r**io.
5 No, lo **tu**yo es la teleba**s**ura.
6 Yo **cuan**do tenía [6] tu e**d**ad leía [6] el pe**r**ió**d**ico,
7 estaba [6] enterada de lo que ocurría [6] en el **mun**do,
8 ¡luchaba [6] por mis i**d**eas!
9 – ¡Vale, ma**m**á, no me des más la **l**a**t**a! A**p**a**g**o la **t**ele. ¡Ya es**t**á! [7]
10 – ¡Por fin! ¿Y a**h**o**r**a qué vas a ha**c**er?
11 – Pues no sé... Ju**g**ar un **r**a**t**o con la con**s**o**l**a o conec**t**a**r**me al **f**acebook.
12 – Dios **m**ío, ¿**p**e**r**o qué **h**e**c**ho yo **p**a**r**a mere**c**er **es**to?

Prononciation
a**d**ic**t**oss... pa'n**t**alya 1 ... si**l**yo'n... 2 ... bé**R**goué'n**Z**a... 3 ... coué'n**t**a... 4 ... mé'nti**R**a... **b**éass... télé**d**ia**R**io 5 ... téléba**s**sou**R**a 6 ... **l**éia... pé**R**io**d**ico... 7 é'nté**R**ada... ocou**R**ia... mou'n**d**o 8 lou**t**chaba... 9 ... déss... **l**a**t**a... a**p**a**g**o... 11 ... Hou**g**a**R**... **R**a**t**o... co'n**s**o**l**a... conéc**t**a**R**mé... **f**éïs**b**ouc 12 ... mé**R**é**Z**é**R**...

Leçon quarante-huit

Accros à l'écran

1 – Mon fils, ça fait *(tu portes)* [des] heures [que tu es] dans le fauteuil à regarder *(voyant)* la télé...
2 – Tu n'as *(ça ne te donne)* pas honte [de] *(te)* passer autant de temps devant *(de)* un écran ?
3 – Tu ne te rends *(donnes)* pas compte *(de)* que la télé rend bête ?
4 – Et ce qui me semble incroyable *(mensonge)*, c'est que tu ne regardes *(voies)* jamais un journal télévisé.
5 – Non, ton truc à toi *(le tien)*, c'est la télé-poubelle.
6 – Moi, quand j'avais ton âge, je lisais le journal,
7 – j'étais au courant de ce qui se passait dans le monde,
8 – je luttais pour mes idées !
9 – D'accord, maman, ne me casse plus les pieds *(ne me donne plus la boîte-de-conserve)* ! J'éteins la télé. C'est bon !
10 – Enfin ! Et maintenant que vas-tu *(à)* faire ?
11 – Eh bien, je ne sais pas... Jouer un moment avec ma console ou me connecter à *(au)* facebook.
12 – Mon Dieu, mais qu'est-ce que j'ai fait pour mériter ça ?

Remarques de prononciation
(2) Comme vous le savez, les groupes **gue** et **gui** se prononcent *[gué]* et *[gui]*. Pour que le **-u** *[ou]* apparaisse ici dans la prononciation, il doit être surmonté d'un tréma, comme dans **vergüenza** : *[béRgoué'nZa]*.
(11) Remarquez la prononciation espagnole des mots empruntés à l'anglais, plus fidèle qu'en français, en particulier en ce qui concerne l'accent tonique: *[**féïs**bouc]* et non pas *[féïs**bouc**]*.

Notes

1 **llevar**, littéralement *porter*, peut aussi servir à dire la durée d'une action : **Llevo una hora aquí**, *Ça fait une heure que je suis ici*. Si le verbe qui dit l'action est exprimé, celui-ci se met au gérondif : **Llevas dos horas viendo la tele**, *Ça fait deux heures que tu regardes la télé*. **Llevar** est conjugué, car c'est lui qui exprime la personne qui accomplit l'action. Dans le cas où l'action en question est à la forme négative, on ne recourra pas au gérondif mais à l'infinitif précédé de **sin**, *sans* : **Llevo varios días sin salir**, *Ça fait plusieurs jours que je ne sors pas*.

2 Autre verbe qui perd son sens littéral pour entrer dans de nombreuses locutions : **dar**, *donner*. Souvenez-vous par exemple de celles que vous avez rencontrées : **No me da tiempo a desayunar**, *Je n'ai pas le temps de prendre le petit déjeuner* ; **Me dan miedo las cucarachas**, *Les cafards me font peur* ; **Me da igual**, *Ça m'est égal*. En voici une autre, sur le même modèle de construction indirecte, **dar vergüenza**, *faire honte* : **¿No te da vergüenza ver tanto la tele?**, *Tu n'as pas honte de regarder autant la télé ?*

3 Et voici une nouvelle locution très courante faisant intervenir **dar** : **darse cuenta**, *se rendre compte*. Ne confondez pas sa construction avec celle des locutions précédentes : il s'agit ici d'un verbe pronominal, qui pourra donc se conjuguer à toutes les personnes : **me doy cuenta**, *je me rends compte* ; **te das cuenta**, *tu te rends compte* ; **se da cuenta**, *il se rend compte*, etc. Sur le même modèle, vous auriez aussi par exemple **darse prisa**, *se presser* : **me doy prisa**, *je me presse* ; **te das prisa**, *tu te presses*, etc.

4 La traduction de "rendre", de "devenir" et, plus généralement, l'expression d'une transformation, sont parfois délicates en espagnol. Nous verrons ce point plus en détail en leçon de révision. Retenez déjà les deux tournures que vous avez découvertes dans cette série de leçons : **ponerse** (**me pongo nervioso**, *je m'énerve*) et ici **volver** (**la tele vuelve tonto**, *la télé rend bête*).

***

Ejercicio 1 – Traduzca

❶ Llevo dos horas leyendo el periódico. ❷ Me da vergüenza pasarme tanto tiempo viendo la tele. ❸ Cuando yo tenía tu edad, los jóvenes luchaban por sus ideas. ❹ ¿Qué has hecho tú para merecer esto? ❺ No me des la lata con el telediario.

Leçon quarante-huit / 48

5 Vous entendrez souvent, au détour d'une conversation, un Espagnol lâcher un sonore ¡**Parece mentira!**, litt. "Ça semble mensonge !" Il peut y avoir une suite, bien sûr, et s'il s'agit de toute une proposition, celle-ci sera au subjonctif, comme dans le dialogue : **Parece mentira que nunca veas el telediario**. Il n'y aura pas de traduction unique pour cette formule, essayez plutôt d'en saisir le ton et l'intention : la surprise (**Parece mentira : cada año hay más turistas**, *C'est incroyable : chaque année il y a davantage de touristes*) mais aussi par exemple l'indignation (¡**Parece mentira que seas tan vago!**, *Comment peux-tu être aussi paresseux !*).

6 Toute une série d'imparfaits dans ces trois phrases, et voyez comme leur conjugaison est simple : d'un côté les verbes en **-ar** avec leur terminaison en **-aba** (**estaba**, **luchaba**) ; de l'autre les verbes en **-er** et en **-ir** avec leur terminaison en **-ía** (**tenía**, **leía**, **ocurría**).

7 Les échanges conversationnels sont pleins de petites chevilles expressives qui n'ont pas une traduction unique. ¡**Ya está!**, par exemple, qui souligne que quelque chose a bien été accompli, peut équivaloir à *Ça y est !* (leçon 27 pour dire qu'on s'est débarrassé d'un cafard gênant), mais peut aussi se rendre par *C'est bon !* (avec un peu d'impatience, comme ici). On aurait d'ailleurs tout aussi bien pu dire *Voilà !* ou *C'est fait !*

Corrigé de l'exercice 1
❶ Ça fait deux heures que je lis le journal. ❷ J'ai honte de passer autant de temps à regarder la télé. ❸ Quand j'avais ton âge, les jeunes luttaient pour leurs idées. ❹ Qu'as-tu fait pour mériter ça ? ❺ Ne me casse pas les pieds avec le journal télévisé.

doscientos ocho • 208

Ejercicio 2 – Complete

① Tu ne te rends pas compte que la télé-poubelle rend bête ?

¿No .... de que la .... tonto?

② Ça semble incroyable : elle n'était pas au courant de ce qu'on disait d'elle.

.... : no .... de lo que ...... de ella.

③ Il passait sa vie devant un écran, à jouer à la console ou à regarder la télé.

.... la vida .... una ...., ... con la consola o ...... la tele.

④ Il ne lisait jamais le journal et ce qui se passait dans le monde lui était égal.

.... el .... y lo que .... en el mundo le ....

49

Lección cuarenta y nueve

Repaso - Révision

1 L'imparfait de l'indicatif

1.1 Les emplois

L'imparfait espagnol peut avoir quelques valeurs spécifiques que vous découvrirez à l'occasion, mais pour l'essentiel il a les mêmes emplois qu'en français :

• temps de l'action passée vue de l'intérieur, dans son déroulement, dont on ne précise ni le début ni la fin :

No tenía ganas de salir, *Je n'avais pas envie de sortir*.

• temps de la description :

Llevaba gafas de sol, *Il portait des lunettes de soleil*.

Il possède également la nuance d'atténuation que peut lui donner le français :

Quería unas manzanas, *Je voulais quelques pommes*

et sa valeur itérative, de répétition :

Me levantaba siempre temprano, *Je me levais toujours tôt*.

❺ Ça y est, j'ai éteint la télé ! Je peux me connecter un moment à facebook maintenant ?

¡......, he .... la tele! ¿Puedo .... un .... al facebook .....?

Corrigé de l'exercice 2
❶ – te das cuenta – telebasura vuelve – ❷ Parece mentira – estaba enterada – decían – ❸ Se pasaba – delante de – pantalla, jugando – viendo – ❹ Nunca leía – periódico – ocurría – daba igual ❺ Ya está – apagado – conectarme – rato – ahora

Leçon quarante-neuf

1.2 La formation

L'imparfait de l'indicatif est morphologiquement l'un des temps les plus simples. Il ne possède que deux types de terminaison (en **-aba** pour les verbes en **-ar** et en **-ía** pour les verbes en **-er** et en **-ir**) ; les radicaux sont toujours ceux de l'infinitif. Retenez en effet cette grande règle : la diphtongaison du radical, que vous avez souvent rencontrée, ne concerne que les temps du présent (indicatif et subjonctif).

Il faut par contre prêter un peu d'attention à la place de l'accent tonique : vous le trouverez à la première personne du pluriel pour les verbes en **-ar** (**cantábamos**) et toujours sur le **-í-** pour le verbes en **-er** et **-ir** (**comías**, **decíais**).

hablar	comer	vivir
hablaba	comía	vivía
hablabas	comías	vivías
hablaba	comía	vivía
hablábamos	comíamos	vivíamos

| hablabais | comíais | vivíais |
| hablaban | comían | vivían |

1.3 Les verbes irréguliers

Il ne sont que trois à l'imparfait de l'indicatif : **ser**, **ir** et **ver**.

ser	ir	ver
era	iba	veía
eras	ibas	veías
era	iba	veía
éramos	íbamos	veíamos
erais	ibais	veíais
eran	iban	veían

1.4 L'auxiliaire *haber* à l'imparfait

L'auxiliaire **haber** au présent vous sert à former le passé composé : **he**, **has**, **ha**, **hemos**, **habéis**, **han**. Comme vous le savez aussi, **haber** prend une forme particulière, **hay**, lorsqu'il signifie *il y a*.
À l'imparfait, **haber** se conjugue régulièrement sur le modèle des verbes en **-er** : **había**, **habías**, **había**, **habíamos**, **habíais**, **habían**. On se servira de la 3e personne du singulier, telle quelle, pour dire *il y avait* : **había**.
L'auxiliaire **haber** à l'imparfait, suivi du participe passé, sert à former le plus-que-parfait : **había comido**, *j'avais mangé / il/elle avait mangé* ; **me habías escrito**, *tu m'avais écrit* ; **había venido**, *j'étais venu / il/elle était venu/e*.

2 Périphrases verbales au gérondif

L'espagnol est riche de tournures verbales au gérondif qui rendent différents aspects de l'action, comme sa durée, sa continuité, sa progression ou son actualité. Faisons un petit résumé de celles que vous avez découvertes au long de cette première partie de l'ouvrage.

2.1 L'action en train de se faire

Très fréquemment exprimée en espagnol, elle correspond à notre forme progressive (*être en train de*) et se rend par **estar** + gérondif :
¿Qué estás haciendo?, *Que fais-tu ?* (= qu'es-tu en train de faire)
Está durmiendo, *Il dort* (= il est en train de dormir)

Remarquez au passage, dans cet exemple, la petite irrégularité du radical dans le gérondif de **dormir**. Elle touche le gérondif des verbes à affaiblissement et à alternance (le **o** devient un **u** et le **e** devient un **i**) :
– **dormir, durmiendo / morir, muriendo**
– **decir, diciendo / sentir, sintiendo**

2.2 La continuité de l'action

L'action commencée à un moment du passé et qui se poursuit dans le présent s'exprime par **seguir** + gérondif. Elle peut donner lieu à différentes traductions en français : "continuer à", "encore", "toujours".
No contesta, ¿sigo llamando?, *Il ne répond pas, je continue à appeler ?*
¿Sigues jugando al fútbol?, *Tu joues toujours au football ?*
Mi viejo bolígrafo sigue sirviendo, *Mon vieux stylo sert encore.*
Notez que l'on peut exprimer la même idée au moyen d'adverbes, comme **todavía** :
¿Todavía juegas al fútbol?
Mi viejo bolígrafo todavía sirve.

2.3 L'action comme processus

Pour se représenter un processus en cours, qui suppose des étapes et sous-entend parfois une idée de lenteur, l'espagnol dispose de la périphrase **ir** + gérondif. On peut la rendre par "peu à peu" ou "commencer à".
Va haciendo frío, *Il commence à faire froid* (on dira par exemple cette phrase à la fin de l'automne).
Los años van pasando, *Les années passent peu à peu.*

2.4 La nuance d'actualité

Nous avons rencontré, à la leçon 44, la formule **andar** + participe passé, que l'on peut aussi trouver avec un adjectif. **Andar** remplace en fait ici **estar** en donnant à l'actualité du fait évoqué un sens implicite :
Está cansado y triste, *Il est fatigué et triste* (on énonce une remarque ponctuelle, sans intention).
Anda cansado y triste, *Il est fatigué et triste en ce moment* (cette remarque laisse entendre une raison cachée : il doit avoir des problèmes, etc.).
Andar peut aussi précéder un gérondif. Comme dans les cas précédents, cette formule suppose une intention sous-entendue, parfois critique :

Anda estudiando alemán, *Il étudie l'allemand en ce moment* (= il ne fait que ça, ou ça l'a pris d'un coup).
Anda vendiendo ordenadores, *Il vend des ordinateurs en ce moment* (= c'est un peu surprenant).

2.5 L'expression d'une durée

Vous avez déjà rencontré deux manières de rendre compte d'une durée :
Hace cinco años que trabajo en esta empresa
ou **Trabajo en esta empresa desde hace cinco años**,
Ça fait cinq ans que je travaille dans cette entreprise.
Cette même idée peut s'exprimer au moyen de **llevar** + gérondif :
Llevo cinco años trabajando en esta empresa.
À la forme négative, on utilise **sin** + infinitif :
Llevo dos días sin dormir, *Ça fait deux jours que je ne dors pas.*

3 Se situer dans l'espace et dans le temps

Puisque nous sommes arrivés à l'équateur de notre méthode, jetons un coup d'œil en arrière et faisons une petite liste organisée des locutions de lieu et de temps que nous avons rencontrées.

3.1 Locutions de temps

• Vous pouvez tout d'abord avoir besoin d'indiquer un point de repère temporel :
hoy, *aujourd'hui*
mañana, *demain*
por la mañana, *le matin*
por la tarde, *l'après-midi / le soir*
por la noche, *dans la soirée / la nuit*
en aquel tiempo, *en ce temps-là*
• Une action peut être plus ou moins fréquente :
nunca, *jamais*
siempre, *toujours*
a menudo, *souvent*
de vez en cuando, *parfois*
Souvenez-vous que vous disposez aussi à cet effet du verbe **soler**, qui dira l'habitude :

Leçon quarante-neuf / 49

Suelo hacer deporte, *J'ai l'habitude de faire du sport*.
No suelo ver la tele, *Je n'ai pas l'habitude de regarder la télé*.
• Le temps est orienté : il possède un avant, un maintenant et un après ; il est donc aussi le temps des choses faites et celui de celles qui restent à faire.
antes, *avant*
ahora, *maintenant*
después, *après*
ya, *déjà*
todavía, *encore*
todavía no, *pas encore*
• Attention à "avant" et "après" : lorsqu'ils ne sont pas adverbes mais prépositions, ils se construisent avec **de** :
antes de la cena, *avant le dîner*
después del desayuno, *après le petit déjeuner*.
Durante, *pendant*, se construit lui directement :
durante el viaje, *pendant le voyage*
• Le temps, enfin, n'est pas émotionnellement neutre. Il peut être celui de l'urgence ou au contraire le temps qu'on se donne pour faire quelque chose :
tarde, *tard*
temprano, *tôt*
enseguida / **ahora mismo** / **ya mismo**, *tout de suite*
luego, *ensuite*
más tarde, *plus tard*
después, *après*

3.2 Locutions spatiales

• Pour situer des objets par rapport au locuteur, vous avez découvert les trois adverbes de lieu :
aquí, *ici* (près de moi)
ahí, *là* (près de toi)
allí (ou **allá**), *là-bas* (près de lui/elle)
• D'autres adverbes vous permettent d'apporter des précisions :
arriba, *en haut*
abajo, *en bas*
en medio, *au milieu*
dentro, *dedans*
delante, *devant*

doscientos catorce

detrás, *derrière*
cerca, *près*
lejos, *loin*
recto, *tout droit*
encima, *au-dessus*

• Lorsqu'elles sont employées comme prépositions, certaines de ces locutions sont complétées par **de** :
encima de la mesa, *sur la table*
dentro del bolso, *dans le sac*
delante de mí, *devant moi*
detrás de ti, *derrière toi*

• Retenez enfin quelques usages particuliers des adverbes de lieu :
Y encima me quieres cobrar, *Et en plus tu veux me faire payer*.
calle arriba, *en remontant la rue*
calle abajo, *en descendant la rue*

4 "Rendre", "devenir" et l'idée de transformation

À travers les dialogues, vous avez pu remarquer que la langue espagnole avait deux représentations de ce que nous rendons par le verbe "être". Pour le dire en termes philosophiques, il y a d'un côté l'essence (l'identité des choses) et de l'autre l'existence (ce que les choses sont dans leur devenir) : d'un côté **ser** (**soy español**), de l'autre **estar** (**estoy contento**).

On retrouve cette double représentation, formulée par d'autres moyens linguistiques, lorsqu'on envisage l'idée de transformation, celle que le français exprime souvent par "rendre" et "devenir". On peut en effet concevoir cette transformation comme quelque chose d'essentiel (on change, on devient autre chose) ou comme quelque chose d'épisodique (on redevient, ensuite, ce que l'on était).

L'espagnol dispose ici de deux formules :

• **volver** et **volverse** indiquent que ce changement est vu comme radical (on penche du côté de **ser**) :
La tele vuelve tonto, *La télé rend bête*.
Te has vuelto tonto, *Tu es devenu bête*.

• **poner** et **ponerse** expriment un changement circonstanciel (on penche du côté de **estar**) :
El alcohol me pone enfermo, *L'alcool me rend malade*.
Me pongo enfermo en invierno, *Je tombe malade en hiver*.

Leçon quarante-neuf / 49

▶ Diálogo de repaso

1 – ¿Te has dado cuenta de que ya casi nadie escribe cartas?
2 – Sí, antes recibía tres o cuatro cada semana y ahora llevo meses abriendo el buzón para nada.
3 – La gente se vuelve vaga : nadie tiene ganas de ir por un sello al estanco o por un sobre a la papelería.
4 – Yo tampoco escribo mucho, sabes, tal vez una postal de vez en cuando…
5   Me da vergüenza decirlo, pero ahora me cuesta trabajo escribir con un bolígrafo.
6 – Claro, hoy mandas un mensaje y ya está : la persona se entera enseguida.
7 – Sí, pero lo bueno de las cartas era que estaban ahí para siempre y las podías volver a leer…
8 – ¡Eso! Hoy, si un virus borra los datos de tu ordenador, lo pierdes todo.
9 – Pues es un poco lo que me ha ocurrido…
10   Me han robado el bolso con todo lo que había dentro : las llaves, la cartera, el DNI y el móvil.
11   Y en el móvil tenía todas mis fotos…
12 – Vaya…

Traduction

1 Tu t'es rendu compte que presque plus personne n'écrit de lettres ? **2** Oui, avant j'en recevais trois ou quatre chaque semaine et maintenant ça fait des mois que j'ouvre la boîte aux lettres pour rien. **3** Les gens deviennent paresseux : personne n'a envie d'aller chercher un timbre au bureau de tabac ou une enveloppe à la papeterie. **4** Moi non plus je n'écris pas beaucoup, tu sais, peut-être une carte postale de temps en temps… **5** J'ai honte de le dire, mais maintenant j'ai du mal à écrire avec un stylo. **6** Bien sûr, aujourd'hui tu envoies un message et ça y est : la personne est au courant tout de suite. **7** Oui, mais ce qu'il y avait de bien avec les lettres, c'est qu'elles étaient là pour toujours et que tu pouvais les relire… **8** C'est ça ! Aujourd'hui, si un virus efface les données de ton ordinateur, tu perds tout. **9** Eh bien c'est un peu ce qui m'est arrivé… **10** On m'a volé mon sac avec tout ce qu'il y avait dedans : mes clés, mon portefeuille, ma carte d'identité et mon portable. **11** Et dans mon portable j'avais toutes mes photos… **12** Allons bon…

Lección cincuenta

Haciendo cola

1 – Fe**li**pe, **gua**po, **da**me diez **lon**chas de ja**món** de york, por fa**vor**.
2 – De **e**so **na**da, se**ño**ra. Es**ta**ba yo **an**tes.
3 **Cuan**do lle**gué** [1] le pe**dí** [2] la vez a la **chi**ca que a**ca**ba de sa**lir**.
4 Y yo se la di [3] a **es**ta se**ño**ra.
5 O **se**a, que a**ho**ra me **to**ca a **mí** [4], y us**ted** ¡a ha**cer** [5] **co**la i**gual** que los de**más**!
6 – Se lo **rue**go [6], caba**lle**ro, es que no **pue**do es**tar** de pie **mu**cho **tiem**po,
7 y **des**de que me levan**té** [1] no he pa**ra**do.
8 **So**lo me **ha**ce **fal**ta un po**qui**to [7] de ja**món** **pa**ra mis **nie**tos, los **po**bres.
9 – **Ven**ga, **pa**se, **pe**ro que **se**a **rá**pido.
10 – ¡Ay, **cuán**to se lo agra**dez**co! Es us**ted** muy a**ma**ble.
11 A ver, Felipe, **pon**me tam**bién** un **cuar**to de ja**món** se**rra**no, **me**dio **ki**lo de **car**ne de ter**ne**ra pi**ca**da,
12 **cua**tro **mus**los de **po**llo, dos pe**chu**gas y seis chu**le**tas de **cer**do.

Voilà, vous êtes arrivé au milieu du chemin, ce que nous appelons la "phase d'imprégnation", bravo ! Que de chemin parcouru, en laissant simplement agir votre capacité d'assimilation intuitive... Voyez par exemple comment, peu à peu, vous êtes amené à réfléchir en espagnol, les traductions devenant un simple point d'appui. Nous vous rappellerons la méthode à suivre à partir de la prochaine série de leçons pour commencer votre "phase d'activation" ou "deuxième vague" de l'apprentissage : le meilleur est à venir !

Leçon cinquante

Faire *(faisant)* [la] queue

1 – Felipe, [mon] beau, donne-moi dix tranches de jambon blanc *(de York)*, s'il te plaît.
2 – Pas question *(De ça rien)*, madame. J'étais [là] avant.
3   Quand je suis arrivé *(j'arrivai)*, j'ai demandé *(je demandai)* mon tour *(la fois)* à la fille qui vient de sortir.
4   Et [ensuite] moi je l'ai donné *(lui la donnai)* à cette dame.
5   Autrement dit *(Ou soit que)*, maintenant c'est mon tour *(me touche à moi)*, et vous, à *(à faire)* [la] queue comme *(égal que)* les autres !
6 – Je vous en *(le)* prie, monsieur, c'est que je ne peux pas rester *(être)* debout très longtemps,
7   et depuis que je me suis levée *(je me levai)*, je n'ai pas arrêté.
8   J'ai seulement besoin d'un petit peu de jambon pour mes petits-enfants, les pauvres.
9 – Bon, passez, mais que [ça] soit rapide.
10 – Ah, comme *(combien)* je vous en *(le)* remercie ! Vous êtes très aimable.
11   Voyons, Felipe, mets-moi aussi un quart de jambon cru *(montagnard)*, un demi-kilo de viande de bœuf hachée,
12   quatre cuisses de poulet, deux blancs [de volaille] et six côtes de porc.

50 / Lección cincuenta

💬 Pronunciation
... **co**la **1** **fé**li**pé**... **lo'n**tchass... **Ha**mo'n... yoR... **3** ... **lyé**gué...
pédi... **5** ... dé**mass 6** ... **Roué**go... **7** ... **lé**ba'n**té**... **8** ... po**qui**to...
niétoss... po**bRéss 10** ... agRa**déZ**co... **11** ... **sé**Rano **mé**dio
kilo... pi**ca**da **12** ... **mouss**loss... **pé**tchou**gass**... **ZéR**do

Remarques de prononciation
(1) Le k final de york disparaît pratiquement dans la prononciation : *[yoR]*.
(3), (7) Soyez attentif à l'accent tonique dans la prononciation des passés simples ! Si vous le placez mal, vous allez, par exemple, dire un subjonctif présent : llegue, *[lyégué]* / levante, *[léba'nté]* à la place d'un passé simple : llegué, *[lyégué]* / levanté *[léba'nté]*.

Notes

1 Vous allez découvrir dans cette série de leçons le passé simple espagnol et ses emplois. Il faut d'abord savoir que ceux-ci sont beaucoup plus étendus que pour le passé simple français, qui a pratiquement disparu de la conversation courante au profit du passé composé. Rien de tel en espagnol : **cuando llegué**..., *quand je suis arrivé*... ; **desde que me levanté**..., *depuis que je me suis levé*... Pour la conjugaison elle-même, commencez à vous familiariser avec les terminaisons du passé simple, ici le **-é** tonique final à la 1re personne du singulier des verbes en **-ar**. Attention aussi aux modifications orthographiques qui vont parfois se produire : par exemple le radical de **llegar**, *arriver*, est **lleg-**, mais si vous ajoutez directement un **-é**, vous changeriez la prononciation : "llegé" *[lyéHé]* et non llegué *[lyégué]*. On est donc obligé d'intercaler un **u**.

2 Continuons notre découverte des formes régulières du passé simple : vous avez vu la 1re personne des verbes en **-ar**, voici celle des verbes en **-ir**, comme **pedir**, *demander* : **pedí**, *j'ai demandé* ("je demandai", au passé simple français).

***

▶ Ejercicio 1 – Traduzca
❶ Te pedí diez lonchas de jamón de York y medio kilo de carne picada. ❷ Es usted muy amable, caballero, se lo agradezco mucho. ❸ No he parado de trabajar desde que me levanté. ❹ De eso nada, señora, estaba yo antes y ahora me toca a mí. ❺ Me hacen falta cuatro muslos de pollo y dos pechugas.

Leçon cinquante / 50

3 Le passé simple espagnol présente de fréquentes irrégularités, que nous résumerons en leçon de révision ; par exemple **dar**, *donner*, fait **di**, *j'ai donné* ("je donnai"). Vous remarquez peut-être en outre qu'il n'y a pas d'accent écrit sur cette forme, mais il s'agit d'une question orthographique générale : pas d'accent écrit sur un monosyllabe sauf pour le distinguer d'un homonyme (**el** hombre, *l'homme* / **para él**, *pour lui*).

4 Le verbe **tocar**, *toucher*, entre dans plusieurs expressions idiomatiques où il perd son sens premier. Dans cette phrase, par exemple, **me toca a mí** signifie *c'est mon tour*. Si un infinitif suit, on le construit directement : **Me toca a mí hablar**, *C'est mon tour de parler*. Un autre usage très fréquent de **tocar** concerne les jeux de loterie : **Me toca la lotería**, *Je gagne à la loterie* ; **Me ha tocado el gordo**, *J'ai gagné le gros lot* ; **Me han tocado cien euros**, *J'ai gagné cent euros*.

5 Donnez du punch et un ton à vos phrases ! Si vous voulez donner un ordre en haussant la voix (par colère, pour inciter à l'action ou simplement pour être entendu), vous pourrez, comme un bon Espagnol, utiliser **a** + infinitif : **¡A comer!**, *On mange !* ; **¡A trabajar!**, *Au travail !* Dans cette phrase, par exemple, le client mécontent s'exclame : **¡A hacer cola!**, *À la queue !* On peut très facilement créer des expressions sur ce modèle : **¡A callar!**, *On se tait !* ; **¡A dormir!**, *Au lit !*, etc.

6 **Rogar** (verbe à diphtongue) signifie *prier* au sens de prier quelqu'un de faire quelque chose. Si on précise ce qui est en jeu, on emploiera **que** + subjonctif : **Le ruego que se presente a las diez**, *Je vous prie de vous présenter à dix heures*. Curieusement, dans les courriers administratifs, le **que** est souvent omis : **Le ruego nos mande su currículum**, *Je vous prie de nous envoyer votre CV*. **Rogar** peut aussi se construire avec deux compléments, un indirect et un direct : **Se lo ruego, ayúdeme**, *Je vous en prie, aidez-moi*.

7 Gare aux modifications orthographiques ! Vous venez d'en voir une à propos du passé simple, en voici une autre à propos des diminutifs en **-ito** : **un poco**, *un peu*, fait ainsi **un poquito**, *un petit peu*.

***

Corrigé de l'exercice 1

❶ Je t'ai demandé dix tranches de jambon blanc et un demi-kilo de viande hachée. **❷** Vous êtes très aimable, monsieur, je vous en remercie beaucoup. **❸** Je n'ai pas arrêté de travailler depuis que je me suis levé. **❹** Pas question, madame, j'étais là avant et maintenant c'est mon tour. **❺** J'ai besoin de quatre cuisses de poulet et de deux blancs de volaille.

doscientos veinte • 220

Ejercicio 2 – Complete

❶ Je vous en prie, je n'ai besoin que de deux tranches de jambon cru pour ma petite-fille.

Se lo ....., solo me hacen ..... dos ....
de .... para mi ......

❷ J'ai demandé mon tour quand je suis arrivé, puis je l'ai donné à cette dame.

.... la ... cuando ...... y luego se la .. a esta señora.

❸ Pas question, madame, à la queue comme les autres !
De ...., señora, ¡a .... igual que .... !

❹ Donne-moi un quart de viande hachée et mets-moi aussi un blanc de poulet avec un petit peu de jambon pour mon petit-fils, le pauvre.

.... un ...... de carne ...... y ..... también
una .... de pollo con un .... de jamón para
mi ....., el ....

❺ Allez, passez, mais je vous prie d'être rapide, madame.
....., ..., pero le ..... que ... rápida, señora.

***

Les Espagnols sont globalement peu formalistes – l'étendue du tutoiement en est une bonne preuve. Il est pourtant un rite social sur lequel ils sont très sourcilleux : il concerne la constitution de la file d'attente dans un commerce. En entrant, il faut poser publiquement la question : **¿Quién es el último** *(ou* **la última)?**, *Qui est le dernier (la dernière) ? Et la personne qui vous répondra* **Yo** *sera en quelque sorte votre témoin. Ce petit rite s'appelle* **pedir la vez**, *"demander la fois" (pour celui qui demande) et* **dar la vez**, *"donner la fois" (pour celui qui répond),* **la vez** *étant ici le tour de passage. En cas de litige, vous pourrez donc dire :* **Esta persona** *(celle qui vous précède)* **me ha dado la vez**. *Autres formules utiles pour interagir avec le commerçant :* **¿A quién le toca?**, *ou* **¿Quién va?**, *À qui le tour ? À quoi vous répondrez avec assurance :* **Me toca a mí**, *ou* **Voy yo**, *C'est à moi.*

Leçon cinquante / 50

Corrigé de l'exercice 2
❶ – ruego – falta – lonchas – jamón serrano – nieta ❷ Pedí – vez – llegué – di – ❸ – eso nada – hacer cola – los demás ❹ Dame – cuarto – picada – ponme – pechuga – poquito – nieto – pobre ❺ Venga, pase – ruego – sea –

La deuxième vague
Vous abordez à présent la phase d'activation de votre apprentissage : la "deuxième vague". Il s'agit, tout en continuant d'avancer, de consolider les bases acquises et de vous les approprier. Vous n'allez plus seulement recevoir la leçon quotidienne, vous allez aussi parler directement en mobilisant vos connaissances ! Comment faire ? Eh bien après avoir étudié votre leçon du jour (aujourd'hui la 50ᵉ), nous vous proposons de reprendre une leçon, dans l'ordre, depuis le début (nous vous indiquerons laquelle à chaque fin de leçon). Prenez le texte français de la leçon (en cachant le texte espagnol) et traduisez-le en espagnol à haute voix. Contrôlez ensuite votre traduction avec le texte d'origine. Soyez naturel, parlez fort, essayez même d'avoir un ton et d'atteindre une certaine vitesse : vous allez être surpris de voir à quel point votre mémoire a assimilé les choses. Traduisez ensuite de la même façon les phrases françaises de l'exercice 1 et le tour est joué. Vous verrez : l'ensemble ne vous prendra que quelques minutes et le résultat est épatant.

Deuxième vague : 1ʳᵉ leçon

doscientos veintidós • 222

Lección cincuenta y uno

¡Viva México!

1 – Yo **nun**ca he esta**do** [1] en Latinoa**mé**rica, ¿y tú?
2 – Es**tu**ve [1] en [2] **Mé**xico el **a**ño pa**sa**do.
3 – ¿Y te gus**tó** [3]?
4 – **Fui**mos [4] de **via**je de **no**vios ¡y me encan**tó** [3]!
5 – ¡Qué **lu**na de miel más ro**mán**tica! [5] ¿**Dón**de estu**vis**teis [4]?
6 – ¡En **to**das **par**tes! Pri**me**ro en el Ca**ri**be.
7   Nos ba**ña**mos [6] en **pla**yas de a**re**na **blan**ca y na**da**mos **en**tre **pe**ces [7] de co**lo**res.
8   El a**zul** del mar es in**creí**ble.
9   **Lue**go via**ja**mos [6] por **to**do el pa**ís**
10 y por fin nos que**da**mos [6] unos **dí**as en Ciu**dad** de **Mé**xico [8]. Me fasci**nó** [9].
11 – ¿Y qué te pare**ció** [3] la **gen**te?
12 – Encanta**do**ra. ¡Bas**tan**te más agra**da**ble y edu**ca**da que en Eu**ro**pa!
13   A**quí so**mos un **po**co **se**cos, ya **sa**bes.
14   Por e**jem**plo, **pa**ra pa**gar bas**ta con pregun**tar** : "Cama**re**ro, ¿qué se **de**be?"
15   A**llí** lo nor**mal** es de**cir** : "**Jo**ven, ¿se**rí**a us**ted** tan a**ma**ble de tra**er**me la **cuen**ta, por fa**vor**?" □

Prononciation

... mé**H**ico **1** ... latinoamé**R**ica... **2** éstoubé... **3** ... gous**t**o **4** foui**m**oss... **no**bioss... é'nca'n**t**o **5** ... **lou**na... mié**l**... Roma'n**t**ica... éstoubis**t**éïss **6** ... pa**R**téss... ca**R**ibé... **7** ... ba**gn**amoss... a**R**éna... nadamoss... pé**Z**éss... **8** ... ma**R**... i'nc**R**é**ï**blé **9** ... bia**H**amoss... pa**ïss** **10** ... fas**Z**ino **11** ... pa**R**é**Zio**... **12** é'nca'nta**do**Ra... édou**c**ada... éou**R**opa **13** ... **sé**coss... **15** ... no**Rm**al...

Leçon cinquante et un

Vive [le] Mexique !

1 – Moi je n'ai jamais été en *(à)* Amérique latine, et toi ?
2 – J'ai été *(Je fus)* au *(dans)* Mexique l'année dernière *(l'an passé)*.
3 – Et ça t'a plu *(te plut)* ?
4 – Nous y sommes allés *(allâmes)* en *(de)* voyage de noces *(fiancés)* et j'ai adoré *(ça m'enchanta)* !
5 – Quelle romantique lune de miel *(plus romantique)* ! Et où avez-vous été *(fûtes-vous)* ?
6 – Partout *(En toutes parties)* ! D'abord *(Premier)* dans les Caraïbes.
7 Nous nous sommes baignés *(baignâmes)* dans [des] plages de sable blanc, et nous avons nagé *(nageâmes)* au milieu de *(entre)* poissons colorés *(de couleurs)*.
8 Le bleu de la *(du)* mer est incroyable.
9 Ensuite nous avons voyagé *(voyageâmes)* à travers *(par)* tout le pays
10 et enfin *(par fin)* nous sommes restés *(restâmes)* quelques jours à *(dans Ville de)* Mexico. J'ai été fascinée *([Ça] me fascina)*.
11 – Et qu'as-tu pensé des *(Que te sembla la)* gens ?
12 – Charmants *(Charmante)*. Nettement *(assez)* plus agréables *(agréable)* et polis *(polie)* qu'en Europe !
13 Ici nous sommes un peu secs, tu sais bien *(déjà)*.
14 Par exemple, pour payer il suffit de *(avec)* demander : "Garçon, qu'est-ce qu'on *(il se)* doit ?"
15 Là-bas normalement on dit *(le normal c'est dire)* : "Jeune [homme], auriez-vous l'amabilité *(seriez vous si aimable)* de m'apporter l'addition, s'il vous plaît ?"

51 / Lección cincuenta y uno

Remarques de prononciation

(Titre) Dans **México**, le **x** se prononce comme un **j**.
(1) Dans ce mot long, **Latinoamérica**, veillez à bien détacher la syllabe tonique **mé**. En principe, le groupe qui la précède –**noa**– compte deux syllabes distinctes, mais elles sont en fait prononcées en une seule émission de voix.
(3), (4), (10 et 11) Pensez à bien marquer l'accent sur la dernière voyelle de ces passés simples. Autrement ces mots pourraient avoir un tout autre sens !
(12) Rappel : **eu** se prononce *[éou]*, Europa, *[é̲ouRopa]*.

Notes

1 Voyez dans l'opposition des deux phrases toute la différence d'usage entre le passé composé et le passé simple espagnols. **He estado** mord sur le présent : au moment où je parle, je n'ai jamais été en Amérique latine. **Estuve** ne parle que d'un événement du passé : j'ai été au Mexique l'an dernier. Familiarisez-vous aussi, au passage, avec les différentes formes que prend le passé simple : **estar**, par exemple, change de radical, qui devient **estuv-**. Et la terminaison elle-même est irrégulière, puisqu'elle ne reçoit pas l'accent tonique. Il s'agit ici du groupe des passés simples dits forts.

2 **estar** n'implique aucune idée de mouvement, au contraire. La préposition qui suit ne sera donc pas **a** mais **en** : **He estado en México**, *J'ai été au Mexique*.

3 Remarquez la terminaison de la 3ᵉ personne du singulier du passé simple régulier : **-ó** pour les verbes en **-ar** (gust**ó**, encant**ó**) et **-ió** pour les verbes en **-er** (parec**ió**). Un simple déplacement d'accent changerait le sens de la forme verbale (**fascino**, *je fascine* / **fascinó**, *il/elle fascina*) ; il pourrait même vous placer dans des situations embarrassantes, si vous demandez par exemple **¿Te gusto?**, *Je te plais ?* au lieu de **¿Te gustó?**, *Ça t'a plu ?*

***

Ejercicio 1 – Traduzca

❶ ¿Ya has estado en Latinoamérica o todavía no? ❷ El verano pasado estuve en el Caribe de viaje de novios. ❸ Viajamos por todo el país y fuimos a todas partes. ❹ No me gustó Ciudad de México, pero la gente me pareció encantadora. ❺ Me fascinó México : el azul increíble del mar, la arena blanca de las playas, los peces de colores…

4 Découvrons peu à peu les passés simples irréguliers à toutes leurs formes. Vous savez que **estar** fait **estuve** à la 1ʳᵉ personne du singulier ; voici la 2ᵉ personne du pluriel : **estuvisteis**. **Ir** est également fortement irrégulier : voyez **fuimos**, *nous sommes allés*, "nous allâmes".

5 Lorsque l'exclamation porte sur un groupe nom + adjectif, elle prend en espagnol une forme particulière : ¡**qué** + nom + **más** + adjectif ! : **¡Qué luna de miel más romántica!** La traduction française semblera peu naturelle, *Quelle romantique lune de miel !*, mais cette tournure est tout à fait courante en espagnol.

6 À la 1ʳᵉ personne du pluriel, le présent et le passé simple des verbes en **-ar** sont identiques : **cantamos**, *nous chantons / nous chantâmes* ; **viajamos**, *nous voyageons / nous voyageâmes*.

7 L'espagnol dispose de deux mots pour dire *le poisson* : **el pescado**, qui est l'aliment que l'on achète chez le poissonnier, et **el pez** (pluriel **peces**), qui désigne le poisson vivant.

8 **México** sert à désigner en espagnol à la fois *le Mexique* et *Mexico*. Pour les distinguer, on a longtemps eu recours pour la seconde à la dénomination officielle de **México Distrito Federal**, en abrégé **México D.F.**, qui correspondait au statut politique exceptionnel de la capitale. À partir de 2016, *Mexico* est devenu un état à part entière de la République mexicaine, le 32ᵉ, sous le nom de **Ciudad de México**, *Ville de Mexico*. **Mexicano**, *mexicain*, est réservé aux habitants du pays ; ceux de Mexico se nomment **capitalinos** ou encore (mais c'est péjoratif) **chilangos**. Attention aussi à l'orthographe : longtemps, les Espagnols ont utilisé la **jota** (**Méjico**) mais cette graphie a aujourd'hui pratiquement disparu. En tout cas, elle vous ferait très mal voir au Mexique…

9 En devenant familier de la langue espagnole, vous remarquerez qu'on y utilise moins naturellement le passif qu'en français : **Me fascinó México**, *J'ai été fasciné par le Mexique*.

***

Corrigé de l'exercice 1

❶ Tu as déjà été en Amérique latine ou pas encore ? ❷ L'été dernier j'ai été dans les Caraïbes en voyage de noces. ❸ Nous avons voyagé à travers tout le pays et nous sommes allés partout. ❹ Je n'ai pas aimé Mexico, mais j'ai trouvé les gens charmants. ❺ J'ai été fasciné par le Mexique : le bleu incroyable de la mer, le sable blanc des plages, les poissons de couleur…

51 / Lección cincuenta y uno

Ejercicio 2 – Complete

❶ J'ai adoré les gens : ils sont très polis, nettement moins secs que nous en Europe.

Me .... la gente : es muy ...., ... menos .... que nosotros en ....

❷ Vous avez été au Mexique l'an dernier ? Quel romantique voyage !

¿............ México el año ......? ¡Qué .... romántico!

❸ Nous n'avons pas beaucoup voyagé. Nous sommes restés à la plage dans les Caraïbes, nous nous sommes baignés et nous avons nagé tous les jours.

No .... mucho............ en la playa en ...., ... y .... todos los días.

❹ En Espagne, pour payer, il suffit de dire au serveur : "L'addition, s'il vous plaît !"

En España, para .... decir al .... : "¡La ......, por favor!"

❺ Là-bas au Mexique, normalement on est plus poli et on dit par exemple : "Auriez-vous l'amabilité de me dire ce qu'on doit, s'il vous plaît ?"

...... México, .. normal es ser más .... y decir .... : ¿sería usted .... de decirme ...., por favor?"

¡QUÉ LUNA DE MIEL MÁS ROMÁNTICA!

Leçon cinquante et un / 51

Corrigé de l'exercice 2
❶ – encantó – educada, bastante – seca – Europa ❷ Estuvisteis en – pasado – viaje más – ❸ – viajamos – Nos quedamos – el Caribe, nos bañamos – nadamos – ❹ – pagar basta con – camarero – cuenta – ❺ Allí en – lo – educado – por ejemplo – tan amable – qué se debe –

Moins de 10 % des hispanophones sont espagnols : 47 millions sur les plus de 500 millions de locuteurs que compte cette langue (chiffres 2016). Le Mexique, plus grand pays hispanophone du monde, triple presque l'Espagne, également devancée par la Colombie. L'axe de l'hispanophonie se déplace donc inexorablement vers le continent américain, et plus encore si on englobe dans le décompte les dizaines de millions de citoyens des États-Unis d'origine hispanique (l'espagnol est la 2ᵉ langue du pays, co-officielle de fait dans les grandes institutions et parlée à la maison par 40 millions de personnes ; dans les états du sud et en Californie, elle concurrence directement l'anglais). Il existe toute une batterie de termes pour décrire cette Amérique "espagnole". D'un point de vue strictement géographique, **América del sur** *désigne l'Amérique située au sud de l'isthme de Panama. Entre cet isthme de celui de Tehuantepec au Mexique, on parle de* **América central**, *et, plus au nord, de* **América del norte** *(qui comprend donc la majeure partie du Mexique). Si l'on veut par contre décrire les réalités humaines et linguistiques, on parle de* **Latinoamérica** *ou de* **Hispanoamérica**. *Vous entendrez aussi* **Iberoamérica**, *plus large, qui intègre le Brésil lusophone.*

Deuxième vague : 2ᵉ leçon

52

Lección cincuenta y dos

La cocina mexicana

1 – No me has **di**cho **na**da ¹ de la co**ci**na me**xi**cana...
2 ¿O a lo me**jor** ² no te atre**vis**te a pro**bar**la ³?
3 – ¡Por su**pues**to que la pro**bé**! Me gus**tó so**bre **to**do el **mo**le : es una **sal**sa de ca**ca**o y guin**di**llas.
4 – ¿Chocola**te** pi**can**te? ¿No te dio **as**co ⁴?
5 – ¡Qué va! ¡Es**tá** muy **ri**co! Lo a**mar**go va muy bien con lo pi**can**te.
6 Los **pue**blos precolom**bi**nos ha**cí**an una be**bi**da **ro**ja con el ca**ca**o.
7 ¡Por **e**so los conquista**do**res cre**ye**ron ⁵ que be**bí**an **san**gre!
8 – ¿**Pe**ro **nun**ca lo **to**man **dul**ce ⁶?
9 – Sí, **cla**ro, hoy en **dí**a tam**bién** le **e**chan ⁷ a**zú**car,
10 **pe**ro en la tradi**ción** in**dí**gena no se le a**ña**de **le**che, **so**lo **a**gua.
11 **Nues**tras me**rien**das sí que ⁸ las **e**cha**ba** de **me**nos ⁹ : un buen chocola**te** con **chu**rros...
12 – **E**so, **pa**ra meren**dar** ³, ¡**na**da **co**mo Es**pa**ña!

 Prononciation

... méHi**ca**na **2** ... atRé**bis**té... **3** ... pRo**bé**... gous**to**... mo**lé**... **sal**sa... ca**ca**o... gui'n**di**lyass **4** ... pica'n**té**... dio **as**co **5** ... a**mar**go... **6** ... pou**é**bloss pRécolo'm**bi**noss... **bé**bida... **7** ... co'nquista**do**Réss... cRéïéRo'n... sa'n**gRé 8** ... doul**Zé 9** ... étcha'n aZou**ca**R... **10** ... tRadi**Zio**'n i'n**di**Héna... agna**dé**... **11** ... mé**Rié**'ndass... tchou**Ross 12** ... méRé'n**daR**...

Leçon cinquante-deux

La cuisine mexicaine

1 – Tu ne m'as rien dit [à propos] de la cuisine mexicaine…
2 Ou peut-être est-ce que tu n'as pas osé *(osas pas)* la goûter ?
3 – Bien sûr *(Par supposé)* que je l'ai goûtée *(je la goûtai)* ! J'ai surtout aimé *(Me plut)* le mole : c'est une sauce au *(de)* cacao et [aux] piments.
4 – [Du] chocolat piquant ? Et ça ne t'a pas dégoûtée *(te donna pas dégoût)* ?
5 – Pas du tout *(Que va)* ! C'est très bon ! L'amer va très bien avec le piquant.
6 Les peuples précolombiens faisaient une boisson rouge avec le cacao.
7 [C'est] pour ça [que] les conquistadors *(conquérants)* ont cru *(crurent)* qu'ils buvaient du sang !
8 – Mais ils ne le prennent jamais sucré ?
9 – Oui, bien sûr, de nos jours *(aujourd'hui en jour)* ils lui mettent aussi du sucre,
10 mais dans la tradition indigène on ne lui ajoute pas [de] lait, seulement [de l'] eau.
11 Nos goûters, [ça] oui *(qu')* ils me manquaient : un bon chocolat avec des churros…
12 – [C'est] ça ! Pour goûter, rien ne vaut *(comme)* [l'] Espagne !

Remarques de prononciation

(Titre) Comme pour **México**, le **x** de **mexicana** se prononce **j** : *[méHicana]*.
(3) • N'oubliez pas de bien marquer l'accent tonique final dans **probé** et **gustó**.
• **Gui** se prononce *[gui]* sauf s'il y a un tréma sur le **u** : **guindilla** *[gui'ndilya]*.
(9) Remarquez bien l'accent tonique écrit sur l'avant-dernière syllabe dans **azúcar**, *[aZoucaʀ]*. Cette terminaison en **-ar** ne doit pas vous faire penser à un infinitif comme **cantar** *[ca'ntaʀ]*, qui porte l'accent tonique sur la dernière syllabe.

Notes

1 À force de rencontrer ce type de formes, vous avez peut-être intégré sans y prêter attention une règle d'usage de l'espagnol : contrairement au français, on ne sépare jamais l'auxiliaire du participe dans un temps composé. Par exemple ici : **No me has dicho nada**, *Tu ne m'as rien dit*. Amusez-vous à créer des phrases simples sur ce modèle : **Has comido mucho**, *Tu as beaucoup mangé* ; **He bebido poco**, *J'ai peu bu*, etc.

2 Comment exprimer un doute ? Vous connaissez déjà la formule **tal vez** + subjonctif (**Tal vez tengas razón**, *Tu as peut-être raison*) ; voici **a lo mejor**, qui se construit, lui, avec l'indicatif : **A lo mejor tienes razón**, ou, au passé, comme dans le dialogue : **A lo mejor no te atreviste**, *Tu n'as peut-être pas osé*.

3 Les homonymes (mots identiques mais de sens différent) sont une source infinie de pièges. Voyez par exemple ici le verbe *goûter*, qui peut se rendre par **merendar**, *prendre un goûter*, ou **probar**, *goûter quelque chose*. À ne pas confondre avec **probarse**, qui signifie *essayer un habit*.

4 Remarquez à nouveau la flexibilité du verbe **dar**, *donner*, qui entre dans la composition de très nombreuses expressions, en particulier dans le domaine des réactions affectives : **dar miedo**, *faire peur* ; **dar ganas**, *faire envie*, etc. Retenez ici **dar asco**, *dégoûter* : **Me da asco la cocina japonesa**, *La cuisine japonaise me dégoûte*.

5 La conjugaison des verbes et leurs irrégularités constituent une des grandes difficultés de la langue espagnole. Fidèles au principe d'assimilation de notre méthode, nous vous les faisons découvrir par petites touches et en contexte, et votre intuition fera le reste pour vous les faire retenir à votre insu même. Par exemple le verbe **creer** fait **creyeron**, *ils crurent*, au passé simple, mais ce **y** intercalé ne vous surprend peut-être pas tant que ça : vous l'avez déjà vu dans le gérondif de ces verbes où deux voyelles se suivent : **leer**, **leyendo**, *en lisant* ; **oír**, **oyendo**, *en entendant* ; et bien sûr **creer**, **creyendo**, *en croyant*.

***

Ejercicio 1 – Traduzca

❶ No me has dicho si te gustó la salsa de cacao y guindillas. ❷ ¿Te atreviste a tomar chocolate amargo, picante y sin azúcar? ❸ ¡Qué va! Me dio asco y no lo probé. ❹ Pues a lo mejor está muy rico, pero prefiero un chocolate con churros. ❺ Echo de menos la cocina mexicana.

Leçon cinquante-deux / 52

6 Le premier sens de **dulce** est *doux*, mais il peut aussi selon le contexte – c'est le cas dans cette phrase – signifier *sucré*. L'opposition *sucré / salé*, par exemple, se dit avec les mots **dulce** et **salado**. **Los dulces** est un terme générique qui englobe toutes sortes de *douceurs, sucreries, friandises* ou *petites pâtisseries*.

7 **echar** est encore un de ces verbes espagnols à tout faire : pas moins de 48 sens recensés dans le dictionnaire de la **Real Academia** ! Le premier est "faire que quelque chose aille quelque part en lui donnant une impulsion". Vague, n'est-ce pas ? **Echar** peut ainsi aussi bien signifier *verser* (**echar agua, azúcar**) que *déposer* (**echar una carta al buzón**), *licencier* (**me han echado del trabajo**), etc.

8 Vous trouverez souvent, dans la conversation, la formule **sí que**. Elle a une valeur adversative (qui sert à contredire ou nuancer) : **Eso sí que lo echaba de menos**, *Ça, ça me manquait vraiment* (sous-entendu : je ne regrettais rien d'autre). **Sí que no** renforce, lui, une phrase négative. Vous prenez alors le contre-pied d'une affirmation : **Eso sí que no lo creo**, *Ah, ça non, je n'y crois pas* (sous-entendu : le reste, passe encore). On peut même parfois se passer d'un verbe : **¡Eso sí que no!**, *Non et non !*, ou **¡Eso sí que sí!**, *Ah, ça oui !*

9 Voici une des nombreuses expressions construites à partir du verbe **echar** (que nous avons vu en note 7) : **echar de menos**, qui signifie *regretter* au sens de *manquer* : **Te echo de menos**, *Tu me manques* ; **Echo de menos España**, *L'Espagne me manque*.

Corrigé de l'exercice 1
❶ Tu ne m'as pas dit si tu as aimé la sauce au cacao et aux piments. ❷ Tu as osé prendre du chocolat amer, piquant et sans sucre ? ❸ Pas du tout ! Ça m'a dégoûté et je ne l'ai pas goûté. ❹ Eh bien c'est peut-être très bon, mais je préfère un chocolat avec des churros. ❺ La cuisine mexicaine me manque.

Ejercicio 2 – Complete

❶ Rien ne vaut un bon chocolat espagnol pour goûter !
¡ . . . . un . . . . chocolate español . . . . !

❷ Je regrettais l'Espagne et les goûters d'ici.
. . . . España y las . . . . de aquí.

❸ Les indigènes prennent le chocolat amer et avec de l'eau, mais moi je lui ajoute du lait.
Los . . . . toman el chocolate . . . . . . y con agua pero yo le . . . .

❹ Les conquistadors ont cru que la boisson rouge que buvaient les peuples précolombiens était du sang.
Los conquistadores . . . . que la . . . . que bebían los . . . . precolombinos era . . . .

Lección cincuenta y tres

El Nuevo Mundo

1 Cristóbal Colón sabía que la Tierra era redonda y quiso [1] alcanzar las Indias yendo [2] siempre hacia el oeste.
2 Cuando puso [1] el pie en América, creyó que había llegado
3 y llamó "indios" a los hombres que encontró.
4 Pronto se supo [3] que se trataba de un nuevo continente
5 y empezaron a llegar los conquistadores, atraídos por el oro y la plata [4].
6 Los barcos llevaron [5] a América decenas de productos y animales nuevos
7 y trajeron [5] otros tantos [6] a Europa.
8 Fue [7] la primera mundialización de la historia.

5 Eh bien moi j'aime bien ce qui est amer : j'ai horreur du sucré et je ne mets jamais de sucre dans le café.
Pues a mí . . . . . me gusta . . . . : me . . . . lo . . . . . y nunca le . . . . al café.

Corrigé de l'exercice 2

1 Nada como – buen – para merendar **2** Echaba de menos – meriendas – **3** – indígenas – amargo – añado leche **4** – creyeron – bebida roja – pueblos – sangre **5** – sí que – lo amargo – horroriza – dulce – echo azúcar –

Deuxième vague : 3ᵉ leçon

Leçon cinquante-trois

Le Nouveau Monde

1 Christophe Colomb savait que la Terre était ronde et il voulut atteindre les Indes en allant toujours vers l'ouest.
2 Quand il mit le pied en Amérique, il crut qu'il était arrivé
3 et il appela "Indiens" *(à)* les hommes qu'il trouva.
4 Bientôt on *(se)* sut qu'il s'agissait d'un nouveau continent
5 et les conquistadors commencèrent à arriver, attirés par l'or et l'argent.
6 Les bateaux amenèrent en *(à)* Amérique [des] dizaines de produits et [d'] animaux nouveaux
7 et ils [en] ramenèrent tout autant *(autres autant)* en *(à)* Europe.
8 [Ce] fut la première mondialisation de l'histoire.

doscientos treinta y cuatro • 234

53 / Lección cincuenta y tres

9 ¿Se imag**in**an la c**oc**ina ital**ia**na sin t**om**ate, el **c**ine sin palo**m**itas [8],

10 **nues**tros **pos**tres sin vai**n**illa o los **Pie**les **Ro**jas sin ca**b**allos?

11 Un **nue**vo **mun**do nació el 12 de oc**tu**bre de 1492 (mil cuatro**cien**tos no**ven**ta y dos). ☐

🗨 Prononciation

… nouébo… **1** cRistobal colo'n… tiéRa… Rédo'nda… quisso alca'nZaR… i'ndiass yé'ndo… aZia… oésté **2** … pousso… cRéïo… **3** lyamo i'ndioss… é'nco'ntRo **4** … pRo'nto… soupo… co'ntine'nté **5** … émpéZaRo'n… atRaïdoss… oRo… plata **6** … baRcoss… déZénass… pRodouctoss… **7** … tRaHéRo'n… **8** … mou'ndialiZaZio'n… istoRia **9** … imaHina'n… italiana… palomitass… **10** … baïnilya… piéless… cabalyoss **11** … naZio… mil couatRoZié'ntoss nobé'nta i doss

Remarques de prononciation

(1) • Le son du r doublement roulé, noté *[R]*, correspond, comme vous le savez, à la prononciation du r initial ou du groupe -rr : Tierra, *[tiéRa]* et redonda *[Rédo'nda]*.

• De l'importance de l'accent tonique : il vous permet de distinguer hacia, *[aZia]*, *vers*, de hacía, *[aZia]*, *je faisais* (ou *il faisait*).

(2), (3), (11) Ne nous lassons pas, dans cette série de leçons où vous découvrez le passé simple, d'insister sur la place de l'accent tonique, sur la dernière syllabe dans toutes ces formes régulières de la 3ᵉ personne: creyó, llamó, encontró, nació. Inversement, remarquez la forme irrégulière puso, *il mit*, sans accent et qui se prononce donc *[pousso]*.

(10) Les mots proches entre français et espagnol peuvent être source d'erreurs : n'oubliez donc pas le -i dans la première syllabe de vainilla, *[baïnilya]*, *vanille*.

🗐 Notes

1 Continuons notre tour d'horizon des verbes irréguliers au passé simple et ajoutons-y **querer** et **poner**, qui font respectivement, aux trois premières personnes : **quise**, **quisiste**, **quiso** et **puse**, **pusiste**, **puso**. Rappelons que ces passés simples forts ont deux singularités : un radical irrégulier et une terminaison non accentuée à la 1ᵉ et à la 3ᵉ personne.

9 Vous imaginez-vous la cuisine italienne sans tomate, le cinéma sans pop-corn,
10 nos desserts sans vanille ou les Peaux-Rouges sans chevaux ?
11 Un nouveau monde naquit le 12 *(de)* octobre *(de)* 1492.

2 La lettre **y** sert d'appui pour former le gérondif du verbe monosyllabe **ir**, *aller* : **yendo**, *en allant*.

3 **saber** est lui aussi à ranger dans le groupe des passés simples forts. Le radical **sup-** que vous repérez dans **supo** vous sert à construire toute sa conjugaison à ce temps : **supe, supiste, supo, supimos, supisteis, supieron**.

4 **el dinero** désigne génériquement *l'argent* au quotidien (billets et monnaies) ; **la plata** renvoie à *l'argent* comme métal (mais sachez qu'en Argentine **plata** désigne aussi de façon familière la monnaie courante).

5 Réfléchissons à la différence entre **ir**, *aller*, et **venir**, *venir*. Elle est simple : **ir** signifie un déplacement à partir de l'endroit où se trouve le sujet et **venir** signifie un déplacement vers l'endroit où se trouve le sujet : **Voy a México a ver a un amigo y luego este amigo viene a visitarme a Madrid**, *Je vais au Mexique voir un ami et ensuite cet ami vient me rendre visite à Madrid*. Eh bien cette même différence opère entre **llevar** et **traer** : **Los barcos españoles llevaron caballos a América y trajeron maíz a España**, *Les bateaux espagnols amenèrent des chevaux en Amérique et rapportèrent du maïs en Espagne*. Il peut y avoir des traductions variables – parfois pleines de nuances – pour chaque verbe (*amener/emmener, emporter* pour **llevar** ; *ramener, remmener* pour **traer**) mais l'idée est celle-là : le rapport entre le mouvement évoqué et le sujet qui parle. Parenthèse : remarquez le passé simple irrégulier de **traer** et son radical **traj-**.

6 **Otro(s) tanto(s)** s'emploie pour évoquer une quantité égale à une autre précédemment mentionnée : **Llevaron decenas de productos y trajeron otros tantos**, *Ils emmenèrent des dizaines de produits et en ramenèrent tout autant* (= la même quantité). Bien sûr, cette formule peut s'accorder, selon le contexte : **Dame diez lonchas de jamón serrano y otras tantas de jamón de York**, *Donne-moi dix tranches de jambon cru et autant de jambon blanc* ; **No hay bastante jamón, pon otro tanto**, *Il n'y a pas assez de jambon, remets-en autant*.

53 / Lección cincuenta y tres

7 Vous reconnaissez sans doute intuitivement à présent les formes du passé simple, comme dans cette phrase **fue**. Vous avez d'ailleurs rencontré **fuimos** à la leçon 51 et il s'agit en effet de la même conjugaison : **fui, fuiste, fue, fuimos, fuisteis, fueron**. Mais attention ! Il s'agissait alors du verbe **ir** et, dans cette leçon, du verbe **ser** : ces deux verbes ont en effet les mêmes formes au passé simple.

***

Ejercicio 1 – Traduzca

❶ Cuando Cristóbal Colón llegó a América, creyó que había alcanzado las Indias. ❷ En aquella época había gente que pensaba que la Tierra no era redonda. ❸ El hombre siempre quiso conocer nuevos mundos. ❹ ¿Te acuerdas de quién fue el primer hombre que puso el pie en la Luna? ❺ Los conquistadores trajeron a Europa el oro y la plata de América.

***

Ejercicio 2 – Complete

❶ Christophe Colomb n'a jamais su qu'il était arrivé sur un nouveau continent.
Cristóbal Colón .... que .... a un ..... continente.

❷ Bientôt les Espagnols commencèrent à ramener en Europe de l'or, de l'argent et des produits nouveaux.
...... los españoles .... a ..... a Europa ..., ... y .... nuevos.

❸ Je suis né en Europe et je ne me sens pas attiré par l'Amérique.
.... en Europa y no me .... América.

❹ Les Peaux-Rouges passent leur temps à aller et venir à cheval.
Los .... se pasan el tiempo ..... y .... a ....

❺ Les bateaux espagnols amenèrent des dizaines de produits en Amérique et en ramenèrent tout autant : par exemple, le maïs, la tomate ou la vanille.
Los ...... españoles .... de productos a América y .... : por ...., el ...., ... o la ....

237 • doscientos treinta y siete

Leçon cinquante-trois / 53

8 **paloma** désigne la *colombe* et **palomita** est donc littéralement une *petite colombe*. Mais ce mot est aussi le nom courant de ce qu'on appelle, en bon français, le *pop-corn* : **palomitas**, ou **palomitas de maíz**, poétiquement assimilées à la blancheur légère de ce pacifique volatile.

***

Corrigé de l'exercice 1
❶ Quand Christophe Colomb arriva en Amérique, il crut qu'il avait atteint les Indes. ❷ À cette époque il y avait des gens qui pensaient que la Terre n'était pas ronde. ❸ L'homme a toujours voulu connaître de nouveaux mondes. ❹ Te souviens-tu de qui fut le premier homme qui mit le pied sur la Lune ? ❺ Les conquistadors ramenèrent en Europe l'or et l'argent d'Amérique.

***

Corrigé de l'exercice 2
❶ – nunca supo – había llegado – nuevo – ❷ Pronto – empezaron – traer – oro, plata – productos – ❸ Nací – siento atraído por – ❹ – Pieles Rojas – yendo – viniendo – caballo ❺ – barcos – llevaron decenas – trajeron otros tantos – ejemplo – maíz, el tomate – vainilla

Le capitalisme moderne naît dans le sillage de la découverte de l'Amérique. Révolution diététique, explosion des prix, mondialisation des échanges et de l'économie : notre monde date de 1492. L'Espagne, qui se partage le Nouveau Monde avec le Portugal, devient la première puissance mondiale. L'or puis l'argent d'Amérique affluent à Séville, qui devient au xvie siècle – avec 150 000 habitants – une des villes les plus peuplées et les plus dynamiques d'Europe : aventuriers, marchands, banquiers, on y vient de partout en quête de fortune. Aujourd'hui encore, la ville andalouse garde, dans les dimensions et l'éclat de ses constructions, le souvenir d'avoir été un temps la capitale du monde. **La Torre del oro**, *Tour de l'or, au bord du Guadalquivir, où les galions d'Amérique stockaient les métaux précieux, témoigne entre autres de cette gloire passée.*

Deuxième vague : 4ᵉ leçon

doscientos treinta y ocho

Lección cincuenta y cuatro

Un buen candidato

1 – ¡Ya hice [1] la entrevista!
2 – ¿Qué tal te fue [2]?
3 – Fenomenal, estoy convencido de que voy a conseguir el puesto.
4 – ¡Enhorabuena!
5 – Fueron la mar de [3] simpáticos : empezaron por preguntarme si quería fumar.
6 – ¡La trampa clásica! ¿Y qué hiciste [1]?
7 – Ya sabes que estoy tratando de dejar el tabaco,
8 pero es de mala educación rechazar un cigarrillo, ¿no?
9 – No me lo puedo creer... ¿Fumaste?
10 – Sí, y luego quisieron saber qué tipo de prensa leo.
11 – Claro, para formar parte [4] de una empresa moderna, es preciso mantenerse informado.
12 ¿Y qué les contestaste?
13 – Pues la verdad, que tengo costumbre de comprar el Marca cada mañana.
14 – Por Dios... ¿Y qué pasó?
15 – Se echaron a [5] reír y me dijeron [6] que nunca habían visto a un candidato tan original como yo.
16 Te lo digo : el puesto es mío.

Leçon cinquante-quatre

Un bon candidat

1 – Ça y est, j'ai fait *(je fis)* l'entretien !
2 – Comment ça s'est passé *(Que tel te alla)* ?
3 – Super bien *(Phénoménal)* ! Je suis convaincu *(de)* que je vais *(à)* obtenir le poste.
4 – Félicitations !
5 – Ils ont été *(Furent)* très *(la mer de)* sympathiques : ils ont commencé *(commencèrent)* par me demander si je voulais fumer.
6 – Le piège classique ! Et qu'est-ce que tu as fait *(que fis-tu)* ?
7 – Tu sais bien que j'essaye *(je suis en train d'essayer)* d'arrêter *(de laisser)* le tabac
8 mais il est impoli *(de mauvaise éducation)* de refuser une cigarette, non ?
9 – Je n'y crois pas *(Ne me le peux croire)*... Tu as fumé *(fumas)* ?
10 – Oui, et ensuite ils ont voulu *(voulurent)* savoir quel genre de presse je lis.
11 – Bien sûr *(Clair)*, pour faire *(former)* partie d'une entreprise moderne, il est nécessaire d'être *(de se maintenir)* informé.
12 Et que leur as-tu répondu *(répondis-tu)* ?
13 – Eh bien la vérité, que j'ai [l'] habitude d'acheter *(le)* Marca tous les *(chaque)* matins.
14 – Mon *(Par)* Dieu... Et que s'est-il passé *(se passa-t-il)* ?
15 – Ils se sont mis *(Se mirent)* à rire et ils m'ont dit *(me dirent)* qu'ils n'avaient jamais vu un candidat aussi original que *(comme)* moi.
16 Je te le dis : le poste est à moi *(mien)*.

Prononciation
… ca'ndida**to** 1 … i**Z**é… 3 … co'nbé'n**Z**ido… co'nsé**guiR**… **pou**ésto 5 … si'm**pa**ticoss é'm**pé**Z**a**Ro'n… fou**maR** 6 … t**R**a'm**pa** cla**ssi**ca… i**Z**isté 7 … t**R**ata'ndo… ta**ba**co 8 … édouca**Z**io'n Rétcha**Z**a**R**… 9 … fou**mas**té 10 … qui**ssié**Ro'n… **ti**po… p**Ré**'n**sa** 11 … fo**R**ma**R**… ém**pRé**ssa mo**deR**na… ma'nté**neR**sé i'nfo**R**mado 12 … co'nté**tas**té 13 … costou'm**b**Ré… **maR**ca… 14 … pa**sso** 15 … étcha**R**o'n… **Ré**i**R**… di**Hé**Ro'n… oRi**Hi**nal…

Remarques de prononciation
(9), (12), (14) Remarquez à nouveau la place de l'accent tonique à la 3ᵉ personne du singulier du passé simple régulier des verbes en **-ar** : pasó, *il se passa*, *[pa**sso**]*. Pas d'accent écrit, par contre sur **fumaste**, *tu fumas*, *[fou**mas**té]* ou **contestaste**, *tu répondis*, *[co'ntes**tas**té]*.

(15) Pour bien prononcer **reír**, *rire*, il faut rouler fortement le **-r** initial, séparer les deux voyelles et faire porter l'accent tonique sur la dernière (**-ir**) : *[**Ré**i**R**]*.

Notes

1 Encore un passé simple irrégulier ! À ce rythme, vous les aurez tous bientôt rencontrés… Il s'agit ici de **hacer**, dont le radical change en **hic-** : **hice, hiciste, hizo, hicimos, hicisteis, hicieron**. Remarquez la petite modification orthographique à la 3ᵉ personne du singulier : si l'on veut conserver la même prononciation, il faut que le **c** devienne un **z** : non pas "hico", *[ico]* mais **hizo**, *[i**Z**o]*.

2 Dans la langue parlée, que nos dialogues abordent peu à peu, **me va bien** (ou **me va mal**) équivaut à *ça se passe bien* (ou *mal*) *pour moi* : A

***

Ejercicio 1 – Traduzca

❶ He tenido suerte, la entrevista me fue muy bien y he conseguido el puesto. ❷ Voy a formar parte de una empresa la mar de moderna. ❸ Quisieron hacerme caer en una trampa : me preguntaron si me apetecía fumar. ❹ Se lo agradezco. Sé que es de mala educación rechazar un cigarrillo, pero estoy tratando de dejar el tabaco. ❺ Estoy convencido de que hiciste bien.

Leçon cinquante-quatre / 54

Pedro le ha ido muy bien, *Ça s'est très bien passé pour Pedro* (il peut s'agir d'un examen, d'une affaire, ou de la vie en général). De façon informelle, donc, **¿Cómo te fue?** ou **¿Qué tal te fue?** peut se rendre par *Comment ça s'est passé ?*

3 La mer est changeante, on le sait bien. En espagnol, elle change carrément de genre selon les circonstances : tantôt **el mar**, tantôt **la mar**. L'usage le plus étendu est le masculin, devant le nom des mers par exemple (**el mar Mediterráneo**) ou pour en parler de façon neutre (**cerca del mar**, *près de la mer*). Par contre, la mer tend à être féminine en poésie, et aussi pour ceux qui ont un rapport direct avec elle (marins, pêcheurs, etc.) : **hacerse a la mar**, *prendre la mer* ; **alta mar**, *haute mer*. **Mar** entre aussi dans des expressions familières qui expriment la quantité. On dira ainsi, comme dans le dialogue, **la mar de** + adjectif : **Estoy la mar de cansado**, *Je suis très fatigué*. Et au pluriel aussi : **llorar a mares**, *pleurer toutes ses larmes* ; **llover a mares**, *pleuvoir des cordes*.

4 Attention au gallicisme dans cette expression très courante : **formar parte**, *faire partie*.

5 Vous connaissiez **echar** et ses multiples valeurs ? Voici son frère pronominal, **echarse**, qui n'est pas en reste. Son sens de base est *s'allonger, se coucher* : **Me voy a echar un rato**, *Je vais m'allonger un moment*. Mais **echarse a** + infinitif signifie *se mettre à*, avec une petite nuance dynamique ajoutée : **Se echó a reír**, *Il éclata de rire* ; **Me eché a llorar**, *Je fondis en larmes*.

6 Les verbes irréguliers du groupe des passés simples dits "forts" sont très usuels. Il faut donc se familiariser avec eux peu à peu et vous en avez déjà découvert un bon nombre ! En voici un nouveau : **dijeron**, *ils dirent*, du verbe **decir**.

***

Corrigé de l'exercice 1

❶ J'ai eu de la chance, l'entretien s'est très bien passé et j'ai obtenu le poste. ❷ Je vais faire partie d'une entreprise très moderne. ❸ Ils ont voulu me faire tomber dans un piège : ils m'ont demandé si j'avais envie de fumer. ❹ Je vous en remercie. Je sais qu'il est impoli de refuser une cigarette mais je suis en train d'essayer d'arrêter le tabac. ❺ Je suis convaincu que tu as bien fait.

doscientos cuarenta y dos

Ejercicio 2 – Complete

❶ Ils se sont mis à rire et m'ont dit que ça suffisait comme ça.
Se . . . . a . . . . y me . . . . que con eso . . . .

❷ Pour être informé, quel genre de presse lisez-vous ?
Para . . . . informado, ¿qué . . . . de . . . .
usted?

❸ Nous n'avons jamais vu un candidat aussi sympathique que vous : le poste est à vous, félicitations !
Nunca . . . . a un candidato tan . . . .
usted : el . . . . . . es . . . . , ¡. . . . . !

***

Le quotidien espagnol suivi par le plus grand nombre de lecteurs est consacré… au sport ! Faisant la part plus que belle au football, **Marca**, *puisqu'il s'agit de lui, rassemble majoritairement les supporters du Real Madrid, avec* **As**. *En face, les amoureux du FC Barcelone achètent* **Sport** *ou* **Mundo deportivo**. **Marca** *est une véritable institution et vous le trouvez, chaque matin, sur le comptoir de tout café qui se respecte. Pour les passionnés de foot, sachez que*

Lección cincuenta y cinco

¿Una ganga?

1 – ¡Qué caza**do**ra más **chu**la [1]! ¿**Dón**de la has conse**gui**do?
2 – La com**pré** a**yer** en el **Ras**tro, no **pu**de [2] resis**tir**me.
3 **Tu**ve [2] que regate**ar** un buen **ra**to, el **tí**o [3] no que**rí**a ba**jar** el **pre**cio.
4 De**cí**a que **e**ra de [4] un avia**dor ru**so, de **cuan**do [5] la **gue**rra,
5 que no **i**ba a encon**trar o**tra i**gual**.

❹ Je n'y crois pas… Qu'est-ce que tu as fait ? Tu as fumé ?
No me lo .... ¿Qué .... ? ¿ ...... ?

❺ Avant d'arrêter le tabac, j'avais l'habitude de fumer dix cigarettes chaque matin.
..... de ..... el ......, tenía .... de fumar diez .... mañana.

Corrigé de l'exercice 2
❶ – echaron – reír – dijeron – bastaba ❷ – mantenerse – tipo – prensa lee – ❸ – hemos visto – simpático como – puesto – suyo – enhorabuena ❹ – puedo creer – hiciste – Fumaste ❺ Antes – dejar – tabaco – costumbre – cigarrillos cada –

***

*Marca décerne chaque année deux prestigieux trophées: le **Pichichi**, au meilleur buteur de la **Liga**, et le **Zamora**, au meilleur gardien. Signalons cette coutume qui consiste, dans la pratique, à faire précéder le nom du journal de l'article: **¿Me da el Marca, por favor?**,* Vous me donnez Marca, s'il vous plaît ?

Deuxième vague : 5ᵉ leçon

Leçon cinquante-cinq

Une bonne affaire ?

1 – Quel chouette blouson *(blouson plus crâneur)* ! Où est-ce que tu l'as eu *(obtenu)* ?
2 – Je l'ai acheté *(L'achetai)* hier au *(dans le)* Marché aux Puces, je n'ai pas pu *(ne pus pas)* résister *(me résister)*.
3 J'ai dû *(Je dus)* marchander un bon moment, le type ne voulait pas baisser le prix.
4 Il disait qu'il était à *(d')* un aviateur russe, de l'époque de *(de quand)* la guerre,
5 que je n'allais pas [en] trouver [un] autre pareil *(égal)*.

55 / Lección cincuenta y cinco

6 Le pagué la mitad de lo que pedía al principio, doscientos euros. ¡Una ganga!
7 – Me da la sensación de que [6] las mangas te quedan largas,
8 y de que es un poco ancha de hombros, ¿no?
9 – Me da igual, me pongo un jersey gordo debajo.
10 – ¿Me la puedo probar?
11 – Sí, claro.
12 – No pesa mucho, parece falsa... ¿De verdad crees que es de cuero [7]?
13 ¿Has visto la etiqueta?... ¡Hecho en China!
14 Amigo mío, me parece que te han dado gato por liebre [8]...

Prononciation

... **ga'n**ga **1** ... ca**Z**ado**R**a... **tch**oula... co'n**s**é**g**uido **2** ... co'm**pré**... aïé**R**... **R**ast**R**o... poudé **R**éssisti**R**mé **3** toubé... **R**é**g**atéa**R**... tio... ba**H**a**R**... **4** ... abiado**R** **R**ousso... **g**ué**R**a... **6** ... pagué... mita^d... p**R**i'n**Z**ipio... **7** ... sé'nsa**Z**io'n... ma'n**g**ass... **8** ... **a'n**tcha... **o'**m**bR**oss... **9** ... **H**é**R**séï **goR**do... **12** ... péssa... **fal**sa... coué**R**o... **13** ... étiquéta... **tch**ina **14** ... lié**bR**é

Remarques de prononciation

(2), (3), (6) Comparez les conjugaisons régulière et irrégulière du passé simple à la 1re personne du singulier : **compré**, *j'achetai* ; **pagué**, *je payai* (accent tonique écrit sur la dernière syllabe) / **pude**, *je pus* ; **tuve**, *j'eus* (pas d'accent tonique écrit).

(9) Prononcez **jersey** comme vous prononceriez "vermeil" en français : [He**R**sé**ï**].

Notes

1 **chulo** est un terme à géométrie variable. Le sens premier est *crâneur* mais son spectre sémantique s'ouvre ensuite dans deux sens opposés. Côté négatif, il désigne le métier peu ragoûtant de *souteneur* ; côté sympathique, **el chulo** (ou **chulapo**, pour marquer la différence) évoque un personnage populaire : le Madrilène hâbleur des classes populaires.

Leçon cinquante-cinq / 55

6   Je lui ai payé *(Lui payai)* la moitié de ce qu'il me demandait au début, deux cents euros. Une bonne affaire !
7 – J'ai l'impression *(Me donne la sensation de)* que les manches sont trop longues pour toi *(te restent longues)*
8   et *(de)* qu'il est un peu large aux *(d')* épaules, non ?
9 – Ça m'est *(Donne)* égal. Je *(me)* mets un gros pull dessous.
10 – Je *(Me la)* peux l'essayer ?
11 – Oui, bien sûr.
12 – Il ne pèse pas beaucoup, on dirait du faux *(elle semble fausse)*… Tu crois vraiment qu'il est en *(de)* cuir ?
13   Tu as vu l'étiquette ?… Fait en Chine !
14   Mon ami *(Ami à-moi)*, il me semble qu'on t'a roulé *(ils t'ont donné chat pour lièvre)*…

Personnage récurrent de la **zarzuela** (opérette espagnole), le **chulo** porte casquette, gilet et pantalon à rayures ; au bras de son pendant la **chulapa**, vous l'y verrez danser le **chotis** (sorte de polka parente de la scottish, qui lui donne son nom). Mais **chulo** est aussi un adjectif très actuel et familier qui, comme ici, évoque quelque chose de *chouette*, *cool* ou *sympa*.

2   Vous avez rencontré dans cette série plusieurs passés simples irréguliers. En voici deux autres : *pude*, *je pus* (de **poder**) et *tuve*, *j'eus* (de **tener**). Repérez le radical irrégulier et souvenez-vous des terminaisons du groupe des passés simples forts : seriez-vous capable de dire la conjugaison complète au passé simple de ces deux verbes ?

3   **tío** signifie *oncle* (et **tía**, *tante*), mais ces mots sont très présents dans la langue familière, où ils équivalent à *type* / *mec* ou, au féminin, *nana*. Vous l'entendrez un peu à tout bout de champ, comme interpellation : **¿Qué tal, tío?**, *Ça va, mec ?* Il faut savoir que l'espagnol conversationnel est en général plus relâché que le français courant : ici tout le monde y va de son mot familier, voire de son juron !

4   **ser de** peut signifier l'origine (**Soy de Sevilla**) mais cette tournure indique aussi l'appartenance : **Es de un aviador**, *C'est à un aviateur* ; **Es de Pedro**, *C'est à Pedro* ; **¿De quién es esto?**, *À qui est-ce ?*

55 / Lección cincuenta y cinco

5 Remarquez cette construction elliptique avec **cuando**, *quand* : on attendrait un verbe et une subordonnée et on a directement un nom (**Cuando la guerra**, *À l'époque de la guerre*). Sur le même modèle vous pourrez par exemple trouver une phrase comme : **Cuando niño, no tenía muchos juguetes**, *Quand j'étais enfant* (ou *dans mon enfance*), *je n'avais pas beaucoup de jouets*.

6 Et voici à nouveau **dar** dans une tournure évoquant un ressenti ou une opinion : **Me da la sensación de que…**, *J'ai le sentiment que…* Remarquez aussi le **de que**, au lieu du simple *que* en français.

7 Les prépositions sont trompeuses en espagnol, vous commencez à vous en rendre compte. Voici, par exemple, une autre valeur de **de**, l'expres-

***

Ejercicio 1 – Traduzca

❶ Ayer compré una cazadora muy chula en el Rastro. ❷ Traté de regatear, pero el tío no quiso bajar el precio. ❸ Tuve que pagar lo que pedía al principio. ❹ Esta cazadora era de un aviador, de cuando la guerra. ¿Te la quieres probar? ❺ Las mangas son un poco largas, pero si te pones un jersey gordo debajo te queda bien.

***

Ejercicio 2 – Complete

❶ Les manches sont trop longues pour moi mais je n'ai pas pu résister et j'ai acheté le blouson.
Las . . . . . . me . . . . , pero no . . . . resistirme y . . . .

❷ Le pull est trop large aux épaules et le blouson n'est pas en cuir : on dirait du faux !
El . . . . . . es demasiado . . . . . de . . . . y la . . . . no es . . . . : ¡parece . . . . . !

❸ J'ai payé deux cents euros et j'ai l'impression qu'on m'a roulé.
. . . . . doscientos euros y . . . . la . . . . que me han . . . . por . . . .

247 • **doscientos cuarenta y siete**

Leçon cinquante-cinq / 55

sion de la matière : **Es de cuero**, *C'est en cuir* ; **Es de oro**, *C'est en or*. Essayez de fabriquer quelques mini-phrases sur ce modèle, en vous servant des noms de matières que vous connaissez.

8 Nous avons parlé à plusieurs reprises, dans cette série de leçons, de l'importance de la langue familière en espagnol. Celle-ci fait également la part belle aux dictons, phrases faites ou expressions imagées ; voyez par exemple **dar gato por liebre**, "donner [du] chat pour (=à la place de) lièvre", qui sert génériquement à rendre compte de toutes sortes de tromperies. On peut penser, comme équivalents, à *rouler / tromper sur la marchandise*, etc.

***

Corrigé de l'exercice 1
❶ Hier j'ai acheté un blouson très chouette au Marché aux Puces. **❷** J'ai essayé de marchander mais le type n'a pas voulu baisser le prix. **❸** J'ai dû payer ce qu'il demandait au début. **❹** Ce blouson était à un aviateur, de l'époque de la guerre. Tu veux l'essayer ? **❺** Les manches sont un peu longues mais si tu mets un gros pull dessous il te va bien.

***

❹ Eh bien quelle bonne affaire ! Ça ne pèse rien, ça coûte un œil *(du visage)* et c'est fait en Chine !
¡Pues vaya . . . . . ! ¡No . . . . , ... un ojo de la . . . .
y está . . . . . en China.

❺ Tu ne vas pas trouver un blouson pareil dans tout Madrid. Allez, je te le laisse à moitié prix.
No . . . a . . . . una . . . . en todo
Madrid. . . . . . , te la . . . . a . . . . . de precio.

Corrigé de l'exercice 2
❶ – mangas – quedan largas – pude – compré la cazadora **❷** – jersey – ancho – hombros – cazadora – de cuero – falsa **❸** Pagué – me da – sensación de – dado gato – liebre **❹** – ganga – pesa nada, cuesta – cara – hecho – **❺** – vas – encontrar – cazadora igual – Venga – dejo – mitad –

doscientos cuarenta y ocho • 248

El Rastro, *le Marché aux Puces de Madrid, est une vénérable institution plusieurs fois centenaire, installée au cœur du Madrid populaire dans le quartier de* **Lavapiés**. *Adossé jusqu'à la fin des années 1920 à un ensemble d'abattoirs, il tire son nom du* **rastro**, *traînée de sang, que laissaient sur leur passage les carcasses des animaux de boucherie. Énorme marché ouvert installé le dimanche matin et les jours fériés, il rassemble encore des foules d'acheteurs et de simples badauds mais, plus encore que les arrêtés municipaux, c'est l'évolution des mœurs qui entame chaque jour un peu plus son caractère.*

Lección cincuenta y seis

Repaso - Révision

1 Le passé simple

1.1 Valeur et emplois

Le passé simple espagnol possède la même valeur linguistique que son correspondant français : il rend compte d'une action révolue, dont on peut spécifier le début et la fin et dont on n'envisage pas les conséquences sur le présent.
Il est donc comme en français le temps du récit d'actions :
Se levantó a las ocho y desayunó en cinco minutos.
Il/Elle se leva à huit heures et prit son petit déjeuner en cinq minutes.
Il s'oppose semblablement à l'imparfait, qui évoque une action dont on ne précise pas les limites.
Era un niño cuando el hombre puso el pie en la Luna.
J'étais un enfant quand l'homme posa le pied sur la Lune.
Par contre, et c'est la grande différence d'usage par rapport au français, le passé simple espagnol n'a pas été remplacé par le passé composé dans la langue courante.
Lorsque l'événement rapporté correspond aux valeurs du passé simple, il se dit donc au passé simple : **Nací en 1957**, *Je suis né/e ("je naquis") en 1957* (l'événement occupe un segment fini du passé). Le passé composé espagnol indique, lui, que les conséquences de l'action se prolongent dans le présent : **¡Socorro, se ha producido un accidente!**, *Au secours, il y a eu un accident !* (il faut agir, appeler des secours, etc. : le passé envahit le présent).

Les brocanteurs de jadis – souvent gitans – sont devenus antiquaires ayant pignon sur rue et les vendeurs de fripes écoulent aujourd'hui des chinoiseries diverses. Ne soyons pas négatif : tout est un peu moins cher, c'est vrai. Et puis le secteur des livres peut réserver de vraies surprises aux bibliophiles en quête de curiosités. Signalons aussi la zone réservée aux échanges de **cromos**, *images collectionnables, qui grouille d'une surprenante animation.*

Deuxième vague : 6ᵉ leçon

Leçon cinquante-six

1.2 Le passé simple régulier

Le radical du passé simple régulier est celui de l'infinitif à toutes les personnes. Rappelons en effet cette grande règle de la conjugaison espagnole : la diphtongaison ne se produit qu'au présent. Concernant les terminaisons, il y a un modèle pour les verbes en **-ar** et un autre pour les verbes en **-er** et en **-ir**. En voici le tableau ; retenez bien l'accent écrit à la 1ʳᵉ et à la 3ᵉ personne du singulier. Si vous oubliez de l'écrire ou prononcez ces formes en omettant l'accent tonique, vous changez de conjugaison !

hablar	comer	vivir
hablé	comí	viví
hablaste	comiste	viviste
habló	comió	vivió
hablamos	comimos	vivimos
hablasteis	comisteis	vivisteis
hablaron	comieron	vivieron

1.3 Les passés simples irréguliers

Le passé simple espagnol est riche d'irrégularités mais ne vous en faites pas une montagne. Vous en aurez fait le tour complet d'ici la fin de cette méthode : les formes les plus courantes reviennent fatalement en boucle dans la conversation et nos leçons s'en feront l'écho. Résumons ce que vous avez découvert pour le moment. Il existe un groupe de passés simples dits "forts", qui ont comme caractéristique principale d'avoir un radical particulier à chaque verbe, qui

doscientos cincuenta • 250

reçoit l'accent tonique à la 1re et à la 3e personne du singulier : ces verbes ne portent donc pas d'accent écrit à ces personnes, comme les conjugaisons régulières.

Six d'entre eux ont des terminaisons communes : **estar**, **hacer**, **poder**, **poner**, **querer**, **tener**. Ces terminaisons sont **-e**, **-iste**, **-o**, **-imos**, **-isteis**, **-ieron**. Voici un tableau pour visualiser ces verbes (cette fois, nous vous indiquons en couleur le radical de chaque verbe).

estar	estuve, estuviste, estuvo, estuvimos, estuvisteis, estuvieron
hacer	hice, hiciste, hizo, hicimos, hicisteis, hicieron
poder	pude, pudiste, pudo, pudimos, pudisteis, pudieron
poner	puse, pusiste, puso, pusimos, pusisteis, pusieron
querer	quise, quisiste, quiso, quisimos, quisisteis, quisieron
tener	tuve, tuviste, tuvo, tuvimos, tuvisteis, tuvieron

Vous avez en outre rencontré deux autres passés simples appartenant à cette famille d'irréguliers mais présentant une particularité : **decir** et **traer**.

Decir transforme son radical en **dij-** et **traer** en **traj-**. Ils suivent les terminaisons des autres verbes forts, à l'exception de la 3e personne du pluriel, en **-eron** et non en **-ieron**.

decir	traer
dije	traje
dijiste	trajiste
dijo	trajo
dijimos	trajimos
dijisteis	trajisteis
dijeron	trajeron

Ser et **ir**, enfin, ont la même conjugaison au passé simple ; celle-ci diffère à plusieurs personnes des terminaisons des passés simples forts : à la 1re et à la 3e du singulier (**-i** et **-e** à la place de **-e** et **-o**) et à nouveau à la 3e du pluriel (**-eron** à la place de **-ieron**).

ser et **ir**
fui
fuiste

Leçon cinquante-six / 56

fue
fu**i**mos
fu**i**steis
fu**e**ron

1.4 Quelques particularités

Signalons quelques autres particularités. Une question orthographique d'abord : on n'écrit pas l'accent tonique sur les formes monosyllabiques au passé simple. Par exemple, **fui**, *je fus* ou *j'allai* ; **fue**, *il/elle fut* ou *il/elle alla* ; **vio**, *il/elle vit*.

Toujours concernant l'orthographe, attention aux modifications qui peuvent se produire à la 1ʳᵉ personne du singulier. Prenons pour exemples **pagar** et **sacar** :

pagar	sacar
pagué	saqué
pagaste	sacaste
pagó	sacó
pagamos	sacamos
pagasteis	sacasteis
pagaron	sacaron

Rappelons enfin que dar, *donner*, est un verbe irrégulier au passé simple : **di**, **diste**, **dio**, **dimos**, **disteis**, **dieron**.

2 Comment remercier ?

2.1 *Gracias* et compagnie...

Pour remercier, vous connaissez bien sûr la formule **gracias**, *merci*. Si l'occasion le justifie, vous pouvez surenchérir : **muchas gracias**, *merci beaucoup*, voire **muchísimas gracias**, *merci infiniment*. Avec un numéral, vous avez également **mil gracias** et, ne soyons pas avares, **un millón de gracias**.

2.2 *Dar las gracias / dar las gracias por*

La traduction du verbe "remercier" pose traditionnellement un problème aux francophones. Le premier équivalent, lorsqu'on l'utilise sans autre précision, est **dar las gracias**, "donner les mercis" :

¿Te ha dado las gracias?, *Il t'a remercié/e ?*
Dale las gracias, *Remercie-le / Remercie-la.*.
Mais vous pouvez aussi être amené à préciser le pourquoi de ces remerciements : "remercier de", ou "remercier pour" se rendront par **dar las gracias por** :
Te doy las gracias por tu ayuda, *Je te remercie de ton aide*.

2.3 *Agradecer*

Vous avez également rencontré, dans ces leçons, le verbe **agradecer**. Attention, ce verbe est un verbe transitif et vous ne pouvez donc pas l'utiliser tout seul, sans compléments : **agradezco**, tout seul, ne signifie rien. Et pas davantage **te agradezco**. Vous devez préciser :
Te agradezco tu ayuda, *Je te remercie de ton aide* (remarquez la construction directe, sans préposition).
Te lo agradezco signifie donc *Je t'en remercie* (littéralement : "Je te le remercie").

3 Accord et désaccord

3.1 Formules de base

No est bien sûr la réponse négative la plus simple et **sí** la façon la plus directe de dire votre accord. Pour développer un peu, songez aussi à la formule **(no) estar de acuerdo** :
Estoy de acuerdo contigo, *Je suis d'accord avec toi*.
No estoy de acuerdo con lo que has dicho, *Je ne suis pas d'accord avec ce que tu as dit*.

3.2 Formules expressives

L'accord et le désaccord sont rarement neutres et la langue quotidienne permet de donner de l'expressivité à ces situations. **Por supuesto**, par exemple, peut vous servir dans les deux cas :
¡Por supuesto que sí!, *Bien sûr que si !*
¡Por supuesto que no!, *Bien sûr que non !*
¡Por supuesto que probé la cocina mexicana!
Bien sûr que j'ai goûté la cuisine mexicaine !
Vous avez également rencontré dans les dialogues des formules très marquées comme **¡Ni hablar!**, ou encore **¡De eso nada!**, que l'on pourra rendre par *Pas question !* Ces deux expressions conviennent pour refuser une proposition (dans la leçon 26 :

acquérir un animal domestique) ou pour vous opposer à un acte (leçon 50 : quelqu'un qui veut vous passer devant dans une queue).
¿Animales en casa? ¡Ni hablar!
Des animaux à la maison, pas question !
¡De eso nada, señora, estaba yo antes!
Pas question, madame, j'étais là avant !
Quand il s'agit de contredire une affirmation, on pourra également utiliser **¡Qué va!** :
Dicen que Miguel es muy rico. – ¡Qué va! ¡Es muy pobre!
On dit que Miguel est très riche. – Mais pas du tout, allons ! Il est très pauvre !
¿Te dio asco la cocina mexicana? – ¡Qué va! Está muy rica.,
La cuisine mexicaine t'a dégoûté/e ? – Mais non, allons ! Elle est très bonne.

Diálogo de repaso

1 – ¿Qué tal te fue? ¿Vas a conseguir el puesto?
2 – Estoy convencido de que sí. Pasé la entrevista ayer y creo que supe contestar a todo lo que me preguntaron.
3 – ¡Enhorabuena! Pero, dime, ¿qué tipo de preguntas te hicieron? A veces hay trampas en las entrevistas, ¿sabes?
4 – ¡Qué va! Fueron la mar de amables y educados.
5   Me dijeron que a lo mejor iban a mandarme a trabajar a Ciudad de México y quisieron saber si ya había estado allí.
6   Les contesté que por supuesto conocía Latinoamérica y nos pusimos a hablar de la vida en México.
7   Les conté que había estado en todas partes y que hasta había regateado el precio de un jersey muy chulo en un mercado indígena.
8 – ¿Te atreviste a contarles eso?
9 – Sí, ¡les hizo mucha gracia!

10 – ¿Y les dijiste también que te había dado asco la cocina mexicana, que no la habías probado y que echabas de menos las meriendas españolas?
11 – No, eso sí que no lo dije...

Traduction

1 Comment est-ce que ça s'est passé ? Tu vas obtenir le poste ? **2** Je suis convaincu que oui. J'ai passé l'entretien hier et je crois que j'ai su répondre à tout ce qu'ils m'ont demandé. **3** Félicitations ! Mais, dis-moi, quel genre de questions t'ont-ils posées ? Il y a parfois des pièges dans les entretiens, tu sais ? **4** Pas du tout ! Ils ont été très

Lección cincuenta y siete

¿Sueño o pesadilla?

1 – Anoche tuve [1] un sueño extraño.
2 – ¿Sí? [2] ¿Soñaste que tu jefe te sonreía?
3 – No te burles... Soñé que me iba a vivir al pueblo.
4 – Eso parece más una pesadilla que un sueño...
5 – ¿Por qué? ¿Tú no hay días en que [3] estás cansado del tráfico, del ruido y de los atascos?
6 – Si crees que la vida de pueblo es un paraíso, estás equivocado :
7 quizás haya [4] menos contaminación, pero te aburres como una ostra [5].
8 Mi cuñado decía lo mismo [6] que tú. Se fue a vivir al pueblo y al cabo de seis meses volvió.
9 Créeme, nada mejor que una gran [7] ciudad.
10 – Pues, que yo sepa [8], tú no te pierdes [9] nunca las fiestas de tu pueblo, ¿no?

aimables et polis. **5** Ils m'ont dit qu'ils allaient peut-être m'envoyer travailler à Mexico et ils ont voulu savoir si j'avais déjà été là-bas. **6** Je leur ai répondu que je connaissais bien sûr l'Amérique latine et nous nous sommes mis à parler de la vie au Mexique. **7** Je leur ai raconté que j'avais été partout et que j'avais même marchandé le prix d'un pull très chouette sur un marché indigène. **8** Tu as osé leur raconter ça ? **9** Oui, ils ont trouvé ça très drôle ! **10** Et tu leur as dit aussi que tu avais été dégoûté par la cuisine mexicaine, que tu n'y avais pas goûté et que tu regrettais les goûters espagnols ? **11** Non, ça je ne l'ai surtout pas dit…

Deuxième vague : 7ᵉ leçon

Leçon cinquante-sept

Rêve ou cauchemar ?

1 – La nuit dernière, j'ai fait *(j'eus)* un rêve étrange.
2 – Ah bon *(Oui)* ? Tu as rêvé *(Rêvas)* que ton chef te souriait ?
3 – Ne te moque [pas]… J'ai rêvé *(Rêvai)* que je m'[en] allais vivre au village.
4 – Ça ressemble *(semble)* plus [à] un cauchemar qu'[à] un rêve.
5 – Pourquoi ? Toi, il n'y a pas [des] jours où tu es fatigué de la circulation, du bruit et des embouteillages ?
6 – Si tu crois que la vie au *(de)* village est un paradis, tu te trompes *(tu-es trompé)* :
7   il y a *(ait)* peut-être moins [de] pollution, mais tu t'ennuies comme un rat mort *(une huître)*.
8   Mon beau-frère disait la même chose *(le même)* que toi. Il s'en est allé *(S'alla)* vivre au village et au bout de six mois il est revenu *(revint)*.
9   Crois-moi, rien [de] mieux qu'une grande ville.
10 – Eh bien, que je sache, tu ne rates *(ne te perds)* jamais les fêtes de ton village, non ?

11 – Son divertidas, no digo que no... Bueno, ¿y cómo acabó el sueño?
12 – Pues sonó el despertador, me levanté, me lavé, me vestí y fui a la oficina.
13 Ah, por cierto : el jefe no me sonrió. ☐

Prononciation
... péssadilya **1** anotché... toubé... ekstRagno **2** ... sognasté... Héfé... so'nRéïa **3** ... bouRléss... sogné... pouéblo **5** ... tRafico... Rouido... atascoss **6** ... paRaïsso... équibocado **7** quiZass aïa... co'ntaminaZio'n... abouRéss... ostRa **8** ... cougnado... mismo... cabo... méssess **9** cRéémé... **12** ... sono... désspeRtadoR... léba'nté... labé... bésti... ofiZina... **13** ... so'nRio

Remarques de prononciation
(1) Rappel : les passés simples dits forts ne portent jamais d'accent tonique écrit. On les prononce donc en marquant l'avant-dernière syllabe : tuve *[toubé]*.
(3), (12), (13) Les passés simples réguliers, au contraire, portent un accent écrit sur la dernière syllabe à la 1ʳᵉ et à la 3ᵉ personne du singulier. Dans les phrases signalées, marquez-la bien dans la prononciation : soñé *[sogné]*, sonó *[sono]*, etc.
(6) Dans paraíso, le í est accentué pour le séparer du a. C'est donc bien sur lui qu'il faut insister : *[paRaïsso]*
(9) Lorsqu'un pronom s'accroche à un impératif de plus de deux syllabes, l'accent tonique apparaît sur l'avant-avant-dernière : créeme *[cRéémé]*

Notes
1 Vous allez remarquer à nouveau que le passé simple envahit la conversation courante en espagnol lorsqu'il s'agit de rapporter des événements du passé dont les frontières sont nettes : **Anoche tuve un sueño**, *La nuit dernière / hier soir j'ai fait un rêve*. C'est le cas dans l'ensemble de ce dialogue, où les interlocuteurs évoquent un segment du temps qui est pour eux fini : la nuit dernière. Le passé composé ne serait pas strictement impossible, mais il supposerait alors que les personnes considèrent que ce passé se prolonge encore dans leur présent. Par exemple, ils auraient pu dire : **Esta noche he tenido un sueño**, *Cette nuit, j'ai fait un rêve* ; **He**

Leçon cinquante-sept / 57

11 – Elles sont amusantes, je ne dis pas le contraire *(que non)*... Bon, et comment a fini *(finit)* le rêve ?
12 – Eh bien le réveil a sonné *(sonna)*, je me suis levé *(me levai)*, me suis lavé *(me lavai)*, me suis habillé *(m'habillai)* et je suis allé *(allai)* au bureau.
13 Ah, d'ailleurs : mon *(le)* chef ne m'a pas souri *(ne me sourit pas)*.

---

soñado que…, *J'ai rêvé que…* . "**Esta noche**" rapprocherait le passé du présent, alors que "**anoche**" introduit une rupture qui les sépare.

2 Vous avez déjà pu découvrir que le **sí** espagnol, ce petit mot apparemment si simple, pouvait être riche de nuances. Il peut par exemple, dans la structure **sí que**, exprimer l'insistance : **Eso sí que está bien**, *Ça, c'est vraiment bien*. Parfois, l'intonation suffira à produire du sens : **¿sí?**, prononcé interrogativement, marque ainsi un mélange de surprise et de doute (**Tengo una buena sorpresa para ti. / ¿Sí?**, *J'ai une bonne surprise pour toi. / Ah bon ?*).

3 Gare aux gallicismes ! Un d'entre eux, très fréquent, concerne la traduction de "où". Sachez que **donde** n'a en espagnol qu'une valeur spatiale, contrairement au français "où", qui peut aussi avoir un sens temporel : "l'endroit où", mais aussi "le moment où". Distinguez donc bien la ciudad **donde** nací, *la ville où je suis né/e* (espace) et el día **en que** nací, *le jour où je suis né/e* (temps).

4 **quizás** (du latin *qui sapit*, qui sait), que vous trouverez également orthographié **quizá**, introduit une supposition : *peut-être*… Comme **tal vez**, dont il est le synonyme, il se construit presque toujours avec le subjonctif : **quizás haya**, *il y a peut-être*.

5 L'imagination populaire a souvent recours aux noms d'animaux pour forger des expressions. Gare, ce ne sont pas les mêmes animaux dans toutes les langues ! Voyez ici, par exemple, comment l'huître remplace en espagnol le rat mort dans la représentation de l'ennui. Le chat occupe également une place de choix dans ce répertoire : **buscarle tres pies al gato** "chercher trois pieds au chat", *chercher midi à quatorze heures*, ou encore **hay gato encerrado** "il y a chat enfermé", *il y a anguille sous roche* !

6 Vous connaissez l'article neutre **lo**. Rappelons qu'il renvoie à une notion, à une idée ou à une réalité immatérielle et non pas à une personne : **lo mismo**, *la même chose* / **el mismo hombre**, *le même homme* / **la misma mujer**, *la même femme*.

7 Remarquez cette forme raccourcie de l'adjectif **grande** : **una gran ciudad**. Nous étudierons ce phénomène, appelé apocope par les grammairiens, dans la leçon de révision. Sachez déjà qu'il ne se produit qu'au singulier : **las grandes ciudades**, *les grandes villes*.

8 **saber**, *savoir*, est irrégulier au subjonctif présent, en espagnol comme en français (*que je sache*, *que tu saches*, etc.). Retenez donc cette conjugaison : **sepa, sepas, sepa, sepamos, sepáis, sepan**.

***

Ejercicio 1 – Traduzca
❶ Anoche tuve una pesadilla : soñé que me iba a vivir al pueblo con mi jefe y mi cuñado. ❷ Que yo sepa, nunca te has perdido las fiestas de tu pueblo. ❸ Quizás haya menos ruido y menos atascos, pero hay días en que te aburres como una ostra. ❹ Créeme, estás equivocado : nada mejor que una gran ciudad. ❺ No te burles de mis sueños.

***

Ejercicio 2 – Complete
❶ Ah bon ? Alors tu as rêvé la même chose que moi !
¿..? ¡Entonces .... que yo!

❷ Tu te souviens du jour où le chef nous a souri ?
¿Te .... del día ..... el jefe nos ......?

❸ Le réveil a sonné, je me suis levé/e, je me suis habillé/e et je suis allé/e au bureau.
.... el despertador, me ...., me ..... y ... a la ....

❹ Quel étrange rêve ! Je partais vivre dans une grande ville sans circulation et sans pollution, un paradis.
¡Qué ..... más ....! Me iba a vivir a una .... ciudad sin .... y sin ...., un ....

Leçon cinquante-sept / 57

9 Vous connaissiez **perder**, *perdre* en français : **No me gusta perder el tiempo**, *Je n'aime pas perdre mon temps*. Sachez que ce verbe peut aussi signifier *rater*, lorsque vous "ratez" un moyen de transport : **He perdido el tren**, *J'ai raté le train*. Même sens aussi pour **perderse**, dans des situations comme celle de ce dialogue : **No puedo perderme esta fiesta**, *Je ne peux pas rater cette fête*. On dira de même : **Me he perdido el fin de la peli**, *J'ai raté la fin du film*.

***

Corrigé de l'exercice 1
❶ Hier soir j'ai fait un cauchemar : j'ai rêvé que je m'en allais vivre au village avec mon chef et mon beau-frère. ❷ Que je sache, tu n'as jamais raté les fêtes de ton village. ❸ Il y a peut-être moins de bruit et moins d'embouteillages mais il y a des jours où tu t'ennuies comme un rat mort. ❹ Crois-moi, tu te trompes : rien de mieux qu'une grande ville. ❺ Ne te moque pas de mes rêves.

❺ Au bout de six mois, il est revenu parce qu'il s'ennuyait comme un rat mort.
...... de seis meses ...... porque se .... como una ......

Corrigé de l'exercice 2
❶ Sí – soñaste lo mismo – ❷ – acuerdas – en que – sonrió ❸ Sonó – levanté – vestí – fui – oficina ❹ – sueño – extraño – gran – tráfico – contaminación – paraíso ❺ Al cabo – volvió – aburría – ostra

doscientos sesenta

*Tout Espagnol – même habitant des grandes villes – garde un attachement particulier pour son **pueblo** : tel y a encore de la famille, des amis ou la maison des ancêtres, tel autre revient "au pays" dès qu'il a un peu de temps libre, quand il n'y passe pas carrément toutes ses vacances. Quand Pedro Almodovar signe avec **Volver** son film le plus intime, c'est dans un village de la **Mancha** profonde qu'il va chercher la source de son inspiration.*
***Pueblo** est d'ailleurs un terme ambigu, que le mot "village" ne rend que très imparfaitement. Dans la pratique, il peut désigner aussi bien un tout petit bourg qu'une ville de plusieurs dizaines de milliers d'habitants. Le statut administratif et l'histoire pèsent ici au moins autant que la stricte importance démographique.*
*Quoi qu'il en soit, la mémoire villageoise est puissamment entretenue par une tradition festive florissante, car la moindre localité a ses réjouissances, originales et parfois insolites. À **Sabucedo** (Galice),*

Lección cincuenta y ocho

Una mala novela

1 – **Bue**nas, **vi**ne ¹ anteayer y compré **va**rias no**ve**las, ¿se a**cuer**da?

2 – Sí, **cla**ro, le atendí ² yo.

3 – Pues **ven**go a devol**ver u**na.

4 – Ah, ¿**tie**ne al**gún** ³ pro**ble**ma, al**gu**na ³ **pá**gina mal im**pre**sa?

5 – No, no es **e**so. Es que no es**toy** satis**fe**cho ⁴ con el **li**bro.

6 De**cí**an que **e**ra entrete**ni**do, y me ha pare**ci**do aburri**dí**simo.

7 Ade**más**, no en**tien**do por qué ha conse**gui**do un **pre**mio ⁵ literario : está **pé**simamente ⁶ es**cri**to ⁴.

8 – ¿Me está gas**tan**do una **bro**ma ⁷?

les garçons du village vont chercher dans la montagne des chevaux semi-sauvages pour leur couper les crins ; dans tout le Levant (**Levante** : *région allant de* **Castellón** *jusqu'à* **Murcia**), *les fêtes de* **Moros y Cristianos** (*Maures et Chrétiens*) *rassemblent parfois des centaines de figurants pour mimer la reconquête du lieu, dans une grande bataille parfois assortie d'un débarquement ; à* **Calanda** (*dans la province de* **Teruel**), *c'est l'assourdissante procession des* **tambores**, *tambours, immortalisée par Luis Buñuel…, et ainsi de suite pour des centaines d'autres fêtes.*

Si l'Espagne des plages attire chaque année des dizaines de millions de touristes, celle plus secrète des villages et petites villes mériterait bien plus qu'un détour. Mais chut, ne le dites à personne…

Deuxième vague : 8ᵉ leçon

Leçon cinquante-huit

Un mauvais (*Une mauvaise*) roman

1 – Bonjour (*Bonnes*), je suis venu (*vins*) avant-hier et j'ai acheté (*achetai*) plusieurs romans, vous vous souvenez ?
2 – Oui, bien sûr, c'est moi qui vous ai servi (*vous je-servis moi*).
3 – Eh bien je viens (*à*) [en] rendre un (*une*).
4 – Ah, il a un (*quelque*) problème, une (*quelque*) page mal imprimée ?
5 – Non, ce n'est pas ça. C'est que je ne suis pas satisfait du (*avec le*) livre.
6   On disait qu'il était distrayant et il m'a semblé très ennuyeux.
7   En plus, je ne comprends pas pourquoi il a obtenu un prix littéraire : il est très mal (*très mauvaisement*) écrit.
8 – Vous êtes en train de me faire (*dépenser*) une blague ?

58 / Lección cincuenta y ocho

9 – En abso**lu**to. **Cuan**do un apa**ra**to no fun**cio**na, **pi**de que se lo a**rre**glen o que le de**vuel**van el di**ne**ro, ¿no?
10 – **Des**de que soy li**bre**ra, **na**die me ha**bí**a de**vuel**to ⁴ un **li**bro por **e**sa ra**zón**…
11 **Bue**no, reco**noz**co que está **prác**tica**men**te ⁵ **nue**vo.
12 – Soy muy cuida**do**so con los **li**bros, in**clu**so ⁸ con los que no me **gus**tan.
13 – Le doy el di**ne**ro en un **va**le de **com**pra, ¿está con**for**me?
14 – Per**fec**to, **de**me 25 **eu**ros en pa**pel**, rotula**do**res, **lá**pices y cua**der**nos.
15 La **pró**xima no**ve**la que **le**a ⁹ la voy a escri**bir** yo **mis**mo. ☐

🗨 Prononciation
… no**bé**la **1** … bi**né** a'nteaïe**R**… ba**R**iass… **2** … até'**n**di… **3** … débol**beR**… **4** … al**gou**'n… pa**Hi**na… i'm**pRés**sa **5** … satis**fét**cho… li**bRo 6** … é'ntRéténido… abouRi**dí**ssimo **7 pRé**mio lité**Ra**Rio… **pé**ssima**mé'**nté es**cRi**to **8** … **bRo**ma **9**… apa**Ra**to… fou'n**Zi**ona… a**Ré**gle'n… dé**bouél**ba'n… **10** … li**bRé**Ra… dé**bouel**to… **11** … p**Rac**tica**mé'**nté… **12** … couida**dos**so… i'**nclous**so… **13** … co'n**foR**mé **14** … pa**pel** Rotula**do**Réss lapi**Zéss**… coua**deR**noss

Remarques de prononciation
(6) Dans tous les superlatifs en **-ísimo**, signalez bien l'accent tonique sur le premier **-í**.
(7), (11) Dans les adverbes en **-mente**, l'accent tonique peut "remonter" très haut dans le mot : **pésimamente**, **prácticamente**.

Notes
1 Complétons notre liste de passés simples irréguliers ; voici celui de **venir** à la 1ʳᵉ personne du singulier : **vine**, *je suis venu, je vins*. La conjugaison complète sera donc : **vine, viniste, vino, vinimos, vinisteis, vinieron**.

Leçon cinquante-huit / 58

9 – Pas du tout. Quand un appareil ne fonctionne pas, vous demandez qu'on vous le répare ou qu'on vous rende l'argent, non ?
10 – Depuis que je suis libraire, personne ne m'avait rendu un livre pour cette raison…
11 Bon, je reconnais qu'il est pratiquement neuf.
12 – Je suis très soigneux avec les livres, même avec ceux que je n'aime pas.
13 – Je vous donne l'argent en un bon d'achat, vous êtes d'accord ?
14 – Parfait, donnez-moi 25 euros en papier, feutres, crayons et cahiers.
15 Le prochain roman que je lirai *(lise)*, je vais l'écrire moi-même.

---

2 Attention, faux-ami ! **Atender** ne signifie pas *attendre* (**esperar**) mais *servir*, au sens commercial du terme : **¿Le atienden?**, *On vous sert ?* **En esta tienda atienden muy bien al cliente**, *Dans ce magasin on sert très bien le client*.

3 L'adjectif indéfini **alguno** s'accorde au nom qu'il détermine (**algunos, alguna, algunas**), et – dans certaines circonstances que vous verrez en leçon de révision – adopte la forme raccourcie **algún**. Au singulier, il est très proche pour le sens de l'article *un*, et de fait on le traduira généralement par *un*. Il lui ajoute cependant encore un peu d'indétermination, comme dans le français "quelque" ("Y a-t-il quelque problème ?"). On retrouve cette valeur d'indéfinition au pluriel : **por algunas razones**, *pour quelques raisons*, ou *pour un certain nombre de raisons*.

4 Découvrons dans ce dialogue quelques nouvelles formes du participe passé irrégulier : celui de **satisfacer** (**satisfecho**, *satisfait*), de **escribir** (**escrito**, *écrit*) et de **devolver** (**devuelto**, *rendu*). Ce dernier verbe est en fait un composé de **volver**, dont **vuelto** est donc le participe passé : **He vuelto temprano**, *Je suis revenu tôt*.

5 Ne confondez pas **el precio**, *le prix* que coûtent les choses, et **el premio**, *le prix* au sens d'une récompense : **un premio litterario**, *un prix littéraire* / **el precio de los zapatos**, *le prix des chaussures*.

58 / Lección cincuenta y ocho

6 L'adverbe de manière se construit en ajoutant la terminaison **-mente** au féminin de l'adjectif : **tranquila**mente, *tranquillement* ; **amable**mente, *aimablement* ; **ideal**mente, *idéalement*, etc. Règle orthographique : si l'adjectif porte un accent tonique écrit, l'adverbe qui en dérive le conserve : **práctica**, **prácticamente**.

7 Ne confondez pas **la broma** (*la blague*, *la plaisanterie* que l'on fait à quelqu'un) et **el chiste** (*la blague* que l'on raconte) que vous avez rencontré en leçon 43. Remarquez au passage le caractère idiomatique de la tournure **gastar una broma**, *faire une plaisanterie*, *jouer un tour* ; et retenez également l'expression **en broma**, *pour rire* (dont le contraire sera **en serio**, *sérieusement*) : **Estoy hablando en broma, hombre**, *Allons, je suis en train de plaisanter* ; **¿Estás hablando en serio?**, *Tu parles sérieusement ?*

8 Faute classique, francophones, ouvrez l'œil ! "Même" se rend par **mismo** lorsqu'il renvoie à l'identité : **yo mismo**, *moi-même* ; **el mismo hombre**, *le même homme*. Il se traduira par contre par **incluso**, ou

***

Ejercicio 1 – Traduzca
❶ Ha conseguido un premio, pero es una mala novela, pésimamente escrita y aburridísima. ❷ He devuelto este libro porque tenía varias páginas mal impresas. ❸ ¿Habla en serio o me está gastando una broma? ❹ No estoy conforme : no quiero un vale de compra. ❺ Deme papel, un lápiz, dos rotuladores y un cuaderno.

***

Ejercicio 2 – Complete
❶ Je suis venu avant-hier et c'est vous qui m'avez servi, vous vous souvenez ?

. . . . y me . . . . usted, ¿se acuerda?

❷ Je veux que vous me rendiez mon argent. Je ne suis pas satisfait de ce roman.

Quiero que me . . . . el . . . . No estoy . . . . esta . . . .

❸ Cette télévision est pratiquement neuve mais elle ne fonctionne pas. Pouvez-vous la réparer ?

Esta tele está . . . . , pero no . . . . ¿La puede . . . . ?

Leçon cinquante-huit / 58

hasta, lorsqu'il prend une nuance concessive : **Soy cuidadoso incluso (ou hasta) con los libros que no me gustan** ; **Soy educado hasta (ou incluso) con mis enemigos**, *Je suis poli même avec mes ennemis*.

9 Nous avons déjà rencontré cet usage particulier du subjonctif espagnol dans la subordonnée, où il prend la valeur d'un futur français : **la próxima novela que lea**, *le prochain roman que je lirai*. On le trouve aussi dans la subordonnée relative : **Come lo que quieras**, *Mange ce que tu voudras*. Retenez-le déjà, et nous verrons ce point plus en détail dans la prochaine série, lorsque nous aborderons l'expression du futur.

Corrigé de l'exercice 1
❶ Il a obtenu un prix mais c'est un mauvais roman, très mal écrit et très ennuyeux. ❷ J'ai rendu ce livre parce qu'il avait plusieurs pages mal imprimées. ❸ Vous parlez sérieusement ou vous êtes en train de me faire une blague ? ❹ Je ne suis pas d'accord : je ne veux pas un bon d'achat. ❺ Donnez-moi du papier, un crayon, deux feutres et un cahier.

***

❹ Je suis libraire et je suis très soigneuse avec les livres, même avec ceux que je n'aime pas.
Soy .... y soy muy .... con los libros, ...
con ... que no me gustan.

❺ S'il y a un problème vous pouvez rendre l'appareil.
Si hay ..... problema puede .... el ....

Corrigé de l'exercice 2
❶ Vine anteayer – atendió – ❷ – devuelva – dinero – satisfecho con – novela ❸ – prácticamente nueva – funciona – arreglar ❹ – librera – cuidadosa – incluso – los – ❺ – algún – devolver – aparato

doscientos sesenta y seis • 266

Vous avez à présent largement dépassé l'équateur de votre méthode Assimil : l'espagnol est désormais familier à votre oreille, la prononciation en place et les bases grammaticales assez solides pour suivre un échange relativement complexe. Votre bagage lexical, quant à lui, a dépassé les 1000 mots. Vous avez donc sans doute constaté que les leçons s'étoffaient un peu, pour de-

Lección cincuenta y nueve

¿Quién elige [1] la peli?

1 – ¿**Cuá**nto **tiem**po **ha**ce que no **va**mos al **ci**ne?
2 – ¡**Me**ses! **Cre**o que fue en prima**ve**ra, **cuan**do la **fies**ta del **ci**ne, con lo de las en**tra**das **ca**si **gra**tis.
3 – El aconteci**mien**to de la tempo**ra**da [2] es la **úl**tima **o**bra del fa**mo**so direc**tor** de "Un cora**zón** tan **frá**gil".
4 – Sí, a**que**lla **fui**mos a **ver**la. Re**cuer**do **so**bre **to**do el prin**ci**pio.
5 – Fabu**lo**so, ¿a que sí?
6 – Sí, **lue**go me dor**mí**. Y el que es**ta**ba al **la**do **mí**o tam**bién** se dur**mió** [3].
7 – Qué **bru**to **e**res…
8 – **Pue**de ser, **pe**ro **es**ta vez la **pe**li la e**lijo** [1] yo :
9   no es**toy** dis**pues**to a co**mer**me el **co**co [4] **o**tra vez con un **ro**llo psico**ló**gico.
10 – ¿Pre**fie**res al**gu**na de va**que**ros [5]? No, me**jor** : ¡**u**na de **e**sas **don**de [6] se dan **hos**tias [7]!
11 – No te en**fa**des, mu**jer**. ¿Y **u**na de **ri**sa? **An**tes te gus**ta**ban.
12 – Ya, **pe**ro a**ho**ra ni fu ni fa.
13 – ¿Lo e**cha**mos a **ca**ra o cruz?

venir le reflet de la conversation courante. Rassurez-vous : nous avons atteint l'altitude de croisière et les dialogues à venir ne seront ni beaucoup plus complexes ni sensiblement plus longs !

Deuxième vague : 9ᵉ leçon

Leçon cinquante-neuf

Qui choisit le film ?

 1 – Combien de temps [cela] fait [-il] que nous n'allons pas au cinéma ?
 2 – [Des] mois ! Je crois que ça a été au *(en)* printemps, au moment de *(quand)* la fête du cinéma, avec l'histoire des *(cela des)* billets presque gratuits.
 3 – L'événement de la saison, [c'] est la dernière œuvre du célèbre réalisateur de "Un cœur si fragile".
 4 – Oui, celle-là nous sommes allés la voir *(allâmes à voir-la)*. Je me souviens surtout du début.
 5 – Fabuleux, pas vrai *(à que oui)* ?
 6 – Oui, après je me suis endormi *(m'endormis)*, et celui qui était à côté de moi *(à côté mien)* aussi *(s'endormit)*.
 7 – Qu'est-ce que tu es balourd *(Que brute tu es)*...
 8 – Peut-être, mais cette fois c'est moi qui choisis le film *(la choisis moi)* :
 9 je ne suis pas disposé à me prendre encore le chou *(manger-me la noix-de-coco)* avec un navet psychologique.
10 – Tu préfères un western *(une de vachers)* ? Non, [encore] mieux : un de ceux *(-là)* où on se castagne *(où ils se donnent des hosties)* ! 11 –   Ne te fâche pas, allons. Et un film comique *(une de rire)* ? Avant tu aimais ça *(te plaisaient)*.
12 – Oui, mais maintenant couci-couça.
13 – On tire ça à pile ou face *(Le jetons à visage ou croix)* ?

doscientos sesenta y ocho • 268

14 – **Ven**ga : **ca**ra **ga**nas tú, cruz **ga**no yo.
15 – ¡**Ca**ra, **u**na de **ri**sa! Y si no te **rí**es **pa**go yo la **ce**na.

Prononciation

... éliHé **2** méssess... pRimabéRa... fiesta... é'ntRadass... gRatiss **3** ... ... aco'ntéZimié'nto... té'mpoRada... obRa... famosso diRectoR... coRaZo'n... fRaHil **5** fabouIosso... **6** ... doRmi... lado... douRmio **7** ... bRouto... **8** ... éliHo... **9** dispouésto... sicoloHico **10** ... baquéRoss... ostiass **11** ... é'nfadéss... Rissa **12** ... ni fou ni fa **13** ... caRa... cRouZ

Remarque de prononciation

(9) Le groupe consonantique **ps-** est difficile à réaliser pour un espagnol, et on supprime donc ici couramment le **-p** dans la prononciation : **psicológico** *[sicoloHico]*. Du coup l'orthographe a tendance à suivre, et la **Real Academia** admet aussi la forme **sicológico**.

Notes

1 La conjugaison espagnole contient, vous le savez, de nombreux pièges. Certains sont simplement orthographiques, comme par exemple pour **elegir**, *choisir* : à la 1ʳᵉ personne du présent, le **g** du radical devient un **j** pour conserver le son de la **jota** (**elijo, eliges, elige, elegimos, elegís, eligen**).

2 Il y a deux mots pour dire *saison* : **estación** lorsqu'on parle des quatre saisons (**primavera, verano, otoño, invierno**) et **temporada** si on se réfère à des événements qui se produisent à un certain moment de l'année : **la temporada teatral**, *la saison théâtrale*. Dans le même ordre d'idées, on parlera aussi de **fruta de temporada**, *fruits de saison*.

***

Si vous êtes spécialiste d'histoire ancienne ou lecteur d'Astérix, vous savez que les Romains, lorsqu'ils lançaient une monnaie en l'air pour tirer au sort, pariaient **caput aut navis**, *tête ou bateau. Tels étaient en effet les symboles les plus couramment représentés sur les deux faces d'une pièce. En Espagne, on parle de* **cara o cruz**, *"visage ou croix", en mémoire de certaines monnaies médiévales où figuraient d'un côté l'image du monarque et de l'autre une croix pattée.*

Leçon cinquante-neuf / 59

14 – Allons-y *(Vienne)* : face c'est toi qui gagnes, pile c'est moi qui gagne.
15 – Face, un film comique ! Et si tu ne ris pas, je paye le dîner.

3 **dormir** entre dans la catégorie des verbes dits "à alternance". Nous les aborderons dans la leçon de révision, mais vous pouvez déjà observer une curiosité : le radical **dorm-** devient **durm-** à la 3ᵉ personne du passé simple (**dormí, dormiste, durmió**).

4 Emprunts argotiques, dictons, phrases faites (jurons aussi…) : en Espagne, le parler quotidien est littéralement truffé de formules et d'images, alors ne boudons pas notre plaisir à l'occasion. Voici par exemple le très populaire **comer el coco**, *prendre le chou*, ou *prendre la tête* (**el coco**, *la noix de coco*, désigne couramment *la tête*) : ¡**No me comas el coco**!, *Ne me prends pas la tête !* On peut d'ailleurs aussi se prendre la tête tout seul : **Me estoy comiendo el coco**.

5 **el vaquero**, le *vacher*, désigne *le cow-boy*. Les *westerns* sont donc des **películas de vaqueros**, et les *jeans*, **pantalones vaqueros**, abrégés en **vaqueros**.

6 **donde** ne vaut que pour l'espace. Vous avez le choix de dire : **una película donde** (ou **en que**) **se dan hostias** (= valeur spatiale) ; mais vous ne pourrez dire que : **el año en que salió esta peli**, *l'année où ce film est sorti* (= valeur temporelle).

7 **hostia**, *hostie*, et argotiquement *torgnole*, est aussi une interjection qui ponctue la conversation courante (¡**Hostia, se me ha olvidado el pan**!, *Putain, j'ai oublié le pain !*). Ce terme peut être perçu comme grossier, et certains Espagnols eux-mêmes le remplacent par un mot phonétiquement proche : **ostra**, *huître* (¡**Ostras, si se entera mi mujer**!, *Purée, si ma femme l'apprend !*).

***

La formule traditionnelle est restée, même si elle ne correspond plus à la réalité des euros en cours. Ceux-ci offrent trois images pour le côté face, **la cara** *: la cathédrale de Saint-Jacques de Compostelle, un buste de* **Cervantes** *et un profil du roi* **Felipe VI** *;* **cruz**, *pour le côté pile, affiche la valeur monétaire de la pièce. Observez également que, dans l'expression, le français commence par "pile" (pile ou face) et l'espagnol par "face" (***cara o cruz***).*

Ejercicio 1 – Traduzca

❶ En primavera, cuando la fiesta del cine, las entradas son muy baratas, ¡casi gratis! ❷ ¿Es el acontecimiento de la temporada? Puede ser, pero a mí me parece que "Un corazón tan frágil" es un rollo. ❸ No estoy dispuesta a ver una peli de esas donde se dan hostias. ❹ Venga, no te enfades, vamos a ver una de vaqueros, ¿vale? ❺ Soy un poco bruto : a mí las pelis psicológicas ni fu ni fa.

***

Ejercicio 2 – Complete

❶ Combien de temps cela fait-il que nous n'avons pas vu un film comique ?

¿ . . . . . . tiempo . . . . que no . . . . una . . . . de . . . . ?

❷ On tire à pile ou face : pile c'est toi qui choisis, face c'est moi qui choisis.

Lo . . . . a . . . . o . . . . : . . . . , ... yo.

❸ C'est un réalisateur très célèbre, peut-être, mais ses œuvres me prennent la tête.

Es un . . . . muy . . . . . . , ... ser, pero sus . . . . . me . . . . . el . . . . .

60

Lección sesenta

Carta a un hijo (1.ª parte)

1 Querido hijo : [1]
2 ¡Qué contenta me he puesto al ver [2] las fotos que acabas de enviar!
3 Confieso que estaba un poco preocupada por no tener noticias tuyas,
4 pero ya [3] estoy tranquila : veo que has llegado bien.

Corrigé de l'exercice 1

❶ Au printemps, au moment de la fête du cinéma, les entrées sont très bon marché, presque gratuites ! ❷ C'est l'événement de la saison ? Peut-être, mais moi, il me semble que "Un cœur si fragile" est un navet. ❸ Je ne suis pas disposée à voir un de ces films où on se castagne. ❹ Allons, ne te fâche pas, nous allons voir un western, d'accord ? ❺ Je suis un peu balourd : moi les films psychologiques, couci-couça.

***

❹ **La dernière fois que nous sommes allés au cinéma, je me suis endormi.**
La última vez que ...... al cine me ......

❺ **C'était un film fabuleux mais celui qui était à côté de moi s'est endormi.**
Era una ...., pero el que estaba .... se ....

Corrigé de l'exercice 2

❶ Cuánto – hace – hemos visto – peli – risa ❷ – echamos – cara – cruz – cruz eliges tú, cara elijo – ❸ – director – famoso, puede – obras – comen – coco ❹ – fuimos – dormí ❺ – película fabulosa – al lado mío – durmió

Deuxième vague : 10ᵉ leçon

Leçon soixante

Lettre à un fils (1ʳᵉ partie)

1 Cher fils, (:)
2 Que j'ai été contente *(Que contente je me suis mise)* en voyant *(au voir)* les photos que tu as envoyées !
3 J'avoue que j'étais un peu inquiète de *(pour)* ne pas avoir [de tes] nouvelles *(tiennes)*,
4 mais je suis tranquille à présent : je vois que tu es bien arrivé.

doscientos setenta y dos

5 **Aun**que me da tris**te**za que es**tés** tan **le**jos,
6 **quie**ro que **se**pas que a**prue**bo total**men**te tu deci**sión** de mar**char**te [4] a **Lon**dres por un año.
7 No **cre**as que soy **u**na **ma**dre an**ti**gua [5]
8 de **e**sas que lloraban a **ma**res **cuan**do un famil**iar** se iba un **tiem**po al extran**je**ro.
9 En**tien**do que **es**ta **be**ca era **u**na oportuni**dad** que no po**dí**as per**der**te.
10 Es **u**na gran **suer**te po**der** via**jar** y traba**jar** **fue**ra. Yo no la **tu**ve, ¡apro**vé**chala! [6]
11 Di**viér**tete y estu**dia** : ¡se **pue**den ha**cer** am**bas** [7] **co**sas a la vez!
12 Y oja**lá** te **sir**va [8] **es**ta estan**cia** **pa**ra la**brar**te un buen porve**nir**, **don**de **se**a.
13 **Aun**que, **cla**ro, mi **sue**ño es que **vuel**vas **pron**to a Es**pa**ña y con**si**gas un tra**ba**jo a**quí**... □

Prononciation

*1 qué**Ri**do... 2 ... co'**nte'n**ta... é'n**biaR** 3 co'n**fié**sso... p**Ré**ocou**pa**da... noti**Zia**ss... 5 aou'n**qué**... tRis**té**Za... 6 ... ap**Roué**bo... déZis**sio'n**... maRt**char**té... lo'n**dRé**ss... 7 ... **cRéa**ss... a'n**ti**goua... 8 famili**aR**... extRa'n**Hé**ro 9 ... **bé**ca... opoRtouni**da**ᵈ... 10 ... **foué**Ra... ap**Ro**bétchala 11 di**biéR**tété... **a'm**bass... 12 ... o**Ha**la... **siR**ba... esta'n**Zia**... la**bRaR**té... poR**bé**niR... 13 ... co'n**si**gass*

Remarques de prononciation

(9) Pas de lettre muette en espagnol (sauf le **h**) : prononcez donc bien le **s** final dans Londres *[lo'n**dRé**ss]*

(7) Dans les groupes **guo** et **gua**, comme vous le savez, il faut faire entendre la lettre **u** : antiguo *[a'n**ti**gouo]*, antigua *[a'n**ti**goua]*

(10), (11) Encore deux exemples d'impératifs "enclitiques" (avec un pronom soudé à la forme verbale) : l'accent tonique écrit apparaît pour vous rappeler la syllabe à marquer (**aprovéchala**, **diviértete**).

Leçon soixante / 60

5 Même si ça m'attriste *(me donne tristesse)* que tu sois si loin,
6 je veux que tu saches que j'approuve totalement ta décision de partir à Londres pour un an.
7 Ne crois pas que je suis une mère à l'ancienne *(ancienne)*
8 de celles qui pleuraient toutes leurs larmes *(à mers)* quand un membre de la famille *(un familier)* s'en allait un temps à l'étranger.
9 Je comprends que cette bourse était une occasion que tu ne pouvais pas rater *(te perdre)*.
10 C'est une grande chance [de] pouvoir voyager et travailler à l'extérieur. Je ne l'ai pas eue *(Je ne l'eus pas)*, profites-en *(profite-la)* !
11 Amuse-toi et étudie : on peut faire les deux choses à la fois !
12 Et puisse *(pourvu-que)* ce séjour te servir *(te serve)* pour te préparer un bon avenir, où que ce soit *(où soit)*.
13 Même si, bien sûr, mon rêve est que tu reviennes vite en *(à)* Espagne et [que] tu obtiennes un travail ici…

Notes

1 Nous examinerons, à l'occasion de cette lettre, quelques formules et normes de la correspondance en espagnol. Remarquez déjà ici l'appel : s'agissant d'un proche, ce sera **Querido**, **Querida**, *Cher*, *Chère*. Observez également la ponctuation qui clôt la formule d'introduction : un double point et non une virgule comme en français.

2 Voici une structure très courante, à retenir absolument ! **Al** + l'infinitif permet d'exprimer la simultanéité de deux actions (la seconde sera portée par un verbe conjugué) : **Al ver las fotos me puse contenta**, *En voyant les photos j'ai été contente* ; **Al abrir la puerta vi que había alguien en la casa**, *En ouvrant la porte, j'ai vu qu'il y avait quelqu'un dans la maison*. Parfois la nuance peut être causale : **Al ver que no me escuchaba me fui**, *Voyant qu'il ne m'écoutait pas, je suis parti*.

doscientos setenta y cuatro • 274

60 / Lección sesenta

3 L'adverbe **ya** est l'un des plus insaisissables de l'espagnol. Tout en nuances, il n'a pas de traduction unique et vous avez vu qu'il pouvait aussi bien signifier l'insistance (**Ya lo sé**, *Je sais bien*) que l'acquiescement (**Sí, ya**, *Oui, d'accord*). Il a au départ une valeur temporelle, qui concerne à la fois le passé (**Ya he visto esta peli**, *J'ai déjà vu ce film*), le présent (**Ya estoy tranquilo**, *À présent je suis tranquille*) ou même le futur (**Ya veremos**, *Nous verrons bien*).

4 Au fil des leçons, les faux-amis s'accumulent... Ouvrez l'œil ! Voici par exemple **marcharse**, *s'en aller* : **¡Me marcho!**, *Je m'en vais !* À ne surtout pas traduire par *marcher*, donc, qui se dira **andar** ou **caminar**.

5 L'adjectif **antiguo** (dont on retrouve la racine dans **Antigüedad**, *Antiquité*) signifie *ancien* au sens de *vieilli* ou *démodé*, y compris en ce qui concerne la manière d'être. On dira par exemple : **¡Qué antiguo eres!**, *Qu'est-ce que tu es vieux jeu !* Attention, **anciano (a)** existe mais c'est un faux-ami : le terme désigne quelqu'un de *très âgé*.

***

▶ Ejercicio 1 – Traduzca

❶ Querida hija : confieso que me da tristeza que estés tan lejos. ❷ Quiero que sepas que me he puesto muy contento al ver tus fotos. ❸ No creas que estaba preocupada por no tener noticias. ❹ No soy una madre antigua aunque, claro, mi sueño es que vuelvas pronto. ❺ ¡Ojalá te permita esta beca conseguir un buen trabajo!

***

*En 711, Tariq ibn Ziyad traverse le détroit de Gibraltar à la tête d'une dizaine de milliers de soldats : c'est le début de la grande conquête musulmane, qui poussera en quelques années ses armées jusqu'à Poitiers (732). L'Espagne conquise couvre vite la presque totalité de la péninsule : on la désigne historiquement sous le nom de **al-Ándalus**, et ne se réduit donc pas à l'Andalousie. La longue et fluctuante **Reconquista**, Reconquête, partie des territoires les plus au nord, ne prendra fin qu'en 1492 avec la prise de Grenade par les Rois Catholiques.*

*Ces presque huit siècles de cohabitation, de conflits et d'échanges ont laissé un exceptionnel héritage lexical qui touche jusqu'à la toponymie : Gibraltar, c'est **djebel-Tarik**, la montagne de Tarik ; le*

Leçon soixante / 60

6 Le verbe *profiter* a deux équivalents en espagnol. Vous avez vu **disfrutar** (sens de jouir de quelque chose) : **Disfruta de este finde**, *Profite de ce week-end* ; il y a aussi **aprovechar** (sens de mettre à profit une occasion) : **Aprovecha este finde para leer un poco**, *Profite de ce week-end pour lire un peu.*

7 ambos, ambas – comme **both** en anglais – signifie *les deux* : **Escribe con ambas manos**, *Il écrit avec les deux mains* ; **Ambos tienen el mismo coche**, *Ils ont tous deux la même voiture.*

8 ojalá (de l'arabe hispanisé ***law šá Iláh***, *si Dieu veut*) permet d'exprimer un souhait, qui se dira donc au subjonctif : **¡Ojalá haga buen tiempo!**, *Pourvu qu'il fasse beau !*

***

Corrigé de l'exercice 1

❶ Chère fille, j'avoue que ça m'attriste que tu sois si loin. ❷ Je veux que tu saches que j'ai été très content en voyant tes photos. ❸ Ne crois pas que j'étais inquiète de ne pas avoir de nouvelles. ❹ Je ne suis pas une mère à l'ancienne même si, bien sûr, mon rêve est que tu reviennes vite. ❺ Pourvu que cette bourse te permette d'obtenir un bon travail !

***

Guadalquivir *n'est autre que* **oued-el-kbir**, *le grand fleuve ; le palais de l'Alhambra, à Grenade, doit son nom aux teintes que prennent parfois ses murs :* **al-Hamra**, *la rouge ; et ainsi de suite…*
L'Espagne musulmane est une civilisation avancée, héritière des textes et des connaissances de l'Antiquité : son apport à la science, à l'organisation politique, au commerce et à l'agriculture se lit dans les quelques 4 000 termes qu'elle a légués à la langue espagnole. Ces termes sont souvent reconnaissables à leurs premières lettres, **al-** *ou* **a-**, *qui sont la trace de l'article arabe :* **alcalde**, *maire ;* **aceite**, *huile ;* **almohada**, *oreiller ;* **arroz**, *riz ;* **algodón**, *coton ;* **azúcar**, *sucre. Mais il y a aussi* **limón**, *citron ;* **jarabe**, *sirop ;* **naranja**, *orange… De quoi remplir des dictionnaires !*

Ejercicio 2 – Complete

❶ J'approuve totalement ta décision de t'en aller hors d'Espagne pour un an.
Apruebo .... tu decisión de .... de España por un año.

❷ Tu ne pouvais pas rater l'occasion de travailler un temps à l'étranger.
No podías .... la .... de trabajar ... un tiempo en el ....

❸ Je n'ai pas eu cette chance : profites-en pour te préparer un bon avenir, où que ce soit !
Yo no .... esa ...... : ¡........... para .... un buen .... , ... !

Lección sesenta y uno

Carta a un hijo (2.ª parte)

1 ¿Qué **tiem**po **ha**ce allí? **Llu**via y **cie**lo gris, ¿ver**dad**?
2 En la **fo**to me ha pare**ci**do que ha**bí**as adelga**za**do y que te**ní**as la na**riz ro**ja…
3 No me **mien**tas : ¿te has res**fria**do?
4 **E**ra de espe**rar**… ¡A**brí**gate **cuan**do **sa**les, por Dios!
5 Y no **quie**ro ni [1] pen**sar** en las comi**das** : ¡**de**bes de [2] co**mer** cual**quier co**sa, boca**di**llos [3], **na**da ca**lien**te!
6 **Pe**ro **ten**go **u**na sor**pre**sa : adi**vi**na con quién me encon**tré** a**yer**,
7 ¡con Te**re**sa, a**que**lla **chi**ca tan edu**ca**da que estu**dió** el bachille**ra**to con**ti**go!
8 Me pregun**tó** por [4] ti y me pi**dió** tu dire**cción**.

❹ Amuse-toi pendant ton séjour à Londres !

   ¡.......... durante tu .... Londres!

❺ Puisses-tu obtenir les deux choses, une bourse à Londres et un travail en Espagne !

   ¡................. cosas, una ...... Londres y un trabajo en España!

Corrigé de l'exercice 2
❶ – totalmente – marcharte fuera – ❷ – perderte – oportunidad – por – extranjero ❸ – tuve – suerte – aprovéchala – labrarte – porvenir, donde sea ❹ Diviértete – estancia en – ❺ Ojalá consigas ambas – beca en –

Deuxième vague : 11ᵉ leçon

Leçon soixante et un

Lettre à un fils (2ᵉ partie)

1 Quel temps fait-il là-bas ? Pluie et ciel gris, n'est-ce pas ?
2 Sur *(Dans)* la photo, il m'a semblé que tu avais maigri et que tu avais le nez rouge...
3 Ne me mens [pas] : tu t'es *(t'as)* enrhumé ?
4 Il fallait s'y *(C'était d')* attendre : couvre-toi quand tu sors, bon Dieu !
5 Et je ne veux même pas *(ni)* penser aux *(en les)* repas : tu dois manger n'importe quoi, [des] sandwiches, rien [de] chaud.
6 Mais j'ai une surprise : devine *(avec)* qui j'ai *(me suis)* rencontré hier,
7 *(avec)* Teresa, cette fille si bien élevée qui a fait *(étudié)* le lycée avec toi !
8 Elle m'a demandé de tes nouvelles *(Me demanda pour toi)* et *(me demanda)* ton adresse.

9 ¡Qué casuali**dad**, va a Inglate**rra den**tro de un par de se**ma**nas!

10 Le voy a dar algu**nas** cosi**tas pa**ra ti : chorizos, **la**tas de fa**ba**da, de aceitu**nas** y tus calce**ti**nes de **la**na.

11 Qué bien me **ca**e [5] **e**sa chi**qui**lla [6] : es **mo**na [7], inteli**gen**te...

12 Bueno, **cuí**date **mu**cho, cora**zón** mío.

13 Mil **be**sos [8], mamá.

14 PD [9] : Se me olvi**da**ba : lo de compar**tir** un **pi**so es**tá** bien...,

15 pero con **tan**tos **chi**cos **jun**tos **de**be de [2] es**tar to**do su**cí**simo.

16 ¡**Po**ne**os** de a**cuer**do para lim**piar**!

Prononciation

*1 ...lyou*bia*...g***R**iss*...2 ...*adelga**Z**ado*...na**R**i**Z**...3 ...*mié'nt*R*ass...* Res**fR**ia*do 4 ... *a*b**R**igaté*... 5 ... *co*mi*dass... coual***quiéR**... bo*ca*di*lyoss... *ca*lié'n*té 6 ... *a*di*bina... 7 ... *bat*chi*lyéRa*to...* *8 ... *pi*di**o**... di*Rec**Z**io'n 9 ... *ca*ssoualida*d... i'ngla**té**Ra... 10 ... al**gou**nass... tcho**R**i**Z**oss... fa*ba*da... a**Z**é*i**tou***nass... cal**Z**é*ti*néss...* *11 ... i'nté*li**H**é'n*té 12 ... *coui*da*té... 13 ... *béssoss **14 poss**da*ta...* *15 ... sou**Z**issimo **16** po*néoss*... li'm*pia**R**

Notes

1 Attention à **ni** ! Ce petit mot trompeur peut servir, comme en français, dans une suite de négations (**sin cuchillo ni tenedor**, *sans couteau ni fourchette*) mais il est aussi parfois la version raccourcie de la tournure **ni siquiera**, *même pas*. Voyez par exemple ici **No quiero ni pensar...**, *Je ne veux même pas penser...* Cet usage elliptique est très courant, et on retrouve ce sens de **ni** dans de nombreuses expressions idiomatiques : **Ni hablar**, *Pas question* (littéralement "même pas parler") ; **Ni idea**, *Aucune idée* (litt. "même pas d'idée") ; **Ni en sueños**, *Même pas en rêve !* ; ou encore : **Ni me lo digas**, *Ne m'en parle même pas*.

2 Voici un usage subtil, sur lequel bon nombre d'Espagnols eux-mêmes commettent des erreurs : la différence entre **deber** et **deber de**. Les deux verbes se rendent en français par devoir, mais l'espagnol dis-

Leçon soixante et un / 61

9 Quel hasard, elle va en Angleterre dans une semaine ou deux *(une paire de semaines)* !

10 Je vais lui donner quelques petites choses pour toi : [des] chorizos, [des] boîtes de fabada, d'olives et tes chaussettes en *(de)* laine.

11 Qu'est-ce que je l'aime *(elle me tombe)* bien, cette petite : elle est mignonne, intelligente…

12 Bon, prends bien soin de toi *(soigne-toi beaucoup)*, mon cœur *(cœur mien)*.

13 Mille baisers, maman.

14 PS : J'oubliais *(Il se m'oubliait)* : cette histoire de partager un appartement, c'est très bien…,

15 mais avec tant de garçons ensemble, tout doit être très sale.

16 Mettez-vous d'accord pour nettoyer !

---

tingue l'obligation (**Debo** ayudar a mi hermanito, *Je dois aider mon petit frère*) et la supposition (**Deben de** ser las diez, *Il doit être dix heures*). C'est le cas à deux reprises dans notre dialogue : **Debes de comer…**, **Debe de estar…** (la mère imagine ce qui doit être en train de se produire).

3 **bocadillo** désigne le *sandwich* et vous entendrez et lirez souvent ce mot sous sa forme familière : **bocata**. Cette suffixation en **-ata** est courante dans la langue relâchée : citons par exemple **cubata** (déformation de **cuba libre**) qui désigne aujourd'hui, entre jeunes, tout cocktail alcoolisé avec un cola. Pour en revenir au sandwich, sachez que ce mot existe en espagnol (**sándwich**), mais qu'il désigne alors exactement un *sandwich au pain de mie* (**con pan de molde**).

4 Suivi de la préposition **por**, **preguntar** prend le sens de *demander des nouvelles de* : **Me ha preguntado por ti**, *Il/Elle m'a demandé de tes nouvelles*. Dans un sens un peu différent, il peut aussi signifier *demander à voir* quelqu'un : **Ve a la oficina y pregunta por el jefe**, *Va au bureau et demande à voir le chef*.

5 **caer**, *tomber*, suivi d'un adverbe d'appréciation (**bien**, **mal**, **regular**, etc.), s'emploie pour dire l'effet qu'une personne fait sur les autres : **Esta chica me cae bien**, *J'aime bien cette fille* (litt. "cette fille me tombe bien"). On pourra employer souplement cette tournure à toutes les personnes, et il n'y a pas une traduction unique : **Le has caído mal**, *Tu ne lui as pas fait bon effet* ; **A mis padres les caéis fatal**, *Mes parents ne peuvent pas vous encaisser* ; **¿Qué tal te cae?**, *Que penses-tu de lui/elle ?*

6 L'espagnol possède une vaste panoplie de diminutifs, porteurs de nuances diverses et souvent variables, aussi, selon les régions. Le plus standard est **-ito / -ita** : **pequeño, pequeñito**, *petit > tout petit* ; **manitas de plata**, *petites mains d'argent*. Très courant aussi, **-illo / -illa** : **chico, chica**, *gars, fille* > **chiquillo, chiquilla**, *gamin, gamine*.

7 Lorsqu'ils sont des noms communs, **mono** et **mona** désignent respectivement le *singe* et la *guenon*. Mais ces mots peuvent également être

***

Ejercicio 1 – Traduzca

❶ No quiero ni pensar en el tiempo que debe de hacer en Inglaterra. ❷ Te voy a mandar algunas cositas : latas, aceitunas y tus calcetines de lana. ❸ Abrígate y cuídate mucho, corazón mío. Mil besos. ❹ No me mientas : estoy segura de que comes cualquier cosa, solo bocadillos, nada caliente. ❺ Has adelgazado y tienes la nariz roja. ¿Estás enfermo, verdad?

***

Ejercicio 2 – Complete

❶ Il fallait s'y attendre : avec ce ciel gris et cette pluie tu t'es enrhumée.
..... esperar : con ese .... y esa ......
te ....

❷ J'oubliais : devine qui j'ai rencontré hier par hasard.
Se .... : .... quién .... ayer por ....

❸ J'aime beaucoup cette petite. Mettez-vous d'accord pour aller au cinéma ensemble.
..... muy .... esa .... de acuerdo para ir ...... al cine.

des adjectifs, qui signifient alors, dans le langage familier, *joli*, *mignon*, *mignonne* : **Me han regalado un gatito monísimo**, *On m'a offert un petit chat très mignon*.

8 Notez les formules de congé dans cette lettre d'une mère à son fils (**besos, cuídate, corazón mío**...) : vous pourrez en faire usage dans un contexte de grande proximité sentimentale. Sans aller aussi loin, vous pouvez conclure par **Un abrazo**, **Un saludo** ou, au pluriel : **Abrazos**, et **Saludos**, qui équivalent en gros à *Je t'embrasse* ou *Amitiés*. La leçon de révision vous donne un aperçu des usages plus formels de la correspondance.

9 Toujours au chapitre des usages de correspondance, retenez l'abréviation **PD**, **postdata**, qui équivaut à notre *PS*, *post-scriptum*.

***

Corrigé de l'exercice 1
❶ Je ne veux même pas penser au temps qu'il doit faire en Angleterre. ❷ Je vais t'envoyer quelques petites choses : des boîtes de conserves, des olives et tes chaussettes en laine. ❸ Couvre-toi et prends bien soin de toi, mon cœur. Mille baisers. ❹ Ne me mens pas : je suis sûre que tu manges n'importe quoi, seulement des sandwiches, rien de chaud. ❺ Tu as maigri et tu as le nez rouge. Tu es malade, n'est-ce pas ?

***

❹ Je lui ai demandé des nouvelles de Teresa, cette fille mignonne et intelligente qui a fait le lycée avec toi.
Le .... Teresa, ... chica ....
que .... el .... contigo.

❺ Elle m'a demandé ton adresse en Angleterre.
Me ..... tu .... en ....

Corrigé de l'exercice 2
❶ Era de – cielo gris – lluvia – has resfriado ❷ – me olvidaba – adivina con – me encontré – casualidad ❸ Me cae – bien – chiquilla Poneos – juntos – ❹ – preguntó por – aquella – mona e inteligente – estudió – bachillerato – ❺ – pidió – dirección – Inglaterra

*Le système d'enseignement espagnol, qui n'échappe guère lui non plus à la manie réformatrice des ministres successifs, comprend à ce jour **Educación primaria** (école primaire, en six ans), **Educación secundaria obligatoria** (abrégé en **ESO** et équivalent de notre collège, en 4 ans) et **Bachillerato** (qui correspond aux années de lycée). Contrairement à la France, on compte les années dans l'ordre numérique : **primero de ESO, segundo de ESO**, etc.*
*Le cycle du lycée ne comprend que deux ans : **primero** et **segundo de Bachillerato**. Il n'y a pas d'examen national de type bac mais une épreuve dite **Selectividad** dans chaque communauté autonome. C'est la note sur 10 obtenue qui donne alors accès à telles ou telles études universitaires.*

Lección sesenta y dos

Animales...

1 – **Bue**nos **dí**as, qui**sie**ra ha**blar** con la se**ño**ra A**gui**rre ¹, por fa**vor**.
2 – ¿De **par**te de quién?
3 – Es con rela**ción** al a**nun**cio "**Bus**co per**so**na **pa**ra pase**ar** a mi **pe**rro" ².
4 – Lo he **pues**to ³ yo, sí. Han lla**ma**do ya **va**rias per**so**nas, **pe**ro de mo**men**to nin**gu**na me ha conven**ci**do.
5 – **Cla**ro, **mu**cha **gen**te **pien**sa que se **tra**ta **so**lo de que**dar**se un **ra**to en la **ca**lle con el **pe**rro.
6   **Pe**ro no **bas**ta con dar **u**na **vuel**ta, no.
7   Hay que lle**var**lo a un **par**que, co**rrer**, sal**tar** y ju**gar** con él.
8 – **Ve**o que us**ted** en**tien**de de ⁴ ani**ma**les...
9 – Sí, de **he**cho **ten**go **va**rias mas**co**tas.
10 – ¿Y se de**di**ca a pase**ar pe**rros?

283 • doscientos ochenta y tres

Deuxième vague : 12ᵉ leçon

Leçon soixante-deux

Animaux...

1 – Bonjour, je voudrais parler à *(avec la)* madame Aguirre, s'il vous plaît.
2 – De [la] part de qui ?
3 – C'est au sujet de *(en relation avec)* l'annonce "Cherche personne pour promener *(à)* mon chien".
4 – Oui, c'est moi qui l'ai mise. Plusieurs personnes ont déjà appelé mais aucune ne m'a convaincue.
5 – Bien sûr, beaucoup de gens pensent qu'il s'agit seulement de rester un moment dans la rue avec le chien.
6 Mais il ne suffit pas de faire un tour, non.
7 Il faut l'amener dans *(à)* un parc, courir, sauter et jouer avec lui.
8 – Je vois que vous vous y connaissez en *(comprenez de)* animaux...
9 – Oui, de fait j'ai plusieurs animaux de compagnie.
10 – Et vous promenez *(vous vous consacrez à promener)* des chiens, [dans la vie] ?

11 – **Bue**no, **ten**go dos **carre**ras y soy ma**es**tra, **pe**ro es**toy** desempleada [5], ya **sa**be...

12 – ¿De **mo**do que us**ted** tam**bién pue**de dar **cla**ses [6] particulares?

13 – Por su**pues**to.

14 – Es que mis dos **hi**jos es**tán** sa**can**do **pé**simas [7] **no**tas en la es**cue**la.

15 Ade**más**, son muy revol**to**sos y a la **úl**tima can**gu**ro [8] la vol**vie**ron **lo**ca [9]. No va a ser **fá**cil...

16 – No se preo**cu**pe, se**ño**ra. No hay ani**mal** que se me re**sis**ta.

Prononciation

1 ...a**gui**Ré...**3** ...Réla**Zio**'n...passéa**R**...**4** ...ni'n**gou**na...**5** ...calyé... **7** ...pa**R**qué... co**R**er salta**R**... **9** ... mascotass... **11** ... ca**Ré**Rass... ma**és**tRa... déssé'mpléada... **12** ... clas**séss** paRticoula**Réss 14** ... **pé**ssimass **no**tass... escou**é**la **15** ... Rébol**to**ssoss... ca'n**gou**Ro... **lo**ca... fa**Zil 16** ... p**R**éo**cou**pé... **R**é**sis**ta

Remarque de prononciation
(15) La plupart des questions de prononciation proprement dites ont à présent été abordées. Attention à l'accent tonique sur les mots proches du français : **fácil**, *facile*, *[**faZil**]*

Notes

1 Si on s'adresse directement à quelqu'un en lui donnant du "monsieur", on peut par exemple dire : **¡Señor García, venga, por favor!**, *Monsieur Garcia, venez, s'il vous plaît !* Par contre, si ce "monsieur" (ou "madame" !) est sujet ou complément à l'intérieur de la phrase, il faut introduire un article : **Todavía no he visto a la señora García hoy**, *Je n'ai pas encore vu madame Garcia aujourd'hui.*

2 Les règles de grammaire sont subtiles et permettent de dire bien des choses... Vous avez appris, par exemple, qu'un complément d'objet direct représentant une personne est précédé de la préposition **a** en espagnol : **Quiero a mis hijos**, *J'aime mes enfants*. Eh bien sachez que cette "personnification" peut s'étendre, par exemple, aux animaux familiers, et que vous direz donc, comme ici : **pasear a mi perro**, *promener mon*

Leçon soixante-deux / 62

11 – Bon, j'ai fait un double cursus universitaire *(j'ai deux carrières)* et je suis institutrice, mais je suis au chômage, vous savez bien…
12 – Donc *(De sorte que)* vous pouvez aussi donner des cours particuliers ?
13 – Bien sûr.
14 – C'est que mes deux fils ont *(sont en train de sortir)* de très mauvaises notes à l'école.
15 En plus, ils sont très turbulents et ils ont rendu *(la rendirent)* folle *(à)* la dernière baby-sitter *(kangourou)*. [Ça] ne va pas *(à)* être facile…
16 – Ne vous inquiétez pas, madame. Aucun *(Il n'y a pas d')* animal [ne] *(qui se)* me résiste.

chien. Inversement, vous pouvez "chosifier" une personne, ne la considérer, par exemple, que comme prestataire d'un service et dire ainsi : **Necesito un taxista**, *J'ai besoin d'un chauffeur de taxi*. C'est aussi le cas dans le texte de notre annonce ici, qui fait l'économie de la préposition et de l'article devant la personne mais l'introduit devant l'animal : **Busco persona para pasear a mi perro**. Notez également que **pasear** peut avoir la valeur pronominale de *se promener* : **Me gusta pasear por la tarde**, *J'aime me promener le soir*.

3 Ne perdons pas une occasion d'apprendre une nouvelle forme verbale irrégulière ! Surtout si elle est très courante, comme le participe passé de **poner** : **He puesto un anuncio**, *J'ai mis une annonce*.

4 Les prépositions, vous le découvrez peu à peu dans les dialogues, apportent souvent une nuance à des verbes courants. Voyez par exemple **entender**, *comprendre*, qui prend le sens de *s'y connaître* quand il est suivi de **de** : **Yo entiendo de fútbol**, *Je m'y connais en football* ; **Tú no entiendes de política**, *Tu ne t'y connais pas en politique*.

5 **desempleado** est le mot exact pour *chômeur*, mais vous entendrez aussi très souvent **parado** (litt. "arrêté"), avec le même sens. De la même manière, **el desempleo** et **el paro** sont synonymes : *le chômage*.

6 Rappel : **una clase** désigne *un cours* et **un curso** signifie *une classe*, au sens d'*une année scolaire*. **Curso** n'équivaut au français *cours* que dans des expressions comme **curso intensivo de inglés**, *cours intensif* d'anglais. Mais il s'agit alors non pas d'un cours unique mais d'un cycle, comprenant une série d'heures de cours (= **clases**).

7 **pésimo** est le superlatif irrégulier de **malo**, *mauvais* : un *très mauvais* donc, qui va même au-delà de **muy malo**, quelque chose comme *on ne peut plus mauvais*. Sachez que l'inverse existe : **óptimo**, superlatif irrégulier de **bueno**, que l'on pourrait rendre par *excellent*, *on ne peut meilleur*.

8 Les bébés kangourous ont l'air à ce point en sécurité dans la poche ventrale de leur mère que ce sympathique marsupial a, en Espagne, donné

***

Ejercicio 1 – Traduzca

❶ Le llamo con relación al anuncio que ha puesto en el periódico. ❷ Pasear a un perro no es solo sacarlo a la calle : es correr, jugar y saltar con él. ❸ Soy maestra y entiendo de niños revoltosos. ❹ No te preocupes, no hay niño que se me resista. ❺ Quisiera dar una vuelta en el parque con mi mascota.

***

Ejercicio 2 – Complete

❶ Aucune personne de celles qui ont appelé ne m'a convaincue pour le moment.
.... persona de las que ....
me .... momento.

❷ Je suis instituteur mais je suis au chômage : c'est pour cela que je donne des cours particuliers.
Soy ...., pero estoy .... : ..... doy ......
particulares.

❸ Mes enfants sont turbulents et ils ont rendu folle la dernière baby-sitter.
Mis hijos son .... y .... a la
última ....

❹ Avoir un animal de compagnie, ce n'est pas aussi facile qu'il paraît : il faut s'y connaître un peu en animaux.
Tener una .... no es .... como ...... : hay
que .... un poco .. animales.

son nom populaire à ... la *baby-sitter* : **Busco una canguro,** *Je cherche une baby-sitter.*

9 Vous avez vu précédemment plusieurs emplois de **volver** au sens de *rendre* : **La tele vuelve tonto,** *La télé rend bête.* Il s'agissait, rappelons-le, d'exprimer un changement important, radical voire irréversible. C'est le cas ici pour la folie : **Me vuelves loco,** *Tu me rends fou.* Souvenez-vous également que la forme pronominale **volverse** servira à traduire *devenir* : **Me vuelvo loco,** *Je deviens fou.*

***

Corrigé de l'exercice 1
❶ Je vous appelle au sujet de l'annonce que vous avez mise dans le journal. ❷ Promener un chien, ce n'est pas seulement le sortir dans la rue : c'est courir, jouer et sauter avec lui. ❸ Je suis institutrice et je m'y connais en enfants turbulents. ❹ Ne t'inquiète pas, aucun enfant ne me résiste. ❺ Je voudrais faire un tour dans le parc avec mon animal de compagnie.

❺ Ne vous inquiétez pas, madame : j'avais moi aussi de très mauvaises notes à l'école et aujourd'hui j'ai un double cursus universitaire.
No . . . . , señora : yo también . . . . notas en la . . . . y hoy tengo . . . .

Corrigé de l'exercice 2
❶ Ninguna – han llamado – ha convencido de – ❷ – maestro – desempleado Por eso – clases – ❸ revoltosos – volvieron loca – canguro ❹ – mascota – tan fácil – parece – entender – de – ❺ – se preocupe – sacaba pésimas – escuela – dos carreras

Deuxième vague : 13ᵉ leçon

Lección sesenta y tres

Repaso - Révision

1 Les verbes à affaiblissement

1.1 Qu'est-ce que ça veut dire ?

Vous avez déjà rencontré dans les leçons antérieures l'appellation "verbe à affaiblissement". Elle s'applique à des verbes comme **pedir**, qui voient leur radical **ped-** "s'affaiblir" en **pid-** à certaines conjugaisons. Pourquoi parle-t-on d'affaiblissement ? Eh bien parce que la voyelle **i** est considérée plus "faible" que la voyelle **e** ; de même, **u** est plus "faible" que **o**.

1.2 Au présent de l'indicatif (rappel)

L'affaiblissement de **-e** en **-i** se manifeste d'abord au présent de l'indicatif, à toutes les personnes des verbes concernés sauf aux deux premières du pluriel. Donnons deux exemples.

pedir	servir
pido	sirvo
pides	sirves
pide	sirve
pedimos	servimos
pedís	servís
piden	sirven

Rappelons les modifications orthographiques qui peuvent se produire avec les verbes dont le radical se termine par un **-g** (exemple : **elegir**) ou un **-gu** (exemple : **seguir**).

elegir	seguir
elijo	sigo
eliges	sigues
elige	sigue
elegimos	seguimos

Leçon soixante-trois

elegís	seguís
eligen	siguen

1.3 Au présent du subjonctif

Le présent du subjonctif se formant sur la 1ʳᵉ personne du présent de l'indicatif, toute la conjugaison de ces verbes aura un radical "fermé", en –i, et reproduira les modifications orthographiques de l'indicatif.

pedir	servir	elegir	seguir
pida	sirva	elija	siga
pidas	sirvas	elijas	sigas
pida	sirva	elija	siga
pidamos	sirvamos	elijamos	sigamos
pidáis	sirváis	elijáis	sigáis
pidan	sirvan	elijan	sigan

1.4 Au passé simple

L'affaiblissement se manifeste également au passé simple. Attention : les personnes concernées sont ici les 3ᵉˢ personnes, au singulier et au pluriel.

pedir	servir
pedí	serví
pediste	serviste
pidió	sirvió
pedimos	servimos
pedisteis	servisteis
pidieron	sirvieron

2 Les verbes à alternance

2.1 Définition

Un verbe espagnol dit "à alternance" est un verbe qui, selon les conjugaisons, "alterne" (et parfois combine) deux irrégularités : la diphtongaison et l'affaiblissement. Il y a ici deux modèles :

- des verbes à radical en **-e** (**divertir**, **sentir**, **mentir**, **preferir**, etc.), où le **-e** devient tantôt **-ie** (diphtongaison) et tantôt **-i** (affaiblissement).
- deux verbes à radical en **-o** (**dormir** et **morir**), où le **-o** devient tantôt **-ue** (diphtongaison) et tantôt **-u** (affaiblissement).

2.2 Au présent de l'indicatif

Les verbes à alternance se comportent ici comme des verbes à diphtongue.

sentir	divertir	dormir	morir
siento	divierto	duermo	muero
sientes	diviertes	duermes	mueres
siente	divierte	duerme	muere
sentimos	divertimos	dormimos	morimos
sentís	divertís	dormís	morís
sienten	divierten	duermen	mueren

2.3 Au passé simple

À ce temps, nos verbes ne subissent que l'affaiblissement, à la 3ᵉ personne du singulier et à celle du pluriel (modèle **pedir**). Le reste de la conjugaison est régulier.

sentir	divertir	dormir	morir
sentí	divertí	dormí	morí
sentiste	divertiste	dormiste	moriste
sintió	divirtió	durmió	murió
sentimos	divertimos	dormimos	morimos
sentisteis	divertisteis	dormisteis	moristeis
sintieron	divirtieron	durmieron	murieron

2.4 Au présent du subjonctif

Les verbes à alternance combinent ici les deux irrégularités : ils subissent un affaiblissement aux deux premières personnes du pluriel et une diphtongaison aux autres personnes. Voici les deux modèles.

sentir	divertir	dormir	morir
sienta	divierta	duerma	muera
sientas	diviertas	duermas	mueras

sienta	divierta	duerma	muera
sintamos	divirtamos	durmamos	muramos
sintáis	divirtáis	durmáis	muráis
sientan	diviertan	duerman	mueran

3 L'impératif

3.1 L'impératif des verbes actifs

Vous connaissez la 2ᵉ personne du singulier à l'impératif : c'est la 2ᵉ personne de l'indicatif présent sans le **–s** : **canta**, *chante* ; **come**, *mange* ; **sube**, *monte* ; **vuelve**, *reviens* ; **piensa**, *pense* ; **pide**, *demande* ; **sigue**, *continue*, etc.

Apprenez maintenant la 2ᵉ personne du pluriel, pour donner un ordre à un groupe de personnes que vous tutoyez. Pour la former, on prend l'infinitif du verbe et on remplace le **–r** final par un **–d** : **cantad**, *chantez* ; **comed**, *mangez* ; **subid**, *montez* ; **volved**, *revenez* ; **pensad**, *pensez* ; **pedid**, *demandez* ; **seguid**, *continuez*, etc.

3.2 L'impératif des verbes pronominaux

Si le verbe est pronominal, son impératif comprendra un pronom soudé à la forme verbale (le français fait ici de même, à l'aide du tiret) : **levántate**, *lève-toi* ; **vístete**, *habille-toi*. Comme vous le savez, l'accent écrit apparaît alors.

Apprenez une nouvelle règle ! La 2ᵉ personne du pluriel devrait ici être formée par **levantad + os**, ou **vestid + os**. Eh bien sachez que le **–d** disparaît, et qu'on aura donc des formes comme : **levantaos**, *levez-vous* ; **vestíos**, *habillez-vous* ; ou encore, comme dans le dialogue de la leçon 61 : **poneos de acuerdo**, *mettez-vous d'accord*.

4 L'apocope

Faisons un petit point sur une règle très usuelle que vous avez rencontrée et mise en œuvre intuitivement, tout au long des leçons, sans vous y attarder. Il s'agit de la chute de la voyelle (ou de la syllabe) finale de certains adjectifs : ce qu'on nomme l'apocope. Huit adjectifs sont concernés : **bueno**, **malo**, **primero**, **tercero**, **alguno**, **ninguno**, **cualquiera** et **grande**.

Retenez d'abord que l'apocope ne se produit qu'au singulier et lorsque l'adjectif concerné est placé avant le nom.

doscientos noventa y dos

4.1 Devant un nom masculin singulier

- **Bueno** devient **buen** :
buenos momentos, *de bons moments*
un buen momento, *un bon moment*
- **Malo** devient **mal** :
una mala nota, *une mauvaise note*
el mal tiempo, *le mauvais temps*
- **Primero** et **tercero** deviennent **primer** et **tercer** :
la primera vez, *la première fois* ; **el primer día**, *le premier jour*
la tercera página, *la troisième page* ; **el tercer hombre**, *le troisième homme*
- **Alguno** et **ninguno** deviennent **algún** et **ningún** :
¿Hay algún problema, alguna página mal impresa?
Il y a un problème, une page mal imprimée ?
No hay ningún problema, ninguna página mal impresa.
Il n'y a aucun problème, aucune page mal imprimée.

4.2 Devant un nom singulier, masculin ou féminin

- **Cualquiera** devient **cualquier** :
Cualquiera puede hacerlo, *N'importe qui peut le faire*.
Los jóvenes comen cualquier cosa, *Les jeunes mangent n'importe quoi.*
Llámame en cualquier momento, *Appelle-moi à n'importe quel moment.*
- **Grande** devient **gran** :
Madrid es muy grande, *Madrid est très grande.*
Es una gran ciudad, *C'est une grande ville.*
Este escritor es muy grande, *Cet écrivain est très grand.*
Es un gran escritor, *C'est un grand écrivain.*

5 La correspondance officielle

Vous avez rencontré dans les dernières leçons quelques-unes des formules pour la correspondance personnelle, familiale et amicale. Le courrier plus formel obéit bien sûr à des normes un peu plus contraignantes, même si celles-ci se sont considérablement assouplies (les grands-parents espagnols peuvent raconter à leurs petits-enfants ébahis qu'à leur époque il n'était pas rare qu'un courrier se termine par une série de lettres comme **S.S.S.Q.S.P.B**, abréviations de **Su seguro servidor que sus pies besa**, *Votre fidèle serviteur qui embrasse vos pieds*).

Le baroque espagnol n'étant plus ce qu'il était, nous n'en sommes plus là, rassurez-vous ! Dans le modèle de lettre ci-dessous, vous pouvez déjà remarquer les points suivants.

5.1 Le nom et l'adresse

L'adresse se présente, comme vous le savez, en indiquant le type de voie, son nom puis le numéro avec une virgule de séparation. Quelques abréviations usuelles :

C/ = **calle**, *rue*
Pza. = **plaza**, *place*
Avda. = **avenida**, *avenue*

Dans une lettre très formelle, il est bon de faire précéder le nom du destinataire de **Sr. D.** ou **Sra. D.**[a] (abréviations de **don** et **doña**). Attention : **don** et **doña** ne s'emploient que devant le prénom ou le groupe prénom + nom, jamais devant le nom de famille seul.

5.2 La formule d'appel

Querido…, *Cher…*, servira pour un courrier personnel ; dans le cadre d'une correspondance plus officielle, *cher / chère* se rendront par **Estimado señor** ou **Estimada señora**. Rien ne vous empêche de nommer le destinataire : **Estimada Sofía / Estimada señora Aguirre**. Un peu plus formel encore, il y a : **Muy señor mío / Muy señora mía** (également au pluriel s'il le faut : **Muy señores míos**).

La lutte (par ailleurs bienvenue) contre le sexisme amène parfois la correspondance à toutes sortes de contorsions. Vous verrez ainsi parfois cette étrange formule : **Estimad@ señor@**. L'arobase, qui semble graphiquement inclure à la fois un **o** et un **a**, est censée traiter les cas où vous ne connaissez pas votre interlocuteur… Cette solution reste très artificielle ; le cas échéant, il vaut mieux écrire : **Estimado/a señor/a**.

5.3 La formule de congé

Atentamente, *Bien à vous*, est ce que l'on fait de plus court. L'usage est de mettre une virgule, et au-dessous la signature.

63 / Lección sesenta y tres

En un peu plus développé, vous pouvez écrire une phrase (sujet / verbe). Dans ce cas, elle finit par un point. Par exemple : **Le saludo atentamente. / Reciba un cordial saludo.**

Un autre usage consiste dans ce cas à utiliser non pas la 1ʳᵉ personne (**saludo**, *je salue*) mais la 3ᵉ (**saluda**). Dans ce cas, on considère que c'est la signature qui fait office de sujet et on ne met aucune ponctuation (cas de la lettre ci-après).

Ángeles Caparrós Asensio
Avda. de la Constitución, 78
28931 Móstoles
Móstoles, 14 de abril de 2017

Sra. D.ª Sofía Aguirre Sáenz
C/ Almagro, 38
28010 Madrid
Estimada señora:

Tras la conversación telefónica mantenida esta mañana, me complace adjuntarle el currículum que me ha pedido. Agradeciéndole de antemano su respuesta, le saluda atentamente

(signature)

▶ Diálogo de repaso

1 – Anoche salí a dar una vuelta y adivina con quién me encontré.
2 – Ni idea...
3 – ¡Con Teresa, aquella chica que estudió el bachillerato con nosotros! ¡Qué casualidad!
4 – A mí esa chiquilla siempre me cayó fatal, se pasaba la vida comiéndose el coco con los libros.
5 – De hecho tiene dos carreras, pero la pobre está en el paro.
6 – ¿Ves? Lo mismo que yo, que siempre saqué pésimas notas.

7 – Se ha ganado la vida durante meses como canguro, dando clases particulares y paseando mascotas.
8 Pero por fin ha tenido suerte : le han dado una beca y se marcha a Inglaterra.
9 ¡Ojalá encuentre pronto trabajo!
10 – ¡Yo no me marcho de España ni en sueños!
11 Y aún menos para irme a una gran ciudad con atascos, lluvia, ruido y contaminación.
12 – Pues estás muy equivocado : si tienes la oportunidad de realizar una estancia en el extranjero tienes que aprovecharla.
13 – Y no quiero ni pensar en la comida inglesa : ¡qué pesadilla!
14 – ¡Pero qué bruto eres!

Traduction

1 Hier soir je suis sorti faire un tour et devine qui j'ai rencontré. **2** Aucune idée... **3** Teresa, cette fille qui a fait le lycée avec nous ! Quel hasard ! **4** Moi, cette gamine, je n'ai jamais pu l'encaisser, elle passait sa vie à se prendre la tête avec ses livres. **5** De fait elle a un double cursus universitaire, mais la pauvre est au chômage. **6** Tu vois ? Pareil que moi, qui ai toujours eu de très mauvaises notes. **7** Elle a gagné sa vie pendant des mois comme baby-sitter, en donnant des cours particuliers et en promenant des animaux de compagnie. **8** Mais elle a enfin eu de la chance : on lui a donné une bourse et elle s'en va en Angleterre. **9** Pourvu qu'elle trouve vite du travail ! **10** Moi, même en rêves, je ne pars pas d'Espagne ! **11** Et encore moins pour aller dans une grande ville avec des embouteillages, de la pluie, du bruit et de la pollution. **12** Eh bien tu te trompes complètement *(très)* : si tu as l'occasion de faire un séjour à l'étranger, tu dois en profiter. **13** Et je ne veux même pas penser à la nourriture anglaise : quel cauchemar ! **14** Mais qu'est-ce que tu es balourd !

Deuxième vague : 14e leçon

Lección sesenta y cuatro

El carné de conducir

1 – Te **no**to disgus**ta**do [1]. ¿Te **pa**sa **al**go?
2 – A**ca**bo de suspen**der** [2] por **quin**ta vez el car**né**…
3 – ¿El te**ó**rico o el **prác**tico?
4 – El **prác**tico. El te**ó**rico lo apro**bé** [3] **ha**ce **tiem**po.
5 – ¿Qué has **he**cho **es**ta vez?
6 – Me he sal**ta**do un se**má**foro [3] y por **po**co [4] atro**pe**llo a una per**so**na.
7   Ah, y me han **di**cho que con**duz**co [5] dema**sia**do des**pa**cio en auto**pis**ta y muy **rá**pido en carre**te**ra.
8 – ¿**Pe**ro de ver**dad** nece**si**tas el car**né**?
9   El **co**che es el **me**dio de trans**por**te más peli**gro**so, ¿**sa**bes?
10   Ade**más**, **en**tre el se**gu**ro, la gaso**li**na y las **mul**tas, **sa**le **ca**ro.
11 – Ya, **pe**ro le **ten**go **mie**do al [6] a**vión**, de**tes**to el tren, me ma**reo** [7] en **bar**co y no a**guan**to el auto**bús**.
12 – ¿Has inten**ta**do en bici**cle**ta?
13 – Me **cai**go…
14 – Me pa**re**ce que lo que a ti te **ha**ce **fal**ta no es **u**na autoes**cue**la…
15   ¡Es un psi**có**logo!

Prononciation
… caRné… co'ndouZiR 1 … disgoustado… 2 … souspé'ndeR… 3 … téoRico… pRactico 4 … apRobé… 6 … sémafoRo… atRopélyo… 7 … co'ndouZco despaZio… aoutopista… caRétéRa

Leçon soixante-quatre

Le permis de conduire

1 – Je te sens *(note)* contrarié. Il t'arrive quelque chose ?
2 – Je viens *(Finis)* de rater pour [la] cinquième fois le permis...
3 – Le code *(théorique)* ou la conduite *(le pratique)* ?
4 – La conduite *(Le pratique)*. Le code *(théorique)*, je l'ai réussi *(le réussis)* il y a longtemps.
5 – Qu'est-ce que tu as fait cette fois ?
6 – J'ai grillé *(Me ai sauté)* un feu et j'ai failli écraser *(par peu j'écrase à)* une personne.
7   Ah, et on m'a dit que je conduis trop lentement sur *(en)* autoroute et très vite sur *(en)* route.
8 – Mais tu as vraiment *(de vérité)* besoin du permis ?
9   La voiture est le moyen de transport [le] plus dangereux, tu sais ?
10 De plus, entre l'assurance, l'essence et les contraventions, ça revient *(sort)* cher.
11 – Oui, mais j'ai peur de *(je l'ai peur à)* l'avion, je déteste le train, j'ai le mal de mer en bateau et je ne supporte pas l'autobus.
12 – Tu as essayé à vélo ?
13 – Je *(Me)* tombe...
14 – Il me semble que ce qu'il te faut *(à toi te fais faute)*, ce n'est [pas] une auto-école...
15   C'est un psychologue !

9 ... **mé**dio... tRa'ns**por**té... péli**gro**sso... 10 ... sé**gou**ro... gasso**li**na... **moul**tass... 11 ... dé**tes**to... tRe'n... ma**ré**o... **bar**co... a**goua**'nto... aouto**bouss** 12 ... i'nté'n**ta**do... biZi**clé**ta 13 ... **caï**go 14 ... aoutoés**couéla** 15 ... si**co**logo

Remarque de prononciation

(Titre) La place de l'accent tonique est ce qui permettra ici de distinguer **carné** *[caRné]*, le *permis*, de **carne** *[caRné]*, la *viande*. Notez que **carné** peut avoir une autre orthographe : **carnet**. La prononciation ne changera pas, autrement dit on n'entendra pas le **-t** final (ce qui est rare en espagnol, où on prononce en principe toutes les lettres).

Notes

1. De nombreux faux-amis dans ce petit dialogue ! **Disgustado** par exemple, qui signifie *contrarié* et non pas "dégoûté" (qui se dira **asqueado**). Ne confondez donc pas **Me disgusta**, *Ça me contrarie*, et **Me da asco**, *Ça me dégoûte* (voir leçon 52).

2. Même chose en ce qui concerne le lexique des examens : distinguez **suspender**, *être recalé* (**He suspendido matemáticas**, *J'ai été recalé en maths*) de **colgar**, *suspendre*.

3. a**probar** et **semáforo** sont des "demi-faux-amis" : ils ont le sens des mots français qui leur ressemblent (*approuver* et *sémaphore*) mais désignent aussi le fait de *réussir un examen* (**He aprobado el teórico**, *J'ai réussi le code*) et le *feu de signalisation* (**El semáforo está en rojo**, *Le feu est rouge*).

4. Pour dire que vous avez failli faire quelque chose, vous pouvez utiliser la formule **por poco**, littéralement "pour peu", suivie d'un verbe conjugué : **Por poco atropello a alguien**, *J'ai failli écraser quelqu'un*. Vous remarquez donc une curiosité grammaticale : même si on parle dans ce cas d'une action forcément passée, l'espagnol emploie le présent de l'indicatif. On dira ainsi par exemple : **Tenía tanta prisa que por poco me caigo**, *J'étais si pressé que j'ai failli tomber*.

***

Ejercicio 1 – Traduzca

❶ Cuando acabas de aprobar el carné, un buen seguro sale caro. ❷ He suspendido el teórico y estoy muy disgustado. ❸ No le tengo miedo al avión : es el medio de transporte menos peligroso. ❹ Me han puesto una multa porque me he saltado un semáforo. ❺ Conduzco muy despacio, por eso no aguanto las autopistas.

Leçon soixante-quatre / 64

5 Remarquez cette première personne irrégulière du présent de l'indicatif : **conduzco**, *je conduis*, du verbe **conducir**. La suite est régulière : **conduces, conduce**, etc. Nous ferons, en leçon de révision, un résumé sur l'ensemble de ces verbes dits "en **-zco**", qui ont, pour certains, d'autres particularités encore.

6 **tener miedo** signifie *avoir peur*. Jusque là tout va bien, mais la chose se complique si vous voulez dire "avoir peur de". La règle générale est la suivante : si le complément est un nom, on utilisera la préposition **a** (Tengo miedo **al** avión, *J'ai peur de l'avion*) ; si le complément est un verbe, ce sera la préposition **de** (Tengo miedo **de** dormirme, *J'ai peur de m'endormir*). Remarquez que dans le premier cas, il est fréquent que l'on utilise un pronom d'insistance : **Le tengo miedo al barco**, *J'ai peur du bateau*. Sachez aussi que cette noble règle souffre des exceptions et des cas particuliers, mais nous entrons là dans des usages subtils de la langue espagnole, sur lesquels les hispanophones eux-mêmes hésitent.

7 **marearse**, qui vient de **marea**, *la marée*, a été traduit dans le dialogue par *avoir le mal de mer*. Il s'agit dans ce cas précis (ça tombe bien) d'un voyage en bateau, mais ce verbe peut s'appliquer à tout "mal des transports": **marearse en coche, en avión**, *avoir mal au cœur en voiture, en avion*. Plus généralement, on parle aussi de **marearse** en cas de vertiges : **Estoy mareado**, *J'ai la tête qui tourne*.

Corrigé de l'exercice 1

❶ Quand tu viens de réussir le permis, une bonne assurance revient cher. ❷ J'ai raté le code et je suis très contrarié. ❸ Je n'ai pas peur de l'avion : c'est le moyen de transport le moins dangereux. ❹ On m'a mis une contravention parce que j'ai grillé un feu. ❺ Je conduis très lentement, c'est pour ça que je ne supporte pas les autoroutes.

Ejercicio 2 – Complete

❶ J'ai essayé d'aller à vélo au travail et j'ai failli tomber.
He .... ir en bicicleta al trabajo y .... me ......

❷ Je n'ai pas peur du bateau mais j'ai le mal de mer.
No .. tengo ..... al ....., pero ....

❸ J'ai besoin d'un psychologue : j'ai raté la conduite pour la cinquième fois.
.... un .... : he .... el .... por ...... vez.

❹ Je déteste tous les moyens de transport qui sentent l'essence.
.... todos los ...... de transporte que ...... a ....

❺ Vive le train ! À bas la voiture, le permis de conduire, les routes et les auto-écoles !
¡Arriba el ....! ¡Abajo ...., el ..... de ...., las .... y las ....!

Lección sesenta y cinco

Refranes

1 – No **pa**ras de bost**e**zar. ¿**Tie**nes **sue**ño?
2 – Un **po**co, sí. Me acos**té** a las **tan**tas [1] y me he levan**ta**do al amane**cer**.
3 – Al que ma**dru**ga Dios le a**yu**da.
4 – **E**so esp**e**ro… Me he pa**sa**do la **no**che estu**dian**do **pa**ra sa**car** un sobresa**lien**te [2] en el e**xa**men de hoy.
5 – **Tie**nes ra**zón** : a Dios ro**gan**do y con el **ma**zo **dan**do.
6 – ¡A**sí** es [3]!

Corrigé de l'exercice 2
❶ – intentado – por poco – caigo ❷ – le – miedo – barco – me mareo ❸ Necesito – psicólogo – suspendido – práctico – quinta – ❹ Detesto – medios – huelen – gasolina ❺ – tren – el coche – carné – conducir – carreteras – autoescuelas

Avec le dernier tiers de votre méthode Assimil, vous accédez à une certaine authenticité de la conversation en espagnol. Les dialogues accueillent expressions familières et tournures idiomatiques et – au-delà même des mots – souhaitent reproduire le ton original de la phrase. C'est l'espagnol sans filtre, tel qu'on le parle. Vous remarquez par exemple que bien souvent l'ordre des mots diffère entre espagnol et français. Y a-t-il des règles pour tout cela ? Sans doute, mais il existe un raccourci infiniment plus efficace : laisser fonctionner votre capacité d'assimilation intuitive. Lire la phrase, l'écouter, la répéter (oralement et à travers les exercices) ; puis, grâce à la deuxième vague, la reproduire de vous-même.

Deuxième vague : 15ᵉ leçon

Leçon soixante-cinq

Proverbes

1 – Tu n'arrêtes pas de bâiller. Tu as sommeil ?
2 – Un peu, oui. Je me suis couché *(Me couchai)* à point d'heure *(aux tant)* et je me suis levé à l'aube.
3 – Le monde appartient à ceux qui se lèvent tôt *(Au qui [= Á celui qui] se lève tôt, Dieu l'aide)*.
4 – [C'est] ce [que] j'espère… J'ai *(Je m'ai)* passé la nuit à étudier *(étudiant)* pour avoir *(sortir)* une mention très bien à l'interrogation *(l'examen)* d'aujourd'hui.
5 – Tu as raison : aide-toi, le ciel t'aidera *(à-Dieu en-priant et avec le maillet en-frappant)*.
6 – Voilà *(Ainsi est)* !

65 / Lección sesenta y cinco

7 – ¿**Sa**bes ya en qué ca**rre**ra te matricula**rás** [4] **cuan**do ter**mi**nes [5] el bachille**ra**to?

8 Con **no**tas **co**mo las **tu**yas po**drás** [4] ele**gir** la que **quie**ras.

9 – Sí, lo **ten**go deci**di**do [6] : ha**ré** [4] medi**ci**na.

10 – Son es**tu**dios **lar**gos y di**fí**ciles…

11 – El tra**ba**jo no me a**sus**ta y las de**más** ca**rre**ras no me inte**re**san.

12 – A**ún** [7] **e**res **jo**ven. **Nun**ca **di**gas "de **es**ta **a**gua no bebe**ré** [4]".

13 – Perte**nez**co a **u**na fa**mi**lia de **mé**dicos y se**ré** [4] **mé**dico **co**mo mis **pa**dres. Ciru**ja**no, por más **se**ñas.

14 – ¡De tal **pa**lo, tal as**ti**lla!

15 – **O**ye, ¿tú **tie**nes re**fra**nes **pa**ra **to**do o me es**tás** to**man**do el **pe**lo?

Prononciation

*Ré***fra***néss* 1 … *bostéZa***r**… 2 … *acos***té**… *amané***Zer** 4 … *sobRéssalié'n***té**… *eksa***mé***'n*… 5 … *Roga'n***do**… *ma***Z***o*… 7 … *ca***Ré***ra*… *mat***r***icoula***rass**… *ter***mi***néss*… *batchilyé***ra***to* 8 … *po***drass**… 9 … *déZidido a***ré** *médi***Zi***na* 10 … *estoudioss*… *difiZiléss* 11 … *assous***ta**… *dé***mass**… 12 *aou'n*… *bébé***ré** 13 *pe***rté***ne***z***co*… **mé***dicoss*… *sé***ré**… *ZirouHa***no**… **sé***gnass* 14 … **pa***lo*… *as***ti***lya*

Remarques de prononciation

(4) Contrairement au français – *[gz]* comme dans "exact" et *[ks]* comme dans "axe" –, le **x** espagnol n'a qu'une prononciation, celle que l'on trouve ici dans **examen** *[eksamé'n]*.

(7), (8), (9), (12 et 13) Remarquez la prononciation de ces formes du futur, qui portent un accent tonique sur la dernière syllabe : **matricularás** *[mat***r***icoula***rass***]*, **haré** *[a***ré***]*, etc.

(12) Dans **aún**, l'accent tonique sur le -**u** vous indique qu'il doit être séparé du -**a** dans la prononciation : *[aou'n]*.

Leçon soixante-cinq / 65

7 – Tu sais déjà dans quel cursus *(carrière)* tu t'inscriras quand tu finiras *(finisses)* le lycée ?
8 Avec [des] notes comme les tiennes, tu pourras choisir celui que tu voudras *(veuilles)*.
9 – Oui, je l'ai décidé *(le j'ai décidé)* : je ferai médecine.
10 – Ce sont des études longues et difficiles…
11 – Le travail ne me fait pas peur et les autres cursus ne m'intéressent pas.
12 – Tu es encore jeune. Ne dis jamais "fontaine, je ne boirai pas de ton eau" *(de cette eau je ne boirai pas)*.
13 – J'appartiens à une famille de médecins et je serai médecin comme mes parents. Chirurgien, pour être précis *(pour plus de signes)*.
14 – Tel père, tel fils *(De tel bout-de-bois, telle écharde)* !
15 – Dis-moi *(Entends)*, tu as des proverbes pour tout ou tu es en train de te payer ma tête *(me prendre le cheveu)* ?

Notes

1 Vous avez appris à dire l'heure de façon standard. Ajoutons quelques tournures qui vous permettront de parler de ce sujet ô combien quotidien de façon plus familière. Dans le dialogue, par exemple, il y a déjà **las tantas**, *très tard, à point d'heure*. Retenez également **en punto**, *pile* (**Son las diez en punto**, *Il est dix heures pile*) et **y pico**, *et quelques* (**Es la una y pico**, *Il est une heure et quelques*).

2 Les notes des collégiens et lycéens espagnols s'échelonnent entre 0 et 10. Elles se répartissent en 5 tranches d'évaluation : **sobresaliente** (entre 9 et 10), **notable** (7-8), **bien** (6), **suficiente** (5), **insuficiente** (moins de 5) (litt. "suffisant" et "insuffisant"). À l'université, les trois dernières catégories se réduisent à deux : **aprobado** (*reçu*), au-dessus de la moyenne, et **suspenso** (*recalé*) si on est au-dessous.

3 **Así es**, *C'est ainsi*, vous sert à approuver ce qu'une personne vient de dire. On peut le rendre de bien des manières : *C'est ça, Voilà, En effet*…

4 Vous découvrez dans ce dialogue plusieurs formes du futur de l'indicatif. Nous étudierons en détail la formation de ce temps dans la leçon de révision, mais remarquez-en déjà quelques particularités, comme

trescientos cuatro • 304

l'accent tonique sur la dernière syllabe à la 1ʳᵉ et 2ᵉ personnes du singulier : te matricular**ás**, *tu t'inscriras* ; podr**ás**, *tu pourras* ; har**é**, *je ferai* ; beber**é**, *je boirai*. Voyez donc comme ces terminaisons sont phonétiquement proches de celles du futur français : le futur espagnol est un temps qui ne vous posera pas de gros problèmes.

5 Voici une règle très importante, source de nombreuses erreurs pour les francophones : le futur dans la subordonnée temporelle se rend par le subjonctif en espagnol. *Quand je finirai* se dit donc **cuando termine** (subjonctif) et non "**cuando terminaré**" (futur) ; *quand je m'inscrirai* se dit **cuando me matricule** (subjonctif) et non "**cuando me matricularé**" (futur), etc.

6 Par rapport à **lo he decidido**, *je l'ai décidé*, la tournure **lo tengo decidido** ajoute une nuance de ferme résolution, quelque chose comme *Je l'ai*

***

Ejercicio 1 – Traduzca
❶ Cuando madrugo me paso el día bostezando. ❷ Para matricularse en una carrera difícil hay que sacar muchos sobresalientes en el bachillerato. ❸ Pertenezco a una familia de cirujanos y haré estudios de medicina. ❹ Podrás salir y beber con los amigos cuando apruebes los exámenes. ❺ Tienes sueño porque te has acostado a las tantas, a las cuatro por más señas.

***

Ejercicio 2 – Complete
❶ Pourquoi t'es-tu levé à l'aube ?
¿Por qué te .... al .... ?

❷ Quand je finirai le lycée, je m'inscrirai dans un cursus long et difficile.
Cuando .... el ...., me .... en una .... y difícil.

❸ Tu n'es pas en train de te payer ma tête avec tous tes proverbes ?
¿No me estás .... con todos tus .... ?

❹ C'est *(tu l'as)* décidé ? Tu seras médecin comme ton père ?
¿Lo ....? ¿............ como tu padre?

❺ Voilà, tu as raison ! Le monde appartient à ceux qui se lèvent tôt !
¡....., tienes .....! ¡Al que .... Dios le .....!

décidé, c'est réglé. **Tener** associé à un participe passé joue parfois un rôle de semi-auxiliaire ; il forme alors une sorte de passé composé enrichi d'une intention particulière. C'est par exemple la différence entre **He recorrido Andalucía**, *J'ai parcouru l'Andalousie* (affirmation neutre), et **Tengo recorrida Andalucía**, *J'ai bien parcouru toute l'Andalousie* (idée d'achèvement). Remarquez ici que, contrairement au passé composé, le participe passé s'accorde et prend le genre et le nombre du complément.

7 Ce mot peut s'écrire avec ou sans accent, **aún** et **aun**, ce qui permet de distinguer deux sens, *encore* et *même* : **Aún eres joven**, *Tu es encore jeune* ; et **Aun estudiando suspendo**, *Même en étudiant, je suis recalé*. Un truc pour ne pas se tromper : lorsque **aún** signifie *encore*, il prend l'accent comme le mot synonyme **todavía**.

***

Corrigé de l'exercice 1
❶ Quand je me lève tôt, je passe la journée à bâiller. ❷ Pour s'inscrire dans un cursus difficile, il faut avoir beaucoup de mentions très bien au lycée. ❸ J'appartiens à une famille de chirurgiens et je ferai des études de médecine. ❹ Tu pourras sortir et boire avec tes amis quand tu réussiras tes examens. ❺ Tu as sommeil parce que tu t'es couché à point d'heure, à quatre heures pour être précis.

Corrigé de l'exercice 2
❶ – has levantado – amanecer ❷ – termine – bachillerato – matricularé – carrera larga – ❸ – tomando el pelo – refranes ❹ tienes decidido – Serás médico – ❺ Así es – razón – madruga – ayuda

L'espagnol conversationnel, on l'a vu, fait traditionnellement la part belle à l'expressivité de la langue populaire. Pour prendre un exemple littéraire et lointain, Sancho Panza, le fidèle écuyer de Don Quichotte, truffe ses réparties de proverbes et dictons, tant et si bien que le livre le plus universel de la littérature espagnole est aussi un grand répertoire d'adages. Nous en introduisons à l'occasion dans nos dialogues, mais il en existe plusieurs milliers, que vous entendrez à coup sûr pour peu

Lección sesenta y seis

Por ser tú [1]

1 – **Ten**go un **dé**cimo [2] **pa**ra la lote**rí**a de Navi**dad**, ¿lo compar**ti**mos [3]?

2 – No, **gra**cias. No **gas**to di**ne**ro en **jue**gos de a**zar**, es **u**na tonte**rí**a.

3 – Si me **to**ca, te arrepenti**rás** [4].

4 – No te toca**rá** [5].

5 – Ya ve**re**mos [5]… Yo soy juga**dor**, no lo **pue**do reme**diar** : **com**pro cu**po**nes de los **cie**gos [6],

6 a**pues**to en **lí**nea a los parti**dos** de **fút**bol y **has**ta **e**cho mo**ne**das a las traga**pe**rras [7]…

7 – ¿Y qué ha**rás** [5] si un **dí**a te **to**ca el **gor**do?

8 – **Hom**bre, pri**me**ro ten**dré** [5] que e**char**le **u**na **ma**no a la fa**mi**lia.

9 – ¿Y tus a**mi**gos no se enfada**rán** [5] si no les das **na**da?

10 – Su**pon**go que **mu**chos ven**drán** [5] a pe**dir**me que les a**yu**de. ¡De **pron**to sal**drán** [5] a**mi**gos por **to**das **par**tes!

11 – El di**ne**ro no **ha**ce la felici**dad** : el **dí**a que **se**as [8] **ri**co, ya no sa**brás** [5] si te **quie**ren por amis**tad** o por inte**rés**.

que vous regardiez un film en version originale, lisiez un roman, le journal, ou écoutiez parler les gens. Notez-les et essayez de les replacer ! Vous épaterez à coup sûr vos amis espagnols. Par exemple le très courant **Quien se fue a Sevilla perdió su silla**, *"Qui alla à Séville perdit sa chaise", équivalent de notre* Qui va à la chasse perd sa place.

Deuxième vague : 16e leçon

Leçon soixante-six

Parce que c'est toi *(Par être toi)*

1 – J'ai un billet *(dixième)* pour la loterie de Noël, on le partage *(nous le partageons)* ?
2 – Non, merci. Je ne dépense pas [d'] argent en jeux de hasard, c'est une bêtise.
3 – Si je gagne *(me touche)*, tu le regretteras.
4 – Tu ne gagneras pas *(Ne te touchera)*.
5 – Nous verrons bien… Je suis joueur, je n'y peux rien *(ne le peux remédier)* : j'achète des coupons des aveugles,
6 je parie en ligne sur *(aux)* les matchs de football et je mets même des pièces dans *(à)* les machines à sous *(avale-chiennes)*…
7 – Et que feras-tu si un jour tu gagnes *(te touche)* le gros lot ?
8 – *(Homme)*, d'abord il faudra [bien] donner *(lui-jeter)* un [coup de] main à la famille.
9 – Et tes amis ne se fâcheront pas si tu ne leur donnes rien ?
10 – Je suppose que beaucoup viendront me demander de les aider *(que je les aide)*. Soudain des amis sortiront de partout *(par toutes parts)* !
11 – L'argent ne fait pas le bonheur : le jour où tu seras *(que tu-sois)* riche, tu ne sauras plus si on t'aime *(ils t'aiment)* par amitié ou par intérêt.

12 – Me has depri**mi**do… **Mi**ra, te re**ga**lo el bi**lle**te.
13 Si te **to**ca me das lo que **quie**ras y es**ta**mos ³ en paz.
14 Así me a**ho**rro preocupa**cio**nes.
15 – **Bue**no, lo a**cep**to por ser tú.

 Prononciation
*1 … dé**Z**imo… loté**R**ia… co'mpa**R**timoss 2 … a**Z**a**R**… to'nté**R**ia
3 … a**R**épé'nti**R**ass 5 … bé**R**émoss… Houga**do**R… **R**émé**d**ia**R**…
coupo**ness**… **Z**iéGoss 6 a**po**uesto… li**née**a… pa**R**ti**doss**… mo**né**dass…
t**R**aga**p**é**R**ass 7 … ha**R**ass… 8 … te'n**d**Ré… 9 … é'nfada**R**a'n…
soupo'ngo… vé'n**dR**a'n… p**Ro**'nto… sa**ldR**a'n… 11 … féli**Z**ida^d…
séass… sab**R**ass… amista^d… i'nté**R**ess 12 … dép**R**i**m**ido… 13 … pa**Z**
14 … a**o**Ro p**R**éocoupa**Z**ioness 15 … a**Z**epto…*

 Notes

1 La préposition **por** a souvent une valeur causale et explicative ; c'est en ce sens que vous la retrouvez ici, employée directement devant un infinitif : **por ser tú**, *parce que c'est toi*. Il s'agit d'une tournure très espagnole. Sur le même principe, vous pourriez par exemple dire : **Eso te pasa por no tener cuidado**, *Ça t'arrive parce que tu ne fais pas attention*.

2 Sauf à faire un investissement lourd, ce que le joueur achète normalement est une fraction d'un billet de loterie : **un décimo**, *un dixième*. En espagnol, les fractions peuvent s'exprimer par l'ordinal seul (**un tercio**, *un tiers* ; **un cuarto**, *un quart*, etc.) ou associé à **parte** (**una tercera parte, una cuarta parte**, etc.).

3 Le pronom personnel indéfini "on" remplace parfois en français, dans la langue familière, la 1re personne du pluriel. L'espagnol ignore cet usage et dit simplement "nous" : **¿Lo compartimos?**, *On le partage ?* ; **Estamos en paz**, *On est en paix*.

4 *Regretter* peut avoir plusieurs sens en français, que l'espagnol rend par des verbes différents. S'il s'agit d'une nostalgie ou d'un manque, on emploiera **echar de menos** : **Echo de menos las playas de Andalucía**, *Je regrette les plages d'Andalousie*. Voir aussi, en ce sens : **Te echo de menos**, *Tu me manques*. Si par contre il est, comme dans le dialogue, question d'un remords, on passera par **arrepentirse**, *se repentir* : **Me arrepiento de no haber comprado un billete**, *Je regrette de ne pas avoir acheté de billet*.

Leçon soixante-six / 66

12 – Tu m'as déprimé... Tiens *(Regarde)*, je te fais cadeau du billet.
13 Si tu gagnes *(te touche)* tu me donnes ce que tu voudras *(veuilles)* et on est quittes *(nous-sommes en paix)*.
14 Comme ça je m'évite *(économise)* des soucis.
15 – Bon, j'*(l')* accepte parce que c'est toi *(par être toi)*.

5 Ce dialogue vous permet de faire un tour d'horizon des terminaisons du futur aux différentes personnes. Elles sont régulières pour tous les verbes : **-é, -ás, -á, -emos, -éis, -án**. Le radical des verbes réguliers est l'infinitif : **veremos** (ver + emos), **tocará** (tocar + á). Il y a parfois, comme en français, des irrégularités concernant ce radical. Remarquez par exemple ha**rás** (hacer), ten**dré** (tener), ven**drán** (venir), sal**drán** (salir), sa**brás** (saber). Essayez déjà de retenir ces formes en contexte et intuitivement ; nous ferons un bilan de tout ceci en leçon de révision.

6 Ce que les Espagnols appellent populairement **el cupón de los ciegos** est un billet de loterie vendu quotidiennement par la **ONCE**, **Organización Nacional de Ciegos Españoles**. Notes

7 Bien avant l'euro, du temps des anciennes **pesetas**, le côté face des pièces de 5 et 10 centimes était orné d'un lion dressé sur ses pattes arrière. Cette curieuse posture stimula l'imagination populaire, qui eut tôt fait de ramener le roi des animaux à de plus modestes proportions, ces pièces devenant argotiquement **la perra chica** et **la perra gorda**, *la petite chienne* et *la grosse chienne*. Le terme a survécu et désigne aujourd'hui populairement un *sou* : **Estoy sin una perra**, *Je n'ai pas un sou*. On le retrouve également dans le mot composé **tragaperras**, "avale-sous", qui désigne la *machine à sou* trônant dans tout bistro qui se respecte.

8 **el día que**, *le jour où*, introduit une subordonnée temporelle. Comme vous le savez désormais, l'idée d'événement futur s'y exprime au moyen du subjonctif. Ce n'est donc pas "**el día que serás**" mais **el día que seas**, *le jour où tu seras*.

trescientos diez • 310

Ejercicio 1 – Traduzca

❶ Acepto compartir este décimo por ser tú. **❷** El día que me toque la lotería tendré que echarles una mano a los amigos. **❸** Soy jugador, no lo puedo remediar : ¿me prestas una moneda para que la eche a la tragaperras? **❹** Gastas mucho dinero apostando en línea a los partidos de fútbol : un día te arrepentirás. **❺** Te regalo lo que me ha tocado en el cupón de los ciegos, así me ahorro preocupaciones.

***

Ejercicio 2 – Complete

❶ Quand je serai riche, je suppose que des amis sortiront de partout.
   Cuando … rico, ……. que ……. amigos por ………..

❷ Je lui ai donné un coup de main par amitié, maintenant nous sommes quittes.
   Le …….. una …. por ……., ahora ……. en ….

❸ Mon cousin viendra me demander de l'aider et il se fâchera si je ne lui donne rien.
   Mi ……….. a pedirme ……….. y ……….. si no le … nada.

❹ L'argent ne fera jamais le bonheur.
   El dinero nunca …. la ………..

❺ Si tu gagnes le gros lot, sauras-tu que faire avec cet argent ou le dépenseras-tu en bêtises ?
   Si …… el ….., ¿…… qué hacer con ese dinero o lo …….. en ……… ?

***

Les Espagnols dépensent beaucoup d'argent en jeux de hasard. Outre l'offre multiforme que l'on peut trouver dans d'autres pays, il existe deux types de loteries très singulières.
Celle de la **ONCE**, *tout d'abord, dont vous verrez les kiosques à chaque coin de rue. À l'origine association d'aveugles qui vendaient*

Corrigé de l'exercice 1

❶ J'accepte de partager ce billet parce que c'est toi. ❷ Le jour où je gagnerai à la loterie, je devrai donner un coup de main aux amis. ❸ Je suis joueur, je n'y peux rien : tu me prêtes une pièce pour que je la mette dans la machine à sous ? ❹ Tu dépenses beaucoup d'argent en pariant en ligne sur les matchs de football : un jour tu le regretteras. ❺ Je te fais cadeau de ce que j'ai gagné au coupon des aveugles, comme ça je m'évite des soucis.

***

Corrigé de l'exercice 2

❶ – sea – supongo – saldrán – todas partes ❷ – he echado – mano – amistad – estamos – paz ❸ – primo vendrá – que le ayude – se enfadará – doy – ❹ – hará – felicidad ❺ – te toca – gordo – sabrás – gastarás – tonterías

***

pour survivre une modeste loterie, la **ONCE** *a opéré une mue spectaculaire au tournant des années 80. Porté par un marketing efficace, le traditionnel* **cupón de los ciegos** *a commencé à distribuer des lots conséquents, suscitant un engouement massif. Assise sur cette manne, la* **ONCE** *est devenue un acteur original des politiques d'intégration : d'écoles spécialisées en centres de formation, s'occupant aussi bien du sport que de la vie culturelle, elle contribue puissamment à la socialisation des non-voyants et d'autres groupes de handicapés, créant au passage plus de 100 000 postes de travail.*
Autre curiosité : **el sorteo de Navidad**, *la loterie de Noël. Rares sont les Espagnols qui n'y jouent pas ! Un système de séries fait que le même numéro génère 1 600 fractions, ou* **décimos**, *en vente au prix de 20 euros. Vous pouvez bien sûr acheter votre* **décimo** *en solitaire, mais on trouve plus drôle d'essayer de gagner à plusieurs. On vous proposera par exemple de partager un ou plusieurs billets ; autre formule : votre boulanger, le café que vous fréquentez, le club dont vous êtes membre ou l'entreprise où vous travaillez aura acquis plusieurs séries pour en revendre les fractions. Si vous touchez le gros lot, il y a donc de fortes chances pour qu'il fasse aussi beaucoup d'heureux autour de vous. On n'y coupe pas : tout est en Espagne matière à célébration collective.*

Deuxième vague : 17ᵉ leçon

Lección sesenta y siete

Siempre es culpa mía [1]

1 – ¡Se han acabado las cerillas! ¿Y ahora cómo caliento [2] yo la sopa?
2 – ¿No hay un mechero en alguna parte?
3 – Pues no. Como te dio por [3] tirarlos todos cuando dejaste de fumar...
4 – Siempre tengo yo la culpa...
5 – ¡En vez de quejarte, da un salto al estanco!
6 – Bueno, vale... ¿Tienes suelto [4]?
7 – Solo tengo un billete de cien euros que acabo de sacar del cajero. Dile que te cambie [4].
8 – Nunca querrá [5] que le pague una caja de cerillas con cien euros...
9 – ¡Pues haz [6] algo! Ve [6] a pedirle fuego al vecino, ¡yo qué sé!
10 – Anda, mira lo que he encontrado en el fondo de un bolsillo del pantalón... ¡Una moneda [4] de dos euros!
11 – Bueno, ¿¿y ahora a qué esperas??
12 – Se ha puesto a llover y no encuentro el [7] sombrero. Además no sé si ponerme el [7] abrigo o la gabardina...
13 – ¡Pero qué lento eres! Parece que lo haces a propósito para ponerme nerviosa.
14 ¡Date prisa! ¡Cuanto antes te vayas [8], antes volverás!

Leçon soixante-sept

[C']est toujours [ma] faute *(mienne)*

1 – Il n'y a plus *(Se sont terminé les)* [d'] allumettes ! Et maintenant comment [est-ce que] je réchauffe la soupe, moi ?
2 – Il n'y a pas un briquet *(en)* quelque part ?
3 – Eh bien non. Comme ça t'a pris de *(il te donna pour)* tous les jeter quand tu as arrêté *(arrêtas)* de fumer...
4 – C'est toujours ma *(Toujours j'ai la)* faute...
5 – Au lieu de te plaindre, fais *(donne)* un saut au bureau de tabac !
6 – Bon, d'accord... Tu as de la monnaie ?
7 – J'ai seulement un billet de cent euros que je viens de retirer du distributeur. Dis-lui de te faire la monnaie *(qu'il te change)*.
8 – Il ne voudra jamais que je lui paye une boîte d'allumettes avec cent euros...
9 – Eh bien fais quelque chose ! Va *(à)* demander*(-lui)* [du] feu au voisin, je ne sais pas, moi *(moi que sais-je)* !
10 – Tiens, regarde ce que j'ai trouvé au *(dans le)* fond d'une poche du pantalon... Une pièce de deux euros !
11 – Bon, et maintenant *(à)* qu'est-ce que tu attends ??
12 – Il s'est mis à pleuvoir et je ne trouve pas mon *(le)* chapeau. De plus je ne sais pas si mettre mon *(me mettre le)* manteau ou mon *(la)* imperméable...
13 – Mais qu'est-ce que tu es lent ! On dirait *(Il semble)* que tu le fais exprès pour m'énerver.
14 Dépêche-toi ! Plus vite tu partiras *(Combien avant te ailles)*, plus vite *(avant)* tu reviendras !

67 / Lección sesenta y siete

Prononciation
... **coul**pa **1** ... Zé**R**ilyass... ca**l**ie'**n**to... **sopa 2** ... mé**tchéR**o...
3 ... tira**R**loss... **5** ... qué**H**a**R**té... **6** ... **souel**to **7** ... ca**HéR**o dilé...
ca'mbié **8** ... qué**R**a... ca**H**a... **9** ... aZ... bé... **fou**égo... bé**Z**ino...
10 ... **fo'n**do... bol**s**ilyo... pa'ntalo**'**n... **12** ... so'm**bRéR**o... a**bR**igo...
gaba**R**dina... **13** ... **lé'n**to... p**R**o**p**óssito... **14** da**t**é... **baï**ass...
bolbé**Rass**

Notes

1 Pour traduire *c'est ma (ta, sa...) faute*, l'usage veut que l'on se serve du possessif tonique placé après le nom : **Es culpa mía (tuya, suya...)**. **Culpa** intervient dans d'autres formules, par exemple avec le verbe **tener**, comme dans la phrase 4 : **Siempre tengo yo la culpa**, *C'est toujours ma faute*.

2 **calentar** peut être transitif (suivi d'un complément, comme dans le dialogue) et signifier dans ce cas *réchauffer* : **calentar la sopa**, *réchauffer la soupe*. S'il est intransitif, il correspondra alors au français *chauffer* : **¡Cómo calienta el sol!**, *Comme le soleil chauffe !*

3 **dar**, vous l'avez constaté, est un verbe multi-usages, qui perd souvent son sens premier – *donner* – au sein de diverses tournures idiomatiques. Voici **darle a uno por**, qui évoque un caprice, une manie ou une résolution soudaine : **A veces me da por tirarlo todo**, *Parfois ça me prend, je jette tout*. Il s'agit donc d'une construction propre à l'espagnol, qui n'a pas vraiment de traduction standard. Prenons par exemple cette autre phrase, **Le ha dado por el deporte**, que l'on pourra rendre par *Sa nouvelle lubie, c'est le sport*, ou encore par *Il s'est pris de passion pour le sport / Il s'est mis au sport*.

4 Le lexique de l'argent est truffé de mots pièges ! S'agissant d'un sujet délicat, redoublons donc d'attention... Le mot français *monnaie*, par exemple, a plusieurs sens que l'espagnol rend par des termes différents. Il peut d'abord s'agir d'une pièce de monnaie, auquel cas on parle de

***

Ejercicio 1 – Traduzca

❶ ¡No es culpa mía si se ha acabado la sopa! ❷ Ve a pedirle fuego al vecino, una caja de cerillas o un mechero, me da igual. ❸ Dile que te dé cambio, haz algo en vez de quejarte. ❹ Date prisa, da un salto al cajero y saca cincuenta euros. ❺ Un día le dio por llevar sombrero.

315 • **trescientos quince**

moneda : una moneda de dos euros, *une pièce de deux euros*. *Monnaie* désigne aussi globalement *les petites pièces* qu'on a en poche, par opposition au billet ; on parle ici de **suelto** : No tengo suelto, lo siento, *Je n'ai pas de monnaie, désolé*. Mais il y a aussi la monnaie que l'on vous rend, auquel cas ce sera **la vuelta** : Aquí tiene su vuelta, *Voici votre monnaie*. Et puis il y a l'idée de "faire la monnaie" sur un billet, pour laquelle on passera par **cambiar** (¿Me puede cambiar?, *Vous pouvez me faire la monnaie ?*) ou par **cambio** (¿Me da cambio, por favor?, *Vous me faites la monnaie, s'il vous plaît ?*).

5 Retenez ce futur irrégulier de **querer** : **querré, querrás, querrá**…, *je voudrai, tu voudras, il voudra*…

6 Il y a en tout huit impératifs irréguliers à la 2ᵉ personne du singulier. Vous en connaissez déjà quatre : **di**, *dis* ; **pon**, *mets* ; **ten**, *tiens* ; **ven**, *viens*. En voici deux autres dans ce dialogue : **haz**, *fais* ; et **ve**, *va*.

7 L'adjectif possessif est moins systématique en espagnol qu'en français. Lorsqu'il n'y a aucun doute sur le rapport de possession, il est souvent remplacé par l'article défini : **No tengo el pasaporte**, *Je n'ai pas mon passeport* ; **Pierdo el tiempo**, *Je perds mon temps* ; **Busco el sombrero**, *Je cherche mon chapeau*. Parfois, c'est le verbe pronominal qui va remplacer le possessif, comme dans le dialogue : **Me pongo el abrigo**, *Je mets mon manteau*. On dira aussi, par exemple : **Se gana la vida**, *Il gagne sa vie*.

8 Observez d'abord la construction de cette phrase, qui comprend une conjonction de subordination (**cuanto antes**) et un rappel dans la principale (**antes**) : *plus vite…, plus vite*. Et n'oubliez pas la règle concernant l'expression du futur dans la subordonnée temporelle : **Cuanto antes vayas** (subjonctif dans la subordonnée), **antes volverás** (futur dans la principale), *Plus vite tu iras, plus vite tu reviendras*. Sachez aussi que **cuanto antes** peut être une locution adverbiale signifiant *le plus vite possible* : **Hazlo cuanto antes**, *Fais-le dès que possible*.

***

Corrigé de l'exercice 1
❶ Ce n'est pas ma faute s'il n'y a plus de soupe ! ❷ Va demander du feu au voisin, une boîte d'allumettes ou un briquet, ça m'est égal. ❸ Dis-lui de te faire la monnaie, fais quelque chose au lieu de te plaindre. ❹ Dépêche-toi, fais un saut au distributeur et retire cinquante euros. ❺ Un jour ça t'a pris de porter un chapeau.

Ejercicio 2 – Complete

❶ Plus vite tu arrêteras de fumer, plus vite tu pourras refaire du sport.
. . . . de fumar, antes . . . . hacer deporte.

❷ Je n'ai qu'un billet de cinq cents euros : vous pouvez me faire la monnaie ?
Solo tengo un billete de . . . . euros : ¿me puede . . . . ?

❸ Je n'ai jamais de monnaie, pardon, je ne le fais pas exprès.
Nunca tengo . . . . . . , perdón, no lo hago a . . . .

❹ Quelle chance ! J'ai trouvé une pièce au fond d'une poche du manteau.
¡Qué . . . . . . ! He encontrado . . . . en el fondo de un . . . . del . . . .

❺ Tu voudras de la soupe ? Dis-le pour savoir si je la réchauffe ou si je la jette.
¿. . . . . . . sopa? . . . . para saber si la . . . . o si la . . . . .

Lección sesenta y ocho

Mañana empiezo

1 – ¡Feliz año nuevo!
2 – Sí, ¡y sobre todo salud!
3 – Eso, mientras haya [1] salud...
4 – ¿Has hecho buenos propósitos?
5 – Como siempre, ¡perder peso! Pero ahora va en serio : no quepo [2] en el pantalón.
6 – Yo también he engordado una barbaridad : no me puedo cerrar el cuello de la camisa.
7 – He decidido que saldré a correr aunque llueva, nieve o sople [3] el viento : ¡todos los días, festivos y laborables!
8 ¡Estoy dispuesto a sudar y a sufrir!

Corrigé de l'exercice 2
❶ Cuanto antes dejes – podrás volver a – ❷ – quinientos – cambiar
❸ – suelto – propósito ❹ – suerte – una moneda – bolsillo – abrigo
❺ Querrás – Dilo – caliento – tiro

Deuxième vague : 18ᵉ leçon

Leçon soixante-huit

Je commence demain

1 – Bonne année nouvelle !
2 – Oui, et surtout [la] santé !
3 – [C'est] ça, tant qu'il y aura *(ait)* [la] santé…
4 – Tu as pris *(fait)* [de] bonnes résolutions ?
5 – Comme toujours, perdre [du] poids ! Mais maintenant c'est pour de bon *(va en sérieux)* : je ne rentre plus dans mon *(le)* pantalon.
6 – Moi aussi j'ai énormément grossi *(une énormité)* : je ne *(me)* peux pas fermer le col de ma *(la)* chemise.
7 – J'ai décidé que je sortirai *(à)* courir même s'il pleut *(pleuve)*, neige ou fait *(fasse)* [du] vent : tous les jours, fériés et ouvrables !
8 Je suis disposé à transpirer et à souffrir !

9 – Y yo me pondré a dieta. Comeré fruta y verdura [4] cada día : ¡manzanas, plátanos, peras, puerros, brócolis!

10 – ¡Ah, y ni una gota de alcohol, eh! Zumo de zanahoria, agua y yogures.

11 – ¡Bravo, seamos [5] fuertes y valientes! Al principio será difícil, habrá [6] que tener voluntad.

12 – Sí, pero conforme pasen [7] los días nos sentiremos cada vez mejor. ¿Empezamos mañana?

13 – Es que… mañana tengo una boda. Pasado mañana, ¿sí?

14 – ¡Bien! Brindemos [8] por estos buenos propósitos.

15 – ¡Salud!

16 – Arriba, abajo, al centro… ¡y adentro! [8] ☐

Prononciation
3 … mié'ntRass aïa… 4 … pRopossitoss 5 … pésso… séRio… quépo… 6 … é'ngoRdado… couélyo… camissa 7 … saldRé… soplé… bié'nto… festiboss… laboRabless 8 soudaR… soufRiR 9 … po'ndRé… diéta coméRé… fRouta… beRdouRa… ma'nZanass platanoss péRass pouéRoss bRocoliss 10 … gota… Zoumo… ZanaoRia… yogouRéss 11 bRabo séamoss… balié'ntéss… séRa… abRa… boulou'ntaᵈ 12 … co'nfoRmé… sé'ntiRémoss… 13 … boda… 14 … bRi'ndémoss… 16 … adé'ntRo…

Notes

1 Poursuivons notre tour d'horizon des différentes subordonnées de temps et des conjonctions qui les introduisent. Voici **mientras**. Attention, le sens peut changer selon le temps qui suit. Au présent, **mientras** signifie *pendant que* : **Mientras preparas la comida, voy poniendo la mesa**, *Pendant que tu prépares le repas, je commence à mettre la table*. Si on envisage par contre un événement futur, **mientras** se traduira par *tant que* ; et puisque le futur est exprimé par le subjonctif dans la temporelle, on aura : **mientras haya…**, *tant qu'il y aura…*

Leçon soixante-huit / 68

9 – Et moi je me mettrai au *(à)* régime. Je mangerai [des] fruits *(fruit)* et [des] légumes *(légume)* chaque jour : [des] pommes, [des] bananes, [des] poires, [des] poireaux, [des] brocolis !
10 – Ah, et pas une goutte d'alcool, hein ! [Du] jus de carotte, [de l'] eau et [des] yaourts.
11 – Bravo, soyons forts et courageux ! Au début [ça] sera difficile, il faudra avoir [de la] volonté.
12 – Oui, mais à mesure que les jours passeront *(passent)* nous nous sentirons de mieux en *(chaque fois)* mieux. On commence *(Nous commençons)* demain ?
13 – C'est que… demain j'ai un mariage. Après-demain, d'accord *(oui)* ?
14 – Bien ! Trinquons à *(pour)* ces bonnes résolutions.
15 – Santé !
16 – En haut, en bas, au centre… et dedans !

2 **caber** (qui renvoie, par la racine latine **cap-**, à l'idée de capacité) signifie *rentrer, tenir* au sens spatial, pour signifier que quelque chose "tient" ou "rentre" quelque part : **En este coche solo caben cuatro personas**, *Dans cette voiture ne tiennent que quatre personnes*. Sa conjugaison présente de nombreuses irrégularités ; retenons déjà la 1re personne du présent, **quepo**, *je tiens*. La suite du présent est régulière : **cabes**, **cabe**, etc.

3 **aunque** introduit ici une subordonnée concessive portant sur un fait hypothétique (on envisage qu'il puisse pleuvoir ou neiger). On utilisera dans ce cas le subjonctif : **aunque llueva o nieve**, *même s'il pleut ou neige*, et non pas **aunque llueve** (indicatif).

4 **fruta** et **verdura** sont au singulier lorsqu'ils désignent collectivement et sans précision *les fruits* et *les légumes* : **Voy a comprar fruta**, *Je vais acheter des fruits* ; **Me encanta la verdura**, *J'adore les légumes*. On peut aussi les utiliser au pluriel, si on considère une diversité de fruits ou légumes différents, par exemple dans **puré de verduras**, *soupe de légumes*. Pour bien marquer la différence avec un fruit à l'unité, on dit dans ce cas **una pieza de fruta**, *un fruit* : **Hay que comer cinco piezas de fruta cada día**, *Il faut manger cinq fruits par jour*. **Fruto** au masculin a une valeur abstraite : **el fruto del trabajo**, *le fruit du travail* ; au pluriel, **frutos secos** désigne les *fruits secs*. **Legumbres**, enfin, est un faux ami qui désigne les *légumes secs* : **Me encantan todas las legumbres, judías, garbanzos, lentejas...**, *J'adore tous les légumes secs, haricots, pois chiches, lentilles...*

5 Vous connaissez l'impératif à la 2ᵉ personne du singulier (**habla**, *parle*) et du pluriel (**hablad**, *parlez*). Ce sont à proprement parler les deux formes de l'impératif espagnol. Pour donner un ordre à la 1ʳᵉ personne du pluriel, on passe par le subjonctif : **hablemos**, *parlons* ; **seamos**, *soyons* ; **brindemos**, *trinquons* (phrase 14).

6 L'auxiliaire **haber** intervient dans la formation des temps composés (**ha comido**, *il a mangé*) et il sert de base pour la locution "il y a". Au présent, on ajoute la particule **-y** ; **hay** ; aux autres temps, il suffit de conjuguer **haber** au temps voulu : **había**, *il y avait* ; **hubo**, *il y eut* ; et au futur irrégulier **habrá**, *il y aura*. Même chose donc pour l'expression de

***

Ejercicio 1 – Traduzca
❶ He engordado una barbaridad : este año me pondré a dieta. ❷ No quepo en mi ropa : ¡no puedo cerrar el cuello de la camisa! ❸ Habrá que sudar y sufrir para perder peso. ❹ Me siento cada vez peor. Pasado mañana iré al médico. ❺ Mientras esté a dieta, solo comeré peras, puerros, plátanos y yogures.

***

Ejercicio 2 – Complete
❶ J'ai pris de bonnes résolutions : je ne boirai plus une goutte d'alcool, rien que des jus de pomme et de carotte.
He hecho buenos .... : ya no ...... ni una .... de ...., solo ..... de .... y de ....

❷ Je serai courageux et sortirai [me] promener même s'il pleut, tous les jours, fériés et ouvrables.
.... a ...... aunque ......, todos los días, ... y ....

❸ À partir de demain, je mangerai des légumes et cinq fruits chaque jour.
A partir de mañana .... y cinco .... cada día.

Leçon soixante-huit / 68

l'obligation impersonnelle : **hay que**, *il faut* ; **había que**, *il fallait* ; **hubo que**, *il fallut* ; **habrá que**, *il faudra*.

7 Voici une nouvelle nuance de la subordonnée temporelle, introduite par **conforme**, *(au fur et) à mesure que* : **conforme pasa el tiempo…**, *à mesure que le temps passe…* Le dialogue envisage un événement futur ("à mesure que les jours passeront…") et c'est donc au subjonctif qu'il s'exprimera : **conforme pasen** (et non pas **pasarán**) **los días…**

8 Le verbe **brindar**, *trinquer*, est dérivé du nom **brindis**, qui désigne *le toast*, ou *l'action de trinquer* (y compris le petit discours ou le vœu qui l'accompagne). Curieusement, ce terme a une origine… allemande ! Il s'agit de l'hispanisation de la phrase **Ich bring dir's**, *Je te le donne*. Les trinqueurs peuvent dire en chœur ¡**Salud!**, *Santé !* et, s'ils sont d'humeur facétieuse, se livrer au petit rituel consistant à hisser le verre (**arriba**), le descendre (**abajo**), le situer à hauteur de visage (**al centro**) et l'engloutir (**adentro**). À la vôtre !

***

Corrigé de l'exercice 1

❶ J'ai énormément grossi : cette année je me mettrai au régime. **❷** Je ne rentre pas dans mes vêtements : je ne peux pas fermer le col de la chemise ! **❸** Il faudra transpirer et souffrir pour perdre du poids. **❹** Je me sens de plus en plus mal. Après-demain j'irai chez le médecin. **❺** Tant que je serai au régime, je ne mangerai que des poires, des poireaux, des bananes et des yaourts.

***

❹ Soyons amis et trinquons !

¡ . . . . . . amigos y . . . . !

❺ Au début ce sera difficile, mais au fur et à mesure que le temps passera tu te sentiras de mieux en mieux.

Al principio . . . . difícil, pero . . . . el tiempo te . . . . mejor.

Corrigé de l'exercice 2

❶ – propósitos – beberé – gota – alcohol – zumos – manzana – zanahoria **❷** Seré valiente y saldré – pasear – llueva – festivos – laborables **❸** – comeré verdura – piezas de fruta – **❹** Seamos – brindemos **❺** – será – conforme pase – sentirás cada vez –

Deuxième vague : 19ᵉ leçon

trescientos veintidós • 322

Lección sesenta y nueve

Cría cuervos...

1 – A mi **hi**jo le ha **da**do por ser can**tan**te.
2   **Di**ce que le a**bu**rren los es**tu**dios y que en **cuan**to **se**a ma**yor** de e**dad** [1] lo deja**rá to**do **pa**ra dedi**car**se a la **mú**sica.
3 – De pe**que**ño [2] ya le gus**ta**ba can**tar**...
4 – **E**so, lo **su**yo es gra**bar dis**cos y ha**cer**se fa**mo**so con sus can**cio**nes. ¡Qué dispa**ra**te!
5 – Ya se le pasa**rá**, mu**jer**...
6 – Tal vez, **pe**ro **mien**tras **tan**to no da **gol**pe en la es**cue**la.
7   Y con **e**se e**jem**plo a**ho**ra mi **hi**ja **quie**re ser ac**triz**.
8 – No hay quien en**tien**da [3] a **es**ta juven**tud** : ¡**to**dos **mú**sicos, **to**dos ac**to**res, **to**dos ar**tis**tas!
9 – **E**so **di**go yo : ¿quién arregla**rá** los **gri**fos **cuan**do ya no **ha**ya [4] fonta**ne**ros?
10 – ¿Y tu so**bri**no? Él es un **po**co más for**mal**, ¿no?
11 – A **e**se le ha **da**do por la política.
12 – **Bue**no, ha sa**li**do a [5] los **pa**dres en**ton**ces :
13   al fin y al **ca**bo **e**llos tam**bién e**ran izquier**dis**tas de **jó**venes [2], ¿no?
14 – A**hí** es**tá** el pro**ble**ma : el mu**cha**cho es de de**re**chas [6] y su **sue**ño es estu**diar** empresa**ria**les, ser **hom**bre de ne**go**cios y ha**cer**se **ri**co.
15 – **Crí**a **cuer**vos y te saca**rán** los **o**jos...

Leçon soixante-neuf

Élève des corbeaux...

1 – Mon fils s'est mis en tête d'*(Á mon fils [ça] lui a donné pour)* être chanteur.
2 Il dit que les études l'ennuient et que dès qu'il sera *(soit)* majeur *(d'âge)* il *(le)* laissera tout [tomber] pour se consacrer à la musique.
3 – *(De)* Petit il aimait déjà chanter...
4 – [C'est] ça, son truc [c'] est [d'] enregistrer des disques et [de] devenir *(se faire)* célèbre avec ses chansons. N'importe quoi *(Quelle absurdité)* !
5 – [Ça] *(Déjà se)* lui passera, allons *(femme)*...
6 – Peut-être, mais en attendant *(pendant autant)* il n'en fiche pas une *(ne donne pas coup)* à l'école.
7 Et avec cet exemple maintenant ma fille veut être actrice.
8 – Il n'y a pas [moyen de] comprendre *(qui comprenne)* cette jeunesse : tous musiciens, tous acteurs, tous artistes !
9 – C'est ce que *(ça)* je dis, moi : qui réparera les robinets quand il n'y aura *(ait)* plus de plombiers ?
10 Et ton neveu ? Lui il est un peu plus sérieux, non ?
11 Lui, il s'est pris d'intérêt *(à celui-là lui a donné)* pour la politique.
12 – Bon, il ressemble *(est sorti)* à ses parents alors :
13 en fin de compte eux aussi [ils] étaient gauchistes dans leur jeunesse *(de jeunes)*, non ?
14 – [C'est] là [qu'] est le problème : le garçon est de droite *(droites)* et son rêve est de faire des *(étudier)* études de commerce, être homme d'affaires et devenir *(se faire)* riche.
15 – On est toujours payé d'ingratitude... *(Élève des corbeaux et ils t'arracheront les yeux...)*

trescientos veinticuatro • 324

69 / Lección sesenta y nueve

 Prononciation

cRia coueRboss **1** … ca'n**ta'n**té… **2** … es**tou**dioss… **séa** ma**ïoR**… dé**Ha**Ra… **mou**ssica **3** … ca'n**taR 4** … gRa**baR dis**coss… ca'n**Zio**ness… dispa**Ra**té **5** … passa**Ra**… **6** … **mié'n**tRass… gol**pé**… **7** … ac**tRiz 8** … Houbé'n**tou**ᵈ… **mou**ssicoss… ac**to**Ress… aR**tis**tass **9** … a**Ré**gla**Ra**… **gRi**foss… fo'nta**né**Ross **10** … so**bRi**no… foR**mal**… **11** … po**li**tica **13** … **ca**bo… iZquieR**dis**tass… **14** … mou**tcha**tcho… dé**Ré**tchas… e'mpRéssa**Ria**less… **né**go**Zio**ss… **15** … saca**Ra'n**…

 Notes

1 Et une dernière variation de la subordonnée temporelle pour clore cette série : **en cuanto**, *dès que*. **En cuanto sea mayor de edad**, *Dès que je serai / il sera majeur*. Le subjonctif **sea** ne vous surprend plus : c'est l'expression du futur dans la subordonnée. Retenez par contre l'expression **mayor de edad** pour *majeur* ; **mayor** tout court signifie en effet *plus vieux*, *plus âgé*, ou même simplement *âgé* (**Es una persona mayor**, *C'est une personne âgée*). **Menor**, de même, signifie *plus jeune* (**Mi hermano es menor que yo**, *Mon frère est plus jeune que moi*) ; et pour dire *mineur* on passe donc par **menor de edad**.

2 **de pequeño** et **de jóvenes** sont des tournures idiomatiques à valeur temporelle qui remplacent toute une proposition : on les a de fait traduites par *quand il était petit* et *quand ils étaient jeunes*. **De** se combine ici directement avec un nom ou un adjectif qui renvoient à l'âge ou à la position dans le temps ; celle-ci peut d'ailleurs aussi bien concerner le passé que le futur, et on pourrait par exemple dire : **De mayor quiero ser artista**, *Quand je serai grand, je veux être artiste*.

***

Ejercicio 1 – Traduzca

❶ A mi hija le ha dado por ser actriz. ¡Qué disparate! ❷ Mi sobrina no ha salido a los padres, es de derechas. ❸ De joven pensaba hacerme rico y famoso escribiendo canciones. ❹ Es muy formal : de mayor quiere estudiar empresariales, ser hombre de negocios o dedicarse a la política. ❺ No hay quien te entienda, hijo mío, un día quieres ser cantante y el otro actor.

3 **no hay quien** + verbe au subjonctif est encore une tournure très idiomatique, qui sert à exprimer toutes sortes d'impossibilités. Elle peut se dire sur différents tons, du regret à la colère : **Pobre de mí, no hay quien me ayude**, *Pauvre de moi, il n'y a personne pour m'aider* ; **¡Aquí no hay quien duerma!**, *Pas moyen de dormir ici !*

4 **Cuando ya no haya fontaneros**, *Quand il n'y aura plus de plombiers*. Énième (et dernier, promis !) rappel de la règle : dans la subordonnée temporelle, l'idée de futur s'exprime par le subjonctif (**haya**, donc, et non **habrá**).

5 On peut ressembler à quelqu'un d'autre de deux manières : par hasard ou par filiation. Dans le premier cas, on utilisera le verbe **parecerse a** : **Me parezco a Penélope Cruz**, *Je ressemble à Penelope Cruz*. Mais si l'on veut souligner que cette ressemblance tient de famille, une tournure plus idiomatique sera **salir a**, mot à mot "sortir à". Puisqu'il s'agit de constater le résultat d'un héritage, on utilise généralement cette formule à un temps du passé : **Ha salido a la madre**, *Il ressemble à sa mère*.

6 **la derecha** et **la izquierda** désignent comme dans de nombreux pays *la droite* et *la gauche* en politique. Par contre, on met ces termes au pluriel lorsqu'ils suivent "être de" : **Soy de derechas y tú de izquierdas**, *Je suis de droite et toi de gauche*.

Corrigé de l'exercice 1
❶ Ma fille s'est mis en tête d'être actrice. N'importe quoi ! ❷ Ma nièce ne ressemble pas à ses parents, elle est de droite. ❸ Quand j'étais jeune, je pensais devenir riche et célèbre en écrivant des chansons. ❹ Il est très sérieux : quand il sera grand, il veut faire des études de commerce, être homme d'affaires ou se consacrer à la politique. ❺ Il n'y a pas moyen de te comprendre, mon fils, un jour tu veux être chanteur et l'autre acteur.

Ejercicio 2 – Complete

1. Quand tu seras majeur, tu pourras faire ce que tu voudras.
   Cuando .... de ...., ... hacer lo que ....

2. Mon rêve est d'être musicien, mais en attendant je dois faire des études qui m'ennuient.
   Mi ..... es ser ......, pero .... tengo que hacer estudios que me ....

3. Dès que tu pourras, appelle le plombier, s'il te plaît.
   ...., llama al ...., por favor.

4. Mon neveu n'en fiche pas une à l'école. Il dit que son truc, c'est la musique.
   Mi .... no .... en la escuela. Dice que ...... es la ....

5. Enfant je voulais être artiste et enregistrer des disques, mais en fin de compte je gagne mieux ma vie en réparant des robinets.
   ...... quería ser .... y ...... discos, pero .... me gano mejor ...... arreglando ....

Lección setenta

Repaso - Révision

1 Le futur de l'indicatif

1.1 Le futur régulier

Le futur espagnol se construit comme son homologue français : son radical est l'infinitif du verbe et ses terminaisons sont celles de l'auxiliaire avoir : **comeré**, *je mangerai*. Au futur espagnol, la terminaison porte l'accent tonique écrit à toutes les personnes sauf à la 1re du pluriel.

Corrigé de l'exercice 2

❶ – seas mayor – edad, podrás – quieras ❷ – sueño – músico – mientras tanto – aburren ❸ En cuanto puedas – fontanero – ❹ – sobrino – da golpe – lo suyo – música ❺ De niño – artista – grabar – al fin y al cabo – la vida – grifos

***

Cría cuervos *est le titre d'un célèbre film de Carlos Saura sorti en 1976. Sur fond d'Espagne franquiste, l'œuvre raconte les rapports difficiles entre la petite Ana et sa tante Paulina, qui l'a recueillie à la mort de ses parents ; c'est surtout une fable sur le pouvoir de la mémoire, par laquelle la petite fille pense pouvoir faire revenir sa mère. Dans ce jeu de miroirs entre passé et présent, Géraldine Chaplin se dédouble et joue deux rôles : la mère d'Ana et Ana adulte qui se remémore son enfance.*
Le titre reprend le début du proverbe **Cría cuervos y te sacarán los ojos**, *qui illustre pour la sagesse populaire le pessimisme éducatif et l'ingratitude des enfants. C'est donc le point de vue de la tante Paulina : on aura beau entourer d'amour un bébé-corbeau ("nourrir un serpent dans son sein", comme on dit en français), il finira en grandissant par vous arracher les yeux.*
La chanson qui sert de générique au film, **Porque te vas**, *est devenue un succès mondial, faisant l'objet de multiples et incessantes reprises.*

Deuxième vague : 20ᵉ leçon

Leçon soixante-dix

hablar	comer	dormir
hablaré	comeré	dormiré
hablarás	comerás	dormirás
hablará	comerá	dormirá
hablaremos	comeremos	dormiremos
hablaréis	comeréis	dormiréis
hablarán	comerán	dormirán

1.2 Les futurs irréguliers

Au futur, les irrégularités ne concernent que le radical, comme en français : je *pourr*ai, je *voudr*ai, etc. Il y a en tout 12 futurs irréguliers et vous en avez découvert 9 au fil des dialogues de cette série. En voici un modèle et le tableau complet, avec la mise en valeur des radicaux qui changent.

| hacer | har**é**, har**ás**, har**á**, har**emos**, har**éis**, har**án** |

Autres irréguliers :

caber	cabré…
decir	diré…
haber	habré…
poder	podré…
poner	pondré…
querer	querré…
saber	sabré…
salir	saldré…
tener	tendré…
valer	valdré…
venir	vendré…

2 Quelques aspects de la proposition temporelle

2.1 Les conjonctions de subordination

Il existe, comme en français, toute une batterie de conjonctions exprimant les nuances de la subordonnée temporelle :
- **en cuanto, tan pronto como** : *dès que*
En cuanto me pongo a cantar, la gente se va.
Dès que je commence à chanter, les gens s'en vont.
Tan pronto como vio el perro, se puso a correr.
Dès qu'il vit le chien, il se mit à courir.
- **mientras** : *pendant que / tant que*
Mientras pones la mesa, yo voy haciendo la comida.
Pendant que tu mets la table, moi je commence à faire le repas.
Mientras tuvo dinero, no le faltaron amigos.
Tant qu'il eut de l'argent, il ne manqua pas d'amis.

- **conforme** : *(au fur et) à mesure que*
Conforme pasan los años, los hijos se vuelven más formales.
À mesure que les années passent, les enfants deviennent plus sérieux.

2.2 L'expression du futur dans la subordonnée de temps

Vous avez précédemment vu que le futur dans la relative se rendait par le subjonctif : **Haz lo que quieras**, *Fais ce que tu voudras*. La même règle s'applique dans la subordonnée temporelle : **Cuando tenga dinero, iré a México**, *Quand j'aurai de l'argent, j'irai au Mexique*.

Elle vaut, bien sûr, pour toutes les conjonctions de subordination que nous venons de revoir :

En cuanto sea mayor de edad, me sacaré el carné.
Dès que je serai majeur, je passerai le permis.
Mientras pueda, seguiré trabajando.
Tant que je pourrai, je continuerai à travailler.
Conforme pase el tiempo, te olvidarás de mí.
Au fur et à mesure que le temps passera, tu m'oublieras.

3 La subordonnée concessive

Aunque est la conjonction de base qui vous permet de former des phrases concessives. On la traduit selon les cas par *bien que* ou *même si*. Elle peut être suivie de l'indicatif ou du subjonctif, selon la nature du fait rapporté dans la subordonnée. S'il s'agit d'un fait réel, c'est l'indicatif qui s'impose ; si le fait est juste envisagé comme possible, ce sera le subjonctif.

Aunque tengo tiempo, no voy a verlo.
Bien que j'aie du temps, je ne vais pas le voir (j'ai vraiment du temps = indicatif).
Aunque tenga tiempo, no iré a verlo.
Même si j'ai du temps, je n'irai pas le voir (je ne sais pas si j'aurai ou non du temps = subjonctif).

On peut remarquer que, dans ces phrases, le français et l'espagnol ont des usages inversés dans la subordonnée concessive : l'indicatif français pour le subjonctif espagnol et vice versa.

4 Nuances de la phrase comparative

4.1 La comparaison progressive

Vous connaissez la comparaison simple (**más que**, *plus que* ; **menos que**, *moins que* ; **tan / tanto como**, *autant que*) ; vous avez pu dans cette série découvrir la comparaison progressive : **cada vez más** et **cada vez menos**, *de plus en plus* et *de moins en moins* :
Estoy cada vez más cansado, *Je suis de plus en plus fatigué*.
Hay cada vez menos gente, *Il y a de moins en moins de gens*.
Si on utilise un des quatre comparatifs irréguliers (**mejor**, **peor**, **mayor**, **menor**), on supprime bien sûr **más** et **menos** :
Me siento cada vez mejor, *Je me sens de mieux en mieux*.
Sus notas son cada vez peores, *Ses notes sont de plus en plus mauvaises*.

4.2 La comparaison parallèle

La comparaison peut aussi se déployer parallèlement sur la proposition subordonnée et la principale.
Cuanto más..., más..., *Plus..., plus...*
Cuanto menos..., menos..., *Moins..., moins...*
Cuanto antes..., antes..., *Plus vite..., plus vite...*
Il faut alors respecter un certain ordre des mots, en particulier l'inversion verbe / sujet :
Cuanto más llueve, menos sale la gente.
Plus il pleut, moins les gens sortent.
Cuanto más conozco yo a la gente, más quiero a mi perro.
Plus je connais les gens, plus j'aime mon chien.
La règle concernant l'expression du futur dans la subordonnée reste en vigueur : on doit passer par le subjonctif et non par le futur de l'indicatif comme en français :
Cuanto antes te pongas a estudiar, antes terminarás.
Plus vite tu te mettras à étudier, plus vite tu finiras.

5 Bilan sur quelques conjugaisons irrégulières

5.1 Les verbes en *-acer* / *-ecer* / *-ocer* / *-ucir*

À quelques exceptions près, les verbes ayant cette terminaison portent une irrégularité en **-zco** à la 1re personne du singulier du présent de l'indicatif. Exemples :

nacer : **nazco**, *je nais*
pertenecer : **pertenezco**, *j'appartiens*
conocer : **conozco**, *je connais*

La suite de la conjugaison de l'indicatif présent est régulière (**naces**, *tu nais* ; **perteneces**, *tu appartiens*, etc.) ; par contre, tout le subjonctif présent – construit sur la 1re personne irrégulière de l'indicatif – va prendre cette irrégularité :

nacer	pertenecer
nazca	pertenezca
nazcas	pertenezcas
nazca	pertenezca
nazcamos	pertenezcamos
nazcáis	pertenezcáis
nazcan	pertenezcan

5.2 Les verbes en *-ducir*

Leur nombre n'est pas négligeable, et ils sont en tout cas très usuels. Par exemple : **conducir**, *conduire* ; **deducir**, *déduire* ; **introducir**, *introduire* ; **producir**, *produire* ; **traducir**, *traduire* ; **seducir**, *séduire*, etc.

Ces verbes ont la même irrégularité que ceux de la catégorie précédente, au présent de l'indicatif et au présent du subjonctif. Mais ils ont en plus un passé simple irrégulier, "fort", en **–duje**. Voici la conjugaison de **conducir** à ces temps irréguliers ; les autres verbes de cette famille suivent son modèle.

indicatif présent	subjonctif présent	indicatif passé simple
conduzco	conduzca	conduje
conduces	conduzcas	condujiste
conduce	conduzca	condujo
conducimos	conduzcamos	condujimos
conducís	conduzcáis	condujisteis
conducen	conduzcan	condujeron

Diálogo de repaso

1 – ¿Cuánto le debo por las cerillas?
2 – Son treinta céntimos.
3 – A ver si llevo suelto. Pues no, solo tengo este billete que acabo de sacar del cajero.
4 – No le puedo dar la vuelta de cien euros, lo siento… Venga, es igual, le regalo las cerillas.
5 – Muy amable, pero finalmente creo que voy a comprar un décimo también.
6 – Como usted quiera. ¡Suerte!
7 – Por cierto no sé muy bien qué haré si me toca el gordo…
8 – Tiene razón, a veces el dinero trae más problemas que felicidad.
9 – ¡Así es! En cuanto mi hijo se entere de que soy rico, ya no querrá estudiar.
10 Se levantará a las tantas y no dará golpe en todo el día.
11 Y como le ha dado por ser músico, tendré que echarle una mano para que se haga famoso con sus canciones… ¡Qué disparate!

Lección setenta y uno

Como a un santo dos pistolas

1 – ¿Es us**ted** la encar**ga**da?
2 – Sí, soy yo, **pa**ra ser**vir**le. ¿Qué de**se**a?
3 – ¿**Po**drí**a** [1] devol**ver** un ar**tí**culo re**cién** [2] com**pra**do?
4 – Por su**pues**to. **Siem**pre y **cuan**do es**té** [3] en per**fec**to es**ta**do y no **ha**ya tirado el **ti**que, **cla**ro.

12 Oh, mire lo que acabo de encontrar en el bolsillo, una moneda de cincuenta céntimos.
13 ¡Aquí tiene para las cerillas! Le dejo el décimo y no sabe cuántas preocupaciones me he ahorrado…

Traduction

1 Combien je vous dois pour les allumettes ? **2** C'est trente centimes. **3** Voyons voir si j'ai de la monnaie. Eh bien non, je n'ai que ce billet que je viens de retirer du distributeur. **4** Je ne peux pas vous rendre la monnaie sur cent euros, désolé… Allez, ça ne fait rien, je vous fais cadeau des allumettes. **5** Très aimable, mais je crois que finalement je vais acheter un billet de loterie aussi. **6** Comme vous voudrez. Bonne chance ! **7** D'ailleurs je ne sais pas très bien ce que je ferai si je gagne le gros lot… **8** Vous avez raison : parfois l'argent apporte plus de problèmes que de bonheur. **9** En effet ! Dès que mon fils apprendra que je suis riche, il ne voudra plus étudier. **10** Il se lèvera à point d'heure et n'en fichera pas une de toute la journée. **11** Et comme il s'est mis en tête d'être musicien, je devrai lui donner un coup de main pour qu'il devienne célèbre avec ses chansons. N'importe quoi ! **12** Oh, regardez ce que je viens de trouver dans ma poche, une pièce de cinquante centimes. **13** Voici pour les allumettes ! Je vous laisse le billet de loterie et vous ne savez pas combien de soucis je me suis évités…

Deuxième vague : 21e leçon

Leçon soixante-et-onze

Comme un tablier à une vache
(Comme à un saint deux pistolets)

1 – Vous êtes la responsable ?
2 – Oui, c'est moi *(suis je)*, pour vous servir. Que désirez-vous ?
3 – Pourrais-je rendre un article récemment acheté ?
4 – Tout à fait. À condition qu'il soit en parfait état et [que] vous n'ayez pas jeté le ticket, bien sûr.

71 / Lección setenta y uno

5 – Está nuevecito [4], ni me lo he probado.
6   Es una minifalda y sé de antemano que, a mi edad, me sentaría [1] como a un santo dos pistolas.
7 – No diga eso, ¡está usted muy joven! [5]
8 – Es un regalo de mi cuñada. Lo ha hecho adrede, para fastidiarme.
9   Sabe que nunca me pondría [1] algo tan corto, así… por encima de [6] la rodilla.
10   Además, vaya colores : ¡naranja… con lunares amarillos!
11 – Si su estilo es más sobrio, le sentaría [7] de maravilla este vestido : es muy elegante.
12 – No es feo, no…
13 – Le valdría [1] para todo tipo de ocasiones. Si quiere, los probadores están al fondo…

Prononciation
… sa'nto… pistolass **1** … é'ncaRgada **3** podRia… aRticoulo… RéZié'n… **4** … estado… **5** … nouébéZito… **6** … minifalda… antémano… sé'ntaRia… **8** … adRédé… fastidiaRmé **9** … po'ndRia… coRto… Rodilya **10** … naRa'nHa… lounaRéss amaRilyoss **11** … sobRio… maRabilya… béstido… éléga'nté **13** … baldRia… ocassionéss… pRobadoRéss… fo'ndo

Remarque de prononciation
(3), (6), (9), (11), (13) Avalanche de conditionnels, que vous découvrez dans cette leçon. Le groupe **-ía** est présent à toutes les personnes et c'est le **-í** qui porte l'accent tonique. C'est ce qui vous permet de distinguer par exemple serías *[séRiass]*, *tu serais*, de serias *[séRiass]*, *sérieuses*.

Notes
1   Cinq verbes au conditionnel dans cette leçon. Leurs emplois n'ont rien pour vous surprendre : ce sont ici les mêmes qu'en français (*¿Podría…?, Pourrais-je… ?*, etc.). Vous remarquez déjà que la terminaison est très régulière (en **-ía**). Quant au radical, il a quelque chose de familier… C'est

Leçon soixante-et-onze / 71

5 – Il est tout neuf, je ne l'ai même pas *(ni me lo ai)* essayé.
6   C'est une minijupe et je sais d'avance que, à mon âge, elle m'irait comme un tablier à une vache *(à un saint deux pistolets)*.
7 – Ne dites pas ça, vous faites *(êtes)* très jeune !
8 – C'est un cadeau de ma belle-sœur. Elle l'a fait exprès, pour m'embêter.
9   Elle sait que je ne *(me)* mettrais jamais quelque chose [d'] aussi court, comme ça… *(par)* au-dessus du genou.
10   En plus [de ça], quelles couleurs : orange… avec des pois jaunes !
11 – Si votre style est plus sobre, cette robe vous irait *(lui siérait)* à *(de)* merveille : [elle] est très élégante.
12 – [Elle] n'est pas laide *(laid)*, non…
13 – Elle ferait l'affaire *(Lui vaudrait)* pour tout type d'occasions. Si vous voulez, les cabines d'essayage sont au fond…

le même qu'au futur ! C'est l'infinitif pour les formes régulières (**ser**ía, *ce serait* ; me **sentar**ía, *ça m'irait*), et il y a les mêmes altérations qu'au futur pour les irréguliers : po**dr**ía (poder), po**ndr**ía (poner), ve**ndr**ía (venir).

2 L'adverbe signifiant *récemment* est **recientemente** : **No lo he visto recientemente**, *Je ne l'ai pas vu récemment*. Employé devant un participe passé, il prend la forme raccourcie **recién** : **recién comprado**, *récemment acheté*. On parlera ainsi de **un recién nacido**, au sens de *un nouveau-né*.

3 **siempre y cuando** est une formule conditionnelle introduisant une restriction forte ; on peut la rendre de diverses façons : *pourvu que / pour autant que / du moment que / à condition que…* Elle est suivie du subjonctif : **siempre y cuando esté en perfecto estado**. À ne pas confondre avec le "pourvu que" exprimant un souhait : **¡Ojalá haga buen tiempo!**, *Pourvu qu'il fasse beau !*

4 Vous retrouvez la valeur affective du diminutif espagnol : **nuevecito**, *tout neuf*. La terminaison est plus complexe que celle que vous connaissiez : non pas **-ito** mais **-ecito**. Retenez-la telle quelle pour le moment, nous verrons la règle en leçon de révision.

trescientos treinta y seis • 336

71 / Lección setenta y uno

5 **joven**, *jeune*, peut s'employer aussi bien avec **ser** qu'avec **estar**, avec les nuances de sens dont sont porteurs ces verbes. **Eres muy joven**, *Tu es très jeune*, signifie qu'on l'est pour l'état civil. **Estás muy joven** laisse au contraire entendre que votre interlocuteur ne l'est plus vraiment, mais qu'il est jeune d'aspect, qu'il "fait" jeune… pour son âge !

6 **encima** est un adverbe de lieu signifiant *au-dessus* : **Ponlo encima**, *Mets-le au-dessus* ; il prend la forme **encima de** lorsqu'il précède un nom, comme préposition : **Ponlo encima de la mesa**, *Mets-le sur la table*. Lorsqu'il n'y a pas véritablement de contact ou que le sens devient abstrait, on utilise **por encima de**. Dans la leçon, par exemple, **encima de la rodilla** signifierait que quelque chose est posé sur le genou ; on dit donc **por encima de la rodilla**, *au-dessus du genou* (pour dire que la jupe est courte). On dira de même **por encima de la media**,

***

▶ Ejercicio 1 – Traduzca

❶ ¿Podría probarme este vestido amarillo? ❷ Esta falda está nuevecita, pero es demasiado corta : nunca me la pondría. ❸ Lo hago adrede, para fastidiarte. ❹ ¿Una minifalda de lunares? Me sentaría como a un santo dos pistolas. ❺ Está usted muy joven : le sentaría de maravilla esta cazadora naranja.

***

75 % des Espagnols sont baptisés et se déclarent catholiques. L'enseignement confessionnel a de beaux restes (y compris dans le supérieur) et la Conférence des évêques possède le puissant haut-parleur de la COPE, deuxième chaîne de radio espagnole. Pourtant, l'Espagne est aussi depuis des années le théâtre d'un effondrement de la pratique religieuse (10 % des catholiques à peine vont à la messe) et d'une libéralisation générale des mœurs. À titre d'exemple, le mariage homosexuel y a été reconnu dès 2005, bien avant la France.

Dans les faits, le catholicisme alimente des pratiques sociales spectaculaires plus qu'il n'influe réellement par ses préceptes sur la vie des gens. À Séville, par exemple, les processions de la Semaine sainte, intensément vécues, paralysent littéralement la ville. Mais quelle est la part du festif dans tout cela ?

Autant que les fêtes, le langage témoigne de l'empreinte religieuse. Petit florilège (non exhaustif !) :

au-dessus de la moyenne ; **por encima de la ley**, *au-dessus des lois* ; **por encima de una zona habitada**, *au-dessus d'une zone habitée*.

7 Vous connaissez **sentarse**, *s'asseoir* ; ce verbe existe à la forme active, **sentar**, avec le sens d'*asseoir*. En espagnol, **sentar** a en outre conservé dans l'usage courant le sens du vieux verbe *seoir* : *aller*, *convenir* (pensez à " il me sied »). C'est donc un verbe multi-usages qui dit l'effet que les choses vous font, si elles vous conviennent, etc. Il peut s'agir d'une réaction affective : **Le ha sentado mal tu comentario**, *Il a mal pris ton commentaire*. Mais aussi de santé : **Me sientan bien los paseos**, *Les promenades me font du bien*. Ou encore de vêtements, comme dans cette phrase. On dira par exemple : **No me sienta bien el verde**, *Le vert ne me va pas*. Comme vous le voyez, il s'agit davantage ici de l'effet esthétique produit que de la taille elle-même.

***

Corrigé de l'exercice 1

❶ Pourrais-je essayer cette robe jaune ? ❷ Cette jupe est toute neuve, mais elle est trop courte : jamais je ne la mettrais. ❸ Je le fais exprès, pour t'embêter. ❹ Une minijupe à pois ? Ça m'irait comme un tablier à une vache. ❺ Vous faites très jeune : ce blouson orange vous irait à merveille.

***

Como Dios manda, Comme il faut.
No hay ni Dios, Il n'y a pas un chat.
Está hecho un Cristo, Il est en piteux état *(référence au Christ sur la Croix)*
Qué cruz, Quel calvaire.
Como a un santo dos pistolas. Comme un tablier à une vache.
Tener el santo de cara, Être chanceux / **Tener el santo de espaldas**, Avoir la poisse *(selon que votre saint patron vous fait face ou vous tourne le dos)*.
Toute cette phraséologie à connotation religieuse est, elle aussi, largement passée dans les mœurs, et on en use que l'on soit croyant ou pas. D'ailleurs, vous l'avez constaté, la facétie, voire l'irrespect, s'en mêlent parfois un peu.

Ejercicio 2 – Complete

❶ Est-ce que cette jupe ferait l'affaire pour une fête d'anniversaire ?
¿....... esta ..... para una fiesta de .... ?

❷ Je le sais d'avance : au-dessus du genou, ce serait trop court.
Lo sé de .... : por ...... de la ....
demasiado ......

❸ Pour rendre un article récemment acheté, il faut parler avec la responsable.
Para .... un artículo ...... comprado, hay que hablar con la ....

❹ J'ai jeté le ticket dans la cabine d'essayage.
He ...... el ..... en el ....

Lección setenta y dos

Ya que estoy...

1 – **M**írese en el es**pe**jo, ¿**có**mo se **sien**te?
2 – A**sí** a**sí**...
3 – Es **u**na **pren**da [1] de entre**tiem**po, de algo**dón** [2].
   Le servi**rí**a **tan**to **pa**ra prima**ve**ra **co**mo **pa**ra o**to**ño.
4 – Me **que**da [3] un **po**co es**tre**cho de cin**tu**ra [2], ¿no?
5 – A ver, **mué**vase un **po**co, **de**se la **vuel**ta.
   Per**dien**do un ki**li**to, le queda**rí**a per**fec**to.
6 – **Ten**go que po**ner**me a **die**ta, **tie**ne **to**da la ra**zón**.
7 Es de **ra**yas [2]... ¿**Cre**e que me favo**re**ce?
8 – Le **que**da fabu**lo**so, **pe**ro e**xis**te tam**bién li**so y de **cua**dros [2]. Yo que us**ted** [4] me lleva**rí**a los tres.

❺ Cette robe n'est pas en bon état : je l'achète à condition que vous me fassiez une remise.

Este .... no está en buen ...... : lo compro ....
y ...... me .... un ....

Corrigé de l'exercice 2

❶ Valdría – falda – cumpleaños ❷ – antemano – encima – rodilla sería – corto ❸ – devolver – recién – encargada ❹ – tirado – tique – probador ❺ – vestido – estado – siempre – cuando – haga – descuento

---

Deuxième vague : 22ᵉ leçon

Leçon soixante-douze

Puisque j'y suis...

1 – Regardez-vous dans la glace, comment vous sentez-vous ?
2 – Comme ci comme ça. *(Ainsi ainsi)*
3 – C'est un vêtement de demi-saison, en *(de)* coton. [Elle] vous servirait aussi bien pour [le] printemps que *(comme)* pour [l'] automne.
4 – Elle est *(Me reste)* un peu étroite à la *(de)* taille, non ?
5 – Voyons, bougez*(-vous)* un peu, retournez-vous *(donnez-vous le tour)*. En perdant un petit kilo, elle vous irait parfaitement *(resterait parfait)*.
6 – Je dois me mettre au régime, vous avez tout à fait *(toute la)* raison.
7 [Elle] est à *(de)* rayures... Croyez-vous que ça m'avantage ?
8 – [Elle] vous va à ravir *(fabuleux)*, mais [elle] existe aussi unie *(lisse)* et à *(de)* carreaux. Moi à votre place *(que vous)*, je prendrais *(m'emporterais)* les trois.

9 – **Ven**ga, un **dí**a es un **dí**a. Ah, ya que es**toy**, he **vis**to que **tie**ne se**cción** de caba**lle**ros.
10   Mi ma**ri**do va **siem**pre de **tra**je [2], **pe**ro me gusta**rí**a **al**go más infor**mal**. **U**na ame**ri**cana [5] sport, **ta**lla 50.
11 – ¡**Es**ta, con su cor**ba**ta a **jue**go! En**ci**ma es**tá** reba**ja**da [6], y si lo nece**si**ta ha**ce**mos a**rre**glos.
12   ¿**Al**go más, se**ño**ra, al**gún** deta**lli**to [7] **pa**ra su cu**ña**da?
13 – **Bue**na i**de**a, **de**me esa **blu**sa morada. **O**dia ese co**lor**.
14 – ¿Qué **ta**lla **u**sa?
15 – **U**na 40, **pe**ro **bús**queme **u**na 38…   ☐

Prononciation

1 mi**R**é**ssé**… es**pé**Ho… *3* … é'nt**R**é**tié'm**po… algo**do'n**… sé**R**bi**R**ia… otogno *4* … es**tré**tcho… Zi'ntou**R**a… *5* … **moué**bassé… **dé**ssé… pe**R**dié'ndo… kilito… quéda**R**ia… *7* … **R**aïass… fabo**R**é**Z**é *8* … fabou**lo**sso… **li**sso… coua**dR**oss… lyéba**R**ia… *9* … sec**Z**io'n… *10* … t**R**a**H**é… gousta**R**ia… i'nfo**R**mal… amé**R**icana és**poR**… *11* … co**R**bata… **R**éba**H**ada… a**R**égloss *12* … détal**yi**to… *13* … **blou**ssa mo**R**ada odia… *15* … bousquémé…

Remarques de prononciation

(1),(5),(15) Mírese, muévase, búsqueme sont trois impératifs enclitiques : le pronom personnel collé au verbe fait que l'accent tonique remonte sur l'antépénultième syllabe : *[miRéssé]*, *[mouébassé]*, *[bousquémé]*.

(10) Sport, raccourci de *sportswear*, est un anglicisme courant concernant l'habillement. La prononciation est hispanisée en *[espoR]*, le groupe **sp** en début de mot étant inusuel en espagnol et le **-t** final pratiquement inaudible. L'orthographe **esport** existe d'ailleurs également, comme pour **espray**, **esprint**, **espónsor**, également mots d'emprunt.

Leçon soixante-douze / 72

9 – Allez, une fois n'est pas coutume *(un jour est un jour)*. Ah, puisque j'y suis, j'ai vu que vous aviez [un] rayon *(de)* hommes.

10 Mon mari est toujours habillé en *(va toujours de)* costume, mais j'aimerais quelque chose [de] plus décontracté. Une veste sportswear, taille 50.

11 – Celle-ci, avec sa cravate assortie ! En plus, elle est soldée, et si vous en *(le)* avez besoin nous faisons [des] retouches.

12 Autre chose *(Quelque chose plus)*, madame, une petite attention pour votre belle-sœur ?

13 – Bonne idée, donnez-moi ce chemisier violet. Elle hait cette *(ce)* couleur.

14 – Quelle taille fait-elle ?

15 – Un *(une)* quarante, mais cherchez-moi un 38...

Notes

1 la ropa, toujours au singulier, désigne collectivement *les vêtements* : la ropa de verano, *les vêtements d'été*. Mais on ne parlera pas de una ropa, si on veut parler d'une pièce d'habillement spécifique. On utilise dans ce cas le mot **prenda** : La minifalda es una prenda que nunca me queda bien, *La minijupe est un vêtement qui ne me va jamais bien*.

2 Remarquez comment, au long de ce dialogue, la préposition **de** prend un usage dit "de caractérisation", qui ne peut en aucun cas se rendre par la préposition "de" en français. Elle indique par exemple la matière : **de algodón**, *en coton*. Dans le même ordre d'idées, elle peut également désigner l'aspect d'un tissu : **de rayas**, *à rayures* ; **de cuadros**, *à carreaux* ; **de lunares**, *à pois*. Quand elle relie un adjectif à un nom, elle permet de donner une précision : **estrecho de cintura**, *étroit à la taille* ; **negro de ojos**, *aux yeux noirs*. Enfin, dans l'expression **ir de**, elle exprime une manière de s'habiller : **Siempre voy de traje**, *Je porte toujours un costume* ; **Va a menudo de marrón**, *Il porte souvent du marron*.

3 Nous l'avions vu à la leçon 17, dans le contexte d'un achat de chaussures, et on l'utilisera dans le même sens pour un vêtement : **quedar** signifie *aller* (bien, mal, etc.), en ce qui concerne la taille. Dans ce dialogue, par exemple, **me queda estrecho / fatal / fabuloso**, *c'est étroit / ça ne me va pas du tout / ça me va à ravir*.

4 Cette tournure elliptique vous permet d'exprimer en raccourci toute une proposition conditionnelle : **yo que usted**, *moi, si j'étais vous*. On peut jouer sur tous les pronoms : **yo que tú**, *moi, si j'étais toi* ; **yo que ellos**, *moi, si j'étais eux*. Logiquement, la proposition qui suit est au conditionnel : **Yo que usted, me lo llevaría**, *Moi, à votre place, je le prendrais*.

5 Il existe deux termes pour "veste". Quand il s'agit d'un costume, on parle de **una chaqueta** ; quand il s'agit d'une veste que vous coordonnerez vous-même avec le pantalon de votre choix, on parle plutôt de **una americana**. Notez que, pour une femme, **un traje de chaqueta** désigne *un tailleur*.

***

Ejercicio 1 – Traduzca
❶ Esta americana de entretiempo le serviría para este otoño. **❷** Dese la vuelta delante del espejo : ¿a que le queda bien? **❸** Ya que estoy, quisiera un traje de algodón, de rayas y con una corbata a juego. **❹** Esta prenda me queda perfecta, pero me gustaría algo más informal. **❺** Uso una 42, pero a veces una 40 me queda bastante bien.

***

Ejercicio 2 – Complete
❶ Je me sens comme ci comme ça : il est très étroit à la taille.
Me siento . . . . . . : me . . . . . muy . . . .

❷ Bougez ! Vous devez vous mettre au régime et perdre deux petits kilos.
¡. . . . . . . ! Tiene que . . . . a dieta y perder un . . . de . . . .

❸ Ce chemisier violet vous irait à ravir, mais il est à carreaux et ça ne vous avantage pas.
Esta blusa . . . . . . le . . . . , pero es de . . . . y no le . . . .

❹ Moi, à votre place, je ne m'habillerais pas toujours en costume.
. . . . no . . . . siempre . . traje.

Leçon soixante-douze / 72

6 De la famille de **rebajado**, *soldé*, retenez pour vos emplettes le très utile **rebajas**, *soldes* : **¿Cuándo empiezan las rebajas?**, *Quand est-ce que commencent les soldes ?*

7 **detalle** a, comme en français, le sens de *détail*, mais c'est aussi un mot important dans le cadre de la vie sociale. **El detalle**, c'est *l'attention*, la marque de courtoisie ou d'intérêt que vous manifestez à l'égard de quelqu'un. Ce peut être un objet, un petit cadeau… Exemple : un invité apporte des fleurs, vous lui dites : **Oh, qué detalle más bonito, gracias**, *Oh, quelle délicate attention, merci*. Il peut aussi s'agir d'un acte : **Ha tenido el detalle de invitarme a su boda**, *Il a eu la délicatesse de m'inviter à son mariage*.

***

Corrigé de l'exercice 1

❶ Cette veste de demi-saison vous servirait pour cet automne. ❷ Retournez-vous devant la glace : ça vous va bien, pas vrai ? ❸ Puisque j'y suis, je voudrais un costume en coton, à rayures et avec une cravate assortie. ❹ Ce vêtement me va à la perfection, mais je voudrais quelque chose de plus décontracté. ❺ Je fais du 42, mais parfois un 40 me va assez bien.

❺ Quand les vêtements sont soldés, nous ne faisons pas de retouches.
   Cuando . . . . . . está . . . . , no hacemos . . . .

Corrigé de l'exercice 2

❶ – así así – queda – estrecho de cintura ❷ Muévase – ponerse – par – kilitos ❸ – morada – quedaría fabulosa – cuadros – favorece ❹ Yo que usted – iría – de – ❺ – la ropa – rebajada – arreglos

trescientos cuarenta y cuatro • 344

Vous abordez le dernier quart de votre méthode Assimil et vous avez sans doute à présent fait le plus dur. Il ne vous reste en effet qu'à découvrir le subjonctif imparfait (très employé, attention !) et vous aurez parcouru l'ensemble du complexe système verbal

Lección setenta y tres

¡A la basura!

1 – ¿Sabes qué? Voy a tirar el ordenador a la basura.
2 – ¿Y eso? ¿Se te ha estropeado? ¿Se te ha caído [1] al suelo y no tiene arreglo?
3 – No, todavía funciona más o menos.
4 – Ah, entiendo, está viejecito, ¿verdad?
5 – Tiene algunos añitos, sí : la batería se descarga en un pis-pas y tiene que estar siempre enchufado.
6 – O sea, que de portátil [2] ya solo tiene el nombre.
7   ¡Deberías cambiarlo! Cada día salen modelos con más memoria, mayor [3] capacidad de almacenamiento y mayor velocidad.
8 – Va lentísimo, sí, y se queda colgado [2] a cada rato. Además le faltan varias teclas.
9 – Yo, en tu lugar, me compraría uno ya [4], ¡aunque sea de segunda mano!
10 – Voy a meterlo todo en una bolsa [5], sí, el aparato, el cargador, el ratón : ¡y al contenedor!
11 – Enhorabuena, ya era hora.
12 – Y de aquí en adelante [6], ¡adiós informática!

de l'espagnol. Il faut bien sûr maintenant enrichir vos connaissances et les mettre en pratique, mais on peut dire que vous avez acquis les outils de l'autonomie linguistique en espagnol.

Deuxième vague : 23e leçon

Leçon soixante-treize

À la poubelle !

1 – Tu sais quoi ? Je vais *(à)* jeter mon *(l')* ordinateur à la poubelle.
2 – Ah bon ? *(Et ça ?)* Il *(Se t')* est tombé en panne *(abîmé)* ? Il *(se t')* est tombé par terre *(au sol)* et on ne peut pas le réparer *(il n'a pas de réparation)* ?
3 – Non, il fonctionne encore plus ou moins.
4 – Ah, je comprends, il est vieux, le pauvre *(petit-vieux)*, n'est-ce pas ?
5 – Il a quelques petites années, oui : la batterie se décharge en un rien de temps et il doit être toujours branché.
6 – Autrement dit, il n'a plus que le nom de portable.
7 Tu devrais en *(le)* changer ! Chaque jour il sort *(sortent)* des modèles avec plus de mémoire, [une] plus grande capacité de stockage et [une] plus grande vitesse.
8 – Il est *(va)* très lent, oui, et il plante tout le temps *(reste suspendu à chaque moment)*. En plus il lui manque *(lui manquent)* plusieurs touches.
9 – Moi, à ta place, je m'[en] achèterais un tout de suite, même s'il est *(soit)* d'occasion *(deuxième main)* !
10 – Je vais tout *(le)* mettre dans un sac, oui, l'appareil, le chargeur, la souris… et direction le *(au)* conteneur !
11 – Félicitations, il était temps.
12 – Et dorénavant, adieu [l'] informatique !

13 – No te **cre**o... ¿Vivir**í**as sin ordena**dor**?
14 – Tan a **gus**to [7]. ¡**Es**toy **has**ta la coro**ni**lla [8] de tecnologías!

Prononciation

... ba**ssou**Ra **2** ... est**Ro**péado... ca**í**do... **soué**lo... a**Ré**glo **3** ... fou'n**Zio**na... **4** ... bié**Hé**Zito... **5** ... a**gni**toss... ba**té**Ria... des**caR**ga... piss**pass**... é'ntchou**fa**do... **6** ... poR**tá**til... **7** débé**Ri**ass... **mé**moRia... capa**Zi**da**d**... alma**Zé**na**mié'n**to... bélo**Zi**da**d** **8** ... lé'n**ti**simo... col**ga**do... **té**class **9** ... lou**gaR**... co'mpRa**Ri**a... **10** ... **mé**teRlo... **bol**sa... caRga**doR**... Rato'n... co'nténé**doR** **12** ... i'nfoR**ma**tica **13** ... bibi**Ri**ass... **14** ... **gous**to... coRo**ni**lya... tecnolo**Hi**ass

Remarques de prononciation

(2) caído, *tombé*, se prononce en séparant bien le **-í** du **-a**, comme en français dans "naïve". Vous retrouvez ce phénomène dans tous les participes passés des verbes dont le radical se termine par une voyelle : **oír, oído ; leer, leído**, etc.

(5) Cette locution admet deux orthographes : **en un pis-pas** ou **en un pispás**. On la prononce dans les deux cas comme s'il s'agissait d'un mot de deux syllabes dont la dernière est accentuée : *[piss**pass**]*.

Notes

1 Observez la curieuse structure de phrase, très espagnole, à l'œuvre dans **se te ha estropeado**. En exprimant le sujet, on aurait une phrase du type **Se te ha estropeado el ordenador**, qu'on traduirait par *Ton ordinateur est tombé en panne*. Même chose pour **se te ha caído**. Retenez ces phrases telles quelles pour le moment (vous allez les réemployer dans les exercices), et nous en verrons le fonctionnement dans la leçon de révision.

2 **portátil**, *portable*, ne s'applique qu'à l'ordinateur (on parle du **móvil** quand il s'agit du téléphone). Outre ses termes techniques, l'informatique a un petit jargon d'utilisateurs, dont on peut retenir ici quelques termes utiles. **Quedarse colgado**, "rester suspendu", c'est quand l'ordinateur plante : **Se ha quedado colgado el ordenador**, *L'ordinateur a planté*. À l'imitation de l'anglais ***download*** et ***upload***, l'espagnol utilise **bajarse** et **subir** : **Me he bajado una peli**, *J'ai téléchargé un film* ; **He subido una foto**, *J'ai mis en ligne une photo*. On pourra aussi dans ce cas utiliser **colgar** : **He colgado un vídeo**, *J'ai mis en ligne une vidéo*.

Leçon soixante-treize / 73

13 – Je ne te crois pas... Tu vivrais sans ordinateur ?
14 – Heureux comme tout *(Si à l'aise)*. J'en ai par-dessus la tête des technologies !

3 Vous avez vu (leçon 69) les comparatifs **mayor** et **menor** rapportés à l'âge (*plus âgé / plus jeune*). Ils désignent aussi plus généralement des quantités : *plus grand* et *plus petit* : **mayor velocidad**, *une plus grande vitesse* ; **menor capacidad**, *une moindre capacité*.

4 Le petit adverbe **ya** n'a pas fini de vous surprendre... Vous le connaissiez au sens de *déjà*, et aussi comme terme d'acquiescement (*oui, d'accord*) ; il peut aussi signifier *maintenant, tout de suite* : **¡Hazlo ya!**, *Fais-le maintenant !*

5 Ne confondez pas **el bolso**, *le sac à main*, et **la bolsa**, *le sac*. On parle ici d'un sac non rigide, en plastique par exemple : **una bolsa de basura**, *un sac-poubelle*, ou **una bolsa de patatas fritas**, *un sachet de chips*.

6 **adelante** est un adverbe qui indique une projection vers l'avant, dans l'espace ou dans le temps : **No se puede seguir adelante**, *On ne peut pas continuer au-delà* ; **Déjalo para más adelante**, *Laisse-le pour plus tard*. C'est le sens qu'il prend dans la locution **de aquí en adelante**, *dorénavant*. On peut aussi l'utiliser comme interjection, presque un cri de ralliement : **¡Adelante, compañeros!**, *En avant, camarades !* Plus pacifiquement, c'est aussi une simple invitation à poursuivre un discours (**Adelante**, *Allez-y*) ou à faire quelques pas (**Adelante**, *Entrez*).

7 **estar a gusto**, *être à l'aise / être bien*, indique un état de confort, physique ou mental : **Estoy muy a gusto en este sillón**, *Je suis très bien dans ce fauteuil* ; **No estoy a gusto con tus amigos**, *Je ne suis pas à l'aise avec tes amis*. La tournure du dialogue, **tan a gusto**, ne doit pas être traduite littéralement. **Tan**, devant un adjectif, lui donne parfois une valeur expressive d'intensité : **Estaba ahí, tan a gusto con sus amigos**, *Il était là, content comme tout avec ses amis* ; **Divorciado, ¡y tan feliz!**, *Divorcé, et heureux comme tout !*

8 **la coronilla** désigne très exactement *le sommet du crâne*, et on utilise donc la même image qu'en français pour dire qu'on en a "par-dessus la tête" : **estoy hasta la coronilla**. Dans la même logique et avec le même sens, un Espagnol dira aussi : **Estoy hasta el último pelo**, "Je suis jusqu'au dernier cheveu".

trescientos cuarenta y ocho • 348

Ejercicio 1 – Traduzca

❶ Si tu ordenador no tiene arreglo, ¡tíralo! ❷ Se me ha estropeado el cargador. ❸ La batería se descarga en un pis-pas porque no está bien enchufada. ❹ Estoy hasta la coronilla de mi ordenador : va lento y se queda colgado. ❺ Yo, en tu lugar, lo metería todo en una bolsa de basura y viviría tan a gusto, sin tecnologías.

***

Ejercicio 2 – Complete

❶ Ton (ordinateur) portable est tombé par terre.
   Se .... al suelo el ....

❷ Cet appareil est vieux, le pauvre : il manque de vitesse et de mémoire.
   Este aparato está .... : le .... y memoria.

❸ Tu devrais en changer et en acheter un d'occasion.
   .... cambiarlo y comprar uno de ....

❹ Je télécharge beaucoup de films et j'ai besoin d'une plus grande capacité de stockage.
   ...... muchas películas y necesito ..... capacidad de ....

Lección setenta y cuatro

Cuando las ranas críen pelo

1 – **Pron**to va a ser el festi**val** de Beni**càs**sim [1].
Ha**brí**a [2] que sa**car** el a**bo**no ¡ya!
2 – No es**toy** a **gus**to en **e**sos megacon**cier**tos, ¿**sa**bes?
3 – ¿Qué? Ya la **úl**tima vez no qui**sis**te ve**nir**, ¡**pe**ro di**jis**te que **es**te **a**ño lo ha**rí**as [3]!
4 – Pen**sán**dolo bien, me da pe**re**za [4].

Corrigé de l'exercice 1

❶ Si ton ordinateur ne peut pas être réparé, jette-le ! ❷ Mon chargeur est tombé en panne. ❸ La batterie se décharge en un rien de temps parce qu'elle n'est pas bien branchée. ❹ J'en ai par-dessus la tête de mon ordinateur : il est lent et il plante. ❺ Moi, à ta place, je mettrais tout dans un sac-poubelle et je vivrais tranquille comme tout, sans technologies.

❺ Dorénavant je ne serai pas à tout instant devant mon écran.
De .... en .... no estaré .... delante de mi pantalla.

Corrigé de l'exercice 2

❶ – te ha caído – portátil ❷ – viejecito – faltan velocidad – ❸ Deberías – segunda mano ❹ Me bajo – mayor – almacenamiento ❺ – aquí – adelante – a cada rato –

Deuxième vague : 24ᵉ leçon

Leçon soixante-quatorze

Quand les poules auront des dents
(les grenouilles produiront des cheveux)

1 – Ça va bientôt *(à)* être le festival de Benicassim. Il faudrait prendre l'abonnement, tout de suite !
2 – Je ne suis pas à l'aise dans ces méga-concerts, tu sais ?
3 – Quoi ? Déjà la dernière fois tu n'as pas voulu *(ne voulus pas)* venir, mais tu avais dit *(tu dis)* que cette année tu le ferais !
4 – Tout bien pensé *(En-le-pensant bien)*, j'ai la flemme *(ça me donne paresse)*.

74 / Lección setenta y cuatro

5 – ¡Deberías interesarte un poco por [5] la música de hoy!
6 – Lo he intentado. Una vez estuve en una discoteca de Ibiza, con la megafonía a tope.
7 Y por poco me quedo sordo.
8 No puedes cruzar palabra con nadie, hay que gritar y acaba doliéndote [6] la garganta.
9 – ¡Ahí se va para bailar!
10 – Eso, apretado en medio de un montón de gente borracha...
11 – Quién diría que tienes veinte años...
12 – Iré a uno de tus conciertos cuando tú vengas conmigo a escuchar flamenco.
13 – Eso, un ambientazo [7] : sentada en una silla de madera frente a un guitarrista calvo, en una sala medio vacía o llena de turistas.
14   ¡Cuando las ranas críen pelo!   ☐

Prononciation
... Ranass cRié'n... **1** ... festibal... bénicassim... abRia... abono...
2 ... mégaco'nZiertoss... **3** ... aRiass **4** pé'nsa'ndolo... péRéZa
5 débéRiass... **6** ... discotéca... ibiZa... mégafonia... topé **7** ...
soRdo **8** ... cRouZaR palabRa... gRitaR... dolié'ndoté... gaRga'nta
9 ... baïlaR **10** ... apRétado... mo'nto'n... boRatcha **11** ... diRia...
12 ... flamé'nco **13** ... ambié'ntaZo... silya... madéRa... guitaRista
calbo... baZia... lyéna...

Notes

1 L'Espagne garantit le bilinguisme espagnol/langue régionale dans six Communautés Autonomes. Les noms de villes sont concernés et la tendance est même que le nom régional devienne la norme nationale : au journal télévisé, **Lérida**, par exemple, est à présent couramment appelée **Lleida**. Dans la **Comunidad Valenciana**, le **Benicasim** castillan s'efface ainsi peu à peu devant le **Benicàssim** valencien.

Leçon soixante-quatorze / 74

5 – Tu devrais t'intéresser un peu à *(pour)* la musique d'aujourd'hui !
6 – J'ai *(Le ai)* essayé. Une fois j'ai été *(je fus)* dans une discothèque à Ibiza, avec la sono à fond.
7 Et j'ai failli en rester *(pour peu je reste)* sourd.
8 Tu ne peux échanger *(croiser)* [un] mot avec personne, il faut crier et tu finis par avoir mal à *(finit te-faisant-mal)* la gorge.
9 – On va là-bas pour danser !
10 – C'est ça, serré au milieu d'un tas de gens soûls.
11 – Qui dirait que tu as vingt ans…
12 – J'irai à un de tes concerts quand toi, tu viendras *(viennes)* avec moi écouter [du] flamenco.
13 – C'est ça, une super-ambiance : assise sur une chaise en *(de)* bois, face à un guitariste chauve, dans une salle à moitié *(demi)* vide ou pleine de touristes.
14 Quand les poules auront des dents ! *(Quand les grenouilles produiront des cheveux)*

Remarques de prononciation

(Titre) Lorsqu'un **-i** rencontre un **-e**, c'est normalement ce dernier, le plus ouvert, qui s'impose dans la prononciation : **bien** *[bié'n]*. Pour que le **-i** domine, il faut donc qu'il soit accentué : **críen** *[**cRi**é'n]*

(1) Remarquez l'orthographe régionale (valencienne) de ce mot et les curiosités orthographiques non-castillanes : le **-à** et le **-ss**, ainsi que le déplacement d'accent tonique *[béni**ca**ssim]* au lieu *[béni**ca**ssim]*.

(4), (8) Comme à l'impératif, on accole au gérondif le pronom à la forme verbale. Le mot est donc forcément **esdrújulo** (accentué sur l'avant-avant-dernière syllabe ou au-delà) : **pensándolo** *[pé'n**sa**'ndolo]*, **doliéndote** *[do**lié**'ndoté]*.

2 Le radical de l'auxiliaire **haber** présente la même irrégularité au futur (**habré, habrás, habrá**…) et au conditionnel (**habría, habrías, habría**…) : on dira donc **habrá que**, *il faudra* et **habría que**, *il faudrait*.

3 Autre irrégularité du conditionnel (mais c'est encore une fois la même qu'au futur), **hacer** fait **haría**, *je ferais*, **harías**, *tu ferais*, etc. Dans cette phrase, la règle d'emploi est la même qu'en français, il s'agit de la concordance des temps : **Dices que lo harás**, *Tu dis que tu le feras* / **Dijiste que lo harías**, *Tu as/avais dit que tu le ferais*.

4 Le verbe **dar**, comme vous le savez, entre dans des locutions qui expriment des ressentis : **Me da miedo**, *Ça me fait peur* ; **Me da asco**, *Ça me dégoûte*, etc. Il peut aussi exprimer **la pereza**, *la paresse* : **Me da pereza**, *Je n'ai pas le courage* (familièrement : *J'ai la flemme*). Notez que **pereza** désigne aussi le manque d'enthousiasme en général, et pas seulement la paresse physique : **Me da pereza la política**, *La politique m'ennuie*. Dans notre dialogue, les deux sens sont pratiquement indissociables.

5 Gare aux prépositions, toujours : *s'intéresser à* se traduit par **interesarse por** (**No se interesa por nada**, *Il ne s'intéresse à rien*). Pour rester sur cette thématique, notons que l'espagnol utilise moins la forme passive que le français. Ainsi, une tournure comme *Il n'est pas intéressé par la*

***

▶ Ejercicio 1 – Traduzca

❶ Si queremos entradas para el concierto, habría que sacarlas ¡ya! ❷ Cuando está la megafonía a tope, acaba doliéndome la cabeza. ❸ No estoy a gusto en una sala llena de gente borracha. ❹ Dije que iría contigo, pero, pensándolo bien, me da demasiada pereza. ❺ En una discoteca no puedes cruzar palabra con nadie.

***

Ejercicio 2 – Complete

❶ Tu devrais t'intéresser au flamenco.
 . . . . interesarte . . . el flamenco.

❷ Ne crie pas, tu vas avoir mal à la gorge et je ne suis pas sourd.
 No . . . . . . , te va a doler la . . . . y no estoy . . . . . .

❸ Une super-ambiance : serrée au milieu d'un tas de touristes.
 Un . . . . : . . . . en medio de . . . . de turistas.

❹ C'est vide : il n'y a qu'un guitariste chauve, assis sur sa chaise en bois.
 Está . . . . . : solo hay un . . . . , ... en su . . . .

Leçon soixante-quatorze / 74

musique se rendra par une voix active : **No le interesa la música**. Il existe aussi une formule **estar interesado en** + infinitif, mais elle est un peu formelle : **Estoy interesado en comprar un dispositivo electrónico**, *Je suis intéressé par l'achat d'un dispositif électronique*.

6 *Finir par* + infinitif se rend par **acabar** + gérondif : **Acabó yendo al concierto**, *Il a fini par aller au concert* ; **Acabarán casándose**, *Ils finiront par se marier*. Dans **te duele la garganta**, *tu as mal à la gorge*, c'est **garganta** qui est sujet de **doler** ; il devient donc ici celui de **acabar**, et le pronom personnel s'accroche au gérondif : **Acaba doliéndote la garganta**.

7 Voici un nouveau suffixe, en **-azo** : **un ambiente**, *une ambiance* → **un ambientazo**, *une grosse ambiance*. Il s'agit donc d'un augmentatif, qui peut aussi bien concerner la taille (**unos ojazos**, *de grands yeux*) que la qualité (**un golazo**, *un but magnifique*). **-azo** peut aussi s'employer pour dire "un coup de" : **el cabezazo de Zidane**, *le coup de tête de Zidane*.

***

Corrigé de l'exercice 1
❶ Si on veut des places pour le concert, il faudrait les prendre tout de suite ! ❷ Quand la sono est à fond, je finis par avoir mal à la tête. ❸ Je ne suis pas à l'aise dans une salle pleine de gens soûls. ❹ J'ai dit que j'irais avec toi, mais, tout bien pensé, j'ai trop la flemme. ❺ Dans une discothèque, tu ne peux échanger un mot avec personne.

❺ Tu bouges très bien ! Qui dirait que tu n'as jamais dansé.
  ¡ . . . . muy bien! Quién . . . . . que nunca . . . .

Corrigé de l'exercice 2
❶ Deberías – por – ❷ – grites – garganta – sordo ❸ – ambientazo – apretada – un montón – ❹ – vacío – guitarrista calvo, sentado – silla de madera ❺ Te mueves – diría – has bailado

*Climat aidant, l'Espagne est, à partir du printemps, la terre bénie des festivals de musique en plein air. **FIB** à Benicàssim pour le rock indépendant, **Sónar** à Barcelone pour la musique électronique, **Festival de San Sebastián** pour le jazz ou Grenade en juillet, dans le sublime cadre de l'Alhambra, pour la musique classique et la danse…: la liste est infinie.*
*Côté musiques traditionnelles, il y a bien sûr le flamenco. Né du contact entre les tribus gitanes installées en Espagne au XVe siècle et le fonds musical du peuple andalou, cette musique marginale et familiale ne devient véritablement publique qu'à la fin du XIXe, avec l'apparition des **cafés cantantes**. Depuis, entre la mythique **Niña de los Peines**, admirée du poète **Lorca**, et **Camarón de la Isla**, qui accéda aux côtés du guitariste **Paco de Lucía** au statut de rock-star mondialisée, le flamenco a changé de dimension.*
Les artistes flamencos d'aujourd'hui sont, par conviction ou par calcul, souvent attirés par l'innovation musicale. Ils remplissent de vastes

Lección setenta y cinco

Hoteles con encanto

1 – Si el plan es ir al hotel, deberíamos [1] reservar ya.
2 – He hecho [2] búsquedas en internet, y el que más barato saldría es este.
3 Por una habitación con una cama matrimonial, serían 34 euros por noche.
4 – Barato es, desde luego. ¿Has leído [2] las valoraciones de los clientes?
5 – ¿Tú te fías [3] de eso?
6 – Claro que sí, ¡es imprescindible!
7 Uf, escucha, da miedo : "Nos dijeron [4] que la habitación tendría vistas [5] y nos dieron [6] una que daba al patio."
8 "Como el aire acondicionado estaba averiado, abrimos la ventana y hubo que cerrarla enseguida por los olores [7]."

salles avec toutes sortes de propositions personnelles, originales et intéressantes, mais qui s'éloignent forcément des modes de transmission et de consommation de cette musique intime et populaire.

Pour répondre à une question pratique, où peut-on écouter du flamenco ? Les **tablaos** *touristiques ne vous offriront la plupart du temps qu'un spectacle superficiel, à la fois joyeux et fade. Il vaut mieux chercher votre bonheur du côté des festivals et concours (il y en a des dizaines l'été), face à un public local en principe plus exigeant. Mais la vraie saveur de la sociabilité flamenca ne se vit qu'au sein des* **peñas**, *où se retrouvent amateurs et parfois artistes confirmés. Souci : ce sont des associations privées et il faudra vous faire inviter. Raison de plus pour apprendre l'espagnol…*

Deuxième vague : 25ᵉ leçon

Leçon soixante-quinze

Hotels de *(avec)* charme

1 – Si le plan [c'] est [d'] aller à l'hôtel, on devrait *(nous devrions)* réserver maintenant.
2 – J'ai fait [des] recherches sur Internet, et celui qui reviendrait [le] moins cher [c'] est celui-ci.
3   Pour une chambre avec un lit double, [ce] serait *(seraient)* 34 euros par nuit.
4 – C'est bon marché, c'est sûr. Tu as lu les évaluations des clients ?
5 – Tu fais confiance *(te fies)* à *(de)* ça, toi ?
6 – Bien sûr que oui, c'est indispensable !
7   Hou là, écoute, ça fait peur : "On nous avait dit *(Nous dirent)* que la chambre serait sur rue *(aurait des vues)* et on nous a donné *(ils nous donnèrent)* une qui donnait sur *(à)* la cour."
8   "Comme la climatisation était en panne, nous avons ouvert *(ouvrîmes)* la fenêtre et il a fallu *(fallut)* la fermer tout de suite à cause des *(par les)* odeurs."

75 / Lección setenta y cinco

9 "No había **a**gua ca**lien**te ni ja**bón**, las bom**bi**llas es**ta**ban fun**di**das, el la**va**bo atas**ca**do y el es**pe**jo **ro**to."

10 "Nos me**ti**mos en la **ca**ma, y a media**no**che un **cua**dro se descol**gó** de la pa**red** solito."

11 "A no ser que ⁸ os **gus**ten las **pe**lis de te**rror**, ¡no va**yáis**!"

12 **E**jem, y ¿no preferi**rí**as ir de **cam**ping? ☐

Prononciation
o**té**léss... é'n**ca**'nto **1** ... dé**bé**Riamoss Ré**sse**R**ba**R... **2** ... **bous**squédass... sal**dRi**a... **3** ... mat**Ri**mo**nial** sé**Ri**a'n... **4** ... baloRa**Zio**néss... **5** ... **fi**ass... **6** ... i'mpRes**Zin**di**blé** **7** ... **té**'ndRia... **bis**tass... **pa**tio **8** ... aco'ndi**Zio**na**do**... a**bé**Ria**do** a**bRi**moss... **bé**'ntana... ou**bo**... Zé**Ra**R**la**... o**lo**Réss **9** ... ca**lié**'nté... Ha**bo'**n... bo'm**bi**lyass... fou'n**di**dass... la**ba**bo... atas**ca**do... es**pé**Ho... **10** ... **mé**timoss... **mé**dia**no**tché... **coua**d**R**o... des**col**go... pa**Reᵈ** **11** ... **pé**liss... té**Ro**R... baï**aï**ss **12** ... préfé**Ri**Riass... **ca**'**mpi**'n

Remarques de prononciation
(5), (8) Lorsqu'un **-i** rencontre un **-a**, c'est ce dernier, la plus ouverte des voyelles, qui s'impose dans la prononciation : **averiado** *[abéRia̱do]*. Pour que le **-i** domine, il faut donc qu'il soit accentué : **fías** *[fiass]*.

(9) Les mots identiques en français et en espagnol posent toujours un petit piège. Prononcez donc bien **lavabo** à l'espagnole : *[lababo]*.

(11) Dans **película**, l'accent tonique est sur le **-í** : *[pélicoula]*. Dans le diminutif **peli**, en revanche, il passe sur le **-e** : *[péli]*.

(12) Voici à nouveau un mot emprunté à l'anglais : **camping** *[ca'mpi'n]*. L'accent tonique est sur la première syllabe et le **-g** final est pratiquement inaudible. Remarquez que, pour une fois, l'orthographe du mot n'est pas hispanisée (il faudrait, en toute rigueur, l'écrire "cámping").

Notes
1 Vous pouvez bien sûr rendre **deberíamos** par *nous devrions*, c'est la traduction littérale et correcte. Vous sentez bien toutefois que, dans le cadre d'une conversation, le français aura tendance à utiliser l'indéfini

Leçon soixante-quinze / 75

9 "Il n'y avait pas [d'] eau chaude ni [de] savon, les ampoules étaient grillées, le lavabo bouché et le miroir cassé."

10 "Nous nous sommes mis *(Nous mîmes)* au *(dans le)* lit, et à minuit un tableau s'est décroché *(se décrocha)* du mur tout seul *(petit-seul)*."

11 "À moins que *(À ne-pas être que)* vous [n'] aimiez les films d'horreur, n'[y] allez pas !"

12 Hum, et tu ne préférerais pas faire du *(aller de)* camping ?

"on": on devrait. Cet usage informel du "on" n'existe pas en espagnol : on conserve la 1ʳᵉ personne du pluriel, nous.

2 Au début de la conversation, l'homme dit "j'ai fait des recherches" et la femme lui demande "tu as lu les évaluations ?" Il s'agit d'un passé qui mord sur le présent : on va parler de ces recherches et évaluations. On est, comme en français, dans le champ du passé composé : **he hecho** / **has leído**. Ici, pas de souci !

3 Retenez le verbe **fiarse de**, *faire confiance à*, et sa conjugaison : **me fío, te fías, se fía, nos fiamos, os fiáis, se fían**. Une expression imagée aussi : **No me fío un pelo de lo que me cuenta**, *Je n'ai pas du tout confiance en ce qu'il me raconte*.

4 Nous avons traduit **nos dijeron** par *on nous avait dit*. Effectivement, il s'agit bien d'un événement antérieur à ceux qui sont rapportés (on nous l'avait dit au téléphone, au moment de la réservation). **Nos habían dicho** n'aurait pas été fautif, mais l'espagnol tend à moins utiliser les temps composés que le français. Ouvrez donc l'œil ! Le passé simple espagnol correspond parfois à un plus-que-parfait : **¡Lo predijo Nostradamus!**, *Nostradamus l'avait prédit !*

5 Lorsque vous réservez une chambre d'hôtel, vous pouvez être amené à demander comment elle est orientée. Plusieurs termes pour cela. Par exemple **¿Tiene vistas?** ou **¿Es exterior?** correspondent à *Est-elle sur rue ?* On pourra vous répondre, par la négative : **No, es interior**, ou **No, da al patio**, *Non, elle est sur cour*.

6 Le discours entre guillemets forme comme un petit roman, sans lien avec le présent. La tendance du français parlé sera d'utiliser le passé composé ("on nous a donné une chambre") ; l'espagnol, lui, utilisera sans hésiter le passé simple (**nos dieron una habitación**). Et la suite à l'avenant : **abrimos… hubo** (phrase 8)… **nos metimos… se descolgó** (phrase 10).

7 Gare au genre des mots ! Ceux terminés en **-or** sont la source de nombreuses erreurs. Ces mots sont en effet masculins en espagnol, à 4 exceptions près : **la flor**, *la fleur* ; **la coliflor**, *le chou-fleur* ; **la sor**, *la sœur*

***

 Ejercicio 1 – Traduzca

❶ Este hotel saldría más barato, pero las habitaciones no tienen vistas. ❷ ¿No preferirías hacer unas búsquedas en internet antes de reservar? ❸ No nos dijeron que tendríamos que abrir las ventanas por el calor. ❹ ¿Un hotel con encanto? Parece más bien una peli de terror. ❺ ¿Es imprescindible fiarse de las valoraciones de los clientes?

***

Ejercicio 2 – Complete

❶ Est-ce que la climatisation est en panne ?
¿Está … … … el … … … … … ?

❷ Il y a de mauvaises odeurs et le lavabo est bouché.
Hay … … … y el lavabo está … … .

❸ Il n'y a pas de savon, l'eau est trop chaude et une ampoule est grillée.
No hay … , el … está demasiado … … y una … … está … … .

❹ Puisqu'elle donne sur la cour, elle vous reviendrait moins cher : ce serait 30 euros par nuit.
Ya que .. al … , le … más barata : … 30 euros por noche.

❺ À moins que vous ne préfériez une chambre plus chère, avec un lit double.
… que usted … una habitación más cara, con cama … .

(religieuse) ; **la labor**, *l'ouvrage* (un peu archaïque). On dira donc **un olor**, *une odeur*, **un color**, *une couleur*, **un dolor**, *une douleur*, **el calor**, *la chaleur*, etc.

8 Découvrons une nouvelle conjonction conditionnelle : **a no ser que**, *à moins que*. Elle est suivie, comme en français, du subjonctif : **A no ser que te guste**, *À moins que ça ne te plaise*.

***

Corrigé de l'exercice 1
❶ Cet hôtel reviendrait moins cher, mais les chambres sont sur cour. ❷ Tu ne préférerais pas faire quelques recherches sur Internet avant de réserver ? ❸ On ne nous avait pas dit que nous devrions ouvrir les fenêtres à cause de la chaleur. ❹ Un hôtel de charme ? Ça ressemble plutôt à un film d'horreur. ❺ Est-il indispensable de faire confiance aux évaluations des clients ?

Corrigé de l'exercice 2
❶ – averiado – aire acondicionado ❷ – malos olores – atascado ❸ – jabón – agua – caliente – bombilla – fundida ❹ – da – patio – saldría – serían – ❺ A no ser – prefiera – matrimonial

Deuxième vague : 26ᵉ leçon

Lección setenta y seis

¡A quién se le ocurre!

1 – ¡Achís!
2 – Salud [1].
3 – Lo que faltaba : ahora encima, ¡un resfriado! Ir de camping, ¡a quién se le ocurre! [2]
4 – A ti, querida, a ti se te ocurrió [2].
5 – Ya, pero yo lo que tenía en mente era un bungaló con lavandería, duchas, aparcamiento…
6   No ir como quinceañeros [3] con una tienda de campaña por una zona salvaje.
7   Por cierto, como nos pille [4] la Guardia Civil, nos vamos a enterar de lo que vale un peine.
8 – Hoy está haciendo un día de perros, vale, pero ¿no es mejor un poco de soledad para descansar?
9   ¿Acaso habrías preferido [5] veranear rodeada de una muchedumbre ruidosa, medio desnuda y descalza?
10 – Lo de dormir bajo las estrellas tiene su encanto, pero no soporto llevar ropa mojada.
11 – ¿Hago fuego?
12 – ¡Ni se te ocurra [2]! Y apaga esa luz antes de que se llene [6] de bichos.
13   ¡Plas! Ya está, me ha picado un mosquito [7]. ¡Qué cruz!
14 – Eso tiene [8] la naturaleza…

Leçon soixante-seize

Quelle idée !

1 – Atchoum !
2 – À tes souhaits. *(Santé)*
3 – Il ne manquait plus que ça *(Ce qu'il manquait)* : maintenant en plus, un rhume ! Faire du *(Aller de)* camping, quelle idée *(à qui se lui vient-à-l'esprit)* !
4 – C'est *(À)* toi, chérie, c'est toi qui as eu l'idée *(à toi se te vint-à-l'esprit)*.
5 – Oui, mais ce que j'avais en tête *(esprit)*, moi, c'était un bungalow avec laverie, douches, parking...
6   Pas [d'] aller comme des ados *(jeunes de quinze ans)* avec une tente à travers *(par)* une zone sauvage.
7   D'ailleurs, si jamais *(comme)* la Garde Civile nous attrape, on va déguster *(nous allons apprendre ce que vaut un peigne)*...
8 – Aujourd'hui il fait *(est en train de faire)* un temps de chien *(une journée de chiens)*, d'accord, mais ça n'est pas mieux, un peu de solitude, pour se reposer ?
9   Tu aurais peut-être préféré passer l'été entourée d'une foule bruyante, à moitié nue et pieds nus *(déchaussée)* ?
10 – *(Cela de)* Dormir sous les étoiles, [tout ça], [ça] a son charme, mais je ne supporte pas de porter des vêtements mouillés.
11 – Je fais [du] feu ?
12 – Surtout pas ! *(Même-pas se te vienne-à-l'esprit)*. Et éteins cette lumière avant *(de)* que [ça ne] se remplisse de bêtes.
13   Paf ! Ça y est, je me suis fait piquer par *(m'a piqué)* un moustique. Quel calvaire *(croix)* !
14 – [C'est] ça *(a)* la nature...

Prononciation

... oc**ou**Ré **1** atch**iss 4** ... oc**ou**Rio **5** ... mé'nté... bou'ngalo... laba'ndéRia doutchass apaRcamié'nto **6** qui'nZéagnéRoss... ca'mpagna... **Z**ona salba**H**é **7** ... pilyé... gouaRdia Zibil... péïné **8** ... solédaᵈ... desca'nsaR **9** acasso... abRiass... béRanéaR Rodéada... moutché**dou**'mbRé Rouidossa... desn**ou**da... descalZa **10** ... estRélyass... mo**H**ada **11** ... fo**ué**go **12** ... oc**ou**Ra... apaga... louZ... lyéné... **b**itchoss **13** ... picado... mosquito... cRouZ

Remarques de prononciation

(1) Dans cette onomatopée, toute l'énergie de l'éternuement va sur la dernière syllabe : achís *[atchiss]*.

(5) On trouve ce mot à la fois en version originale, **bungalow**, et en adaptation hispanisée : **bungaló**. Dans les deux cas, l'accent tonique est sur la dernière syllabe : *[bou'ngalo]* comme en français, mais pensez bien à prononcer *[bou'n]* sans nasaliser.

Notes

1 L'éternuement a dans de nombreuses cultures une dimension inquiétante, voire maléfique : c'est la porte ouverte à une maladie, ou au Diable lui-même. D'où les deux termes par lesquels on rend en espagnol *à vos souhaits* : **Salud**, *Santé*, et aussi (quoiqu'en recul) le traditionnel **¡Jesús!**, *Jésus !*, plus directement conjuratoire.

2 ocurrir, vous l'avez vu, signifie *arriver / se passer / se produire* : **¿Qué ocurre?**, *Que se passe-t-il ?* Sous la forme pronominale **ocurrirse**, et associé à un pronom personnel indirect, il signifie *venir à l'idée / venir à l'esprit* : **Se me ocurre...**, *Il me vient à l'idée...* **Voy al supermercado, ¿se te ocurre algo para la cena?**, *Je vais au supermarché, tu as une idée pour le dîner ?* Dans le dialogue, vous avez ainsi : **A ti se te ocurrió**, *C'est toi qui as eu l'idée*. Cette tournure sert aussi à de nombreuses formules expressives, que vous pourrez, comme un vrai Espagnol, placer à l'occasion. **¡A quién se le ocurre!**, *Quelle idée !* est très fréquente pour vous en prendre à quelqu'un qui pris une initiative désastreuse, comme dans le dialogue. Vous y trouvez aussi **¡Ni se te ocurra!**, *Surtout pas !*, pour empêcher quelqu'un (le même, ici) d'en remettre une couche.

3 quinceañero (a) désigne au sens strict le jeune homme ou la jeune fille de quinze ans. Mais il s'emploie aussi parfois pour qualifier génériquement les mœurs adolescentes, un peu comme le **teenager** anglo-saxon. Le choix des quinze ans comme référence n'est pas totalement dénué de sens dans la tradition hispanique : la fête de **la quinceañera**, importée d'Espagne aux Amériques, prend par exemple au Mexique et à Cuba un relief tout à fait saisissant. Censée marquer l'entrée de la jeune fille dans l'âge adulte, elle est une sorte de gigantesque bal des débutantes, pour lequel les familles dépensent sans compter.

4 Autre nuance de la proposition conditionnelle, celle d'improbabilité, rendue par **como** + subjonctif : **Como nos pille la Guardia Civil...**, *Si par hasard la Garde civile nous attrape...* Il peut y avoir aussi un ton de menace dans ce type de phrase : **¡Como os vea jugando a la Play!**, *Si jamais je vous vois en train de jouer à la Playstation !*

5 Le conditionnel passé est un temps composé, formé par l'auxiliaire **haber** au conditionnel, suivi du participe passé : **habrías preferido**, *tu aurais préféré*.

6 Introduite par **antes de que**, la subordonnée temporelle espagnole obéit aux mêmes usages qu'en français et est suivie du subjonctif : **Antes de que se llene**, *Avant que ça ne se remplisse*.

7 Remarquez comme l'espagnol tend à simplifier toutes les tournures où le français utilise le passif. L'équivalent de *Je me suis fait piquer par un moustique* sera tout simplement la voix active : **Me ha picado un mosquito**.

8 Et une petite tournure idiomatique pour clore cette série : **Eso tiene** + un nom est l'équivalent de notre *C'est ça, le...* (ou *la, les...*). **Eso tiene la naturaleza**, *C'est ça, la nature* ; **Eso tienen las vacaciones**, *C'est ça, les vacances*. On peut aussi l'associer à un infinitif : **Eso tiene ir de camping**, *C'est ça, faire du camping*.

Ejercicio 1 – Traduzca

❶ ¿Qué bicho te ha picado para ir de camping por esta zona salvaje? ❷ ¡Pero a quién se le ocurre hacer fuego en el aparcamiento! ❸ ¡Como te pille descalzo, te vas a enterar de lo que vale un peine! ❹ Apaga la luz antes de que nos vea la Guardia Civil, y encima se llene de mosquitos. ❺ ¿Acaso habrías preferido un bungaló y no una tienda de campaña?

***

Ejercicio 2 – Complete

❶ Il ne manquait plus que ça : un temps de chien, une foule bruyante et en plus des moustiques.
.... : un día de ......, una .... y encima ....

❷ Moi, ce que j'avais en tête, c'était de me reposer et de dormir nu sous les étoiles.
Yo lo que .... era .... y dormir .... bajo las ....

❸ Avec ces vêtements mouillés, tu vas finir par attraper un rhume.
Con esa ...., vas a acabar .... un ....

❹ Il ne me serait jamais venu à l'idée de faire du camping dans une zone sans douches ni laverie.
Nunca se me .... ir de camping en una zona sin ...... ni ....

❺ C'est ça, la solitude et la vie sauvage.
.... la .... y la vida ....

Leçon soixante-seize / 76

Corrigé de l'exercice 1
❶ Quelle bête t'a piqué pour faire du camping à travers cette zone sauvage ? ❷ Mais quelle idée de faire du feu dans le parking! ❸ Si jamais je t'attrape pieds nus, tu vas déguster ! ❹ Éteins la lumière avant que la Garde Civile ne nous voie et qu'en plus, ça ne se remplisse de moustiques. ❺ Tu aurais peut-être préféré un bungalow et pas une tente ?

***

Corrigé de l'exercice 2
❶ Lo que faltaba – perros – muchedumbre ruidosa – mosquitos ❷ – tenía en mente – descansar – desnudo – estrellas ❸ – ropa mojada – pillando – resfriado ❹ – habría ocurrido – duchas – lavandería ❺ Eso tienen – soledad – salvaje

***

Sport, **camping**, **bungalow**, **espray**… : *vous avez à nouveau croisé, dans nos leçons, bon nombre de mots venus du monde anglo-saxon. Mais l'espagnol n'emprunte pas qu'à l'anglais ! Bien au contraire, il existe une tradition très espagnole, qui a pour nom* **el afrancesamiento**. *Remontant à l'arrivée des Bourbons sur le trône d'Espagne en 1700, puis à la fascination qu'exerça la France des Lumières, cet "attrait pour ce qui est français" s'est manifesté dans l'histoire d'Espagne de bien des manières. La plus frappante fut celle des* **afrancesados** *qui se rallièrent à l'envahisseur pendant l'épisode napoléonien en Espagne (1808-1814). Outre l'habituel va-et-vient lexical d'échanges et d'adaptations entre langues, il existe ainsi des mots français d'usage courant que vous verrez curieusement surgir au détour d'une lecture ou d'une conversation : ils sont parfois hispanisés (*¡**Chapó!***, pour marquer l'admiration), mais bien souvent repris tels quels et prononcés à l'espagnole. Exemples :* **una boutade** *[booutadé]*, **chic** *[tchic]*, **amateur** *[amatéouʀ]*, **croché** *[cʀotché]*, **una troupe** *[tʀooupé]*, **el prêt-à-porter** *[pʀétapoʀtéʀ], etc. Et le jour où vous voudrez vous retrouver entre intimes, ne cherchez pas un mot espagnol. Dites franchement :* **Vamos a reunirnos en petit comité** *[péti comité]*.

Deuxième vague : 27ᵉ leçon

Lección setenta y siete

Repaso - Révision

1 Le conditionnel présent

1.1 Les conditionnels réguliers

Comme en français, le conditionnel emprunte son radical à l'infinitif, tout comme le futur : **comeré**, je *mangerai* / **comería**, je *mangerais*. Les terminaisons sont également celles de l'imparfait (en espagnol, celles de l'imparfait des verbes en **-er** ou **-ir** : **ía, ías, ía, íamos, íais, ían**). N'oubliez pas l'accent tonique sur le **-í**, à toutes les personnes.

hablar	comer	dormir
hablaría	comería	dormiría
hablarías	comerías	dormirías
hablaría	comería	dormiría
hablaríamos	comeríamos	dormiríamos
hablaríais	comeríais	dormiríais
hablarían	comerían	dormirían

1.2 Les conditionnels irréguliers

Au conditionnel, les irrégularités sont les mêmes qu'au futur et ne concernent donc que le radical. Les 12 conditionnels irréguliers sont les suivants.

caber: cabría…	querer: querría…
decir: diría…	saber: sabría…
haber: habría…	salir: saldría…
hacer: haría…	tener: tendría…
poder: podría…	valer: valdría…
poner: pondría…	venir: vendría…

1.3 Quelques emplois du conditionnel

Les emplois que vous avez rencontrés dans les dialogues sont identiques en français et en espagnol. Le conditionnel y exprime d'abord une action qui se trouve soumise à la réalisation d'une autre.

Leçon soixante-dix-sept

Perdiendo un par de kilos, me quedaría perfecto.
En perdant un ou deux kilos, ça m'irait parfaitement.
Yo, en tu lugar, cambiaría de ordenador.
Moi, à ta place, je changerais d'ordinateur.
Dans les deux langues, le conditionnel s'emploie aussi pour atténuer une affirmation ou une demande, souvent par politesse.
Serían 30 euros, *Ce serait 30 euros*.
¿Podría devolver un artículo?, *Pourrais-je rendre un article ?*
Enfin, le conditionnel apparaît lorsque la concordance des temps l'exige : le futur dans une subordonnée devient un conditionnel si la principale est au passé. C'est, encore une fois, comme en français.
Dices que este año lo harás.
Tu dis que cette année tu le feras.
Dijiste que este año lo harías.
Tu avais dit que cette année tu le ferais.

2 La proposition conditionnelle

Sa forme la plus simple, évidemment, c'est quand elle est introduite par **si** (qui est suivie de l'indicatif si l'on parle au présent) :
Si no apagas la luz, se va a llenar de mosquitos.
Si tu n'éteins pas la lumière, ça va se remplir de moustiques.
Mais la condition peut prendre bien des nuances et il y a toute une batterie de conjonctions pour les exprimer. Elles ont un point commun : elles sont suivies du subjonctif.

2.1 *A no ser que… / A menos que…*

Ces deux formules correspondent à notre *à moins que*.
A no ser que te gusten las pelis de terror, no vayas.
À moins que tu n'aimes les films d'horreur, n'y va pas.
A menos que llueva, iré al concierto.
À moins qu'il ne pleuve, j'irai au concert.

2.2 *Siempre y cuando… / Con tal de que…*

Ces formules peuvent se rendre par : *pourvu que / pour autant que / du moment que / à condition que*…

Puede devolverlo, siempre y cuando esté en buen estado.
Vous pouvez le rendre, à condition qu'il soit en bon état.
Cualquier habitación me vale, con tal de que sea exterior.
N'importe quelle chambre me convient, pour autant qu'elle soit sur rue.

2.3 *Como...*

Como + subjonctif a une double valeur : l'éventualité improbable et la menace.
Como me toque la lotería, dejo de trabajar.
Si jamais je gagne à la loterie, j'arrête de travailler.
¡Como sigas fastidiando a tu hermana...!
Si tu continues à embêter ta sœur... !

2.4 Une formule de remplacement

Nous avons également vu une formule qui remplace toute une subordonnée conditionnelle.
Yo que tú, no lo haría, *Moi, si j'étais toi, je ne le ferais pas.*
Yo que ellos, iría al hotel, *Moi, si j'étais eux, j'irais à l'hôtel.*

3 Les tournures pronominales

Très espagnoles et très employées, elles sont un peu déroutantes car elles ne ressemblent pas à une construction grammaticale française. C'est un peu, littéralement, comme si vous disiez : "Il se me vient une idée", ou "Elle se t'est cassée la montre". Voyons quelques cas concrets.

3.1 *Se me ocurre...*

Ocurrir, nous l'avons vu, *c'est arriver / se passer* : **¿Qué ha ocurrido?**, *Qu'est-il arrivé ?*
Ocurrirse ne s'emploie, lui, que pour parler de ce qui vient à l'esprit, d'une idée qui "se vient". Il faut alors préciser à qui elle vient, et c'est le rôle du pronom personnel indirect : **Se me ocurre...**, "Il se me vient à l'idée..." Ces phrases sont très naturelles en espagnol.
No se me ocurre nada, *Je n'ai pas d'idées.*
¿Se te ocurre algo para este finde?, *Tu as une idée pour ce week-end ?*
No se le ocurre nada bueno, *Il est toujours en train de manigancer quelque chose* (litt. "Il ne lui vient rien de bon").

Le contexte peut varier, mais on veut souvent exprimer par cette formule que l'idée qui vient est soudaine (et parfois donc irréfléchie ou saugrenue)
Nunca se nos ocurriría, *Ça ne nous traverserait jamais l'esprit.*
¿Cómo se os ocurrió?, *Comment avez-vous eu cette idée ?*
Se les ha ocurrido ir de camping, *L'idée leur est venue de faire du camping.*

3.2 La tournure pronominale à la place du possessif

L'espagnol, on le sait, tend à éviter le possessif lorsque le rapport de possession est évident : **No tengo el pasaporte**, *Je n'ai pas mon passeport*. Il le contourne parfois aussi au moyen du verbe pronominal : **Me pongo el sombrero**, *Je mets mon chapeau* (litt. "je me mets le chapeau").

Il existe des structures encore plus complexes. Imaginons que vous vouliez dire "J'ai cassé ma montre". Littéralement, vous diriez **He roto mi reloj**, et la phrase sera correcte. Sauf qu'on comprendra sans doute que vous l'avez cassée volontairement... On exprimera l'idée de dommage subi par une formule du type : **Se me ha roto el reloj**, "Se m'est cassée la montre".

Cette structure est très fréquente, et elle s'applique à toute réalité marquée par une forte idée de possession (partie du corps, objet ou être proche) subissant une perte, un dommage, un mouvement, etc. On peut en donner de nombreux exemples :
Se me ha estropeado la radio, *Ma radio est tombée en panne.*
Se te ha caído el ordenador, *Ton ordinateur est tombé.*
Se le han olvidado las llaves, *Il a oublié ses clés.*
Se nos ha muerto el perro, *Notre chien est mort.*
Se os cierran los ojos, *Vos yeux se ferment.*
Se les ha parado el reloj, *Leur montre s'est arrêtée.*
Comme vous le voyez dans les traductions proposées, le français exprime l'adjectif possessif devant l'objet possédé (ma, ton, ses…), alors que l'espagnol utilise l'article (**la**, **el**, **las**…).

4 Les diminutifs

4.1 Valeur du diminutif

Il porte, logiquement, une idée de diminution : **una casita**, *une petite maison*, sera en principe moins grande que **una casa**, *une*

maison. Mais, presque indissociablement, le diminutif prend souvent une valeur affective :
Estoy solo, *Je suis seul* ; **Estoy solito**, *Je suis tout seul* (sous-entendu : pauvre de moi).
Dans les dialogues de cette série, par exemple, **un kilito**, *un petit kilo*, ne contient pas forcément moins de 1000 grammes ; et si le vieil ordinateur a quelques **añitos**, *petites années*, celles-ci font bien 365 jours.

4.2 Le diminutif en *-ito(s) / -ita(s)*

C'est un des plus courants, mais vous en verrez bien d'autres, plus ou moins en vigueur dans telle région ou tel pays hispanophone. Les lois de composition du diminutif sont un peu complexes et souffrent des exceptions ; retenons déjà quelques règles de base.

• terminaison en *-ito / -ita*
Les mots terminés par un **-a** ou un **-o** deviennent des mots en **-ita** et **-ito** :
un vestido, *une robe* → **un vestidito**
una falda, *une jupe* → **una faldita**
Même chose pour les mots en **-e** s'ils ont plus de deux syllabes :
un detalle, *un détail* → **un detallito**
un billete, *un billet* → **un billetito**
On ajoute directement **-ito** aux mots terminés par une consonne autre que **–n** ou **–r** :
un árbol, *un arbre* → **un arbolito**
un reloj, *une montre* → **un relojito**

• terminaison en *-cito / -cita*
On ajoute cette terminaison aux mots terminés par un **-n** ou un **-r** :
un ratón, *une souris* → **un ratoncito**
el calor, *la chaleur* → **el calorcito**
Même chose pour les mots de deux syllabes terminés en **-e** :
un traje, *un costume* → **un trajecito**
el aire, *l'air* → **el airecito**
las llaves, *les clés* → **las llavecitas**

Leçon soixante-dix-sept / 77

• terminaison en **-ecito / -ecita**
C'est la terminaison du diminutif quand l'accent tonique du mot tombe sur une diphtongue.
nuevo, *neuf* → **nuevecito**
viejo, *vieux* → **viejecito**

▶ Diálogo de repaso

1 – ¡Como sigas mirándote en el espejo, vamos a llegar tarde al concierto!
2 – No grites, no estoy sorda. Y más bien aconséjame :
3 en mi lugar, ¿te pondrías el vestido amarillo o el traje de chaqueta morado?
4 – Siempre y cuando no vayas descalza y desnuda, me da igual.
5 – La falda naranja no, está viejecita y me queda estrecha de cintura. Debería tirarla.
6 – ¿Lo haces adrede para fastidiarme?
7 – Bueno, vale, me pongo la minifalda de rayas. ¿A que me queda fabulosa?
8 – Ni se te ocurra, a no ser que quieras pillar un resfriado.
9 – Tienes razón, siempre está a tope el aire acondicionado.
10 Pensándolo bien, lo mejor es el pantalón de algodón, a juego con la blusa. Ya está, ¿vamos?
11 – ¿Has apagado la luz? ¿Llevas las llaves y las entradas?
12 – Deberías de tenerlas tú.
13 – ¿Yo? ¿No te acuerdas que se me quedó colgado el ordenador cuando estaba reservando, y entonces dijiste que las sacarías tú?
14 – Dios mío, se me olvidó…
15 – Lo que faltaba. ¡Pero a quién se le ocurre fiarse de ti!

Traduction

1 Si tu continues à te regarder dans la glace, nous allons arriver en retard au concert ! **2** Ne crie pas, je ne suis pas sourde. Et conseille-moi plutôt : **3** à ma place, tu mettrais la robe jaune ou le tailleur violet ? **4** Du moment que tu ne vas pas pieds nus et nue, ça m'est égal. **5** La jupe orange non, elle est vieillotte et étroite à la taille. Je devrais la jeter. **6** Tu le fais exprès pour m'embêter ? **7** Bon, d'accord, je mets la minijupe à rayures. Elle me va à ravir, pas vrai ? **8** Surtout pas, à moins que tu ne veuilles attraper

Lección setenta y ocho

El paraíso en la tierra

1 – No me **lle**vo bien [1] con mi es**po**sa : **di**ce que no a**yu**do en las ta**re**as de **ca**sa y re**ñi**mos [2] por cual**quier co**sa.

2 – **E**so **sue**le pa**sar cuan**do se **lle**va **mu**cho **tiem**po ca**sa**do.

3 – **E**cho de **me**nos a**que**llos **tiem**pos en que **e**ra **li**bre y sol**te**ro…

4 – A ti te gusta**rí**a que la co**mi**da estu**vie**ra [3] **siem**pre **lis**ta [4] sin ha**cer** el me**nor** es**fuer**zo, ¿ver**dad**?

5 – **Co**mo **cuan**do **e**ra **ni**ño, sí…

6 – Y qui**sie**ras que te **die**ran [5] cariño sin **na**da a **cam**bio.

7 – Se**rí**a un **sue**ño.

8 – **E**char la **sies**ta du**ran**te **ho**ras en un si**llón** blan**di**to.

9 – A**sí** me ima**gi**no el paraíso.

10 – Tam**bién** desea**rí**as que te de**ja**ran [6] sa**lir** de **no**che, regre**sar** a los tres **dí**as [7] **co**mo si **na**da,

un rhume. **9** Tu as raison : la climatisation est toujours à fond. **10** Tout bien pensé, le mieux c'est le pantalon en coton, assorti au chemisier. Ça y est, on y va ? **11** Tu as éteint la lumière ? Tu as les clés et les places ? **12** C'est toi qui devrais les avoir. **13** Moi ? Tu ne te souviens pas que mon ordinateur a planté quand j'étais en train de réserver, et alors tu as dit que c'est toi qui les prendrais ? **14** Mon Dieu, j'ai oublié… **15** Il ne manquait plus que ça. Mais quelle idée de te faire confiance !

Deuxième vague : 28ᵉ leçon

Leçon soixante-dix-huit

Le paradis sur *(dans la)* **terre**

1 – Je ne m'entends *(porte)* pas bien avec mon épouse : elle dit que je n'aide pas dans les tâches ménagères *(de maison)* et nous nous disputons pour un oui pour un non *(n'importe-quelle chose)*.
2 – Ça arrive [souvent] quand on est *(se porte)* marié [depuis] longtemps *(beaucoup-de temps)*.
3 – Je regrette le temps *(ces temps-là)* où j'étais libre et célibataire.
4 – Toi tu aimerais *(À toi te plairait)* que ton *(le)* repas soit *(fût)* toujours prêt sans faire le moindre effort, n'est-ce pas ?
5 – Comme quand j'étais enfant, oui…
6 – Et tu voudrais qu'on te donne *(donnât)* [de l'] affection sans rien en échange.
7 – Ce serait un rêve.
8 – Faire *(Jeter)* la sieste pendant [des] heures dans un fauteuil douillet *(petit-mou)*.
9 – [C'est] comme ça [que] j'*(je m')*imagine le paradis.
10 – Tu désirerais aussi qu'on te laisse *(laissât)* sortir la *(de)* nuit, revenir trois jours après *(aux trois jours)* comme si [de] rien [n'était],

trescientos setenta y cuatro • 374

Lección setenta y ocho

11 y que no te hic**ie**ran [6] re**pro**ches, ¿eh?, que te
recib**ie**ran [6] con ca**ri**cias y son**ri**sas, ¿a que sí?
12 – **Te**ner a la vez un **te**cho y liber**tad** : adi**vi**nas
mis pensa**mien**tos.
13 – Ha**brí**a una solu**ción**…
14 – ¿En **se**rio?
15 – Sí, ve a la i**gle**sia… ¡y **re**za a Dios **pa**ra que te
con**vier**ta en **ga**to!

Prononciation
… pa**Ra**ïsso… **1** … es**po**ssa… Ré**gni**moss… **3** … sol**té**Ro **4** … estou**bié**Ra… es**fouéR**Zo… **6** … **dié**Ra'n… **8** … **sies**ta… sil**yo**'n bla'n**di**to **9** … ima**Hi**no… **10** … dé**Ha**Ra'n… RégRé**ssaR**… **11** … i**Zié**Ra'n Ré**pro**tchéss… RéZi**bié**Ra'n… ca**Ri**Ziass… so'n**Ri**ssass… **12** … **tét**cho… libe**Ra**ᵈ… pé'nsa**mién**toss… **13** … solou**Zio**'n **15** … i**glé**ssia… **Ré**Za… co'n**bié**Rta…

Remarques de prononciation
(Titre) Le mot **paraíso** porte un accent tonique, qui indique un hiatus dans le groupe -**aí** de la 2ᵉ syllabe : on doit donc bien détacher le -**í** du **a**.
(10) La présence ou l'absence d'accent tonique changent la nature de certaines formes verbales : **dejaran**, *qu'ils laissassent* (imparfait du subjonctif) / **dejarán**, *ils laisseront* (futur de l'indicatif).

Notes

1 Associé à **bien**, **mal**, **fatal**, etc., **llevarse** exprime la qualité d'une relation personnelle : **Me llevo bien con él**, *Je m'entends bien avec lui* ; **Nos llevamos fatal**, *Nous ne nous entendons pas du tout*.

2 **reñir** peut être intransitif, comme dans le dialogue. Il signifie dans ce cas *se disputer* : **Reñimos mucho**, *Nous nous disputons beaucoup* ; **Riñe a menudo con su mujer**, *Il se dispute souvent avec sa femme*. Il peut aussi se construire avec un complément d'objet direct, avec le sens de *gronder* : **El profesor riñe a los alumnos**, *Le professeur gronde les élèves*.

3 **estuviera** est le subjonctif imparfait de **estar**. Il est obligatoire dans cette phrase en vertu de la règle de concordance des temps. Littéralement, la phrase se traduirait donc : "À toi te plairait que le repas fût prêt."

Leçon soixante-dix-huit / 78

11 et qu'on ne te fasse *(ils-fissent)* pas de reproches, hein ?, qu'on te reçoive *(reçût)* avec [des] caresses et [des] sourires, pas vrai ?
12 – Avoir à la fois un toit et [de la] liberté : tu devines mes pensées.
13 – Il y aurait une solution…
14 – Vraiment *(En sérieux)* ?
15 – Oui, va a l'église… et prie *(à)* Dieu pour qu'il te transforme *(convertisse)* en chat !

4 Dans la plupart des cas, le sens d'un adjectif fait qu'il s'emploiera avec **ser** ou avec **estar** : **es simpático**, *il est sympathique* (c'est un trait de caractère) / **está enfermo**, *il est malade* (c'est un état de santé). Certains admettent cependant d'être utilisés avec l'un ou l'autre verbe, mais dans ce cas leur sens change, parfois radicalement. Ici, par exemple, pour **listo** : **está listo**, *il est prêt* / **es listo**, *il est intelligent*.

5 Au présent, cette phrase serait : **Quieres que te den cariño**, *Tu veux qu'on te donne de l'affection*. **Quisieras**, *tu voudrais*, ayant une valeur de conditionnel, la concordance des temps entraîne le subjonctif imparfait dans la subordonnée : **Quisieras que te dieran**.

6 Même règle que précédemment : la phrase **Deseas que te dejen…, que no te hagan…, que te reciban**, *Tu désires qu'on te laisse…, qu'on ne te fasse pas…, qu'on te reçoive* (subjonctif présent) devient, au passé : **Desearías que te dejaran…, que no te hicieran…, que te recibieran** (subjonctif imparfait). Examinez à présent ces différentes formes de subjonctif imparfait ; ce temps se forme sur la 3e personne du pluriel du passé simple (**dejaron, hicieron, recibieron**…), dont on modifie la terminaison en **-ra, -ras, -ra**, etc.

7 Vous connaissez plusieurs outils pour exprimer une durée écoulée : **tres días después**, *trois jours après* / **al cabo de tres días**, *au bout de trois jours*. Ajoutez-leur cette structure idiomatique : **a** + article défini + indication de durée : **a los tres días**. Vous pourriez ainsi dire : **a la semana**, *une semaine après* ; **al año**, *un an plus tard*, etc.

trescientos setenta y seis • 376

Ejercicio 1 – Traduzca

❶ El gato ha regresado a los tres días como si nada. ❷ Voy a la iglesia a rezarle a Dios para que me dé el paraíso. ❸ Llevamos demasiado tiempo casados : mi marido sale de noche y ya no ayuda en las tareas de casa. ❹ Riño con mi marido por cualquier cosa, por ejemplo cuando la comida no está lista. ❺ Teníamos más libertad y nadie nos hacía reproches cuando éramos solteros.

***

Ejercicio 2 – Complete

❶ Je ne m'entends pas bien avec le chat : nous voulons faire la sieste dans le même fauteuil douillet.
 . . . . con el gato : queremos . . . . en el mismo . . . .

❷ Tu aimerais que ton épouse soit toujours à la maison, pas vrai ?
 . . . . que tu . . . . siempre en casa, ¿. . . . . . ?

❸ Tu désirerais qu'on te donne un toit et de l'affection sans rien en échange, n'est-ce pas ?
 ¿. . . . . que te . . . . . . un . . . . sin nada . . . . , ¿verdad?

❹ Tu voudrais qu'on te fasse des caresses et des sourires, hein ?
 Quisieras que . . . . y . . . . , ¿eh?

❺ Je devine tes pensées : tu regrettes le temps où tu vivais sans faire le moindre effort.
 Adivino tus . . . . : . . . . tiempos en . . . . sin hacer el menor . . . .

Leçon soixante-dix-huit / 78

Corrigé de l'exercice 1
❶ Le chat est revenu trois jours après comme si de rien n'était. ❷ Je vais à l'église prier Dieu pour qu'il me donne le paradis. ❸ Nous sommes mariés depuis trop longtemps : mon mari sort la nuit et il n'aide plus dans les tâches ménagères. ❹ Je me dispute avec mon mari pour un oui pour un non, par exemple quand le repas n'est pas prêt. ❺ Nous avions plus de liberté et personne ne nous faisait de reproches quand nous étions célibataires.

***

Corrigé de l'exercice 2
❶ No me llevo bien – echar la siesta – sillón blandito ❷ Te gustaría – esposa estuviera – a que sí ❸ Desearías – dieran – techo y cariño – a cambio – ❹ – te hicieran caricias – sonrisas – ❺ – pensamientos – echas de menos aquellos – que vivías – esfuerzo

On peut le regretter, mais il faut être un bien grand puriste de la langue française pour user de l'imparfait du subjonctif, dans la conversation courante et même à l'écrit. Des phrases comme "J'aimerais que tu apprisses tes conjugaisons" ou "Il serait bon que vous sussiez vos verbes" reposent depuis longtemps au panthéon des usages défunts.

Rien de tel en espagnol ! Aucun clivage sociologique ou culturel ne justifie qu'on évite le subjonctif imparfait lorsque son emploi est requis. Appliquez donc le principe de notre méthode, et assimilez cette nouvelle conjugaison à partir des phrases que vous rencontrez et sans avoir l'équivalent français en tête.

Deuxième vague : 29ᵉ leçon

Lección setenta y nueve

Recuerdos de infancia

1 – Papá, necesitaría que me subieras ¹ la paga ² este mes.
2 – No será ³ para comprarte otro de esos videojuegos violentos, ¿verdad?
3 – Esta vez es importante: se trata de salvar el planeta de los extraterrestres…
4 – ¡De niño, ⁴ yo jugaba con cualquier cosa!
5 Recogíamos chapas, las pintábamos y eran nuestros futbolistas.
6 El balón era un garbanzo, empujábamos la chapa con la uña y… ¡¡gol!!
7 Quién pudiera ⁵ volver a aquellos tiempos… No teníamos nada y a pesar de ⁶ eso éramos felices.
8 – ¿Entonces nunca jugabais a la guerra?
9 – ¡Por supuesto que sí!
10 Cogíamos palos, piedras, y nos escondíamos en los árboles para sorprender a los del otro barrio…
11 – O sea, que preferirías que pegara ¹ a otros niños en vez de matar a seres virtuales en mi pantalla.
12 Bueno, pues si no hay más remedio ⁷…
13 – Vale, ten y cómprate ese juego…
14 – Gracias, papá.
15 – No hay de qué…

Leçon soixante-dix-neuf

Souvenirs d'enfance

1 – Papa, j'aurais besoin que tu m'augmentes *(montasses)* mon argent de poche *(la paye)* ce mois [-ci].

2 – Ce n'est pas, j'espère *(Ne sera pas)*, pour t'acheter un de ces jeux vidéo violents, n'est-ce pas ?

3 – Cette fois c'est important : il s'agit de sauver la planète des extraterrestres...

4 – Quand j'étais *(De)* enfant, moi je jouais avec n'importe quoi !

5 On ramassait *(Nous ramassions)* des capsules *(tôles)*, on les peignait *(nous les peignions)* et c'étaient nos footballeurs.

6 Le ballon [c'] était un pois chiche, on poussait *(nous poussions)* la capsule avec l'ongle et... but !!

7 Ah si je pouvais *(Qui pût)* revenir à ce temps-là *(ces temps-là)*... On n'avait *(Nous n'avions)* rien et malgré ça on était *(nous étions)* heureux.

8 – Alors vous ne jouiez jamais à la guerre ?

9 – Bien sûr que si !

10 On prenait *(Nous prenions)* des bâtons, des pierres, et on se cachait *(nous nous cachions)* dans les arbres pour surprendre *(à)* ceux de l'autre quartier...

11 – Donc *(Ou soit que)* tu préférerais que je frappe *(frappasse à)* [d'] autres enfants au lieu de *(en fois de)* tuer *(à)* [des] êtres virtuels sur mon écran.

12 Bon, eh bien s'il n'y a pas d'autre solution *(plus [de] remède)*...

13 – D'accord, tiens et achète-toi ce jeu...

14 – Merci, papa.

15 – Il n'y a pas de quoi...

Prononciation

*Ré**couér**doss… i'nfa'nZia **1** … sou**bié**Rass… **pa**ga…
2 … bidéo**Hou**égoss biolé'ntoss **3** … sal**baR**… extRaté**Rest**Ress
5 Réco**Hi**amoss **tcha**pass… pi'ntabamoss… foutbo**lis**tass
6 … balo'n… gaRba'nZo é'mpou**Ha**bamoss… **ou**gna…
7 … pou**dié**Ra… **pé**ssaR… é**R**amoss… **8** … Hougabaïss… **gué**Ra
10 … **pié**dRass… esco'ndiamoss… soRpRé'ndeR…
11 … **pé**gaRa… **sé**Ress biRtoua**lé**ss… **12** … Ré**mé**dio*

Remarque de prononciation

(5), (6), (7) L'imparfait de l'indicatif à la 1ʳᵉ personne du pluriel est esdrújulo (accentué sur l'avant-avant-dernière syllabe) : **pintábamos, empujábamos, éramos.**

Notes

1. La concordance des temps s'applique ici à nouveau : **Necesito que me subas** (subjonctif présent) devient, au passé, **Necesitaría que me subieras** (subjonctif imparfait) ; de même, **Prefieres que pegue** se modifie en **Preferirías que pegara**.

2. **la paga** (du verbe **pagar**, *payer*) signifie en toute logique *la paye* que reçoit le salarié. Un usage courant et humoristique fait que ce mot désigne également *l'argent de poche* des enfants.

3. En français, le futur antérieur sert parfois à formuler une hypothèse : "il aura raté son train", au sens de "il a peut-être raté son train". En espagnol,

***

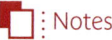

Ejercicio 1 – Traduzca

❶ No teníamos ni paga ni videojuegos, y a pesar de eso éramos felices. ❷ Para jugar, no teníamos más remedio que recoger chapas y pintarlas. ❸ De niño, era* muy violento : pegaba* a los del otro barrio con palos. ❹ Quién fuera niño y volviera a aquellos tiempos en que una chapa era un futbolista. ❺ Prefiero matar a seres virtuales en mi pantalla que tirar piedras.

* 1ʳᵉ personne du singulier

le futur simple lui-même peut prendre couramment cette valeur de conjecture, comme ici : **no será para...**, *j'espère que ce n'est pas pour...*

4 L'espagnol dispose d'une formule elliptique qui permet d'éviter toute une proposition temporelle : **de niño** équivaut ici à **cuando era niño**, *quand j'étais enfant* (voir leçon 69, note 2). Cette structure accueille tout nom ou adjectif qui désigne un état de la personne (âge, état-civil). On dira ainsi : **de joven**, *quand j'étais jeune* ; **de soltero**, *quand j'étais célibataire*. Elle peut même servir à envisager le futur : **De mayor, seré médico**, *Quand je serai grand, je serai médecin*.

5 Revoici le subjonctif imparfait : **pudiera** (de **poder**). Il s'utilise ici de façon figée, à la 3ᵉ personne du singulier et après **quién**, dans une formule qui exprime le regret personnel. Sur le même modèle, par exemple : **Quién fuera niño**, *Ah, si j'étais enfant* ; **Quién tuviera dinero**, *Ah, si j'avais de l'argent*.

6 **a pesar de** est une locution concessive en trois mots qui équivaut à *malgré* : **a pesar de eso**, *malgré ça* ; **a pesar de todo**, *malgré tout*. On peut penser au français *en dépit de*. Pour dire *malgré moi*, il y a deux possibilités usuelles : **a pesar de mí**, mais aussi, avec un possessif tonique : **a pesar mío**. Sur le même principe, on aura **a pesar de ti / a pesar tuyo**, *malgré toi* ; **a pesar de él / a pesar suyo**, *malgré lui*, etc.

7 Devant une impossibilité majeure, l'Espagnol lève les bras au ciel avec fatalisme et dit : **No hay más remedio**, "Il n'y a plus remède", c'est-à-dire *Il n'y a pas d'autre solution / Il n'y rien d'autre à faire*. Cette idée peut s'exprimer de façon personnelle, avec **tener** conjugué : **No tengo más remedio que callarme**, *Je ne peux faire autrement que de me taire*.

***

Corrigé de l'exercice 1

❶ Nous n'avions ni argent de poche ni jeux vidéo, et malgré ça nous étions heureux. ❷ Pour jouer, nous ne pouvions faire autrement que de ramasser des capsules et de les peindre. ❸ Enfant, j'étais très violent : je frappais ceux de l'autre quartier avec des bâtons. ❹ Ah, si j'étais enfant et que je revenais à ce temps-là, où une capsule était un footballeur. ❺ Je préfère tuer des êtres virtuels sur mon écran que jeter des pierres.

Ejercicio 2 – Complete

❶ Je préférerais que tu ne montes pas aux arbres pour te cacher.
. . . . a los árboles para . . . .

❷ Où vas-tu avec ce bâton ? J'espère que ce n'est pas pour jouer à la guerre, n'est-ce pas ?
¿. . . . . con ese . . . . ? . . . . . . para jugar a la . . . . . . , ¿verdad?

❸ Un pois chiche était un ballon virtuel et nous le poussions avec l'ongle.
Un . . . . virtual y lo . . . . con la . . . .

❹ Ah, si je pouvais sauver la planète.
. . . . salvar . . planeta.

❺ Nous n'avions pas besoin d'écrans dans mon enfance. Nous jouions avec n'importe quoi.
No . . . . pantallas en mi . . . . con . . . .

Lección ochenta

Costumbres...

1 – ¿Te has fi**ja**do en lo [1] can**sa**dos [2] que son **nues**tros ho**ra**rios?

2 – ¿Y tú **cre**es que sal**drí**amos ga**nan**do si vi**vié**ramos [3] **co**mo en los países del **nor**te?

3 – Si dur**mié**ramos más, se**rí**amos [3] más efi**ca**ces.

4 – **É**chale un **o**jo al **ma**pa, **hom**bre : ¡**so**mos mediter**rá**neos!

Corrigé de l'exercice 2

❶ Preferiría que no subieras – esconderte ❷ Adónde vas – palo – No será – guerra – ❸ – garbanzo era un balón – empujábamos – uña ❹ Quién pudiera – el – ❺ – necesitábamos – infancia Jugábamos – cualquier cosa

***

Du temps où tous les enfants du monde inventaient leurs propres distractions, le plus universel des jeux de bric et de broc fut en Espagne celui des **chapas** *: tout Espagnol de la génération d'avant le numérique a, dans son enfance, ramassé des capsules métalliques de bouteilles pour les "customiser" en totems de cyclistes ou de footballeurs. Avec ces pièces de rebut, que d'anthologiques parties !*

Au chapitre des jeux traditionnels encore vivaces, il y a tous ceux basés sur la **baraja española**, *jeu de cartes espagnol. Les quatre couleurs en sont* **oros** *(pièces d'or),* **copas** *(coupes),* **espadas** *(épées) et* **bastos** *(bâtons). Il y a des dizaines de façon d'en jouer ; l'une des plus originales est le* **mus**, *très répandu dans le nord de l'Espagne et également joué au Pays basque français. Assister à une partie de* **mus** *est un spectacle inénarrable, car les joueurs ont le droit de recourir à un vaste répertoire de signes : tirer rapidement la langue pour indiquer qu'on a une paire d'as, la sortir sur le côté pour un brelan, etc. Si vous n'avez aucun jeu en main, faites le* **ciego**, *aveugle : fermez les yeux.*

Deuxième vague : 30ᵉ leçon

Leçon quatre-vingt

Coutumes...

1 – Tu as remarqué à quel point *(le fatigants que sont)* nos horaires sont fatigants ? !
2 – Et toi, tu crois que nous y gagnerions *(sortirions gagnant)* si nous vivions comme dans les pays du nord ?
3 – Si nous dormions davantage, nous serions plus efficaces.
4 – Jette*(-lui)* un œil à la carte, allons : nous sommes méditerranéens !

5   Lo **nues**tro es vi**vir fue**ra, char**lar** al **fres**co en una te**rra**za **has**ta las **tan**tas.
6   Yo me **nie**go a [4] desper**tar**me **cuan**do **can**ta el **ga**llo y a acos**tar**me con las ga**lli**nas.
7 – Los es**tu**dios **di**cen que **es**tos ho**ra**rios son la **cau**sa del fra**ca**so esco**lar** :
8   si los **ni**ños no se que**da**ran **vien**do la **te**le **has**ta tan **tar**de, esta**rí**an [3] más a**ten**tos en **cla**se.
9 – ¡**Pe**ro si [5] los **ni**ños ya no ven la **te**le!
10 – **Di**gas lo que **di**gas [6], **es**to es **u**na lo**cu**ra : no **tie**ne sen**ti**do sa**lir** del tra**ba**jo a las **o**cho.
11   Si se sa**lie**ra a las seis, los **hom**bres po**drí**an [3] ayu**dar** en **ca**sa y la socie**dad** se**rí**a más **jus**ta.
12   **Co**mo en **Sue**cia.
13 – Y **da**le con [7] **Sue**cia. Pues por lo **vis**to [8] a los **sue**cos **nues**tras cos**tum**bres les pa**re**cen estu**pen**das :
14   ¡si **fue**ran tan **ma**las, no ven**drí**an [3] a verane**ar** a**quí**!   □

Prononciation

cos**tou'mb**Ress **1** … fi**Ha**do… o**Ra**Rioss **2** … bi**bié**Ramoss… paï**sséss**… **nor**té **3** … dou**R**mi**é**Ramoss… éfi**ca**Zéss **4** é**tch**alé… **ma**pa… médité**Ra**néoss **5** … f**Res**co… té**Ra**Za… **6** … **nié**go… despe**R**ta**R**mé… **ga**lyo… ga**l**yi**nass 7** … **caou**ssa… f**R**a**ca**sso… esco**laR** **8** … qué**da**Ran… ate'**ntoss**… **10** … lo**cou**Ra… se'**nti**do… **11** … so**Z**ié**da**d… **Hous**ta **12** … sou**é**Zia **13** … sou**é**coss… estou**pe'n**dass **14** … fou**é**Ran…

Remarques de prononciation

(2), (3) Encore deux formes verbales esdrújulas, à bien accentuer sur l'avant-avant-dernière syllabe : **viviéramos**, **durmiéramos**.
(4) Et sur le même modèle d'accentuation, voici **mediterráneos** : comme vous l'avez remarqué précédemment, les deux dernières syllabes (neos) sont un peu "écrasées" par le poids de la syllabe tonique (rrá).

Leçon quatre-vingt / 80

5 Notre truc *(Le nôtre)*, c'est vivre dehors, discuter au frais en *(une)* terrasse jusqu'à point d'heure.

6 Je refuse de *(me nie à)* me réveiller au chant du *(quand chante le)* coq et de me coucher avec les poules.

7 – Les études disent que ces horaires sont la cause de l'échec scolaire :

8 si les enfants ne restaient pas à regarder *(voyant)* la télé *(jusque)* aussi tard, ils seraient plus attentifs en classe.

9 – Mais enfin, *(si)* les enfants ne regardent plus la télé !

10 – Quoi *(Dises ce)* que tu dises, c'est une folie : [ça] n'a pas de sens de sortir du travail à huit heures.

11 Si on sortait à six heures, les hommes pourraient aider à la *(en)* maison et la société serait plus juste.

12 Comme en Suède.

13 – Tu es lourd *(Et donne-lui)* avec la Suède. Eh bien apparemment *(par le vu)*, les *(aux)* Suédois trouvent *(leur semblent)* nos coutumes formidables :

14 si elles étaient si mauvaises, ils ne viendraient pas *(à)* passer l'été ici !

Notes

1 Sur le principe de l'interrogative indirecte (Qui es-tu ? → Je me demande qui tu es), il existe une exclamative indirecte, couramment utilisée en espagnol. La formule en est : **lo + adjectif ou adverbe + que**. Exemples : ¡**Qué guapa es!**, *Qu'elle est belle !* deviendra **No sabes lo guapa que es**, *Tu ne sais pas à quel point elle est belle* ; ¡**Qué mal me siento!**, *Qu'est-ce que je me sens mal !* donnera, à l'intérieur d'une phrase : **No quiero contarle lo mal que me siento**, *Je ne veux pas lui raconter à quel point je me sens mal*.

2 Vous connaissez **estar cansado**, *être fatigué*. Mais, employés avec **ser**, un certain nombre de participes passés prennent un sens actif : non pas fatigué, par exemple, mais fatigant (**Javier es muy cansado**, *Javier est très fatigant*).

3 L'imparfait du subjonctif, que vous avez découvert à propos de la concordance des temps, vous sert, dans la subordonnée conditionnelle espagnole, à exprimer l'irréel du présent ("si j'étais…"). Observez les phrases 2, 3, 8, 11 et 14 du dialogue, et repérez leur construction : conditionnel dans la principale (**saldríamos**, *sortirions*, etc.) / subjonctif imparfait dans la subordonnée (**si viviéramos**, litt. "si nous-vécussions", etc.). Nous verrons tout cela en détail dans la leçon de révision.

4 Comme vous l'avez vu en leçon 54, *refuser* quelque chose se dit **rechazar** : **Rechazo su invitacion**, *Je refuse son invitation* ; **Ha rechazado esa oferta de empleo**, *Il a refusé cette offre de travail*. Mais si vous refusez d'accomplir un acte, il faut passer par **negarse a** + infinitif : **Me niego a acostarme temprano**, *Je refuse de me coucher tôt*.

5 "Musclez" l'expression de vos points de vue ! Par exemple, utilisez **pero si** en début de phrase pour contredire celui qui vient de parler. Il prétend que la télé raccourcit le temps de sommeil des enfants ? Objectez : **¡Pero si los niños ya no ven la tele!** Un autre veut que tout le monde aille au lit à 22 heures ? Répliquez : **¡Pero si nos encanta acostarnos a las tantas!**, *Mais enfin, on adore se coucher à point d'heure !*

6 Retenez cette structure concessive, avec le verbe au subjonctif de part et d'autre de **lo que** : **hagas lo que hagas**, *quoi que tu fasses* ; **pase lo que pase**, *quoi qu'il arrive* ; **piensen lo que piensen**, *quoi qu'ils pensent*, etc.

***

▶ Ejercicio 1 – Traduzca

❶ Por lo visto a los españoles les encanta charlar hasta las tantas. ❷ Me niego a vivir como en Suecia : a mí nuestras costumbres me parecen estupendas. ❸ ¿Te has fijado en lo poco que duermen los niños españoles? ❹ Y dale con lo de la tele, los horarios y el fracaso escolar. ❺ ¡Pero si somos una sociedad mediterránea!

***

Les Espagnols dorment peu : 7,12 heures par jour en moyenne, une heure de moins que le reste des Européens. Effet d'un sympathique mode de vie ? Grave problème de société ? Les experts en ingénierie sociale n'étant jamais en retard d'une idée, une très sérieuse "Commission pour la rationalisation des horaires" planche en tout cas depuis des années sur une grande réforme des mœurs.

Cette commission a plusieurs bêtes noires. D'abord la trop longue journée de travail : il faudrait en finir avec la pause de presque deux heures à mi-journée ; fini aussi le rush de mi-matinée dans les

Leçon quatre-vingt / 80

7 dale est une interjection qui exprime ironiquement la lassitude face à des propos ou à un comportement pénibles et répétitifs : *¡Dale!, Vas-y, continue !* Si quelqu'un par exemple revient avec insistance sur les bienfaits du vélo, vous pouvez lui répondre : **¡Dale con la bicicleta!**, *Tu es lourd avec ton vélo !* C'est le cas dans le dialogue avec le fervent défenseur des horaires à la suédoise.

8 por lo visto, littéralement "par le vu", est une locution adverbiale courante, que l'on peut rendre par *apparemment*, ou *d'après ce qu'on voit* : **Por lo visto está muy contento con su trabajo**, *Apparemment, il est très content de son travail.*

Corrigé de l'exercice 1
❶ Apparemment, les Espagnols adorent bavarder jusqu'à point d'heure. ❷ Je refuse de vivre comme en Suède : moi, je trouve nos coutumes formidables. ❸ Tu as remarqué à quel point les enfants espagnols dorment peu ? ❹ Tu es lourd avec cette histoire de télé, d'horaires et d'échec scolaire. ❺ Mais enfin, nous sommes une société méditerranéenne !

***

cafétérias pour se requinquer. Plus besoin : on déjeunerait vite fait, deux heures plus tôt, à 13 heures. Oubliées, du coup, les heures tardives de sortie du bureau. L'autre coupable, le fuseau horaire, n'a qu'à bien se tenir : l'Espagne passerait à l'heure de Londres, qui est celle qui lui convient géographiquement. La nuit tomberait plus tôt, chassant les citoyens vers leur domicile, où les attendrait un dîner et un "prime time" télévisuel tous deux fortement avancés.
Ce "meilleur des mondes" est sans doute inspiré par de nobles sentiments ; reste qu'il ne ressemblerait guère à l'Espagne que l'on connaît…

trescientos ochenta y ocho • 388

Ejercicio 2 – Complete

❶ Quoi que disent les études, nous n'y gagnerions pas si nous dormions davantage.
   .... los estudios, no .... si .... más.

❷ Si nous vivions comme les Suédois, nous nous réveillerions au chant du coq.
   Si .... como los ......, ... cuando canta el ......

❸ Ça n'a pas de sens de dire aux gens de se coucher avec les poules.
   No .... decirle a la gente .... con las ....

❹ Si tu ne restais pas à bavarder au frais aussi tard, tu serais plus efficace dans ton travail.
   Si no .... al ...... hasta tan tarde, ... más ...... en el trabajo.

81

Lección ochenta y uno

¿A favor o en contra [1]?

1 – No iría a ver una corrida aunque me pagaran [2].
2 – Yo he visto algunas, y me ha parecido interesante.
3 – ¡No soporto que se haga sufrir a un animal por gusto!
4 – Yo tampoco. Si se tratara de eso, yo también estaría en contra.
5 – Seré [3] tonto, pero la corrida solo busca el sufrimiento y la muerte del toro : eso es lo que yo veo.
6 – Pues yo no. En mi opinión, la tauromaquia es un arte, donde hay belleza, peligro y valentía.

❺ Si nos horaires étaient si fatigants, les touristes ne passeraient pas l'été ici.
Si nuestros horarios ...., los turistas no .... aquí.

Corrigé de l'exercice 2
❶ Digan lo que digan – saldríamos ganando – durmiéramos – ❷ – viviéramos – suecos, nos despertaríamos – gallo ❸ – tiene sentido – que se acueste – gallinas ❹ – te quedarás charlando – fresco – serías – eficaz – ❺ – fueran tan cansados – veranearían –

Deuxième vague : 31ᵉ leçon

Leçon quatre-vingt-un

Pour *(À faveur)* ou *(en)* contre ?

1 – Je n'irais pas voir une corrida même si on me payait *(payât)*.
2 – J'[en] ai vu quelques-unes, et ça m'a semblé intéressant.
3 – Je ne supporte pas qu'on fasse souffrir un animal par plaisir !
4 – Moi non plus. S'il s'agissait *(s'agît)* de ça, moi aussi je serais *(en)* contre.
5 – Je suis peut-être *(Seré)* bête, mais la corrida cherche seulement la souffrance et la mort du taureau : moi, c'est ce que je vois.
6 – Eh bien pas moi. À mon avis *(En mon opinion)*, la tauromachie est un art, où il y a [de la] beauté, [du] danger et [du] courage.

81 / Lección ochenta y uno

7 **Aun**que te pa**rez**ca increíble, los aficio**na**dos [4] **a**man al **to**ro.

8 Yo se**rí**a más bien parti**da**rio de que prohi**bie**ran [5] los zoo**ló**gicos : ¿no es pe**or** pa**sar**se la **vi**da ence**rra**do en **u**na **cár**cel?

9 – Co**noz**co **e**se dis**cur**so, y me **po**ne los **ner**vios de **pun**ta…

10 Yo prohibi**rí**a las co**rri**das, los zoo**ló**gicos… ¡y ade**más** esta**rí**a a fa**vor** de que [6] de**já**ramos de co**mer car**ne!

11 – **Tra**to **he**cho, a**hí** es**toy** de a**cuer**do con**ti**go : el **dí**a en que nos ha**ga**mos [7] **to**dos vegeta**ria**nos, yo deja**ré** de ir a los **to**ros. ☐

Prononciation
… **co'n**t**R**a 1 … co**Ri**da… paga**R**a'n 4 … t**R**ata**R**a… 5 … sou**fR**i**mié'n**to… moue**R**té… 6 … opi**nio'n**… taou**R**o**ma**quia… bé**lyé**Za **pé**lig**R**o… ba**lé'n**tia 7 … afi**Zi**onadoss… 8 …pa**R**tida**R**io… p**R**oï**bié**Ra'n Zoo**lo**Hicoss… e'n**Zé**Rado… ca**R**Zel 9 … dis**cour**so… ne**R**bioss… **pou'n**ta 10 … dé**Ha**Ramoss… 11 … bé**Hé**ta**Ri**anoss…

Notes

1 Si vous voulez prendre parti, retenez bien ces deux formules, **a favor**, *pour*, et **en contra**, *contre*, à employer avec le verbe **estar** : **Estoy a favor**, *Je suis pour* / **Estoy en contra**, *Je suis contre*. Pour préciser pour ou contre quoi votre opinion est dirigée, n'oubliez pas le **de** : **Estoy a favor de / en contra de las corridas**, *Je suis pour / contre les corridas*.

2 Nous sommes ici à nouveau dans la règle de la concordance des temps : **No iré aunque me paguen**, *Je n'irai pas même si on me paye*. → **No iría aunque me pagaran**, *Je n'irais pas même si on me payait*. Le subjonctif présent devient un subjonctif imparfait.

3 Vous l'avez rencontré à la leçon précédente, voici à nouveau le futur hypothétique : **Seré tonto**, *Je suis peut-être bête*. Il est d'usage très courant : **¿Qué hora será?**, *Quelle heure peut-il bien être ?*

Leçon quatre-vingt-un / 81

7 Même si [ça] te semble *(paraisse)* incroyable, les aficionados aiment le taureau.
8 Je serais plutôt partisan d'interdire *(qu'on interdît)* les zoos : est-ce que ça n'est pas pire de *(se)* passer sa *(la)* vie enfermé dans une prison ?
9 – Je connais ce discours, et il me tape sur *(me met)* les nerfs *(en pointe)*...
10 Moi, j'interdirais les corridas, les zoos, et en plus je serais pour *(à faveur de)* que nous cessions *(laissassions)* de manger de la viande !
11 – Marché conclu *(fait)*, là je suis d'accord avec toi : le jour où *(en que)* nous deviendrons *(nous nous fassions)* tous végétariens, moi je cesserai d'aller aux taureaux.

4 **aficionado** désigne dans un premier temps un *amateur*, par opposition au professionnel : **Es un equipo de aficionados**, *C'est une équipe amateur*. Comme en français, le mot signifie aussi que l'on aime une activité : **Es muy aficionado a las películas de terror**, *Il aime bien les films d'horreur*. Plus spécifiquement, **un aficionado**, tout court, s'emploie pour l'amateur de corridas : **Tengo amigos aficionados**, *J'ai des amis amateurs de corridas*.

5 Synonyme de *être pour*, voici **ser partidario** : **Soy partidario de este candidato**, *Je suis pour ce candidat*. Vous pouvez maintenir cette construction devant un verbe à l'infinitif : **Soy partidario de prohibir los coches en ciudad**, *Je suis pour interdire les voitures en ville*. En revanche, il faut utiliser **de que** et le subjonctif si on exprime le sujet et un verbe conjugué : **Soy partidario de que se prohíban las corridas**, *Je suis pour qu'on interdise les corridas*. Dans le dialogue, la concordance des temps fait qu'on emploie le subjonctif imparfait : **Sería... de que se prohibieran**, "Je serais ... qu'on interdît".

6 Comme pour la construction vue en note 5, **estar a favor** (ou **en contra**) **de que** appelle le subjonctif. Observons à nouveau la concordance des temps. Au présent, la phrase serait : **Estoy a favor de que dejemos de comer carne**, *Je suis pour que nous cessions de manger de la viande*. Au passé (**estaría**, conditionnel, est considéré comme un temps du passé), l'imparfait du subjonctif **dejáramos**, "laissassions", est obligatoire dans la subordonnée.

81 / Lección ochenta y uno

 7 Vous connaissez **volverse** et **ponerse** comme équivalents de *devenir*. L'un penche vers **ser** : **Se han vuelto amigos**, *Ils sont devenus amis* (= **son amigos**) ; l'autre vers **estar** : **Se ha puesto furioso**, *Il est devenu furieux* (= **está furioso**). **Hacerse** est un équivalent de **volverse**, avec une connotation de choix délibéré : **hacerse vegetariano**, *devenir végétarien*.

***

Ejercicio 1 – Traduzca
❶ Si no se matara al toro, estaría a favor de las corridas. ❷ Te parecerá increíble, pero los aficionados no buscan el sufrimiento del toro. ❸ Los partidarios de la corrida me ponen los nervios de punta con sus discursos. ❹ No haría sufrir a un animal aunque me pagaran. ❺ No estoy de acuerdo contigo : en mi opinión, no hay belleza en la tauromaquia.

***

Ejercicio 2 – Complete
❶ Je ne supporte pas que tu dises qu'il y a du courage et du danger dans la tauromachie.
No .... que hay .... en la tauromaquia.

❷ Es-tu pour ou contre [le fait] qu'il y ait des zoos ?
¿Estás ...... o .... de .... zoológicos?

❸ Je serais pour que nous devenions tous végétariens.
.... a favor .... todos vegetarianos.

❹ Si les animaux pouvaient choisir, préféreraient-ils passer leur vie enfermés dans une prison ?
Si los animales .... elegir, ¿.................. la vida .... en una ......?

❺ Même si on interdisait la corrida, nous continuerions à tuer des animaux pour les manger.
...... se .... la corrida, ... animales para ....

Leçon quatre-vingt-un / 81

Corrigé de l'exercice 1
❶ Si on ne tuait pas le taureau, je serais pour les corridas. ❷ Tu vas peut-être trouver ça incroyable, mais les amateurs de corridas ne cherchent pas la souffrance du taureau. ❸ Les partisans de la corrida me tapent sur les nerfs avec leurs discours. ❹ Je ne ferais pas souffrir un animal même si on me payait. ❺ Je ne suis pas d'accord avec toi : à mon avis, il n'y a pas de beauté dans la tauromachie.

***

Corrigé de l'exercice 2
❶ – soporto que digas – valentía y peligro – ❷ – a favor – en contra – que haya – ❸ Estaría – de que nos hiciéramos – ❹ – pudieran – preferirían pasarse – encerrados – cárcel ❺ Aunque – prohibiera – seguiríamos matando – comerlos

Bien plus que le débat sur les horaires, largement fabriqué par les faiseurs d'opinion, la corrida est bel et bien devenue en Espagne un sujet de forte polémique sociétale. Considérée par les uns comme un art, et même un art total semblable à l'opéra, où se mêlent un récit épique de vie et de mort et une chorégraphie, la tauromachie est pour les autres un spectacle barbare. Portée par la nouvelle pensée animaliste, cette opinion gagne du terrain, surtout dans les nouvelles générations. Il s'y mêle aussi des considérations politiques : le sentiment nationaliste catalan, par exemple, la considère comme un symbole du pouvoir castillan et la corrida a de fait été interdite à Barcelone. Même problématique, en un peu moins tranché, au Pays basque. À l'image de la France mais pour des raisons inverses (les régions taurines françaises défendent leurs traditions face au centralisme), la tauromachie espagnole finira peut-être un jour par se régionaliser, se rabattant sur ses places fortes : Madrid, la Navarre et l'Andalousie.

Deuxième vague : 32ᵉ leçon

Lección ochenta y dos

La víspera de San Juan

1 – Mañana es San Juan. ¿Y si compráramos para hacer una barbacoa?
2 Cogemos la sombrilla, las toallas, una neverita, y nos pasamos el día a la orilla del mar, ¿te parece?
3 – Ya sabes que es mi fiesta preferida...
4 – Vemos la puesta del sol, cenamos viendo las hogueras y a las doce nos mojamos los ojos y pedimos un deseo.
5 – El año pasado pedí dos : que me tocara [1] la lotería y que todos siguiéramos [1] con buena salud.
6 – ¿Y se cumplieron?
7 – Uno de dos [2], no está mal.
8 – Venga, hagamos [3] la lista de la compra : ¿unas morcillas, unos choricitos?
9 – Y algo ligerito también, unas sardinas...
10 – Perfecto, y unos pinchitos nunca están mal, ¿verdad?
11 – No hay que olvidar el hielo [4], dos bolsas grandes de cubitos [4], y refrescos.
12 – ¡Y helados [4], claro! ¿De qué sabores [5]? ¿Vainilla?
13 – No sabe a [6] nada. Mejor de limón, o de turrón.
14 – Platos y vasos desechables, ¿algo más?
15 – Sí, servilletas para las manos, palillos para los dientes... ¡y comprimidos para el estómago! ☐

Leçon quatre-vingt-deux

La veille de [la] Saint-Jean

1 – Demain c'est [la] Saint-Jean. Et si on achetait *(nous achetassions)* de quoi *(pour)* faire un barbecue ?
2 On prend *(Prenons)* le parasol, les serviettes de bain, une petite glacière, et nous *(nous)* passons la journée au bord de la mer, ça te dit *(te semble)* ?
3 – Tu sais bien que c'est ma fête préférée...
4 – On voit le coucher du soleil, on dîne *(nous dînons)* en regardant les feux de joie et à minuit on se mouille *(nous nous mouillons)* les yeux et on fait *(nous demandons)* un vœu *(désir)*.
5 – L'année dernière j'[en] ai fait *(demandai)* deux : que je gagne à *(me touchât)* la loterie et que nous restions *(suivissions)* tous en *(avec)* bonne santé.
6 – Et ils se sont réalisés *(s'accomplirent)* ?
7 – Un sur *(de)* deux, ce n'est pas mal.
8 – Allez, faisons *(fassions)* la liste des courses : quelques boudins, quelques petits chorizos ?
9 – Et quelque chose [de] léger aussi : des sardines...
10 – Parfait, et des brochettes, ce n'est jamais mal, n'est-ce pas ?
11 – Il ne faut pas oublier la glace, deux grands sachets de glaçons *(petits-cubes)*, et des rafraîchissements.
12 – Et des glaces, bien sûr ! Quels *(De que)* parfums ? Vanille ?
13 – Ça n'a aucun goût. Mieux [vaut] au *(de)* citron, ou au *(de)* nougat.
14 – Des assiettes et des verres jetables, quelque chose [d'] autre ?
15 – Oui, des serviettes pour s'essuyer *(pour les mains)*, des cure-dents pour les dents... et des comprimés pour l'estomac !

82 / Lección ochenta y dos

Pronunciation

... **bis**pé**R**a... sa'n Houa'n **1** ... co'm**pR**á**R**amoss... ba**R**ba**c**oa **2** ... so'mb**R**ilya... toalyass... nébé**R**ita... o**R**ilya... **4** ... o**gu**é**R**ass... **5** ... to**ca**Ra... si**gui**é**R**amoss... **8** ... mo**R**Zilyass... cho**R**i**Z**itoss **9** ... sa**R**dinass **10** ... pin**tch**itoss... **11** ... **i**é**l**o... cou**b**itoss... **R**éf**R**e**s**coss **12** ... é**l**adoss... sabo**R**ess... **13** ... li**m**o'n... tou**R**o'n **14** ... déssé**tch**abless... **15** ... se**R**bi**l**y**é**tass... pali**l**yoss... **di**é'n**t**ess... comp**R**i**m**idoss... es**to**mago

Notes

1 Jouons une dernière fois sur la concordance des temps au subjonctif. Si cette phrase était formulée au présent, elle s'écrirait **Pido dos cosas : que me toque la lotería y que sigamos todos con buena salud**. Dans le dialogue, nous sommes au passé dans la principale (**pedí**), les subjonctifs de la subordonnée sont donc à l'imparfait : **tocara** et **siguiéramos**.

2 Retenez cette formule : **uno de dos**, *un sur deux*. C'est celle que l'on utilisera pour exprimer la proportion, avec **cada** : **uno de cada cuatro españoles**, *un Espagnol sur quatre* ; **dos de cada tres estudiantes**, *deux étudiants sur trois*.

3 À la 1re personne du pluriel, l'impératif emprunte ses formes au subjonctif présent : **hagamos**, *faisons* ; **hablemos**, *parlons* ; **sigamos**, *continuons*, etc. Pour exprimer la défense, il suffira d'ajouter **no** : **no hagamos**, *ne faisons pas*.

***

Ejercicio 1 – Traduzca

❶ Se nos han olvidado las toallas, el hielo para la nevera y los palillos. ❷ Los helados de vainilla no saben a nada : prefiero otros sabores, turrón por ejemplo. ❸ Compremos morcillas, chorizos y pinchitos para la barbacoa. ❹ La víspera de San Juan, la gente suele cenar a la orilla del mar viendo las hogueras. ❺ ¿Cuántas bolsas de cubitos hacen falta para los refrescos?

397 • **trescientos noventa y siete**

Leçon quatre-vingt-deux / 82

4 L'eau glacée, le glaçon et la glace que l'on mange reçoivent trois noms différents : **Vamos a comprar hielo para la nevera**, *Nous allons acheter de la glace pour la glacière* ; **Ponme dos cubitos**, *Mets-moi deux glaçons* ; **Me gustan los helados**, *J'aime les glaces*.

5 **el sabor**, *la saveur* (attention, mot masculin !), désigne aussi *le parfum* des glaces : **¿Qué sabores tiene?**, *Quels parfums avez-vous ?* **Sabor**, c'est encore le sens du *goût*. Pour la bonne bouche, retenons les quatre autres : **la vista**, *la vue* ; **el olfato**, *l'odorat* ; **el tacto**, *le toucher* ; **el oído**, *l'ouïe*.

6 Et pour rester sur le thème du goût, voici le verbe **saber**, *avoir le goût de*, homonyme de **saber**, *savoir*. Vous pouvez l'utiliser pour dire quelle saveur évoque un aliment (**Sabe a limón**, *Ça a un goût de citron*) et même négativement, comme dans le dialogue (**No sabe a nada**, *Ça n'a aucun goût*, litt. "N'a-le-goût à rien"). Si un mets vous enchante, vous pourrez dire **Sabe a gloria**, *C'est divin*. Et pour exprimer au contraire que quelque chose vous a un peu déçu (un roman, un voyage dont vous attendiez plus), utilisez **saber a poco** : **Me ha sabido a poco esta novela**, *Ce roman m'a laissé sur ma faim*.

Corrigé de l'exercice 1
❶ Nous avons oublié les serviettes de bain, la glace pour la glacière et les cure-dents. ❷ Les glaces à la vanille n'ont aucun goût : je préfère d'autres parfums, nougat par exemple. ❸ Achetons des boudins, des chorizos et des brochettes pour le barbecue. ❹ La veille de la Saint-Jean, les gens ont l'habitude de dîner au bord de la mer en regardant les feux de joie. ❺ Combien de sacs de glaçons faut-il pour les rafraîchissements ?

Ejercicio 2 – Complete

❶ Et si nous prenions le parasol, des verres et des assiettes jetables, et que nous passions la journée à la plage ?
¿Y si .... la ...., vasos y ....
y nos .... el día en la playa?

❷ Que ferais-tu si tu gagnais à la loterie ?
¿Qué ...... si .... la lotería?

❸ L'an dernier, j'ai fait un vœu : que ma mère gagne à la loterie.
El año .... un ..... : que a mi madre .... la lotería.

❹ Deux-cent soixante-sept Espagnoles sur mille s'appellent Marie.
.... españolas .... se llaman María.

❺ J'ai trop mangé de glace au citron et j'ai mal aux dents et à l'estomac : as-tu des comprimés ?
He comido demasiado .... y ....
los .... y el .... : ¿tienes .... ?

Lección ochenta y tres

¡Aúpa Atleti! ¹

1 – **Den**tro de **u**na **ho**ra em**pie**za el par**ti**do y no te**ne**mos **na**da en el fri**go**rí**fi**co.

2 Voy de**pri**sa al **sú**per y **trai**go cual**quier co**sa, ¿**va**le?

3 – ¿Y si pi**die**ramos ² **al**go en **lí**nea?

Corrigé de l'exercice 2

❶ – cogiéramos – sombrilla – platos desechables – pasáramos – ❷ – harías – te tocara – ❸ – pasado pedí – deseo – le tocara – ❹ Doscientas sesenta y siete – de cada mil – ❺ – helado de limón – me duelen – dientes – estómago – comprimidos

***

Les fêtes du solstice d'été, ou de la Saint-Jean, ne sont certes pas exclusives de l'Espagne, mais elles prennent dans la péninsule un relief tout particulier, donnant lieu à toutes sortes de rituels locaux, comme sauter au-dessus des braises ou se mouiller les yeux pour faire un vœu.
Plus généralement, les Espagnols sont assez enclins à célébrer le feu. Pour preuve les spectaculaires **Fallas** *de Valence. Tout au long de l'année, des commissions de quartier dirigent la fabrication de figures et compositions en bois et carton-pâte (souvent satiriques et parfois gigantesques), exposées à partir du 15 mars puis brûlées publiquement le 19, jour de la Saint-Joseph, patron des charpentiers. Autre date-clé du calendrier rituel : la fin du Carnaval. Un grand défilé, en forme de parodie de cortège funèbre, s'achève le mercredi des Cendres par la destruction dans un grand feu d'une figure symbolique, généralement une sardine. C'est le célèbre* **entierro de la sardina**, *enterrement de la sardine, immortalisé par Goya, et ressuscité aujourd'hui dans de nombreuses villes espagnoles.*

Deuxième vague : 33ᵉ leçon

Leçon quatre-vingt-trois

Allez [l'] Atleti !

1 – Dans une heure le match commence et on n'a *(nous n'avons)* rien au *(dans le)* frigo.
2 Je vais vite au supermarché et je ramène des trucs *(n'importe-quelle chose)*, d'accord ?
3 – Et si on commandait *(nous demandassions)* quelque chose en ligne ?

Lección ochenta y tres

4 – **Hu**bo un **tiem**po en que so**lí**a ha**cer**lo,
5   in**clu**so me a**brí u**na **cuen**ta en un **si**tio, comoen**ca**sa.com, **pe**ro **tu**ve un par de **ma**las expe**rien**cias...
6   **U**na vez se equivo**ca**ron [3] en el pe**di**do y **o**tra lo entre**ga**ron al ve**ci**no.
7 – **Ven**ga, no es **pa**ra **tan**to. Voy a conec**tar**me. ¿Re**cuer**das tu **nom**bre de usu**a**rio?
8 – **Pu**se mi mail : roji**blan**co_87@tele**fó**nica.es [4] (gui**ón ba**jo o**chen**ta y **sie**te arro**ba**... **pun**to es). Y la contra**se**ña es : colcho**ne**ro [5].
9 – ¡Pues **tie**ne **bue**na **pin**ta! Hay un me**nú** con **sánd**wiches de a**tún** y de **pa**vo ; y tam**bién** empana**di**llas [6] de **car**ne.
10   Yo voy a pe**dir e**so, con un ba**ti**do de **fre**sa.
11 – **Ven**ga, **pí**deme lo **mis**mo, ¡y **di**les que **lla**men [7] al telefo**ni**llo del 2° C!
12 – Hay una ca**si**lla "pro**pi**na **pa**ra el reparti**dor**". ¿La **mar**co y **pon**go 3 **eu**ros?
13 – Sí, **da**te **pri**sa.
14 – Ya **so**lo **fal**ta **u**na **co**sa... ¡Que ga**ne**mos el par**ti**do!
15 – **E**so : ¡a**ú**pa **A**tleti!   □

Prononciation

aou**pa** at**lé**ti **1** ... pa**R**tido... f**R**igo**R**ifico **2** ... dép**R**issa... **sou**pe**R**... **3** ... pi**dié**Ramoss... **5** ... cou**é'n**ta... **si**tio... ex**pé**rié'nZiass... **6** ... équibo**ca**Ro'n... ent**R**éga**R**o'n... **7** ... conec**taR**mé... ous**sou**a**R**io **8** ... **mé**ïl... RoHibla'nco... guio'n ba**H**o... a**R**oba télé**fó**nica... éss... co'ntRas**sé**gna... coltcho**né**Ro **9** ... **pi'n**ta... **sa'n**douitchess... a**tou'n**... **pa**bo... é'mpana**di**lyass... **10** ... ba**ti**do... f**Rés**sa **11** ... téléfo**ni**lyo... sé**gou'n**do Zé **12** ... ca**si**lya pR**o**pina... RépaRti**doR**... **maR**co...

Leçon quatre-vingt-trois / 83

4 – Il y eut un temps où j'avais l'habitude de faire ça,
5 je m'étais même ouvert *(m'ouvris)* un compte sur un site, commeàlamaison.com, mais j'ai eu *(j'eus)* une ou deux mauvaises expériences…
6 Une fois ils se sont trompés *(se trompèrent)* dans la commande et une autre ils l'ont livrée *(livrèrent)* au voisin.
7 – Allez, ce n'est pas si grave *(n'est pas pour tant)*. Je vais me connecter. Tu te souviens de ton nom d'utilisateur ?
8 – J'avais mis *(Je-mis)* mon mail : rojiblanco_87@ telefonica.es. Et le mot de passe est : colchonero *(matelassier)*.
9 – Eh bien ça a l'air bon *(il-a bon aspect)* ! Il y a un menu avec des sandwichs au *(de)* thon et à la *(de)* dinde ; et aussi des empanadillas à la *(de)* viande.
10 Moi, je vais commander ça, avec un milk-shake à la *(de)* fraise.
11 – Allez, commande-moi la même chose, et dis-leur d'appeler *(qu'ils appellent)* à l'interphone du 2e C !
12 – Il y a une case "pourboire pour le livreur". Je la coche *(marque)* et je mets 3 euros ?
13 – Oui, dépêche-toi.
14 – Il ne manque plus qu'une chose… Gagner *(Que nous gagnions)* le match !
15 – [C'est] ça : allez [l'] Atleti !

cuatrocientos dos • 402

Remarques de prononciation

(Titre) Le groupe -au- forme normalement une diphtongue, prononcée en une seule émission de voix et dominée par le -a- (souvenez-vous de **Laura**, *[laouRa]* en leçon 1). Pour qu'il y ait hiatus, comme ici, il faut renforcer la voyelle faible (le -u-) avec un accent écrit : aúpa, *[aoupa]*.

(2) Supermercado porte l'accent tonique sur le -ca-, *[soupeRmeRcado]*. Isolé, le préfixe **súper**, qui lui sert de diminutif, a une accentuation propre : *[soupeR]*.

(8) • L'anglicisme **mail**, dont l'usage est répandu, se prononce *[méïl]*.
• Le symbole _ désignant le tiret bas se dit **guion bajo** *[guio'n baHo]* ; celui de l'arobase @) se lit **arroba** *[aRoba]*.

(9) Gare à **sándwich**, qui garde son accent tonique au pluriel et devient donc esdrújulo : **sándwiches** *[sa'ndouitchess]*. C'est en tout cas la règle mais ce mot étrange venu d'ailleurs est souvent déformé, et vous entendrez parfois dans la pratique un -g- à la place du -d- : *[sa'ngouitch]*.

Notes

1 **¡Aúpa Atleti!** est le cri de ralliement des supporters de l'**Atlético de Madrid** (pour les partisans du **Real**, crier **¡Hala Madrid!**). Il s'agit dans les deux cas de donner du cœur à son équipe, et la traduction par *Allez !* est assez parlante. Il s'agit en fait d'une interjection dérivée du verbe **aupar**, qui signifie *hisser* (une personne). On dira par exemple : **Aúpa a su hijo para que vea mejor**, *Il hisse son fils pour qu'il voie mieux*. **Aúpa** est aussi, en ce sens, un mot elliptique pour communiquer avec les tout-petits : **Aúpa**, *Porte-moi* / **¿Aúpa?**, *Je te porte ?*

2 Pour exprimer une suggestion en la présentant sous l'apparence d'une simple hypothèse, l'espagnol recourt à l'imparfait du subjonctif, comme s'il s'agissait d'un irréel : **y si pidiéramos…**, *et si on demandait/commandait…* ; **y si fuéramos…**, *et si on allait…*

***

Ejercicio 1 – Traduzca

❶ Ábrete una cuenta en este sitio, los sándwiches tienen muy buena pinta. ❷ Os habéis equivocado en mi pedido : falta el batido de fresa. ❸ Yo nunca marco la casilla "propina", prefiero darla directamente al repartidor. ❹ Hubo una época en que solía ver todos los partidos del Atleti. ❺ Ya solo faltan dos cosas : que el súper esté cerrado y que no ganemos el partido.

Leçon quatre-vingt-trois / 83

3 Vous avez vu à la leçon 57 **estás equivocado**, *tu te trompes*, et voici **se equivocaron**, *ils se sont trompés*. D'un côté **estar** + le participe, de l'autre le verbe **equivocarse**. Il y a une nuance : dans le premier cas, *se tromper* équivaut à "être dans l'erreur" ou "avoir tort" (= défendre une opinion fausse) ; le second cas évoque plutôt l'action de se tromper (**Se equivoca de dirección**, *Il se trompe d'adresse*). **Estar** + participe indique une situation et un résultat. Par exemple : **No estés enfadado**, *Ne sois pas fâché*, à distinguer de **No te enfades**, *Ne te fâche pas*.

4 Sachez dire et lire les symboles informatiques, ici ceux de l'adresse électronique : **guion**, tiret ; **guion bajo**, *tiret bas* ; **punto**, *point* ; **arroba**, *arobase*.

5 Concernant concrètement l'adresse du dialogue, elle porte la marque d'un parti-pris footballistique : **rojiblanco** (adjectif composé : *rouge et blanc*) fait allusion au maillot de l'Atlético de Madrid, qui évoque par ses rayures les anciennes toiles à matelas. D'où l'autre surnom des supporters du club : **colchoneros**, "matelassiers", qui sert de mot de passe à notre personnage.

6 On peut franciser **empanadilla** en *rissole*, mais le terme est pratiquement passé tel que dans nos usages. La **empanadilla** est un fin disque de pâte que l'on peut garnir selon son goût (viandes, thon, légumes, etc.), replié sur lui-même comme un petit chausson et frit. Entre les mains d'une maîtresse de maison espagnole, elle est un atout-maître dans l'art d'accommoder les restes. La **empanada**, plus grande comme son nom l'indique, est, elle, cuite au four et découpée en portions.

7 Souvenez-vous que *dire de* + infinitif exprime en français un ordre, et que celui-ci se rend en espagnol au moyen de **decir que** + subjonctif : **Dile que venga**, *Dis-lui de venir* ; **Diles que llamen**, *Dis-leur d'appeler*.

***

Corrigé de l'exercice 1

❶ Ouvre-toi un compte sur ce site, les sandwichs ont l'air très bons. ❷ Vous vous êtes trompés dans ma commande : il manque le milk-shake à la fraise. ❸ Je ne coche jamais la case "pourboire", je préfère le donner directement au livreur. ❹ Il y eut un temps où j'avais l'habitude de voir tous les matchs de l'Atlético. ❺ Il ne manque plus que deux choses : que le supermarché soit fermé et que nous ne gagnions pas le match.

Ejercicio 2 – Complete

❶ Dépêche-toi : connecte-toi, écris mon mot de passe et commande-moi des empanadillas à la viande.

.... : conéctate, escribe mi .... y ......
unas empanadillas de ......

❷ Ce n'est pas si grave : il n'y a rien au frigo, mais on peut commander un truc en ligne.

No es .... : no hay nada en el ...., pero podemos pedir ....

❸ À quel interphone vous ai-je dit d'appeler (que appelât) pour livrer la commande : au mien ou à celui du voisin ?

¿A qué .... le dije que .... para ....
el ...... : al ... o al del ......?

❹ Et si nous demandions des sandwichs au thon et à la dinde pour changer ?

¿Y si .... sándwiches ...... y ...... para ....?

❺ Mon nom d'utilisateur, c'est mon mail : matelassier tiret soixante-dix-huit arobase telefonica point es.

Mi nombre de .... es mi mail :
colchonero .... telefónica ..... es.

Lección ochenta y cuatro

Repaso - Révision

1 Le subjonctif imparfait (formation)

1.1 Le subjonctif en -ra

Il existe une règle unique : le subjonctif imparfait se forme sur la 3ᵉ personne du pluriel du passé simple, dont on change les terminaisons en **-ra**, **-ras**, **-ra**, **-ramos**, **-rais**, **-ran** :

hablar → **habla**ron (passé simple) → **hablara**, **hablaras**, etc.

Corrigé de l'exercice 2

❶ Date prisa – contraseña – pídeme – carne ❷ – para tanto – frigorífico – cualquier cosa en línea ❸ – telefonillo – llamara – entregar – pedido – mío – vecino ❹ – pidiéramos – de atún – de pavo – cambiar ❺ – usuario – guion setenta y ocho arroba – punto –

L'espagnol a légué au lexique informatique le si utile mot "arobase", qui provient d'une ancienne unité de mesure – **la arroba** *– notée @ et correspondant à un quart de quintal. Soyons bons princes,* **arroba** *provient elle-même de l'arabe* **ar-rub'**, *le quart. À titre de curiosité, sachez que @ s'utilise parfois, dans la langue non-académique, comme un raccourci pour dire à la fois le masculin et le féminin :* **Querid@s amig@s**, *Chers amis, chères amies (on considère que @ figure à la fois un o et un a…).*

Deuxième vague : 34ᵉ leçon

Leçon quatre-vingt-quatre

hablar	comer	vivir
hablara	comiera	viviera
hablaras	comieras	vivieras
hablara	comiera	viviera
habláramos	comiéramos	viviéramos
hablarais	comierais	vivierais
hablaran	comieran	vivieran

Cette règle étant valable pour tous les verbes, il faut donc bien avoir en mémoire les irrégularités du passé simple. Petits rappels.

- Verbes à diphtongue

Jamais de diphtongaison au subjonctif imparfait, puisque celle-ci ne se produit qu'au présent :

pensar : **pensara, pensaras, pensara, pensáramos, pensarais, pensaran**
volver : **volviera, volvieras, volviera, volviéramos, volvierais, volvieran**

- Verbes à affaiblissement

Le radical sera toujours en **-i**, puisque c'est le radical de la 3e personne du pluriel du passé simple :

pedir : **pidiera, pidieras, pidiera, pidiéramos, pidierais, pidieran**

- Verbes à alternance

La voyelle du radical de la 3e personne du pluriel du passé simple est fermée (**-i** et **-u**) : **sintieron, durmieron**.

Le subjonctif imparfait suivra cette irrégularité :

sentir : **sintiera, sintieras, sintiera, sintiéramos, sintierais, sintieran**
dormir : **durmiera, durmieras, durmiera, durmiéramos, durmierais, durmieran**

- Passés simples forts

Vous en avez rencontré quatre dans les dialogues de cette série : **estar**, **hacer**, **poder** et **ser**. Voyons leur conjugaison complète.

estar	hacer	poder	ser
estuviera	hiciera	pudiera	fuera
estuvieras	hicieras	pudieras	fueras
estuviera	hiciera	pudiera	fuera
estuviéramos	hiciéramos	pudiéramos	fuéramos
estuvierais	hicierais	pudierais	fuerais
estuvieran	hicieran	pudieran	fueran

Sur le même principe, vous aurez donc :
dijera (decir), **pusiera** (poner), **quisiera** (querer), **supiera** (saber), **fuera** (ir), **tuviera** (tener), **trajera** (tener), **viniera** (venir).

1.2 Le subjonctif en -*se*

Il existe une forme de subjonctif imparfait concurrente au modèle en **-ra**. Le radical est le même mais les terminaisons sont en **-se** :
– **hablase, hablases, hablase, hablásemos, hablaseis, hablasen**
– **fuese, fueses, fuese, fuésemos, fueseis, fuesen**.

Et ainsi de suite pour tous les verbes.
Les deux formes sont équivalentes. Leur usage varie de façon non-uniforme selon les pays, les régions et les personnes : ici une forme est ressentie comme plus raffinée, et là c'est l'inverse.

2 Le subjonctif imparfait (emplois)

2.1 La concordance des temps

Elle s'applique rigoureusement en espagnol, dans tous les cas où vous avez vu qu'il faut employer le subjonctif : lorsque le verbe principal est au présent, on utilise le subjonctif présent dans la subordonnée ; lorsqu'il est à un temps du passé, c'est obligatoirement le subjonctif imparfait. Retenez que le conditionnel est considéré comme faisant partie du passé.
Refaisons un tour d'horizon des emplois que vous connaissez.
• après des verbes de volonté :
Quieres que te den cariño y no te hagan reproches. (présent)
Quisieras que te dieran cariño y no te hicieran reproches. (passé) (voir leçon 78)
• après des verbes exprimant un sentiment, un point de vue :
Te gusta que tu comida esté lista. (présent)
Te gustaría que tu comida estuviera lista. (passé) (leçon 78)
• dans la subordonnée de but :
Rezo a Dios para que me convierta en gato. (présent) (leçon 78)
Rezaba a Dios para que me convirtiera en gato. (passé)
• dans la subordonnée concessive :
No iré a ver una corrida aunque me paguen. (présent)
No iría a ver una corrida aunque me pagaran. (passé) (leçon 81)
• après "**pedir que**" :
Pido que me toque la lotería y que sigamos con buena salud. (présent)
Pedí que me tocara la lotería y que siguiéramos con buena salud. (passé) (leçon 82)

2.2 Dans la proposition conditionnelle

Le potentiel représente un événement réalisable au présent :
Si duermo más, seré más eficaz.
Si je dors davantage, je serai plus efficace.

L'irréel, lui, envisage cet événement de manière hypothétique, voire irréalisable :
Si durmiera más, sería más eficaz.
Si je dormais davantage, je serais plus efficace.
La formule de cette phrase espagnole est la suivante :
Si + imparfait du subjonctif (subordonnée) + conditionnel (principale). Vous en avez rencontré de nombreux exemples au cours de cette série de dialogues. Voyez comme ils reproduisent tous cette structure :
Si viviéramos como en Suecia, saldríamos ganando. (leçon 80)
Si los niños no se quedaran viendo la tele, estarían más atentos. (leçon 80)
Si se saliera a las seis, los hombres podrían ayudar en casa. (leçon 80)
Si fueran tan malas nuestras costumbres, no veranearían aquí. (leçon 80)
Si se tratara de eso, yo también estaría en contra. (leçon 81)

2.3 La suggestion et le regret

Il existe deux autres emplois idiomatiques de l'imparfait du subjonctif :

• La suggestion hypothétique
Cette formule se rapproche de l'irréel. On utilise l'imparfait de l'indicatif en français et l'imparfait du subjonctif en espagnol.
¿Y si pidiéramos algo en línea?
Et si nous demandions quelque chose en ligne ?
¿Y si compráramos para hacer una barbacoa?
Et si nous achetions de quoi faire un barbecue ?

• Le regret
Ici encore, nous sommes proches, pour le sens, d'un irréel du présent : Ah, si j'étais… (mais je ne le suis pas). Ce regret s'exprime sous une forme singulière et idiomatique en espagnol :
Quién + imparfait du subjonctif à la 3ᵉ personne du singulier.
Quién pudiera volver a la infancia.
Ah, si je pouvais revenir en enfance.
Quien fuera rico, *Ah, si j'étais riche.*
Quien tuviera dinero, *Ah, si j'avais de l'argent.*

Leçon quatre-vingt-quatre / 84

2.4 Subjonctif à valeur de conditionnel

L'imparfait du subjonctif peut prendre une valeur de conditionnel. Vous l'avez d'ailleurs vue très tôt dans cette méthode, sous l'aspect d'une formule figée que nous vous avions demandé de retenir : **quisiera**, *je voudrais*. Dans la pratique, cet usage concerne aussi **poder**, **deber** et **saber** :
Pudiera ser ou **Podría ser verdad**, *Ça pourrait être vrai*.
No debieras ou **no deberías beber**, *Tu ne devrais pas boire*.
No supiera ou **no sabría decirte**, *Je ne saurais pas te dire*.

3 *Ser* et *estar* : les cas de double emploi

3.1 Avec un adjectif

En principe, le sens d'un adjectif fait qu'il s'utilise soit avec **ser** soit avec **estar** :
Es solitario, *Il est solitaire* (trait de caractère)
Está solo, *Il est seul* (situation).
Souvent, cependant, un même adjectif peut admettre l'un ou l'autre verbe, pour des emplois tout en nuances :
La camisa es amarilla, *La chemise est jaune*. (c'est sa couleur)
La camisa está amarilla, *La chemise est jaune*. (elle a jauni avec le temps).
Dans d'autres cas, le sens change du tout au tout. Voici une petite liste (non exhaustive) d'adjectifs "piégeux" :
Es listo, *Il est intelligent*. / **Está listo**, *Il est prêt*.
Es morena, *Elle est brune*. / **Está morena**, *Elle est bronzée*.
Es atento, *Il est attentionné*. / **Está atento**, *Il est attentif*.
Es nueva, *Elle est nouvelle*. / **Está nueva**, *Elle est neuve*.
Es vivo, *Il est vif*. / **Está vivo**, *Il est vivant*.
Es delicada, *Elle est délicate*. / **Está delicada**, *Elle est en mauvaise santé*.
Es malo, *Il est méchant*. / **Está malo**, *Il est malade*.

3.2 Avec un participe passé

Certains participes passés prennent un sens actif lorsqu'ils sont employés avec **ser**. Nous avons vu par exemple **cansado**, dans le dialogue :
Está cansado, *Il est fatigué* (usage normal, passif).
Es cansado, *Il est fatigant* (sens actif).

cuatrocientos diez • 410

Quelques autres cas :
El niño está entretenido jugando, *L'enfant est occupé à jouer*.
Este juego es entretenido, *Ce jeu est distrayant*.
El libro está disimulado, *Le livre est caché*.
Este chico es disimulado, *Ce garçon ne laisse rien paraître*.
Estoy aburrido, *Je m'ennuie*.
La película es aburrida, *Le film est ennuyeux*.

4 Exprimer une opinion

4.1 Pour ou contre ?

Reprenons la liste des différents outils que vous avez rencontrés dans cette série pour affirmer un point de vue.
En mi opinión est la formule basique pour dire *à mon avis*. Pour varier, vous pouvez également dire :
A mi parecer... ou **A mi juicio...**, *À mon avis...*
Según yo..., *Selon moi...*
Estoy a favor de..., *Je suis pour...* / **Estoy en contra de...**, *Je suis contre...* / **Soy partidario/a de...**, *Je suis partisan/e de...* : ces formules se construisent avec le subjonctif si elles sont suivies de toute une proposition :
Estoy a favor de las corridas, *Je suis pour les corridas*.
Estoy a favor de que se prohíban las corridas.
Je suis pour qu'on interdise les corridas.

4.2 Acquiescer et contredire

Votre point de vue peut enfin faire réponse à une opinion antérieure, avec laquelle vous manifestez votre accord ou désaccord :
Estoy de acuerdo contigo, *Je suis d'accord avec toi*.
No estoy de acuerdo con lo que has dicho, *Je ne suis pas d'accord avec ce que tu as dit*.
Comparto tu punto de vista, *Je partage ton point de vue*.
Attention aux formules "moi aussi" / "moi non plus". Elles dépendent en espagnol de la structure de phrase à laquelle elles font écho. Voyez par exemple ces différents échanges : a) dit quelque chose ; b) est du même avis ; c) non.

a) **Estoy a favor de las corridas.**   a) **No soy partidario de las corridas.**

b) **Yo también.**   b) **Yo tampoco.**

c) **Yo no.**   c) **Yo sí.**

a) **Me encantan los toros.**
b) **A mí también.**
c) **A mí no.**

a) **No me gustan los toros.**
b) **A mí tampoco.**
c) **A mí sí.**

▶ Diálogo de repaso

1 – Yo sé lo que harías si me quisieras de verdad…
2 – A ver… ¡Iría a ver una corrida con tu padre!
3 – ¡No, qué locura! Sé que estás en contra y que nunca soportarías ver sufrir a un animal.
4 – Pues… ¡Me despertaría cuando canta el gallo y me acostaría con las gallinas!
5 – No, yo tampoco soy partidaria de cambiar las costumbres españolas.
6 – ¿Entonces qué? Seré tonto, pero no adivino tus pensamientos…
7 – ¡Ayudarías en casa! Por lo visto a ti te gustaría que todo estuviera siempre listo y limpio sin hacer el menor esfuerzo, ¿a que sí?
8 – No me riñas, cariño. Si pudiera, lo haría con gusto, pero ¿no te has fijado en lo tarde que salgo del trabajo?
9 – Tú lo que echas de menos es tu vida de soltero, cuando podías quedarte charlando al fresco y volver a las tantas como si nada.
10 – Venga, esta noche preparo yo la cena.
11 – ¡Pero si está vacío el frigorífico!
12 – Pues entonces hacemos un pedido en línea. Mira, échale un ojo a este sitio : ¡tiene muy buena pinta!
13 – Trato hecho. Ábrete una cuenta deprisa y pídeme sándwiches de pavo con un batido.
14 – ¿Marco la casilla "propina"?
15 – Sí, pon cinco euros para el repartidor : es noche de fiesta, ¿no?

Traduction

1 Je sais ce que tu ferais si tu m'aimais vraiment… **2** Voyons… J'irais voir une corrida avec ton père ! **3** Non, quelle folie ! Je sais que tu es contre et que tu ne supporterais jamais de voir souffrir un animal. **4** Eh bien… Je me réveillerais au chant du coq et je me coucherais avec les poules ! **5** Non, je ne suis pas non plus partisane de changer les coutumes espagnoles. **6** Alors quoi ? Je suis peut-être bête, mais je ne devine pas tes pensées… **7** Tu aiderais à la maison ! Apparemment, tu aimerais que tout soit toujours prêt et propre sans faire le moindre effort, pas vrai ? **8** Ne me gronde pas, chérie.

Lección ochenta y cinco

À partir d'aujourd'hui nous supprimons une béquille de votre apprentissage : l'indication de l'accent tonique dans le dialogue. Vous devriez à présent être capable de le placer correctement sans avoir recours à l'indication des lettres en gras. Mais rassurez-vous, nous continuons à vous donner l'indication des mots nouveaux ou difficiles dans la section "Prononciation".

¡Pérez presidente!

1 – Tres días lleva averiado el ascensor [1].
2 – Por no hablar de la calefacción : ¡estoy helada!
3 – ¿Y las escaleras? Están hechas [2] un asco…
4 – ¿A ti te extraña? ¿Es que no has visto que el portero se pasa el día en el bar?
5 – Desde luego, si estuviera más en la portería, por lo menos podría vigilar e [3] impedir que entraran tantos vendedores.
6 – Este edificio es un desastre, ¡desde el ático [4] hasta el sótano!
7 – El próximo lunes [5] hay junta de vecinos. ¡Voy a montar el pollo [6]!
8 – Vale, pero ya sabes que por más que grites y por mucha razón que tengas [7], no te harán caso [8].

Si je pouvais, je le ferais volontiers, mais tu n'as pas remarqué à quel point je sors tard du travail ? **9** Toi, ce que tu regrettes, c'est ta vie de célibataire, quand tu pouvais rester à bavarder au frais et rentrer à point d'heure comme si de rien n'était. **10** Allez, ce soir c'est moi qui prépare le repas. **11** Mais enfin, le frigo est vide ! **12** Eh bien alors on fait une commande en ligne. Regarde, jette un œil à ce site : ça a l'air très bon ! **13** Marché conclu. Ouvre-toi un compte vite fait et commande-moi des sandwichs à la dinde avec un milk-shake. **14** Je coche la case "pourboire" ? **15** Oui, mets cinq euros pour le livreur : c'est soir de fête, non ?

Deuxième vague : 35ᵉ leçon

Leçon quatre-vingt-cinq

Pérez président !

1 – [Ça fait] trois jours [que] *(porte)* l'ascenseur [est] en panne.
2 – Sans *(Pour ne pas)* parler du chauffage : je suis gelée !
3 – Et les escaliers ? Ils sont vraiment dégoûtants *(faits un dégoût)*…
4 – Ça t'étonne, *(À)* toi ? *(Est-ce que)* tu n'as [donc] pas vu que le concierge *(se)* passe sa *(la)* journée au bar ?
5 – C'est sûr, s'il était davantage à *(dans)* la loge, au moins il pourrait surveiller et empêcher que tant de vendeurs entrent *(entrassent)*.
6 – Cet immeuble est un désastre, de l'attique au sous-sol !
7 – *(Le)* lundi prochain il y a assemblée [générale] des copropriétaires *(voisins)*. Je vais faire un scandale *(monter le poulet)* !
8 – D'accord, mais tu sais bien que tu auras beau crier *(pour plus que tu cries)* et avoir raison *(pour beaucoup raison que tu aies)*, on ne t'écoutera pas *(ils ne te feront pas [de] cas)*.

85 / Lección ochenta y cinco

9 – Pues si todos se conforman, ¡nada cambiará nunca!
10 – ¿Pero no te das cuenta de que el administrador nos engaña y el presidente hace la vista gorda [9]?
11 – ¡Basta ya! Lo tengo decidido : me voy a presentar a presidente de la comunidad.
12 – No te van a elegir, y encima te vas a hacer un montón de enemigos…
13 – Escucha, ya tengo un lema : "Vota a Pérez, ¡el candidato del cambio!"
14 A que [10] suena bien… □

Prononciation
péReZ pRéssidé'nté 1 … asZé'nsoR 2 … caléfacZio'n… 4 … extRagna… poRtéRo… 5 … poRtéRia… biHilaR… i'mpédiR… 6 … édifiZio… déssastRé… atico… sotano 7 … Hou'nta… mo'ntaR… 9 … co'nfoRma'n… 10 … administRadoR… é'ngagna… 11 … comounida^d 12 … mo'nto'n… énémigoss 13 … léma… ca'ndidato

Notes

1 Remarquez comment l'ordre des mots est ici mis au service de l'expressivité : pour mettre l'accent sur la durée de cette panne, il suffit de placer en début de phrase le segment concerné (**tres días**), et on obtient l'effet d'insistance que le français rend par "ça fait trois jours que".

2 On veut dire ici que, à force de négligence, les escaliers sont dans un état repoussant. Non pas simplement **Están sucias**, *Ils* ("elles") *sont sales*, mais **Están hechas un asco**, *Ils* ("elles") *sont véritablement dégoûtants*. **Estar hecho** + nom sert donc à constater une transformation, en y mettant souvent un peu d'emphase. À un ami qui s'est mis au sport et vante ses performances, vous direz ainsi **¡Estás hecho un atleta!**, *Tu es* ("devenu") *un véritable athlète !* ; d'un adolescent qui a subitement grandi, on dira **Está hecho un hombre**, *C'est* ("il est devenu") *un vrai petit homme*. Avec cette structure, très courante, on flirte avec les images et les comparaisons : **Está hecho una pena**, *Il fait peine à voir* ; **Está hecho una furia**, *Il est fou furieux* ; ou encore le très expressif **Estoy hecho polvo**, *Je suis éreinté* ("je suis fait poussière") !

Leçon quatre-vingt-cinq / 85

9 – Eh bien si tout le monde se résigne, rien ne changera jamais !
10 – Mais tu ne te rends pas compte que le syndic nous trompe et [que] le président ferme les yeux *(fait la vue grosse)* ?
11 – Ça suffit ! [Ça y est], c'est *(Le-je tiens)* décidé. Je vais me présenter comme *(à)* président de la copropriété.
12 – Tu ne vas pas être élu *(ils ne vont pas t'élire)*, et en plus tu vas te faire un tas d'ennemis…
13 – Ecoute, ça y est, j'ai un slogan : "Votez *(Vote à)* Pérez, le candidat du changement !"
14 *(A que)* ça sonne bien, pas vrai ?…

3 Voici une petite règle d'usage. Lorsque la conjonction **y** précède un mot commençant par **-i** ou **-hi**, on l'écrit et la prononce **e**, pour éviter un choc de voyelles identiques.

4 Contrairement au français *attique*, qui appartient au langage technique de l'architecture, **ático** est très courant en espagnol. Il désigne le dernier étage d'une maison, en retrait de la façade et disposant donc d'une terrasse.

5 N'oubliez pas l'article défini singulier lorsque vous indiquez un jour précis : **el lunes próximo**, *lundi prochain*. Pour exprimer une périodicité, on prend l'article pluriel : **Hago deporte los domingos**, *Je fais du sport le dimanche*.

6 Cette expression familière renvoie à l'idée de scandale ou tumulte public : **Voy a montar el** (ou **un**) **pollo**, *Je vais faire un scandale*. On peut aussi l'employer de façon impersonnelle : **¡Menudo pollo se ha montado!**, *Ça a drôlement bardé !* Mais que vient faire, direz-vous, **un pollo**, *un poulet*, dans cette galère ? Eh bien il semblerait que l'expression ait été détournée avec le temps et qu'il se soit agi à l'origine non de **un pollo** mais de **un podio**, *un podium*. **Montar un podio**, ce serait ainsi littéralement improviser une mini-tribune pour s'adresser à la foule, au risque de susciter réactions contraires et chahuts. Vrai ou pas, c'est bien trouvé !

7 Voici une nouvelle structure concessive, correspondant à notre "avoir beau" : **por más que** + verbe / **por mucho(s), mucha(s)** + nom + **que**. Nous verrons dans la leçon de révision les différentes formes que peut prendre cette structure ; observez déjà qu'elle est ici suivie du subjonctif, puisqu'elle porte sur un fait qui ne s'est pas encore produit (ce que dira Pérez à l'assemblée).

8 Nous traduisons **hacer caso** par *écouter*, mais cette locution verbale est plus précise que **escuchar** ; il s'agit de suivre un conseil et non pas simplement de prêter l'oreille : **Hazme caso, olvídala**, *Écoute [bien] ce que je te dis, oublie-la*.

9 Continuons notre découverte des expressions imagées, si fréquentes dans la conversation courante des Espagnols. En voici une qui peut être trompeuse : **hacer la vista gorda** ne signifie pas "faire les gros yeux", mais au contraire *fermer les yeux sur quelque chose*, *faire celui qui n'a rien vu*.

***

Ejercicio 1 – Traduzca

❶ Este edificio está hecho un asco, desde el ático hasta el sótano. ❷ La calefacción está averiada y el administrador hace la vista gorda. ❸ El presidente te engaña : vota a Pérez, el candidato que te hace caso. ❹ Por mucha razón que tengas, si no tienes un buen lema no votarán por ti. ❺ ¡Basta ya! Voy a montar el pollo en la junta de vecinos.

***

Ejercicio 2 – Complete

❶ J'ai beau surveiller, je ne peux pas empêcher que beaucoup de vendeurs entrent dans l'immeuble.
   . . . ., no puedo . . . . que
   muchos . . . . en el . . . .

❷ Ça ne m'étonne pas qu'il n'y ait personne à la loge : le concierge passe sa journée au bar.
   No . . . . que no . . . . en la . . . . :
   el . . . . se pasa el día en el bar.

❸ Ne vous résignez pas *(tutoiement pluriel)* : votez pour le candidat du changement !
   No . . . . : ¡. . . . . del . . . . . . !

Leçon quatre-vingt-cinq / 85

10 Vous souvenez-vous de cette locution ? Vous l'avez rencontrée à la leçon 44, avec la même valeur qu'ici : **A que tiene gracia**, *C'est drôle, pas vrai ?* Sachez qu'elle peut prendre des valeurs assez changeantes. Par exemple, exprimer un défi : **A que no eres capaz de decírselo**, *Je parie que tu n'es pas capable de le lui dire*. Ou encore revêtir un ton de menace : **A que te doy una hostia**, *Tu veux que je te mette une tarte ?*

Corrigé de l'exercice 1

❶ Cet immeuble est véritablement dégoûtant, de l'attique au sous-sol. ❷ Le chauffage est en panne et le syndic ferme les yeux. ❸ Le président te trompe : vote Pérez, le candidat qui t'écoute. ❹ Tu auras beau avoir raison, si tu n'as pas un bon slogan, ils ne voteront pas pour toi. ❺ Ça suffit ! Je vais faire un scandale à l'assemblée des copropriétaires.

***

❹ Quand je serai président de la copropriété, il y aura un ascenseur.
Cuando .... de la ...., ...

❺ Tu as trop d'ennemis : lundi prochain, ils voteront contre toi et empêcheront que tu sois élu.
Tienes demasiados .... : .... votarán contra ti .... que ....

Corrigé de l'exercice 2

❶ Por más que vigile – impedir – vendedores entren – edificio ❷ – me extraña – haya nadie – portería – portero – ❸ os conforméis – votad al candidato – cambio ❹ – sea presidente – comunidad, habrá ascensor ❺ – enemigos – el lunes próximo – e impedirán – seas elegido

cuatrocientos dieciocho • 418

Vous l'avez remarqué, les dialogues sont de plus en plus riches en vocabulaire. De nouveaux mots, mais aussi des outils pour rendre des nuances expressives, et encore des tournures familières pour comprendre et parler la langue de tout le monde. Tout en suivant votre méthode Assimil, une bonne technique d'apprentissage serait de vous constituer un petit lexique personnel : noter les mots et tournures qui ont spécialement retenu

Lección ochenta y seis

Cotilleos [1]

1 – El del quinto B quiere ser presidente…
2 – ¿Pérez, el del bigote? ¿El sabelotodo con pinta de pijo [2]?
3 – Sí, sabe de leyes, parece.
4 – Pues la portera me ha contado que trabajaba en un bufete de abogados y que lo despidieron…
5 Eso sí, sale cada mañana como si fuera [3] a trabajar, pero en realidad está en el paro.
6 – Me dejas de piedra…
7 – Presume de tener un buen empleo y un buen sueldo,
8 pero la familia política [4] es la que tiene pasta [5]. Ellos sí que están forrados [5].
9 Él era sólo un ligón [6] de discoteca : ahí fue donde [7] conoció a la mujer. Quedó embarazada y se casaron.
10 – O sea, que de yerno ideal tiene poco.
11 – ¿Ese? Y de marido perfecto tampoco… No para de hacerle ojitos a la del tercero A.

votre attention, accompagnés d'une ou deux phrases pour les mettre en contexte. Pour aller plus loin, il est aussi temps, sans doute, d'acquérir un bon dictionnaire bilingue, sans oublier les outils en ligne (il en est d'excellents, qui combinent ressources traditionnelles et forums d'échanges de qualité).

Deuxième vague : 36e leçon

Leçon quatre-vingt-six

Commérages

1 – Celui du cinquième B veut être président…
2 – Pérez, celui qui a une *(de la)* moustache ? Le monsieur je-sais-tout avec un air *(de)* BCBG ?
3 – Oui, il s'y connaît en *(sait de)* lois, semble-t-il.
4 – Eh bien la concierge m'a raconté qu'il travaillait dans un cabinet d'avocats et qu'on l'a licencié *(ils le licencièrent)*…
5 Ah ça oui, il sort chaque matin comme s'il allait *(allât à)* travailler, mais en réalité il est au chômage.
6 – Tu me laisses sans voix *(de pierre)*…
7 – Il se vante d'avoir un bon emploi et un bon salaire,
8 mais [c'est] la belle-famille *(est celle)* qui a du pognon *(de la pâte)* : eux *(oui qu')* ils sont vraiment plein aux as *(fourrés)*.
9 Lui, c'était juste un dragueur de boîte de nuit : [c'est] là qu'*(là fut où)* il a connu *(connut)* sa *(la)* femme. Elle s'est retrouvée *(resta)* enceinte et ils se sont mariés *(se marièrent)*.
10 – Autrement dit *(Ou soit, que)*, il n'a pas grand-chose du gendre idéal *(il a peu)*.
11 – Lui *(Celui-là)* ? Et [pas] non plus du mari parfait… Il n'arrête pas de faire les yeux doux *(petits yeux)* à celle du troisième A.

86 / Lección ochenta y seis

12 – Pues yo que él no iría de [8] don Juan : como lo pille la mujer, con lo [9] celosa [10] que es [9]...

13 – Y anteanoche andaba medio borracho. Me lo ha dicho el portero.

14 – Los porteros... Y algunos dicen que cobran demasiado, pero si no fuera por ellos, ¿cómo nos enteraríamos de lo que pasa?

15 – Sí, ¡qué envidiosa [10] es la gente! ☐

Prononciation

cotilyéoss 2 ... bigoté... sabélotodo... piHo 3 ... léïéss 4 ... poRtéRa... boufété... abogadoss... despidiéRo'n 5 ... Réalida^d... paRo 6... piédRa 7 pRéssoumé... e'mpléo... 8 ... politica... pasta... foRadoss 9 ... ligo'n... é'mbaRaZada... 10 ... yeRno... 11 ... peRfecto... oHitoss... 12 ... Zélossa... 13 ... antéanotché... boRatcho... 15 ... é'nbidiossa...

Notes

1 Avec le **cotilleo**, vous abordez le deuxième sport national après le football. *Commérage* plus que ragot, et donc pas forcément méchant, le **cotilleo** s'alimente en premier lieu des frasques ou menus incidents de la vie de la **jet set** – prononcer *[yèt sèt]* –. Une abondante presse à grand tirage et des émissions de télévision très suivies (**programas de cotilleo**) se chargent d'alimenter à flots continus la curiosité populaire. Artistes, hommes politiques, vedettes de la télé-réalité : tout le monde y passe. Retenez aussi le verbe **cotillear**, *cancaner* et le substantif **cotilla**, masculin et féminin : **un/una cotilla**, *une commère*.

2 **pijo** fait partie de ces mots censés caractériser tribus urbaines et styles de vie. Les correspondances ne sont donc pas forcément exactes d'une langue et d'un pays à l'autre. Le terme couvre un vaste spectre qui va, pour un Français, du *BCBG* au *"branchouille"* en passant par le *"bourge"*. Les filles du **barrio de Salamanca** à Madrid sont assurément **pijas** au sens où les jeunes gens de Neuilly sont *bon chic bon genre*. Mais il suffira d'un rien d'affectation dans les manières, les vêtements ou le langage, pour être qualifié de **pijo**, **megapijo**, ou même **supermegapijo**. Au fond, on n'est pas loin de notre bon vieux *"snobinard"*.

12 – Eh bien moi à sa place *(que lui)*, je ne jouerais pas les *(je n'irais pas de)* don Juan : si jamais sa *(la)* femme l'attrape, *(avec le)* jalouse comme *(qu')* elle est.
13 – Et avant-hier soir il était *(marchait à)* moitié soûl. C'est le concierge qui me l'a dit.
14 – Les concierges... Et certains disent qu'ils touchent trop, mais si ce n'était pas par eux, comment serions-nous au courant de tout ce qui arrive ?
15 – Oui, que les gens sont jaloux !

3 Grande règle à retenir : après **como si**, on utilise l'imparfait du subjonctif (**como si fuera**, *comme s'il allait* ; **como si quisiera**, *comme s'il voulait*, etc.).

4 la **familia política**, c'est *la famille par alliance*, *la belle-famille*, qui comprend donc : **suegro (a)**, *beau-père* et *belle-mère* ; **cuñado (a)**, *beau-frère* et *belle-sœur* (termes que vous avez déjà rencontrés dans des leçons passées) ; **yerno**, *gendre*, et **nuera**, *bru / belle-fille*.

5 La langue familière, omniprésente dans la conversation, fait la part belle aux questions d'argent. Deux exemples dans cette phrase : **pasta**, (litt. "la pâte") le terme le plus courant pour désigner le *pognon* ; et **estar forrado**, *être plein aux as*. Comme pour "sou" en français, des monnaies disparues continuent d'avoir cours dans le langage populaire. On l'a vu pour **perras** à la leçon 66. Même chose pour **el duro**, l'ancienne pièce de cinq pesetas : **No tengo un duro**, *Je n'ai pas un sou*.

6 **un ligón**, c'est *un dragueur*, et s'il exerce ses talents sur les bords de mer, il devient un personnage emblématique de l'imaginaire espagnol : **el ligón de playa**. Le verbe correspondant est **ligar**, *draguer*, que l'on peut construire de deux façons, **ligar con** ou **ligarse a** : **Va a la playa a ligar con las turistas**, *Il va à la plage draguer les touristes* ; **Se ha ligado a la camarera**, *Il a dragué la serveuse*.

7 Remarquez ici la différence avec le français : **ahí es donde**, "c'est là où", pour rendre la tournure d'insistance *c'est là que*, lorsqu'il s'agit d'un lieu. Nous verrons en révision que cette particularité s'applique aussi aux autres circonstances (temps, manière, identité).

8 **ir de**, dans le parler familier, qualifie généralement une fanfaronnade : **ir de don Juan**, *jouer les don Juan* ; **ir de artista**, *se la jouer artiste*. Pour vous en prendre à quelqu'un qui "la ramène" un peu trop, vous pouvez donc lui lancer : ¿**De qué vas?**, *Tu joues à quoi ?*, *Tu te prends pour qui ?*

9 **con** peut avoir, comme le français *avec*, une valeur causale : **Con el tiempo que hace…**, *Avec le temps qu'il fait…*, *Étant donné le temps qu'il fait…* Dans **con lo celosa que es**, celle-ci se combine avec la structure exclamative indirecte que vous avez rencontrée à la leçon 80 (**lo** + adjectif **que**). On obtient ainsi une formule d'usage très courant : con

***

Ejercicio 1 – Traduzca

❶ Vas de yerno ideal, pero no tienes un duro. ❷ Con lo envidiosa que es la gente, yo que él no presumiría de trabajar en un gran bufete de abogados. ❸ No me gustan los cotilleos, pero la portera me ha dicho que la pija del quinto B está embarazada. ❹ Hace* como si tuviera un trabajo, pero en realidad está* en el paro. ❺ Mi cuñado va de don Juan, pero es solo un ligón de discoteca.

* 3ᵉ personne du masculin singulier

***

Ejercicio 2 – Complete

❶ Il est plein aux as : il a un bon emploi, un bon salaire et en plus sa belle-famille a du pognon.
Está . . . . : tiene un buen . . . . . . , un buen . . . . . . y además su . . . . tiene . . . . . .

❷ Je suis resté sans voix quand j'ai appris ça : on a licencié le monsieur je-sais-tout du troisième.
Me quedé . . . . cuando . . . . : . . . . al . . . . del tercero.

❸ Mais qu'est-ce que tu es jaloux ! Je n'ai jamais fait les yeux doux au président !
¡Pero . . . .! ¡Nunca le he . . . . al presidente!

❹ C'est dans cette boîte de nuit que sa femme l'a attrapé avant-hier soir, à moitié soûl, en train de draguer des touristes.
Fue en esta . . . . su mujer lo . . . . , medio borracho, ... unas turistas.

Leçon quatre-vingt-six / 86

lo cansado que estoy, *fatigué comme je suis* ; con lo listo que eres, *intelligent comme tu es*, etc.

10 **ser celoso** signifie *être jaloux* au sens amoureux : **Mi marido es muy celoso**, *Mon mari est très jaloux*, à distinguer de **ser envidioso**, qui a une portée plus générale : **La gente es envidiosa**, *Les gens sont jaloux*. On distinguera de même **los celos** (au pluriel), *la jalousie (amoureuse)* de **la envidia**, *la jalousie, l'envie*.

***

Corrigé de l'exercice 1
❶ Tu joues le gendre idéal mais tu n'as pas un sou. ❷ Jaloux comme sont les gens, moi à sa place je ne me vanterais pas de travailler dans un grand cabinet d'avocats. ❸ Je n'aime pas les commérages, mais la concierge m'a dit que la snobinarde du cinquième B est enceinte. ❹ Il fait comme s'il avait un travail, mais en réalité il est au chômage. ❺ Mon beau-frère joue les don Juan, mais c'est juste un dragueur de boîte de nuit.

❺ Mais pour qui vous prenez-vous ? Vous êtes avocat ou vous y connaissez en lois peut-être ?
¿Pero . . . . usted? ¿Acaso es usted . . . . o . . . . ?

Corrigé de l'exercice 2
❶ – forrado – empleo – sueldo – familia política – pasta ❷ – de piedra – me enteré – despidieron – sabelotodo – ❸ – qué celoso eres – hecho ojitos – ❹ – discoteca donde – pilló anteanoche – ligando con – ❺ – de qué va – abogado – sabe de leyes

cuatrocientos veinticuatro • 424

*Mythe littéraire ayant donné son nom à une figure universelle, **don Juan** naît officiellement sous la plume du dramaturge **Tirso de Molina** en 1630, comme personnage central de **El burlador de Sevilla**, L'abuseur de Séville. Car don Juan est sévillan, grand seigneur et méchant homme, séducteur impénitent qu'aucun crime n'arrête et qui remet indéfiniment à plus tard la reddition des comptes qu'il doit à Dieu. Entraîné aux enfers, dans un final fantastique, par la statue de pierre du Commandeur, don Juan inspirera Molière, qui en fait un libertin Grand Siècle, Mozart (l'opéra Don Giovanni, où le héros défie Dieu jusqu'à la fin), et une riche postérité qui n'en finit*

Lección ochenta y siete

Averías y accidentes

1 – Vaya por Dios… Y es precisamente ahora cuando [1] no arranca el coche, con la prisa que tengo.
2 Anda, no hagas como si no entendieras : ¡bájate y empuja!
3 – Si por lo menos hubieras aparcado [2] cuesta abajo [3], igual [4] lo conseguiría, pero así no va a haber quien lo mueva…
4 A ver, uno, dos…
5 – ¡Ánimo! Inténtalo otra vez.
6 – Uno, dos… ¡Puf!, me rindo. No hay manera.
7 – Pues estuvo en el taller la semana pasada.
8 – El día en que haya un mecánico honrado…
9 – Es que mi pobre cochecito tiene también ya muchos kilómetros recorridos.
10 – No voy a ensuciarme las manos ahora. Venga, cogemos el mío.

pas de réinterpréter le personnage. Une légende tenace veut qu'il ait eu un modèle historique : **Miguel de Mañara**, *gentilhomme sévillan qui voulut racheter ses nombreux péchés de jeunesse en fondant l'***Hospital de la Caridad** *(Hôpital de la Charité). Il n'en est rien, mais le bâtiment vaut le détour, par son architecture typique du baroque sévillan et par les deux célèbres tableaux de* **Valdés Leal**, *ténébreux à souhait, qui en ornent l'église.*

Deuxième vague : 37ᵉ leçon

Leçon quatre-vingt-sept

Pannes et accidents

1 – Allons bon *(Aille par Dieu)*... Et c'est justement maintenant que *(quand)* la voiture ne démarre pas, pressée comme je suis *(avec la hâte que j'ai)*.
2 Allez, ne fais pas comme si tu ne comprenais *(comprisses)* pas : descends*(-toi)* et pousse !
3 – Si au moins tu [t'] étais *(eusses)* garée dans le sens de la descente *(côte en bas)*, j'[y] arriverais peut-être *(égal)*, mais comme ça il ne va pas y avoir [moyen] de la bouger *(qui la bouge)*.
4 Voyons, une, deux...
5 – Courage ! Essaye*(-le)* [une] autre fois.
6 – Une, deux... Pouf, je me rends ! Il n'y a pas moyen *(manière)*.
7 – Eh bien elle a été *(fut)* au garage la semaine dernière.
8 – Le jour où il y aura *(ait)* un mécanicien honnête....
9 – C'est que ma pauvre petite voiture a aussi parcouru beaucoup de kilomètres.
10 – Je ne vais pas me salir les mains maintenant. Allez, on prend la mienne.

11 – Es que, ejem… Resulta que [5] te lo tomé prestado ayer y…
12 – ¿No has llenado el depósito?
13 – Sí, sí, pasé por la gasolinera.
14 – ¿Entonces qué? ¿Se te pinchó una rueda?
15 – No, a ver, tengo una mala noticia y una buena.
16 – No estoy para disgustos [6], dime solo la buena.
17 – El airbag funciona de maravilla.

Prononciation
abé**R**iass… ac**Z**i**dé'n**tess **1** … a**Ra'n**ca… **2** … ba**H**a**té**… é'**mpouH**a **5** a**ni**mo… **6** **Ri'n**do… **7** … ta**lyéR**… **8** … **mé**canico o'n**Ra**do **9** … kilo**mét**Ross **Ré**co**Ri**doss… **10** … é'nsou**Zia**R**mé**… **11** … p**Res**tado… **12** … dé**pos**sito **13** … gassoli**néR**a **14** … pi'**ntcho**… **Roué**da **16** … dis**goust**oss… **17** … aï**R**bag…

Remarque de prononciation
(17) Lorsqu'un mot étranger conserve son orthographe, on doit, d'après la norme, le plier aux règles de prononciation de l'espagnol. Dans **airbag**, on fera donc entendre le **i** et l'accent tonique portera sur la dernière syllabe, puisqu'elle se termine en consonne : *[aïRbag]*. C'est en tout cas la recommandation de la Real Academia. Cela dit, ne vous étonnez pas outre mesure si vous entendez souvent une prononciation plus anglicisée…

Notes

1 Autre exemple de la tournure d'insistance que le français rend par "c'est que". L'espagnol, nous l'avons vu à la leçon précédente, précise la notion circonstancielle ; ici par exemple le temps : **ahora es cuando**, *c'est maintenant que*.

2 Découvrons un nouveau temps composé : le plus-que-parfait du subjonctif. Il se construit, comme tous les temps composés de l'espagnol, avec l'auxiliaire **haber** (ici à l'imparfait du subjonctif) suivi du participe passé invariable. Distinguez donc **si aparcaras**, *si tu te garais*, de **si hubieras aparcado**, *si tu t'étais garé* (litt. "si tu eusses garé").

3 Les adverbes **arriba** et **abajo** peuvent se combiner avec des substantifs pour former des locutions. Par exemple, ici, **cuesta**, *côte* : **cuesta arriba** va signifier *en montant*, *en pente*, et **cuesta abajo** *en descendant*, *en*

Leçon quatre-vingt-sept / 87

11 — C'est que, hum… Il se trouve que je te l'ai empruntée hier et…
12 — Tu n'as pas fait le plein *(rempli le réservoir)* ?
13 — Si, si, je suis passée à *(par)* la station-service.
14 — Alors quoi ? Tu as crevé *(Se te creva)* une roue ?
15 — Non, voyons, j'ai une mauvaise nouvelle et une bonne.
16 — Je ne suis pas d'humeur à contrariétés, dis-moi seulement la bonne.
17 — L'airbag fonctionne à *(de)* merveille.

descente. De façon imagée, **ponerse cuesta arriba**, c'est *se compliquer* : **La situación se pone cuesta arriba**, *La situation se complique*. **Ir cuesta abajo**, inversement, pourra illustrer une idée de déclin : **Este negocio va cuesta abajo**, *Cette affaire a du plomb dans l'aile*. **Calle** peut également donner lieu à ces combinaisons : **calle arriba**, *en remontant la rue*, et **calle abajo**, *en descendant la rue*.

4 Dans un registre familier, **igual** peut exprimer la possibilité, la supposition ; ce serait un peu l'équivalent de notre *si ça se trouve* : **Igual lo conseguiría**, *Si ça se trouve, j'y arriverais*.

5 **resulta que** est une formule toute faite par laquelle on prend acte de quelque chose : **Resulta que tengo un resfriado**, *Il se trouve que j'ai un rhume* ; **Y ahora resulta que nadie estaba enterado**, *Et maintenant il s'avère que personne n'était au courant*. Nous verrons, en leçon de révision, que **resultar** peut également prendre cette valeur employé directement devant un adjectif.

6 Vous connaissiez le faux-ami **disgustado**, *contrarié* ; voici le substantif **disgusto**, *contrariété*. Pour compléter la série, il y a également le verbe **disgustar**, *contrarier, fâcher* ; et sa forme pronominale **disgustarse** : **Me he disgustado con él**, *Je me suis fâché avec lui*.

cuatrocientos veintiocho • 428

Ejercicio 1 – Traduzca

❶ Cuando llevas el coche al taller, nunca sabes cuántas averías van a encontrar. ❷ ¡Ánimo! ¡Bájate, ensúciate las manos y empuja! ❸ Me rindo. Así, cuesta arriba, no hay manera de arrancar el coche. ❹ Si conociéramos un mecánico honrado, igual podría echarnos una mano. ❺ Con la prisa que tengo, no estoy para disgustos.

***

Ejercicio 2 – Complete

❶ Il se trouve que j'ai emprunté ta voiture et que j'ai oublié de faire le plein.
. . . . que te . . . . el coche y se me . . . . el . . . .

❷ Si tu t'étais garé dans le sens de la descente, je pourrais pousser la voiture.
Si . . . . , podría . . . . el coche.

❸ Et c'est maintenant que tu me dis que tu as crevé une roue ?
¿Y . . . . . es . . . . . . me dices que se . . . . ?

Lección ochenta y ocho

Como Tina no hay otra

1 – Necesitaría que me hicieras un favor.
2 – Lo que tú quieras, dime.
3 – Me acabo de mudar y tengo la casa patas arriba [1].
4 ¿Le podrías decir a tu asistenta que viniera a echarme una mano? Es muy trabajadora, ¿no?
5 – ¿Tina? ¡Como Tina no hay otra!

Corrigé de l'exercice 1

❶ Quand tu amènes ta voiture au garage, tu ne sais jamais combien de pannes ils vont trouver. ❷ Courage ! Descends, salis-toi les mains et pousse ! ❸ Je me rends. Comme ça, en côte, il n'y a pas moyen de faire démarrer la voiture. ❹ Si nous connaissions un mécanicien honnête, il pourrait peut-être nous donner un coup de main. ❺ Pressé comme je suis, je ne suis pas d'humeur à contrariétés.

***

❹ Ma voiture ne démarre pas. Savez-vous s'il y a une station-service par ici ?
El coche .... Sabe si .... por aquí?

❺ Comme si toi, tu n'avais jamais eu d'accidents, hein ?
Como si tú nunca ...., ¿eh?

Corrigé de l'exercice 2

❶ Resulta – tomé prestado – olvidó llenar – depósito ❷ – hubieras aparcado cuesta abajo – empujar ❸ – ahora – cuando – te pinchó una rueda ❹ – no arranca – hay una gasolinera ❺ – hubieras tenido accidentes –

Deuxième vague : 38ᵉ leçon

Leçon quatre-vingt-huit

Il n'y [en] a pas deux *(autre)* comme Tina

1 – J'aurais besoin que tu me rendes *(fisses)* un service.
2 – Ce que tu voudras *(veuilles)*, dis-moi.
3 – Je *(Me)* viens de déménager et j'ai la maison sens dessus-dessous *(pattes en l'air)*.
4 Tu pourrais dire à ta femme de ménage de venir *(qu'elle vînt)* me donner un coup de main ? Elle est très travailleuse, non ?
5 – Tina ? Il n'y [en] a pas deux *(autre)* comme Tina !

6 La primera vez que hizo la limpieza en casa, quedé [2] estupefacta.
7 En un par de horas limpió los cristales [3], quitó el polvo a las estanterías,
8 barrió y fregó los suelos, moviendo los muebles como si fueran juguetes.
9 Tiene una fuerza increíble : ¡partió una escoba y la fregona [4]!
10 Lavó los platos, sacudió las alfombras…
11 Y no solo limpia, sino que [5] también cose y plancha.
12 En cambio es un poco torpe con los electrodomésticos : pone la lavadora pero se le olvida echar el detergente.
13 – ¿Es su único defecto?
14 – Bueno… está convencida de que tiene buena voz y se pasa el día cantando.
15 Y le gusta contar chistes verdes… Tendrás que acostumbrarte. □

Prononciation
3 … mou**daR**… pa**t**ass… *4* … assis**té'n**ta… tRabaHa**do**Ra… *6* … li'm**pié**Za… estoupé**fac**ta *7* … cRista**l**ess… qui**to**… **pol**bo… esta'nté**Ri**ass *8* ba**Ri**o… fRé**go**… mou**é**bless… *9* … **foueR**Za… es**co**ba… fRé**go**na *10* … sacou**dio**… alfo'm**bR**ass *11* … co**ss**é… **pla'n**tcha *12* … **toR**pé… électRodo**mes**ticoss… laba**do**Ra… déteRHe'n**té** *13* … dé**fec**to *15* … acostou'm**bRaR**té

Notes

[1] Encore une tournure imagée construite avec l'adverbe **arriba** : **patas arriba**, *sens dessus-dessous*, littéralement "pattes en haut". Autre partie du corps pouvant être concernée, **la boca**, *la bouche* : **¿Duermes boca arriba o boca abajo?**, *Tu dors sur le dos* ("bouche en haut") *ou sur le ventre* ("bouche en bas") *?*

Leçon quatre-vingt-huit / 88

6 La première fois qu'elle a fait *(fit)* le ménage à la *(en)* maison, j'ai été *(je restai)* stupéfaite.
7 En deux heures elle a nettoyé *(nettoya)* les vitres, enlevé *(enleva)* la poussière des *(aux)* étagères,
8 elle a balayé *(balaya)* et lavé *(lava)* les sols, en déplaçant *(bougeant)* les meubles comme si c'étaient *(fussent)* des jouets.
9 Elle a une force hors du commun *(incroyable)* : elle a brisé *(brisa)* un balai et le balai-serpillère !
10 Elle a fait la vaisselle *(Lava les assiettes)*, secoué *(secoua)* les tapis…
11 Et elle ne fait pas seulement le ménage, mais elle coud et repasse aussi.
12 En revanche elle est un peu maladroite avec les [appareils] électroménagers : elle met [en marche] la machine à laver mais elle oublie [de] mettre la lessive.
13 – C'est son seul défaut ?
14 – Bon… elle est convaincue qu'elle a une belle *(bonne)* voix et elle *(se)* passe sa *(la)* journée à chanter *(chantant)*.
15 Et elle aime raconter des blagues cochonnes *(vertes)*… Tu devras t'habituer.

2 **quedar**, comme **resultar**, associés à un adjectif ou participe passé, forment des périphrases verbales délicates à traduire. On les rend souvent, faute de mieux, par "être", mais elles portent toutes deux une nuance résultative, de conséquence. Ici, par exemple, **quedé estupefacta** permet d'insister sur l'effet que Tina a produit sur la personne qui parle. Nous reviendrons sur cette question en leçon de révision.

3 Le terme **cristal** a d'abord en espagnol le même sens que son homologue français : **copas de cristal**, *des verres en cristal*. Mais il couvre aussi un champ beaucoup plus large. C'est ainsi, plus simplement, le verre comme matériau : **¿Son de cristal o son de plástico?**, *Elles ont en verre ou en plastique ?* Dans la même idée, **los cristales** sont, comme dans la phrase du dialogue, *les carreaux* des fenêtres, et aussi *les vitres* d'une voiture. Enfin, également, les *verres* des lunettes. Comme le disent les célèbres vers du poète **Campoamor**, devenus dicton : **Todo es según**

el color del cristal con que se mira, *Tout dépend de la couleur du verre par où l'on regarde.*

4 Le mot **fregona** est formé sur le verbe **fregar**, *laver*, du latin ***fricare***, *frotter*, que l'on retrouve dans "friction". On parle donc en général de **fregar el suelo** et aussi, selon l'énergie que l'on y met, de **fregar los platos**. Dans la famille, n'oublions pas el **fregadero**, *l'évier*.

***

Ejercicio 1 – Traduzca
❶ He quedado estupefacta con tu asistenta. Como ella no hay otra. ❷ Soy muy torpe con la lavadora : nunca sé cuánto detergente hay que echar. ❸ Me harías un gran favor si sacudieras las alfombras y limpiaras las estanterías. ❹ Está todo patas arriba, primero vamos a mover los muebles para barrer. ❺ Me acabo de mudar y mi nuevo piso está lleno de polvo.

***

Ejercicio 2 – Complete
❶ Il/Elle ne fait pas seulement le ménage, mais il/elle a une belle voix aussi.
No solo . . . . , ... tiene una buena . . . .

❷ Je suis très travailleuse : en deux heures j'ai nettoyé les vitres, j'ai passé le balai-serpillère, j'ai cousu et j'ai repassé.
Soy muy . . . . : en . . . . . de horas . . . . . . los . . . . , pasé la . . . . , . . . y . . . .

❸ J'ai brisé le balai, c'est pour ça que je n'ai pas pu balayer le sol.
He . . . . la . . . . . . , por eso no he podido . . . . . . el . . . . . .

❹ Je ne me suis jamais habitué à certains appareils électroménagers. Par exemple, je continue à faire la vaisselle dans l'évier.
Nunca me he . . . . a algunos . . . . Por ejemplo, sigo . . . . en el . . . .

Leçon quatre-vingt-huit / 88

5 Vous avez vu à la leçon 37 que *mais* se rendait par **sino** si la phrase était négative : **No se trata solo de vender, sino también de aconsejar**, *Il ne s'agit pas seulement de vendre mais aussi de conseiller*. Sachez que lorsque **sino** précède un verbe conjugué, il devient **sino que** : **No solo limpia, sino que plancha**, *Elle ne fait pas seulement le ménage, mais elle repasse aussi*. Il y a encore quelques subtilités à cet usage, que nous aborderons en révision.

***

Corrigé de l'exercice 1

❶ J'ai été stupéfaite par ta femme de ménage. Il n'y en a pas deux comme elle. ❷ Je suis très maladroit avec la machine à laver : je ne sais jamais combien de lessive il faut mettre. ❸ Tu me rendrais un grand service si tu secouais les tapis et nettoyais les étagères. ❹ Tout est sens dessus-dessous, nous allons d'abord déplacer les meubles pour balayer. ❺ Je viens de déménager et mon nouvel appartement est plein de poussière.

❺ En revanche il/elle a un défaut : il/elle passe sa journée à raconter des blagues cochonnes.

.... tiene un .... : se pasa el día ....

Corrigé de l'exercice 2

❶ – hace la limpieza, sino que también – voz ❷ – trabajadora – un par – limpié – cristales – fregona, así – planché ❸ – partido – escoba – barrer – suelo ❹ – acostumbrado – electrodomésticos – lavando los platos – fregadero ❺ En cambio – defecto – contando chistes verdes

*L'Espagne n'est pas peu fière de **Manuel Jalón Corominas**. Cet ingénieur aéronautique n'est autre que l'inventeur, en 1956 et pour l'éternité, de **la fregona**, le balai-serpillère qui a fait le tour du monde. Un manche terminé par des bandes de tissu que l'on essore, sans plier les genoux ni se mouiller les mains, dans un dispositif intégré au seau. Simple, mais il fallait y penser ! Au chapitre des petites inventions ibériques qui rendent la vie plus amène, citons le **Chupa-chups** (le célèbre bonbon rond au bout d'un bâtonnet, dont Salvador Dali dessina le logo) et **el futbolín**, qui n'est autre que notre baby-foot. Les Espagnols remarquent facétieusement qu'il y a toujours un manche dans ces inventions made in Spain : **¡Todo con palo!***

Pour peu que vous vous plongiez dans la réalité d'une conversation espagnole, un certain nombre de termes, pas forcément re-

Lección ochenta y nueve

Que aproveche [1]

1 – Huele a humo. Viene de la cocina…
2 – ¡El bizcocho [2]! Se me habrá quemado.
3 – ¡Uf, sí! ¿Llamo a los bomberos?
4 – Yo que lo hice con toda la ilusión [3], y así es como [4] me lo agradeces, burlándote de mí…
5 – Es broma, mujer. Córtame un trozo, anda, voy a probarlo.
6 – Debí [5] dejarlo menos tiempo…
7 – Yo lo prefiero así, crujiente, y no crudo como de costumbre.
8 – Sé sincero : ¿cómo está?
9 – Ejem… Si hubieras echado menos harina y más levadura, tal vez habría quedado [6] algo [7] más ligero…
10 – Nunca tengo éxito con la repostería.

commandables, viendront à coup sûr frapper vos oreilles : **chistes verdes**, blagues salaces, **tacos**, jurons, *et autres* palabrotas, gros mots.
L'Espagnol, reconnaissons-le, est un peu **malhablado**, *grossier (les Hispano-américains se moquent souvent de ce travers), et la langue familière est volontiers relâchée, quel que soit d'ailleurs le milieu social. Nous vous fournissons à l'occasion des éléments de langue orale ; le "registre sensible" demande, lui, plus de doigté. Assimil vous propose un petit ouvrage, L'argot espagnol, qui vous permettra de savoir ce qu'on peut dire ou pas dans telle ou telle circonstance. Et de savourer, aussi, toute la vigueur expressive de la langue espagnole...*

Deuxième vague : 39ᵉ leçon

Leçon quatre-vingt-neuf

Bon appétit *(Que [ça] profite)*

1 – Ça sent la *(à)* fumée. Ça vient de la cuisine...
2 – Le gâteau ! Il a dû brûler *(Se me aura brûlé)*.
3 – Hou là, oui ! J'appelle les pompiers ?
4 – Moi qui l'ai fait *(fis)* avec tout mon cœur *(enthousiasme)*, et c'est ainsi que *(comme)* tu me remercies, en te moquant de moi...
5 – Je plaisante *(Est blague)*, allons. Coupe-m'[en] un bout, allez, je vais le goûter.
6 – J'aurais dû *(Je-dus)* le laisser moins longtemps...
7 – Moi je le préfère comme ça, croustillant, et pas cru comme d'habitude.
8 – Sois sincère : il est comment ?
9 – Hum... Si tu avais mis moins [de] farine et plus [de] levure, il aurait peut-être été *(resté)* un peu *(quelque chose)* plus léger...
10 – Je n'ai jamais [de] succès avec la pâtisserie.

89 / Lección ochenta y nueve

11 – No pasa nada [8]. Venga, vamos a merendar una taza de té con galletas [2] y mermelada.
12 – No seré nunca una gran cocinera, ¡y eso que lo intento!
13 No me sale bien [9] ni un huevo pasado por agua.
14 – La pasta se te da bien [10]. Queda un poco sosa a veces, cuando se te olvida la sal,
15 y un poco blanda cuando cuece demasiado, pero en general está buena.
16 – ¿Sí? Pues he descubierto una nueva receta: ¡pasta con chocolate!
17 ¿A que te mueres de ganas de probarla?

Prononciation
… apRobétché **1** … oumo… **2** … biZcotcho… quémado **3** … bo'mbéRoss **4** … iloussio'n… **5** … coRtamé… tRoZo… **7** … cRouHié'nté… cRoudo… **8** … si'nZéRo… **9** … aRina… lébadouRa… **10** … éksito… RépostéRia **11** … taZa… galyétass… meRmélada **12** … coZinéRa… **14** … pasta… sossa… **15** … couéZé… **16** … descoubieRto… RéZéta…

Notes

1 Il y a aussi une autre formule pour souhaiter bon appétit : **buen provecho**, littér. "bon profit".

2 **galleta** (phrase 11) et **bizcocho** peuvent tous deux se traduire par *gâteau*, mais il s'agit de réalités très différentes. **La galleta** est *le gâteau sec* et **el bizcocho** le *gâteau* basique spongieux (œufs, farine, sucre, levure), éventuellement enrichi ou aromatisé : **bizcocho de chocolate, bizcocho de limón**, etc. Rayon pâtisserie, nous avons déjà vu (leçon 8) **la tarta**, qui peut être un faux-ami quand il désigne le gros gâteau crémeux et coloré qui trône, on se demande bien pourquoi, en vitrine de nombreuses pâtisseries espagnoles. Pour compliquer les choses, voici aussi **el pastel**, gâteau encore, mais (en Espagne en tout cas) le terme est plutôt réservé aux petits gâteaux individuels. Pour le petit déjeuner, demandez **un bollo**, *une viennoiserie* (génériquement **la bollería**, *la viennoiserie*) : **¿Qué tienen de bollería?**, *Qu'avez-vous comme viennoiserie ?*

Leçon quatre-vingt-neuf / 89

11 – Ce n'est pas grave *(Ne se-passe rien)*. Allons, nous allons goûter une tasse de thé avec des gâteaux secs et de la confiture.
12 – Je ne serai jamais une grande cuisinière, et pourtant *(et ça que)* j'*(je le)* essaye !
13 Je ne réussis *(Ne me sort bien)* même pas un œuf à la coque *(passé par eau)*.
14 – En pâtes, tu es bonne *(La pâte se te donne bien)*. Elles sont *(Reste)* un peu fades parfois quand tu oublies le sel,
15 et un peu molles quand elles cuisent trop, mais en général elles sont bonnes.
16 – C'est vrai *(Oui)* ? Eh bien j'ai découvert une nouvelle recette : [les] pâtes au *(avec)* chocolat !
17 *(À que)* Tu meurs d'envie d'y *(de la)* goûter, [pas vrai] ?

3 **ilusión** est un mot très espagnol, qui exprime des sentiments complexes. Son sens premier est identique au français et renvoie aux imaginations fausses : **No te hagas ilusiones**, *Ne te fais pas d'illusions*. Mais **ilusión** peut aussi se charger de connotations joyeuses et positives. Le dictionnaire de la **Real Academia** le définit comme "espérance dont la réalisation semble particulièrement attirante". On parlera ainsi de **la ilusión de todos los días**, "l'espérance de tous les jours", slogan de la loterie de la ONCE ; ou de **la ilusión en la mirada de un niño**, *l'émerveillement dans le regard d'un enfant* à l'approche de Noël. On peut également l'appliquer aux activités : faire quelque chose **con ilusión**, c'est la faire *avec enthousiasme/joie*, en y mettant *tout son cœur*.

4 Encore une façon de rendre la tournure emphatique "c'est... que". Il s'agit ici d'exprimer la manière, et on aura donc **así es como**, *c'est ainsi que* (littéralement "ainsi est comme").

5 Valeur tout à fait singulière du passé simple de **deber**, qui peut servir à exprimer un conditionnel passé : **No debí hacerlo**, *Je n'aurais pas dû le faire* ; **No debiste hablarle así**, *Tu n'aurais pas dû lui parler comme ça*. Nous verrons en leçon de révision qu'il n'est pas le seul verbe à pouvoir prendre cette valeur.

6 Remarquez à nouveau cet emploi pratiquement intraduisible de **quedar**, qui remplace **estar** en mettant en avant la constatation d'un résultat : **El bizcocho no ha quedado muy ligero**, *Le gâteau n'est pas très léger, au final.*

7 Les pronoms indéfinis **algo**, *quelque chose* et **nada**, *rien*, prennent parfois une valeur adverbiale de quantification (respectivement *un peu* et *pas du tout*) : **Estoy algo cansado**, *Je suis un peu fatigué* ; **No está nada bueno**, *Il n'est pas bon du tout*.

8 Le verbe **pasar** joue parfois des tours aux francophones. Il peut avoir le même sens qu'en français (**Paso por aquí**, *Je passe par ici*), mais aussi celui d' "entrer" (**Pasa, no te quedes ahí**, *Entre, ne reste pas là*). Il n'est pas pronominal lorsqu'il veut dire "se passer" : **¿Qué pasa?**, *Que se passe-t-il ?* En ce sens, **No pasa nada** signifie littéralement "Il ne se passe rien", mais retenez qu'il s'agit aussi d'une locution courante servant à dédramatiser une situation (**Oh, perdón**, *Oh, pardon*. / **No pasa nada**, *Ce n'est pas grave*.).

***

 Ejercicio 1 – Traduzca
❶ No necesito probarlo, se ve que está crudo. Debiste echar menos harina y más levadura. ❷ Te he cortado un gran trozo de tarta de limón. ¡Buen provecho! ❸ Nunca tengo éxito con la pasta, y eso que lo intento : o se me olvida la sal o la cuezo demasiado. ❹ Así es como me gustan los bizcochos y la bollería, algo crujientes. ❺ El huevo pasado por agua, lo quiero como de costumbre, así, sin sal, un poco soso.

***

Ejercicio 2 – Complete
❶ Ça sent un peu la fumée, mais ce n'est pas grave, allons. Nous n'allons pas appeler les pompiers parce que le gâteau a brûlé !
..... un poco a ...., pero ...., mujer. ¡No vamos a .... porque se ha ....!

❷ Ce n'est pas comme ça qu'on fait les pâtes, sans sel et trop cuites.
No es ...., sin ... y ....

❸ Je ne suis pas une grande cuisinière, mais je suis assez bonne en pâtisserie.
No soy una gran ....,
pero ....

❹ Je meurs d'envie de prendre une tasse de thé chaud avec des

Leçon quatre-vingt-neuf / 89

La forme pronominale **pasarse** existe, mais au sens d'"exagérer" : **Se pasa con la bebida**, *Il/elle boit trop* ; **Te has pasado**, *Tu es allé/e trop loin*.

9 **salir** (**bien** ou **mal**) + pronom personnel indirect peut qualifier le succès rencontré dans une entreprise : **Me ha salido bien el examen**, *Je m'en suis bien sorti à l'examen* ; **Me salen mal las tartas**, *Je réussis mal les gâteaux*. On peut aussi employer le verbe intransitivement, sans pronom : **La operación ha salido bien / mal**, *L'opération a réussi / échoué*.

10 **darse** (suivi d'un pronom et d'un adverbe appréciatif) exprime un talent, une capacité : **Se le dan muy bien las matemáticas**, *Il est très bon en maths* ; **Se me da fatal la repostería**, *Je suis nul en pâtisserie*.

***

Corrigé de l'exercice 1
❶ Je n'ai pas besoin de le goûter, on voit qu'il est cru. Tu aurais dû mettre moins de farine et plus de levure. ❷ Je t'ai coupé un gros morceau de gâteau au citron. Bon appétit ! ❸ Je n'ai jamais de succès avec les pâtes, et pourtant j'essaye : soit j'oublie le sel, soit je les fais trop cuire. ❹ C'est comme ça que j'aime les gâteaux et la viennoiserie, un peu croustillants. ❺ L'œuf à la coque, je le veux comme d'habitude, comme ça, sans sel, un peu fade.

***

gâteaux secs et de la confiture de fraise.
Me . . . . de tomar una taza de . . . .
con . . . . y . . . . de . . . . . .

❺ J'ai découvert une nouvelle recette et je l'ai faite avec tout mon cœur, mais je l'ai complètement ratée.
He . . . . una nueva . . . . la he hecho . . . toda
la . . . . , pero . . . .

Corrigé de l'exercice 2
❶ Huele – humo – no pasa nada – llamar a los bomberos – quemado el bizcocho ❷ – así como se hace la pasta – sal – demasiado cocida ❸ – cocinera – se me da bastante bien la repostería ❹ – muero de ganas – té caliente – galletas – mermelada – fresa ❺ – descubierto – receta y – con – ilusión – me ha salido fatal

Deuxième vague : 40e leçon

cuatrocientos cuarenta • 440

Lección noventa

La casa de Tócame Roque

1 – Como alguien vuelva a dejar el tubo de pasta de dientes destapado, ¡me voy del piso!
2 – No es para tanto, mujer...
3 – En efecto, eso es lo de menos.
4 Lo que de verdad me pone enferma [1] es que los chicos dejéis el lavabo lleno de pelos [2] cada vez que os afeitáis.
5 ¡Y que os equivoquéis de cepillo de dientes y cojáis el mío!
6 ¡Y que gastéis todo el gel de ducha y nunca compréis papel higiénico!
7 Nunca debí compartir un piso con semejante [3] pandilla. ¡Es un infierno!
8 Me hacía ilusión [4] convivir con jóvenes de distintos países,
9 pero hubiera estado [5] mejor solita,
10 ¡aunque hubiera tenido [6] que buscarme trabajillos para pagar el alquiler!
11 – No te pongas así, venga, que [7] te va a dar un ataque.
12 Ah, por cierto, hoy tenemos un nuevo huésped [8], un amigo italiano que viene a pasar unos días...
13 – O sea, que vais a montar una juerga otra vez...
14 Voy a darme una ducha para tranquilizarme un poco.
15 ¡¡Mi champú!! ¿¿Quién demonios ha usado mi champú??

Leçon quatre-vingt-dix

La pétaudière

1 – Si jamais *(Comme)* quelqu'un laisse à nouveau le tube de dentifrice ouvert *(débouché)*, je m'en vais de l'appartement !
2 – Ce n'est pas si grave *(pour tant)*, allons...
3 – En effet, ce n'est pas le pire *(c'est le de moins)*.
4   Ce qui me rend *(met)* malade pour de bon *(de vérité)*, c'est que [vous,] les garçons [, vous] laissiez le lavabo plein de poils chaque fois que vous vous rasez.
5   Et que vous vous trompiez de brosse à dents et preniez la mienne !
6   Et que vous consommiez tout le gel *(de)* douche et n'achetiez jamais de papier hygiénique !
7   Je n'aurais jamais dû *(Jamais je-dus)* partager un appartement avec [une] pareille bande. C'est un enfer !
8   Je me faisais une joie *(Me faisait illusion)* [de] cohabiter avec des jeunes de différents pays,
9   mais j'aurais été mieux toute seule,
10   même si j'avais dû me chercher des petits boulots pour payer le loyer !
11 – Ne te mets pas dans cet état *(ainsi)*, allons : tu vas faire *(que va te donner)* une crise.
12   Ah, d'ailleurs, aujourd'hui nous avons un nouvel hôte, un ami italien qui vient passer quelques jours...
13 – Autrement dit, vous allez encore faire une bringue...
14   Je vais prendre *(me donner)* une douche pour me calmer un peu.
15   Mon shampoing !! Qui diable *(démons)* a utilisé mon shampoing ??

90 / Lección noventa

 Prononciation

... to**camé R**o**qué** 1 ... tou**b**o... **dié'**n**tess** desta**pa**do... 4 ... **pé**lo**ss**... afé**ïta͞ïs** 5 ... **Z**épi**ly**o... 6 ... **H**el... **d**ou**tch**a... **iHi**énico 7 ... sémé**Ha'n**té pa'**n**di**ly**a... i'**n**fie**R**no 8 ... co'nbi**biR**... disti'**n**toss... 10 ... t**R**aba**H**ilyoss... alqui**leR** 11 ... ata**qué** 12 ... ou**és**pe**ᵈ**... 13 ... **H**oue**R**ga... 14 ... t**R**a'nquili**Z**a**R**mé... 15 ... tcha'**mpou**... dé**mon**ioss...

Remarques de prononciation

(6) Le mot **gel** n'est nullement un emprunt au français, mais un terme dérivé de **gelatina**, à prononcer donc invariablement à l'espagnole : *[Hel]*. **(15)** L'hispanisation orthographique de l'anglais **shampoo** donne **champú**, prononcé *[tcha'mpou]*. Notez que l'espagnol latino-américain préfère souvent l'orthographe et la prononciation originales anglaises.

 Notes

1 **ponerse**, nous l'avons vu, est une des façons d'exprimer une transformation ; c'est un équivalent de *devenir* : **Me pongo enfermo**, *Je tombe malade* ; **Se pone nervioso**, *Il s'énerve* ; **Te pones triste**, *Tu es attristé*. Dans la phrase du dialogue, l'idée est la même, mais le verbe est actif (**poner**, *rendre*) : **Me pone enferma**, *Ça me rend malade*. On pourrait dire, de même : **Me pones nervioso**, *Tu m'énerves* ; **Esa noticia le pone triste**, *Cette nouvelle l'attriste*.

2 **los pelos**, au pluriel, désigne *les poils* ; **un pelo**, selon le contexte, sera *un cheveu* (**Hay un pelo en la sopa**, *Il y a un cheveu dans la soupe*) ou *un poil* (**un pelo de barba**, *un poil de barbe*). Quant à **el pelo**, pris collectivement, c'est comme vous le savez, *les cheveux* (**Tiene el pelo rizado**, *Il/Elle a les cheveux frisés*).

3 L'adjectif **semejante** exprime avant tout la ressemblance : **Tienen voces muy semejantes**, *Ils ont des voix très semblables*. Mais il peut aussi,

***

Ejercicio 1 – Traduzca

❶ No me hace ninguna ilusión compartir un piso con semejante pandilla. ❷ Como alguien use mi cepillo de dientes, me da un ataque. ❸ El nuevo huésped deja pelos en el lavabo cuando se afeita. ❹ Voy a darme una ducha, que necesito tranquilizarme. ❺ De estudiante conviví con jóvenes de distintos países y fue un infierno.

Leçon quatre-vingt-dix / 90

comme le français "pareil", prendre une valeur laudative ou péjorative ; c'est le cas ici : **semejante pandilla**, *une pareille bande*. **Semejante** peut enfin être un substantif : **Ayudar al semejante**, *Aider son semblable*.

4 Il n'y a pas, nous l'avons vu, de terme français qui corresponde exactement et quel que soit le contexte à **ilusión**. Même chose pour **hacer ilusión**, qui pourra se rendre par *faire envie / faire plaisir / faire rêver*… Ou encore, comme ici, par *se faire une joie de*.

5 Le subjonctif plus-que-parfait peut souvent prendre une valeur de conditionnel passé. On pourrait aussi bien dire ici : **Hubiera estado mejor sola** et **Habría estado mejor sola**, *J'aurais été mieux seule*.

6 Voici une phrase concessive à l'irréel du passé, qui appelle donc un temps composé : **aunque tuviera que…**, *même si je devais* (irréel du présent) / **aunque hubiera tenido que…**, *même si j'avais dû*…

7 Comme en français, **que** peut être un pronom relatif (**El piso que alquila**, *L'appartement qu'il/elle loue*) ou une conjonction (**Creo que es caro**, *Je crois qu'il est cher*). En espagnol, il a aussi, en particulier dans la langue parlée, une valeur causale, explicative ou illustrative qui ne peut pas être traduite par "que" : **Date prisa, que se va el tren**, *Presse-toi : ton train va partir* (*car / parce que ton train va partir*). C'est le cas ici : **No te pongas así, que te va a dar un ataque**, *Ne te mets pas dans cet état : tu vas faire une crise*. Souvent, la traduction la plus simple sera de mettre deux points, qui indiquent justement une explication à ce qui précède.

8 Le mot *hôte* a deux traductions en espagnol. Quand il s'agit de la personne qui est reçue, c'est **el huésped** ; mais quand on parle de la personne qui reçoit, c'est **el anfitrión** (**Gracias por todo, sois unos magníficos anfitriones**, *Merci pour tout, vous êtes des hôtes merveilleux*).

***

Corrigé de l'exercice 1
❶ Ça ne me fait pas du tout envie de partager un appartement avec une pareille bande. ❷ Si jamais quelqu'un utilise ma brosse à dents, je fais une crise. ❸ Le nouvel hôte laisse des poils dans le lavabo quand il se rase. ❹ Je vais prendre une douche : j'ai besoin de me calmer. ❺ Quand j'étais étudiant, j'ai vécu avec des jeunes de différents pays et ce fut un enfer.

Ejercicio 2 – Complete

1. Même si j'avais trouvé des petits boulots, je n'aurais jamais pu payer le loyer.
   Aunque ....,
   nunca .... pagar el ....

2. Qui diable a laissé mon shampoing ouvert ?
   ¿Quién .... ha ...... mi ....?

3. Ne te mets pas dans cet état, allons : ce n'est pas si grave.
   ...., venga, ... no es ....

4. Tout le monde consomme du dentifrice, du gel douche et du papier hygiénique, mais personne n'en achète.
   Todos ....,..........
   y ...., pero nadie compra.

5. Et ce n'est pas le pire. Ce qui me rend malade, c'est que vous fassiez des bringues sans arrêt.
   Y eso es .... Lo que .... es
   que .... sin parar.

***

La casa de Tócame Roque *est l'équivalent espagnol de la fantaisiste* Cour du roi Pétaud, *ou pétaudière : une communauté de personnes où règnent le désordre et l'anarchie.*
Mais cette maison, devenue légende, a bel et bien existé ! Sise **Calle del Barquillo**, *à Madrid, citée dans plusieurs œuvres littéraires et détruite vers le milieu du XIXe siècle, il s'agissait en fait d'une* **corrala**, *habitat populaire typique de l'architecture urbaine madrilène. Derrière un porche étroit donnant sur la rue,* **la corrala** *consiste en une grande cour centrale autour de laquelle se répartissent, sur plusieurs étages, un grand nombre de petits logements ; ceux-ci sont desservis par des couloirs ouverts en balcons et donnant sur la cour. On voit d'emblée les facilités que cette structure en ruche offre au*

Corrigé de l'exercice 2

❶ – hubiera encontrado trabajillos – habría podido – alquiler ❷ – demonios – dejado – champú destapado ❸ No te pongas así – que – para tanto ❹ – gastan pasta de dientes, gel de ducha – papel higiénico – ❺ – lo de menos – me pone enferma – montéis juergas –

***

déploiement d'une vie collective théâtrale et bruyante, et nombre de romanciers (**Galdós**, **Pío Baroja**) ont pris une **corrala** pour cadre de leurs écrits.
Le développement urbanistique de la capitale a eu raison de bien des **corralas**, trop exiguës, insalubres ou simplement inadaptées. Mais plusieurs centaines d'entre elles ont été sauvées, réaménagées, et reconverties en espaces d'habitation moderne (ou même hôtelier), d'un charme certain. On trouve aussi de belles **corralas** à Séville et, sous d'autres noms, en Hispano-Amérique : **vecindades** au Mexique, **solares** à Cuba ou **conventillos** dans le Cône sud (Argentine, Chili, Uruguay).

Deuxième vague : 41ᵉ leçon

Lección noventa y uno

Repaso - Révision

1 L'irréel du passé

1.1 Dans la subordonnée conditionnelle

Vous connaissez l'irréel du présent (événements hypothétiques ou irréalisables au moment où l'on parle) ; il se rend en espagnol par le subjonctif imparfait dans la subordonnée et le conditionnel dans la principale :
Si dejaras el bizcocho menos tiempo en el horno, no se quemaría.
Si tu laissais le gâteau moins longtemps au four, il ne brûlerait pas.
L'irréel du passé, lui, envisage des événements qui furent irréalisables dans le passé. On l'exprime, comme en français, par des temps composés ; en espagnol le subjonctif plus-que-parfait dans la subordonnée, et le conditionnel passé dans la principale :
Si hubieras dejado el bizcocho menos tiempo en el horno, no se habría quemado.
Si tu avais laissé le gâteau moins longtemps au four, il n'aurait pas brûlé.

1.2 Les deux formes du conditionnel passé

Logiquement, le conditionnel passé se forme avec le conditionnel de l'auxiliaire **haber** (**habría**) suivi du participe passé du verbe concerné. On trouve toutefois fréquemment, dans ce cas, l'auxiliaire au subjonctif imparfait (**hubiera**), qui prend alors une valeur de conditionnel :
Habría podido empujar el coche. / Hubiera podido empujar el coche.
J'aurais pu pousser la voiture.
Les deux formes sont courantes, correctes et ont le même sens.

1.3 Une alternative au conditionnel passé

Au passé simple, les verbes **deber** et **poder** peuvent prendre une valeur de conditionnel passé :
No debí hablarle así, *Je n'aurais pas dû lui parler comme ça.*
No debiste hacerlo, *Tu n'aurais pas dû le faire.*

Leçon quatre-vingt-onze

Pude ser más amable, *J'aurais pu être plus aimable*.
Pudimos ayudarle, *Nous aurions pu l'aider*.

2 L'expression de la concession

2.1 *Aunque* et la subordonnée concessive

Comme la conditionnelle, la concessive peut se décliner en espagnol sur plusieurs degrés : de l'indicatif au subjonctif plus-que-parfait :
Aunque tengo un empleo, no puedo pagar el alquiler.
Bien que j'aie un emploi, je ne peux pas payer le loyer.
(c'est un fait réel = j'ai vraiment un emploi → indicatif en espagnol).
Aunque tenga un empleo, no podré pagar el alquiler.
Même si j'ai un emploi, je ne pourrai pas payer le loyer.
(le fait n'est pas réel – je n'ai pas présentement un emploi – mais il reste possible → subjonctif présent).
Aunque tuviera un empleo, no podría pagar el alquiler.
Même si j'avais un emploi, je ne pourrais pas payer le loyer.
(le fait n'est pas réel et je ne l'envisage même pas comme possible en ce moment → subjonctif imparfait).
Aunque hubiera tenido un empleo, no habría podido pagar el alquiler.
Même si j'avais eu un emploi, je n'aurais pas pu payer le loyer.
(je parle de choses qui n'ont pas eu lieu dans le passé → subjonctif plus-que-parfait).

2.2 Autres subordonnées concessives

En dehors de "bien que" et "même si", il existe en français toute une panoplie de subordonnées concessives, d'usage plus ou moins courant, du type "quelque argent qu'il ait", ou "tout grand qu'il soit". Ou encore simplement la tournure "avoir beau".
Leur équivalent espagnol est, lui, très usuel. Il peut prendre trois formes :

• **Concession portant sur un verbe**
Por más que ou **por mucho que...** :
Por más que digas, *Tu auras beau dire*.
Por mucho que hagas, *Tu auras beau faire*.

• Concession portant sur un adjectif ou un participe
Por muy ... que :
Por muy listo que parezca...
Tout malin qu'il semble...
Por muy quemado que esté...
Quelque brûlé qu'il soit...

• Concession portant sur un nom
Por más ... que ou **por mucho(s) / mucha(s) ... que** :
Por más (ou **por mucha**) **razón que tengas...**
Tu auras beau avoir raison...
Por mucho dinero que tengas...
Tu auras beau avoir de l'argent...
Por mucha levadura que eches...
Tu auras beau mettre de la levure...

2.3 Conjonctions à valeur concessive

Vous connaissez déjà **a pesar de**, *malgré* ; nous avons découvert dans ces leçons **y eso que**, *et pourtant* ; ajoutez **sin embargo**, *cependant*.
A pesar de mis numerosos fracasos, voy a intentar hacer un bizcocho.
Malgré mes nombreux échecs, je vais essayer de faire un gâteau.
Nunca tengo éxito con mis recetas, y eso que lo intento.
Je n'ai jamais de succès avec mes recettes, et pourtant j'essaye.
No soy buen cocinero. La repostería, sin embargo, se me da bastante bien.
Je ne suis pas bon cuisinier. En pâtisserie, cependant, je suis assez bon.

3 La tournure emphatique : "c'est ... que / c'est ... qui"

Pour rendre les phrases plus expressives, l'espagnol joue souvent sur l'ordre des mots, plus souple qu'en français. Par exemple **Vivo aquí** signifie simplement *J'habite ici*, sans effet d'insistance ; l'inversion **Aquí vivo**, elle, met en avant le lieu : *C'est ici que j'habite*.
On peut aussi passer par une tournure plus développée, mais il faut alors connaître un certain nombre d'usages de l'espagnol.

3.1 Insister sur le temps, le lieu ou la manière

L'espagnol distingue les différentes circonstances sur lesquelles on veut insister : le "que" français se rendra donc par **cuando**, par

donde ou par **como**.
¿Es ahora cuando me lo dices?
C'est maintenant que tu me le dis ?
¿Es aquí donde vives?
C'est ici que tu habites ?
¿Es así como me lo agradeces?
C'est comme ça que tu me remercies ?

3.2 Insister sur l'identité

L'insistance peut aussi porter sur une personne ou une chose. On utilise dans ce cas **el (los) que / la (las) que** ; **quien(es)** est possible s'il s'agit d'une personne ; **lo que** renvoie à un pronom neutre.
¡Es el portero quien (ou **el que**) **debe vigilar!**
C'est le concierge qui doit surveiller !
¡Son los vecinos quienes (ou **los que**) **tienen que quejarse!**
Ce sont les copropriétaires qui doivent se plaindre !
¡Son estas noticias las que me ponen enfermo!
Ce sont ces nouvelles qui me rendent malade !
¡Es eso lo que cuesta caro!
C'est ça, ce qui coûte cher !

3.3 La préposition dans la tournure d'insistance

L'élément sur lequel porte l'insistance peut être précédé d'une préposition. Dans ce cas, on répète la préposition en espagnol : **Es por ti por quien lo hago**, "C'est pour toi pour qui je le fais".
Es al presidente a quien tienes que decírselo.
C'est au président que tu dois le dire.
Es contigo con quien estoy hablando.
C'est avec toi que je suis en train de parler.
Es de ti de quien se trata.
C'est de toi qu'il s'agit.

3.4 Le temps du verbe et l'ordre des mots

Alors qu'en français "c'est" reste au présent quel que soit le contexte temporel de la phrase, l'espagnol tend à mettre **es** au temps du verbe qui lui fait écho.
Fue ahí donde la conoció, *C'est là qu'il l'a connue.*
Era él quien te llamaba, *C'est lui qui t'appelait.*
No he sido yo quien lo ha dicho, *Ce n'est pas moi qui l'ai ("l'a") dit.*

Enfin, sachez que l'espagnol joue encore ici sur l'ordre des mots pour donner plus d'expressivité à la phrase. Dans cette structure, par exemple, on place souvent au début le mot ou le groupe à mettre en valeur :

¿Ahora es cuando llegas?
C'est maintenant que tu arrives ?
Así fue como terminó la peli.
C'est comme ça que le film s'acheva.
Para ayer era para cuando lo necesitaba.
C'est pour hier que j'en avais besoin.

4 Périphrases verbales

Vous l'avez vu dans cette série, un certain nombre de verbes peuvent se substituer à **ser** ou **estar**, en apportant des nuances souvent intraduisibles.

4.1 *Quedar* à la place de *estar*

Devant un adjectif, **quedar** remplace **estar** en lui donnant une valeur résultative pratiquement intraduisible : on constate quelque chose en sous-entendant un enchaînement de circonstances qui ont précédé. On l'applique souvent (mais pas seulement) à des réactions psychologiques :

Quedé estupefacta, *J'ai été stupéfaite*.
Quedamos muy satisfechos, *Nous avons été très satisfaits*.
La pasta ha quedado sosa, *Les pâtes sont fades*.

Dans les trois cas, il s'est passé un certain nombre de choses qui me font dire cela.

4.2 *Resultar* à la place de *ser*

Devant un adjectif ou un participe passé, **resultar** remplace **ser** en apportant une idée semblable : on met l'accent sur un effet, un résultat, un bilan.

Resulta increíble, *C'est proprement incroyable*.
Estas vacaciones han resultado muy agradables.
Ces vacances ont été très agréables.
Resultó herido en un accidente.
Il a été blessé dans un accident.

4.3 *Resulta que*

Resulta que introduit toute une proposition. Il n'y a pas, ici non plus, de traduction standard, mais il s'agit encore de prendre acte d'une situation : "il se trouve que", "il s'avère que"...

He ido al médico y resulta que tengo solo un resfriado.
Je suis allé/e chez le médecin et il se trouve que j'ai seulement un rhume.

¡Y ahora resulta que la culpa la tengo yo!
Et maintenant, voilà que c'est moi le coupable !

Vous trouverez par exemple aussi cette formule lorsque quelqu'un commence un petit récit, raconte un potin ou entame une explication. On résume, on redémarre : dans tous les cas, il y a tout un "avant", dont mes paroles sont le "résultat".

Resulta que en realidad el protagonista está en el paro.
Et donc, en fait, le protagoniste est au chômage.

5 Autour des conjonctions de coordination

5.1 Les traductions de "mais"

– **Pero** traduit *mais* lorsque la proposition qui précède est affirmative :
Tina es trabajadora, pero se pasa el día cantando.
Tina est travailleuse, mais elle passe sa journée à chanter.

– Si la première proposition est à la forme négative, **pero** devient **sino** :
Tina no es mi asistenta, sino una amiga que me ayuda.
Tina n'est pas ma femme de ménage, mais une amie qui m'aide.

– Lorsque **sino** introduit et précède un verbe, la locution devient **sino que** :
No quiere que la pague, sino que la escuche cantar.
Elle ne veut pas que je la paye, mais que je l'écoute chanter.

Attention, cette règle ne doit pas être appliquée de façon mécanique ! Pour que *mais* se rende par **sino que**, il faut que la deuxième proposition prenne le contrepied de la première. Dans l'exemple ci-dessus, ainsi, Tina ne veut pas être payée, elle veut autre chose (= **sino que**). En revanche, si la deuxième partie de la phrase se contente de limiter, nuancer ou préciser la première sans la contredire radicalement, c'est **pero** qu'il faut employer :

No me cae mal Tina, pero sus chistes me aburren.
Je ne déteste pas Tina, mais ses blagues m'ennuient.

5.2 Règles d'usage pour "et" et "ou"

Lorsque la conjonction **y** précède un mot commençant par un **-i** (ou un **-hi**), on l'écrit et la prononce **e**, pour éviter la rencontre des deux voyelles :

vigilar e impedir, *surveiller et empêcher*
geografía e historia, *géographie et histoire*.

Une règle similaire s'applique à la conjonction **o**, qui devient **u** devant **-o** ou **-ho** :

siete u ocho, *sept ou huit*
uno u otro, *l'un ou l'autre*
mujer u hombre, *femme ou homme*

▶ Diálogo de repaso

1 – Estoy helada. ¿Por qué no pones un rato la calefacción?
2 – Tengo que ahorrar. Si quieres, te ofrezco un té caliente con galletas y mermelada.
3 – Dime, no quiero ser cotilla, pero ¿te pasa algo?
4 – Mil cosas. Anteanoche el coche no quiso arrancar. Lo llevé al taller y el mecánico me dijo que no tenía arreglo.
5 – Vaya por Dios…
6 – Y eso es lo de menos. Resulta que estoy en el paro. Me han despedido.
7 – Me dejas de piedra.
8 – Me voy a mudar. Sin sueldo ya no puedo pagar el alquiler.
9 Te pido un favor : si te enteras de algún trabajillo y de un pisito barato, me avisas, ¿vale?
10 – ¿Por qué no te vienes con nosotros mientras encuentras algo?
11 Somos una pandilla de estudiantes de distintos países que compartimos piso.
12 – ¿De verdad? Es que todo se me ha puesto tan cuesta arriba…

Leçon quatre-vingt-onze / 91

13 – Venga, ¡ánimo!
14 – No sabes cuánto te lo agradezco.
15 – Ah, sí, una cosa. A los huéspedes les pedimos que no hagan ruido, ¿de acuerdo?
16 – Sinceramente, no estoy para juergas.
17 – Y también que laven los platos, barran, frieguen el suelo y cocinen para todos de vez en cuando.
18 – Precisamente he descubierto una nueva receta : ¡pasta con chocolate! Me sale muy bien.
19 – Bueno, si no quieres cocinar, no pasa nada.

Traduction

1 Je suis gelée. Pourquoi est-ce que tu ne mets pas le chauffage un moment ? **2** Je dois économiser. Si tu veux, je t'offre un thé chaud avec des gâteaux secs et de la confiture. **3** Dis-moi, je ne veux pas être commère, mais il t'arrive quelque chose ? **4** Mille choses. Avant-hier soir la voiture n'a pas voulu démarrer. Je l'ai amenée au garage et le mécanicien m'a dit qu'on ne pouvait pas la réparer. **5** Allons bon… **6** Et ce n'est pas le pire. Il se trouve que je suis au chômage. On m'a licencié. **7** Tu me laisses sans voix. **8** Je vais déménager. Sans salaire je ne peux plus payer le loyer. **9** Je te demande un service : si tu es au courant d'un petit boulot et d'un petit appartement bon marché, tu m'avertis, d'accord ? **10** Pourquoi ne viens-tu pas vivre avec nous en attendant que tu trouves quelque chose ? **11** Nous sommes une bande d'étudiants de différents pays qui partageons un appartement. **12** Vraiment ? C'est que tout est devenu si difficile pour moi… **13** Allez, courage ! **14** Tu ne sais pas à quel point *(combien)* je t'en remercie. **15** Ah, oui, une chose. Nous demandons aux hôtes de ne pas faire de bruit, d'accord ? **16** Sincèrement, je n'ai pas le cœur à faire la bringue. **17** Et aussi de faire la vaisselle, balayer, laver le sol et cuisiner pour tout le monde de temps en temps. **18** Justement j'ai découvert une nouvelle recette : les pâtes au chocolat ! Je la réussis très bien. **19** Bon, si tu ne veux pas cuisiner, ce n'est pas grave.

Deuxième vague : 42ᵉ leçon

Lección noventa y dos

La vuelta a ¹ España (en sueños)

1 – ¡Cómo me gustaría tomarme un año sabático para dar ² la vuelta al mundo!
2 – Yo con dar la vuelta a España me conformaría.
3   Hay tantos rincones de aquí por ³ los que aún no he viajado, tantos lugares desconocidos con los que sueño…
4   Sin ir más lejos, Extremadura, mi asignatura pendiente ⁴.
5   El teatro romano de Mérida, los palacios de los conquistadores en Trujillo… : ¡no los conozco más que ⁵ en fotos!
6   Por cierto, de ir ⁶ por esa zona no me perdería el Valle del Jerte.
7   A mediados de ⁷ marzo, cientos de miles de cerezos se cubren de flores.
8   Dicen que es como si hubiera nevado, un espectáculo inolvidable.
9 – Pues a mí me molan ⁸ las playas del Atlántico.
10   ¡Las olas de Tarifa para hacer windsurf!
11 – Ya puestos, están ⁹ las islas Canarias : más exótico imposible.
12 – Sí, subir al Teide, 3 718 (tres mil setecientos dieciocho) metros, el punto más alto de España. Es la ilusión de mi vida.
13 – Y para mí lo máximo sería participar en ¹⁰ el carnaval de Santa Cruz de Tenerife.

Leçon quatre-vingt-douze

Le tour de l' *(à)* Espagne (en rêves)

1 – Comme j'aimerais me prendre une année sabbatique pour faire *(donner)* le tour du *(au)* monde !
2 – Moi, je me contenterais de *(avec)* faire le tour de l'*(à)* Espagne.
3 Il y a tant de coins d'ici où *(par lesquels)* je n'ai pas encore voyagé, tant d'endroits inconnus dont *(avec lesquels)* je rêve...
4 Sans aller plus loin, l'Estrémadure, mon vieux projet *(ma matière en-suspens)*.
5 Le théâtre romain de Merida, les palais des conquistadors à *(en)* Trujillo... : je ne les connais *(plus)* qu'en photos !
6 D'ailleurs, si j'allais *(d'aller)* dans *(par)* cette zone-là, je ne raterais *(me perdrais)* pas la Vallée du Jerte.
7 À [la] mi-mars, des centaines de milliers de cerisiers se couvrent de fleurs.
8 On dit que c'est comme s'il avait neigé, un spectacle inoubliable.
9 – Eh bien moi je kiffe les plages de l'Atlantique.
10 Les vagues de Tarifa pour faire [de la] planche à voile !
11 – Tant qu'à faire *(Déjà mis)*, il y a *(sont)* les îles Canaries : [il n'y a pas] plus exotique *(impossible)*.
12 – Oui, escalader le *(monter au)* Teide, 3 718 mètres, le point culminant *(plus haut)* de [l'] Espagne. C'est le rêve de ma vie.
13 – Et pour moi le top *(maximum)* ce serait de participer au *(dans le)* carnaval de Santa Cruz de Tenerife.

cuatrocientos cincuenta y seis • 456

14 O en el de La Palma, disfrazado de [10] indiano [11] y fumando un puro como si volviera de Cuba.
15 – ¡Ay, qué barato es soñar!

Prononciation
1 … sa**ba**tico… *3* … **Ri'n**co**n**ess… desco**no**Zidoss… *4* … ekst**Ré**ma**dou**Ra… pé'n**dié'n**té *5* … téa**t**Ro Ro**ma**no… **Mé**Rida… pala**Zi**oss… t**R**ou**Hi**lyo… *6* … ba**l**yé… **He**Rté *7* … **mé**diadoss… **Zé**Ré**Z**oss… **cou**bRé'n… **flo**Ress *8* … inolbi**da**blé *9* … **mo**la… atla'n**ti**co *10* … ta**Ri**fa… **oui'nd**souRf *11* is**l**ass cana**Ri**ass… **ék**so**ti**co… *12* … **téj**dé… *13* … **mak**simo… paRtiZi**paR**… caRna**bal**… téné**Ri**fé *14* … **pal**ma disfRa**Za**do… i'n**dia**no… **pou**Ro… **cou**ba

Remarque de prononciation
(10) La prononciation des anglicismes, nous l'avons vu, peut être sujette à bien des fluctuations. Dans le cas de **windsurf**, par exemple, on fait porter l'accent tonique sur la première syllabe (comme en anglais), mais on prononce couramment le **u** à l'espagnole : *[**oui'nd**souRf]*.

Notes

1 Les amateurs de cyclisme connaissent bien le terme **la Vuelta**, équivalent du *Tour* pour l'Espagne. Attention à la préposition : **la Vuelta a España**, *le Tour d'Espagne*.

2 **dar**, comme vous le savez, perd souvent sa valeur première, *donner*, et prend un sens génériquement actionnel : **dar una vuelta**, *faire un tour* ; **dar la vuelta a**, *faire le tour de*, etc. Retenez la petite variation **darle la vuelta a**, qui signifie *retourner* : **Le doy la vuelta a la tortilla**, *Je retourne la tortilla*.

3 L'espagnol est précis dans son usage des prépositions : **viajar a** est différent de **viajar por**. Dans le premier cas, on désigne le point d'arrivée (**He viajado a París**, *J'ai fait un voyage à Paris*) ; dans le second un périple (**He viajado por Francia**, *J'ai voyagé à travers la France*).

4 La **asignatura pendiente** est l'objet phobique de tout étudiant : c'est la "matière en suspens", autrement dit l'examen qu'on a raté et qu'il va falloir repasser. On la désigne aussi, elliptiquement, par le verbe **quedar** : **¿Cuántas te han quedado?**, *Il t'en est resté combien ?* (sous-en-

Leçon quatre-vingt-douze / 92

14 Ou à *(dans le)* celui de La Palma, déguisé en *indiano* et en train de fumer un cigare comme si je revenais *(revinsse)* de Cuba.

15 – Ah, les rêves ne coûtent rien *(que bon-marché il-est de rêver)* !

tendu : de matières à repasser). Hors contexte universitaire, **asignatura pendiente** évoque couramment une tâche qui reste à accomplir, toujours remise à plus tard ; la session de septembre de la vie, en quelque sorte : vieux rêves, éternels projets et autres dossiers en attente.

5 Il y a deux façons d'exprimer une restriction : **solo** et **no... más que** : **Solo las conozco en fotos** / **No las conozco más que en fotos**, *Je ne les connais qu'en photos.*

6 **de** + infinitif est une façon idiomatique et simple d'exprimer une supposition : **De ir a Extremadura...**, *Si j'allais en Estrémadure...* Comme vous le voyez, cette structure équivaut ici à une conditionnelle à l'imparfait du subjonctif (= **Si fuera a Extremadura**). Elle peut même exprimer un irréel du passé : **De haberlo sabido**, *Si j'avais su* (= **Si lo hubiera sabido**).

7 **a mediados de** est une locution temporelle qui vous permet de situer approximativement un événement : **a mediados de mayo**, *à la mi-mai*. Elle s'applique à des unités de temps comme la semaine, le mois, l'année ou le siècle : **Nos vemos a mediados de semana**, *On se voit vers le milieu de la semaine.*

8 Présent dans le dictionnaire de la **Real Academia**, et encore plus dans le parler familier, voici **molar**, qui s'inscrit globalement dans le champ sémantique de *kiffer*. On peut le construire de façon indirecte, comme **gustar** : **Me molan las playas de Tarifa**, *Je kiffe les plages de Tarifa* ; et aussi comme un verbe intransitif : **Las playas de Tarifa molan**, *Les plages de Tarifa sont kiffantes*. Comme un grand nombre de mots de la langue argotique et familière, **molar** est un terme hérité du **caló**, le romani ibérique parlé par les Gitans d'Espagne. Il s'agit d'une langue mixte, de contact, qui se plie aux flexions grammaticales du castillan tout en conservant un riche bagage lexical propre.

9 Vous connaissez la traduction standard de "il y a", *hay* : **Hay mucha gente**, *Il y a beaucoup de gens*. Devant un article défini, il faudra en revanche employer **estar** : **Están las Islas Canarias**, *Il y a les îles Canaries*.

10 Le régime prépositionnel des verbes est souvent source d'erreurs. Retenez ici **participar en**, *participer à* ; et **disfrazarse de**, *se déguiser en*.

***

Ejercicio 1 – Traduzca
❶ De Extremadura no conozco más que algunos rincones. ❷ Si te molan las olas, las playas del Atlántico son inolvidables. ❸ De tener dinero, me tomaría un año sabático. ❹ Sueño con viajar por países desconocidos y exóticos. ❺ Dimos la vuelta a la isla y, ya puestos, subimos al Teide, el punto más alto de España.

***

Ejercicio 2 – Complete
❶ Mon vieux projet, c'est de faire le tour d'Espagne à vélo.
   Mi .... es .... a España en bicicleta.

❷ En quoi vas-tu te déguiser pour participer au carnaval ?
   ¿..... te vas a .... para .... carnaval?

❸ Il y a un endroit dont je rêve, la Vallée du Jerte à la mi-mars, avec des milliers de cerisiers en fleur.
   Hay un lugar .... sueño, el ..... del Jerte a ...., con ....

❹ En Espagne, il y a les plages, bien sûr, mais le top, pour moi, ce sont les palais des conquistadors et le théâtre romain de Merida.
   En España ...., claro, pero ...., para mí, ... de los conquistadores y el .... de Mérida.

❺ Il n'y a pas de meilleurs cigares qu'à Cuba.
   .... que en Cuba, ...

Leçon quatre-vingt-douze / 92

11 Attention à ce faux-ami, **indiano**, qui ne désigne pas un Indien, mais un Espagnol émigré en Amérique et revenu au pays.

***

Corrigé de l'exercice 1
❶ De l'Estrémadure, je ne connais que quelques coins. ❷ Si tu kiffes les vagues, les plages de l'Atlantique sont inoubliables. ❸ Si j'avais de l'argent, je me prendrais une année sabbatique. ❹ Je rêve de voyager à travers des pays inconnus et exotiques. ❺ Nous avons fait le tour de l'île et, tant qu'à faire, nous avons escaladé le Teide, le point culminant de l'Espagne.

***

Corrigé de l'exercice 2
❶ – asignatura pendiente – dar la vuelta – ❷ De qué – disfrazar – participar en el – ❸ – con el que – Valle – mediados de marzo – miles de cerezos en flor ❹ – están las playas – lo máximo – son los palacios – teatro romano – ❺ Mejores puros – imposible

***

Morceau d'Espagne au large des côtes méridionales du Maroc, l'archipel canarien, climat subtropical aidant, reçoit bon an mal an une dizaine de millions de touristes. Comme dit une chanson populaire, **Tenerife tiene seguro de sol***, Tenerife a une assurance-soleil.*

Mais le climat est encore la moindre des singularités de cette Communauté autonome. Escale dans le premier voyage de Christophe Colomb, puis tête de pont vers le Nouveau Monde, les Canaries ont été durablement marquées par l'Amérique, dans un séculaire va et vient d'échanges. Dans la cuisine, la musique et les fêtes, l'architecture populaire, la façon de prononcer l'espagnol et même le lexique, flotte un parfum caribéen.

Il faut dire que nombre de Canariens ont tenté l'aventure américaine, entre la fin du xixe et le début du xxe. Comme on aime surtout à évoquer les succès, le carnaval de **La Palma** *célèbre chaque année le retour de ces* **indianos** *(émigrés revenus au pays) : vêtu de blanc, panama sur la tête, grosse valise à la main et cigare aux lèvres, on défile au son des* **habaneras** *cubaines, dans de grands nuages de poudre de talc.*

*Dans le nord de l'Espagne (Galice, Asturies, Cantabrie), on partit aussi pour **hacer las Américas**, tenter de faire fortune outre-mer. Ceux qui réussirent se firent souvent construire, au retour, des maisons monumentales, les célèbres **casas de indianos**, typiques par leur architecture disparate et leurs couleurs éclatantes, et dans le jardin desquelles, insolite sous ces cieux mouillés, un grand palmier nostalgique immanquablement se balance.*

Deuxième vague : 43e leçon

Lección noventa y tres

La ruta [1] de don Quijote

1 "En un lugar [2] de la Mancha, de cuyo [3] nombre no quiero acordarme…"
2 es una frase que cualquier español se sabe [4] de memoria.
3 Así empieza una de las obras más famosas de la literatura : Don Quijote de la Mancha.
4 Desde luego, ¿quién no conoce la imagen de don Quijote, con Sancho Panza a su lado montado en un burro?
5 Hoy en día, una ruta turística permite seguir [5] los pasos del héroe de Cervantes,
6 un hidalgo [6] pobre, loco por las novelas de caballería,
7 que decide cruzar [5] el mundo, en pleno siglo diecisiete [7],
8 defendiendo a los más débiles, como los caballeros de la Edad Media.
9 Saliendo de Toledo, inmortalizada [8] por el pintor El Greco, recorrerás llanuras, sierras y lagunas,

Leçon quatre-vingt-treize

L'itinéraire de don Quichotte

1 "Dans un village *(endroit)* de la Manche, dont je ne veux pas me rappeler le nom…"
2 est une phrase que n'importe quel Espagnol connaît par cœur *(se sait de mémoire)*.
3 [C'est] ainsi [que] commence une des œuvres [les] plus célèbres de la littérature : Don Quichotte de la Manche.
4 Effectivement, qui ne connaît l'image de don Quichotte, avec Sancho Panza à son côté monté sur *(dans)* un âne.
5 De nos jours *(Aujourd'hui en jour)*, un itinéraire touristique permet [de] suivre les pas du héros de Cervantès,
6 un gentilhomme pauvre, fou de *(pour les)* romans de chevalerie,
7 qui décide [de] traverser le monde, en plein dix-septième siècle *(siècle dix-sept)*,
8 en défendant *(à)* les plus faibles, comme les chevaliers du Moyen Âge.
9 En partant de Tolède, immortalisée par le peintre El Greco, tu parcourras des plaines, des chaînes de montagnes et des lagunes,

93 / Lección noventa y tres

10 y te encontrarás con [9] molinos de viento,
11 como aquellos con los que [10] luchó don Quijote, creyendo que eran gigantes.
12 La Mancha es también tierra de uvas y viñedos.
13 Imagínate a la sombra de un árbol, tomándote [4] un valdepeñas [11] fresquito y leyendo el Quijote…
14 ¿Qué [12], te animas [13]?

Prononciation

… **R**outa… qui**H**oté 1 … ma'**n**tcha… cou**y**o… 2 … f**R**assé… 3 … litéRa**tou**Ra… 4 … ima**H**é'n… sa'**n**tcho pa'**n**Za… bou**R**o 5 … tou**R**istica… **pa**ssoss… é**R**oé… Ze**R**ba'**n**téss 6 … i**d**algo… cabalyé**R**ia 7 … **plé**no… **si**glo… 8 défé'**n**dié'**n**do… **dé**biless… 9 … to**lé**do… i'nmo**R**tali**Z**ada… pi'n**toR**… **gR**éco… lyanou**R**ass… la**gou**nass 10 … mo**li**noss… 11 … Higa'**n**tess 12 … ou**b**ass… big**né**doss 13 ima**H**inaté… so'm**b**Ra… baldé**pé**gnass… 14 … animass

Notes

1 La route sur laquelle circulent les véhicules s'appelle, comme vous le savez, **la carretera** ; **la ruta** désigne *l'itinéraire*. Il s'agit d'ailleurs d'un gallicisme et on le retrouve avec ce sens-là en français dans des expressions comme "la route de la soie", "la route du rhum", etc.

2 Dans la langue classique et encore aujourd'hui, **lugar** peut désigner un *village*, une *bourgade*. C'est bien en ce sens que l'emploie Cervantès dans l'incipit de son roman.

3 **cuyo** est un pronom relatif particulier, qui a une fonction de complément du nom et se rend souvent par *dont*. Dans cette phrase, par exemple (**un lugar de cuyo nombre no quiero acordarme**), **cuyo** représente **lugar** et est complément de **nombre** : **el nombre de un lugar → un lugar cuyo nombre**. Son emploi présente de nombreuses singularités que nous verrons en leçon de révision.

4 L'espagnol utilise la forme pronominale de certains verbes pour donner une valeur d'intensité à l'action décrite. Cela est vrai de verbes signifiant des opérations mentales comme, par exemple, **leer** : **Me he leído** el Quijote varias veces, *J'ai lu le Quichotte plusieurs fois*. Dans le dialogue, nous avons **saber** : **Cualquier español se sabe de memoria**

Leçon quatre-vingt-treize / 93

10 et tu tomberas sur *(te rencontreras avec)* des moulins à *(de)* vent,
11 comme ceux contre *(avec)* lesquels lutta don Quichotte, croyant que c'étaient des géants.
12 La Manche est aussi terre de raisins et de vignes *(vignobles)*.
13 Imagine-toi à l'ombre d'un arbre, en train de *(te)* prendre un *valdepeñas* bien frais et de lire le Quichotte…
14 Alors, ça te dit *(tu t'animes)* ?

el principio del Quijote. C'est aussi le cas de verbes décrivant l'absorption de liquides ou d'aliments (pour autant que ceux-ci soient spécifiés en quantité, qualité ou nature) : **Como a menudo bocadillos**, *Je mange souvent des sandwichs* / **Me he comido dos bocadillos**, *J'ai mangé deux sandwichs*. Dans la leçon, **tomándote** un Valdepeñas (phrase 13) donne ainsi une valeur émotionnelle à l'action de boire.

5 **permitir**, *permettre*, et **decidir**, *décider*, peuvent être suivis d'un infinitif ; remarquez bien que l'espagnol construit directement, alors que le français introduit la préposition "de" : **permite seguir**, *ça permet de suivre* ; **decide cruzar**, *il décide de traverser*.

6 **hidalgo**, qui est passé au français avec un sens souvent imagé, désigne techniquement le degré le plus modeste de la noblesse castillane : un *petit noble*, un *nobliau* (on pourra dire génériquement un *gentilhomme*). C'est bien le cas de don Quichotte, qui vit fort modestement. Il résulte littéralement de la contraction de **hijo de algo**, "fils de quelque chose".

7 Petit rappel : pour les siècles, on utilise les ordinaux jusqu'à 10 et les cardinaux ensuite, en les postposant : **el siglo cuarto**, **el siglo noveno**, *le IVe siècle*, *le IXe siècle* ; **el siglo quince**, **el siglo veintiuno**, *le XVe siècle*, *le XXIe siècle*.

8 Un peu d'orthographe ! Le groupe initial français *imm-* (résultant du préfixe négatif ou privatif *in-*) se transcrit **inm-** en espagnol, puisque **m** n'est pas une des quatre consonnes pouvant être redoublées. On dira et écrira donc **inmortalizado**, *immortalisé*.

9 Par rapport à **encontrar**, *trouver*, **encontrarse con** apporte une idée de découverte ou de rencontre involontaire : **¿Has encontrado las llaves?**, *Tu as trouvé les clés ?* / **Me encontré con Miguel haciendo la compra**, *Je suis tombé sur Miguel en train de faire les courses*.

10 Devant un pronom relatif, l'article espagnol correspond à notre démonstratif : **el que habla**, *celui qui parle*. En revanche, lorsque le relatif est précédé d'une préposition, on utilisera également un démonstratif, de préférence **aquel (los)**, **aquella(s)**, ou **aquello** au neutre : **aquellos con los que luchó**, *ceux contre ("avec") lesquels il lutta* ; **aquel de quien te hablé**, *celui dont je t'ai parlé*.

11 **Valdepeñas**, dans la province de **Ciudad Real** (Communauté autonome de **Castilla-La Mancha**), donne son nom aux vins qui se produisent dans la région. Il s'agit de vins populaires, disons davantage "vins de soif" que "vins de gastronomie".

***

Ejercicio 1 – Traduzca
❶ Toledo fue inmortalizada por un pintor de cuyo nombre nunca me acuerdo. ❷ Venga, anímate : conozco una ruta muy bonita, que permite cruzar la Mancha entre los viñedos. ❸ Si sigues los pasos de don Quijote, te encontrarás con sierras y llanuras. ❹ En la Edad Media, los caballeros defendían a los más débiles. ❺ Cualquier español se sabe la primera frase del Quijote y la historia de los gigantes.

***

Ejercicio 2 – Complete
❶ Ça te dit de faire l'itinéraire de don Quichotte monté sur un âne ?
¿.................... de don Quijote
montado ....?

❷ Le héros de Cervantès connaissait par cœur les plaines de la Manche.
El ..... de Cervantes ....
las ....

❸ Dulcinée est le nom de celle dont don Quichotte était fou.
Dulcinea es el nombre de .... don
Quijote ....

12 **¿Qué?**, outre son sens interrogatif, a parfois dans la conversation une valeur de simple interpellation : **¿Qué, te ha gustado este vinito?**, *Alors, tu as aimé ce petit vin ?*

13 **animarse a** + infinitif signifie *se décider à / se motiver à* : **No me animo a decírselo**, *Je ne me décide pas à le lui dire*. Vous utiliserez couramment ce verbe pour convaincre quelqu'un de participer à une activité : **Venga, anímate**, *Allez, fais un effort* ; ou alors tout simplement **¿Te animas?**, *Tu viens ? / Ça te dit ?*

***

Corrigé de l'exercice 1

❶ Tolède fut immortalisée par un peintre dont je ne me souviens jamais du nom. ❷ Allez, fais un effort : je connais un itinéraire très joli, qui permet de traverser la Manche entre les vignes. ❸ Si tu suis les pas de don Quichotte, tu tomberas sur des chaînes de montagnes et des plaines. ❹ Au Moyen Âge, les chevaliers défendaient les plus faibles. ❺ Tout Espagnol connaît la première phrase du Quichotte et l'histoire des géants.

***

❹ J'ai décidé de lire don Quichotte à l'ombre d'un moulin, en prenant un valdepeñas bien frais.

.... don Quijote a la ....,
.... un valdepeñas ....

❺ De nos jours, en plein vingt et unième siècle, qui ne connaît l'image de don Quichotte ?

........, en ...., ¿quién
no .... de don Quijote?

Corrigé de l'exercice 2

❶ Te animas a hacer la ruta – en un burro ❷ – héroe – se sabía de memoria – llanuras de la Mancha ❸ – aquella por quien – estaba loco ❹ He decidido leerme – sombra de un molino, tomándome – fresquito ❺ Hoy en día – pleno siglo veintiuno – conoce la imagen –

On connaît l'histoire de Don Quichotte : un pauvre hidalgo cinquantenaire, fou de romans de chevalerie, quitte un jour sa bibliothèque, enfourche un vieux canasson et part sur la grand-route pour vivre, au hasard des rencontres, la vie fantasmagorique des héros de fictions médiévales.
Publiée en deux parties, en 1605 et 1615, l'œuvre rencontre d'emblée un succès fulgurant, en Espagne et en Europe. C'est d'abord sa veine comique qui enchante le public, le jeu de massacre où notre chevalier halluciné s'en prend (pour son malheur) ici à des moulins à vent et là à quelque triste sire, incarnation de la vilenie. Chacun, ensuite, lira Don Quichotte en chaussant ses propres lunettes. Pour le siècle des Lumières, il s'agit de la satire d'un monde qui disparaît, ses goûts littéraires et ses valeurs chevaleresques tournant au cocasse. Le Romantisme, au contraire, inaugure les lectures "sérieuses" de don Quichotte, qui devient un héros idéaliste, raillé pour sa quête d'une

Lección noventa y cuatro

Misterios mayas

1 Si te interesas por las civilizaciones antiguas,
2 un día u otro tendrás que cruzar el charco [1] e ir a Hispanoamérica.
3 En el sur y el sureste de México, así como [2] en Guatemala y Honduras,
4 verás que millones de indígenas mayas siguen hablando idiomas prehispánicos.
5 Vayas donde vayas [3], sentirás allí el peso de una historia milenaria.
6 La cultura maya se remonta a alrededor del 2000 [4] (dos mil) antes de Cristo [5],
7 y alcanzó su máximo desarrollo entre el 250 (doscientos cincuenta) y el 900 (novecientos) [4] después de Cristo.
8 En aquella época, los mayas eran mejores astrónomos que los europeos.

"inaccessible étoile", comme le dira Jacques Brel dans sa chanson. Le XXe siècle, lui, verra l'œuvre de Cervantès comme le premier roman moderne, tout en complexité narrative et en jeux de fiction.
On n'épuise pas Don Quichotte, et l'ingénieux hidalgo, lecteur radical, fou littéraire pour qui la fiction loge au cœur de la vie, reste par bien des aspects un étrange contemporain. Notre époque, hantée par les fables du story-telling et les réalités virtuelles, ne lui a-t-elle pas, au fond, donné raison ?
À l'occasion de la Journée internationale du livre, chaque 23 avril, le **Círculo de Bellas Artes** de Madrid accueille une lecture publique continue de Don Quichotte, qui s'étend au long de 48 heures. Avis aux amateurs…

Deuxième vague : 44e leçon

Leçon quatre-vingt-quatorze

Mystères mayas

1 Si tu t'intéresses aux *(pour les)* civilisations anciennes,
2 un jour ou [l'] autre tu devras traverser l'Atlantique *(la flaque)* et aller en *(à)* Amérique hispanique.
3 Dans le sud et le sud-est du Mexique, ainsi qu'au *(comme en)* Guatemala et [au] Honduras,
4 tu verras que des millions d'indigènes mayas continuent à parler *(parlant)* des langues préhispaniques.
5 Où que tu ailles *(Ailles où tu ailles)*, tu sentiras là-bas le poids d'une histoire millénaire.
6 La culture maya *(se)* remonte à environ *(autour du)* 2000 avant [Jésus-] Christ,
7 et elle atteignit son plus grand développement entre *(le)* 250 et *(le)* 900 après [Jésus-] Christ.
8 À cette époque-là, les Mayas étaient meilleurs astronomes que les Européens.

9   Construyeron [6] pirámides e inventaron el cero y una escritura que mezclaba dibujos y representaciones de sonidos,
10 pero casi todos los textos fueron quemados por [7] los españoles.
11 Cuando llegaron los conquistadores las grandes ciudades mayas estaban abandonadas [7] desde hacía [8] siglos.
12 Los historiadores no saben a ciencia cierta por qué desapareció la civilización maya.
13 ¿Fue por culpa de grandes guerras? ¿A causa de cambios climáticos?
14 Las selvas de Centroamérica esconden aún grandes misterios…

Prononciation

mis**té**R**io**ss **ma**yass **1** … Zibili**Z**a**Zio**ness… **2** … **tcha**R**co**… **3** … souR**esté**… goua**té**mala… o'n**dou**Rass **4** … mil**yo**néss… i'n**di**Hénass… pR**eïs**p**ani**coss **5** … milé**na**R**ia** **6** … coul**tou**Ra… R**é**mo'nta… alR**é**d**é**do**R**… **cR**isto **7** … déssa**R**olyo… **8** … astR**o**nomoss… éouRop**é**oss **9** co'nstRouy**é**Ro'n pi**R**amidess… i'nbé'ntaRo'n… **Zé**Ro… escR**i**tou**R**a… me**Z**cl**a**ba di**bou**Hoss… so**ni**doss **11** … aba'n**do**n**a**dass **12** … isto**R**iad**o**Réss… **Zié**'**n**Zia… déssapaRé**Zio 13** … cli**ma**ticoss **14** … **sel**bass…

Notes

1   La relation entre l'Espagne et ses anciennes possessions américaines n'a certes pas toujours été un long fleuve tranquille, mais le sentiment de proximité (linguistique, historique, géographique) est bien réel. Pour preuve cette expression familière et courante, **cruzar el charco**, qui signifie "se rendre en Amérique" (ou en Europe pour un Hispano-américain) et qui réduit l'Atlantique aux dimensions d'une flaque…

2   Ne confondez pas **así que** (conséquence) et **así como** (comparaison) : **Los vuelos están baratos ahora, así que compra el billete ya**, *Les vols sont bon marché maintenant, donc prends ton billet tout de suite* ; **En el**

Leçon quatre-vingt-quatorze / 94

9 Ils construisirent des pyramides et inventèrent le zéro et une écriture qui mêlait des dessins et des représentations de sons,
10 mais presque tous les textes furent brûlés par les Espagnols.
11 Quand les conquistadors arrivèrent, les grandes villes mayas étaient abandonnées depuis *(depuis il-faisait)* des siècles.
12 Les historiens ne savent pas au juste *(à science certaine)* pourquoi la civilisation maya disparut.
13 Fut-ce du fait *(par faute)* de grandes guerres ? À cause de changements climatiques ?
14 Les jungles d'Amérique centrale cachent encore de grands mystères…

sur de México así como en Guatemala, *Dans le sud du Mexique ainsi qu'au Guatemala.*

3 Pour exprimer la concession, vous avez rencontré la structure symétrique **hagas lo que hagas**, *quoi que tu fasses* (leçon 80, note 6). En voici une autre du même type : **vayas donde vayas**, *où que tu ailles*. Vous pourriez ici rendre la même idée au moyen de la locution **dondequiera** suivie du pronom relatif : **dondequiera que vayas**.

4 Faut-il ou non mettre un article défini devant une année ? Il existe à ce propos des recommandations de la **Real Academia**… et des usages assez fluctuants. On utilise l'article défini, en principe, jusqu'à l'an 1000 : **entre el 250 y el 900**, *entre 250 et 900* ; mais on dira : **en 1492**. À partir de l'an 2000, il y a une tendance à utiliser l'article, et on dit aussi bien **en el 2012** que **en 2012**. Tenons-nous en donc à la règle, même si dans les faits on trouvera un peu de tout…

5 Le Christ se dit en Espagne sans article : **Cristo**. Ou alors **Jesucristo**. Pour la datation des années antérieures à l'ère chrétienne, on parle de **antes de Cristo** et **después de Cristo, a. C.** et **d. C.** en abrégé.

6 Les verbes en **-uir** ont des particularités de conjugaison au présent de l'indicatif (et donc du subjonctif) et au passé simple : un **y** dit "épenthétique" s'intercale parfois entre le **u** et la terminaison, comme ici dans **construyeron**, *ils construisirent*. Nous ferons un tour d'horizon de cette question en leçon de révision.

7 La voix passive s'exprime par le verbe **ser** et le participe passé accordé, suivi du complément d'agent introduit par **por** : **Los textos fueron quemados por los españoles**, *Les textes furent brûlés par les Espagnols*. Retenez toutefois que l'espagnol utilise moins naturellement le passif que le français. Surtout, distinguez bien cette voix passive du passif dit

***

Ejercicio 1 – Traduzca

❶ En el sureste de México, vayáis donde vayáis, oiréis hablar idiomas prehispánicos. ❷ Los mayas habían inventado el cero desde hacía siglos, antes que los europeos. ❸ La cultura de los antiguos mayas así como la historia de su civilización esconden aún grandes misterios. ❹ Los españoles quemaron casi todos los textos de los indígenas, pero sus idiomas no desaparecieron. ❺ En la piedra de las pirámides podemos ver ejemplos de la escritura maya, que mezclaba dibujos y representaciones de sonidos.

***

Ejercicio 2 – Complete

❶ L'histoire millénaire des Mayas commence environ en 2000 avant Jésus-Christ.
La historia . . . . de los mayas . . . .
2000 . . . .

❷ Elle atteint son plus grand développement entre le IIIe et le Xe siècle après Jésus-Christ.
. . . . su máximo . . . . entre el . . . . y el . . . .

❸ On ne sait pas au juste pourquoi la civilisation que construisirent les Mayas disparut.
No se sabe . . . . por qué
la . . . . los mayas . . . .

Leçon quatre-vingt-quatorze / 94

résultatif, qui s'exprime avec **estar** : **estaban abandonadas**, *elles étaient abandonées* (phrase 11). On constate ici simplement un état, sans mettre en avant la réalisation de l'action ni l'agent qui l'a produite.

8 **desde hace**, la locution exprimant la durée écoulée, contient en fait une forme verbale (**hace**) qui s'accorde au temps de la phrase : **estaban abandonadas desde hacía siglos**.

***

Corrigé de l'exercice 1
❶ Dans le sud-est du Mexique, où que vous alliez, vous entendrez parler des langues préhispaniques. ❷ Les Mayas avaient inventé le zéro depuis des siècles, avant les Européens. ❸ La culture des anciens Mayas ainsi que l'histoire de leur civilisation cachent encore de grands mystères. ❹ Les Espagnols brûlèrent presque tous les textes des indigènes, mais leurs langues ne disparurent pas. ❺ Sur la pierre des pyramides, nous pouvons voir des exemples de l'écriture maya, qui mêlait des dessins et des représentations de sons.

***

❹ Un jour ou l'autre je traverserai l'Atlantique et j'irai visiter les jungles d'Amérique centrale.
.... cruzaré el .... iré a visitar
las ....

❺ Certains historiens disent que les villes des Mayas furent abandonnées du fait de changements climatiques.
Algunos .... dicen que las ciudades de los
mayas ....

Corrigé de l'exercice 2
❶ – milenaria – empieza alrededor del – antes de Cristo ❷ Alcanza – desarrollo – siglo tercero – siglo décimo después de Cristo ❸ – a ciencia cierta – civilización que construyeron – desapareció ❹ Un día u otro – charco e – selvas de Centroamérica ❺ – historiadores – fueron abandonadas por culpa de cambios climáticos

Deuxième vague : 45ᵉ leçon

Lección noventa y cinco

El águila [1] y la serpiente

1. Los aztecas eran un pueblo nómada cuya lengua [2] era el náhuatl.
2. Según una profecía, tenían que fundar una ciudad, Tenochtitlán,
3. ahí donde vieran [3] un águila [1] comiéndose una serpiente.
4. Dicen que esto ocurrió en 1325 (mil trescientos veinticinco) en el lugar donde se encuentra la actual Ciudad de México.
5. A partir de ahí los aztecas construyeron un inmenso [4] imperio
6. que se extendió desde el Valle de México hasta Centroamérica.
7. Cuando la Conquista española, Tenochtitlán era una de las ciudades más pobladas del mundo.
8. La religión azteca descansaba en la idea de que el sol desaparecería,
9. a no ser que le dieran [5] la sangre de los sacrificios humanos.
10. Cortés llegó a México en 1519 (mil quinientos diecinueve) y, con la ayuda de los enemigos de los aztecas,
11. destruyó [6] su imperio en un par de años.
12. El México de hoy reivindica con orgullo [7] a sus antepasados prehispánicos.
13. La estatua de Cuauhtémoc, último emperador indígena, se encuentra en el cruce de las dos avenidas más importantes de la capital,

Leçon quatre-vingt-quinze

L'aigle et le *(la)* serpent

1 Les Aztèques étaient un peuple nomade dont la langue était le nahuatl.
2 Selon une prophétie, ils devaient fonder une ville, Tenochtitlan,
3 là où ils verraient *(vissent)* un aigle en train de *(se)* manger un *(une)* serpent.
4 On dit que cela se produisit en 1325, à *(dans)* l'endroit où se trouve l'actuelle *(Ville de)* Mexico.
5 À partir de là, les Aztèques construisirent un immense empire
6 qui s'étendit depuis la Vallée de Mexico jusqu'en *(à)* Amérique centrale.
7 Au moment de *(Quand)* la Conquête espagnole, Tenochtitlan était une des villes [les] plus peuplées du monde.
8 La religion aztèque reposait sur l'idée *(de)* que le soleil disparaîtrait,
9 à moins qu'on ne lui donne *(donnât)* le *(la)* sang des sacrifices humains.
10 Cortès arriva au Mexique en 1519 et, avec l'aide des ennemis des Aztèques,
11 il détruisit leur empire en deux *(une paire de)* ans.
12 Le Mexique d'aujourd'hui revendique avec fierté *(à)* ses ancêtres préhispaniques.
13 La statue de Cuauhtémoc, dernier empereur indigène, se trouve au *(dans le)* croisement des deux avenues [les] plus importantes de la capitale,

14 el estadio de fútbol se llama Estadio Azteca
15 y la bandera del país lleva un águila y una serpiente.

Prononciation
... a**gui**la... se**R**pié'**n**té **1** ... a**Z**técass... **no**mada... **na**ouatl **2** sé**gou'n**... p**R**oféZia... fou'nda**R**... ténoch**ti**tla'n **5** ... co'nst**R**ouïé**R**o'n... i'n**mé**'nso i'mpé**R**io... **6** ... eksté'**ndio**... **7** ... po**bla**dass... **8** ... ReliHio'**n**... déssapa**R**é**Z**é**R**ia **9** ... sa**cR**ifi**Z**ioss ou**ma**noss **10** co**R**téss... **11** ... dest**R**ouï**o**... **12** ... Réïbi'**ndi**ca... o**R**gou**lyo**... a'ntépa**ssa**doss... **13** ... esta**toua**... couaou**té**moc... e'mpéRa**doR**... c**R**ou**Z**é... abé**ni**dass... **14** ... estadio... **15** ... ba'n**dé**Ra...

Remarque de prononciation
(2) Vous trouverez parfois des variations dans la prononciation de mots issus de langues préhispaniques ; toutes sortes de parti-pris s'en mêlent. Pour l'ancienne capitale aztèque, par exemple, les tenants d'une accentuation sur la dernière syllabe s'opposent à ceux qui préfèrent une prononciation "restituée", *[ténochtitla´n]*, les mots nahuatls ne portant pas d'accent tonique sur la dernière syllabe.

Notes
1 Les mots féminins commençant par un **a** (ou **ha**) tonique prennent l'article défini masculin **el** ; par exemple ici **águila**, qui est un mot féminin : **el águila**, et non **la águila**. Sur le même principe, on dira **el hambre**, *la faim*, ou **el alma**, *l'âme*. Pour que cette règle s'applique, il faut que ce soit bien le **a** initial qui porte l'accent tonique du mot. On dira par exemple logiquement **la amiga** (puisque la syllabe tonique est le **mi**) ou **la harina**, *la farine*. L'article indéfini **un** suit la même règle : **un águila** (même si la forme **una águila** n'est pas incorrecte). Attention, le changement d'article ne signifie pas que le mot change de genre, et un éventuel adjectif restera au féminin : **el águila negra**, *l'aigle noir*.

2 Notez que **cuyo** s'accorde en genre et nombre non pas avec son antécédent (le mot qu'il représente, ici **pueblo**), mais avec celui dont il est complément (le mot qui le suit, ici **lengua**) : **un pueblo cuya lengua**, *un peuple dont la langue*.

14 le stade de football s'appelle Stade Aztèque,
15 et le drapeau du pays porte un aigle et un *(une)* serpent.

3 Remarquez ici **vieran**, imparfait du subjonctif de **ver**, que l'on va traduire par un conditionnel : *là où ils verraient*. Si la phrase était au présent, nous aurions : **Tienen que fundar una ciudad ahí donde vean…**, *Ils doivent fonder une ville là où ils verront…* (on a le subjonctif présent dans la relative, après **donde**, pour exprimer un futur). La règle de concordance des temps au passé implique le subjonctif imparfait en espagnol, et le conditionnel en français.

4 Nous avons vu une règle orthographique à la leçon 93, concernant le groupe **inm-** (**inmortalizado**, *immortalisé*) ; en voici un autre exemple : **inmenso**, *immense*.

5 **a no ser que**, *à moins que*, introduit une conditionnelle au subjonctif ; puisque la phrase est au passé, ce sera donc le subjonctif imparfait : **a no ser que le dieran**.

6 Au passé simple, **destruir**, comme **construir**, intercale un **y** aux 3es personnes du singulier et du pluriel : **destruyó**, *il détruisit* ; **construyó**, *il construisit* ; **destruyeron**, *ils détruisirent* ; **construyeron**, *ils construisirent*.

7 Le mot **orgullo** possède en espagnol un double visage. Dans sa version la plus noire, il est le nom d'un des sept péchés capitaux, *l'orgueil*, qui est aussi un des vices couramment attribués à l'âme espagnole. Mais **el orgullo** peut aussi représenter *la fierté* légitime qu'on éprouve, pour soi-même ou pour ses œuvres. Même chose, donc, pour l'adjectif **orgulloso**, avec un balancement entre **ser** et **estar** : **Es muy orgulloso**, *Il est très orgueilleux* / **Estoy muy orgulloso de ti**, *Je suis très fier de toi*.

95 / Lección noventa y cinco

▶ Ejercicio 1 – Traduzca

❶ Cuando la llegada de los españoles, los aztecas tenían miedo de que el sol desapareciera. ❷ Su religión decía que el mundo sería destruido, a no ser que se realizaran sacrificios humanos. ❸ Fundaréis una ciudad ahí donde veáis lo que dice la profecía. ❹ Los aztecas construyeron un imperio cuyas ciudades estaban muy pobladas. ❺ Según los historiadores, muchos pueblos prehispánicos compartían la idea de que el sol podía apagarse.

***

Ejercicio 2 – Complete

❶ Les Mexicains sont fiers de leurs ancêtres préhispaniques.
   Los mexicanos .... de .... prehispánicos.

❷ Les Aztèques, dont l'immense empire fut détruit par les Espagnols, parlaient le nahuatl.
   Los aztecas, ... los españoles, ... el náhuatl.

❸ Ils fondèrent Tenochtitlan là où ils virent un aigle et un serpent.
   .... Tenochtitlán ... donde ....

❹ Le drapeau mexicain et le nom du stade de football revendiquent avec fierté le passé préhispanique.
   .... mexicana y el nombre del .... de fútbol .... con ....

Corrigé de l'exercice 1

❶ Au moment de l'arrivée des Espagnols, les Aztèques avaient peur que le soleil disparaisse. ❷ Leur religion disait que le monde serait détruit, à moins qu'on ne fasse des sacrifices humains. ❸ Vous fonderez une ville là où vous verrez ce que dit la prophétie. ❹ Les Aztèques construisirent un empire dont les villes étaient très peuplées. ❺ Selon les historiens, beaucoup de peuples préhispaniques partageaient l'idée que le soleil pouvait s'éteindre.

***

❺ Le dernier empereur indigène a sa statue au croisement des deux grandes avenues de Mexico.
.... tiene .... de las dos grandes .... de México.

Corrigé de l'exercice 2

❶ – están orgullosos – sus antepasados – ❷ – cuyo inmenso imperio fue destruido por – hablaban – ❸ Fundaron – ahí – vieron un águila y una serpiente ❹ La bandera – estadio – reivindican – orgullo el pasado prehispánico ❺ El último emperador indígena – su estatua en el cruce – avenidas de Ciudad –

Deuxième vague : 46ᵉ leçon

Lección noventa y seis

Érase una vez [1]... Argentina

1. Con una superficie [2] de 2 780 000 [3] (dos millones setecientos ochenta mil) kilómetros cuadrados, Argentina es el país hispanohablante más extenso,
2. y el segundo de Iberoamérica tras [4] Brasil.
3. Por su tamaño, Argentina abarca una gran variedad climática :
4. calor en el norte, seco o húmedo según las estaciones [5],
5. y mucho frío en el sur, en Tierra del Fuego.
6. Al oeste, los Andes [6] forman su frontera natural con Chile
7. y, en el centro, la pampa es una inmensa llanura con hierbas de hasta dos metros de altura.
8. Dedicada a la ganadería y también al cultivo del trigo, se asocia con la imagen tradicional del gaucho, el vaquero argentino.
9. No hubo aquí grandes imperios prehispánicos, como el de los aztecas de México o el de los incas del Perú [7],
10. y por lo tanto tampoco una numerosa población indígena.
11. Argentina la poblaron inmigrantes [8] europeos, italianos, españoles y de muchos más orígenes,
12. sobre todo entre finales [9] del siglo diecinueve y principios [9] del veinte.

Leçon quatre-vingt-seize

Il était une fois ... [l']Argentine

1 Avec une superficie de 2 780 000 kilomètres carrés, [l'] Argentine est le pays hispanophone [le] plus étendu,
2 et le deuxième d'Ibéro-Amérique après [le] Brésil.
3 Par sa taille, [l'] Argentine embrasse une grande variété climatique :
4 chaleur dans le nord, sèche ou humide selon les saisons,
5 et beaucoup [de] froid dans le sud, en Terre de *(du)* Feu.
6 À l'ouest, les Andes forment sa frontière naturelle avec [le] Chili
7 et, dans le centre, la pampa est une immense plaine avec des herbes qui font *(de)* jusqu'à deux mètres de hauteur.
8 Consacrée à l'élevage, et aussi à la culture du blé, elle s'associe à *(avec)* l'image traditionnelle du gaucho, le cow-boy argentin.
9 Il n'y eut pas ici de grands empires préhispaniques, comme celui des Aztèques du Mexique ou celui des Incas du Pérou,
10 et par conséquent pas non plus une nombreuse population indigène.
11 [L'] Argentine fut peuplée par *(la peuplèrent)* des immigrants européens, italiens, espagnols et de beaucoup d'autres *(plus)* origines,
12 surtout entre la fin du dix-neuvième siècle *(siècle dix-neuf)* et le début du vingtième *(vingt)*.

13 Buenos Aires es la ciudad del mundo con más pizzerías, estadios de fútbol y librerías por habitante.
14 Y también la capital del tango, la música que refleja las mil raíces de Argentina.
15 ¿Sabés [10] bailarlo?

Prononciation
éRassé... aRHé'ntina **1** ... soupeRfiZié... couadRadoss... ispanoabla'nté **2** ... ibéRoamérica... bRassil **3** ... tamagno... aba**R**ca... baRiéda^d... **4** ... oumédo... estaZionéss **6** ... **a**'ndéss fo**R**ma'n... fRo'ntéRa... tchilé **7** ... **pa'm**pa... ié**R**bass... altou**R**a **8** ... ganadé**R**ia... assoZia... tRadiZio**nal**... gaoutcho... **9** ... **i**'ncas... pé**Rou 10** ... noumé**Ro**ssa pobla**Zio'n**... **11** ... po**bla**Ro'n i'nmi**gra'n**téss... o**R**iHénéss **12** ... finaléss... pRi'n**Zi**pioss... **13** ... pitsé**R**ias... lib**R**é**R**iass... abi**ta'n**té **14** ... **ta'n**go... Réflé**H**a... Rai**Z**éss... **15** sa**b**éss...

Remarque de prononciation
(15) Non non, ce n'est pas une coquille : vous lisez bien **sabés**, *tu sais*, et non **sabes**, qui serait la forme que vous connaissez. Il s'agit d'un argentinisme (voir l'explication en note 10 et dans la prochaine leçon de révision).

 Notes

1 Voici la formule figée et traditionnelle qui sert de début aux contes de fées. Vous pourrez également trouver **había una vez**, comme dans la version espagnole du célèbre *Il était un petit navire*... : **Había una vez un barquito chiquitito...**

2 En français, la distinction entre "surface" et "superficie" est parfois subtile ; l'espagnol vous évite ce casse-tête et **superficie** vaudra dans les deux sens : **la superficie de España**, *la superficie de l'Espagne* ; **una gran superficie**, *une grande surface*.

3 Pour l'écriture des nombres de plus de 4 chiffres, la recommandation est la même qu'en français : on les sépare par une espace (et non par un point), en tranches de trois. Pour ces grands nombres, retenez aussi que *un milliard* se dit **mil millones**.

Leçon quatre-vingt-seize / 96

13 Buenos Aires est la ville du monde avec [le] plus [grand nombre de] pizzerias, [de] stades de football et [de] librairies par habitant.
14 Et aussi la capitale du tango, la musique qui reflète les mille racines de [l'] Argentine :
15 Tu sais le danser ?

4 Globalement un peu moins fréquent que **después de** et **detrás de** dans la conversation courante, **tras** possède une valeur mixte, temporelle et spatiale : **tras la cena**, *après le repas* ; **tras la puerta**, *derrière la porte* ; ou ordinale, comme ici **tras Brasil**, *après le Brésil*. On va le trouver dans de nombreuses locutions du type **hora tras hora**, *heure après heure*, **día tras día**, *jour après jour*.

5 Retenez le double sens du mot **estación**, *saison (de l'année)*, donc, mais aussi *gare* : **la estación del ferrocarril**, *la gare du chemin de fer* ; **la estación de autobuses**, *la gare routière*.

6 Les mers, les océans, les fleuves et les montagnes sont masculins en espagnol : **el Mediterráneo**, *la Méditerranée* ; **el Atlántico**, *l'Atlantique* ; **el Tajo**, *le Tage* ; **los Alpes**, *les Alpes* ; **los Pirineos**, *les Pyrénées*.

7 Les noms de pays ne prennent généralement pas l'article en espagnol : **Francia**, *la France* ; **España**, *l'Espagne* ; **Inglaterra**, *l'Angleterre*. Il y a cependant un certain nombre d'exceptions, qui tiennent à des traditions ou à des usages particuliers. Par exemple, des pays dont le nom est en fait un nom commun prennent souvent l'article : **los Estados Unidos**, *les Etats-Unis* ; **los Países Bajos**, *les Pays-Bas*. C'est aussi le cas du *Pérou*, dont le nom officiel est **República del Perú** (on peut donc aussi bien dire **Voy a Perú** que **Voy al Perú**, *Je vais au Pérou*). Vous lirez aussi souvent **la India**, *l'Inde*, ou **la China**, *la Chine*, mais tous ces usages sont très fluctuants et le langage journalistique, par exemple, tend à effacer partout l'article.

8 La phrase espagnole, vous l'avez constaté, ne suit pas toujours un ordre linéaire sujet-verbe-complément. Pratiquement tous les mots ou groupes de mots peuvent être mis en valeur, par exemple, dans cette phrase, le complément d'objet direct **Argentina**. Cette inversion est fréquente ; on place d'abord le COD, puis un pronom de rappel, le verbe et le sujet à la fin : **Argentina la poblaron inmigrantes**, "L'Argentine la peuplèrent des immigrants". Sur ce principe, on pourrait dire, par exemple, **El tango lo inventaron los argentinos** ou **El centro de Argentina lo ocupa la pampa**. Si on veut comparer ici le français et l'espagnol, on remarque que le français tendra à utiliser une forme passive (*Le tango fut inventé par les Argentins*, *Le centre de l'Argentine est occupé par la pampa*) que l'espagnol cherche à éviter.

9 Souvenez-vous, à la leçon 92, de **a mediados de marzo**, *à la mi-mars*. Des locutions similaires existent pour situer des événements au début ou à la fin d'une période : **a principios de**, *au début de* ; **a finales de**, *à la fin de*.

***

Ejercicio 1 – Traduzca
❶ La pampa la conocen por sus llanuras y sus vaqueros. ❷ Para desarrollar la ganadería se necesitan grandes superficies de tierra y mucha hierba. ❸ El país hispanohablante más poblado es México y Argentina es el más extenso. ❹ La población de origen europeo es más numerosa que la indígena. ❺ El norte de Argentina tiene un clima caliente, con una estación húmeda y otra seca.

***

Ejercicio 2 – Complete
❶ Des immigrants de toutes les origines peuplèrent l'Argentine, entre la fin du dix-neuvième siècle et le début du vingtième.

.... Argentina,
entre .... y .... del veinte.

❷ Par sa taille (plus de deux millions et demi de kilomètres carrés), l'Argentine est le deuxième pays le plus étendu d'Ibéro-Amérique après le Brésil.

Por su ...... (más de dos ....
de kilómetros ....), Argentina es
el .... de Iberoamérica .... Brasil.

❸ Le point culminant de l'Amérique se trouve dans les Andes argentines, à 6 962 mètres.

El ..... más .... de América se encuentra
en .... , a ....
metros.

10 Et ne quittons pas l'Argentine sans un argentinisme, le plus courant et le plus utile à connaître de tous, celui qui concerne le tutoiement. Il ne passe pas comme en espagnol castillan par **tú** mais par un pronom particulier, **vos** (d'où le nom de **voseo** donné au tutoiement). La forme verbale utilisée est la 2ᵉ personne du pluriel sans le **-i** : **sabés**, *tu sais*. On dira par exemple **vos sos**, *tu es*. Les amateurs de bandes dessinées peuvent trouver de multiples exemples de **voseo** en lisant les histoires de Mafalda en langue originale.

***

Corrigé de l'exercice 1
❶ La pampa est connue pour ses plaines et ses cow-boys. ❷ Pour développer l'élevage, on a besoin de grandes surfaces de terre et de beaucoup d'herbe. ❸ Le pays hispanophone le plus peuplé est le Mexique et l'Argentine est le plus étendu. ❹ La population d'origine européenne est plus nombreuse que l'indigène. ❺ Le nord de l'Argentine a un climat chaud, avec une saison humide et une autre sèche.

***

❹ L'Argentine est un pays immense, qui embrasse par conséquent une grande variété climatique, du nord au sud et d'est en ouest.
Argentina es un país ...., ... una gran ...., de ..... a ... y de .... a ....

❺ La capitale de l'empire inca se trouvait dans le sud-est de l'actuel Pérou.
La .... inca .... en el .... actual.

Corrigé de l'exercice 2
❶ Inmigrantes de todos los orígenes poblaron – finales del siglo diecinueve – principios – ❷ – tamaño – millones y medio – cuadrados – segundo país más extenso – tras ❸ – punto – alto – los Andes argentinos – seis mil novecientos sesenta y dos – ❹ – inmenso, que abarca por lo tanto – variedad climática – norte – sur – este – oeste ❺ – capital del imperio – se encontraba – sureste del Perú –

Deuxième vague : 47ᵉ leçon

Lección noventa y siete

Buen viaje (1.ª parte)

1 – ¡Menuda [1] tarifa he encontrado! Un vuelo de ida y vuelta Sevilla-Mallorca, con salida el 31 de julio y regreso el 15 de agosto.
2 – ¿Por cuánto te ha salido [2]?
3 – Una ganga, ¡43 con 70! Hasta he podido elegir asiento : ventanilla, para ver el despegue.
4 – Como factures maletas te costará un ojo de la cara, seguro.
5 – No pienso llevar conmigo más que un equipaje de mano [3].
6 – Yo no me fiaría. Esos vuelos de bajo coste van siempre a tope.
7 Mientras no tienes la tarjeta de embarque en el bolsillo no estás tranquilo.
8 En menos que canta un gallo cancelan el vuelo y te dejan tirado [4] en el aeropuerto.
9 – Tienes envidia, confiésalo.
10 – Con quince días de vacaciones por delante, yo no me daría tanta prisa en llegar a destino [5].
11 – Ah, ¿y qué harías, tú que eres tan lista?
12 – Yo que tú aprovecharía la ocasión para cruzar Andalucía de punta a punta, en coche compartido.
13 Pasaría por los pueblos blancos, me quedaría unos días en Córdoba a la orilla del Guadalquivir, vería Jaén con sus millares [6] de olivos.
14 Llegaría hasta Almería : llevo años queriendo ver el desierto de Tabernas, donde se han rodado [7] tantas películas.

Leçon quatre-vingt-dix-sept

Bon voyage (1ʳᵉ partie)

1 – *(Menue tarif)* J'ai trouvé un de ces tarifs ! Un vol aller-retour Séville-Majorque, avec départ le 31 *(de)* juillet et retour le 15 *(de)* août.
2 – Ça t'est revenu à combien *(Pour combien t'est sorti)* ?
3 – Une affaire, 43,70 *(43 avec 70)* ! J'ai même pu choisir [mon] siège : hublot, pour voir le décollage.
4 – Si jamais tu enregistres des valises, ça te coûtera les yeux *(un œil)* de la tête, [c'est] sûr.
5 – Je ne pense emporter avec moi *(plus)* qu'un bagage à *(de)* main.
6 – Moi, je n'aurais pas confiance. Ces vols à *(de)* bas coût sont *(vont)* toujours bondés.
7 Tant que tu n'as pas la carte d'embarquement dans la poche tu n'es pas tranquille.
8 En un clin d'œil *(En moins que chante un coq)* ils annulent le vol et te laissent en rade *(jeté)* à l'aéroport.
9 – Tu es jalouse *(as jalousie)*, avoue-le.
10 – Avec quinze jours de vacances *(par)* devant [moi], je ne me presserais pas autant pour arriver à destination.
11 – Ah, et tu ferais quoi, toi qui est si maline ?
12 – Moi, à ta place *(que toi)*, je profiterais [de] l'occasion pour traverser l'Andalousie d'un bout à l'autre *(de pointe à pointe)*, en covoiturage.
13 Je passerais par les villages blancs, je resterais quelques jours à Cordoue au bord du Guadalquivir, je verrais Jaen avec ses milliers d'oliviers.
14 J'arriverais jusqu'à Almeria : ça fait *(je-porte)* des années que je veux *(voulant)* voir le désert de Tabernas, où on a tourné tant de films.

Prononciation
*1 ... ta**r**ifa... ma**lyor**ca... Ré**gr**éssso... 3 ... assié'nto... 4 ... fac**tou**Ress... 6 ... fia**r**ia... **cos**té... 7 ... e'mba**r**qué... 8 ... **ga**lyo ca'n**Z**éla'n... aé**R**o**pouer**to 10 ... destino 12 ... oca**ssio**'n... a'ndalou**Z**ia... pou'nta... 13 ... **cor**doba... gouadalqui**bir**... Haé'n... mil**ya**Ress... oliboss 14 ... dé**ssier**to... ta**ber**nass... Rodado...*

Notes

1 **menudo** est un adjectif signifiant littéralement *mince / menu*, et par extension *sans importance* : **Es un chico muy menudo**, *C'est un garçon très mince* ; **Son problemas menudos**, *Ce sont des problèmes sans importance*. Mais attention : **menudo** s'emploie souvent avec une intention antiphrastique, comme quand vous dites, par exemple "C'est du propre !", pour laisser entendre le contraire. Il se place dans ces cas en début de phrase et devient le support d'une tournure exclamative : **¡Menuda tarifa!**, *Quel tarif !* ; **¡Menudo problema!**, *C'est un sacré problème !*

2 **salir**, *sortir*, sert aussi à évaluer un prix : **Sale caro**, *Ça revient cher*. Vous pouvez aussi préciser la somme : **Sale por 43 euros**, *Ça revient à 43 euros* ; **¿Por cuánto me va a salir?**, *Ça va me revenir à combien ?*

3 **el equipaje**, nous l'avons vu, est un nom collectif désignant *les bagages* ; il ne désigne spécifiquement un objet singulier que dans l'expression **el equipaje de mano**, *le bagage à main*.

***

Ejercicio 1 – Traduzca

❶ Yo no me fío de los vuelos de bajo coste : creemos que la tarifa es una ganga, pero al final salen caros. ❷ Confiésalo : facturar equipaje te ha costado un ojo de la cara, ¿a que sí? ❸ ¡Menudas vacaciones! Cancelaron el vuelo y nos dejaron tirados. ❹ Lo siento, el avión está a tope y no puede elegir asiento. ❺ Millares de personas prefieren ya viajar en coche compartido.

4 Dans un registre familier, **tirado**, "jeté", équivaut à *en plan / en rade* : **Me he quedado tirado**, *Je suis resté en plan* ; **Mi ordenador me ha dejado tirado**, *Mon ordinateur m'a laissé en rade*.

5 Le mot **destino** correspond à la fois à *destin* (**Es mi destino**, *C'est mon destin*), et à *destination* (**Es un gran destino turístico**, *C'est une grande destination touristique*). Vous entendrez ainsi, à la gare, des annonces du type : **El tren con destino a Málaga saldrá a las nueve y media**, *Le train à destination de Malaga partira à 9 heures trente*.

6 Attention à **millar**, qui peut induire en erreur un francophone : il s'agit de *mille* au sens figuré (une grande quantité) : **Te lo he dicho un millar de veces**, *Je te l'ai dit mille fois* ; et aussi, avec la même valeur d'indétermination qu'en français, *millier* : **millares de personas**, *des milliers de personnes*. **Mil**, *mille* et **miles**, *des milliers*, que vous connaissez déjà, ont d'ailleurs aussi le même usage. Vous pourrez (rarement, et essentiellement dans des textes économiques) trouver **millardo**, au sens de *milliard* ; mais il s'agit d'une innovation, et la forme courante pour *un milliard* est **mil millones**.

7 Une des façons de rendre l'impersonnel "on" est d'utiliser la 3ᵉ personne du verbe à la forme réfléchie : **Se habla español**, *On parle espagnol*, littéralement : "Se parle espagnol", ce dernier mot étant le sujet réel du verbe. Il faut donc le conjuguer au pluriel le cas échéant : **Se han rodado películas**, *On a tourné des films*.

***

Corrigé de l'exercice 1

❶ Moi, je n'ai pas confiance dans les vols à bas coût : on croit que le tarif est une affaire, mais à la fin ils reviennent chers. ❷ Avoue-le : enregistrer des bagages t'a coûté les yeux de la tête, pas vrai ? ❸ Quelles vacances ! Ils ont annulé notre vol et nous ont laissés en rade. ❹ Je suis désolé, l'avion est bondé et vous ne pouvez pas choisir votre siège. ❺ Des milliers de personnes préfèrent déjà voyager en covoiturage.

Ejercicio 2 – Complete

❶ Je n'ai qu'une semaine devant moi. Je dois me presser d'arriver à destination.
.... una semana ....
.... en llegar a ....

❷ On a tourné beaucoup de westerns dans le désert d'Almeria.
.... muchas .... en el .... de Almería.

❸ Si tu n'as qu'un bagage à main, tu montes dans l'avion en un clin d'œil.
Si .... un .... , subes al avión ....

❹ Je n'enregistre pas de bagages et je prends ma carte d'embarquement en ligne.
No .... y saco la .... en línea.

❺ Voici votre billet à destination de Cordoue, avec un départ le trente juin et un retour le six juillet. Bon voyage !
Aquí tiene su billete .... , con ...... el treinta .... el seis de ...... ¡Buen ..... !

Lección noventa y ocho

Repaso - Révision

1 Les verbes en *-uir*

Les verbes comme **huir**, *fuir* ; **destruir**, *détruire* ; **construir**, *construire* ; **excluir**, *exclure* ; **distribuir**, *distribuer* ; **constituir**, *constituer* ; **concluir**, *conclure*, etc., présentent une irrégularité à certaines personnes et certains temps : un **y** de soutien, dit épenthétique, s'intercale entre le **u** du radical et la terminaison.
Les temps concernés sont le présent de l'indicatif et le passé simple (à certaines personnes), et les temps qui en dépendent morphologiquement : le subjonctif présent et l'imparfait du

Corrigé de l'exercice 2

❶ No tengo más que – por delante Tengo que darme prisa – destino
❷ Se han rodado – películas del oeste – desierto – ❸ – no tienes más que – equipaje de mano – en menos que canta un gallo ❹ – facturo equipaje – tarjeta de embarque – ❺ – con destino a Córdoba – salida – de junio y regreso – julio – viaje

Deuxième vague : 48ᵉ leçon

Leçon quatre-vingt-dix-huit

subjonctif. Résumons tout ceci en un tableau, en prenant pour exemple **construir**.

indicatif présent	subjonctif présent	indicatif passé simple	subjonctif imparfait
construyo	construya	construí	construyera
construyes	construyas	construiste	construyeras
construye	construya	construyó	construyera
construimos	construyamos	construimos	construyéramos
construís	construyáis	construisteis	construyerais
construyen	construyan	construyeron	construyeran

cuatrocientos noventa • 490

L'impératif singulier et le gérondif portent également l'irrégularité : **construye**, *construis* (mais au pluriel on dira **construid**, *construisez*) et **construyendo**, *en construisant*.

Bien sûr, il ne faut pas mettre dans cette catégorie les verbes en **-guir** (comme **seguir**), où le **u** fait bloc avec le **g**.

2 La proposition relative

2.1 Le pronom relatif sujet

Le pronom relatif sujet est **que** ; il peut avoir pour antécédent aussi bien une personne qu'un inanimé.
El hombre que habla, *L'homme qui parle*.
El libro que me gusta, *Le livre qui me plaît*.
La proposition relative peut parfois prendre la forme d'une incise explicative. On peut dans ce cas également utiliser **quien(es)** (seulement s'il s'agit d'une personne), ou **el** (**los**), **la** (**las**) **cuales** (personnes et inanimés) ; mais **que**, simple et passe-partout, reste le plus fréquent.
Mis amigos, que (quienes / los cuales) han estudiado español con Assimil, me han aconsejado este libro.
Mes amis, qui ont étudié l'espagnol avec Assimil, m'ont conseillé ce livre.
Vous pourrez aussi trouver le relatif **quien(es)**, sans antécédent, représentant une personne :
Quien me quiera, que me siga, *Qui m'aime me suive*.

2.2 Le pronom relatif complément d'objet direct

Le pronom relatif COD tous terrains est encore **que**, quel que soit l'antécédent. Si celui-ci est une personne, on pourra aussi employer **a quien(es)**, ou **al (a los / a la / a las) que**.
El idioma que estoy aprendiendo, *La langue que je suis en train d'apprendre*.
Los españoles que (a quienes / a los que) conozco son simpáticos.
Les Espagnols que je connais sont sympathiques.

2.3 Le pronom relatif précédé d'un article

Sujet ou complément, le pronom relatif espagnol peut avoir un article comme antécédent, que le français rend par un pronom démonstratif.

La que me da clases es española.
Celle qui me donne des cours est espagnole.
Los que estudien este libro hablarán con soltura.
Ceux qui étudieront ce livre parleront avec aisance.
Este libro es el que me han recomendado.
Ce livre est celui qu'on m'a recommandé.
Eso es lo que pienso.
C'est ce que je pense.

2.4 Le pronom relatif précédé d'une préposition

Une préposition (pour, par, avec, de, dans, etc.) peut se placer entre l'antécédent et le relatif ("la raison pour laquelle"). On utilise dans ce cas **que** ou **cual(es)** précédés de l'article défini (**el**, **los**, **la**, **las**) :
La razón por la que (la cual) te lo digo.
La raison pour laquelle je te le dis.
Los libros con los que (los cuales) estudio.
Les livres avec lesquels j'étudie.
El amigo del que (del cual) te hablo.
L'ami dont je te parle.
Dans ce dernier exemple, où l'antécédent est une personne, on peut également employer **quien** : **El amigo de quien te hablo**.
Dans ce genre de construction, il peut arriver que l'antécédent soit un élément démonstratif ("celle pour qui") ; on utilise alors en espagnol le démonstratif **aquel**, sous ses différentes formes.
Aquellos con los que luchó don Quijote.
Ceux contre lesquels lutta don Quichotte.
Aquella de quien don Quijote está enamorado.
Celle dont don Quichotte est amoureux.

2.5 Le pronom relatif *cuyo*

Cuyo(s), **cuya(s)** est un relatif qui va la plupart du temps se rendre par *dont*, mais qu'on ne peut employer que s'il est complément de nom. Par exemple, dans la phrase *L'homme dont je te parle*, dont est complément d'un verbe, parler (= je te parle de l'homme) et non pas d'un nom ; il n'est donc pas possible d'employer **cuyo** et on dira : **El hombre de quien te hablo**.
En revanche, dans *Les Aztèques étaient un peuple dont la langue était le nahuatl*, dont est bien complément de nom (= Le nahuatl

était la langue d'un peuple) ; on écrira donc : **Los aztecas eran un pueblo cuya lengua era el náhuatl**.

Il faut remarquer deux choses : l'absence d'article et l'accord de **cuyo**, qui se fait avec le mot qui suit :

En México hay muchos nombres cuyo origen es prehispánico.
Au Mexique, il y a beaucoup de noms dont l'origine est préhispanique.
Argentina es un país cuyos habitantes son mayormente de origen europeo.
L'Argentine est un pays dont les habitants sont majoritairement d'origine européenne.

Le célèbre début de Don Quichotte, vu en leçon 93, montre en outre que **cuyo** peut être précédé d'une préposition :
En un lugar de la Mancha de cuyo nombre no quiero acordarme.
Rien ne s'y oppose et on pourrait par exemple dire :
La Mancha, por cuyas llanuras he viajado, es la tierra de don Quijote.
La Mancha, à travers les plaines de laquelle j'ai voyagé, est la terre de don Quichotte.

Mais, vous le remarquez, il n'est plus possible de traduire ici **cuyo** par *dont*.

3 L'espagnol des Amériques

L'espagnol péninsulaire, celui que vous avez étudié dans ce livre, vous servira partout. À quelques usages près, la syntaxe est la même dans tout le monde hispanophone ; les variations touchent pour l'essentiel à la prononciation et au lexique.

3.1 Les accents et la prononciation

Il n'y a pas une prononciation américaine de l'espagnol, mais une constellation d'accents et de phrasés, divers à l'échelle d'un continent. Sans aller si loin, d'ailleurs, les prononciations que vous entendrez parfois dans telle ou telle région d'Espagne ne sont pas moins dépaysantes par rapport à la norme castillane…

Le point commun à l'espagnol américain est qu'il ne fait pas de différence, dans la prononciation, entre le **z** (ou le **c** devant **e** et **i**) et le **s** : tout est prononcé comme un **s**, et on ignore donc le son noté *[Z]* dans nos transcriptions, correspondant au ***th*** anglais de ***think***.

Il s'agit d'une particularité que vous rencontrerez également dans certaines zones du sud de l'Espagne et aux Canaries, et que l'on appelle le **seseo** (tendance à tout prononcer comme un s).

3.2 Le lexique

L'Espagnol qui traverse l'Atlantique pour la première fois éprouve souvent, au contact de l'espagnol américain, un sentiment d'inquiétante étrangeté. La langue est la même assurément, mais des termes quotidiens, désignant par exemple des actions courantes, des objets ou des aliments, diffèrent parfois de ceux employés dans la péninsule. Ce sont les "américanismes" de l'espagnol, qui remplissent des dictionnaires entiers (70 000 entrées dans le **Diccionario de americanismos** édité par la **Asociación de Academias de la Lengua Española**). On ne saurait donc ici en dresser une liste, même succincte, d'autant moins que ces usages eux-mêmes diffèrent, du Mexique au cône sud et de la zone andine aux Caraïbes.

3.3 Deux singularités syntaxiques

L'espagnol castillan sera donc votre sésame (y compris pour lever les éventuels quiproquos), mais il est bon de connaître deux particularités syntaxiques concernant les personnes grammaticales.

• La 2ᵉ personne du pluriel
Sachez d'abord que la 2ᵉ personne du pluriel de l'espagnol castillan est largement inusitée en Hispano-Amérique. On utilise à sa place la 3ᵉ personne du pluriel, ce qui concerne donc la conjugaison du verbe, mais aussi les pronoms personnels et les possessifs.

espagnol castillan	usages hispano-américains
Vosotros sois españoles.	Ustedes son españoles.
¿Es vuestro libro?	¿Es su libro?
¿Os gusta?	¿Les gusta?
Sentaos.	Siéntense.

La différence entre tutoiement et vouvoiement de politesse n'est donc perceptible qu'au singulier.

• Le *voseo*

Dans de nombreux pays et territoires hispanophones, le tutoiement singulier s'efface au profit de ce que l'on appelle génériquement le **voseo** : l'utilisation du pronom archaïque **vos**. Le **voseo** n'obéit d'ailleurs pas à une règle unique et recouvre des pratiques linguistiques et sociolinguistiques variables.

Pour nous en tenir à l'Argentine, où il est accepté dans la norme écrite et orale et sans distinctions sociales, le **voseo** consiste à :

– utiliser **vos** à la place de **tú** et de **ti** (**para vos**, **con vos**, et non **para ti**, **contigo**). Le pronom COD **te** reste **te**.

– conjuguer **vos** associé à la 2ᵉ personne du pluriel castillan sans le **-i** : **vos sos**, *tu es* ; **vos cantás**, *tu chantes* ; **vos bebés**, *tu bois*. Dans le cas des verbes en **ir**, on prend la 2ᵉ personne du pluriel castillan telle quelle : **vos decís**, *tu dis*.

– prendre comme impératif singulier la forme du pluriel, en enlevant le **-d** et en accentuant la voyelle finale : **cantá**, *chante* ; **decí**, *dis*. Lorsque l'impératif absorbe un pronom enclitique, l'accent tonique ne sera donc pas écrit (contrairement au castillan) puisque, du coup, il tombe sur l'avant-dernière syllabe. Par exemple, au lieu de **levántate**, *lève-toi*, on écrira donc **levantate**, que l'on prononcera *[léba´ntaté]*.

4 Quelques clés de l'espagnol : vrais et faux amis

Pour un francophone, apprendre une langue latine présente des avantages et des inconvénients : d'un côté, la parenté linguistique permet souvent de deviner le sens des mots ; de l'autre, bien sûr, ces similitudes sont parfois trompeuses.

4.1 Du latin à l'espagnol

Pour aborder ces questions de façon plus réfléchie, voici quelques brèves informations sur l'évolution comparée du français et de l'espagnol à partir du latin.

• La diphtongaison

Vous l'avez très souvent rencontrée dans la conjugaison, mais il s'agit d'un phénomène général qui concerne également le lexique. Le **-o** tonique est souvent devenu **-ue** en espagnol : ***porta*** (latin) / *porte* (français) / **puerta** (espagnol).

Le **-e** tonique, lui, est devenu **-ie** : ***terra*** (latin) / *terre* (français) / **tierra** (espagnol).

• La mutation du f initial
Le *f* initial du latin a d'abord été aspiré, puis remplacé graphiquement par un h muet : ***facere*** (latin) / *faire* (français) / **hacer** (espagnol). Vous trouvez donc souvent cette règle à l'œuvre dans les mots espagnols commençant par un **h** : **humo**, *fumée* ; **higo**, *figue* ; **harina**, *farine* ; **hilo**, *fil* ; **huir**, *fuir* ; **hormiga**, *fourmi* ; **hierro**, *fer*, etc.

• La palatalisation
Ce mot savant signifie que le point d'articulation se trouve plus avant dans le palais. Concrètement, il concerne l'évolution des groupes **pl-**, **cl-** et **fl-**, qui sont devenus **-ll** en espagnol. On a ainsi :

latin	français	espagnol
plenus	*plein*	**lleno**
clavis	*clé*	**llave**
flamma	*flamme*	**llama**

Lluvia, *pluie* ; **llanura**, *plaine*, **llorar**, *pleurer*, etc., sont des mots que vous avez rencontrés et qui ont suivi cette évolution.

4.2 Les faux amis

Et puis, bien sûr, il y a les faux-amis, aussi nombreux sinon plus que les vrais, les mots pièges qui, mal employés, susciteront au mieux l'incompréhension. Nous avons insisté sur ceux que vous rencontriez dans les leçons, mais voici une petite liste complémentaire. Imaginez, en la lisant, dans quels gênants quiproquos vous pourriez, en cas d'erreur, vous retrouver...

Le mot espagnol...	signifie...	et non pas...	qui se dit...
atender	*s'occuper de*	*attendre*	**esperar**
campana	*cloche*	*campagne*	**campo**
carné	*permis de conduire*	*carnet*	**libreta**
carta	*lettre*	*carte postale*	**postal**
col	*chou-fleur*	*col*	**cuello**

cintura	tour de taille	ceinture	cinturón
codo	coude	code	código
concurrencia	foule	concurrence	competencia
constipado	enrhumé	constipé	estreñido
costumbre	coutume	costume	traje
criar	élever	crier	gritar
cuadro	tableau	cadre	marco
dato	donnée	date	fecha
demorar	retarder	demeurer	residir
despensa	garde-manger	dépense	gasto
disgustar	contrarier	dégoûter	dar asco
embarazada	enceinte	embarrassée	molesta
equipaje	bagage	équipage	tripulación
fama	réputation	faim	hambre
fracaso	échec	fracas	estruendo
grillo	grillon	grill	parrilla
jabón	savon	jambon	jamón
largo	long	large	ancho
mancha	tache	manche	manga
nombre	prénom	nombre	número
plancha	fer à repasser	planche	tabla
príncipe	prince	principe	principio
rato	moment	rat	rata
retrete	toilettes	retraite	jubilación
salir	sortir	salir	ensuciar
sol	soleil	sol	suelo
sueldo	salaire	soldes	rebajas
traje	costume	trajet	trayecto

BUENOS AIRES ES LA CAPITAL DEL TANGO.

Leçon quatre-vingt-dix-huit / 98

▶ Diálogo de repaso

1 – Me parece mentira que nunca hayas cruzado el charco.
2 – Desde luego, a Latinoamérica no la conozco más que en fotos, pero es que me da tanta pereza viajar...
3 – ¡Hombre, si hubiera que ir en barco como en el siglo quince, te entendería! Pero hoy en día sales de Madrid y en menos que canta un gallo te encuentras en México.
4 – Ya, pero ¿por qué dar la vuelta al mundo si ni siquiera conoces bien España?
5 – ¡Menudo argumento! Pues a mí me mola lo desconocido. Para mí lo máximo sería recorrer América de punta a punta.
6 – ¿A caballo, como don Quijote?
7 – Pues no estaría mal... Saldría del sur, de Tierra del Fuego, a mediados de diciembre, en verano.
8 – Querrás decir en invierno.
9 – ¡No te enteras! En el hemisferio sur las estaciones no son las mismas : aquí es primavera cuando allí es otoño.
10 – Vale, no te enfades. Y luego, ¿qué ruta seguirías?
11 – Cruzaría las llanuras inmensas de la pampa, subiría al punto más alto de América, en los Andes, vería paisajes inolvidables, selvas y desiertos...
12 Y para terminar, ¡me fumaría un puro en La Habana! ¿Qué, te animas?
13 – ¡Ni en sueños! Mándame bonitas postales, ¡y con eso me conformo!

***

Traduction

1 Je trouve incroyable que tu n'aies jamais traversé l'Atlantique. **2** En effet, l'Amérique latine, je ne la connais qu'en photos, mais c'est que j'ai tellement la flemme de voyager… **3** Allons, s'il fallait y aller en bateau comme au quinzième siècle, je te comprendrais ! Mais de nos jours tu pars de Madrid et en un clin d'œil tu te retrouves au Mexique. **4** D'accord, mais pourquoi faire le tour du monde si tu ne connais même pas bien l'Espagne ? **5** Quel argument ! Eh bien moi je kiffe l'inconnu. Pour moi le top ce serait de parcourir l'Amérique d'un bout à l'autre. **6** À cheval comme don Quichotte ? **7** Eh bien ça ne serait pas mal… Je partirais du sud, de la Terre de Feu, à la mi-décembre, en été. **8** Tu veux sans doute

Lección noventa y nueve

Buen viaje (2.ª parte)

1 – Y luego, ¿cómo seguirías? ¿A caballo como don Quijote?
2 – Ojalá pueda hacerlo un día.
3 – No quiero ofenderte, pero estás como una cabra [1].
4 – Te explico : viajaría hasta Valencia despacito, haciendo etapas, mitad en tren, mitad en autobús,
5 divinamente [2], sin estar pendiente [3] de la fecha ni del reloj.
6 – O sea, que no reservarías ni billetes ni hoteles.
7 – Pues no. Así si el tren lleva retraso no me desespero, y si pierdo uno cojo el siguiente.
8 – Es una elección…, pero de esa manera tardarás [4] quince días en llegar :
9 ¡apenas te va a dar tiempo a tomarte una cerveza antes de volver!

dire en hiver. **9** Tu ne comprends rien ! Dans l'hémisphère sud, les saisons ne sont pas les mêmes : ici c'est le printemps quand là-bas c'est l'automne. **10** Bon, ne te fâche pas. Et après, quel itinéraire suivrais-tu ? **11** Je traverserais les plaines immenses de la pampa, j'escaladerais le point culminant de l'Amérique, dans les Andes, je verrais des paysages inoubliables, des jungles et des déserts… **12** Et pour finir, je fumerais un cigare à La Havane ! Alors, ça te dit ? **13** Même pas en rêve ! Envoie-moi de jolies cartes postales, et je me contente de ça !

Deuxième vague : 49e leçon

Leçon quatre-vingt-dix-neuf

Bon voyage (2e partie)

1 – Et ensuite, tu continuerais comment ? À cheval comme don Quichotte ?
2 – J'espère que je pourrais *(puisse)* le faire un jour.
3 – Je ne veux pas t'offenser, mais tu es complètement cinglée *(comme une chèvre)*.
4 – Je t'explique : je voyagerais jusqu'à Valence, tout doucement, en faisant des étapes, moitié en train, moitié en bus,
5 merveilleusement, sans prêter attention à la date ni à ma montre.
6 – Autrement dit, tu ne réserverais ni billets ni hôtels.
7 – Eh bien non. Comme ça si le train a *(porte)* du retard, je ne m'exaspère pas, et si j'en *(je)* rate un je prends le suivant.
8 – C'est un choix…, mais de cette manière tu mettras *(tardaras)* quinze jours à *(en)* arriver :
9 tu vas à peine avoir le temps de prendre une bière avant de rentrer !

10 – Qué más da [5]. Me gustan las estaciones, las dársenas [6], los puertos, los andenes [6].
11 Si construyeran un puente hasta Mallorca iría andando.
12 Lo importante no es llegar cuanto antes, sino disfrutar del trayecto. ¿Sabes el viaje con el que sueño?
13 – Me temo lo peor.
14 – El día que me jubile, daré la vuelta al mundo en un carguero.

Prononciation

*3 … ofé'n**de**Rté… **ca**b**R**a 4 … ex**pli**co… ba**lé'n**Zia… **é**tapass…
5 dibina**mé'n**té… **pé'ndié'n**té… **RéloH** 7 … **Ré**t**R**asso… désses**pé**Ro… si**guié'n**té 8 … é**lékZio'n**… ta**R**da**R**ass
10 … da**R**sé**n**ass… **pouéR**toss… a'n**dé**néss 11 … **poué'n**té…
12 … t**R**a**ï**ecto… 14 … Houbilé… caR**gué**Ro*

Notes

1 Pour laisser entendre que quelqu'un n'a pas toute sa tête, on dira donc en espagnol **Está como una cabra**, "Il est comme une chèvre". Les comparaisons et expressions zoologiques amusantes sont fréquentes dans toutes les langues, mais les animaux référents sont rarement les mêmes. *C'est un vieux renard*, par exemple, devient **Es perro viejo**, "Il est vieux chien". Allez, faisons un petit tour de bestiaire : **una mosquita muerta**, "une petite mouche morte", c'est *une sainte-nitouche* ; **pagar el pato**, "payer le canard", c'est *payer les pots cassés* ; *faire d'une pierre deux coups*, ce sera **matar dos pájaros de un tiro**, "tuer deux oiseaux d'un coup de feu". Quant à **dormir la mona**, "dormir la guenon", sachez qu'il s'agit prosaïquement de *cuver une cuite*…

2 **divinamente**, "divinement", s'utilise un peu à tout bout de champ au sens de *merveilleusement* : **¿Cómo estás? ¡Divinamente!**, *Comment vas-tu ? Merveilleusement bien !* **Me llevo divinamente con los vecinos**, *Je m'entends à merveille avec les voisins*. **Cocina divinamente**, *Il cuisine merveilleusement bien*.

Leçon quatre-vingt-dix-neuf / 99

10 – Qu'importe *(Que plus donne)*. J'aime les gares, les docks, les ports, les quais de gare.
11 Si on construisait *(Si ils-construisissent)* un pont jusqu'à Majorque, j'irais à pied *(en-marchant)*.
12 L'important n'est pas d'arriver dès que possible *(combien avant)*, mais de profiter du trajet. Tu sais le voyage dont je rêve ?
13 – Je crains le pire.
14 Le jour où je prendrai ma retraite, je ferai le tour du monde dans un cargo.

3 **pendiente** s'applique d'une part aux choses en suspens, en attente. Nous avons ainsi vu **asignatura pendiente**, *matière à repasser* ; on dira de même, par exemple, **un recibo pendiente**, *une facture en attente*, etc. Si le sujet est une personne, **estar pendiente de** signifie qu'on prête toute son attention à quelque chose (ou à quelqu'un) : **Siempre está pendiente del reloj**, *Il surveille toujours sa montre* ; **Está muy pendiente de su madre**, *Il s'occupe beaucoup de sa mère*.

4 **tardar**, employé absolument, signifie *mettre longtemps*, avec une idée de retard : **El autobús está tardando**, *Il en met du temps, le bus*. On peut aussi préciser la durée et la nature de l'action ; on parle alors du temps que prennent les choses : **Tardó quince días en llegar a Mallorca**, *Il a mis quinze jours à arriver à Majorque* ; **¿Cuánto tiempo se tarda desde Valencia a Mallorca?**, *Combien de temps met-on de Valence à Majorque ?*

5 Pour exprimer l'indifférence ou ôter de l'importance aux choses, le verbe **dar** offre plusieurs expressions. Vous connaissez **me da igual**, *ça m'est égal*. Dans le même ordre d'idées, vous auriez **da lo mismo**, *ça ne fait rien* ; et aussi, dans ce dialogue, **qué más da**, *qu'importe / peu importe / qu'est-ce que ça fait ?*

6 Vous disposez de deux mots pour désigner le "quai". **El andén**, c'est *le quai de gare ferroviaire* (ou *de métro*) : **Cuidado con el espacio entre el vagón y el andén**, *Attention à l'espace entre le wagon et le quai*. Si par contre vous parlez d'un quai de gare routière, le terme est **la dársena** : **Autobús con destino a Málaga, salida dársena cuatro**, *Autobus à destination de Malaga, départ quai 4*. Retenez que ce même mot, **dársena**, désigne aussi un *dock*.

Ejercicio 1 – Traduzca
❶ No esperes a jubilarte para hacer los viajes con los que sueñas. ❷ El tren suele llevar retraso, no te desesperes. ❸ ¡Ojalá construyan un día un puente desde Valencia hasta Mallorca! ❹ Disfruta del trayecto, hombre. ¡Qué más da si tardamos una hora más en llegar! ❺ No he estado pendiente de la hora y además me he equivocado de andén.

***

Ejercicio 2 – Complete
❶ Combien de temps as-tu mis pour arriver à la gare ?
¿.................. llegar a la .... ?

❷ Il faut être cinglé pour continuer à travailler : moi, je veux prendre ma retraite dès que possible.
Hay que estar .... para seguir trabajando : yo quiero ....

❸ J'aimerais faire le tour de l'Amérique en bateau, connaître le port de Buenos Aires et ses docks.
.... América en ....., conocer el ...... de Buenos Aires y ....

❹ Je n'ai pas de montre et je vis merveilleusement bien comme ça, sans prêter attention à l'heure.
No tengo ..... y vivo ...., sin .... de la hora.

Lección cien

Continuará [1]...

1 – Y colorín colorado, este cuento se ha acabado. [2]
2 Así terminan los cuentos en España, y también nosotros hemos llegado a la última lección.
3 Pero, ¡ojo! [3], esto no hace más que empezar.

Corrigé de l'exercice 1

❶ N'attends pas de prendre ta retraite pour faire les voyages dont tu rêves. ❷ Le train a souvent du retard, ne t'exaspère pas. ❸ Pourvu qu'on construise un jour un pont depuis Valence jusqu'à Majorque ! ❹ Profite du trajet, allons ! Qu'importe si nous mettons une heure de plus à arriver ! ❺ Je n'ai pas fait attention à l'heure et en plus je me suis trompé de quai.

***

❺ J'ai raté un train, mais peu importe : je prendrai le suivant.
.... un tren, pero .... : cogeré ....

Corrigé de l'exercice 2

❶ Cuánto has tardado en – estación ❷ – como una cabra – jubilarme cuanto antes ❸ Me gustaría dar la vuelta a – barco – puerto – sus dársenas ❹ – reloj – divinamente así – estar pendiente – ❺ He perdido – qué más da – el siguiente

Deuxième vague : 50ᵉ leçon

Leçon cent

À suivre... *([Ça] continuera)*

1 – Et tout est bien qui finit bien *(chardonneret rouge, ce conte s'est fini)*.
2 – [C'est] ainsi [que se] terminent les contes en Espagne, et nous aussi, nous sommes arrivés à la dernière leçon.
3 – Mais, attention *(œil)*, ceci ne fait que commencer !

4 – Primero y ante todo, ahora hay que volver a la lección cincuenta y uno y traducir al [4] español las frases de tu idioma, y así una lección cada día hasta el final del libro.

5 Ha habido la mar de situaciones y palabras nuevas, muchos giros y reglas gramaticales.

6 Si consigues dominarlo todo podrás desenvolverte sin problemas en la vida cotidiana.

7 Ahora bien [5], como dice el refrán, no se ganó Zamora en una hora [6],

8 y no bastan unos meses de dedicación para expresarse [7] con perfecta soltura en un idioma.

9 – Ahora te toca a ti.

10 De aquí en adelante, aunque sea un poquito, ¡ni un día sin español!

11 Practica el idioma a diario, donde y como sea [8] : lee la prensa, escucha la radio, ve programas de tele en español, o canta una canción mientras lavas los platos.

12 Navega en Internet, claro : ahora tienes las bases para aprovechar todos los contenidos y recursos digitales [9].

13 – Y recuerda otro refrán : el que tiene boca, se equivoca.

14 Dicho de otro modo, ¡tienes derecho a cometer errores!

15 Lo importante es tirarse al ruedo y hacer como muchos españoles, ¡hablar hasta por los codos! [10]

Leçon cent / 100

4 – D'abord et avant tout, il faut maintenant revenir à la leçon 51 et traduire en espagnol les phrases de ta langue, et ainsi une leçon chaque jour jusqu'à la fin du livre.

5 Il y a eu énormément *(la mer)* de situations et de mots nouveaux, beaucoup de tournures et de règles grammaticales.

6 Si tu parviens à tout maîtriser, tu pourras te débrouiller sans problèmes dans la vie quotidienne.

7 Cela dit *(Maintenant bien)*, comme dit le proverbe, Rome ne s'est pas faite en un jour *(ne se gagna [= on n'a pas gagné] Zamora en une heure)*,

8 et quelques mois d'investissement ne suffisent pas pour s'exprimer avec [une] parfaite aisance dans une langue.

9 – Maintenant c'est ton tour.

10 Dorénavant, même si c'est un tout petit peu, pas *(pas même)* un jour sans espagnol !

11 Pratique la langue quotidiennement *(à quotidien)*, peu importe où ni comment *(où et comme ce-soit)* : lis la presse, écoute la radio, regarde des émissions de télévision, ou chante une chanson pendant que tu fais la vaisselle.

12 Surfe *(navigue)* sur *(dans)* Internet, bien sûr : maintenant tu as les bases pour profiter de tous les contenus et ressources numériques.

13 – Et souviens-toi d'un autre proverbe : seuls ceux qui ne font rien ne se trompent jamais *(qui a bouche se trompe)*.

14 Autrement dit *(Dit d'autre façon)* : tu as le droit de commettre des erreurs !

15 L'important c'est [de] se jeter dans l'arène et [de] faire comme beaucoup d'Espagnols, être un moulin à paroles *(parler jusque par les coudes)* !

16 Bueno, que se hace tarde, es hora de despedirse...
17 Fue un verdadero placer acompañarte. ¡Buen viaje... y hasta pronto!

Prononciation

co'ntinoua**Ra** 1 ... colo**Ri**'n colo**Ra**do... 5 ... Hi**Ross**... Réglass g**R**amatica**less** 6 ... domina**R**lo... désse'nbol**beR**té... coti**di**ana 8 ... dédica**Zio'n**... ex**pré**ssa**R**sé... sol**tou**Ra... 11 ... p**Ro**g**R**amass... 12 na**bé**ga... **ba**ssess... con**té**nidoss... di**H**ita**less** 14 ... comé**teR** é**Ro**Ress 15 ... Rou**é**do... **co**doss 16 ... despédi**R**ssé 17 ... pla**Zer**...

Notes

1 Le futur du verbe **continuar** sert de formule consacrée pour clore un chapitre d'une série ou d'un feuilleton à épisodes : **continuará**, *à suivre*.

2 Autre petite phrase rituelle, qui met fin cette fois à un conte pour enfants : **Colorín colorado, este cuento se ha acabado**. Il ne faut pas chercher un sens littéral à cette formule, qui repose sur un simple jeu de sonorités. Profitons-en cependant pour signaler que **colorado** est à l'occasion utilisé comme synonyme de **rojo**. Pour prendre un exemple courant, **Me pongo colorado** signifie *Je rougis*. On peut aussi penser à l'état du Colorado, qui reçut ce nom d'origine espagnole à cause des terres rougeâtres de cette région.

3 Comme exclamation, ou associé à la préposition **con**, le mot **ojo**, *œil*, sert à attirer l'attention et à mettre en garde : **¡Ojo!**, *Attention !*, **Ojo con la pintura**, *Attention à la peinture*.

4 Voyez comme l'espagnol est précis dans son usage des prépositions. Dans *traduire en*, il voit le mouvement qui va d'une langue à une autre, et utilise donc **a** : **traducir al español**, *traduire en espagnol*.

5 À l'écrit ou à l'oral, il vous sera utile d'utiliser des petits mots de liaison, dès que votre discours devient un peu complexe. **Ahora bien**, par exemple, vous permet de réorienter vos propos en introduisant un point de vue un peu différent : vous venez de dire telle ou telle chose, tout ça est vrai..., cela dit, etc. : **He estudiado español y tengo buenas bases ; ahora bien, me falta un poco de soltura al hablar**, *J'ai étudié l'espagnol et j'ai de bonnes bases ; cela dit, je manque un peu d'aisance quand je parle.*

Leçon cent / 100

16 Bon, *(que)* il se fait tard, il est [l'] heure de prendre congé...
17 Ce fut un véritable plaisir [de] t'accompagner. Bon voyage... et à bientôt !

6 La ville de Zamora fit l'objet d'un long siège, lors de guerres fratricides et successorales castillanes, dans la seconde moitié du XIe siècle ; l'événement dut marquer les esprits, puisqu'il est devenu un dicton qui a encore cours, pour vanter la vertu de patience. À moins qu'il ne s'agisse simplement de la toute-puissance de la rime, **Zamora / hora**...

7 Les faux-amis sont légion. Dans la vie sans doute, et lorsqu'on apprend une langue parente de notre langue maternelle. Vous en avez découvert une petite liste à usage des francophones dans la dernière leçon de révision ; en voici un nouveau, **exprimir**, qui signifie *presser* (un fruit) (**exprimir una naranja**, *presser une orange*). Pour exprimer une idée, servez-vous de **expresarse** : **Quisiera expresar un pensamiento**, *Je voudrais exprimer une pensée*.

8 **como sea**, **donde sea** : ces micro-propositions au subjonctif sont fréquentes dans la conversation. Elles expriment une indéfinition ou une indifférence, une façon de dire que peu importent la manière ou le lieu : **Hazlo como sea**, *Fais-le à ta guise*, *peu importe comment* ; **Déjalo donde sea**, *Laisse ça où bon te semble*, *n'importe où*.

9 *Numérique*, au sens de l'informatique, se dit en espagnol **digital** : **música digital**, *musique numérique* ; **cámara digital**, *appareil photo numérique*, etc.

10 Lorsqu'on veut dire que quelqu'un parle beaucoup, on dit en espagnol qu'il parle **hasta por los codos**, "jusque par les coudes". L'espagnol familier prend d'ailleurs souvent le corps à témoin, avec des images parfois semblables à celles du français (**costar un ojo de la cara**, *coûter les yeux de la tête*) mais la plupart du temps originales. On dira ainsi **echarse las manos a la cabeza** "se-jeter les mains à la tête", *lever les bras au ciel* ; **tirar de la lengua** "tirer de la langue", *tirer les vers du nez* ; ou **apostar el cuello** "parier le cou", *mettre sa main au feu*. Gardons les plus expressives pour le dessert : **darle a la sin hueso** ("agiter la sans-os" = la langue), *bavasser* ; et l'incontournable **ser culo de mal asiento** "être cul de mauvaise assise", *ne pas tenir en place*.

Ejercicio 1 – Traduzca

❶ No basta con conocer muchos giros y muchas palabras para dominar un idioma. ❷ Dicho de otro modo, hay que tirarse al ruedo y no tener miedo a cometer errores. ❸ Aunque no sea más que un poquito cada día, navega en internet y busca contenidos digitales en español. ❹ ¡Ojo! No olvides repasar la segunda parte de este libro si quieres desenvolverte sin problemas en la vida cotidiana. ❺ El que tiene boca, se equivoca.

***

Ejercicio 2 – Complete

❶ Pour t'exprimer avec aisance, tu dois pratiquer l'espagnol chaque jour, peu importe où ni comment.
Para ...., tienes que .... el español ...., ...

❷ D'abord et avant tout, ne rougis pas si tu te trompes. Tu as le droit de ne pas connaître toutes les règles grammaticales, allons !
................, no ....
Tienes .... no conocer todas las ...., ¡hombre!

❸ Tu as les bases : félicitations pour ton investissement. Cela dit, Rome ne s'est pas faite en un jour.
Tienes las ..... : .... por tu ...., no se ....

❹ Dorénavant, fais comme les Espagnols : sois un moulin à paroles !
................, haz como los españoles :
¡..................!

❺ Nous sommes arrivés à la dernière leçon et il est l'heure de prendre congé. Mais ce livre n'est qu'un début et nous te disons : à suivre...
.... a la última lección y ....,
pero este libro .... y te decimos :
....

Leçon cent / 100

Corrigé de l'exercice 1

❶ Il ne suffit pas de connaître beaucoup de tournures et beaucoup de mots pour maîtriser une langue. ❷ Autrement dit, il faut se jeter dans l'arène et ne pas avoir peur de commettre des erreurs. ❸ Même si ce n'est qu'un petit peu chaque jour, surfe sur Internet et cherche des contenus numériques en espagnol. ❹ Attention, n'oublie pas de réviser la seconde partie de ce livre si tu veux te débrouiller sans problèmes dans la vie quotidienne. ❺ Seuls ceux qui ne font rien ne se trompent jamais.

Corrigé de l'exercice 2

❶ – expresarte con soltura – practicar – a diario, donde y como sea ❷ Primero y ante todo – te pongas colorado si te equivocas – derecho a – reglas gramaticales – ❸ – bases – enhorabuena – dedicación Ahora bien – ganó Zamora en una hora ❹ De aquí en adelante – habla hasta por los codos ❺ Hemos llegado – es hora de despedirse – no es más que un principio – continuará

Lección cien

On n'en finit pas d'apprendre (et aussi d'oublier !) une langue, mais vous avez à présent franchi une étape. Vous avez fait le tour complet du système verbal de l'espagnol ; vu, revu et approfondi le fonctionnement de la phrase complexe ; lu, entendu et employé dans les 2500 mots à travers une centaine de situations de communication. La suite, à présent, vous appartient et dépendra pour beaucoup de vos propres attentes. Mais parler, ce n'est pas simplement échanger des informations, ou "communiquer" sans plus ; parler, c'est aller vers l'autre, désirer l'autre, le convaincre, le contredire, le surprendre, le faire rire… Et pour cela manier toutes les ressources expressives de la langue. Nous vous avons (de plus en plus) fourni des éléments de cette langue de connivence, familière, si présente en Espagne. Soyez-y attentif dans vos échanges à venir et n'hésitez pas à demander le sens de telle ou telle expression que vous entendrez. Un jour, bientôt, déjà peut-être, vous serez capable de lâcher, au bon moment, la formule qui fera mouche ou le mot qui fera sourire…
*Une dernière recommandation : n'oubliez pas de continuer votre **phase d'activation**, en poursuivant votre "deuxième vague", tous les jours, jusqu'à la dernière leçon. Bonne chance !*

Deuxième vague : 51e leçon

Appendice grammatical

Sommaire

1 L'orthographe de l'espagnol 515
  1.1 Les fautes des Espagnols 515
  1.2 Les fautes de "fragnol" classiques 515
  1.3 Les modifications orthographiques 516
  1.4 L'accent tonique 516
2 Le groupe nominal 517
  2.1 Masculin et féminin 517
    2.1.1 Les substantifs masculins 517
    2.1.2 Les substantifs féminins 518
    2.1.3 Les adjectifs qualificatifs 518
  2.2 Singulier et pluriel 519
  2.3 Les articles 519
    2.3.1 Les articles définis 519
    2.3.2 L'article neutre 520
    2.3.3 Les articles indéfinis 520
  2.4 Les numéraux 520
  2.5 Les pronoms personnels 520
    2.5.1 Formes et emplois généraux 520
    2.5.2 Le vouvoiement de politesse 521
    2.5.3 Les équivalents du pronom indéfini "on" 522
  2.6 Les adjectifs et pronoms possessifs 523
    2.6.1 Les adjectifs 523
    2.6.2 Les pronoms 524
    2.6.3 L'emploi des formes **mío, tuyo, suyo** 524
    2.6.4 Tutoiement et vouvoiement 525
  2.7 Le système des démonstratifs 525
  2.8 Les indéfinis 526
    2.8.1 Les indéfinis à valeur nominale 526
    2.8.2 Les indéfinis exprimant ressemblance ou différence 526
    2.8.3 Les indéfinis qui expriment nombre ou quantité 526
    2.8.4 L'apocope 527
3 Les conjugaisons 528
  3.1 Le présent de l'indicatif 528
    3.1.1 Le présent de l'indicatif régulier 528
    3.1.2 Le présent de l'indicatif des verbes à diphtongue 528
    3.1.3 Autres irrégularités au présent de l'indicatif 529
    3.1.4 Irréguliers indépendants 530
  3.2 Le présent du subjonctif 530
    3.2.1 Le présent du subjonctif irrégulier 530
    3.2.2 Irréguliers indépendants 531

3.3 L'impératif 531
   3.3.1 Formation de l'impératif 531
   3.3.2 Les impératifs irréguliers 532
3.4 Le passé simple de l'indicatif et le subjonctif imparfait 532
   3.4.1 Le passé simple de l'indicatif 532
   3.4.2 Le subjonctif imparfait 533
3.5 Le futur et le conditionnel présent 533
3.6 L'imparfait de l'indicatif 533
   3.6.1 Un temps très régulier 533
   3.6.2 Les trois imparfaits irréguliers 533
3.7 Gérondif et participe passé 534
   3.7.1 Le gérondif 534
   3.7.2 Le participe passé 534

4 Le système verbal 535
4.1 **Ser** et **estar** 535
   4.1.1 Définir les choses ou les personnes avec **ser** 535
   4.1.2 Définir les choses ou les personnes avec **estar** 535
   4.1.3 Doubles constructions avec **ser** ou **estar** 535
   4.1.4 Situer dans l'espace et dans le temps 536
   4.1.5 Rendre compte d'une action 537
   4.1.6 **ser** + participe passé : valeur active 537
   4.1.7 **ser** et **estar** + **bien** et **bueno** 538
4.2 L'enclise 538
4.3 Les constructions indirectes 539
   4.3.1 Verbes à construction indirecte 539
   4.3.2 Verbes à construction indirecte/pronominale 540
4.4 Les périphrases verbales 540
   4.4.1 Semi-auxiliaire + infinitif 540
   4.4.2 Semi-auxiliaire + gérondif 541
   4.4.3 Semi-auxiliaire + participe passé 541
4.5 L'hypothèse 542
4.6 L'obligation et le besoin 542
4.7 L'ordre et la défense 543
   4.7.1 L'impératif 543
   4.7.2 L'ordre au subjonctif 543
   4.7.3 L'interdiction 543
   4.7.4 Les injonctions familières 544
4.8 Rendre et devenir 544
   4.8.1 Avec un adjectif (résultat : **estar**) 544
   4.8.2 Avec un adjectif (résultat : **ser**) 545
   4.8.3 Avec un substantif 545

5 La phrase simple 546
5.1 La phrase interrogative 546
   5.1.1 Interrogation portant sur un fait 546
   5.1.2 Interrogation portant sur un aspect circonstanciel 546

5.2 La phrase affirmative	547
5.2.1 L'affirmation renforcée	547
5.2.2 Les tournures emphatiques	547
5.3 La phrase négative	548
5.3.1 Double construction	548
5.3.2 **Ni** : sens et emplois	548
5.3.3 Autres formules exprimant la négation	548
5.4 L'exclamation	549
5.5 La comparaison	550
5.5.1 Les comparatifs de supériorité et d'infériorité	550
5.5.2 Le comparatif d'égalité	551
5.5.3 Les comparatifs irréguliers	551
5.5.4 Nuances de la phrase comparative	551
5.6 Le superlatif	551
5.6.1 Le superlatif relatif	551
5.6.2 Le superlatif absolu	552
5.6.3 Les superlatifs irréguliers	552
5.7 Les prépositions	552
5.7.1 La préposition **a**	552
5.7.2 La préposition **de**	553
5.7.3 Les prépositions **por** et **para**	554
5.8 Les adverbes	556
6 La phrase complexe	**556**
6.1 La proposition complétive	556
6.2 La proposition relative	558
6.3 Les propositions circonstancielles	559
6.3.1 Les subordonnées de temps	559
6.3.2 Les subordonnées conditionnelles	559
6.3.3 Les subordonnées concessives	560

1 L'orthographe de l'espagnol

Comparée à celle du français, l'orthographe espagnole présente peu de complications : à quelques exceptions près, on prononce tout ce qui est écrit et on écrit comme on prononce.

1.1 Les fautes des Espagnols

En vertu de ce principe, un Espagnol fait des fautes, par exemple, sur la lettre **h**, qui est muette. Un grand classique consiste ainsi à confondre les formes homophones de **hacer** et de **echar** :
No he hecho nada, *Je n'ai rien fait*.
Echo azúcar, *Je verse du sucre*.
Plus généralement, les fautes portent sur le nombre réduit de cas où une même valeur phonétique peut avoir des réalisations orthographiques différentes. Ainsi entre **b** et **v**, que la prononciation ne distingue pas : il arrive qu'on confonde allègrement **haber**, *avoir* et **a ver**, *voyons* !
Citons encore les télescopages entre **ll** et **y**, qui donnent à l'occasion des orthographes fantaisistes : "**llendo**" à la place du gérondif **yendo**, *en allant*.
Un cas d'arbitraire orthographique concerne enfin les groupes **je/ge** et **ji/gi**, phonétiquement identiques. On écrira par exemple **gitano**, *gitan*, mais **jirafa**, *girafe* ; **gente**, *gens*, mais **tijeras**, *ciseaux*.
Au final, c'est quand même peu de chose.

1.2 Les fautes de "fragnol" classiques

• Les doubles consonnes

Contrairement au français, où la majorité des consonnes peuvent être doublées (abbé, accident, addition, etc.), l'espagnol n'admet ce phénomène que pour **c**, **l**, **n** et **r** (un truc mnémotechnique : ce sont les consonnes de Caroline) : **accidente**, **perro**, **llamar**, **innovación**. On écrira donc **hipopótamo** pour *hippopotame*, **trufa** pour *truffe*, **agravar** pour *aggraver*, etc.
Quant au groupe initial **imm-**, si courant en français, il se rend en espagnol par **inm-** : **inmóvil**, *immobile*, **inmediato**, *immédiat*, etc.

• Les mots hérités du grec

L'espagnol a naturalisé et simplifié l'orthographe de mots venus du grec pour lesquels le français a gardé une trace étymologique.

Les graphies savantes th, ch et ph, ainsi que le y correspondant au upsilon grec ont été adaptés à la phonétique espagnole : **teatro**, *théâtre* ; **orquesta**, *orchestre* ; **filosofía**, *philosophie* ; **física**, *physique*… et bien entendu **fotografía**, *photographie*.

1.3 Les modifications orthographiques

L'orthographe de certains mots peut être modifiée par l'ajout d'une terminaison : il peut s'agir de formes verbales, mais aussi par exemple de diminutifs ou tout simplement du pluriel. Certaines combinaisons de consonnes et voyelles peuvent poser problème.

phonétique	orthographes
son *[k]*	**ca / que / qui / co / cu**
son *[g]*	**ga / gue / gui / go / gu**
son *[Z]*	**za / ce / ci / zo / zu**

Si par exemple vous voulez former le diminutif de **vaca**, vous l'écrirez **vaquita**, *petite vache* ; le subjonctif de **pagar** donnera **pague**, *que je paye* ; et le pluriel de **feliz** sera **felices**, *heureux*. Dans tous ces cas, pour conserver le "son" du radical, une modification orthographique est nécessaire.

Deux observations :
– pour que le **u** s'entende dans un groupe **gue** ou **gui**, il faut un tréma (**vergüenza**, *honte* ; **bilingüismo**, *bilinguisme*)
– les groupes **ze** et **zi** sont très rares en espagnol, et sont la marque d'un emprunt direct à une autre langue (**zen**, **zigzag**).

1.4 L'accent tonique

Tous les mots espagnols de plus d'une syllabe ont un accent tonique, une syllabe prononcée avec plus d'intensité que les autres.

• L'accent régulier
La place naturelle de l'accent est :
– sur l'avant-dernière syllabe pour les mots terminés par une voyelle, un **n** ou un **s** (ces consonnes sont neutralisées car ce sont des marques grammaticales du pluriel, pour le verbe et le nom) : **España** *[espagna]*, **Carmen** *[caRmén]*, **lunes** *[lounéss]*.

– sur la dernière syllabe pour les mots terminés par une consonne (sauf **n** ou **s**) : **Madrid** *[ma**dRi**d]*, **mujer** *[mou**He**R]*, **español** *[espa**gnol**]*.

• L'accent écrit
Lorsque l'accent tonique n'est pas "à sa place", on le signale par un accent écrit, toujours aigu : **Canadá**, **París**, **dólar**, **Cádiz**. On le trouvera donc systématiquement sur les mots accentués sur l'avant-avant-dernière syllabe : **México**, **Atlántico**.

• L'accent écrit grammatical
L'accent aigu a parfois aussi une fonction grammaticale : distinguer des homonymes différents par la nature et par le sens. Tous les mots interrogatifs portent ainsi un accent écrit : **¿qué?**, **¿cómo?**, **¿cuál?**, **¿cuándo?**, **¿cuánto?**, **¿quién?**, **¿dónde?**
On évitera de même de confondre :
tu perro, *ton chien* / eres **tú**, *c'est toi*
el amigo, *l'ami* / es **él**, *c'est lui*
mi hermano, *mon frère* / para **mí**, *pour moi*
se llama, *il s'appelle* / no **sé**, *je ne sais pas*
si quieres, *si tu veux* / **sí**, quiero, *oui, je veux*
te veo, *je te vois* / un **té** con limón, *un thé au citron*

• Les nouvelles normes
La **Real Academia** a progressivement réduit, dans ses préconisations, le champ de cet accent écrit grammatical, au motif que souvent la confusion possible reste très théorique.
Mais vous trouverez parfois, sous la plume de tenants des anciennes règles, **sólo**, *seulement*, opposé à **solo**, *seul* ; ou encore des accents sur les pronoms démonstratifs (**es éste**, *c'est celui-ci*) pour les opposer aux adjectifs (**este hombre**, *cet homme*).

2 Le groupe nominal

2.1 Masculin et féminin
2.1.1 Les substantifs masculins
Les substantifs terminés en **-o** sont très majoritairement masculins : **el libro**, *le livre* ; **el sombrero**, *le chapeau*, etc. L'exception la plus courante est **la mano**, *la main* ; signalons aussi des mots qui sont en fait des abréviations, comme **la foto**, *la photo*, ou **la moto**, *la moto*.

Les noms terminés en **-or** sont masculins, ce qui les distingue souvent de leur correspondant français : **el calor**, *la chaleur* ; **el color**, *la couleur* ; **el dolor**, *la douleur*, etc. Il y a quatre exceptions : **la flor**, *la fleur* (et son composé **la coliflor**, *le chou-fleur*) ; et deux termes d'un usage restreint : **la sor**, *la sœur* (au sens religieux), et **la labor**, *l'ouvrage* (un peu désuet).

Les noms de fleuves, mers et montagnes sont masculins : **el Sena**, *la Seine* ; **el Mediterráneo**, *la Méditerranée* ; **los Alpes**, *les Alpes*.

2.1.2 Les substantifs féminins

Les substantifs terminés en **-a** sont généralement féminins : **la casa**, *la maison* ; **la cara**, *le visage*, etc. Mais il existe ici de nombreuses exceptions : **el idioma**, *la langue* ; **el día**, *le jour* ; **el problema**, *le problème*, etc.

Cette marque en **-a** s'applique aux substantifs désignant des êtres féminins, pour les distinguer de leur correspondant masculin. Par exemple pour les relations familiales, les statuts et professions, ou dans le cas des animaux.

Si le mot finit en voyelle, on substitue celle-ci :
el sobrino, *le neveu* / **la sobrina**, *la nièce*
el pescadero, *le poissonnier* / **la pescadera**, *la poissonnière*
el perro, *le chien* / **la perra**, *la chienne*

Si le mot finit en consonne, on ajoute un **-a** :
el trabajador, *le travailleur* / **la trabajadora**, *la travailleuse*
el anfitrión, *l'hôte* / **la anfitriona**, *l'hôtesse*

Il y a bien sûr des exceptions (**el actor**, *l'acteur* / **la actriz**, *l'actrice*, pour n'en citer qu'une), et des cas particuliers. Les mots terminés en **-ante** et **-ista**, par exemple, sont invariables en genre :
el / la deportista, *le sportif / la sportive*
el / la cantante, *le chanteur / la chanteuse*

2.1.3 Les adjectifs qualificatifs

Les adjectifs terminés en **-o** ont un féminin en **-a** :
el chico rubio, *le garçon blond* → **la chica rubia**, *la fille blonde*

Ils sont invariables en genre s'ils se terminent par une autre voyelle que **-o** :
un hombre alegre, *un homme joyeux* → **una mujer alegre**, *une femme joyeuse*

Les adjectifs terminés par une consonne sont invariables en genre :
un día feliz, *un jour heureux*

una vida feliz, *une vie heureuse*
Les exceptions sont les adjectifs de nationalité et les adjectifs en **-ín, -án, -ón** :
un periódico francés, *un journal français*
la cocina francesa, *la cuisine française*
Les adjectifs terminés en **-or** font leur féminin en **-ora**, à l'exception des comparatifs irréguliers, invariables en genre :
un amigo encantador, *un ami charmant*
una amiga encantadora, *une amie charmante*
el peor momento, *le pire moment*
la peor noticia, *la pire nouvelle*

2.2 Singulier et pluriel

Les noms et adjectifs les plus courants font leur pluriel :
– en ajoutant un **-s** s'ils se terminent par une voyelle
– en ajoutant **-es** s'ils se terminent par une consonne.
el chico rubio / los chicos rubios, *le(s) garçon(s) blond(s)*
el joven pintor / los jóvenes pintores, *le(s) jeune(s) peintre(s)*
Les noms et adjectifs se terminant par un **-í** accentué ou un **-y** font leur pluriel en **-es** :
el jugador marroquí, *le joueur marocain*
los jugadores marroquíes, *les joueurs marocains*
el rey de España, *le roi d'Espagne*
los reyes de España, *les rois d'Espagne*

2.3 Les articles

2.3.1 Les articles définis

Les formes masculines et féminines sont :
el profesor, *le professeur* / **los profesores**, *les professeurs*
la ciudad, *la ville* / **las ciudades**, *les villes*
Comme en français, l'article défini masculin a une forme contracte après les prépositions **a** et **de** ; en espagnol cette contraction ne se fait qu'au singulier :
(**de + el = del**) : **el gato del vecino**, *le chat du voisin*
(**a + el = al**) : **Veo al amigo de Julia**, *Je vois l'ami de Julie.*
Lorsqu'un nom féminin commence par un **a** ou **ha** tonique, on utilise l'article masculin **el** : **el agua**, *l'eau* ; **el hambre**, *la faim*. Le mot reste toutefois féminin, et il faudra accorder correctement un éventuel adjectif : **el águila negra**, *l'aigle noir*.

Dans deux cas, l'espagnol emploie l'article défini là où le français utilise un démonstratif : devant un pronom relatif, et associé à la préposition **de**, avec une valeur de caractérisation :
El que lleva una camisa gris, *Celui qui porte une chemise grise.*
Las de la izquierda, *Celles de gauche / Celles qui sont à gauche.*

2.3.2 L'article neutre
Il existe un article neutre singulier – **lo** – qui s'emploie devant un adjectif ou un participe passé :
lo interesante, *ce qu'il y a d'intéressant*
On l'utilise également comme antécédent d'un pronom relatif :
lo que digo, *ce que je dis*

2.3.3 Les articles indéfinis
Au singulier, les formes sont **un** et **una** : **un hombre**, *un homme* ; **una mujer**, *une femme*. Au pluriel, dans les cas les plus courants, on n'utilise pas d'article :
Vendo ordenadores, *Je vends des ordinateurs.*
Vous trouverez parfois les formes plurielles **unos** et **unas**. Elles supposent une indéfinition moindre :
Unos amigos me han ayudado, *Des amis m'ont aidé.* (ils sont parfaitement identifiables, même si je n'en dis rien)
Unos et **unas** peuvent aussi prendre une valeur numérique :
¿Compramos unos choricitos?, *On achète quelques petits chorizos ?*

2.4 Les numéraux

La leçon 35 vous fournit la liste des cardinaux et ordinaux, ainsi que les principales règles concernant leur emploi.

2.5 Les pronoms personnels
2.5.1 Formes et emplois généraux

sujet	complément d'objet direct	complément d'objet indirect	après une préposition (**a**, **de**, **en**, etc.)
yo	**me**	**me**	**mí**
tú	**te**	**te**	**ti**
él, ella, usted	**lo, la**	**le**	**él, ella, usted**
nosotros/as	**nos**	**nos**	**nosotros/as**

| vosotros/as | os | os | vosotros/as |
| ellos/as, ustedes | los, las | les | ellos/as, ustedes |

En règle générale et en l'absence d'un sujet nominal, la terminaison de la forme verbale suffit à indiquer la personne ; l'emploi du pronom personnel sujet marque donc une insistance :
Digo que no, *Je dis non*. / **Yo digo que no**, *Moi, je dis non*.
Le pronom complément à la 3e personne a des formes réfléchies particulières : **se** pour les verbes pronominaux et **sí** (parfois renforcé par **mismo**) après une préposition.
Se pregunta qué pasa, *Il se demande ce qui se passe*.
Siempre habla de sí mismo, *Il parle toujours de lui-même*.
Le pronom personnel employé avec la préposition **con**, *avec*, a trois formes spéciales : **conmigo**, *avec moi* ; **contigo**, *avec toi* ; **consigo**, *avec soi*.
Lorsque deux pronoms de 3e personne se suivent, le pronom indirect **le** devient **se**. Il précède, comme aux autres personnes, le pronom direct :
Me lo dice, *Il me le dit*.
Te lo dice, *Il te le dit*.
Se lo dice, *Il le lui dit*.
À la 3e personne, le pronom personnel complément d'objet direct est **lo**, **los** au masculin et **la**, **las** au féminin. Vous trouverez parfois **le** (qui est le complément indirect) à la place de **lo**. Cet usage n'est en principe admis qu'au masculin singulier.
No lo oigo bien, señor. / **No le oigo bien, señor**, *Je ne vous entends pas bien, monsieur*.

2.5.2 Le vouvoiement de politesse
Pour marquer la politesse à travers le vouvoiement, le français emploie la 2e personne du pluriel : "Comment allez-vous, monsieur ?". L'espagnol, lui, recourt systématiquement à la 3e personne, un peu comme on s'adresserait au Roi en français : "Votre Majesté veut-elle que je lui apporte un café ?".
Il existe pour vouvoyer en espagnol un pronom personnel spécifique, **usted**, *vous*, qui est précisément la contraction d'une ancienne formule : **vuestra merced**, *votre grâce*. Vous le trouverez parfois sous forme abrégée : **Ud**. ou **Vd**. On l'emploie comme

pronom sujet (avec la 3ᵉ personne de la conjugaison) et après une préposition :
¿Cómo está usted?, *Comment allez-vous ?*
¿Cómo se llama usted?, *Comment vous appelez-vous ?*
Es para usted, *C'est pour vous*.
On peut bien sûr marquer la politesse au pluriel (un groupe de personnes dont vous vouvoyez chacun des membres). Le pronom passe dans ce cas au pluriel : **ustedes**. Attention donc : si vous demandez **¿Cómo estáis?**, *Comment allez-vous ?*, vous êtes en train de tutoyer vos interlocuteurs. Si ce n'est pas votre intention, vous devez dire :
¿Cómo están ustedes?
Le pronom personnel complément (direct ou indirect) obéit aux mêmes règles : 2ᵉ personne (singulier ou pluriel) pour le tutoiement / 3ᵉ personne (singulier ou pluriel) pour le vouvoiement).

	tutoiement
singulier	**¿Te atienden?**, *On s'occupe de toi ?* **¿Te gusta?**, *Ça te plaît ?*
pluriel	**¿Os atienden, chicos ?**, *On s'occupe de vous, les gars ?* **¿Os gusta, chicas?**, *Ça vous plaît, les filles ?*

	vouvoiement
singulier	**¿Lo (le) atienden, caballero?**, *On s'occupe de vous, monsieur ?* **¿La atienden, señora?**, *On s'occupe de vous, madame ?* **¿Le gusta, señorita?**, *Ça vous plaît, mademoiselle ?*
pluriel	**¿Los atienden, caballeros?**, *On s'occupe de vous, messieurs ?* **¿Las atienden, señoras?**, *On s'occupe de vous, mesdames ?* **¿Les gusta, señoritas?**, *Ça vous plaît, mesdemoiselles ?*

2.5.3 Les équivalents du pronom indéfini "on"
Quand "on" représente sans précision "quelqu'un", ou "les gens" (ni celui qui parle ni son interlocuteur), on se sert de la 3ᵉ personne du pluriel :
Han llamado a la puerta, *On a frappé à la porte*.

Si "on" renvoie à une vérité générale, une règle, une habitude, on utilise **se** + 3ᵉ personne (en faisant l'accord du verbe au singulier ou au pluriel) :
Se habla español en América latina, *On parle espagnol en Amérique latine.*
Aquí se hacen fotocopias, *Ici on fait des photocopies.*
"On" peut aussi être un "je" déguisé. On emploie dans ce cas **uno** ou **una** :
Uno no sabe qué pensar, *On ne sait pas quoi penser.*
Una no sabe qué decir, *On ne sait pas que dire.*
Retenez que ce **uno/a** exprime également le "on" indéfini lorsque le verbe est pronominal (on ne peut plus recourir au pronom **se**, puisqu'il fait partie de la forme verbale) :
En España, uno se acuesta tarde, *En Espagne, on se couche tard.*
Enfin, le "on" qui en français parlé équivaut à un "nous" se rend en espagnol par la 1ʳᵉ personne du pluriel.
Mañana iremos al cine, *Demain on ira au cinéma.*

2.6 Les adjectifs et pronoms possessifs

2.6.1 Les adjectifs

un possesseur	**mi(s)**, *mon, ma, mes* **tu(s)**, *ton, ta, tes* **su(s)**, *son, sa, ses*
plusieurs possesseurs	**nuestro(s)/a(s)**, *notre, nos* **vuestro(s)/a(s)**, *votre, vos* **su(s)**, *leur, leurs*

Comme vous le voyez sur le tableau, le système des adjectifs possessifs espagnols présente quelques particularités par rapport au système du français.
Le genre de l'objet possédé n'apparaît pas quand il y a un seul possesseur : **mi padre**, *mon père* / **mi madre**, *ma mère.*
Il apparaît, en revanche, lorsque les possesseurs sont les deux premières personnes du pluriel : **nuestro padre**, *notre père* / **nuestra madre**, *notre mère* ; **vuestro hermano**, *votre frère* / **vuestra hermana**, *votre sœur.*
À la 3ᵉ personne, l'espagnol ne distingue pas entre un ou plusieurs possesseurs : **Es su sobrino**, *C'est son (*ou *leur) neveu.*

2.6.2 Les pronoms

un possesseur	el (los) mío(s), *le(s) mien(s)*	la(s) mía(s), *la (les) mienne(s)*
	el (los) tuyo(s), *le(s) tien(s)*	la(s) tuya(s), *la, (les) tienne(s)*
	el (los) suyo(s), *le(s) sien(s)*	la(s) suya(s), *la, (les) sienne(s)*
plusieurs possesseurs	el (los) nuestro(s), *le(s) nôtre(s)*	la(s) nuestra(s), *la (les) nôtre(s)*
	el (los) vuestro(s), *le(s) vôtre(s)*	la(s) vuestra(s), *la (les) vôtre(s)*
	el (los) suyo(s), *le(s) leur(s)*	la(s) suya(s), *la (les) leur(s)*

De même que pour l'adjectif, vous remarquez que l'espagnol ne distingue pas, à la 3ᵉ personne, entre un ou plusieurs possesseurs :
¿Ves esa casa? Es la suya, *Tu vois cette maison ? C'est la sienne* (ou *la leur*).

2.6.3 L'emploi des formes *mío, tuyo, suyo*

Outre leur emploi comme pronoms (accompagnées dans ce cas de l'article défini), ces formes peuvent également jouer le rôle d'adjectif (comme **mi, tu, su**). Elles perdent dans ce cas l'article défini et se placent après le nom. L'idée de possession est alors plus expressive et marquée :
La cartera tuya es negra, *Ton portefeuille à toi est noir.*
Siempre es culpa mía, *C'est toujours ma faute à moi.*

Ces formes peuvent aussi être directement attributs de **ser** :
¿Es tuyo ese dinero?, *Est-ce que cet argent est à toi ?*
¡Sí, es mío!, *Oui, il est à moi !*

À la suite d'un nom sans article ces formes prennent une nuance partitive :
No he tenido noticias tuyas, *Je n'ai pas eu de tes nouvelles.*

Dans un certain nombre de tournures, à mi-chemin entre l'interjection et le vocatif (on s'adresse à quelqu'un, on l'invoque ou le prend à témoin), on va fréquemment utiliser **mío, mía**.
¡Dios mío!, *Mon Dieu !*
¡Madre mía!, *Maman chérie !*
No te entiendo, hija mía, *Je ne te comprends pas, ma fille.*
Cuídate, corazón mío, *Prends-soin de toi, mon cœur.*

Enfin, certaines locutions introduites par une préposition admettent une double construction :
A mi lado / al lado mío, *À côté de moi.*
Por tu culpa / Por culpa tuya, *Par ta faute.*

2.6.4 Tutoiement et vouvoiement
Selon que vous tutoyez ou vouvoyez, vous aurez recours aux possessifs de 2ᵉ ou de 3ᵉ personne.

	tutoiement	vouvoiement
un possesseur	**Es tu maleta.** *C'est ta valise.* **¿Es tuya la maleta?** *Elle est à toi, la valise ?*	**Es su maleta,** *C'est votre valise.* **¿Es suya la maleta ?**, *Elle est à vous, la valise ?*
plusieurs possesseurs	**Es vuestra maleta.** *C'est votre valise.* **¿Es vuestra la maleta ?** *Elle est à vous, la valise ?*	

Attention donc, à nouveau, à ne pas confondre ce que le français rend par le possessif "votre/vos" :
¿Me presta su coche?, *Vous me prêtez votre voiture ?* (vous vouvoyez une personne)
¿Me prestáis vuestro coche?, *Vous me prêtez votre voiture ?* (vous tutoyez un groupe de personnes).

2.7 Le système des démonstratifs
Les adjectifs et pronoms démonstratifs forment un système cohérent avec les adverbes de lieu et les pronoms personnels : on s'en sert pour désigner, en situant dans le temps, dans l'espace et par rapport aux personnes grammaticales (je, tu, il).

	proche de moi	plus loin ou proche de toi	encore plus loin ou proche de lui
adverbes	**aquí**, *ici*	**ahí**, *là*	**allí, allá**, *là-bas*
adjectifs démonstratifs	**este libro** **estos libros** **esta casa** **estas casas**	**ese libro** **esos libros** **esa casa** **esas casas**	**aquel libro** **aquellos libros** **aquella casa** **aquellas casas**
pronoms démonstratifs neutres	**esto**, *ça* (ici)	**eso**, *ça* (là)	**aquello**, *ça* (là-bas)

2.8 Les indéfinis

2.8.1 Les indéfinis à valeur nominale
Ils renvoient à une personne ou à une chose et sont invariables.
Alguien ha venido, *Quelqu'un est venu*.
No veo a nadie, *Je ne vois personne*.
¿Has dicho algo?, *Tu as dit quelque chose ?*
No he dicho nada, *Je n'ai rien dit*.

2.8.2 Les indéfinis exprimant ressemblance ou différence
Mismo(s), **misma(s)**, *même(s)*, **otro(s)**, **otra(s)**, *autre(s)*, et **cualquiera**, *n'importe lequel*, expriment diverses relations d'identité.
Otro présente la particularité de ne pas pouvoir être précédé d'un article indéfini : **el otro libro**, *l'autre livre*, mais **otro libro**, *un autre livre*.
Cualquiera, lorsqu'il est pronom, sert pour le masculin et le féminin.
Cualquiera lo sabe, *N'importe qui le sait*.
Cualquiera de vosotras lo haría, *N'importe laquelle d'entre vous le ferait*.

2.8.3 Les indéfinis qui expriment nombre ou quantité
cada (uno/a), *chaque, chacun(e)*
todo(s), toda(s), *tout, tous, toute(s)*
bastante(s), *assez, assez de*
demasiado(s), demasiada(s), *trop, trop de*
alguno(a), alguna(s), *quelque(s)*
ninguno,-a, -os,-as, *aucun(e)*
mucho(s), mucha(s), *beaucoup, beaucoup de*
poco(s), poca(s), *peu, peu de*

– **Cada** a d'abord le même usage qu'en français :
Como verduras cada día, *Je mange des légumes chaque jour*.
Associé à **uno(a)**, il a le sens de *chacun* :
Que cada una coja su mochila, *Que chacune prenne son sac à dos*.
Devant un numéral, il indique une périodicité ; entre deux numéraux, une proportion :
Tome una pastilla cada tres horas, *Prenez un cachet toutes les trois heures*.
Una de cada seis españolas, *Une Espagnole sur six*.

– **Todo(a)**, quand il est complément d'objet direct, est annoncé par un pronom personnel :
Lo veo todo, *Je vois tout*.
Las quiero todas, *Je les veux toutes*.

– **Bastante, demasiado, mucho** et **poco**
Ils peuvent être des adverbes, donc invariables :
Bebes mucho y comes poco, *Tu bois beaucoup et tu manges peu*.
Estoy bastante cansado, *Je suis assez fatigué*.
Te acuestas demasiado tarde, *Tu te couches trop tard*.
Ils peuvent être adjectifs, s'accorder au nom qu'ils déterminent, et correspondent alors au français assez de, trop de, etc.
Tengo ya bastantes problemas, *J'ai déjà assez de problèmes*.
Haces demasiadas preguntas, *Tu poses trop de questions*.
Hay muchos chicos y pocas chicas, *Il y a beaucoup de garçons et peu de filles*.

– **Alguno(s), alguna(s), ninguno, ninguna** peuvent être pronoms ou adjectifs :
Algunos lo dicen, *Certains le disent*.
Te mando algunas cositas, *Je t'envoie quelques petites choses*.
Ninguna de ellas me ha convencido, *Aucune d'entre elles ne m'a convaincu*.
Ninguno me interesa, *Aucun ne m'intéresse*.

2.8.4 L'apocope
Cualquiera, alguno et **ninguno** perdent dans certaines circonstances la lettre finale et deviennent **cualquier, algún** et **ningún**. On appelle ce phénomène l'apocope.

- Dans le cas de **cualquiera**, l'apocope se produit lorsqu'il est adjectif et précède le nom :
Cualquier español se sabe esa frase, *N'importe quel Espagnol connaît cette phrase*.

– **Alguno** et **ninguno** subissent l'apocope uniquement devant un nom masculin singulier :
¿Hay algún problema, alguna página mal impresa?, *Y a-t-il un quelconque problème, quelque page mal imprimée ?*

No hay ningún problema, ninguna página mal impresa, *Il n'y aucun problème, aucune page mal imprimée.*

L'apocope devant un nom masculin singulier concerne également d'autres adjectifs : **malo**, **bueno**, **primero** et **tercero**.
buenos amigos, *de bons amis*, mais **un buen amigo**, *un bon ami*
malos momentos, *de mauvais moments*, mais **un mal momento**, *un mauvais moment*
la primera lección, *la première leçon*, mais **el primer hombre**, *le premier homme*
la tercera lección, *la troisième leçon*, mais **el tercer hombre**, *le troisième homme.*
Il existe un dernier cas : **grande**, qui devient **gran** devant un nom singulier, qu'il soit masculin ou féminin :
una gran ciudad, *une grande ville*

3 Les conjugaisons

La conjugaison espagnole comprend trois groupes, terminés en **-ar**, en **-er** et en **-ir**. De nombreuses irrégularités affectent le radical des verbes.

3.1 Le présent de l'indicatif

3.1.1 Le présent de l'indicatif régulier

hablar	aprender	vivir
hablo	aprendo	vivo
hablas	aprendes	vives
habla	aprende	vive
hablamos	aprendemos	vivimos
habláis	aprendéis	vivís
hablan	aprenden	viven

3.1.2 Le présent de l'indicatif des verbes à diphtongue

Le radical de certains verbes diphtongue aux personnes où il reçoit l'accent tonique, les 3 premières du singulier et la 3ᵉ du pluriel : le **-e** devient **-ie** et le **-o** devient **-ue**. Ce phénomène peut concerner les verbes des trois groupes.

pensar	contar
p**ie**nso	c**ue**nto
p**ie**nsas	c**ue**ntas
p**ie**nsa	c**ue**nta
pensamos	contamos
pensáis	contáis
p**ie**nsan	c**ue**ntan

3.1.3 Autres irrégularités au présent de l'indicatif

• Les verbes à affaiblissement

Ils ont pour modèle **pedir** ; le **-e** du radical "s'affaiblit" en **-i** aux personnes où il reçoit l'accent tonique.

• Les verbes en **-acer**, **-ecer**, **-ocer**, **-ucir**

À de très rares exceptions près (dont **hacer**, *faire*), ces verbes ont une 1ʳᵉ personne irrégulière, en **-zco**.

• Les verbes en **-uir**

Un **-y** s'intercale entre le radical et la terminaison aux personnes où le radical reçoit l'accent tonique.

pedir	conocer	huir
p**i**do	cono**zc**o	hu**y**o
p**i**des	conoces	hu**y**es
p**i**de	conoce	hu**y**e
pedimos	conocemos	huimos
pedís	conocéis	huis
p**i**den	conocen	hu**y**en

• Les verbes en **-go**

10 verbes ont une irrégularité à la 1ʳᵉ personne du singulier, terminée en **-go**. Ils peuvent ou non avoir d'autres irrégularités.

cai**go**, *je tombe*
di**go**, *je dis*
ha**go**, *je fais*
oi**go**, *j'entends*
pon**go**, *je mets*
sal**go**, *je sors*
ten**go**, *j'ai*

traigo, *j'apporte*
valgo, *je vaux*
vengo, *je viens*

3.1.4 Irréguliers indépendants
caber : **quepo**, cabes, cabe, cabemos, cabéis, caben
dar: **doy**, das, da, damos, dais, dan
decir : **digo, dices, dice**, decimos, decís, **dicen**
estar : **estoy, estás, está**, estamos, estáis, **están**
haber : **he, has, ha, hemos**, habéis, **han**
ir : **voy, vas, va, vamos, vais, van**
oír : **oigo, oyes, oye**, oímos, oís, **oyen**
saber : **sé**, sabes, sabe, sabemos, sabéis, saben
ser : **soy, eres, es**, somos, sois, **son**
ver : **veo**, ves, ve, vemos, veis, ven

3.2 Le présent du subjonctif

Sa terminaison est en **-e** pour les verbes en **-ar** et en **-a** pour les verbes en **-er** et en **-ir**. Le radical est la 1ʳᵉ personne du singulier de l'indicatif. Pour les verbes réguliers, c'est donc simple.

hablar	aprender	vivir
habl**e**	aprend**a**	viv**a**
habl**es**	aprend**as**	viv**as**
habl**e**	aprend**a**	viv**a**
habl**emos**	aprend**amos**	viv**amos**
habl**éis**	aprend**áis**	viv**áis**
habl**en**	aprend**an**	viv**an**

3.2.1 Le présent du subjonctif irrégulier
Les verbes irréguliers à la 1ʳᵉ personne du singulier de l'indicatif présent reproduiront l'irrégularité sur toute la conjugaison.

tener	pedir	conocer	huir
ten**g**a	p**i**da	cono**zc**a	hu**y**a
ten**g**as	p**i**das	cono**zc**as	hu**y**as
ten**g**a	p**i**da	cono**zc**a	hu**y**a

tengamos	pidamos	conozcamos	huyamos
tengáis	pidáis	conozcáis	huyáis
tengan	pidan	conozcan	huyan

Les verbes à diphtongue sont à part : le radical du subjonctif présent épouse à toutes les personnes celui de l'indicatif (modèle **pensar**).
Il existe enfin un groupe de verbes, dits à alternance, qui combine diphtongaison et affaiblissement (en **-i** et en **-u**). Leurs modèles sont **sentir** (même modèle pour **divertir**, **mentir**, **preferir**, **sugerir**...) et **dormir** (même modèle pour **morir**).

pensar	sentir	dormir
piense	sienta	duerma
pienses	sientas	duermas
piense	sienta	duerma
pensemos	sintamos	durmamos
penséis	sintáis	durmáis
piensen	sientan	duerman

3.2.2 Irréguliers indépendants
estar : esté, estés, esté, estemos, estéis, estén
haber : haya, hayas, haya, hayamos, hayáis, hayan
ir : vaya, vayas, vaya, vayamos, vayáis, vayan
saber : sepa, sepas, sepa, sepamos, sepáis, sepan
ser : sea, seas, sea, seamos, seáis, sean
ver : vea, veas, vea, veamos, veáis, vean

3.3 L'impératif
3.3.1 Formation de l'impératif
L'impératif espagnol ne possède à proprement parler que deux personnes, la 2ᵉ du singulier (la 2ᵉ du présent de l'indicatif sans le **-s**) et la 2ᵉ du pluriel (l'infinitif avec un **-d** à la place du **-r**). Il emprunte au subjonctif pour les autres personnes.
habla, *parle* / **hablad**, *parlez*
aprende, *apprends* / **aprended**, *apprenez*
vive, *vis* / **vivid**, *vivez*
Les irrégularités du présent de l'indicatif se retrouvent à l'impératif singulier :

pi**e**nsa, *pense* / **pensad**, *pensez*
c**ue**nta, *raconte* / **contad**, *racontez*
p**i**de, *demande* / **pedid**, *demandez*
hu**y**e, *fuis* / **huid**, *fuyez*
Dans le cas de verbes pronominaux, le pronom va se souder à la forme verbale.
¡Ponte aquí!, *Mets-toi ici !*
¡Siéntate!, *Assieds-toi !*
À la 2ᵉ personne du pluriel : le **-d** final disparaît.
¡Poneos aquí!, *Mettez-vous là !*
¡Sentaos!, *Asseyez-vous !*

3.3.2 Les impératifs irréguliers
Il y a 8 impératifs irréguliers indépendants.
haz, *fais* / **pon**, *mets* / **ten**, *tiens* / **sal**, *sors* / **ven**, *viens* / **di**, *dis* / **sé**, *sois* / **ve**, *va*

3.4 Le passé simple de l'indicatif et le subjonctif imparfait

Ces deux temps, bien qu'appartenant à des modes différents, sont morphologiquement liés, puisque le second prend le radical de la 3ᵉ personne du pluriel du passé simple.

3.4.1 Le passé simple de l'indicatif
La formation du passé simple régulier et des passés simples irréguliers dits forts a été abordée pour l'essentiel à la leçon 56. On s'y reportera pour visualiser les tableaux de conjugaison, qui reprennent les verbes rencontrés dans les leçons. En ce qui concerne les verbes à affaiblissement et les verbes à alternance, on consultera également la leçon 63.
On n'oubliera pas deux autres familles d'irréguliers à ce temps : les verbes en **-uir** et les verbes en **-ducir**. En voici les modèles :

conducir	huir
condu**je**	hu**i**
condu**j**iste	hu**i**ste
condu**jo**	hu**yó**
condu**j**imos	huimos

condujisteis	huisteis
condujeron	huyeron

3.4.2 Le subjonctif imparfait
Vous trouverez à la leçon 84 l'explication concernant la formation de ce temps, ainsi que les tableaux de conjugaison correspondants. Ils reprennent les verbes rencontrés dans les leçons et vous permettent de faire pour l'essentiel le tour de la question.

3.5 Le futur et le conditionnel présent
Comme en français, ces deux temps sont morphologiquement liés, puisqu'ils prennent tous deux pour radical l'infinitif du verbe : **cantaré**, *je chanterai* / **cantaría**, *je chanterais*.
Les terminaisons sont régulières et les seules irrégularités concernent le radical de 12 verbes : leur tableau figure à la leçon 70 pour le futur. Le conditionnel présentant les mêmes irrégularités, on se reportera pour les visualiser aux tableaux de la leçon 77.

3.6 L'imparfait de l'indicatif
3.6.1 Un temps très régulier
Ce temps se conforme à un modèle simple : radical de l'infinitif + terminaisons en **-aba** (verbes en **-ar**) et en **-ía** (verbes en **-er** et en **-ir**). Tout au plus faut-il être attentif à la place de l'accent tonique, qui engage l'orthographe.

hablar	aprender	vivir
hablaba	aprendía	vivía
hablabas	aprendías	vivías
hablaba	aprendía	vivía
hablábamos	aprendíamos	vivíamos
hablabais	aprendíais	vivíais
hablaban	aprendían	vivían

3.6.2 Les trois imparfaits irréguliers

ser	ir	ver
era	iba	veía
eras	ibas	veías

era	iba	veía
éramos	íbamos	veíamos
erais	ibais	veíais
eran	iban	veían

3.7 Gérondif et participe passé

3.7.1 Le gérondif
Il y a deux terminaisons au gérondif : en **-ando** pour les verbes en **-ar** (**hablando**) ; en **-iendo** pour les verbes en **–er** et en **-ir** (**aprendiendo**, **viviendo**).

Le radical régulier est celui de l'infinitif et il y a peu d'exceptions. Elles concernent :

– les verbes à affaiblissement et à alternance (**pidiendo**, **sintiendo**, **durmiendo**)

– des verbes des 2ᵉ et 3ᵉ groupe dont le radical se termine par une voyelle, qui intercalent un **–y** devant la terminaison (**leyendo**, **cayendo**, **oyendo**, **huyendo**, etc.)

– des irréguliers indépendants : **viniendo**, **pudiendo**.

– le verbe **ir**, qui fait **yendo**.

3.7.2 Le participe passé
Le radical de l'infinitif reçoit deux terminaisons : en **-ado** pour les verbes en **-ar** (**hablado**) ; en **-ido** pour les verbes en **-er** et en **-ir** (**aprendido**, **vivido**).

Un certain nombre de verbes ont un participe passé irrégulier. Petite liste non limitative :

abrir → **abierto**
cubrir → **cubierto**
decir → **dicho**
escribir → **escrito**
morir → **muerto**
poner → **puesto**
romper → **roto**
ver → **visto**
volver → **vuelto**

4 Le système verbal

4.1 *Ser* et *estar*

L'espagnol possède deux verbes pour dire les deux modes philosophiques de l'être : **ser** (l'être dans son essence) et **estar** (l'existence, le devenir). Les emplois de l'un ou l'autre répondent au fond toujours à ce schéma mental.

4.1.1 Définir les choses ou les personnes avec *ser*

– Devant un substantif (l'expression même de l'être, sa "substance"), ce sera donc toujours **ser** :
Es Isabel, *C'est Isabelle*.
Somos profesores, *Nous sommes professeurs*.
Même chose pour les pronoms personnels, indéfinis, possessifs et démonstratifs.
Es él, *C'est lui* ; **Soy yo**, *C'est moi*.
No es nada, *Ce n'est rien*.
¿Es mío o es tuyo?, *C'est à moi ou c'est à toi ?*
No es aquel, es este, *Ce n'est pas celui-là, c'est celui-ci*.
– Devant un adjectif, ce qui est vu comme essentiel à une personne ou une chose s'exprime par **ser**.
Es español, es de Sevilla, *Il est espagnol, il est de Séville*. (nationalité et origine)
Es jugador de baloncesto, *Il est basketteur*. (profession)
Rocío es alta, *Rocío est grande*. (caractéristique physique)
María es simpática, *Marie est sympathique*. (trait de caractère)
No somos creyentes, *Nous ne sommes pas croyants*. (convictions)

4.1.2 Définir les choses ou les personnes avec *estar*

Devant un adjectif, ce qui renseigne sur un état ou est pris dans une circonstance s'exprime par **estar**.
Felipe está triste, *Felipe est triste*. (état d'âme)
No estoy segura, *Je ne suis pas sûre*. (opinion)
Ana está cansada, *Ana est fatiguée*. (état physique)
Juan está enfermo, *Juan est malade*. (état de santé)

4.1.3 Doubles constructions avec *ser* ou *estar*

En général, le sens porté par l'adjectif fait qu'il appelle **ser** ou **estar** :

Es solitaria, *Elle est solitaire*. (trait de personnalité)
Está sola, *Elle est seule*. (situation)
Mais il n'est pas rare qu'un même adjectif puisse admettre l'un ou l'autre verbe, pour des usages tout en nuances. Le cas le plus flagrant concerne les adjectifs de couleur.
Esta camisa es amarilla, *Cette chemise est jaune*. (c'est sa couleur d'origine)
Esta camisa está amarilla, *Cette chemise est jaune*. (elle a jauni avec le temps)
El cielo es azul, *Le ciel est bleu*. (en soi)
El cielo está azul, *Le ciel est bleu*. (aujourd'hui)
Nous avons vu, au fil des dialogues, bien d'autres adjectifs dont le sens changeait selon qu'ils étaient attributs de **ser** ou de **estar** :
Estos zapatos son tristes, *Ces chaussures sont tristes*. (qualité)
Estoy triste, *Je suis triste*. (humeur)
Eres guapa, *Tu es belle*. (trait distinctif)
Estás guapa hoy, *Tu es en beauté aujourd'hui*. (circonstance)
Es usted muy joven, *Vous êtes très jeune*. (âge)
Está usted muy joven, *Vous faites très jeune*. (aspect).
Las gambas son caras, *Les crevettes sont chères*. (en général)
Las gambas están caras, *Les crevettes sont chères*. (aujourd'hui)
Parfois, le sens de l'adjectif est radicalement affecté. Petit tableau (non exhaustif !) :

sens avec **ser**	adjectif	sens avec **estar**
noir/-e de peau	**negro/-a**	*furieux/-euse*
brun/-e	**moreno/-a**	*bronzé/-e*
malin/-e	**listo/-a**	*prêt/-e*
méchant/-e *mauvais/-e pour la santé*	**malo/-a**	*malade* *mauvais/-e au goût*
vif / vive	**vivo/-a**	*vivant/-e*
délicat/-e	**delicado/-a**	*en mauvaise santé*

4.1.4 Situer dans l'espace et dans le temps
Lorsque notre verbe "être" signifie "se trouver quelque part", il se rend en espagnol (sauf cas très particuliers) par **estar**. On est ici proches de l'étymologie, du *stare* latin qui signifie se tenir debout.

La même idée vaut pour une abstraction (une idée, un problème).
Estoy en París, *Je suis à Paris.*
Aquí está la dificultad, *C'est là qu'est (= se trouve) la difficulté.*
En ce sens, **estar** peut s'employer absolument, par exemple :
¿Estás?, *Tu es là ?*
¿Está Pedro?, *Est-ce que Pedro est là ?*
En ce qui concerne le temps, on emploie **ser** si on veut dater dans l'absolu (heure, jour, saison).
Hoy es lunes, *Aujourd'hui, c'est lundi.*
Son las dos de la tarde, *Il est 14 heures.*
En Argentina, Navidad es en verano, *En Argentine, Noël, c'est en été.*
Mais, face à la fixité du temps (**ser**), on peut aussi adopter le point de vue de la personne "emportée" par le temps (**estar**). La phrase devient alors personnelle : **estar** est conjugué et suivi d'une préposition.
Estamos a viernes. *Nous sommes vendredi.*
En Argentina, ahora estáis en invierno, *En Argentine, maintenant vous êtes en hiver.*

4.1.5 Rendre compte d'une action

Employés avec un participe passé, **ser** et **estar** renvoient à la réalisation d'une action. **Ser** s'utilise pour la voix passive : on met alors en avant le déroulement et l'origine de l'action :
Esta novela fue escrita por un escritor español, *Ce roman a été écrit par un écrivain espagnol.*
Estar + participe passé apporte, lui, une nuance résultative ; on constate l'effet produit par l'action :
Esta novela está escrita en español, *Ce roman est écrit en espagnol.*

4.1.6 *ser* + participe passé : valeur active

Un certain nombre de participes passés, employés avec **ser**, ne forment pas une voix passive ; la formule acquiert au contraire une valeur active. Par exemple : **Es un chico muy leído** ne signifiera pas *C'est un garçon très lu*, mais *C'est un garçon qui lit beaucoup*, autrement dit : *cultivé*. Prenons quelques autres exemples et comparons l'emploi de ces adjectifs avec **ser** (valeur active) et avec **estar** (valeur résultative) :
Este libro es muy entretenido, *Ce livre est très distrayant.* / **Está entretenido con la tele**, *Il se distrait avec la télévision.*

No te fíes de él, es muy disimulado, *Méfie-toi de lui, il est très hypocrite.* / **El dinero está bien disimulado**, *L'argent est bien caché.*
¡Qué cansado eres!, *Qu'est-ce que tu es pénible !* / **¡Qué cansado estás!**, *Qu'est-ce que tu es fatigué !*
Tu novio es aburrido, *Ton fiancé est ennuyeux.* / **Tu novio está aburrido**, *Ton fiancé s'ennuie.*
Soy bastante callado, *Je suis assez discret.* / **¿Por qué estás callado?**, *Pourquoi est-ce que tu ne dis rien ?*

4.1.7 *ser* et *estar* + *bien* et *bueno*

Il existe enfin toute une série d'usages idiomatiques de **ser** et **estar**, par exemple en composition avec **bueno/-a** et **bien**, qui produisent des sens assez divers.

– **estar + bien** :
No está bien mentir, *Ce n'est pas bien de mentir.*
No estoy bien, *Je ne me sens pas bien.*
¡Está bien!, *Ça suffit !*

– **estar + bueno/-a** :
Ya estoy bueno, *Ça y est, je vais bien.*
¡Qué buenas están estas aceitunas!, *Qu'elles sont bonnes, ces olives !*
Esta tía (este tío) está buenísima(o), *Cette gonzesse (ce mec) est super bonne (bon).*

– **ser + bueno/-a** :
Es fundamentalmente bueno, *Il est fondamentalement bon.*
Este perro no es bueno, *Ce chien n'est pas gentil.*
Las aceitunas son buenas, *Les olives sont bonnes pour la santé.*

4.2 L'enclise

Le pronom personnel espagnol ne peut jamais se placer immédiatement devant un infinitif, un gérondif ou un impératif : il s'accroche à ces formes, comme dans **llamarse**, *s'appeler*. On appelle ce phénomène l'enclise.
Dans le cas d'une phrase contenant un infinitif ou un gérondif, on a donc deux constructions possibles : soit on fait l'enclise du pronom, soit on le place devant la forme conjuguée :
¿Puedes presentarnos a tu amigo? ou **¿Nos puedes presentar a tu amigo?**, *Peux-tu nous présenter ton ami ?*

Está lavándose ou **Se está lavando**, *Il est en train de se laver*.
Dans le cas de l'impératif, l'enclise est obligatoire :
Dame un beso, *Donne-moi un baiser*.
Il peut bien sûr y avoir, dans une phrase, deux pronoms personnels ; on fait dans ce cas une double enclise :
Te lo quiero decir. → **Quiero decírtelo**, *Je veux te le dire*.
Se lo está diciendo. → **Está diciéndoselo**, *Il est en train de le lui dire*.
L'impératif est également concerné :
Dámelo, *Donne-le moi*.
Lorsqu'il y a enclise, il faut toujours être attentif à la place de l'accent tonique. Si l'ajout d'une syllabe fait remonter l'accent tonique au-delà de l'avant-dernière syllabe, l'accent écrit va apparaître, comme dans les exemples précédents.

4.3 Les constructions indirectes

4.3.1 Verbes à construction indirecte

L'espagnol utilise fréquemment des structures verbales indirectes là où le français dispose de tournures actives. Quelques exemples :
Me gusta el queso, *J'aime le fromage* (*"Me plaît le fromage"*).
Te dan miedo los perros, *Tu as peur des chiens* (*"Te font peur les chiens"*).
Le duelen los pies, *Il a mal aux pieds* (*"Lui font mal les pieds"*).
Il s'agit, comme le montrent les exemples, de formules à fort contenu affectif. Sur le même modèle, vous aurez ainsi **apetecer**, *faire envie* ; **encantar**, *enchanter* ; **horrorizar**, *horrifier*, etc. Et aussi nombre de tournures introduites par **dar** : **dar asco**, *dégoûter* ; **dar gusto**, *faire plaisir* ; **dar vergüenza**, *faire honte* ; **dar ganas**, *faire envie*, etc.
Dans tous ces cas, le verbe s'accorde avec le sujet réel (au singulier ou au pluriel) et le pronom personnel indirect indique la personne qui éprouve le ressenti.
Nos horrorizan las cucarachas, *Nous avons horreur des cafards*.
¿Os apetece una cerveza?, *Avez-vous envie d'une bière ?*
Les da vergüenza hablar español, *Ils ont honte de parler espagnol*.
Rien ne s'oppose, sur le principe, à ce que le sujet réel du verbe soit une 1re ou 2e personne grammaticale :
¿Te gusto?, *Je te plais ?*
Me encantas, *Je t'adore*.

Me dais vergüenza, *Vous me faites honte.*
Les horrorizamos, *Nous leur faisons horreur.*

4.3.2 Verbes à construction indirecte/pronominale

Un autre groupe de verbes, lui, va combiner la construction avec un pronom indirect et le verbe à la 3ᵉ personne pronominale (du singulier ou du pluriel) :

Se me ocurre una cosa, *Il me vient une idée.*
¿A quién se le ha ocurrido hacer fuego?, *Qui a eu l'idée de faire du feu ?*

Sur le même modèle, considérons les phrases suivantes :

Se me ha estropeado la radio, *Ma radio est tombée en panne.*
Se te ha caído el ordenador, *Ton ordinateur est tombé.*
Se le han olvidado las llaves, *Il a oublié ses clés.*
Se nos ha muerto el perro, *Notre chien est mort.*
Se os cierran los ojos, *Vos yeux se ferment.*
Se les ha parado el reloj, *Leur montre s'est arrêtée.*

Elles comprennent :

– un verbe évoquant une péripétie (perte, dommage, mouvement) à la 3ᵉ personne pronominale (**se ha estropeado**) ;
– le sujet de ce verbe (**la radio**) ;
– un pronom personnel indirect qui établit un lien de possession avec le sujet (**me**).

La traduction littérale de cette formule serait : "se m'est tombée en panne la radio"; rien de très naturel en français, mais il s'agit d'une structure très idiomatique en espagnol.

4.4 Les périphrases verbales

L'espagnol dispose d'une batterie de périphrases exprimant les nuances temporelles de l'action : accomplie, dans son déroulement ou projetée dans le futur. Elles sont bâties avec un semi-auxiliaire suivi d'un participe passé, d'un gérondif ou d'un infinitif.

4.4.1 Semi-auxiliaire + infinitif

Soler exprime l'habitude :
Suelo levantarme temprano, *J'ai l'habitude de me lever tôt.*
Volver a exprime la répétition :
Vuelvo a leer esta lección, *Je relis cette leçon.*
Ir a exprime le futur immédiat :

Voy a escribir una carta, *Je vais écrire une lettre*.
Acabar de exprime le passé récent :
Acabo de enterarme, *Je viens de l'apprendre*.

4.4.2 Semi-auxiliaire + gérondif
• **Estar** sert à construire la forme progressive de base (être en train de), qui est très courante en espagnol :
Está durmiendo, *Il dort ("Il est en train de dormir")*.
• **Seguir** dit la continuité de l'action :
¿Sigues viviendo en Madrid?, *Tu vis toujours à Madrid ?*
• **Ir** + gérondif s'emploie lorsque l'on parle d'un processus, à son début ou en évolution, avec parfois une idée de lenteur :
Va haciendo frío, *Il commence à faire froid*.
Me voy acostumbrando, *Je m'habitue peu à peu*.
• **Venir** exprime la même idée, mais lorsque le début de ce processus est situé dans le passé :
Te vengo avisando desde hace semanas, *Je n'arrête pas de t'avertir depuis des semaines*.
Il y a enfin un certain nombre de tournures qui se rendent par l'infinitif en français, mais par le gérondif en espagnol.
Me quedo estudiando hasta las doce, *Je reste à étudier jusqu'à minuit*.
Me paso el tiempo viendo la tele, *Je passe mon temps à regarder la télé*.
Acaba funcionando, *Ça finit par marcher*.

4.4.3 Semi-auxiliaire + participe passé
Le passé composé se construit avec l'auxiliaire **haber** et le participe passé invariable : **He leído dos novelas**, *J'ai lu deux romans*. Mais on peut enrichir de nuances la même action au moyen d'une nouvelle périphrase verbale ; le participe, dans ce cas, s'accordera avec le complément d'objet.
– Avec le semi-auxiliaire **tener**, vous ajoutez une intention particulière, une idée d'achèvement, d'insistance ou de durée :
He recorrido Andalucía, *J'ai parcouru l'Andalousie*. (affirmation neutre) / **Tengo recorrida Andalucía**, *J'ai bien parcouru l'Andalousie*. (idée d'accomplissement)
– Avec le semi-auxiliaire **llevar**, on laisse entendre qu'il s'agit d'une action qui doit encore se poursuivre :

Llevo escritas quince páginas, *J'ai écrit quinze pages*. (mais il m'en reste encore)

4.5 L'hypothèse

Le futur de l'indicatif espagnol peut exprimer l'hypothèse :
¿Que hora será ?, *Quelle heure peut-il être ?*
Deber de + infinitif expose également une affirmation teintée d'hypothèse :
Deben de ser las diez, *Il doit être dix heures.*
Enfin, il existe plusieurs locutions correspondant à peut-être : **a lo mejor** (suivie de l'indicatif) ; **tal vez**, **quizás**, **acaso** et **puede que** (suivies généralement du subjonctif) :
A lo mejor piensa que soy rico.
Tal vez (ou **quizás**, ou **puede que**, ou **acaso**) **piense que soy rico**.
Il pense peut-être que je suis riche.

4.6 L'obligation et le besoin

• L'obligation personnelle : *je dois*, *il faut que je…*
– **Deber** et **tener que** + infinitif expriment l'obligation personnelle (la personne sur laquelle porte l'obligation est indiquée) :
Debo ayudar a mi hermanito, *Je dois aider mon petit frère.*
Tienes que ayudarme, *Tu dois m'aider.*
– **Hace falta que** + subjonctif permet également d'exprimer cette obligation. Autres formules équivalentes : **es preciso que**, **es menester que**, **es necesario que** :
¿Hace falta que te ayude ?, *Il faut que je t'aide ?*
No es preciso que te molestes, *Il n'est pas nécessaire que tu te déranges.*

• L'obligation impersonnelle : *il faut*
– **Hay que** + infinitif exprime l'obligation impersonnelle, celle que le français rend par "il faut" :
Hay que hablar varias lenguas, *Il faut parler plusieurs langues.*
Les autres formules que vous venez de voir, mais sans **que** et suivies de l'infinitif, jouent le même rôle :
Para aprender idiomas es preciso viajar, *Pour apprendre des langues, il est nécessaire de voyager.*

• **Le besoin** : *il faut, il me faut, j'ai besoin de*
(Me, te, le...) hace(n) falta + substantif et **necesitar** + complément d'objet direct expriment le besoin de quelque chose :
Hace falta dinero para vivir, *Il faut de l'argent pour vivre.*
Hacen falta amigos en la vida, *Il faut des amis dans la vie.*
No me hace falta tu ayuda, *Je n'ai pas besoin de ton aide.*
No te necesito, *Je n'ai pas besoin de toi.*

4.7 L'ordre et la défense

4.7.1 L'impératif
À proprement parler, l'impératif espagnol ne comprend, on le sait, que deux personnes, la 2e du singulier et la 2e du pluriel. Ces formes ne vont donc servir que si vous tutoyez votre ou vos interlocuteurs.
¡Canta, amigo!, *Chante, l'ami !* / **¡Cantad, amigos!**, *Chantez, les amis !*

4.7.2 L'ordre au subjonctif
Pour donner un ordre en vouvoyant, on va passer comme toujours par la 3e personne, en empruntant ici les formes du subjonctif présent, au singulier ou au pluriel.
¡Cante, señor!, *Chantez, monsieur !*
¡Coma, señora!, *Mangez, madame !*
¡Canten, señores!, *Chantez, messieurs !*
¡Coman, señoras!, *Mangez, mesdames !*
Les verbes pronominaux subiront l'enclise à la 3e personne.
¡Siéntese, señora!, *Asseyez-vous, madame !*
¡Siéntense, señoras!, *Asseyez-vous, mesdames !*
Le subjonctif servira également pour exprimer une injonction collective à la 1re personne du pluriel.
¡Cantemos!, *Chantons !*
¡Comamos!, *Mangeons !*
Encore une particularité pour les verbes pronominaux : le **-s** final de la forme verbale disparaît devant le pronom enclitique.
¡Sentémonos!, *Asseyons-nous !*
¡Levantémonos!, *Levons-nous !*

4.7.3 L'interdiction
La formule est simple : on emploie **no** suivi du subjonctif présent, à la personne concernée : 2e pour le tutoiement (singulier ou pluriel) ; 3e pour le vouvoiement (singulier ou pluriel) ; 1re du pluriel

(pour l'injonction collective qui inclut le locuteur).
¡No cantes, amigo!, *Ne chante pas, l'ami !*
¡No cantéis!, *Ne chantez pas, les amis !*
¡No cante, señora!, *Ne chantez pas, madame !*
¡No canten, señoras!, *Ne chantez pas, mesdames !*
¡No cantemos!, *Ne chantons pas !*
Dans le cas de verbes pronominaux, on ne fera pas l'enclise, puisqu'il s'agit morphologiquement de subjonctifs.
¡No te levantes, amigo!, *Ne te lève pas, l'ami !*
¡No os levantéis, amigos!, *Ne vous levez pas, les amis !*
¡No se levante, señora!, *Ne vous levez pas, madame !*
¡No se levanten, señoras!, *Ne vous levez pas, mesdames !*

4.7.4 Les injonctions familières
Outre les conjugaisons qui précèdent, il existe plusieurs outils pour donner des ordres dans le langage familier. La formule **a** + infinitif, par exemple, que l'on peut rendre de diverses manières sur un ton conversationnel :
¡A comer!, *On mange !*
¡A trabajar!, *Au boulot !*
¡A dormir!, *Au dodo !*
¡A callar!, *Silence !*

4.8 Rendre et devenir

L'opposition entre **ser** et **estar** se retrouve si on envisage l'idée de transformation, celle que le français exprime par les verbes rendre et devenir. Cette métamorphose peut en effet être sentie comme essentielle ou, au contraire, comme un épisode dans le devenir des choses. L'espagnol dispose ici de plusieurs formules.

4.8.1 Avec un adjectif (résultat : *estar*)
On utilise **poner** et **ponerse** lorsqu'on envisage un changement circonstanciel, dont on exprimerait le résultat par **estar**.
El telediario me pone triste, *Le journal télévisé me rend triste.*
Siempre me pongo enfermo en invierno, *Je tombe toujours malade en hiver.*
Dans les deux cas, on voit bien que le résultat des actions décrites appelle **estar** : **Estoy triste** et **Estoy enfermo**.
Ce n'est pas à proprement parler, comme on le dit parfois, qu'il

s'agisse d'un état passager ou réversible. On pourra par exemple s'exclamer : **¡Qué alto se ha puesto!**, *Comme il a grandi !* ; et évidemment cette métamorphose est sans retour.

C'est juste une question de point de vue : on envisage non pas l'être des choses mais leur devenir. Pour le dire plus simplement encore, il suffit d'avoir en tête que l'on exprimera cette idée par **estar** : **¡Estás muy alto!** et non pas **¡Eres muy alto!**

Sur le même modèle, vous entendrez par exemple :

¡Qué guapa te has puesto!, *Comme tu t'es faite belle !* (= **estás guapa**).

4.8.2 Avec un adjectif (résultat : ser)

Inversement, les transformations qui débouchent sur **ser** vont s'exprimer, devant un adjectif, au moyen de **volver** et **volverse**.

La tele vuelve tonto, *La télé rend bête*.

Te has vuelto tonto, *Tu es devenu bête*.

Mi vida se ha vuelto triste, *Ma vie est devenue triste*.

Le résultat de ces péripéties, vous le voyez, se dira avec **ser** :

Eres tonto, *Tu es bête* et **Mi vida es triste**, *Ma vie est triste*.

Équivalent de **volver** et **volverse**, vous trouverez parfois **hacer** et **hacerse**. Les deux outils sont parfois (pas toujours, il y a aussi des questions d'usage) interchangeables :

La vida se vuelve / se hace difícil, *La vie devient difficile*.

Hacerse exprime parfois une intervention volontaire dans ce changement, et une notion de durée :

Se ha vuelto famosa de pronto, *Elle est devenue célèbre tout à coup*.

Se ha hecho famosa con sus canciones, *Elle est devenue célèbre avec ses chansons*.

4.8.3 Avec un substantif

Lorsque *devenir* introduit un nom, **ponerse** (qui renvoie à **estar**) est impossible (**estar** ne peut introduire qu'un adjectif ou un participe). Restent **volverse** et **hacerse**, qui conservent les valeurs déjà vues : **volverse** exprime un retournement radical ; **hacerse** peut apporter des nuances, par exemple celle de changement volontaire (choix professionnel ou idéologique).

Se ha vuelto una persona importante, *Il est devenu une personne importante*.

Se ha hecho cocinero, *Il est devenu cuisinier*.
Pratiquement interchangeable avec **volverse**, il y a **convertirse en** (avec parfois une nuance ajoutée d'effort continu) :
Mi sueño se convierte en / se vuelve realidad, *Mon rêve devient réalité*.
Llegar a ser signifie également *devenir*, avec une idée de difficulté et de consécration :
Llegó a ser ministro, *Il est devenu ministre*.

5 La phrase simple

5.1 La phrase interrogative

5.1.1 Interrogation portant sur un fait
La phrase interrogative espagnole ne s'identifie pas (comme parfois en français) par l'inversion verbe-sujet (Ton frère est-il à la maison ?), et pas non plus par une formule interrogative passe-partout (Est-ce que ton frère est à la maison ?). C'est la ponctuation (et l'intonation à l'oral) qui porte l'interrogation : un point d'interrogation inversé au début et un point d'interrogation normal à la fin. L'ordre des mots, lui, est d'une grande souplesse :
¿Está en casa tu hermano?
¿Está tu hermano en casa?
Tu hermano, ¿está en casa?
Comme vous le remarquez dans le dernier exemple, le point d'interrogation inversé peut se trouver au milieu de la phrase, s'il sert à isoler une séquence interrogative, et dans ce cas le mot qui commence cette interrogative ne porte pas de majuscule.

5.1.2 Interrogation portant sur un aspect circonstanciel
L'interrogation peut porter sur une circonstance : identité, cause, quantité, etc. Il existe dans ce cas des mots interrogatifs spécifiques qui se placeront au début de la phrase. Ils portent tous l'accent tonique écrit et sont soit des adverbes invariables, soit des pronoms ou des adjectifs qui s'accordent.
¿Cómo... ?, *Comment... ?*
¿Cuándo...?, *Quand... ?*
¿Dónde... ?, *Où... ?*
¿Por qué... ?, *Pourquoi... ?*
¿Qué... ?, *Qu'est-ce que... ?*

¿Cuál... ?, ¿Cuáles... ?, *Quel(s)... ?, Quelle(s)... ?*
¿Cuánto(s)...?, ¿Cuánta(s)... ?, *Combien... ?, Combien de... ?*
¿Quién... ?, ¿Quiénes... ?, *Qui... ?*

5.2 La phrase affirmative

5.2.1 L'affirmation renforcée

Divers outils permettent de donner plus d'expressivité à l'affirmation. Sans aller plus loin, le simple **sí** peut se muscler en **claro**, *bien sûr*, ou **por supuesto**, *bien entendu* ; et même se combiner avec ces locutions : **¡Claro que sí!, ¡Por supuesto que sí!**, *Bien sûr que si !*

Sí que, de même, exprime une affirmation renforcée, qui vient trancher sur un contexte négatif implicite. Quelques exemples :

Los churros sí que los echaba de menos, *Les churros, ils me manquaient, ça oui.* (sous-entendu, le reste, pas tant que ça)

Aquí sí que se come bien, *Ici, on mange vraiment bien.* (sous-entendu, pas comme ailleurs)

Parfois, l'affirmation devient redondante et se mue en exclamation : **¡Eso sí que sí!**, *Ah, ça oui !* Ou son contraire : **¡Eso sí que no!**, *Ah non, certainement pas !*

Dans le même ordre d'idées, vous pouvez prendre énergiquement le contrepied de ce qui vient d'être dit, au moyen de **si**, ou **pero si** en début de phrase. À quelqu'un qui prétend que les enfants se couchent tard à cause de la télévision, vous répondrez :

¡Pero si los niños ya no ven la tele, hombre!, *Mais enfin, les enfants ne regardent plus la télévision, allons !*

Ya, petit adverbe à tout faire, exprime une insistance dans l'affirmation :
Ya lo sé, *Je sais bien*.

Ya me lo imagino, *Oh, j'imagine, oui*.

Isolé, il sert à exprimer l'acquiescement à ce qui vient d'être dit : on confirme qu'on est du même avis, ou qu'on est bien au courant.
El coche sale caro, *La voiture, ça revient cher*. / **Ya, pero lo necesito**, *C'est vrai, mais j'en ai besoin*.

Soy del Atleti, *Je suis supporteur de l'Atlético*. / **Ya**, *Oui, je sais*.

5.2.2 Les tournures emphatiques

La traduction des tournures d'insistance "c'est... que" (C'est ici que j'habite), "c'est... qui" (C'est lui qui l'a dit) présente certaines complexités, exposées de façon complète à la leçon 91.

5.3 La phrase négative

5.3.1 Double construction

Outre **no**, qu'il suffit de placer devant le verbe pour le rendre négatif (**No quiero**, *Je ne veux pas*), il existe une panoplie de locutions, adverbes et pronoms à valeur négative. Citons : **nada**, *rien* ; **nadie**, *personne* ; **nunca**, *jamais* ; **tampoco**, *non plus* ; **ninguno**, *aucun*.

Quand ces mots se placent après le verbe, la construction est semblable à celle du français et la phrase comporte une double négation :

No veo nada, *Je ne vois rien*.

No salgo nunca, *Je ne sors jamais*.

No te ha llamado nadie, *Personne ne t'a appelé*.

No bebo tampoco vino, *Je ne bois pas non plus de vin*.

No me convence ninguno, *Aucun ne me convainc*.

Mais si ces mots précèdent le verbe, ils suffisent à eux seuls à lui donner une valeur négative :

Nunca salgo.

Nadie te ha llamado.

Tampoco bebo vino.

Ninguno me convence.

5.3.2 *Ni* : sens et emplois

Comme en français, **ni** peut permettre d'exprimer une double négation : **ni uno ni otro**, *ni l'un ni l'autre*. Á l'intérieur d'une phrase, la règle précédente s'applique : on exprime **no** devant le verbe quand **ni** vient après ; on le supprime si **ni** précède le verbe.

Ni paga ni videojuegos teníamos / No teníamos ni paga ni videojuegos, *Nous n'avions ni argent de poche ni jeux vidéo*.

Ni peut aussi signifier elliptiquement **ni siquiera**, *même pas*.

Ni siquiera me lo he probado. / Ni me lo he probado, *Je ne l'ai même pas essayé*.

C'est en ce sens qu'on le trouve dans de nombreuses locutions :

Ni idea, *Aucune idée* (*"même pas [d'] idée"*).

Ni hablar, *Pas question* (*"même pas parler"*).

Ni en sueños, *Dans tes rêves* (*"même pas en rêve"*).

Ni se te ocurra, *Surtout pas* (*"ne se te survienne = n'y pense même pas"*).

5.3.3 Autres formules exprimant la négation

• Ne pas... mais...

Lorsque *mais* fait pendant à une phrase négative, il se rend par **sino** et non par **pero** :

Lo importante no es llegar, sino disfrutar del viaje, *L'important, ce n'est pas d'arriver, mais de profiter du voyage.*

Si *mais* introduit un verbe conjugué, **sino** devient **sino que** :

No solo limpia sino que también plancha, *Elle ne fait pas seulement le ménage, mais elle repasse aussi.*

• Ne... que

La restriction peut se rendre par l'adverbe **solo**, *seulement*, et aussi par les locutions négatives **no... más que** et **no... sino** :

Lo conozco solo en fotos. / No lo conozco más que en fotos. / No lo conozco sino en fotos, *Je ne le connais qu'en photos.*

• Ne... plus / ne... plus que

La restriction temporelle *ne plus* s'exprime par **ya no**, devant le verbe ou de part et d'autre de celui-ci :

Ya no quedan restaurantes de toda la vida. / No quedan ya restaurantes de toda la vida, *Il ne reste plus de restaurants à l'ancienne.*

Pour dire *ne plus que*, il suffit d'ajouter **ya** aux différents équivalents de "ne que" :

Ya no hay más que / Ya no hay sino restaurantes de cocina creativa, *Il n'y a plus que des restaurants de cuisine créative.*

5.4 L'exclamation

• Sur un seul mot

¡Qué...! fait porter l'exclamation sur la qualité. On l'emploie devant un adjectif ou un nom.

¡Qué coche!, *Quelle voiture !*

¡Qué inteligente!, *Que c'est intelligent !*

¡Cómo...! et **¡Cuánto...!** s'utilisent devant un verbe, et expriment la manière ou la quantité.

¡Cómo has cambiado!, *Comme tu as changé !*

¡Cuánto se lo agradezco!, *Comme je vous en remercie !*

¡Cuánto(s)...!, ¡Cuánta(s)...! considèrent des quantités et se placent devant un nom avec lequel ils s'accordent.

¡Cuánto tiempo!, *Que de temps !*
¡Cuántos platos y cuántas cucharas!, *Que d'assiettes et que de cuillères !*

• Sur un nom + un adjectif
Vous pourrez trouver, si l'adjectif précède le nom, une formule semblable à celle du français : **¡Qué bonito nombre!**, *Quel joli prénom !* Mais plus souvent encore, vous verrez la structure idiomatique suivante : **¡Qué** + substantif + **más** (ou **tan**) + adjectif **!**
¡Qué mesa más horrible!, *Quelle horrible table !*
¡Que película tan aburrida!, *Quel film ennuyeux !*

• Sur une phrase contenant un verbe et un sujet
Il faut juste ajouter une chose aux règles précédemment énoncées : l'inversion verbe-sujet.
¡Qué envidiosa es la gente!, *Que les gens sont jaloux !*
¡Cómo calienta el sol!, *Qu'est-ce que le soleil chauffe !*
¡Cuánto hablan los españoles!, *Qu'est-ce que les Espagnols parlent !*
Les phrases exclamatives envisagées semblent parfois peu naturelles si on les traduit, mais ces formules sont tout à fait courantes en espagnol.

• Autres formules exclamatives
L'interjection **Vaya** et l'adjectif **Menudo/-a** peuvent remplacer **Qué** dans une exclamation portant sur un nom.
Vaya porte une nuance de surprise, à laquelle peut se mêler du désagrément ou une intention critique :
¡Vaya día!, *Quelle journée !*
Menudo, qui signifie littéralement *mince*, *menu*, peut se dire avec une pointe d'ironie (ce dont on parle n'est justement pas "menu", et on s'exprime donc par antiphrase) :
¡Menudo pollo se ha montado!, *Qu'est-ce que ça a bardé !*

5.5 La comparaison
5.5.1 Les comparatifs de supériorité et d'infériorité
Ils se construisent sur les modèles suivants :
Los españoles se acuestan más tarde que los franceses, *Les Espagnols se couchent plus tard que les Français.*
España tiene menos habitantes que Francia, *L'Espagne a moins*

d'habitants que la France.

Lorsque la deuxième partie de la comparaison introduit un verbe conjugué, **que** devient **de lo que**.

Es menos tonto de lo que parece, *Il est moins bête qu'il ne paraît.*

Lorsque le premier terme de la comparaison est un nom, on accorde la formule : **del que, de los que, de la(s) que**.

Hay menos gente de la que pensaba, *Il y a moins de monde que je ne pensais.*

5.5.2 Le comparatif d'égalité

Il se compose selon la formule : **tan, tanto(s), tanta(s)... como...**

Tan précède un adjectif ou un participe :

La gente no es tan alegre como en el sur, *Les gens ne sont pas aussi joyeux que dans le sud.*

Tanto accompagne un verbe :

Le servirá tanto en primavera como en verano, *Ça vous servira aussi bien au printemps qu'en été.*

Tanto(s), tanta(s) précèdent un nom et s'accordent avec lui :

Tengo tantos hermanos como hermanas, *J'ai autant de frères que de sœurs.*

No hay tanta gente como ayer, *Il n'y a pas autant de monde qu'hier.*

5.5.3 Les comparatifs irréguliers

Ils correspondent à 4 adjectifs, et sont invariables en genre :
bueno → mejor(es)
malo → peor(es)
grande → mayor(es)
pequeño → menor(es)

Ces deux dernières formes s'emploient aussi pour l'âge :

Es mayor que su hermano, *Il est plus âgé que son frère.*
Es mi hermano menor, *C'est mon frère cadet.*

5.5.4 Nuances de la phrase comparative

Les aspects particuliers de la phrase comparative ont fait l'objet d'un exposé complet à la leçon 70.

5.6 Le superlatif

5.6.1 Le superlatif relatif

Le superlatif relatif (le plus..., la plus...) peut porter sur l'adjectif

isolé ; la formule est alors la même qu'en français.
Es la más alta del instituto, *C'est la plus grande du lycée.*
Il peut aussi porter sur un groupe nom + adjectif : contrairement au français, on n'indique alors l'article que devant le nom.
Argentina es el país hispanohablante más extenso, *L'Argentine est le pays hispanophone le plus étendu.*

5.6.2 Le superlatif absolu
Le superlatif absolu (*très*) a deux formes : soit **muy** + l'adjectif, soit l'adjectif avec le suffixe **-ísimo/a**.
Son muy baratas. / Son baratísimas, *Elles sont très bon marché.*

5.6.3 Les superlatifs irréguliers
Ils correspondent aux mêmes adjectifs qui ont un comparatif irrégulier.
bueno → óptimo(s), óptima(s)
malo → pésimo(s), pésima(s)
grande → máximo(s), máxima(s)
pequeño → mínimo(s), mínima(s)

5.7 Les prépositions
Le système prépositionnel de l'espagnol présente tant d'usages, de cas particuliers et d'exceptions aux règles qu'un tour d'horizon détaillé de la question dépasserait très largement le cadre de cet appendice. Nous nous contenterons d'un rappel ordonné des principales questions rencontrées au long de vos 100 leçons.

5.7.1 La préposition *a*
Particularité de l'espagnol, on utilise la préposition **a** devant le complément d'objet direct si celui-ci représente une personne, ou un pronom renvoyant à une personne.
Quiero a mis hijos, *J'aime mes enfants.*
No veo a nadie, *Je ne vois personne.*
Entre todos los candidatos, prefiero a este, *Entre tous les candidats, je préfère celui-ci.*
Cette règle souffre parfois des applications nuancées. Les animaux proches sont ainsi souvent humanisés et reçoivent la préposition **a**

Hay que sacar al perro, *Il faut sortir le chien*.

Inversement, on peut concevoir une personne non dans son individualité, mais dans la fonction abstraite qu'elle remplit (sa profession, par exemple), auquel cas on se passera de **a**.

Necesito un fontanero, *J'ai besoin d'un plombier*.

La préposition **a** exprime le mouvement. Elle suit donc les verbes qui signifient un déplacement, comme **ir**, *aller*.

Vamos a la playa, *Nous allons à la plage*.

Voy a España, *Je vais en Espagne*.

Mais bien d'autres verbes contiennent de façon plus ou moins explicite la même idée et se construisent donc avec **a**.

Salgo a pasear, *Je sors me promener*.

Vengo a verte, *Je viens te voir*.

Ha bajado a comprar el pan, *Il est descendu acheter le pain*.

No te acerques al perro, *Ne t'approche pas du chien*.

He subido una foto a Internet, *J'ai posté une photo sur Internet*.

Mi novela ha sido traducida al inglés, *Mon roman a été traduit en anglais*.

Même chose pour des substantifs qui impliquent une idée de déplacement.

Un viaje a España, *Un voyage en Espagne*.

La vuelta al mundo, *Le tour du monde*.

La subida al Teide, *La montée du Teide*.

Les francophones doivent être très attentifs à ne pas utiliser **en** à la place de **a**, et inversement :

Voy a Sevilla, *Je vais à Séville*. (mouvement : préposition **a**)

Vivo en Sevilla, *Je vis à Séville*. (pas de mouvement : préposition **en**).

La préposition **a** introduit enfin le complément de certains verbes de perception, comme **oler** et **saber**.

Huele a quemado, *Ça sent le brûlé*.

Sabe a limón, *Ça a un goût de citron*.

5.7.2 La préposition *de*

Dans bien des cas, les usages sont les mêmes en français et en espagnol ; nous ne signalerons donc que les emplois spécifiques.

Ser de, *être à*, exprime l'appartenance en espagnol.

¿De quién es esta maleta?, *À qui est cette valise ?*

Es de aquel señor, *Elle est à ce monsieur, là*.
De a souvent une valeur dite de caractérisation, qui met en avant un trait distinctif d'une personne ou d'une chose : aussi bien un trait physique qu'un accessoire vestimentaire, la matière ou la forme de l'objet considéré.
¿Quién, el del bigote?, *Qui, celui qui a une moustache ?*
Una camisa de algodón, *Une chemise en coton*.
Un vestido de rayas, *Une robe à rayures*.
Avec cette même valeur, **de** relie parfois un adjectif et un nom :
Es estrecho de cintura, *C'est étroit à la taille*.
Un hombre negro de ojos, *Un homme aux yeux noirs*.
Avec une valeur temporelle, vous avez rencontré deux usages de **de**. Pour introduire un repère dans le temps (**de noche**, *la nuit* ; **de día**, *le jour*). Et aussi, en remplacement de toute une proposition temporelle, devant tout nom ou adjectif qui renseigne sur un état de la personne dans le temps (âge, état-civil, etc.).
De niño, no tenía videojuegos, *Enfant, je n'avais pas de jeux vidéo*.
De mayor quiero ser médico, *Quand je serai grand, je veux être médecin*.
À l'inverse, l'espagnol omet le **de** dans des constructions impersonnelles où le français l'emploie, du type *être* + adjectif + *de* + infinitif :
Está prohibido fumar, *Il est interdit de fumer*.
Es interesante viajar, *Il est intéressant de voyager*.
Es inútil insistir, *Il est inutile d'insister*.
Le même phénomène se produit avec un certain nombre de verbes, directement transitifs en espagnol :
Esta ruta permite cruzar la Mancha, *Cet itinéraire permet de traverser la Manche*.
He decidido aprender español, *J'ai décidé d'apprendre l'espagnol*.
Voy a intentar hacer un bizcocho, *Je vais essayer de faire un gâteau*.

5.7.3 Les prépositions *por* et *para*

L'emploi de ces deux prépositions présente une difficulté ajoutée pour un francophone, car ses propres prépositions "pour" et "par" jouent un rôle parasite. Il n'y a pas en effet de correspondance stricte entre les unes et les autres ; tout au plus peut-on donner une ficelle : "par" se rendra toujours par **por**, mais "pour", lui, se traduira tantôt comme **por** et tantôt comme **para**.

Por et **para** interviennent d'abord dans une série de locutions et constructions idiomatiques dictées par l'usage. Vous en avez rencontré un bon nombre au fil des leçons ; par exemple **no estar para**, *ne pas être d'humeur à*, ou **preocuparse por**, *se préoccuper de*. Seul leur emploi vous les fera assimiler. Voici également quelques indications plus générales.

• **Para** indique spécifiquement le but et les valeurs qui lui sont associées, comme l'attribution ou la destination.

Para hacer una tortilla, *Pour faire une tortilla*.

Servilletas para las manos, *Des serviettes pour les mains*.

Es bueno para la salud, *C'est bon pour la santé*.

Para peut prendre une valeur spatiale-finale : il indique alors le but, le sens ou le terme d'un mouvement.

Quisiera un billete para Madrid, *Je voudrais un billet pour Madrid*.

Para a aussi une valeur temporelle : il exprime un terme ou une date à venir, un délai.

No tengo nada previsto para el sábado, *Je n'ai rien de prévu pour samedi*.

Para exprime enfin le point de vue.

Para mí, lo máximo sería subir al Teide, *Pour moi, le top ce serait d'escalader le Teide*.

• **Por** intervient aussi dans les locutions temporelles. Il donne une référence dans le temps qui comporte une idée de durée.

Por la mañana, *Le matin*. **Por la noche**, *La nuit*.

Voy a Londres por un año, *Je vais à Londres pour un an*.

Por a une valeur causale et explicative. Elle peut indirectement déboucher sur l'expression d'un intérêt et d'un effort.

Lo hago por amistad, *Je le fais par amitié*.

Acepto por ser tú, *J'accepte parce que c'est toi*.

Luchaba por mis ideas, *Je luttais pour mes idées*.

La valeur spatiale de **por** exprime le lieu par où l'on passe, celui que l'on traverse et l'espace que l'on parcourt.

Pasando por Toledo, *En passant par Tolède*.

Miro por la ventanilla, *Je regarde à travers le hublot*.

He viajado por España, *J'ai voyagé à travers l'Espagne*.

Por introduit le complément d'agent dans une forme passive, et aussi le complément de moyen.

Los textos mayas fueron quemados por los españoles, *Les textes*

mayas furent brûlés par les Espagnols.
Estoy hablando por teléfono, *Je suis en train de parler au téléphone*.
Por signifie "en échange de" et "à la place de".
Se podía comer por diez euros, *On pouvait manger pour dix euros*.
Dar gato por liebre, *Rouler sur la marchandise ("donner du chat pour du lièvre")*.

5.8 Les adverbes

Pour une bonne part, l'emploi des principaux adverbes de lieu (**aquí**, **ahí**, **allí**), de temps (**nunca**, **ya**) ou de quantité (**mucho**, **poco**, etc.) a été abordé dans les sections précédentes.
Faisons toutefois un rappel en ce qui concerne la formation des adverbes de manière en **–mente**. Ils se construisent sur le féminin de l'adjectif auquel on ajoute le suffixe. Il faut donc bien avoir en tête les règles de formation du féminin.
lento *(m.)*, **lenta** *(f.)*, **lentamente**, *lentement*
fuerte *(m.)*, **fuerte** *(f.)*, **fuertemente**, *fortement*
actual *(m.)*, **actual** *(f.)*, **actualmente**, *actuellement*
L'adverbe conserve l'accent tonique écrit de l'adjectif lorsque celui-ci en porte un.
hábil, hábilmente, *habilement*
Enfin, petite curiosité, lorsque deux adverbes en **–mente** se suivent, on supprime le suffixe du premier.
Avanzaba lenta y tranquilamente, *Il avançait lentement et tranquillement.*

6 La phrase complexe

6.1 La proposition complétive

• Pour déclarer quelque chose ou poser une question : indicatif et conditionnel

Il n'y a pas ici de différence entre le français et l'espagnol : le verbe de la subordonnée peut être à un temps de l'indicatif (présent, passé, futur) ou au conditionnel.
Todos saben que los españoles se acuestan tarde.
Tout le monde sait que les Espagnols se couchent tard.
No sabía que los españoles se acostaban tan tarde.
Je ne savais pas que les Espagnols se couchaient si tard.
Pienso que me acostumbraré pronto a la vida española.

Je pense que je m'habituerai vite à la vie espagnole.
Pensaba que me acostumbraría pronto a la vida española.
Je pensais que je m'habituerais vite à la vie espagnole.
Les mêmes lois concernent l'interrogative indirecte. Notez que la conjonction conserve l'accent tonique.
Le pregunto por qué se levanta tan temprano.
Je lui demande pourquoi il se lève si tôt.
Le pregunté por qué se levantaba tan temprano.
Je lui ai demandé pourquoi il se levait si tôt.
No sabe cuándo llegará el tren.
Il ne sait pas quand arrivera le train.
No sabía cuándo llegaría el tren.
Il ne savait pas quand arriverait le train.

• Pour exprimer l'ordre, le souhait, l'interdiction : subjonctif
Comme en français, les principales introduites par des verbes comme "vouloir que", "désirer que", etc., appellent le subjonctif dans la subordonnée.
Quiero que sepas que apruebo tu decisión.
Je veux que tu saches que j'approuve ta décision.
Deseamos que tengan un feliz viaje.
Nous désirons que vous fassiez un bon voyage.
Attention : nombre de verbes portant une idée de recommandation, ordre, demande ou défense se construisent avec l'infinitif en français et avec une subordonnée au subjonctif en espagnol.
Me dice que vaya a verla, *Elle me dit d'aller la voir.*
Le pido que se ponga el cinturón.
Je vous demande de mettre votre ceinture.
Le recomiendo que pruebe el chuletón.
Je vous recommande de goûter la côte de bœuf.
Dans tous les cas cités, la concordance des temps s'applique sans faille : si le verbe principal est à un temps du passé, il faudra le subjonctif imparfait dans la subordonnée.
Me dijo que fuera a verla.
Le pedí que se pusiera el cinturón.
Le recomendé que probara el chuletón.

• **Pour exprimer des sentiments, jugements ou points de vue (plaisir, peur, doute, étonnement, etc.) : subjonctif**
Les mêmes verbes et locutions verbales appellent le subjonctif en français et en espagnol. En revanche, la concordance des temps s'applique rigoureusement en espagnol.
Te gusta que la comida esté siempre lista.
Tu aimes que ton repas soit toujours prêt.
Te gustaría que la comida estuviera siempre lista.
Tu aimerais que ton repas soit ("fût") toujours prêt.
Los aztecas tienen miedo de que el sol desaparezca.
Les Aztèques ont peur que le soleil disparaisse.
Los aztecas tenían miedo de que el sol desapareciera.
Les Aztèques avaient peur que le soleil disparaisse ("disparût").
Me extraña que el portero no conteste.
Je suis étonné que le concierge ne réponde pas.
Me extrañó que el portero no contestara.
J'ai été étonné que le concierge ne réponde ("répondît") pas.

• **Quand le verbe principal est à la forme négative : subjonctif**
No creo que su estilo sea el de nuestra tienda.
Je ne crois pas que votre style soit celui de notre boutique.
No creí que su estilo fuera el de nuestra tienda.
Je n'ai pas cru que votre style soit ("fût") celui de notre boutique.

6.2 La proposition relative

La construction de la proposition relative a fait l'objet d'un exposé complet à la leçon 98. On s'y reportera en particulier pour tout ce qui concerne l'usage des différents pronoms relatifs.
Du point de vue de la syntaxe, la proposition relative admet aussi bien le mode indicatif que le subjonctif. L'un renvoie au domaine des actions réalisées, l'autre à celui des actions éventuelles.
La novela que estoy leyendo, *Le roman que je suis en train de lire*.
La próxima novela que lea, *Le prochain roman que je lirai*.
On remarque que l'espagnol utilise un subjonctif présent dans la subordonnée là où le français se sert du futur. C'est une règle générale de la syntaxe espagnole : sauf cas très particuliers, le futur est exclu de la subordonnée au profit du subjonctif.
Haz lo que quieras, *Fais ce que tu voudras*.

Siéntate donde puedas, *Assieds-toi où tu pourras*.

L'autre règle à appliquer concerne la concordance des temps, obligatoire en espagnol. Le subjonctif présent (correspondant à un futur français) devient un subjonctif imparfait (correspondant à un conditionnel français).

Tienen que fundar una ciudad ahí donde vean un águila y una serpiente.
Ils doivent fonder une ville là où ils verront un aigle et un serpent.
Tenían que fundar una ciudad ahí donde vieran un águila y una serpiente.
Ils devaient fonder une ville là où ils verraient un aigle et un serpent.

6.3 Les propositions circonstancielles

6.3.1 Les subordonnées de temps

Il existe à part **cuando** toute une batterie de conjonctions de subordination temporelles. Petite liste non limitative :
antes de que, *avant que*
hasta que, *jusqu'à ce que, jusqu'au moment où*
mientras, *pendant que, tant que*
siempre que, *chaque fois que*
conforme, *à mesure que*
después de que, *après que*
en cuanto, *dès que*
tan pronto como, *dès que*

- **Antes de que** se construit, comme en français, avec le subjonctif :
Antes de que salga el sol, ya estaré en la playa, *Avant que le soleil ne se lève, je serai déjà sur la plage*.

- **Hasta que** se construit avec l'indicatif ou le subjonctif :
Canté hasta que me dijeron que me callara, *J'ai chanté jusqu'au moment où on m'a dit de me taire* (ce moment a eu lieu = indicatif).
Cantaré hasta que me digan que me calle, *Je chanterai jusqu'à ce qu'on me dise de me taire* (ce moment n'a pas eu lieu = subjonctif).

- **Mientras** + indicatif signifie la simultanéité de deux actions : *pendant que* ; avec le subjonctif, il prend le sens de *tant que*.
Mientras lavo los platos, ve poniendo la mesa, *Pendant que je fais la vaisselle, commence à mettre la table*.
Mientras esté con salud, no me quejo, *Tant que j'aurai la santé, je ne me plains pas*.

- Les autres conjonctions se construisent avec l'indicatif si on envisage le présent ou le passé, et au subjonctif si on envisage le futur :

En cuanto canto flamenco, la gente se va, *Dès que je chante du flamenco, les gens s'en vont.*

En cuanto cantaba flamenco, la gente empezaba a irse, *Dès que je chantais du flamenco, les gens commençaient à partir.*

En cuanto cante flamenco, la gente saldrá corriendo, *Dès que je chanterai du flamenco, les gens partiront en courant.*

6.3.2 Les subordonnées conditionnelles

La subordonnée conditionnelle de base, introduite par **si**..., peut tout d'abord exprimer le potentiel (condition réalisable ou réalisée dans le passé). On utilise dans ce cas les temps de l'indicatif.

Si no trabajo, me aburro, *Si je ne travaille pas, je m'ennuie.*

Si la condition n'est pas réalisable actuellement, on emploie le subjonctif imparfait dans la subordonnée et le conditionnel dans la principale : c'est l'irréel du présent.

Si no trabajara, me aburriría, *Si je ne travaillais pas, je m'ennuierais.*

Si la condition irréalisable concerne le passé, on utilise le plus-que-parfait du subjonctif et le conditionnel passé : c'est l'irréel du passé.

Si no hubiera trabajado, me habría aburrido, *Si je n'avais pas travaillé, je me serais ennuyé.*

Il existe d'autres conjonctions de subordination à valeur conditionnelle qui se construisent avec le subjonctif. Par exemple :

a no ser que, a menos que, *à moins que*
siempre y cuando, con tal que, *pourvu que*
por poco que, *pour peu que*
caso de que, *au cas où*
como, *si jamais, si par hasard.*

No le volveré a hablar, a no ser que me pida perdón.
Je ne lui reparlerai pas, à moins qu'il me demande pardon.

Como me toque la lotería, dejo de trabajar.
Si jamais je gagne à la loterie, j'arrête de travailler.

On fera la concordance si la principale est au passé ou au conditionnel :

Como me tocara la lotería, dejaría de trabajar.
Si jamais je gagnais à la loterie, j'arrêterais de travailler.

Il y a des périphrases à valeur conditionnelle, comme **de** + infinitif.

De tener dinero, te daría, *Si j'avais de l'argent, je t'en donnerais.*

Enfin, le gérondif aussi peut prendre une valeur conditionnelle : il précède alors obligatoirement le mot qui tient lieu de sujet :
Permitiéndolo el tiempo, podríamos ir al campo.
Si le temps le permet, nous pourrions aller à la campagne.

6.3.3 Les subordonnées concessives

La subordonnée concessive de base est introduite par **aunque**.
Lorsque le fait considéré est réel, on emploie l'indicatif, présent ou passé :
Aunque puedo, no le ayudaré, *Bien que je puisse ("peux"), je ne l'aiderai pas*.
Aunque podía, no le ayudé, *Bien que je pusse ("pouvais"), je ne l'ai pas aidé*.
Lorsque le fait considéré est hypothétique, on emploie le subjonctif. On fait la concordance si la principale l'exige.
Aunque pueda un día, no le ayudaré, *Même si je peux ("puisse") un jour, je ne l'aiderai pas*.
Aunque pudiera, no le ayudaría, *Même si je pouvais ("pusse"), je ne l'aiderais pas*.
Il existe enfin d'autres structures concessives, celles que le français exprime dans les périphrases, parfois désuètes, du type "Il a beau travailler", "Tout grand qu'il soit", "Quelque argent qu'il ait". Leur équivalent espagnol est, lui, resté très usuel. Il prend trois formes.
Por más – ou **por mucho** – **que** lorsque la concession porte sur un verbe :
Por más que digas… / Por mucho que digas…, *Tu auras beau dire…*
Por muy… que lorsqu'elle porte sur un adjectif ou un participe :
Por muy listo que seas…, *Tout malin que tu sois…*
Por más – ou **por mucho(s) / mucha(s)** – **que** lorsqu'elle porte sur un nom :
Por mucha gente que venga… / Por más gente que venga…, *Il aura beau y avoir du monde…*
Ces tournures admettent l'indicatif si le fait sur lequel porte la concession est tenu pour vrai :
Por más que dices, *Tu as beau dire* (= tu le dis vraiment).

Lexiques

Ces lexiques (espagnol-français et français-espagnol) contiennent tous les mots employés dans cet ouvrage. Dans le lexique espagnol-français, la traduction est celle donnée dans le contexte des leçons. Ainsi, lorsqu'un mot espagnol se traduit de différentes façons au fil des leçons, vous retrouverez toutes les traductions correspondantes avec le numéro de la leçon où la nouvelle traduction apparaît pour la première fois.

Attention, il ne s'agit donc pas d'un "dictionnaire", qui recenserait tous les sens possibles des mots cités, mais d'un outil autoréférentiel dont le corpus est votre méthode Assimil. Il peut y avoir d'autres sens, dans d'autres contextes que ceux où vous les avez découverts.

Le lexique français-espagnol vous permet de retrouver rapidement un mot tel qu'il a été employé dans le contexte d'une leçon, une note ou une section de révision. Là encore, d'autres traductions sont possibles dans des contextes différents.

Vous trouverez parfois l'indication du genre à côté d'un mot espagnol ; on le précise lorsqu'il diffère de celui du mot français donné en traduction. Exemple : **leche** *(f.)*, *lait*.

Nous indiquons enfin la nature du mot par une abréviation pour le distinguer d'un homonyme. Exemple : **claro** *(interj.)*, *bien sûr*, à distinguer de **claro/-a**, *clair/-e* ; **puro** *(nom)*, *cigare*, à distinguer de **puro/-a**, *pur/-e*.

Lexique espagnol-français

A

a	à 6
abajo	en bas 47
abajo (boca ~)	sur le ventre 88
abandonar	abandonner 94
abarcar	embrasser (sens figuré) 96
abogado	avocat 86
abono	abonnement 74
abrigarse	se couvrir 61
abrigo	manteau 67

abril	avril 35
abrir	ouvrir 47, 75
abrochar	attacher (pour une ceinture) 34
absoluto	absolu 32
absoluto (en ~)	absolument pas, pas du tout 32
abuelo/-a	grand-père/grand-mère 8
abuelos	grands-parents 37
aburrido/-a	ennuyeux/-euse 58
aburrirse	s' ennuyer 57
acabar	finir 30
acaso	peut-être 76
accidente	accident 87
aceite *(m.)*	huile 9
aceituna	olive 61
aceptar	accepter 66
achís	atchoum 75
acompañar	accompagner 100
acondicionado (aire ~)	climatisation 75
aconsejar	conseiller 37
acontecimiento	événement 59
acordarse	se souvenir 31
acostarse	se coucher 10
acostumbrarse	s'habituer 88
actividad	activité 23
actor	acteur 69
actriz	actrice 69
actual	actuel/-le 95
actualmente	actuellement 32
acuerdo	accord 13
acuerdo (de ~)	d'accord 13
adelante	en/vers l' avant 73
adelante (de aquí en ~)	dorénavant 73
adelgazar	maigrir 61
además	en/de plus (en outre) 30
adentro	dedans 68
adicto/-a	accro 48
adiós	adieu, au revoir 9
adivinar	deviner 61
administrador	syndic 85
adónde	où *(interrogatif avec verbe de mouvement)*, où *(interrogatif)* 15
adrede	exprès 71
aeropuerto	aéroport 97
afeitarse	se raser 90

aficionado/-a	amateur/-trice 39
afueras *(f. pl.)*	banlieue 2
agradable	agréable 27
agradecer	remercier 50
agua	eau 33
aguantar	supporter 64
águila *(f.)*	aigle 95
ahí	là 20
ahora	maintenant 37
ahora bien	cela dit 100
ahorrar	économiser 66
airbag	airbag 87
aire	air 39
al (a + el)	au 6
albergue	refuge 40
alcalde	maire 60
alcanzar	atteindre 53
alcohol	alcool 33
alegrarse	se réjouir 22
alegre	gai/-e 18 ; joyeux/-euse 41
alemán/-ana	allemand/-e 15
alfombra *(f.)*	tapis 88
algo	quelque chose 22
algodón	coton 60, 72
alguien	quelqu'un 39
alguno/-a/algún	quelque 58
allí	là-bas 19
alma	âme 95
almacenamiento	stockage 73
almohada *(f.)*	oreiller 40
Alpes *(m. pl.)*	Alpes 96
alquilar	louer 27
alquiler	loyer 90
alrededor de	autour de 94
alto/-a	grand/-e (taille) 15
altura	hauteur 96
alubia *(f.)*	haricot 47
amable	aimable 11
amanecer *(nom m.)*	aube 65
amar	aimer 81
amargo/-a	amer/amère 52
amarillo/-a	jaune 71
ambiente *(m.)*	ambiance 74
ambos/-as	les deux 60

América	Amérique 53
americana	veste 72
amigo/-a	ami/-e 11
amistad	amitié 66
amor	amour 46
añadir	ajouter 52
ancho/-a	large 55
anciano/-a	très âgé 60
Andalucía	Andalousie 2
andaluz/-a	andalou/-se 3
andar	marcher 44
andén	quai (gare ferroviaire) 99
Andes *(m. pl.)*	Andes 96
anfitrión	hôte (celui qui reçoit) 90
angelito	petit ange 26
anillo *(m.)*	bague 46
animal	animal 26
animarse	se motiver 93
ánimo	courage 87
año	an 8
anoche	la nuit dernière / hier soir 57
ante	avant, devant 39
ante todo	avant tout 39
anteanoche	avant-hier soir 86
anteayer	avant-hier 58
antemano (de ~)	d'avance 71
antepasado/-a	ancêtre 95
antes	avant 36
Antigüedad	Antiquité 60
antiguo/-a	ancien/-nne 60
anuncio *(m.)*	annonce 37
apagar	éteindre 48
aparato	appareil 58
aparcamiento	parking 76
aparcar	se garer 87
apasionado/-a	passionné/-e 37
apellido	nom de famille 37
apenas	à peine 25
apetecer	faire envie 32
aplastar	écraser 27
apostar	parier 66
approveche (que ~)	bon appétit 89
aprender	apprendre 43
apretar	serrer 74

aprobado/-a	reçu/-e (examen) 65
aprobar	approuver 60 ; réussir (un examen) 64
aprovechar	profiter 60
apuntar	noter 29
apuntarse	s'inscrire 23
aquel/aquella	celui-là/celle-là 18
aquí	ici 15
árbol	arbre 40
archivo	fichier 45
arena *(f.)*	sable 51
Argentina	Argentine 96
argentino/-a	argentin/-e 96
arrancar	démarrer 87
arreglar	réparer 58
arreglo *(m.)*	réparation 73
arreglos *(m. pl.)*	retouches 72
arrepentirse	regretter, se repentir 66
arriba	en haut 47
arriba (boca ~)	sur le dos 88
arriba (patas ~)	sens dessus-dessous 88
arroba (@)	arobase (@) 83
arroz	riz 20
arte	art 81
artista	artiste 69
asado/-a	rôti/-e 33
ascensor	ascenseur 85
asco	dégoût 52
asco (dar ~)	dégoûter 52
así	comme ça 31
así así	comme ci comme ça 72
así como	ainsi que 94
asiento	siège 97
asignatura	matière (d'enseignement) 92
asistenta	femme de ménage 88
asociar	associer 96
asqueado/-a	dégoûté/-e 64
astilla	écharde 65
astrónomo	astronome 94
asturiano/-a	asturien/-ne 41
asustar	faire peur 65
ataque *(m.)*	crise (de nerfs, cardiaque) 90
atascado/-a	bouché/-e 75
atasco	embouteillage 57
ataúd	cercueil 27

atender	servir (s'occuper d'un client) 58
atento/-a	attentif/-ve 80
ático	attique (dernier étage) 85
Atlántico	Atlantique 92
atraer	attirer 53
atreverse	oser 52
atropellar	écraser (qqn en voiture) 64
atún	thon 83
aun	même *(adv.)* 65
aún	encore 65
aunque	même si 60
aúpa	allez ! (encouragement) 83
aupar	hisser 83
autoescuela	auto-école 64
autopista	autoroute 64
avenida	avenue 95
avería	panne 87
averiado/-a	en panne 75
aviador	aviateur 55
avión	avion 34
avioneta *(f.)*	petit avion 44
ay	aïe 17
ayer	hier 55
ayuda	aide 95
ayudar	aider 11
ayuntamiento *(m.)*	mairie 47
azar	hasard 66
azteca	aztèque 95
azúcar	sucre 52
azul	bleu/-e 15

B

bacalao *(m.)*	morue 12
bachillerato	années de lycée 61
bailar	danser 74
bajar	baisser 55
bajar/bajarse	descendre 87
bajarse	télécharger 45
bajo/-a	petit/-e (taille) 16 ; bas/-se 97
balón	ballon 79
baloncesto	basket-ball 23
balonmano	hand-ball 23
bañador	maillot de bain 25
bañarse	se baigner 51
bancario	bancaire 46

bandera *(f.)*	drapeau 95
bar	bar 13
baraja *(f.)*	jeu de cartes 79
barato/-a	bon marché 13
barbacoa *(f.)*	barbecue 82
barbaridad	atrocité, énormité 40
Barcelona	Barcelone 2
barco	bateau 53
barra	barre 46
barra de labios	rouge à lèvres 46
barra de pan	baguette de pain 46
barrer	balayer 88
barrio	quartier 36
base	base 100
bastante *(adv.)*	assez 17
bastar	suffire 51
bastos	bâtons (au jeu de cartes) 79
basura	poubelle 73
batería	batterie 73
batido	milk-shake 83
beber	boire 30
bebida	boisson 52
beca	bourse (d'études) 60
belleza	beauté 81
beso	baiser *(nom)* 61
bicho *(m.)*	bête (bestiole) 76
bicicleta *(f.)*	vélo 64
bien	bien *(adv.)* 1
bienvenido/-a	bienvenu/-e 3
bigote *(m.)*	moustache 86
billete	billet 29
bisabuelo/-a	arrière-grand-père/mère 37
bizcocho	gâteau 89
blanco/-a	blanc/blanche 33, 40
blando/-a	mou/molle 78
blusa *(f.)*	chemisier 72
boca	bouche 88
bocadillo	sandwich 61
bocata	sandwich *(fam.)* 61
boda *(f.)*	mariage (cérémonie) 68
boli	stylo 43
bolígrafo	stylo 43
bollería	viennoiserie (établissement/boutique) 89
bollo *(m.)*	viennoiserie (individuelle) 89

bolsa *(f.)*	sachet 16 ; sac 73
bolsillo *(m.)*	poche 67
bolso	sac (à main) 46
bombero	pompier 89
bombilla	ampoule 75
bonito/-a	joli/-e 30
boquerón	anchois 12
borracho/-a	soûl/-e 74
borrar	effacer 45
bosque *(m.)*	forêt 41
bostezar	bâiller 65
botella	bouteille 8
botellita	petite bouteille 8
Brasil	Brésil 96
bravo/-a	courageux/-euse 12
brazo	bras 23
brindar	trinquer 68
brindis	toast (pour trinquer) 68
brócoli	brocoli 68
broma	blague, plaisanterie 58
broma (en ~)	pour rire 58
broma (gastar una ~)	faire une blague 58
bruto/-a	balourd/-e 59
buen/bueno/-a	bon/bonne 3, 24
buey	bœuf 33
bufete	cabinet (d'avocat) 86
bungaló	bungalow 76
burlarse	se moquer 57
burro	âne 93
buscar	chercher 19
búsqueda	recherche 75
buzón *(m.)*	boîte aux lettres 43

C

caballería	chevalerie 93
caballero	monsieur 9
caballo	cheval 53
caber	rentrer (dans un vêtement), tenir (sens spatial) 68
cabeza	tête 22
cabo (al ~ de)	au bout de 57
cabo (al fin y al ~)	en fin de compte 69
cabra	chèvre 99
cacao	cacao 52
cada	chaque 54

caer	tomber 44
caer (bien)	être sympathique 61
café	café 9
cafelito	petit café 36
caja	boîte 67
cajero	distributeur automatique (de billets) 67
calamar	calamar 12
calcetín *(m.)*	chaussette 61
calefacción *(f.)*	chauffage 85
calentar	chauffer, réchauffer 67
caliente	chaud/-e 61
callarse	se taire 44
calle	rue 62
calor *(m.)*	chaleur 25
calvo/-a	chauve 74
calzar	chausser (faire une pointure) 17
cama *(f.)*	lit 40
cámara	caméra 45
cámara *(f.)*	appareil photo 100
camarero/-a	serveur/-euse 37
cambiar	changer 31 ; faire la monnaie 67
cambio (a ~)	en échange 78
cambio (en ~)	en revanche 88
cambio *(m.)*	monnaie (le change) 67 ; échange 78 ; changement 85
caminar	marcher 60
camino	chemin 39
camisa	chemise 68
camiseta *(f.)*	tee-shirt 38
campo *(m.)*	campagne 40
caña	pression (bière) 12
cancelar	annuler 97
canción	chanson 69
candidato/-a	candidat/-e 54
canguro	baby-sitter, kangourou 62
cansado/-a	fatigué/-e 10
cansancio *(m.)*	fatigue 40
cantante	chanteur/-euse 69
cantar	chanter 69
capacidad	capacité 73
capacitado/-a	qualifié/-e 37
capaz	capable 41
capital	capitale 95
cara *(f.)*	visage 22

quinientos setenta • 570

cara a... (estar ~)	faire face à 37
cara dura *(f.)*	culot 45
cara o cruz	pile ou face 59
cárcel	prison 81
cargador	chargeur 73
carguero	cargo 99
Caribe (el ~)	les Caraïbes 51
caricia	caresse 78
cariño	chéri/-e, tendresse 11
cariño *(m.)*	affection 78
cariñoso/-a	affectueux/-euse 41
carnaval	carnaval 92
carne	viande 16
carné (de conducir)	permis (de conduire) 64
carnicería	boucherie 47
caro/-a	cher/chère (prix) 18
carpeta *(f.)*	dossier 45
carrera	cursus, études universitaires 62 ; carrière 65
carretera	route 64
carta	lettre (courrier) 43
cartera *(f.)*	portefeuille 46
casa	maison 9
casado/-a	marié/-e 16
casarse	se marier 46
casi	presque 15
casilla	case 83
caso	cas 85
caso (hacer ~)	écouter 85
casualidad *(f.)*	hasard 61
causa	cause 80
cazadora *(f.)*	blouson 38
cebolla *(f.)*	oignon 47
celos *(m. pl.)*	jalousie (amoureuse) 86
celoso/-a	jaloux/-ouse (en amour) 86
cementerio	cimetière 44
cena *(f.)*	dîner *(nom)* 33
cenar	dîner *(v.)* 10
céntimo	centime 45
central	central / du centre ville 20
centro	centre 13
Centroamérica	Amérique centrale 94
cepillo *(m.)*	brosse 90
cerca	près 19

cerdo	porc 50
cerezo	cerisier 92
cerilla	allumette 67
cero	zéro 94
cerrar	fermer 47
cerveza	bière 13
champú	shampoing 90
chándal	survêtement 46
chapa	capsule 79
charco *(m.)*	flaque 94
charlar	bavarder 22 ; discuter 80
chatear	chatter 41
chato	verre de vin (appellation populaire) 41
chicle	chewing-gum 13
chico/-a	garçon/ fille 38
Chile	Chili 96
China	Chine 55
chiquillo/-a	gamin/-e 61
chiste *(m.)*	blague (histoire drôle) 43
chocolate	chocolat 52
chorizo	chorizo 61, 82
chuleta	côtelette 33
chuletón *(m.)*	côte (de bœuf) 33
chulo/-a	chouette 55
churro	churro 52
cíber	cybercafé 45
ciego/-a	aveugle 66
cielo	ciel 20
ciencia	science 94
ciencia cierta (a ~)	au juste 94
ciento (por ~)	pour cent 29
cierto	certain 36
cierto (por ~)	d'ailleurs 36
cigarrillo *(m.)*	cigarette 54
cinco	cinq 31
cine	cinéma 6
cintura *(f.)*	tour de taille 72
cinturón *(m.)*	ceinture 34
cirujano	chirurgien 65
cita (f.)	rendez-vous 37
ciudad	ville 39
civil	civil/-e 36
civilización	civilisation 94
claro (interj.)	bien sûr 5

quinientos setenta y dos • 572

claro/-a	clair/-e 5
clase *(f.)*	cours (séance) 23
clásico/-a	classique 38
cliente	client 37
climático/-a	climatique 94
cobertura *(f.)*	réseau 40
cobrar	toucher (salaire) 38 ; encaisser, faire payer 45
cocer	cuire 89
coche *(m.)*	voiture 24
coche compartido	covoiturage 97
cocido	pot-au-feu 47
cocina	cuisine 27
cocinero/-a	cuisinier/-ière 89
coco (comer el ~)	prendre la tête *(fam.)* 59
coco *(m.)*	noix de coco 59
coco *(m.) (fam.)*	tête 59
codo	coude 100
coger	prendre 45
cola	queue 50
cola (hacer ~)	faire la queue 50
colchonero	matelassier 83
colgar	suspendre 64
Colón	Colomb (Christophe) 53
color *(m.)*	couleur 17
colorado/-a	rouge 100
colorado/-a (ponerse ~)	rougir 100
comedor *(m.)*	salle à manger 27
comer	manger 20
cometer	commettre 100
comida *(f.)*	repas 61
como	comme 27
cómo	comment 1
cómodo/-a	confortable 18
compañero/-a	camarade 43
compartimento	compartiment 34
compartir	partager 33
compra *(f.)*	courses 20 ; achat 21
comprar	acheter 13
comprimido	comprimé 82
comunidad	copropriété 85
con	avec 9
coñac	cognac 8
conducir	conduire 64

conectar	connecter 83
confesar	avouer 60
conformarse	se résigner 85 ; se contenter 92
conforme	à mesure que 68
conforme *(adj.)*	d'accord 58
conmigo	avec moi 22
conocer	connaître 13
conquista	conquête 95
conquistador	conquistador 52
conseguir	obtenir 54 ; arriver (à faire qqch.) 87
construir	construire 95
contaminación	pollution 57
contar	raconter 44
contenedor	conteneur 73
contenido	contenu 100
contento/-a	content/-e 60
contestar	répondre 32
contigo	avec toi 22
continente	continent 53
continuar	continuer 100
contra (estar en ~)	être contre 81
contraseña *(f.)*	mot de passe 83
convencer	convaincre 54
convertir	transformer 78
convivir	cohabiter 90
copa *(f.)*	verre 12
copas	coupes (au jeu de cartes) 79
corazón	cœur 59
corbata	cravate 72
cordero	agneau 33
correo	courrier 11
Correos	la Poste 43
correr	courir 62
corrida	corrida 81
cortar	couper 89
cosa	chose 23
coser	coudre 88
costa	côte (maritime) 25
costar	coûter 20, 29
coste	coût 97
costumbre	habitude 54 ; coutume 80
cotidiano/-a	quotidien/-ne 100
cotilla (f. et m.)	commère 86
cotillear	cancaner 86

cotilleo	commérage 86
creativo/-a	créatif/-ive 47
creer	croire 30
creyente	croyant/-e 39
criar	élever 69
cristal	verre (lunettes), verre (matière) 88
cristal (copa de ~)	verre en cristal 88
cristal *(m.)*	vitre 88
cristiano/-a	chrétien/-ne 57
Cristo	le Christ, Jésus-Christ 94
cromo *(m.)*	image collectionnable 55
cruasán	croissant 9
cruce	croisement 95
crudo/-a	cru/-e 89
crujiente	croustillant/-e 89
cruz	croix 59
cruzar	traverser 93
cruzar palabra	échanger un mot 74
cuaderno	cahier 58
cuadrado	carré 96
cuadro	carreau 72 ; tableau 75
cuál	quel/quelle 36
cualquier/-a	n'importe lequel/laquelle 61
cuando	quand 16
cuándo	quand (interrogatif) 10
cuanto (en ~)	dès que 69
cuánto *(adv.)*	combien 20
cuanto antes	le plus vite possible 67
cuánto(s)/-a(s)	combien de 5
cuarto	quart 9
cuarto de baño *(m.)*	salle de bain 27
cuatro	quatre 31
cubata	cocktail à base d'alcool et Cola 61
cubito	glaçon 82
cubrir	couvrir 92
cucaracha *(f.)*	cafard 27
cuchara	cuillère 47
cuchillo	couteau 47
cuello	col (de chemise) 68 ; cou 100
cuenta (darse ~)	se rendre compte 48
cuenta *(f.)*	addition 51 ; compte 83
cuento	conte 100
cuero	cuir 55
cuerpo	corps 44

cuervo	corbeau 69
cuesta	côte (pente) 30, 87
cuesta abajo	dans le sens de la descente 87
cuesta arriba	dans le sens de la montée 87
cuidado (tener ~)	faire attention 41
cuidado *(m.)*	attention 41
cuidadoso/-a	soigneux/-euse 58
cuidar	prendre soin 61
culo	cul 100
culpa	faute 67
culpa de (por ~)	du fait de 94
cultivo *(m.)*	culture (en agriculture) 96
cultura	culture 94
cumpleaños	anniversaire 8
cumplir	accomplir, avoir (âge) 36 ; réaliser (pour un vœu/rêve) 82
cuñado/-a	beau-frère / belle-sœur 57
cupón	coupon 66
currículum	CV (curriculum vitae) 37
curso	classe (année scolaire) 23 ; cours (cycle) 62
cuyo/-a	dont 93

D

dar	donner 9, 29
dar gato por liebre	rouler (qqn) 55
dar tiempo	avoir le temps 9
darse prisa	se presser 48
dársena *(f.)*	dock, quai (gare routière / port) 99
dato *(m.)*	donnée *(nom)* 46
datos *(m. pl.)*	coordonnées, informations personnelles 46
de	de 2
debajo	dessous 55
deber	devoir 34
débil	faible 93
decena	dizaine 53
decidir	décider 65
décimo *(nom)*	billet de loterie 66
décimo/-a	dixième 66
decir	dire 15, 19, 24, 26, 30
decisión	décision 60
deconstruir	déconstruire 47
dedicación *(f.)*	investissement (sens figuré) 100
dedicar	consacrer 36
dedo	doigt 46

deducir	déduire 70
defecto	défaut 88
defender	défendre 93
dejar	laisser 22 ; arrêter 54
dejar tirado/-a	laisser en rade 97
delante	devant 48
delgado/-a	maigre 16
demás (los ~)	les autres 50
demasiado *(adv.)*	trop 18
demasiado/-a *(adj. et pron.)*	trop / trop de 23
demonio	diable 90
dentro	dedans 46
dentro de	dans (+ durée) 61
denuncia (poner una ~)	porter plainte 46
denunciar	dénoncer 46
deporte	sport 23
deportista	sportif/-ive 39
deportivas	baskets 38
depósito	réservoir 87
deprimir	déprimer 66
deprisa	vite 83
derecha	droite 19
derechas (de ~)	de droite (politique) 69
derecho	droit 100
desanimado/-a	démoralisé/-e 44
desaparecer	disparaître 94
desarrollo	développement 94
desastre	désastre 85
desayunar	prendre le petit déjeuner 9
desayuno	petit déjeuner 9
descalzo/-a	pieds nus 76
descansar	se reposer 76
descargar	décharger 73
descolgar	décrocher 75
desconocido/-a	inconnu/-e 92
descubrir	découvrir 89
descuentito	petite réduction 18
descuento *(m.)*	réduction 18
desde	depuis 25
desear	souhaiter 29
desechable	jetable 82
desempleado/-a	chômeur/-euse 62
desempleo	chômage 62
desenvolverse	se débrouiller 100

deseo	vœu 82
desesperarse	s'exaspérer 99
desierto	désert 97
desnudo/-a	nu/-e 76
despacio	lentement 64
despedir	licencier 86
despedirse	prendre congé 100
despegue	décollage 34
despertar	réveiller 10
despertarse	se réveiller 80
después	après 29
destapar	déboucher 90
destino	destin 97
destino *(m.)*	destination 97
destruir	détruire 95
detalle *(m.)*	attention 72
detergente *(m.)*	lessive 88
detestar	détester 64
detrás	derrière 47
devolver	rendre 45, 58
día	jour 3
diario (a ~)	quotidiennement 100
diario/-a	quotidien/-ne 100
dibujo	dessin 94
diciembre	décembre 30
diente *(m.)*	dent 22, 82
dieta *(f.)*	régime 68
diez	dix 10
diferente	différent/-e 16
difícil	difficile 65
digital	numérique 100
dinero	argent 30
dirección	adresse 61
director	réalisateur 59
disco	disque 69
discoteca	discothèque 74
discreto/-a	discret/-ète 17
disculpar	excuser 9
discurso	discours 81
disfrazado/-a	déguisé/-e 92
disfrutar	profiter 40
disgustado/-a	contrarié/-e 64
disgustar	contrarier, fâcher 87
disgusto *(m.)*	contrariété 87

disparate *(m.)*	absurdité 69
disponible	disponible 32
dispuesto/-a	disposé/-e 59
distinto/-a	différent/-e 90
divertido/-a	amusant/-e 57
divertirse	s'amuser 30
divinamente	merveilleusement 99
divorciado/-a	divorcé/-e 36
doce	douze / minuit 10
doler	faire mal 22
dolor *(m.)*	douleur 22
dominar	maîtriser 100
domingo	dimanche 21
dónde	où (interrogatif) 2
dondequiera que *(+ subjonctif)*	où que *(+ subjonctif)* 94
dormir	dormir 10
dormirse	s'endormir 59
dormitorio *(m.)*	chambre à coucher 27
dos	deux 12
doscientos/-as	deux cents 55
ducha	douche 76
ducha (darse una ~)	prendre une douche 90
dulce	doux/-ce, sucré/-e 52
dulces *(m. pl.)*	friandises 52
durante	pendant 19
duro	sou 86
duro/-a	dur/-e 45

E

echar	déposer, licencier, verser 52 ; jeter 59
echar de menos	regretter (manquer) 52
echar una mano	donner un coup de main 66
echarse	s'allonger, se coucher 54
echarse a	se mettre à 54
edad	âge 36
Edad Media *(f.)*	Moyen Âge 93
edificio	immeuble 85
educación	éducation 54
educado/-a	poli/-e 51 ; bien élevé/-e 61
efectivo (en ~)	en espèces (paiement) 29
eficaz	efficace 80
ejem…	euh… 5
ejemplo	exemple 47
ejercicio	exercice 39
el	le / l' *(art. m. sing.)* 5

él	lui *(pron. pers. sujet)* 4
el/la/los/las de	celui/celle(s)/ceux de 16
elección *(f.)*	choix 99
electrodoméstico	électroménager 88
electrónico/-a	électronique 11
elegante	élégant/-e 71
elegir	choisir 59 ; élire 85
ella	elle 4
embarazada	enceinte 86
embarcar	embarquer 46
embarque	embarquement 97
empanadilla	empanadilla (chausson fourré frit) 83
emperador	empereur 95
empezar	commencer 38
empleo	emploi 86
empresa	entreprise 54
empresariales	études de commerce 69
empujar	pousser 79
en	à, en 2 ; dans 6
enamorado/-a	amoureux/ -euse 41
encantado/-a	enchanté/-e 3
encantador/-a	charmant/-e 51
encantar	enchanter 12
encanto	charme 75
encargado/-a	responsable 71
encender	allumer 45
encerrar	enfermer 81
enchufar	brancher 73
encima	dessus / au-dessus, en/de plus 24
encima de	sur 49
encontrar	trouver 22
encontrarse	se sentir 22
encontrarse con	rencontrer 61
encuesta	enquête 36
enemigo/-a	ennemi/-e 85
enero	janvier 25
enfadarse	se fâcher 59
enfermero/-a	infirmier/-ère 6
enfermo/-a	malade 22
engañar	tromper 85
engordar	grossir 68
enhorabuena	félicitations 5
ensalada	salade 33
ensaladilla	salade russe 12
enseguida	tout de suite 43

enseñar	montrer 27 ; apprendre (enseigner) 43
ensuciarse	se salir 87
entender	comprendre 38
entender de	s'y connaître 62
enteramente	entièrement 38
enterarse	apprendre, être au courant, être informé 43
entero/-a	entier/-ère 46
entierro	enterrement 17
entonces	alors 5
entrada *(f.)*	billet (pour un spectacle) 59
entregar	livrer 83
entretenido/-a	distrayant/-e 58
entretiempo	mi-saison 72
entrevista *(f.)*	entretien 5
enviar	envoyer 60
envidia	jalousie (envie) 86
envidia (tener ~)	être jaloux/-ouse (envieux/-euse) 97
envidioso/-a	jaloux/-ouse (envieux/-euse) 86
época	époque 47
equipaje *(sing.)*	bagages 34
equipaje de mano	bagage à main 97
equipo	poste (ordinateur) 45
equipo (deportes de ~)	sports collectifs 23
equipo *(m.)*	équipe 23
equivocarse	se tromper 57, 83
error *(m.)*	erreur 100
escalera *(f.)*	escalier 39
escaparate *(m.)*	vitrine 18
escoba *(f.)*	balai 88
escolar	scolaire 80
esconder	cacher 79
escribir	écrire 5
escritura	écriture 94
escuchar	écouter 44
escuela	école 62
ese/-a	ce/cet/cette 20
esfuerzo	effort 78
eso	ça 30
esos/-as	ces 15
espadas	épées (au jeu de cartes) 79
espalda *(f.)*	dos 22
español/-a	Espagnol/-e 10
especialidad	spécialité 9

espejo	miroir 72
esperar	attendre 20 ; espérer 32
esposa	épouse 78
esquiar	skier 25
esquina	angle (de rue) 15
estación	saison (de l'année) 59, 96 ; gare 96
estadio	stade 95
estado	état 36
estancia *(f.)*	séjour 60
estanco	bureau de tabac 43
estantería	étagère 88
estar	être *(v.)* 1, 4, 10, 11 ; être (se trouver) 19
estatua	statue 95
este/-a	ce/cet/cette 17
estilo	style 38
estimado/-a	cher/chère (courrier formel) 60
esto	ceci 37
estómago	estomac 82
estrecho/-a	étroit/-e 72
estrella	étoile 76
estropearse	tomber en panne 73
estudios *(m.)*	études 65
estupefacto/-a	stupéfait/-e 88
estupendo/-a	splendide 31 ; formidable 80
etapa	étape 99
etiqueta	étiquette 55
euro	euro 29
europeo/-a	européen/-ne 94
exacto/-a	exact/-e 15
examen	interrogation (examen) 65
existir	exister 30
éxito	succès 89
exótico/-a	exotique 92
experiencia	expérience 83
explicar	expliquer 99
expresar	exprimer 100
exprimir	presser (un fruit) 100
exquisito/-a	délicieux/-euse 33
extenderse	s'étendre 95
extenso/-a	étendu/-e 96
extrañar	étonner 85
extranjero/-a	étranger/-ère 60
extraño/-a	étrange 57
extraterrestre	extraterrestre 79

F

fabada	fabada (plat cuisiné avec des haricots blancs) 61
fabuloso/-a	fabuleux/-euse 59
fácil	facile 62
facturar	enregistrer (bagage) 97
falso/-a	faux/fausse 55
falta (hacer ~)	être nécessaire 39
falta *(f.)*	manque 39
faltar	manquer 40
familia	famille 2
familiar *(nom m.)*	membre de la famille 60
famoso/-a	célèbre 41
fascinar	fasciner 51
fastidiar	embêter 71
fatal	fatal/e, très mal 22
favor (estar a ~)	être pour 81
favor *(m.)*	faveur 4 ; service 88
favorecer	avantager 72
febrero	février 25
fecha	date 30
felicidad *(f.)*	bonheur 66
feliz	heureux/-euse 8
fenomenal	en pleine forme, phénoménal/-e 44 ; super bien 54
feo/-a	laid/-e 27
ferrocarril	chemin de fer 96
festival	festival 74
festivo/-a	férié/-e 68
fiarse	faire confiance 75 ; avoir confiance 97
fiesta	fête 30
fijarse	remarquer 80
filete	steak 33
fin (en ~)	enfin (résignation) 26
fin (por ~)	enfin 48
fin *(m.)*	fin 13
fin de semana	week-end 13
final *(m.)*	fin 96
finalmente	enfin 26
finde *(fam.)*	week-end 13
fino	vin de Jerez 33
fino/-a	fin/-e 33
firmar	signer 46
flamenco	flamenco 74

flor	fleur 92
fondo	fond 67
fontanero	plombier 69
formal	sérieux/-euse 69
forrado (estar ~)	être plein aux as 86
forrado/-a	fourré/-e 86
foto	photo 38
fracaso	échec 80
frágil	fragile 59
francés/-esa	français/-e 5
frase	phrase 93
frecuencia	fréquence 36
fregadero	évier 88
fregar	laver (par terre, les assiettes, etc.) 88
fregona *(f.)*	balai-serpillère 88
fresa	fraise 83
fresco *(nom)*	frais *(nom)* 80
frigorífico	frigo 83
frío *(nom m.)*	froid *(nom)* 25
frío/-a	froid/-e 9
frito/-a	frit/-e 12
frontera	frontière 96
fruta *(f. sing.)*	fruits 68
fruto	fruit (valeur abstraite) 68
frutos secos	fruits secs 68
fu ni fa (ni ~)	couci-couça 59
fuego	feu 67
fuente	fontaine 19
fuera	à l'extérieur 60 ; dehors 80
fuerte	fort/-e 16
fuerza	force 88
fumar	fumer 34, 54
funcionar	fonctionner 45
fundar	fonder 95
fundido/-a	grillé/-e 75
fútbol	football 23
futbolista	footballeur 79

G

gabardina *(f.)*	imperméable (trench) 67
gafas	lunettes 46
galleta *(f.)*	gâteau sec 89
gallina	poule 80
gallo	coq 80
ganadería *(f.)*	élevage 96

ganar	gagner 59
ganas (dar ~)	faire envie 52
ganas *(pl.)*	envie 13
ganas de (tener ~)	avoir envie de 13
ganga	bonne affaire 55
garbanzo	pois chiche 47, 79
garganta	gorge 74
gas (con ~)	gazeuse (pour l'eau) 33
gas (sin ~)	plate (pour l'eau) 33
gasolina	essence 64
gasolinera	pompe à essence, station-service 87
gastar	dépenser 30 ; consommer 90
gato/-a	chat/-te 16
gaucho	gaucho (argentin) 96
gel	gel 90
gemelo/-a	jumeau/jumelle 44
gente *(f. sg.)*	gens 25
gigante	géant 93
girar	tourner 19
giro *(m.)*	tournure 100
gol	but (sport) 79
golpe	coup 69
golpe (no dar ~)	ne rien ficher 69
gordo	gros lot (à la loterie) 66
gordo/-a	gros/grosse 39
gota	goutte 68
grabar	enregistrer (du son) 69
gracia	drôlerie 44
gracias	merci 1
gracias (muchas ~)	merci beaucoup 11
gracioso/-a	drôle 43
gramatical	grammatical/-e 100
gran (devant nom singulier)	grand/-e 57
grande	grand/-e 16
granja	ferme 33
gratis	gratuit/-e 59
grifo	robinet 69
gris	gris/-e 61
gritar	crier 74
guapo/-a	beau/belle 1
guardia	garde 76
guarnición	garniture 33
guau	ouah (aboiement du chien) 26
guerra	guerre 55

guindilla *(f.)*	piment 52
guion	tiret 83
guion bajo (_)	tiret bas (_) (en informatique) 83
guitarra	guitare 23
guitarrista	guitariste 74
gustar	plaire 12
gusto	goût 4 ; plaisir 81
gusto (con mucho ~)	très volontiers 36

H

haber	avoir *(auxiliaire)* 24, 26
habitación	pièce (d'habitation) 27
hablar	parler 4, 5, 11
hablar (ni ~)	pas question 26
hablar de tú	tutoyer 4
hacer	faire 11, 24
hacia	vers (prép.) 53
hambre	faim 33
hamburguesa *(f.)*	hamburger 13
hamburguesería *(f.)*	fast-food 47
harina	farine 89
harto/-a (estar ~)	en avoir assez 39
hasta	jusque / jusqu'à 19 ; même *(adv.)* 58
hay	il y a 12
hay que	il faut 19
hecho (de ~)	de/en fait 62
helado *(m.)*	glace (crème glacée) 82
helado/-a	gelé/-e 85
hermana	sœur 4
hermano	frère 4
héroe	héros 93
hidalgo	gentilhomme 93
hielo *(m.)*	glace (eau gelée) 82
hierba	herbe 96
higiénico/-a	hygiénique 90
hijo/-a	fils/fille 22
hincha	supporteur/-trice 23
hispanohablante	hispanophone 96
historia	histoire 53
historiador/-a	historien/-ne 94
hoguera *(f.)*	feu de joie 82
hoja	feuille 40
hola	salut (salutation informelle) 1
hombre	homme 8
hombro *(m.)*	épaule 55

quinientos ochenta y seis • 586

honrado/-a	honnête 87
hora	heure 6
horario	horaire 80
horno	four 33
horrorizar	faire horreur 23
hospital	hôpital 6
hostia	hostie 59
hostia *(fam./vulgaire)*	putain (interj. vulgaire), torgnole / coup / baffe 59
hoy	aujourd'hui 20
hoy en día	de nos jours 93
hueso	os 100
huésped	hôte (l'invité) 90
huevo	œuf 47
huir	fuir 98
humano/-a	humain/-e 95
húmedo/-a	humide 96
humo *(m.)*	fumée 89
humor *(m.)*	humeur 44

I

Iberoamérica	Ibéro-Amérique (Amérique latine) 96
ida *(f.)*	aller *(nom)* 29
idea	idée 13
ideal	idéal/-e 27
idioma *(m.)*	langue (idiome) 5
iglesia	église 78
igual	égal 32 ; pareil/-le 55
igual *(adv.)*	peut-être 87
igual que	comme 50
ilusión	enthousiasme, espérance, illusion, joie 89
ilusión (hacer ~)	faire plaisir 90
ilusión (hacerle a uno ~)	se faire une joie de 90
imagen	image 93
imaginar	imaginer 53
impedir	empêcher 85
imperio	empire 95
importante	important 23
imprescindible	indispensable 75
impreso/-a	imprimé/-e (livre/revue) 58
imprimir	imprimer 45
inca	inca 96
incluso	même *(adv.)* 58
increíble	incroyable 51
independiente	indépendant/-e 27

indiano/-a	émigré en Amérique revenu au pays 92
indígena	indigène 52, 94
indio/-a	Indien/-ne 53
infancia	enfance 79
infierno	enfer 90
informal	décontracté/-e 72
informar	informer 54
informática	informatique 73
Inglaterra	Angleterre 61
inglés/-esa	anglais/-e 5
inmenso/-a	immense 95
inmigrante	immigrant/-e 96
inmortalizar	immortaliser 93
inocente	innocent/-e, naïf/naïve 30
inodoro *(m. sg.)*	toilettes 27
inolvidable	inoubliable 92
insistir	insister 34
instituto	lycée 23
insuficiente	insuffisant/-e 65
inteligente	intelligent/-e 61
intentar	essayer 64
interés	intérêt 66
interesante	intéressant/-e 81
interesar	intéresser 23
íntimo/-a	intime 27
introducir	introduire 70
inútil	bon à rien 24 ; inutile 34, 44
inventar	inventer 94
invierno	hiver 25
invitar	inviter 6
ir	aller *(v.)* 12, 13, 15, 16, 20, 45
ir de copas	sortir prendre un verre 13
ir de...	jouer les... 86
ir por	aller chercher 43
irse	s'en aller 22, 31
italiano/-a	italien/-ne 53
izquierdas (de ~)	de gauche (politique) 69
izquierdista	gauchiste 69

J

ja	ha ! *(interj. du rire)* 44
jabón	savon 75
jamón	jambon 50
japonés/-esa	japonais/-e 52
jarabe	sirop 60

jarra	carafe 33
jaula	cage 34
jefe	chef 57
jersey	pull (-over) 55
Jesucristo	Jésus-Christ 94
joven	jeune 8
jubilado/-a	retraité/-e 36
jubilarse	prendre sa retraite 99
judía *(f.)*	haricot 47
judo	judo 23
juego (a ~)	assorti/-e 72
juerga	bringue 90
jueves	jeudi 21
jugador	joueur 66
jugar	jouer 48
juguete	jouet 30
julio	juillet 35
junio	juin 29
junta	assemblée 85
juntos/-as	ensemble 43
justo/-a	juste 80
juventud	jeunesse 69

K

kikirikí	cocorico 26
kilómetro	kilomètre 87

L

la	vous *(pron. pers. compl. de politesse sing.)* 38
labio *(m.)*	lèvre 46
laborable	ouvrable 68
labrarse	préparer (l'avenir) 60
lado	côté 59
ladrón	voleur 46
laguna	lagune 93
lana	laine 61
lápiz	crayon 58
largo/-a	long/-ue 46
las	les *(art. f. pl.)* 2
lata	boîte de conserve 48
lata (dar la ~)	casser les pieds 48
Latinoamérica	Amérique latine 51
lavabo	lavabo 75
lavadora	lave-linge, machine à laver 88

lavandería	laverie 76
lavarse	se laver 57
le	lui *(pron. pers. compl. indirect)* 14 ; vous *(pron. pers. compl. de politesse sing.)* 17
leche *(f.)*	lait 9
leer	lire 5
lejos	loin 19
lema	slogan 85
lengua	langue (idiome et organe) 95
lenteja	lentille 47
lento/-a	lent/-e 67
les	leur *(pron. pers. compl. indirect)* 14 ; vous *(pron. pers. compl. de politesse pl.)* 27
letra	lettre (alphabet) 29
levadura	levure 89
levantarse	se lever 10
ley	loi 86
libertad	liberté 78
libre	libre 78
librería	librairie 47
librero/-a	libraire 58
libro	livre 58
liebre *(f.)*	lièvre 55
ligar	draguer 86
ligero/-a	léger/-e 33
ligón	dragueur 86
limón	citron 60, 82
limpiar	nettoyer 61
limpieza *(f.)*	ménage 88
limpio/-a	propre 27
línea	ligne 66
liso/-a	uni/-e 72
lista	liste 82
listo/-a	intelligent/-e, prêt/-e 78
literario/-a	littéraire 58
literatura	littérature 93
llamada *(f.)*	appel 32
llamar	appeler 3
llanura	plaine 93
llave	clé 46
llegar	arriver 50
llenar	remplir 76

quinientos noventa • 590

lleno/-a	plein/-e 74
llevar	porter 38 ; amener, emmener, emporter 53
llover	pleuvoir 24
lluvia	pluie 61
lo	le *(pron. pers. compl.)* 5 ; ce *(dém. neutre)* 26
loco/-a	fou/folle 62
locura	folie 80
loncha	tranche 50
lotería	loterie 66
luchar	lutter 48
luego	ensuite 19
luego (desde ~)	c'est sûr 75 ; effectivement 93
luego (hasta ~)	à tout à l'heure 44
lugar *(m.)*	place 73 ; endroit 92
luna	lune 51
lunar	pois 71
lunes	lundi 21, 47
luz	lumière 76

M

madrileño/-a	madrilène 3
madrugar	se lever tôt 65
maestro/-a	instituteur/-trice 62
mail	mail 83
maíz	maïs 53
mal *(adv.)*	mal 22
maleta	valise 34
malhablado/-a	grossier/-ière 88
malo/-a	mauvais/-e 13
mamá	maman 11
mami	maman (terme affectueux) 11
mañana	demain 32
mañana *(f.)*	matin 6
mandar	envoyer 43
manera	manière 99
manera *(f.)*	moyen *(nom)* 87
manga	manche 55
mantenerse	se maintenir 54
mantequilla *(f.)*	beurre 41
manzana	pomme 68
mapa *(m.)*	carte (plan) 80
mar (la ~ de)	très 54
mar *(m.)*	mer 51
maravilla	merveille 71

marcar	cocher (une case), marquer 83
marchando *(expression idiomatique)*	ça marche 12
marcharse	partir 60
marea	marée 64
mareado/-a (estar ~)	avoir la tête qui tourne 64
marearse	avoir mal au cœur (voiture/avion…), avoir le mal de mer 64
marido	mari 17
marisco	fruit de mer 20
marrón	marron 18
martes	mardi 21
marzo	mars 35
más	plus 8 ; davantage 80
más bien	plutôt 41
mascota *(f.)*	animal de compagnie 62
matar	tuer 44
matricularse	s'inscrire 65
matrimonial (cama ~)	lit double 75
máximo	maximum 92
máximo (lo ~)	le top 92
máximo/-a	plus grand/-e 94
maya	maya 94
mayo	mai 35, 46
mayor	âgé/-e, plus vieux/vieille 69
mayor de edad	majeur/-e (en âge) 69
mazo	maillet 65
me	me/m'*(pron. pers. compl.)* 3
mecánico	mécanicien 87
mechero	briquet 67
mediados (a ~ de…)	à la mi-… (+ unité de temps) 92
medianoche	minuit 75
medicina	médecine 65
médico	médecin 65
medio	moyen *(nom)* 64
medio (en ~)	au milieu 47
medio/-a	demi/-e 10
mediterráneo/-a	méditerranéen/-nne 80
megaconcierto	méga-concert 74
megafonía	sono (sonorisation) 74
mejillón *(m.)*	moule 20
mejor	meilleur/-e 25 ; mieux 68
mejor (a lo ~)	peut-être 52
memoria	mémoire 73
memoria (de ~)	par cœur 93

menor	plus jeune 69
menor de edad	mineur/-e 69
menos	moins 9
menos (por lo ~)	au moins 24
menos mal	heureusement 45
mensaje	message 32
mente *(f.)*	esprit 76
mentir	mentir 61
mentira *(f.)*	mensonge 48
menudo (a ~)	souvent 36
menudo/-a	sans importance, menu/-e, mince 97
menudo/-a...	quel (le)...! 97
mercado	marché 20
merced	seigneurie 20
merecer	mériter 48
merendar	prendre un goûter 52
merienda *(f.)*	goûter *(nom)* 52
mermelada	confiture 89
mes	mois 59
mesa	table 27
meter	mettre 73
México	Mexique 51
México (Ciudad de ~)	Mexico 51
mezclar	mêler 94
mi	mon/ma 2, 4
mí	moi 18
miau	miaou 26
miedo (dar ~)	faire peur 26
miedo *(m.)*	peur 26
miel *(f.)*	miel 51
mientras	pendant que, tant que 68
mientras tanto	pendant ce temps 69
miércoles	mercredi 21
mil	mille 26
mil millones	milliard 97
milenario/-a	millénaire 94
miles *(pl.* de mil)	milliers 92
millar	millier 97
millón	million 94
minifalda	minijupe 71
minuto *(m.)*	minute 19
mío/mía	mien/mienne 22
mirar	regarder 26
mismo/-a	même *(adj.)* 57

misterio	mystère 94
mitad	moitié 55
mochila *(f.)*	sac à dos 40
moda	mode 37
modelo	modèle 17
moderno/-a	moderne 27
modo (de ~ que)	donc, de sorte que 62
modo *(m.)*	sorte 62 ; façon, manière 100
mojado/-a	mouillé/-e 76
mojar	mouiller 82
molar *(fam.)*	être kiffant 92
mole	mole (plat mexicain) 52
molestar	gêner 32
molino	moulin 93
moneda	monnaie (pièce) 66
mono/-a *(adj.)*	mignon/-ne 61
mono/-a *(nom)*	singe / guenon 61
montaña	montagne 41
montar	organiser 90
montón	tas 74
morado/-a	violet/-te 72
morcilla *(f.)*	boudin 82
moreno/-a	brun/-e 3
morir/morirse	mourir 40
moro/-a	maure 57
mosca	mouche 99
mosquito	moustique 76
moto	moto 46
moverse	bouger 72
móvil	portable (téléphone) 31
mu	meuh 26
muchacho/-a	garçon/ fille 69
muchedumbre	foule 76
muchísimo/-a	très très (extrêmement) 25
mucho	beaucoup 4
mudarse	déménager 88
mueble	meuble 88
muela	dent (molaire), molaire 22
muerte	mort *(nom)* 81
muerto/-a	mort/-e 99
mujer	femme 8
multa	contravention 64
mundialización	mondialisation 53
mundo	monde 53

museo	musée 19
música	musique 69
músico	musicien/-ne 69
muslo *(m.)*	cuisse 50
muy	très 4

N

nacer	naître 2
nada	rien 8
nadar	nager 51
nadie	personne *(pron. indéf.)* 13
náhuatl	nahuatl 95
naranja	orange 60, 71
nariz *(f.)*	nez 61
natural	naturel/-lle 96
naturaleza	nature 39
navegar	naviguer, surfer 100
Navidad *(f.)*	Noël 30
necesitar	avoir besoin de 17
negarse	refuser 80
negocio *(m.)*	affaire 69
negro/-a	noir/-e 16
nervio	nerf 81
nervioso/-a	nerveux/-euse 45
nevar	neiger 68
nevera	glacière 82
ni siquiera	même pas 61
nieto/-a	petit-fils / petite-fille 50
nieve	neige 25
ninguno/-a	aucun/-e 23
niño/-a	enfant, gamin/-e 24
no	ne… pas, non 3
noche	nuit, soir 10
Nochebuena	nuit de Noël 30
Nochevieja	nuit du jour de l'An 30
nómada	nomade 95
nombre	nom 26 ; prénom 37
nombre de pila	nom de baptême 37
normal	normal/-e 51
norte	nord 41
nos	nous *(pron. pers. compl.)* 10
nosotros/-as	nous *(pron. pers. sujet)* 14, 38
nota	note 62
notable	très bien (pour les notes scolaires) 65
notar	remarquer 44 ; sentir 64

noticia	nouvelle *(nom)* 60
novela *(f.)*	roman 58
noviembre	novembre 35
novio/-a	fiancé/-e 51
nube *(f.)*	nuage 40
nuera	bru 86 ; belle-fille 86
nuestro/-a	notre 38
nuevo/-a	nouveau/-elle 53
número	numéro, pointure (pour chaussures) 17
numeroso/-a	nombreux/-euse 96
nunca	jamais 24

O

o	ou 5
obra	œuvre 59
ocasión	occasion 71
ochenta	quatre-vingts 8
ocho	huit 6
octubre	octobre 35
oculto/-a	caché/-e 45
ocurrir	se passer 48
oeste	ouest 53
ofender	offenser 99
oferta	promotion 29
oficina *(f.)*	bureau 57
ofrecer	offrir 36
oído *(m.)*	oreille, ouïe (sens) 22
oír	entendre 38, 43 ; écouter 45
ojalá	pourvu que… 60
ojo	œil 15
ola	vague 92
oler	sentir (odeur) 41
olfato	odorat 82
oliva	olive 41
olivo	olivier 97
olor *(m.)*	odeur 75
olvidar	oublier 31
opinión (en mi ~)	à mon avis 81
oportunidad	occasion 60
óptimo/-a	excellent/-e 62
ordenador	ordinateur 45
oreja	oreille 22
orgullo *(m.)*	fierté, orgueil 95
orgulloso/-a	fier/-ère, orgueilleux/-euse 95
origen *(m.)*	origine 96

quinientos noventa y seis • 596

original	original/-e 54
orilla *(f.)*	bord 82
oro	or (métal) 53
oros	pièces d'or (au jeu de cartes) 79
os	vous (pron. pers. compl.) 10
oscuro/-a	sombre 27
ostra	huître 57
otoño	automne 59, 72
otro/-a	autre 18

P

pachucho/-a	patraque 1
paciencia	patience 26
padre	père 4
padres	parents 37
paga *(f.)*	argent de poche, paye 79
pagar	payer 20
página	page 58
país	pays 51
paisaje	paysage 40
pájaro	oiseau 26
palabra *(f.)*	mot 74
palabrota *(f.)*	gros mot 88
palacio	palais 92
palillo	cure-dents 82
palo	bout de bois 65 ; bâton 79
paloma	colombe 53
palomitas *(f. pl.)*	pop-corn 53
pampa	pampa 96
pan	pain 47
pan (de molde)	pain (de mie) 61
panadería	boulangerie 37
panadero	boulanger 47
pandilla	bande 90
pantalla *(f.)*	écran 48
pantalón	pantalon 67
papá	papa 11
papel	papier 58
papelería	papeterie 43
papi	papounet 11
par *(m.)*	paire 18
para	pour 17
para (estar ~)	être d'humeur 44
parado/-a	chômeur/-euse 62
paraíso	paradis 57

parar	arrêter 24
parecer	ressembler à, sembler 27 ; paraître 38
pared *(f.)*	mur 75
pareja *(f.)*	couple 16
paro	chômage 62, 86
parque	parc 62
parte	partie 51 ; part 62
parte (formar ~)	faire partie 54
participar	participer 92
particular	particulier/-ère 62
partidario/-a	partisan/-e 81
partido	match 66
partir	briser 88
pasado mañana	après-demain 68
pasado/-a	dernier/-ère (passé/-e) 51
pasar	arriver 22, 24 ; passer 24
pasear	promener, se promener 62
pasillo	couloir 34
pasión	passion 38
paso	pas 93
pasta	pâte 86
pasta (la ~)	les pâtes 89
pasta *(f. et fam.)*	pognon 86
pasta de dientes	dentifrice 90
pastel	petit gâteau 89
patata	pomme de terre 11
patatas fritas	frites (de pomme de terre) 16
patatas fritas (de bolsa)	chips 16
patatas a la brava	patates sauce piquante 12
patio *(m.)*	cour 75
pato	canard 99
pavo *(m.)*	dinde 83
paz	paix 66
pechuga *(f.)*	blanc de volaille 50
pedido *(m.)*	commande 83
pedir	commander 16 ; demander 16, 30
pegar	coller 22 ; frapper 79
pegar ojo	fermer l'œil (dormir) 22
peine	peigne 76
pelar	éplucher 11
película *(f.)*	film 13
peligro	danger 81
peligroso/-a	dangereux/-euse 64
pelirrojo/-a	roux/rousse 16

pelo	cheveu, poil 90
pelo (tomar el ~)	se payer la tête 65
pelo *(indénombrable)*	cheveux / chevelure 46
pen *(m.)*	clé usb 45
pendiente	en suspens 92
pendiente (estar ~)	être attentif 99
pensamiento *(m.)*	pensée 78
pensar	penser 40
peor	pire 24
pequeño/-a	petit/-e 16, 17
pera	poire 68
perder	perdre 24 ; rater (train/avion) 99
perderse (algo)	rater (qqch.) 57
perdón	pardon 45
perdonar	pardonner 15
peregrino/-a	pèlerin/-e 39
pereza	paresse 74
perfecto/-a	parfait/-e 18
periódico	journal 48
permitir	permettre 33
pero	mais 2
perra *(f.)*	sou 66
perro/-a	chien/-ne 16
pertenecer	appartenir 65
Perú	Pérou 96
pesadilla *(f.)*	cauchemar 57
pesado/-a	pénible 40
pesar	peser 40
pesar de (a ~)	malgré 79
pescadería	poissonnerie 47
pescadero	poissonnier 47
pescado	poisson (à manger) 12
pésimamente	très mal 58
pésimo/-a	très mauvais/-e 62
peso	poids 68
pez	poisson (vivant) 51
picado/-a	haché/-e (aliments) 50
picante	piquant 52
picar	piquer 76
pico (y ~)	et quelques (pour dire l'heure) 65
pie	pied 40
pie (de ~)	debout 47
piedra	pierre 79
piedra (dejar de ~)	laisser sans voix 86
piel	peau 53

pierna	jambe 23
pijo/-a	BCBG 86
pila	bénitier 37
pillar	attraper 76
pinchar	crever 87
pincho *(m.)*	brochette 82
pinta *(f.)*	aspect 83
pintar	peindre 79
pintor	peintre 93
pío pío	cui-cui 26
pirámide	pyramide 94
Pirineos *(m. pl.)*	Pyrénées 96
piscina	piscine 24
piso	appartement 27
pistola *(f.)*	pistolet 71
pizza	pizza 13
pizzería	pizzeria 96
placer	plaisir 100
plan	projet 13
plancha *(f.)*	grill 33
planchar	repasser (avec un fer) 88
planeta *(m.)*	planète 79
plata *(f.)*	argent (métal) 53
plátano *(m.)*	banane 68
plato *(m.)*	plat 47 ; assiette 82
playa	plage 25
plaza	place 19 ; marché 20
pleno/-a	plein/-e 93
población	population 96
poblar	peupler 95
pobre	pauvre 18
poco	peu 17
poco (por ~)	de peu (de justesse) 64
poder	pouvoir 11
policía	police 46
policía *(m.)*	policier/-ère 46
política	politique 69
política (familia ~)	belle-famille 86
político/-a	politique 86
pollo	poulet 33
polvo *(m.)*	poussière 88
poner	mettre 12, 34 ; poser 46
poner enfermo/-a	rendre malade 90
ponerse	se mettre 45, 60 ; devenir 46

seiscientos/-as • 600

ponerse nervioso/-a	s'énerver 45
poquito (un ~)	un petit peu 50
por	par 4 ; pour 8 ; fois (signe de multiplication) 43
por favor	s'il te/vous plaît 4
por qué	pourquoi 8
porfa *(fam.)*	s'il te/vous plaît 43
porque	parce que 15
portátil	portable *(adj.)* 73
portería	loge (d'immeuble) 85
portero/-a	concierge 85
porvenir	avenir 60
postal *(f.)*	carte postale 43
postre	dessert 47
prácticamente	pratiquement 58
practicar	pratiquer 100
práctico *(m.)*	conduite (examen du permis) 64
práctico/-a	pratique 64
precio	prix 20
precioso/-a	beau/belle, ravissant/-e 20
precisamente	justement 38
preciso	nécessaire 39
preciso (ser ~)	être nécessaire 39
precolombino/-a	précolombien/-nne 52
preferente	préférentiel, première classe 29
preferir	préférer 13
pregunta	question 36
preguntar	demander (poser une question) 32
preguntar por	demander à voir, demander des nouvelles 61
prehispánico/-a	préhispanique 94
premio	prix (récompense) 58
prensa	presse 54
preocupación *(f.)*	souci 66
preocupado/-a	inquiet/inquiète 60
presentación	présentation 4
presidente	président 85
prestado (tomar ~)	emprunter 87
prestar	prêter 43
presumir	se vanter 86
primavera *(f.)*	printemps 59
primero *(adv.)*	d'abord 24
primero *(nom m.)*	entrée (au restaurant) 33
primero/-a	premier/-ère 53

primo/-a	cousin/-e 31
principio	début 55
prisa	hâte 31
prisa (darse ~)	se dépêcher 67
prisa (tener ~)	être pressé 31
probador *(m.)*	cabine d'essayage 71
probar	goûter 52
probarse	essayer (habillement) 18
problema	problème 24
producir	produire 70
producto	produit 53
profecía	prophétie 95
profesión	profession 36
programa *(m.)*	émission (de télé) 100
prohibir	interdire 34
pronto	bientôt 53
pronto (de ~)	soudain 66
pronto (hasta ~)	à bientôt 20
propina *(f.)*	pourboire 83
propósito (a ~)	exprès 67
propósito *(m.)*	résolution 68
provecho (buen ~)	bon appétit 89
próximo/-a	prochain/-e 24
psicológico/-a	psychologique 59
psicólogo	psychologue 64
público	public 37
pueblo	peuple 52 ; village 57
puede ser	peut-être 59
puente	pont 99
puerro	poireau 68
puerto	port 99
pues	eh bien 3
puesta *(f.)* del sol	coucher du soleil 82
puesto	poste 54
punta	pointe 81
punto	point 83
punto (en ~)	pile (à l'heure) 65
puré *(m.)*	purée, soupe moulinée 33
puro *(nom)*	cigare 92

Q

qué	que *(exclamatif)*, que *(interrogatif)*, quel/quelle 1 ; quoi 6 ; qu'est-ce que 8
quedar	aller (convenir pour un vêtement) 17 ; se trouver 19 ; fixer rendez-vous 31

quedar/quedarse	rester 13
quedarse colgado	planter (pour un appareil) 73
quejarse	se plaindre 67
quemar	brûler 89
querer	vouloir 8, 29 ; aimer (d'amour) 12
querido/-a	cher/chère (sentiments) 60
quesería	fromagerie 47
queso	fromage 41
quién	qui *(interrogatif)* 11
quince	quinze 16
quinceañero/-a	ado 76
quinto/-a	cinquième 64
quitar	enlever 88
quizás	peut-être 57

R

ración	ration 12
radio	radio 100
raíz	racine 96
rápido *(adv.)*	vite 31
rápido/-a	rapide 50
raro/-a	bizarre 45
rastro	traînée (trace) 55
Rastro (el ~)	Marché aux Puces 55
rato	moment 48
ratón *(m.)*	souris 45, 73
raya	rayure 72
razón	raison 39
realizar	réaliser 36
rebajado/-a	soldé/-e 72
rebajas	soldes 72
receta	recette 89
rechazar	refuser 54
recibir	recevoir 43
recoger	ramasser 79
recomendar	recommander 17
reconocer	reconnaître 31
recordar	rappeler 34
recorrer	parcourir 87
recto	droit / tout droit 19
recuerdo	souvenir 79
recuperar	récupérer 44
recurso *(m.)*	ressource 100
red *(f.)*	réseau 43
redondo/-a	rond/-e 53

reflejar	refléter 96
refrán	proverbe 46, 65
refresco	rafraîchissement 82
regalado/-a	offert/-e 20
regalar	offrir 20
regalo	cadeau 8
regatear	marchander 55
región	région 41
regla	règle 100
regresar	revenir 78
regreso	retour 97
regular	comme ci comme ça, régulier/-ère 44
reír	rire 54
reivindicar	revendiquer 95
relación *(f.)*	rapport, relation 62
religión	religion 95
reloj *(m.)*	montre 99
remediar	remédier 66
remedio	remède 79
remontarse a	remonter à 94
rendirse	se rendre 87
reñir	se disputer, gronder 78
repartidor	livreur 83
repasar	réviser 100
repetir	répéter 38
repostería	pâtisserie 89
reproche	reproche 78
reserva	réservation 29
reservar	réserver 75
resfriado	rhume 76
resfriarse	s'enrhumer 61
resistir	résister 55
respetar	respecter 34
restaurante	restaurant 16
resultar	s'avérer, se trouver 87
retraso	retard 99
retrete *(m. sg.)*	toilettes 27
revoltoso/a	turbulent/-e 62
Reyes (fête)	Epiphanie 30
Reyes Magos	Les Rois Mages 30
rezar	prier 78
rico/-a	bon/bonne (au goût), riche 20
rincón	coin 92
río	fleuve, rivière 41

riquísimo/-a	très bon 20
risa *(f.)*	rire *(nom)* 59
robar	voler 46
rodar	tourner (film) 97
rodeado/-a	entouré/-e 76
rodilla *(f.)*	genou 71
rogar	prier (qqn de faire qqch.) 50
rojiblanco/-a	rouge et blanc/-che 83
rojo/-a	rouge 18
rollo	rouleau, salade (mensonge) 43
rollo (hay buen ~)	c'est cool ici 43
rollo (hay mal ~)	ça craint 43
rollo (tener buen ~)	bien s'entendre 43
rollo (tener un ~ con)	sortir avec (qqn) 43
romano/-a	romain/-e 92
romántico/-a	romantique 51
romper	casser 24
ropa *(f.)*	habillement, vêtement(s) 37 ; habit(s) 38
rosado/-a	rosé(e) 33
rotulador	feutre (stylo) 58
rubio/-a	blond/-e 15
rueda	roue 87
ruedo *(m.)*	arène 100
ruido	bruit 57
ruidoso/-a	bruyant/-e 76
ruso/-a	russe 55
ruta *(f.)*	itinéraire 93

S

sábado	samedi 13
sábana *(f.)*	drap 40
sabático/-a	sabbatique 92
sabelotodo (un/-a ~)	Monsieur/Madame je-sais-tout 86
saber	savoir 10, 26 ; avoir un goût 82
saber de	s'y connaître en 86
sabor *(m.)*	goût, parfum (pour glaces/crèmes…), saveur 82
sacar	sortir (trans.) 26 ; obtenir 62 ; arracher 69
sacar una nota	obtenir une note 62
sacrificio	sacrifice 95
sacudir	secouer 88
sal *(f.)*	sel 89
sala	salle 74
salado/-a	salé/-e 52
salida *(f.)*	départ 29

salir	sortir (intrans.) 26 ; partir 29
salir a	ressembler à 69
salsa	sauce 52
saltar	sauter 62
saltarse	griller (un feu de circulation) 64
salto	saut 67
salud	santé 23
Salud	à tes/vos souhaits 75
saludar	saluer 31
salvaje	sauvage 76
salvar	sauver 79
sándwich	sandwich au pain de mie 61
sangre *(f.)*	sang 52
santo/-a	saint/-e 71
sardina	sardine 20
satisfecho/-a	satisfait/-e 58
sea (o ~)	autrement dit, c'est-à-dire, et donc 30
sección *(f.)*	rayon 72
seco/-a	sec/sèche 51
sed	soif 33
seducir	séduire 70
seguir	continuer 19 ; suivre 30
según	selon 95
segunda mano (de ~)	d'occasion 73
segundo *(n. m.)*	seconde (unité de temps) 31 ; plat principal 47
segundo/-a	deuxième, second/-e 47
seguridad	sécurité 34
seguro *(m.)*	assurance 64
seguro/-a	sûr/-e 31
seis	six 29
sello	timbre 43
selva	jungle 94
semáforo	feu de signalisation 64
semana	semaine 13
semejante	pareil/-le, semblable 90
seña *(f.)*	signe 65
señal *(f.)*	signal 32 ; panneau (de la circulation) 34
senderismo *(m.)*	randonnée 39
señor	monsieur 9
señora	madame 9, 17
señorita	mademoiselle 9, 15
sensación	impression 55
sentado/-a	assis/-e 74

sentar	aller (convenir) 71
sentarse	s'asseoir 37
sentido	sens 80
sentir	être désolé/-e 9
septiembre	septembre 35
ser *(nom)*	être *(nom)* 79
ser *(v.)*	être *(v.)* 2, 3, 8, 9, 11, 24
ser del (+ équipe de football)	être supporteur (d'une équipe de football) 23
serio (en ~)	sérieusement 58
serio/-a	sérieux/-euse 38
serpiente *(f.)*	serpent 95
serrano (jamón ~)	jambon cru 50
serrano/-a	montagnard/e 50
servicio *(m. sg.)*	toilettes (dans un lieu public) 27
servilleta	serviette de table 82
servir	servir 20
setecientos/-as	sept cents 44
setenta y nueve	soixante-dix-neuf 8
Sevilla	Séville 3
si	si (condition) 12
sí	oui 5
siempre	toujours 16
siempre y cuando	pourvu que 71
sierra	chaîne de montagnes 93
siete	sept 6
siglo	siècle 93
siguiente	suivant/-e 99
silla	chaise 74
sillón	fauteuil 48, 78
simpático/-a	sympathique 54
sin	sans 24, 36
sincero/-a	sincère 89
sino	mais 37
sitio	site 83
situación	situation 100
sobrasada	soubressade 9
sobre	sur 52
sobre *(m.)*	enveloppe 43
sobre todo	surtout 59
sobresaliente	mention très bien 65
sobrino/-a	neveu/nièce 69
sobrio/-a	sobre 71
social	social/-e 43

sociedad	sociéte 80
socorro	secours 27
sol	soleil 25
soledad	solitude 76
soler	avoir l'habitude de 25
solo	seulement 5
soltero/-a	célibataire 78
soltura	aisance 100
solución	solution 78
sombra	ombre 93
sombrero	chapeau 67
sombrilla *(f.)*	parasol 82
sonar	sonner 31
soñar	rêver 40
sonido	son *(nom)* 94
sonreír	sourire *(v.)* 57
sonrisa *(f.)*	sourire 78
sopa	soupe 67
soplar	souffler 68
soportar	supporter 81
sordo/-a	sourd/-e 74
sorprender	surprendre 79
sorpresa	surprise 1
soso/-a	fade 89
sótano	sous-sol 85
su	son/sa, votre 18
subir	monter 34
sucio/-a	sale 61
sudar	transpirer 68
Suecia	Suède 80
sueco/-a	suédois/-e 80
suegro/-a	beau-père / belle-mère 24
sueldo	salaire 38
suelo	sol 73
suelto *(m.)*	monnaie (petites pièces) 67
sueño	rêve 57 ; sommeil 65
suerte	chance 24
suficiente	suffisant/-e 65
sufrimiento *(m.)*	souffrance 81
sufrir	souffrir 68
sugerencia	suggestion 33
suicidio	suicide 44
súper	supermarché 83
superficie	superficie, surface 96

seiscientos ocho • 608

superior	supérieur/-e 34
suponer	supposer 66
supuesto (por ~)	bien sûr 37
sur	sud 25
sureste	sud-est 94
suspender	rater (un examen) 64
suspenso/-a	collé/-e (examen) 65
suyo/-a	sien/sienne, vôtre 34

T

tabaco	tabac 54
taco	juron 88
tacto	toucher (sens) 82
Tajo	Tage 96
tal	tel 1
tal vez	peut-être 39
talla	taille (vêtements) 72
taller	garage (atelier de réparation) 87
tamaño *(m.)*	taille (grandeur) 96
también	aussi 12
tambor	tambour 57
tampoco	non plus 11
tan	si *(adv.)* 15
tan... como	aussi... que 41
tango	tango 96
tantas (a las ~)	à point d'heure 65
tanto	tellement 34
tanto/-a	autant 53
tanto/-a (otro/-a ~)	tout autant 53
tapa	couvercle, tapa 12
tapar	couvrir 12
tapita	petite tapa 12
tardar	mettre du temps, mettre longtemps 99
tarde *(adv.)*	tard 9
tarde *(nom)*	après-midi 17
tarea	tâche 11
tarea *(f. sing.)*	devoirs (scolaires) 11
tarifa *(f.)*	tarif 97
tarjeta	carte 29
tarta *(f.)*	gâteau 8
tatuaje	tatouage 38
tauromaquia	tauromachie 81
taza	tasse 89
te	te/t'(pron. pers. compl.) 3
té	thé 89

teatro	théâtre 92
techo	toit 78
tecla	touche 73
teclado	clavier 45
tecnología	technologie 73
tele	télévision 10
telebasura	télé-poubelle 48
telediario	journal télévisé 48
telefónico/-a	téléphonique 32
telefonillo	interphone 83
teléfono	téléphone 11
teléfono (hablar por ~)	parler au téléphone 11
temer	craindre 99
temporada	saison (agricole, culturelle) 59
temprano *(adv.)*	tôt 10
tenedor *(m.)*	fourchette 47
tener	avoir 8, 9, 13, 24
tener (que)	devoir 19
teórico	code (examen du permis) 64
teórico/-a	théorique 64
terminar	finir, terminer 6
ternera (viande)	bœuf 33
ternera lechal	veau 33
terraza	terrasse 80
terror	horreur 75
texto	texte 94
tía *(fam.)*	nana 55
tiempo	temps 9
tienda	magasin 36
tienda (~ de campaña)	tente 76
tierra	terre 53
tinto	rouge (vin) 33
tío *(fam.)*	mec, type 55
tío/-a	oncle/tante 55
tipo	genre 54
tique	ticket 71
tiro	coup de feu 99
toalla	serviette de bain 82
tocar	toucher 50 ; gagner (aux jeux de hasard) 50, 66
todavía	encore 8
todo(s)/-a(s)	tout/tous/toutes 10
tomar	prendre 25
tomate *(m.)*	tomate 9

seiscientos diez • 610

tontería	bêtise 66
tonto/-a	bête (idiot) 44
tope (a ~)	à fond 74 ; bondé/-e 97
toro	taureau 81
torpe	maladroit/-e 88
torre	tour (édifice) 53
tortilla	omelette (espagnole) 11
tostada	tartine 9
totalmente	totalement 60
trabajador/-a	travailleur/-euse 88
trabajar	travailler 6
trabajillo	petit boulot 90
trabajo	travail 5
tradición	tradition 52
traducir	traduire 70
traer	apporter 30 ; ramener 53
tráfico *(m.)*	circulation 57
tragaperras	machine à sous 66
traje	costume 72
trampa *(f.)*	piège 54
tranquilizarse	se calmer 90
tranquilo/-a	tranquille 60
transporte	transport 64
tras	après 96
tratar	essayer 54
tratarse	s'agir 36
trato	marché (accord) 81
trayecto	trajet 99
treinta y ocho	trente-huit 17
tres	trois 24
trigo	blé 96
tripulación *(f.)*	équipage 34
triste	triste 18
triste (poner ~)	attrister 90
tristeza	tristesse 60
trozo	morceau 89
tu	ton/ta 8
tú	toi, tu 1
tubo	tube 90
turista	deuxième classe, touriste 29
turrón	nougat 82
tuyo(s) / tuya(s) (el/los/la/las ~)	les tiens/tiennes 30

U

uf	hou là 19
último/-a	dernier/-ère 27
un (o)/-a	un/une 8, 9
uña *(f.)*	ongle 79
universidad	fac (université), université 43
unos/-as	des 17 ; quelques 36
usar	utiliser 90
usted	vous *(pron. pers. sing. de politesse)* 4
ustedes	vous *(pron. pers. pl. de politesse)* 27
usuario/-a	utilisateur/-trice 83
útil	utile 8
uva *(f.)*	raisin 93

V

vaca	vache 41
vacaciones	vacances 24
vacío/-a	vide 74
vago/-a	paresseux/-euse 39
vainilla	vanille 53
valdepeñas	nom d'un vin espagnol 93
vale	d'accord 4
vale *(nom)*	bon *(nom)* 58
valentía *(f.)*	courage 81
valer	valoir 4, 71
valiente	courageux/-euse 68
valle *(m.)*	vallée 92
valoración	évaluation 75
vaquero/-a	cow-boy, vacher/-ère 59
vaqueros (película de ~)	western 59
vaqueros *(pl.)*	jean(s) (pantalon) 38
variedad	variété 96
varios/-as	plusieurs 58
vasco/-a	basque 37
vaso	verre 47
váter *(m. sg.)*	toilettes 27
vecino/-a	voisin/-e 67
vegetariano/-a	végétarien/-ne 81
veinticinco	vingt-cinq 29
veintiuno	vingt et un 31
velocidad	vitesse 73
vendedor/-a	vendeur/-euse 37
vender	vendre 37
venir	venir 37, 44

ventaja *(f.)*	avantage 43
ventana	fenêtre 75
ventanilla	petite fenêtre, hublot (dans un avion) 34
ver	voir 8, 10, 13, 27 ; regarder 10
ver (a ~)	voyons 17
veranear	passer l'été (pour les vacances) 76
verano	été 24
veras (de ~)	vraiment 34
verdad	vérité 15
verdad (de ~)	vraiment 64
verdadero/-a	véritable, vrai/-e 100
verde	vert/-e 41 ; cochon (salace) 88
verdura *(f.)*	légumes 16
vergüenza	honte 48
vestido *(m.)*	robe 71
vestir	s'habiller 17
vestir (de ~)	de ville 17
vestirse	s'habiller 38
vez	fois 26
vez (en ~ de)	au lieu de 45
vez (érase una ~)	il était une fois 96
vez *(f.)*	tour (dans une queue / file d'attente) 50
vez en cuando (de ~)	parfois, de temps en temps 36
viajar	voyager 51
viaje	voyage 34
viaje de novios	voyage de noces 51
vida	vie 22
videojuego	jeu vidéo 79
viejo/-a	vieux/vielle 8
viento	vent 68
viernes	vendredi 21
vigilar	surveiller 85
vinagre	vinaigre 12
viñedo	vignoble 93
viñedo *(m.)*	vigne 93
vino	vin 33
violento/-a	violent/-e 79
virtual	virtuel/-le 79
virus	virus 46
visitar	rendre visite, visiter 41
víspera	veille 82
vista	vue 75
viudo/-a	veuf/veuve 18
vivir	vivre 2

voluntad	volonté 68
volver	revenir 29 ; rendre 48
vosotros/-as	vous (pron. pers. sujet) 13
voz	voix 88
vuelo	vol 34
vuelta	monnaie (qu'on vous rend) 67
vuelta (dar una ~)	faire un tour 62
vuelta *(f.)*	retour 29 ; tour (promenade) 62 ; tour (trajet en boucle) 92

W

windsurf	planche à voile 92

Y

y	et 1
ya	déjà 10 ; bien (insistance) 23 ; d'accord 37
yerno	gendre 86
yo	je, moi 2
yogur	yaourt 68
york (jamón de ~)	jambon blanc 50
yuju	youpi 11

Z

zanahoria	carotte 68
zapatería	magasin de chaussures 47
zapatero	cordonnier 47
zapato *(m.)*	chaussure 17
zona	zone 76
zoológico	zoo 81
zumo	jus 68

Lexique français-espagnol

A

à	en 2 ; a 6
à la mi-... (+ unité de temps)	a mediados de... 92
abandonner	abandonar 94
abonnement	abono 74
abord (d'~)	primero *(adv.)* 24
absolu	absoluto 32
absolument pas	en absoluto 32
absurdité	disparate *(m.)* 69
accepter	aceptar 66
accident	accidente 87
accompagner	acompañar 100
accomplir	cumplir 36
accord	acuerdo 13
accord (d'~)	vale 4 ; de acuerdo 13 ; ya 37 ; conforme *(adj.)* 58
accro	adicto/-a 48
achat	compra *(f.)* 21
acheter	comprar 13
acteur	actor 69
activité	actividad 23
actrice	actriz 69
actuel/-le	actual 95
actuellement	actualmente 32
addition	cuenta *(f.)* 51
adieu	adiós 9
ado	quinceañero/-a 76
adresse	dirección 61
aéroport	aeropuerto 97
affaire	negocio *(m.)* 69
affaire (bonne ~)	ganga 55
affection	cariño *(m.)* 78
affectueux/-euse	cariñoso/-a 41
âge	edad 36
âgé (très ~)	anciano/-a 60
âgé/-e	mayor 69
agir (s'~)	tratarse 36
agneau	cordero 33
agréable	agradable 27
aide	ayuda 95
aider	ayudar 11

aïe	ay 17
aigle	águila *(f.)* 95
ailleurs (d'~)	por cierto 36
aimable	amable 11
aimer	amar 81
aimer (d'amour)	querer 12
ainsi que	así como 94
air	aire 39
airbag	airbag 87
aisance	soltura 100
ajouter	añadir 52
alcool	alcohol 33
allemand/-e	alemán/-ana 15
aller (convenir pour un vêtement)	quedar 17
aller (convenir)	sentar 71
aller (s'en ~)	irse 22, 31
aller *(nom)*	ida *(f.)* 29
aller *(v.)*	ir 12, 13, 15, 16, 20, 45
aller chercher	ir por 43
allez ! (encouragement)	aúpa 83
allonger (s'~)	echarse 54
allumer	encender 45
allumette	cerilla 67
alors	entonces 5
Alpes	Alpes *(m. pl.)* 96
amateur/-trice	aficionado/-a 39
ambiance	ambiente *(m.)* 74
âme	alma 95
amener	llevar 53
amer/amère	amargo/-a 52
Amérique	América 53
Amérique centrale	Centroamérica 94
Amérique latine	Latinoamérica 51
ami/-e	amigo/-a 11
amitié	amistad 66
amour	amor 46
amoureux/ -euse	enamorado/-a 41
ampoule	bombilla 75
amusant/-e	divertido/-a 57
amuser (s'~)	divertirse 30
an	año 8
ancêtre	antepasado/-a 95
anchois	boquerón 12
ancien/-nne	antiguo/-a 60

andalou/-se	andaluz/-a 3
Andalousie	Andalucía 2
Andes	Andes *(m. pl.)* 96
âne	burro 93
ange (petit ~)	angelito 26
anglais/-e	inglés/-esa 5
angle (de rue)	esquina 15
Angleterre	Inglaterra 61
animal	animal 26
animal de compagnie	mascota *(f.)* 62
anniversaire	cumpleaños 8
annonce	anuncio *(m.)* 37
annuler	cancelar 97
Antiquité	Antigüedad 60
appareil	aparato 58
appareil photo	cámara *(f.)* 100
appartement	piso 27
appartenir	pertenecer 65
appel	llamada *(f.)* 32
appeler	llamar 3
appétit (bon ~)	que approveche, buen provecho 89
apporter	traer 30
apprendre	aprender, enterarse 43
apprendre (enseigner)	enseñar 43
approuver	aprobar 60
après	después 29 ; tras 96
après-demain	pasado mañana 68
après-midi	tarde *(nom)* 17
arbre	árbol 40
arène	ruedo *(m.)* 100
argent	dinero 30
argent (métal)	plata *(f.)* 53
argent de poche	paga *(f.)* 79
argentin/-e	argentino/-a 96
Argentine	Argentina 96
arobase (@)	arroba (@) 83
arracher	sacar 69
arrêter	parar 24 ; dejar 54
arrière-grand-père/mère	bisabuelo/-a 37
arriver	pasar 22, 24 ; llegar 50
arriver (à faire qqch.)	conseguir 87
art	arte 81
artiste	artista 69
ascenseur	ascensor 85

aspect	pinta *(f.)* 83
assemblée	junta 85
asseoir (s'~)	sentarse 37
assez	bastante *(adv.)* 17
assez (en avoir ~)	estar harto/-a 39
assiette	plato *(m.)* 82
assis/-e	sentado/-a 74
associer	asociar 96
assorti/-e	a juego 72
assurance	seguro *(m.)* 64
astronome	astrónomo 94
asturien/-ne	asturiano/-a 41
atchoum	achís 75
Atlantique	Atlántico 92
atrocité	barbaridad 40
attacher (pour une ceinture)	abrochar 34
atteindre	alcanzar 53
attendre	esperar 20
attentif (être ~)	estar pendiente 99
attentif/-ve	atento/-a 80
attention	cuidado *(m.)* 41 ; detalle *(m.)* 72
attention (faire ~)	tener cuidado 41
attique (dernier étage)	ático 85
attirer	atraer 53
attraper	pillar 76
attrister	poner triste 90
au	al (a + el) 6
au revoir	adiós 9
aube	amanecer *(nom m.)* 65
aucun/-e	ninguno/-a 23
aujourd'hui	hoy 20
aussi	también 12
aussi… que	tan… como 41
autant	tanto/-a 53
auto-école	autoescuela 64
automne	otoño 59, 72
autoroute	autopista 64
autour de	alrededor de 94
autre	otro/-a 18
autrement dit	o sea 30
autres (les ~)	los demás 50
avance (d'~)	de antemano 71
avant	antes 36 ; ante 39
avant (en/vers l' ~)	adelante 73

avant tout	ante todo 39
avantage	ventaja *(f.)* 43
avantager	favorecer 72
avant-hier	anteayer 58
avant-hier soir	anteanoche 86
avec	con 9
avec moi	conmigo 22
avec toi	contigo 22
avenir	porvenir 60
avenue	avenida 95
avérer (s'~)	resultar 87
aveugle	ciego/-a 66
aviateur	aviador 55
avion	avión 34
avion (petit ~)	avioneta *(f.)* 44
avis (à mon ~)	en mi opinión 81
avocat	abogado 86
avoir	tener 8, 9, 13, 24
avoir (âge)	cumplir 36
avoir (auxiliaire)	haber 24, 26
avoir la tête qui tourne	estar mareado/-a 64
avouer	confesar 60
avril	abril 35
aztèque	azteca 95

B

baby-sitter	canguro 62
bagage à main	equipaje de mano 97
bagages	equipaje *(sing.)* 34
bague	anillo *(m.)* 46
baguette de pain	barra de pan 46
baigner (se ~)	bañarse 51
bâiller	bostezar 65
baiser *(nom)*	beso 61
baisser	bajar 55
balai	escoba *(f.)* 88
balai-serpillère	fregona *(f.)* 88
balayer	barrer 88
ballon	balón 79
balourd/-e	bruto/-a 59
banane	plátano *(m.)* 68
bancaire	bancario 46
bande	pandilla 90
banlieue	afueras *(f. pl.)* 2
bar	bar 13

barbecue	barbacoa *(f.)* 82
Barcelone	Barcelona 2
barre	barra 46
bas (en ~)	abajo 47
bas/-se	bajo/-a 97
base	base 100
basket-ball	baloncesto 23
baskets	deportivas 38
basque	vasco/-a 37
bateau	barco 53
bâton	palo 79
batterie	batería 73
bavarder	charlar 22
beau/belle	guapo/-a 1 ; precioso/-a 20
beaucoup	mucho 4
beau-frère / belle-sœur	cuñado/-a 57
beau-père / belle-mère	suegro/-a 24
beauté	belleza 81
belle-famille	familia política 86
belle-fille	nuera 86
bénitier	pila 37
besoin de (avoir ~)	necesitar 17
bête (bestiole)	bicho *(m.)* 76
bête (idiot)	tonto/-a 44
bêtise	tontería 66
beurre	mantequilla *(f.)* 41
bien (insistance)	ya 23
bien *(adv.)*	bien 1
bien élevé/-e	educado/-a 61
bien sûr	claro (interj.) 5
bientôt	pronto 53
bientôt (à ~)	hasta pronto 20
bienvenu/-e	bienvenido/-a 3
bière	cerveza 13
billet	billete 29
billet (pour un spectacle)	entrada *(f.)* 59
billet de loterie	décimo *(nom)* 66
bizarre	raro/-a 45
blague	broma 58
blague (faire une ~)	gastar una broma 58
blague (histoire drôle)	chiste *(m.)* 43
blanc de volaille	pechuga *(f.)* 50
blanc/blanche	blanco/-a 33, 40
blé	trigo 96

bleu/-e	azul 15
blond/-e	rubio/-a 15
blouson	cazadora (f.) 38
bœuf	buey, ternera (viande) 33
boire	beber 30
boisson	bebida 52
boîte	caja 67
boîte aux lettres	buzón (m.) 43
boîte de conserve	lata 48
bon (très ~)	riquísimo/-a 20
bon (nom)	vale (nom) 58
bon à rien	inútil 24
bon marché	barato/-a 13
bon/bonne	buen/bueno/-a 3, 24
bon/bonne (au goût)	rico/-a 20
bondé/-e	a tope 97
bonheur	felicidad (f.) 66
bord	orilla (f.) 82
bouche	boca 88
bouché/-e	atascado/-a 75
boucherie	carnicería 47
boudin	morcilla (f.) 82
bouger	moverse 72
boulanger	panadero 47
boulangerie	panadería 37
boulot (petit ~)	trabajillo 90
bourse (d'études)	beca 60
bout (au ~ de)	al cabo de 57
bout de bois	palo 65
bouteille	botella 8
brancher	enchufar 73
bras	brazo 23
Brésil	Brasil 96
bringue	juerga 90
briquet	mechero 67
briser	partir 88
brochette	pincho (m.) 82
brocoli	brócoli 68
brosse	cepillo (m.) 90
bru	nuera 86
bruit	ruido 57
brûler	quemar 89
brun/-e	moreno/-a 3
bruyant/-e	ruidoso/-a 76

bungalow	bungaló 76
bureau	oficina *(f.)* 57
bureau de tabac	estanco 43
but (sport)	gol 79

C

c'est-à-dire	o sea 30
ça	eso 30
cabine d'essayage	probador *(m.)* 71
cabinet (d'avocat)	bufete 86
cacao	cacao 52
caché/-e	oculto/-a 45
cacher	esconder 79
cadeau	regalo 8
cafard	cucaracha *(f.)* 27
café	café 9
cage	jaula 34
cahier	cuaderno 58
calamar	calamar 12
calmer (se ~)	tranquilizarse 90
camarade	compañero/-a 43
caméra	cámara 45
campagne	campo *(m.)* 40
canard	pato 99
cancaner	cotillear 86
candidat/-e	candidato/-a 54
capable	capaz 41
capacité	capacidad 73
capitale	capital 95
capsule	chapa 79
carafe	jarra 33
Caraïbes (les ~)	el Caribe 51
caresse	caricia 78
cargo	carguero 99
carnaval	carnaval 92
carotte	zanahoria 68
carré	cuadrado 96
carreau	cuadro 72
carrière	carrera 65
carte	tarjeta 29
carte (plan)	mapa *(m.)* 80
carte postale	postal *(f.)* 43
cas	caso 85
case	casilla 83
casser	romper 24

casser les pieds	dar la lata 48
cauchemar	pesadilla *(f.)* 57
cause	causa 80
ce (dém. neutre)	lo 26
ce/cet/cette	este/-a 17 ; ese/-a 20
ceci	esto 37
ceinture	cinturón *(m.)* 34
cela dit	ahora bien 100
célèbre	famoso/-a 41
célibataire	soltero/-a 78
celui/celle(s)/ceux de	el/la/los/las de 16
celui-là/celle-là	aquel/aquella 18
cent (pour ~)	por ciento 29
centime	céntimo 45
central / du centre ville	central 20
centre	centro 13
cercueil	ataúd 27
cerisier	cerezo 92
certain	cierto 36
ces	esos/-as 15
chaise	silla 74
chaleur	calor *(m.)* 25
chambre à coucher	dormitorio *(m.)* 27
chance	suerte 24
changement	cambio *(m.)* 85
changer	cambiar 31
chanson	canción 69
chanter	cantar 69
chanteur/-euse	cantante 69
chapeau	sombrero 67
chaque	cada 54
chargeur	cargador 73
charmant/-e	encantador/-a 51
charme	encanto 75
chat/-te	gato/-a 16
chatter	chatear 41
chaud/-e	caliente 61
chauffage	calefacción *(f.)* 85
chauffer	calentar 67
chausser (faire une pointure)	calzar 17
chaussette	calcetín *(m.)* 61
chaussure	zapato *(m.)* 17
chauve	calvo/-a 74
chef	jefe 57

seiscientos veinticuatro • 624

chemin	camino 39
chemin de fer	ferrocarril 96
chemise	camisa 68
chemisier	blusa *(f.)* 72
cher/chère (courrier formel)	estimado/-a 60
cher/chère (prix)	caro/-a 18
cher/chère (sentiments)	querido/-a 60
chercher	buscar 19
chéri/-e	cariño 11
cheval	caballo 53
chevalerie	caballería 93
cheveu	pelo 90
cheveux / chevelure	pelo *(indénombrable)* 46
chèvre	cabra 99
chewing-gum	chicle 13
chien/-ne	perro/-a 16
Chili	Chile 96
Chine	China 55
chips	patatas fritas (de bolsa) 16
chirurgien	cirujano 65
chocolat	chocolate 52
choisir	elegir 59
choix	elección *(f.)* 99
chômage	desempleo 62 ; paro 62, 86
chômeur/-euse	desempleado/-a, parado/-a 62
chorizo	chorizo 61, 82
chose	cosa 23
chouette	chulo/-a 55
chrétien/-ne	cristiano/-a 57
Christ (le ~)	Cristo 94
churro	churro 52
ciel	cielo 20
cigare	puro *(nom)* 92
cigarette	cigarrillo *(m.)* 54
cimetière	cementerio 44
cinéma	cine 6
cinq	cinco 31
cinquième	quinto/-a 64
circulation	tráfico *(m.)* 57
citron	limón 60, 82
civil/-e	civil 36
civilisation	civilización 94
clair/-e	claro/-a 5
classe (année scolaire)	curso 23

classique	clásico/-a 38
clavier	teclado 45
clé	llave 46
clé usb	pen *(m.)* 45
client	cliente 37
climatique	climático/-a 94
climatisation	aire acondicionado 75
cocher (une case)	marcar 83
cochon (salace)	verde 88
cocorico	kikirikí 26
code (examen du permis)	teórico 64
cœur	corazón 59
cœur (par ~)	de memoria 93
cognac	coñac 8
cohabiter	convivir 90
coin	rincón 92
col (de chemise)	cuello 68
collé/-e (examen)	suspenso/-a 65
coller	pegar 22
Colomb (Christophe)	Colón 53
colombe	paloma 53
combien	cuánto *(adv.)* 20
combien de	cuánto(s)/-a(s) 5
commande	pedido *(m.)* 83
commander	pedir 16
comme	como 27 ; igual que 50
comme ça	así 31
comme ci comme ça	regular 44 ; así así 72
commencer	empezar 38
comment	cómo 1
commérage	cotilleo 86
commère	cotilla *(f. et m.)* 86
commettre	cometer 100
compartiment	compartimento 34
comprendre	entender 38
comprimé	comprimido 82
compte	cuenta *(f.)* 83
compte (en fin de ~)	al fin y al cabo 69
concierge	portero/-a 85
conduire	conducir 64
conduite (examen du permis)	práctico *(m.)* 64
confiance (avoir ~)	fiarse 97
confiance (faire ~)	fiarse 75
confiture	mermelada 89

confortable	cómodo/-a 18
congé (prendre ~)	despedirse 100
connaître	conocer 13
connaître (s'y ~)	entender de 62
connecter	conectar 83
conquête	conquista 95
conquistador	conquistador 52
consacrer	dedicar 36
conseiller	aconsejar 37
consommer	gastar 90
construire	construir 95
conte	cuento 100
conteneur	contenedor 73
content/-e	contento/-a 60
contenter (se ~)	conformarse 92
contenu	contenido 100
continent	continente 53
continuer	seguir 19 ; continuar 100
contrarié/-e	disgustado/-a 64
contrarier	disgustar 87
contrariété	disgusto *(m.)* 87
contravention	multa 64
contre (être ~)	estar en contra 81
convaincre	convencer 54
cool (c'est ~ ici)	hay buen rollo 43
coordonnées	datos *(m. pl.)* 46
copropriété	comunidad 85
coq	gallo 80
corbeau	cuervo 69
cordonnier	zapatero 47
corps	cuerpo 44
corrida	corrida 81
costume	traje 72
côté	lado 59
côte (de bœuf)	chuletón *(m.)* 33
côte (maritime)	costa 25
côte (pente)	cuesta 30, 87
côtelette	chuleta 33
coton	algodón 60, 72
cou	cuello 100
coucher (se ~)	acostarse 10 ; echarse 54
coucher du soleil	puesta *(f.)* del sol 82
couci-couça	ni fu ni fa 59
coude	codo 100

coudre	coser 88
couleur	color *(m.)* 17
couloir	pasillo 34
coup	golpe 69
coup de feu	tiro 99
couper	cortar 89
coupes (au jeu de cartes)	copas 79
couple	pareja *(f.)* 16
coupon	cupón 66
cour	patio *(m.)* 75
courage	valentía *(f.)* 81 ; ánimo 87
courageux/-euse	bravo/-a 12 ; valiente 68
courant (être au ~)	enterarse 43
courir	correr 62
courrier	correo 11
cours (cycle)	curso 62
cours (séance)	clase *(f.)* 23
courses	compra *(f. sing.)* 20
cousin/-e	primo/-a 31
coût	coste 97
couteau	cuchillo 47
coûter	costar 20, 29
coutume	costumbre 80
couvercle	tapa *(f.)* 12
couvrir	tapar 12 ; cubrir 92
couvrir (se ~)	abrigarse 61
covoiturage	coche compartido 97
cow-boy	vaquero/-a 59
craindre	temer 99
craint (ça ~)	hay mal rollo 43
cravate	corbata 72
crayon	lápiz 58
créatif/-ive	creativo/-a 47
crever	pinchar 87
crier	gritar 74
crise (de nerfs, cardiaque)	ataque *(m.)* 90
cristal (verre en ~)	copa de cristal 88
croire	creer 30
croisement	cruce 95
croissant	cruasán 9
croix	cruz 59
croustillant/-e	crujiente 89
croyant/-e	creyente 39
cru/-e	crudo/-a 89

cui-cui	pío pío 26
cuillère	cuchara 47
cuir	cuero 55
cuire	cocer 89
cuisine	cocina 27
cuisinier/-ière	cocinero/-a 89
cuisse	muslo *(m.)* 50
cul	culo 100
culot	cara dura *(f.)* 45
culture	cultura 94
culture (en agriculture)	cultivo *(m.)* 96
cure-dents	palillo 82
cursus	carrera 62
CV (curriculum vitae)	currículum 37
cybercafé	cíber 45

D

danger	peligro 81
dangereux/-euse	peligroso/-a 64
dans	en 6
dans (+ durée)	dentro de 61
danser	bailar 74
date	fecha 30
davantage	más 80
de	de 2
déboucher	destapar 90
debout	de pie 47
débrouiller (se ~)	desenvolverse 100
début	principio 55
décembre	diciembre 30
décharger	descargar 73
décider	decidir 65
décision	decisión 60
décollage	despegue 34
déconstruire	deconstruir 47
décontracté/-e	informal 72
découvrir	descubrir 89
décrocher	descolgar 75
dedans	dentro 46 ; adentro 68
déduire	deducir 70
défaut	defecto 88
défendre	defender 93
dégoût	asco 52
dégoûté/-e	asqueado/-a 64
dégoûter	dar asco 52

déguisé/-e	disfrazado/-a 92
dehors	fuera 80
déjà	ya 10
délicieux/-euse	exquisito/-a 33
demain	mañana 32
demander	pedir 16, 30
demander (poser une question)	preguntar 32
demander à voir	preguntar por 61
demander des nouvelles	preguntar por 61
démarrer	arrancar 87
déménager	mudarse 88
demi/-e	medio/-a 10
démoralisé/-e	desanimado/-a 44
dénoncer	denunciar 46
dent	diente *(m.)* 22, 82
dent (molaire)	muela 22
dentifrice	pasta de dientes 90
départ	salida *(f.)* 29
dépêcher (se ~)	darse prisa 67
dépenser	gastar 30
déposer	echar 52
déprimer	deprimir 66
depuis	desde 25
dernier/-ère	último/-a 27
dernier/-ère (passé/-e)	pasado/-a 51
derrière	detrás 47
des	unos/-as 17
dès que	en cuanto 69
désastre	desastre 85
descendre	bajar/bajarse 87
descente (dans le sens de la ~)	cuesta abajo 87
désert	desierto 97
désolé/-e (être ~)	sentir 9
dessert	postre 47
dessin	dibujo 94
dessous	debajo 55
dessus / au-dessus	encima 24
destin	destino 97
destination	destino *(m.)* 97
détester	detestar 64
détruire	destruir 95
deux	dos 12
deux (les ~)	ambos/-as 60
deux cents	doscientos/-as 55

deuxième	segundo/-a 47
deuxième classe	turista 29
devant	ante 39 ; delante 48
développement	desarrollo 94
devenir	ponerse 46
deviner	adivinar 61
devoir	tener (que) 19 ; deber 34
devoirs (scolaires)	tarea *(f. sing.)* 11
diable	demonio 90
différent/-e	diferente 16 ; distinto/-a 90
difficile	difícil 65
dimanche	domingo 21
dinde	pavo *(m.)* 83
dîner *(nom)*	cena *(f.)* 33
dîner *(v.)*	cenar 10
dire	decir 15, 19, 24, 26, 30
discothèque	discoteca 74
discours	discurso 81
discret/-ète	discreto/-a 17
discuter	charlar 80
disparaître	desaparecer 94
disponible	disponible 32
disposé/-e	dispuesto/-a 59
disputer (se ~)	reñir 78
disque	disco 69
distrayant/-e	entretenido/-a 58
distributeur automatique (de billets)	cajero 67
divorcé/-e	divorciado/-a 36
dix	diez 10
dixième	décimo/-a 66
dizaine	decena 53
dock	dársena *(f.)* 99
doigt	dedo 46
donc	de modo que 62
donc (et ~)	o sea 30
donnée *(nom)*	dato *(m.)* 46
donner	dar 9, 29
donner un coup de main	echar una mano 66
dont	cuyo/-a 93
dorénavant	de aquí en adelante 73
dormir	dormir 10
dos	espalda *(f.)* 22
dos (sur le ~)	boca arriba 88
dossier	carpeta *(f.)* 45

douche	ducha 76
douche (prendre une ~)	darse una ducha 90
douleur	dolor *(m.)* 22
doux/-ce	dulce 52
douze / minuit	doce 10
draguer	ligar 86
dragueur	ligón 86
drap	sábana *(f.)* 40
drapeau	bandera *(f.)* 95
droit	derecho 100
droit / tout droit	recto 19
droite	derecha 19
droite (de ~) (politique)	de derechas 69
drôle	gracioso/-a 43
drôlerie	gracia 44
dur/-e	duro/-a 45

E

eau	agua 33
échange	cambio *(m.)* 78
échange (en ~)	a cambio 78
échanger un mot	cruzar palabra 74
écharde	astilla 65
échec	fracaso 80
école	escuela 62
économiser	ahorrar 66
écouter	escuchar 44 ; oír 45 ; hacer caso 85
écran	pantalla *(f.)* 48
écraser	aplastar 27
écraser (qqn en voiture)	atropellar 64
écrire	escribir 5
écriture	escritura 94
éducation	educación 54
effacer	borrar 45
effectivement	desde luego 93
efficace	eficaz 80
effort	esfuerzo 78
égal	igual 32
église	iglesia 78
eh bien	pues 3
électroménager	electrodoméstico 88
électronique	electrónico/-a 11
élégant/-e	elegante 71
élevage	ganadería *(f.)* 96
élever	criar 69

élire	elegir 85
elle	ella 4
embarquement	embarque 97
embarquer	embarcar 46
embêter	fastidiar 71
embouteillage	atasco 57
embrasser (sens figuré)	abarcar 96
émission (de télé)	programa *(m.)* 100
emmener	llevar 53
empêcher	impedir 85
empereur	emperador 95
empire	imperio 95
emploi	empleo 86
emporter	llevar 53
emprunter	tomar prestado 87
en	en 2
encaisser	cobrar 45
enceinte	embarazada 86
enchanté/-e	encantado/-a 3
enchanter	encantar 12
encore	todavía 8 ; aún 65
endormir (s'~)	dormirse 59
endroit	lugar*(m.)* 92
énerver (s'~)	ponerse nervioso/-a 45
enfance	infancia 79
enfant	niño/-a 24
enfer	infierno 90
enfermer	encerrar 81
enfin	finalmente 26 ; por fin 48
enfin (résignation)	en fin 26
enlever	quitar 88
ennemi/-e	enemigo/-a 85
ennuyer (s' ~)	aburrirse 57
ennuyeux/-euse	aburrido/-a 58
énormité	barbaridad 40
enquête	encuesta 36
enregistrer (bagage)	facturar 97
enregistrer (du son)	grabar 69
enrhumer (s'~)	resfriarse 61
ensemble	juntos/-as 43
ensuite	luego 19
entendre	oír 38, 43
entendre (bien s'~)	tener buen rollo 43
enterrement	entierro 17

enthousiasme	ilusión 89
entier/-ère	entero/-a 46
entièrement	enteramente 38
entouré/-e	rodeado/-a 76
entrée (au restaurant)	primero *(nom m.)* 33
entreprise	empresa 54
entretien	entrevista *(f.)* 5
enveloppe	sobre *(m.)* 43
envie	ganas *(pl.)* 13
envie (faire ~)	apetecer 32 ; dar ganas 52
envie de (avoir ~)	tener ganas de 13
envoyer	mandar 43 ; enviar 60
épaule	hombro *(m.)* 55
épées (au jeu de cartes)	espadas 79
Epiphanie	Reyes (fête) 30
éplucher	pelar 11
époque	época 47
épouse	esposa 78
équipage	tripulación *(f.)* 34
équipe	equipo *(m.)* 23
erreur	error *(m.)* 100
escalier	escalera *(f.)* 39
Espagnol/-e	español/-a 10
espèces (en ~) (paiement)	en efectivo 29
espérance	ilusión 89
espérer	esperar 32
esprit	mente *(f.)* 76
essayer	tratar 54 ; intentar 64
essayer (habillement)	probarse 18
essence	gasolina 64
estomac	estómago 82
et	y 1
étagère	estantería 88
étape	etapa 99
état	estado 36
été	verano 24
éteindre	apagar 48
étendre (s'~)	extenderse 95
étendu/-e	extenso/-a 96
étiquette	etiqueta 55
étoile	estrella 76
étonner	extrañar 85
étrange	extraño/-a 57
étranger/-ère	extranjero/-a 60

être (se trouver)	estar 19
être *(nom)*	ser *(nom)* 79
être *(v.)*	estar 1, 4, 10, 11 ; ser *(v.)* 2, 3, 8, 9, 11, 24
être supporteur (d'une équipe de football)	ser del (+ équipe de football) 23
étroit/-e	estrecho/-a 72
études	estudios *(m.)* 65
études de commerce	empresariales 69
études universitaires	carrera 62
euh…	ejem… 5
euro	euro 29
européen/-ne	europeo/-a 94
évaluation	valoración 75
événement	acontecimiento 59
évier	fregadero 88
exact/-e	exacto/-a 15
exaspérer (s'~)	desesperarse 99
excellent/-e	óptimo/-a 62
excuser	disculpar 9
exemple	ejemplo 47
exercice	ejercicio 39
exister	existir 30
exotique	exótico/-a 92
expérience	experiencia 83
expliquer	explicar 99
exprès	a propósito 67 ; adrede 71
exprimer	expresar 100
extérieur (à l'~)	fuera 60
extraterrestre	extraterrestre 79

F

fabuleux/-euse	fabuloso/-a 59
fac (université)	universidad 43
face à (faire ~)	estar cara a… 37
fâcher	disgustar 87
fâcher (se ~)	enfadarse 59
facile	fácil 62
façon	modo *(m.)* 100
fade	soso/-a 89
faible	débil 93
faim	hambre 33
faire	hacer 11, 24
fait (de/en ~)	de hecho 62
fait de (du ~)	por culpa de 94
famille	familia 2

farine	harina 89
fasciner	fascinar 51
fast-food	hamburguesería *(f.)* 47
fatal/e	fatal 22
fatigue	cansancio *(m.)* 40
fatigué/-e	cansado/-a 10
faut (il ~)	hay que 19
faute	culpa 67
fauteuil	sillón 48, 78
faux/fausse	falso/-a 55
faveur	favor *(m.)* 4
félicitations	enhorabuena 5
femme	mujer 8
femme de ménage	asistenta 88
fenêtre	ventana 75
fenêtre (petite ~)	ventanilla 34
férié/-e	festivo/-a 68
ferme	granja 33
fermer	cerrar 47
fermer l'œil (dormir)	pegar ojo 22
festival	festival 74
fête	fiesta 30
feu	fuego 67
feu de joie	hoguera *(f.)* 82
feu de signalisation	semáforo 64
feuille	hoja 40
feutre (stylo)	rotulador 58
février	febrero 25
fiancé/-e	novio/-a 51
ficher (ne rien ~)	no dar golpe 69
fichier	archivo 45
fier/-ère	orgulloso/-a 95
fierté	orgullo *(m.)* 95
film	película *(f.)* 13
fils/fille	hijo/-a 22
fin	fin *(m.)* 13 ; final *(m.)* 96
fin/-e	fino/-a 33
finir	terminar 6 ; acabar 30
fixer rendez-vous	quedar 31
flamenco	flamenco 74
flaque	charco *(m.)* 94
fleur	flor 92
fleuve	río 41
fois	vez 26

fois (il était une ~)	érase una vez 96
fois (signe de multiplication)	por 43
folie	locura 80
fonctionner	funcionar 45
fond	fondo 67
fond (à ~)	a tope 74
fonder	fundar 95
fontaine	fuente 19
football	fútbol 23
footballeur	futbolista 79
force	fuerza 88
forêt	bosque *(m.)* 41
forme (en pleine ~)	fenomenal 44
formidable	estupendo/-a 80
fort/-e	fuerte 16
fou/folle	loco/-a 62
foule	muchedumbre 76
four	horno 33
fourchette	tenedor *(m.)* 47
fourré/-e	forrado/-a 86
fragile	frágil 59
frais *(nom)*	fresco *(nom)* 80
fraise	fresa 83
français/-e	francés/-esa 5
frapper	pegar 79
fréquence	frecuencia 36
frère	hermano 4
friandises	dulces *(m. pl.)* 52
frigo	frigorífico 83
frit/-e	frito/-a 12
frites (de pomme de terre)	patatas fritas 16
froid *(nom)*	frío *(nom m.)* 25
froid/-e	frío/-a 9
fromage	queso 41
fromagerie	quesería 47
frontière	frontera 96
fruit (valeur abstraite)	fruto 68
fruit de mer	marisco 20
fruits	fruta *(f. sing.)* 68
fruits secs	frutos secos 68
fuir	huir 98
fumée	humo *(m.)* 89
fumer	fumar 34, 54

G

gagner (aux jeux de hasard)	tocar 50, 66
gai/-e	alegre 18
gamin/-e	niño/-a 24 ; chiquillo/-a 61
garage (atelier de réparation)	taller 87
garçon/ fille	chico/-a 38 ; muchacho/-a 69
garde	guardia 76
gare	estación 96
garer (se ~)	aparcar 87
garniture	guarnición 33
gâteau	tarta *(f.)* 8 ; bizcocho 89
gâteau (petit ~)	pastel 89
gâteau sec	galleta *(f.)* 89
gauche (de ~) (politique)	de izquierdas 69
gauchiste	izquierdista 69
gaucho (argentin)	gaucho 96
gazeuse (pour l'eau)	con gas 33
géant	gigante 93
gel	gel 90
gelé/-e	helado/-a 85
gendre	yerno 86
gêner	molestar 32
genou	rodilla *(f.)* 71
genre	tipo 54
gens	gente *(f. sg.)* 25
gentilhomme	hidalgo 93
glace (crème glacée)	helado *(m.)* 82
glace (eau gelée)	hielo *(m.)* 82
glacière	nevera 82
glaçon	cubito 82
gorge	garganta 74
goût	gusto 4 ; sabor *(m.)* 82
goût (avoir un ~)	saber 82
goûter	probar 52
goûter (prendre un ~)	merendar 52
goûter *(nom)*	merienda *(f.)* 52
goutte	gota 68
grammatical/-e	gramatical 100
grand (plus ~)	máximo/-a 94
grand/-e	grande 16 ; gran (devant nom singulier) 57
grand/-e (taille)	alto/-a 15
grand-père/grand-mère	abuelo/-a 8
grands-parents	abuelos 37
gratuit/-e	gratis 59

seiscientos treinta y ocho • 638

grill	plancha *(f.)* 33
grillé/-e	fundido/-a 75
griller (un feu de circulation)	saltarse 64
gris/-e	gris 61
gronder	reñir 78
gros lot (à la loterie)	gordo 66
gros mot	palabrota *(f.)* 88
gros/grosse	gordo/-a 39
grossier/-ière	malhablado/-a 88
grossir	engordar 68
guerre	guerra 55
guitare	guitarra 23
guitariste	guitarrista 74

H

ha ! (interj. du rire)	ja 44
habillement	ropa *(f.)* 37
habiller (s'~)	vestir 17 ; vestirse 38
habit(s)	ropa *(f.)* 38
habitude	costumbre 54
habitude (avoir l'~ de)	soler 25
habituer (s'~)	acostumbrarse 88
haché/-e (aliments)	picado/-a 50
hamburger	hamburguesa *(f.)* 13
hand-ball	balonmano 23
haricot	alubia *(f.)*, judía *(f.)* 47
hasard	casualidad *(f.)* 61 ; azar 66
hâte	prisa 31
haut (en ~)	arriba 47
hauteur	altura 96
herbe	hierba 96
héros	héroe 93
heure	hora 6
heureusement	menos mal 45
heureux/-euse	feliz 8
hier	ayer 55
hier soir	anoche 57
hispanophone	hispanohablante 96
hisser	aupar 83
histoire	historia 53
historien/-ne	historiador/-a 94
hiver	invierno 25
homme	hombre 8
honnête	honrado/-a 87
honte	vergüenza 48

hôpital	hospital 6
horaire	horario 80
horreur	terror *(m.)* 75
horreur (faire ~)	horrorizar 23
hostie	hostia 59
hôte (celui qui reçoit)	anfitrión 90
hôte (l'invité)	huésped 90
hou là	uf 19
hublot (dans un avion)	ventanilla 34
huile	aceite *(m.)* 9
huit	ocho 6
huître	ostra 57
humain/-e	humano/-a 95
humeur	humor *(m.)* 44
humeur (être d'~)	estar para 44
humide	húmedo/-a 96
hygiénique	higiénico/-a 90

I

ici	aquí 15
idéal/-e	ideal 27
idée	idea 13
il y a	hay 12
illusion	ilusión 89
image	imagen 93
image collectionnable	cromo *(m.)* 55
imaginer	imaginar 53
immense	inmenso/-a 95
immeuble	edificio 85
immigrant/-e	inmigrante 96
immortaliser	inmortalizar 93
imperméable (trench)	gabardina *(f.)* 67
importance (sans ~)	menudo/-a 97
important	importante 23
importe (n'~) lequel/laquelle	cualquier/-a 61
impression	sensación 55
imprimé/-e (livre/revue)	impreso/-a 58
imprimer	imprimir 45
inca	inca 96
inconnu/-e	desconocido/-a 92
incroyable	increíble 51
indépendant/-e	independiente 27
Indien/-ne	indio/-a 53
indigène	indígena 52, 94
indispensable	imprescindible 75

infirmier/-ère	enfermero/-a 6
informations personnelles	datos *(m. pl.)* 46
informatique	informática 73
informé (être ~)	enterarse 43
informer	informar 54
innocent/-e	inocente 30
inoubliable	inolvidable 92
inquiet/inquiète	preocupado/-a 60
inscrire (s'~)	apuntarse 23 ; matricularse 65
insister	insistir 34
instituteur/-trice	maestro/-a 62
insuffisant/-e	insuficiente 65
intelligent/-e	inteligente 61 ; listo/-a 78
interdire	prohibir 34
intéressant/-e	interesante 81
intéresser	interesar 23
intérêt	interés 66
interphone	telefonillo 83
interrogation (examen)	examen 65
intime	íntimo/-a 27
introduire	introducir 70
inutile	inútil 34, 44
inventer	inventar 94
investissement (sens figuré)	dedicación *(f.)* 100
inviter	invitar 6
italien/-ne	italiano/-a 53
itinéraire	ruta *(f.)* 93

J

jalousie (amoureuse)	celos *(m. pl.)* 86
jalousie (envie)	envidia 86
jaloux/-ouse (en amour)	celoso/-a 86
jaloux/-ouse (envieux/-euse)	envidioso/-a 86
jaloux/-ouse (être ~) (envieux/-euse)	tener envidia 97
jamais	nunca 24
jambe	pierna 23
jambon	jamón 50
jambon blanc	jamón de york 50
jambon cru	jamón serrano 50
janvier	enero 25
japonais/-e	japonés/-esa 52
jaune	amarillo/-a 71
je	yo 2
jean(s) (pantalon)	vaqueros *(pl.)* 38
Jésus-Christ	Cristo, Jesucristo 94

jetable	desechable 82
jeter	echar 59
jeu de cartes	baraja *(f.)* 79
jeu vidéo	videojuego 79
jeudi	jueves 21
jeune	joven 8
jeune (plus ~)	menor 69
jeunesse	juventud 69
joie	ilusión 89
joie de (se faire une ~)	hacerle a uno ilusión 90
joli/-e	bonito/-a 30
jouer	jugar 48
jouer les…	ir de… 86
jouet	juguete 30
joueur	jugador 66
jour	día 3
journal	periódico 48
journal télévisé	telediario 48
jours (de nos ~)	hoy en día 93
joyeux/-euse	alegre 41
judo	judo 23
juillet	julio 35
juin	junio 29
jumeau/jumelle	gemelo/-a 44
jungle	selva 94
juron	taco 88
jus	zumo 68
jusque / jusqu'à	hasta 19
juste	justo/-a 80
juste (au ~)	a ciencia cierta 94
justement	precisamente 38

K

kangourou	canguro 62
kiffant (être ~)	molar *(fam.)* 92
kilomètre	kilómetro 87

L

là	ahí 20
là-bas	allí 19
lagune	laguna 93
laid/-e	feo/-a 27
laine	lana 61
laisser	dejar 22
laisser en rade	dejar tirado/-a 97

laisser sans voix	dejar de piedra 86
lait	leche *(f.)* 9
langue (idiome et organe)	lengua 95
langue (idiome)	idioma *(m.)* 5
large	ancho/-a 55
lavabo	lavabo 75
lave-linge	lavadora 88
laver (par terre, les assiettes, etc.)	fregar 88
laver (se ~)	lavarse 57
laverie	lavandería 76
le / l' *(art. m. sing.)*	el 5
le *(pron. pers. compl.)*	lo 5
léger/-e	ligero/-a 33
légumes	verdura *(f.)* 16
lent/-e	lento/-a 67
lentement	despacio 64
lentille	lenteja 47
les *(art. f. pl.)*	las 2
lessive	detergente *(m.)* 88
lettre (alphabet)	letra 29
lettre (courrier)	carta 43
leur *(pron. pers. compl. indirect)*	les 14
lever (se ~)	levantarse 10
lever tôt (se ~)	madrugar 65
lèvre	labio *(m.)* 46
levure	levadura 89
liberté	libertad 78
libraire	librero/-a 58
librairie	librería 47
libre	libre 78
licencier	echar 52 ; despedir 86
lieu de (au ~)	en vez de 45
lièvre	liebre *(f.)* 55
ligne	línea 66
lire	leer 5
liste	lista 82
lit	cama *(f.)* 40
lit double	cama matrimonial 75
littéraire	literario/-a 58
littérature	literatura 93
livre	libro 58
livrer	entregar 83
livreur	repartidor 83
loge (d'immeuble)	portería 85

loi	ley 86
loin	lejos 19
long/-ue	largo/-a 46
loterie	lotería 66
louer	alquilar 27
loyer	alquiler 90
lui *(pron. pers. compl. indirect)*	le 14
lui *(pron. pers. sujet)*	él 4
lumière	luz 76
lundi	lunes 21, 47
lune	luna 51
lunettes	gafas 46
lutter	luchar 48
lycée	instituto 23
lycée (années de ~)	bachillerato 61

M

machine à laver	lavadora 88
machine à sous	tragaperras 66
madame	señora 9, 17
mademoiselle	señorita 9, 15
madrilène	madrileño/-a 3
magasin	tienda 36
magasin de chaussures	zapatería 47
mai	mayo 35, 46
maigre	delgado/-a 16
maigrir	adelgazar 61
mail	mail 83
maillet	mazo 65
maillot de bain	bañador 25
maintenant	ahora 37
maintenir (se ~)	mantenerse 54
maire	alcalde 60
mairie	ayuntamiento *(m.)* 47
mais	pero 2 ; sino 37
maïs	maíz 53
maison	casa 9
maîtriser	dominar 100
majeur/-e (en âge)	mayor de edad 69
mal	mal *(adv.)* 22
mal (faire ~)	doler 22
mal (très ~)	fatal 22 ; pésimamente 58
mal au cœur (avoir ~) (voiture/avion…)	marearse 64
mal de mer (avoir le ~)	marearse 64

malade	enfermo/-a 22
maladroit/-e	torpe 88
malgré	a pesar de 79
maman	mamá 11
maman (terme affectueux)	mami 11
manche	manga 55
manger	comer 20
manière	manera 99 ; modo *(m.)* 100
manque	falta *(f.)* 39
manquer	faltar 40
manteau	abrigo 67
marchander	regatear 55
marché	mercado, plaza 20
marché (accord)	trato 81
marche (ça ~)	marchando *(expression idiomatique)* 12
marcher	andar 44 ; caminar 60
mardi	martes 21
marée	marea 64
mari	marido 17
mariage (cérémonie)	boda *(f.)* 68
marié/-e	casado/-a 16
marier (se ~)	casarse 46
marquer	marcar 83
marron	marrón 18
mars	marzo 35
match	partido 66
matelassier	colchonero 83
matière (d'enseignement)	asignatura 92
matin	mañana *(f.)* 6
maure	moro/-a 57
mauvais/-e	malo/-a 13
mauvais/-e (très ~)	pésimo/-a 62
maximum	máximo 92
maya	maya 94
me/m'*(pron. pers. compl.)*	me 3
mec	tío *(fam.)* 55
mécanicien	mecánico 87
médecin	médico 65
médecine	medicina 65
méditerranéen/-nne	mediterráneo/-a 80
méga-concert	megaconcierto 74
meilleur/-e	mejor 25
mêler	mezclar 94
membre de la famille	familiar *(nom m.)* 60

même *(adj.)*	mismo/-a 57
même *(adv.)*	hasta, incluso 58 ; aun 65
même pas	ni siquiera 61
même si	aunque 60
mémoire	memoria 73
ménage	limpieza *(f.)* 88
mensonge	mentira *(f.)* 48
mention très bien	sobresaliente 65
mentir	mentir 61
menu/-e	menudo/-a 97
mer	mar *(m.)* 51
merci	gracias 1
merci beaucoup	muchas gracias 11
mercredi	miércoles 21
mériter	merecer 48
merveille	maravilla 71
merveilleusement	divinamente 99
message	mensaje 32
mesure que (à ~)	conforme 68
mettre	poner 12, 34 ; meter 73
mettre (se ~)	ponerse 45, 60
mettre à (se ~)	echarse a 54
mettre du temps	tardar 99
mettre longtemps	tardar 99
meuble	mueble 88
meuh	mu 26
Mexico	Ciudad de México 51
Mexique	México 51
miaou	miau 26
miel	miel *(f.)* 51
mien/mienne	mío/mía 22
mieux	mejor 68
mignon/-ne	mono/-a *(adj.)* 61
milieu (au ~)	en medio 47
milk-shake	batido 83
mille	mil 26
millénaire	milenario/-a 94
milliard	mil millones 97
millier	millar 97
milliers	miles (pl. de mil) 92
million	millón 94
mince	menudo/-a 97
mineur/-e	menor de edad 69
minijupe	minifalda 71

minuit	medianoche 75
minute	minuto *(m.)* 19
miroir	espejo 72
mi-saison	entretiempo 72
mode	moda 37
modèle	modelo 17
moderne	moderno/-a 27
moi	yo 2 ; mí 18
moins	menos 9
moins (au ~)	por lo menos 24
mois	mes 59
moitié	mitad 55
molaire	muela 22
mole (plat mexicain)	mole 52
moment	rato 48
mon/ma	mi 2, 4
monde	mundo 53
mondialisation	mundialización 53
monnaie (faire la ~)	cambiar 67
monnaie (le change)	cambio *(m.)* 67
monnaie (petites pièces)	suelto *(m.)* 67
monnaie (pièce)	moneda 66
monnaie (qu'on vous rend)	vuelta 67
monsieur	caballero, señor 9
Monsieur/Madame je-sais-tout	un/-a sabelotodo 86
montagnard/-e	serrano/-a 50
montagne	montaña 41
montagnes (chaîne de ~)	sierra 93
montée (dans le sens de la ~)	cuesta arriba 87
monter	subir 34
montre	reloj *(m.)* 99
montrer	enseñar 27
moquer (se ~)	burlarse 57
morceau	trozo 89
mort *(nom)*	muerte 81
mort/-e	muerto/-a 99
morue	bacalao *(m.)* 12
mot	palabra *(f.)* 74
mot de passe	contraseña *(f.)* 83
motiver (se ~)	animarse 93
moto	moto 46
mou/molle	blando/-a 78
mouche	mosca 99
mouillé/-e	mojado/-a 76

mouiller	mojar 82
moule	mejillón *(m.)* 20
moulin	molino 93
mourir	morir/morirse 40
moustache	bigote *(m.)* 86
moustique	mosquito 76
moyen *(nom)*	medio 64 ; manera *(f.)* 87
Moyen Âge	Edad Media *(f.)* 93
mur	pared *(f.)* 75
musée	museo 19
musicien/-ne	músico 69
musique	música 69
mystère	misterio 94

N

nager	nadar 51
nahuatl	náhuatl 95
naïf/naïve	inocente 30
naître	nacer 2
nana	tía *(fam.)* 55
nature	naturaleza 39
naturel/-lle	natural 96
naviguer	navegar 100
ne… pas	no 3
nécessaire	preciso 39
nécessaire (être ~)	hacer falta, ser preciso 39
neige	nieve 25
neiger	nevar 68
nerf	nervio 81
nerveux/-euse	nervioso/-a 45
nettoyer	limpiar 61
neveu/nièce	sobrino/-a 69
nez	nariz *(f.)* 61
Noël	Navidad *(f.)* 30
noir/-e	negro/-a 16
noix de coco	coco *(m.)* 59
nom	nombre 26
nom de baptême	nombre de pila 37
nom de famille	apellido 37
nomade	nómada 95
nombreux/-euse	numeroso/-a 96
non	no 3
non plus	tampoco 11
nord	norte 41
normal/-e	normal 51

note	nota 62, 65
noter	apuntar 29
notre	nuestro/-a 38
nougat	turrón 82
nous (pron. pers. compl.)	nos 10
nous (pron. pers. sujet)	nosotros/-as 14, 38
nouveau/-elle	nuevo/-a 53
nouvelle *(nom)*	noticia 60
novembre	noviembre 35
nu/-e	desnudo/-a 76
nuage	nube *(f.)* 40
nuit	noche 10
nuit de Noël	Nochebuena 30
nuit dernière (la ~)	anoche 57
nuit du jour de l'An	Nochevieja 30
numérique	digital 100
numéro	número 17

O

obtenir	conseguir 54 ; sacar 62
obtenir une note	sacar una nota 62
occasion	oportunidad 60 ; ocasión 71
occasion (d'~)	de segunda mano 73
octobre	octubre 35
odeur	olor *(m.)* 75
odorat	olfato 82
œil	ojo 15
œuf	huevo 47
œuvre	obra 59
offenser	ofender 99
offert/-e	regalado/-a 20
offrir	regalar 20 ; ofrecer 36
oignon	cebolla *(f.)* 47
oiseau	pájaro 26
olive	oliva 41 ; aceituna 61
olivier	olivo 97
ombre	sombra 93
omelette (espagnole)	tortilla 11
oncle/tante	tío/-a 55
ongle	uña *(f.)* 79
or (métal)	oro 53
orange	naranja 60, 71
ordinateur	ordenador 45
oreille	oído *(m.)*, oreja 22
oreiller	almohada *(f.)* 40

organiser	montar 90
orgueil	orgullo *(m.)* 95
orgueilleux/-euse	orgulloso/-a 95
original/-e	original 54
origine	origen *(m.)* 96
os	hueso 100
oser	atreverse 52
ou	o 5
où *(interrogatif avec verbe de mouvement)*	adónde 15
où *(interrogatif)*	dónde 2
où que *(+ subjonctif)*	dondequiera que *(+ subjonctif)* 94
ouah (aboiement du chien)	guau 26
oublier	olvidar 31
ouest	oeste 53
oui	sí 5
ouïe (sens)	oído *(m.)* 22
ouvrable	laborable 68
ouvrir	abrir 47, 75

P

page	página 58
pain	pan 47
pain (de mie)	pan (de molde) 61
paire	par *(m.)* 18
paix	paz 66
palais	palacio 92
pampa	pampa 96
panne	avería 87
panne (en ~)	averiado/-a 75
panneau (de la circulation)	señal *(f.)* 34
pantalon	pantalón 67
papa	papá 11
papeterie	papelería 43
papier	papel 58
papounet	papi 11
par	por 4
paradis	paraíso 57
paraître	parecer 38
parasol	sombrilla *(f.)* 82
parc	parque 62
parce que	porque 15
parcourir	recorrer 87
pardon	perdón 45
pardonner	perdonar 15

pareil/-le	igual 55 ; semejante 90
parents	padres 37
paresse	pereza 74
paresseux/-euse	vago/-a 39
parfait/-e	perfecto/-a 18
parfois	de vez en cuando 36
parfum (pour glaces/crèmes…)	sabor *(m.)* 82
parier	apostar 66
parking	aparcamiento 76
parler	hablar 4, 5, 11
part	parte 62
partager	compartir 33
participer	participar 92
particulier/-ère	particular 62
partie	parte 51
partie (faire ~)	formar parte 54
partir	salir 29 ; marcharse 60
partisan/-e	partidario/-a 81
pas	paso 93
pas du tout	en absoluto 32
passer	pasar 24
passer (se ~)	ocurrir 48
passer l'été (pour les vacances)	veranear 76
passion	pasión 38
passionné/-e	apasionado/-a 37
patates sauce piquante	patatas a la brava 12
pâte	pasta 86
pâtes (les ~)	la pasta 89
patience	paciencia 26
pâtisserie	repostería 89
patraque	pachucho/-a 1
pauvre	pobre 18
paye	paga 79
payer	pagar 20
payer (faire ~)	cobrar 45
payer la tête (se ~)	tomar el pelo 65
pays	país 51
paysage	paisaje 40
peau	piel 53
peigne	peine 76
peindre	pintar 79
peine (à ~)	apenas 25
peintre	pintor 93
pèlerin/-e	peregrino/-a 39

pendant	durante 19
pendant ce temps	mientras tanto 69
pendant que	mientras 68
pénible	pesado/-a 40
pensée	pensamiento *(m.)* 78
penser	pensar 40
perdre	perder 24
père	padre 4
permettre	permitir 33
permis (de conduire)	carné (de conducir) 64
Pérou	Perú 96
personne *(pron. indéf.)*	nadie 13
peser	pesar 40
petit café	cafelito 36
petit déjeuner	desayuno 9
petit/-e	pequeño/-a 16, 17
petit/-e (taille)	bajo/-a 16
petite bouteille	botellita 8
petite réduction	descuentito 18
petit-fils / petite-fille	nieto/-a 50
peu	poco 17
peu (de ~) (de justesse)	por poco 64
peu (un petit ~)	un poquito 50
peuple	pueblo 52
peupler	poblar 95
peur	miedo *(m.)* 26
peur (faire ~)	dar miedo 26 ; asustar 65
peut-être	tal vez 39 ; a lo mejor 52 ; quizás 57 ; puede ser 59 ; acaso 76 ; igual *(adv.)* 87
phénoménal/-e	fenomenal 44
photo	foto 38
phrase	frase 93
pièce (d'habitation)	habitación 27
pied	pie 40
pieds nus	descalzo/-a 76
piège	trampa *(f.)* 54
pierre	piedra 79
pile (à l'heure)	en punto 65
pile ou face	cara o cruz 59
piment	guindilla *(f.)* 52
piquant	picante 52
piquer	picar 76
pire	peor 24
piscine	piscina 24

pistolet	pistola *(f.)* 71
pizza	pizza 13
pizzeria	pizzería 96
place	plaza 19 ; lugar *(m.)* 73
plage	playa 25
plaindre (se ~)	quejarse 67
plaine	llanura 93
plainte (porter ~)	poner una denuncia 46
plaire	gustar 12
plaisanterie	broma 58
plaisir	gusto 81 ; placer 100
plaisir (faire ~)	hacer ilusión 90
planche à voile	windsurf 92
planète	planeta *(m.)* 79
planter (pour un appareil)	quedarse colgado 73
plat	plato 47
plat principal	segundo *(n. m.)* 47
plate (pour l'eau)	sin gas 33
plein aux as (être ~)	estar forrado 86
plein/-e	lleno/-a 74 ; pleno/-a 93
pleuvoir	llover 24
plombier	fontanero 69
pluie	lluvia 61
plus	más 8
plus (en/de ~)	encima 24
plus (en/de ~) (en outre)	además 30
plusieurs	varios/-as 58
plutôt	más bien 41
poche	bolsillo *(m.)* 67
pognon	pasta *(f. et fam.)* 86
poids	peso 68
poil	pelo 90
point	punto 83
point d'heure (à ~)	a las tantas 65
pointe	punta 81
pointure (pour chaussures)	número 17
poire	pera 68
poireau	puerro 68
pois	lunar 71
pois chiche	garbanzo 47, 79
poisson (à manger)	pescado 12
poisson (vivant)	pez 51
poissonnerie	pescadería 47
poissonnier	pescadero 47

poli/-e	educado/-a 51
police	policía 46
policier/-ère	policía 46
politique	política 69 ; político/-a 86
pollution	contaminación 57
pomme	manzana 68
pomme de terre	patata 11
pompe à essence	gasolinera 87
pompier	bombero 89
pont	puente 99
pop-corn	palomitas *(f. pl.)* 53
population	población 96
porc	cerdo 50
port	puerto 99
portable (téléphone)	móvil 31
portable *(adj.)*	portátil 73
portefeuille	cartera *(f.)* 46
porter	llevar 38
poser	poner 46
poste	puesto 54
Poste (la ~)	Correos 43
poste (ordinateur)	equipo 45
pot-au-feu	cocido 47
poubelle	basura 73
poule	gallina 80
poulet	pollo 33
pour	por 8 ; para 17
pour (être ~)	estar a favor 81
pourboire	propina *(f.)* 83
pourquoi	por qué 8
pourvu que	siempre y cuando 71
pourvu que…	ojalá 60
pousser	empujar 79
poussière	polvo *(m.)* 88
pouvoir	poder 11
pratique	práctico/-a 64
pratiquement	prácticamente 58
pratiquer	practicar 100
précolombien/-nne	precolombino/-a 52
préférentiel	preferente 29
préférer	preferir 13
préhispanique	prehispánico/-a 94
premier/-ère	primero/-a 53
première classe	preferente 29

seiscientos cincuenta y cuatro • 654

prendre	tomar 25 ; coger 45
prendre la tête *(fam.)*	comer el coco 59
prendre le petit déjeuner	desayunar 9
prendre soin	cuidar 61
prénom	nombre 37
préparer (l'avenir)	labrarse 60
près	cerca 19
présentation	presentación 4
président	presidente 85
presque	casi 15
presse	prensa 54
pressé (être ~)	tener prisa 31
presser (se ~)	darse prisa 48
presser (un fruit)	exprimir 100
pression (bière)	caña 12
prêt/-e	listo/-a 78
prêter	prestar 43
prier	rezar 78
prier (qqn de faire qqch.)	rogar 50
printemps	primavera *(f.)* 59
prison	cárcel 81
prix	precio 20
prix (récompense)	premio 58
problème	problema 24
prochain/-e	próximo/-a 24
produire	producir 70
produit	producto 53
profession	profesión 36
profiter	disfrutar 40 ; aprovechar 60
projet	plan 13
promener	pasear 62
promener (se ~)	pasear 62
promotion	oferta 29
prophétie	profecía 95
propre	limpio/-a 27
proverbe	refrán 46, 65
psychologique	psicológico/-a 59
psychologue	psicólogo 64
public	público 37
pull (-over)	jersey 55
purée	puré *(m.)* 33
putain (interj. vulgaire)	hostia (fam./vulgaire) 59
pyramide	pirámide 94
Pyrénées	Pirineos *(m. pl.)* 96

Q

quai (gare ferroviaire)	andén 99
quai (gare routière / port)	dársena *(f.)* 99
qualifié/-e	capacitado/-a 37
quand	cuando 16
quand *(interrogatif)*	cuándo 10
quart	cuarto 9
quartier	barrio 36
quatre	cuatro 31
quatre-vingts	ochenta 8
que *(exclamatif)*	qué 1
que *(interrogatif)*	qué 1
quel (le)…!	menudo/-a… 97
quel/quelle	qué 1 ; cuál 36
quelque	alguno/-a/algún 58
quelque chose	algo 22
quelques	unos/-as 36
quelques (et ~) (pour dire l'heure)	y pico 65
quelqu'un	alguien 39
qu'est-ce que	qué 8
question	pregunta 36
question (pas ~)	ni hablar 26
queue	cola 50
queue (faire la ~)	hacer cola 50
qui *(interrogatif)*	quién 11
quinze	quince 16
quoi	qué 6
quotidien/-ne	cotidiano/-a, diario/-a 100
quotidiennement	a diario 100

R

racine	raíz 96
raconter	contar 44
radio	radio 100
rafraîchissement	refresco 82
raisin	uva *(f.)* 93
raison	razón 39
ramasser	recoger 79
ramener	traer 53
randonnée	senderismo *(m.)* 39
rapide	rápido/-a 50
rappeler	recordar 34
rapport	relación *(f.)* 62
raser (se ~)	afeitarse 90

rater (qqch.)	perderse (algo) 57
rater (train/avion)	perder 99
rater (un examen)	suspender 64
ration	ración 12
ravissant/-e	precioso/-a 20
rayon	sección *(f.)* 72
rayure	raya 72
réalisateur	director 59
réaliser	realizar 36
réaliser (pour un vœu/rêve)	cumplir 82
recette	receta 89
recevoir	recibir 43
réchauffer	calentar 67
recherche	búsqueda 75
recommander	recomendar 17
reconnaître	reconocer 31
reçu/-e (examen)	aprobado/-a 65
récupérer	recuperar 44
réduction	descuento *(m.)* 18
refléter	reflejar 96
refuge	albergue 40
refuser	rechazar 54 ; negarse 80
regarder	ver 10 ; mirar 26
régime	dieta *(f.)* 68
région	región 41
règle	regla 100
regretter	arrepentirse 66
regretter (manquer)	echar de menos 52
régulier/-ère	regular 44
réjouir (se ~)	alegrarse 22
relation	relación *(f.)* 62
religion	religión 95
remarquer	notar 44 ; fijarse 80
remède	remedio 79
remédier	remediar 66
remercier	agradecer 50
remonter à	remontarse a 94
remplir	llenar 76
rencontrer	encontrarse con 61
rendez-vous	cita *(f.)* 37
rendre	devolver 45, 58 ; volver 48
rendre (se ~)	rendirse 87
rendre compte (se ~)	darse cuenta 48
rendre malade	poner enfermo/-a 90

rendre visite	visitar 41
rentrer (dans un vêtement)	caber 68
réparation	arreglo *(m.)* 73
réparer	arreglar 58
repas	comida *(f.)* 61
repasser (avec un fer)	planchar 88
repentir (se ~)	arrepentirse 66
répéter	repetir 38
répondre	contestar 32
reposer (se ~)	descansar 76
reproche	reproche 78
réseau	cobertura *(f.)* 40 ; red *(f.)* 43
réservation	reserva 29
réserver	reservar 75
réservoir	depósito 87
résigner (se ~)	conformarse 85
résister	resistir 55
résolution	propósito *(m.)* 68
respecter	respetar 34
responsable	encargado/-a 71
ressembler à	parecer 27 ; salir a 69
ressource	recurso *(m.)* 100
restaurant	restaurante 16
rester	quedar/quedarse 13
retard	retraso 99
retouches	arreglos *(m. pl.)* 72
retour	vuelta *(f.)* 29 ; regreso 97
retraite (prendre sa ~)	jubilarse 99
retraité/-e	jubilado/-a 36
réussir (un examen)	aprobar 64
revanche (en ~)	en cambio 88
rêve	sueño 57
réveiller	despertar 10
réveiller (se ~)	despertarse 80
revendiquer	reivindicar 95
revenir	volver 29 ; regresar 78
rêver	soñar 40
réviser	repasar 100
rhume	resfriado 76
riche	rico/-a 20
rien	nada 8
rire	reír 54
rire (pour ~)	en broma 58
rire *(nom)*	risa *(f.)* 59

rivière	río 41
riz	arroz 20
robe	vestido *(m.)* 71
robinet	grifo 69
Rois Mages (Les ~)	Reyes Magos 30
romain/-e	romano/-a 92
roman	novela *(f.)* 58
romantique	romántico/-a 51
rond/-e	redondo/-a 53
rosé(e)	rosado/-a 33
rôti/-e	asado/-a 33
roue	rueda 87
rouge	rojo/-a 18 ; colorado/-a 100
rouge (vin)	tinto 33
rouge à lèvres	barra de labios 46
rouge et blanc/-che	rojiblanco/-a 83
rougir	ponerse colorado/-a 100
rouleau	rollo 43
rouler (qqn)	dar gato por liebre 55
route	carretera 64
roux/rousse	pelirrojo/-a 16
rue	calle 62
russe	ruso/-a 55

S

s'il te/vous plaît	por favor 4 ; porfa *(fam.)* 43
sabbatique	sabático/-a 92
sable	arena *(f.)* 51
sac	bolsa *(f.)* 73
sac (à main)	bolso 46
sac à dos	mochila *(f.)* 40
sachet	bolsa 16
sacrifice	sacrificio 95
saint/-e	santo/-a 71
saison (agricole, culturelle)	temporada 59
saison (de l'année)	estación 59, 96
salade	ensalada 33
salade (mensonge)	rollo 43
salade russe	ensaladilla 12
salaire	sueldo 38
sale	sucio/-a 61
salé/-e	salado/-a 52
salir (se ~)	ensuciarse 87
salle	sala 74
salle à manger	comedor *(m.)* 27

salle de bain	cuarto de baño *(m.)* 27
saluer	saludar 31
salut (salutation informelle)	hola 1
samedi	sábado 13
sandwich	bocadillo 61
sandwich *(fam.)*	bocata 61
sandwich au pain de mie	sándwich 61
sang	sangre *(f.)* 52
sans	sin 24, 36
santé	salud 23
sardine	sardina 20
satisfait/-e	satisfecho/-a 58
sauce	salsa 52
saut	salto 67
sauter	saltar 62
sauvage	salvaje 76
sauver	salvar 79
saveur	sabor *(m.)* 82
savoir	saber 10, 26
savon	jabón 75
science	ciencia 94
scolaire	escolar 80
sec/sèche	seco/-a 51
second/-e	segundo/-a 47
seconde (unité de temps)	segundo *(n. m.)* 31
secouer	sacudir 88
secours	socorro 27
sécurité	seguridad 34
séduire	seducir 70
seigneurie	merced 20
séjour	estancia *(f.)* 60
sel	sal *(f.)* 89
selon	según 95
semaine	semana 13
semblable	semejante 90
sembler	parecer 27
sens	sentido 80
sens dessus-dessous	patas arriba 88
sentir	notar 64
sentir (odeur)	oler 41
sentir (se ~)	encontrarse 22
sept	siete 6
sept cents	setecientos/-as 44
septembre	septiembre 35

sérieusement	en serio 58
sérieux/-euse	serio/-a 38 ; formal 69
serpent	serpiente *(f.)* 95
serrer	apretar 74
serveur/-euse	camarero/-a 37
service	favor *(m.)* 88
serviette de bain	toalla 82
serviette de table	servilleta 82
servir	servir 20
servir (s'occuper d'un client)	atender 58
seulement	solo 5
Séville	Sevilla 3
shampoing	champú 90
si (condition)	si 12
si *(adv.)*	tan 15
siècle	siglo 93
siège	asiento 97
sien/sienne	suyo/-a 34
signal	señal *(f.)* 32
signe	seña *(f.)* 65
signer	firmar 46
sincère	sincero/-a 89
singe / guenon	mono/-a *(nom)* 61
sirop	jarabe 60
site	sitio 83
situation	situación 100
six	seis 29
skier	esquiar 25
slogan	lema 85
sobre	sobrio/-a 71
social/-e	social 43
sociéte	sociedad 80
sœur	hermana 4
soif	sed 33
soigneux/-euse	cuidadoso/-a 58
soir	noche 10
soixante-dix-neuf	setenta y nueve 8
sol	suelo 73
soldé/-e	rebajado/-a 72
soldes	rebajas 72
soleil	sol 25
solitude	soledad 76
solution	solución 78
sombre	oscuro/-a 27

sommeil	sueño 65
son *(nom)*	sonido 94
son/sa	su 18
sonner	sonar 31
sono (sonorisation)	megafonía 74
sorte	modo *(m.)* 62
sorte (de ~ que)	de modo que 62
sortir *(intrans.)*	salir 26
sortir *(trans.)*	sacar 26
sortir avec (qqn)	tener un rollo con 43
sortir prendre un verre	ir de copas 13
sou	perra *(f.)* 66 ; duro 86
soubressade	sobrasada 9
souci	preocupación *(f.)* 66
soudain	de pronto 66
souffler	soplar 68
souffrance	sufrimiento *(m.)* 81
souffrir	sufrir 68
souhaiter	desear 29
souhaits (à tes/vos ~)	Salud 76
soûl/-e	borracho/-a 74
soupe moulinée	puré *(m.)* 33
sourd/-e	sordo/-a 74
sourire	sonrisa *(f.)* 78
sourire *(v.)*	sonreír 57
souris	ratón *(m.)* 45, 73
sous-sol	sótano 85
souvenir	recuerdo 79
souvenir (se ~)	acordarse 31
souvent	a menudo 36
spécialité	especialidad 9
splendide	estupendo/-a 31
sport	deporte 23
sportif/-ive	deportista 39
sports collectifs	deportes de equipo 23
stade	estadio 95
station-service	gasolinera 87
statue	estatua 95
steak	filete 33
stockage	almacenamiento 73
stupéfait/-e	estupefacto/-a 88
style	estilo 38
stylo	boli, bolígrafo 43
succès	éxito 89

sucre	azúcar 52
sucré/-e	dulce 52
sud	sur 25
sud-est	sureste 94
Suède	Suecia 80
suédois/-e	sueco/-a 80
suffire	bastar 51
suffisant/-e	suficiente 65
suggestion	sugerencia 33
suicide	suicidio 44
suivant/-e	siguiente 99
suivre	seguir 30
super bien	fenomenal 54
superficie	superficie 96
supérieur/-e	superior 34
supermarché	súper 83
supporter	aguantar 64 ; soportar 81
supporteur/-trice	hincha 23
supposer	suponer 66
sur	encima de 49 ; sobre 52
sûr (bien ~)	por supuesto 37
sûr (c'est ~)	desde luego 75
sûr/-e	seguro/-a 31
surface	superficie 96
surfer	navegar 100
surprendre	sorprender 79
surprise	sorpresa 1
surtout	sobre todo 59
surveiller	vigilar 85
survêtement	chándal 46
suspendre	colgar 64
suspens (en ~)	pendiente 92
sympathique	simpático/-a 54
sympathique (être ~)	caer (bien) 61
syndic	administrador 85

T

tabac	tabaco 54
table	mesa 27
tableau	cuadro 75
tâche	tarea 11
Tage	Tajo 96
taille (grandeur)	tamaño *(m.)* 96
taille (tour de ~)	cintura *(f.)* 72
taille (vêtements)	talla 72

taire (se ~)	callarse 44
tambour	tambor 57
tango	tango 96
tant que	mientras 68
tapa	tapa 12
tapa (petite ~)	tapita 12
tapis	alfombra *(f.)* 88
tard	tarde *(adv.)* 9
tarif	tarifa *(f.)* 97
tartine	tostada 9
tas	montón 74
tasse	taza 89
tatouage	tatuaje 38
taureau	toro 81
tauromachie	tauromaquia 81
te/t' *(pron. pers. compl.)*	te 3
technologie	tecnología 73
tee-shirt	camiseta *(f.)* 38
tel	tal 1
télécharger	bajarse 45
téléphone	teléfono 11
téléphone (parler au ~)	hablar por teléfono 11
téléphonique	telefónico/-a 32
télé-poubelle	telebasura 48
télévision	tele 10
tellement	tanto 34
temps	tiempo 9
temps (avoir le ~)	dar tiempo 9
temps en temps (de ~)	de vez en cuando 36
tendresse	cariño *(m.)* 11
tenir (sens spatial)	caber 68
tente	tienda de campaña 76
terminer	terminar 6
terrasse	terraza 80
terre	tierra 53
tête	cabeza 22 ; coco *(m.) (fam.)* 59
texte	texto 94
thé	té 89
theâtre	teatro 92
théorique	teórico/-a 64
thon	atún 83
ticket	tique 71
tiens/tiennes (les ~)	el/los/la/las tuyo(s) / tuya(s) 30
timbre	sello 43
tiret	guion 83

tiret bas (_) (en informatique)	guion bajo (_) 83
toast (pour trinquer)	brindis 68
toi	tú 1
toilettes	inodoro *(m. sg.)*, retrete *(m. sg.)*, váter *(m. sg.)* 27
toilettes (dans un lieu public)	servicio *(m. sg.)* 27
toit	techo 78
tomate	tomate *(m.)* 9
tomber	caer 44
tomber en panne	estropearse 73
ton/ta	tu 8
top (le ~)	lo máximo 92
torgnole / coup / baffe	hostia *(fam./vulgaire)* 59
tôt	temprano *(adv.)* 10
totalement	totalmente 60
touche	tecla 73
toucher	tocar 50
toucher (salaire)	cobrar 38
toucher (sens)	tacto 82
toujours	siempre 16
tour (dans une queue / file d'attente)	vez *(f.)* 50
tour (édifice)	torre 53
tour (faire un ~)	dar una vuelta 62
tour (promenade)	vuelta *(f.)* 62
tour (trajet en boucle)	vuelta *(f.)* 92
touriste	turista 29
tourner	girar 19
tourner (film)	rodar 97
tournure	giro *(m.)* 100
tout à l'heure (à ~)	hasta luego 44
tout autant	otro/-a tanto/-a 53
tout de suite	enseguida 43
tout/tous/toutes	todo(s)/-a(s) 10
tradition	tradición 52
traduire	traducir 70
traînée (trace)	rastro 55
trajet	trayecto 99
tranche	loncha 50
tranquille	tranquilo/-a 60
transformer	convertir 78
transpirer	sudar 68
transport	transporte 64
travail	trabajo 5
travailleur/-euse	trabajador/-a 88

travailler	trabajar 6
traverser	cruzar 93
trente-huit	treinta y ocho 17
très	muy 4 ; la mar de 54
très très (extrêmement)	muchísimo/-a 25
trinquer	brindar 68
triste	triste 18
tristesse	tristeza 60
trois	tres 24
tromper	engañar 85
tromper (se ~)	equivocarse 57, 83
trop	demasiado *(adv.)* 18
trop / trop de	demasiado/-a (adj. et pron.) 23
trouver	encontrar 22
trouver (se ~)	quedar 19 ; resultar 87
tu	tú 1
tube	tubo 90
tuer	matar 44
turbulent/-e	revoltoso/-a 62
tutoyer	hablar de tú 4
type	tío *(fam.)* 55

U

un/une	un (o)/-a 8, 9
uni/-e	liso/-a 72
université	universidad 43
utile	útil 8
utilisateur/-trice	usuario/-a 83
utiliser	usar 90

V

vacances	vacaciones 24
vache	vaca 41
vacher/-ère	vaquero/-a 59
vague	ola 92
valise	maleta 34
vallée	valle *(m.)* 92
valoir	valer 4, 71
vanille	vainilla 53
vanter (se ~)	presumir 86
variété	variedad 96
veau	ternera lechal 33
végétarien/-ne	vegetariano/-a 81
veille	víspera 82
vélo	bicicleta *(f.)* 64

vendeur/-euse	vendedor/-a 37
vendre	vender 37
vendredi	viernes 21
venir	venir 37, 44
vent	viento 68
ventre (sur le ~)	boca abajo 88
véritable	verdadero/-a 100
vérité	verdad 15
verre	copa *(f.)* 12 ; vaso 47
verre (lunettes)	cristal 88
verre (matière)	cristal 88
vers *(prép.)*	hacia 53
verser	echar 52
vert/-e	verde 41
veste	americana 72
vêtement(s)	ropa *(f.)* 37
veuf/veuve	viudo/-a 18
viande	carne 16
vide	vacío/-a 74
vie	vida 22
viennoiserie (établissement/ boutique)	bollería 89
viennoiserie (individuelle)	bollo *(m.)* 89
vieux/vieille	viejo/-a 8
vieux/vieille (plus ~)	mayor 69
vigne	viñedo *(m.)* 93
vignoble	viñedo 93
village	pueblo 57
ville	ciudad 39
ville (de ~)	de vestir 17
vin	vino 33
vin de Jerez	fino 33
vinaigre	vinagre 12
vingt et un	veintiuno 31
vingt-cinq	veinticinco 29
violent/-e	violento/-a 79
violet/-te	morado/-a 72
virtuel/-le	virtual 79
virus	virus 46
visage	cara *(f.)* 22
visiter	visitar 41
vite	rápido *(adv.)* 31 ; deprisa 83
vite possible (le plus ~)	cuanto antes 67
vitesse	velocidad 73

vitre	cristal *(m.)* 88
vitrine	escaparate *(m.)* 18
vivre	vivir 2
vœu	deseo 82
voir	ver 8, 10, 13, 27
voisin/-e	vecino/-a 67
voiture	coche *(m.)* 24
voix	voz 88
vol	vuelo 34
voler	robar 46
voleur	ladrón 46
volonté	voluntad 68
volontiers (très ~)	con mucho gusto 36
votre	su 18
vôtre	suyo/-a 34
vouloir	querer 8, 29
vous *(pron. pers. compl. de politesse pl.)*	les 27
vous *(pron. pers. compl. de politesse sing.)*	le 17 ; la 38
vous *(pron. pers. compl.)*	os 10
vous *(pron. pers. pl. de politesse)*	ustedes 27
vous *(pron. pers. sing. de politesse)*	usted 4
vous *(pron. pers. sujet)*	vosotros/-as 13
voyage	viaje 34
voyage de noces	viaje de novios 51
voyager	viajar 51
voyons	a ver 17
vrai/-e	verdadero/-a 100
vraiment	de veras 34 ; de verdad 64
vue	vista 75

W

week-end	fin de semana, finde *(fam.)* 13
western	película de vaqueros 59

Y

yaourt	yogur 68
youpi	yuju 11

Z

zéro	cero 94
zone	zona 76
zoo	zoológico 81

L'espagnol
chez Assimil, c'est également :

Perfectionnement Espagnol*

Apprendre l'espagnol Niveau A2
QCM : 300 tests d'espagnol
Cahier d'exercices Espagnol - Débutants
Cahier d'exercices Espagnol - Faux débutants
Cahier d'exercices Espagnol - Intermédiaire
Cahiers d'exercices Collège LV2 : niveaux 5ᵉ, 4ᵉ et 3ᵉ

Guide de conversation Espagnol*
Guide de conversation Espagnol de Cuba*
L'Espagnol du Mexique de poche

* existe aussi en version numérique

N° édition 4431 : L'Espagnol
Imprimé en France par Laballery — Mars 2025
501240